JN418404

무역창업론

조석홍 저

Preface

머리말

창업이란 새로운 기업조직을 설립하여 사업을 개시하는 것이다. 이러한 창업은 새로운 기회를 제공해 주기 때문에, 삶과 일에 대한 새로운 도전이라 할 수 있다. 그러나 창업의 길은 멀고도 험난하다. 창업은 새로이 사업을 시작하는 것으로, 청년들에게 새로운 가치를 제공해 줄 수 있기 때문에 삶과 일에 대한 쉽지 않은 도전인 것이다.

창업은 성공할 경우 개인적으로는 부(富)를 창출할 수 있고, 사회적으로는 많은 사람들에게 일자리를 제공해주는 장점이 있다. 또한 많은 기업이 창업되면 우리의 삶을 편리하게 하는 좋은 제품이나 서비스가 창출될 것이고, 그러한 기업이 성공적으로 정상궤도에 오르게 된다면 그 기업과 관계를 가진 사람들은 보다 더 풍족한 경제생활을 영위하게 될 것이다.

1997년 외환위기 이후 그리고 현재 많은 대학생과 청년 실업자들로 부터 창업에 대한 관심이 대단히 높아지고 있는 것이 현실이다. 국내의 거의 모든 대학에 창업보육센터가 설치되고 있고, 대학의 교과과정에도 이러한 영향이 반영되어 교양과목 또는 전공과목에 창업 관련과목이 개설되어 있으며, 더 나아가 독립된 학과 형태로 설치해서 창업인력을 배출하는 대학이 있을 정도로 창업에 대한 관심과 열기는 그 어느 때보다도 대단하다.

그러므로 특히 새로운 기술과 아이디어를 가진 작은 무역업의 창업은유연성과 창의성, 그리고 전문성을 바탕으로 환경변화에 적응하면서 우리 경제의 뿌리를 내리는 것이 국가경제적 측면에서 보다 안정적이고 국가경쟁력을 확보할 수 있는 길이라고 할 수 있다.

아울러 지금 우리는 최첨단 과학이 망라되고 있는 21세기를 살고 있으며 세계속의 한국을 자랑스럽게 이야기 할 수 있다. 지금부터 불과 50년 전을 상세하게 논하지 않더라도 우리나라는 많은 경제적 변화를 가져 왔고 이러한 변화의 요인들은 여러 가지가 있을 수 있으나 다시 한 번 무역의 역할을 강조하지 않을 수 없다. 향후 우리나라 경제 발전의 중심 역할을 할 무역이 이제는 전세계가 하나의 시장이 되어버린 환경속에서 커다란 역할을 할 것으로 믿어 의심치 않는다.

이러한 현실을 반영해서 무역과 창업관련 저서도 많이 발간되고 있다. 그러나 대부분 창업 전반을 다룬 개론서가 대부분이다. 따라서 본서를 통해서 무역업 창업가 또는 예비 무역 창업가들은 자신의 아이템에 본서가 무역업을 이해하고 창업후에는 무역업을 영위하는데 도움이 되기를 바란다. 저자는 저서를 집필하면서 많은 국내외 무역과 창업관련 서적, 연구보고서, 그리고 인터넷 자료 및 선행연구와 실무지침서를 참고로 작성하였지만 저자의 일천한 경험과 학문적인 부족 등으로 하나하나 인용처를 다 밝히지 못하고 참고문헌으로 처리하게 된 점을 넓은 아량으로 양해해 주시기 바란다.

끝으로 한 권의 저서가 출판되기까지 여러분들의 많은 도움이 있었음을 다시 한 번 말씀드리면서 특히 본서의 출판을 도와주시고 허락하신 도서출판 두남의 전두표 선배님과 직원들께 감사를 드린다.

2014. 12.

저자

Contents

차 례

제4장 무역업 창업과 절차 / 73

제5장 무역업과 관련 법규 / 93

제6장 수출입절차 / 135

제7장 거래처선정과 수출입마케팅 / 159

제8장 수출입승인 / 183

제13장 ······ 외환과 환위험관리 / 349

부록 / 375

제 1 장 창업의 이해

제1절 창업의 정의와 범위

1 창업의 정의

창업이란 사업가의 정신과 능력을 갖춘 개인이나 소수인원이 내·외부 환경으로부터 얻은 사업 아이디어를 가지고, 사업목표를 세우고 난 후 사업기회에 물적·인적자원을 투입하여 재화의 생산 또는 용역제공의 사업을 시작하는 것을 말한다. 중소기업창업지원법에서는 창업이란 제조업, 광업, 건축, 엔지니어링 기타 기술서비스업, 정보처리 기타 컴퓨터운용관련업, 기계 및 장비임대업을 새로이 개시하는 것을 말한다.

그러면 창업의 사업 개시일이란 개인사업자는 부가가치세법의 규정에 의한 사업 개시일을 말하며, 법인의 경우 법인설립 등기일을 말한다(중소기업창업지원법). 한편 부가가치세법상 기타사업의 개시일은 재화 또는 용역의 공급을 개시한 날을 의미한다. 일반적으로 부가가치세법에 의한 사업자등록일을 사업의 개시일로 보고 있다.

이렇게 새로이 기업을 설립하는 창업은 다음과 같은 특성을 갖고 있다.

첫째, 창업결정은 전형적인 불확실성 하에서의 의사결정이다. 창업은 이제까지 전혀 경험하지 못한 미지의 사업을 시작하는 것이기 때문에 그 결과에 대한 예측이 어렵고 불확실할 수밖에 없다.

둘째, 창업은 많은 자원의 투입을 전제로 하는 투자의사결정이다. 즉, 창업은 다수 인적자원의 투입과 많은 자본의 투자를 통해서 가능하게 된다. 그러나 이러한 자원의 투자에 대한 보상은 장기간에 걸쳐 서서히 이루어지며, 그 보상의 크기 또한 불확실하기 때문에 창업에는 큰 위험이 수반된다.

셋째, 창업은 본질적으로 진취적이고 창조적이며 모험적인 성격을 갖고 있다. 사업가적 자질을 갖고 있는 야심가, 자기사업을 통해 자아실현을 추구하려는 사람, 그리고 성장 및 성과개선을 추구하는 기업들의 변신수단으로 추진된다는 특성을 갖고 있다.

한편 중소기업 창업지원법에서는 창업의 정의를 '새로이 중소기업을 설립하는 것'으로 정의하고 있다. 즉, 새로운 기업조직을 설립하는 것은 물론, 기존의 기업이 이제까지와 전혀 다른 새로운 기업조직을 설립하는 것과 기존의 기업이 이제까지 전혀 다른 새로운 종류의 제품을 생산하거나 판매하는 일을 시작하는 것까지를 포함하여 원시적이고 실질적으로 사업을 개시하는 것을 의미한다고 할 수 있다.

2 창업의 범위

창업은 사업의 기초를 세우는 것으로 기업가의 능력을 갖춘 개인이나 단체가 사업 아이디어를 가지고 사업목표를 세우고, 적절한 시기에 자본, 인원, 설비, 원자재 등 경영자원을 확보하여 제품을 생산하거나 용역을 제공하는 기업을 새로이 설립하는 것을 말한다. 즉 돈을 버는 것을 목적으로 여러 가지 요소들인, 사람・기계・공간・원료 등을 체계적으로 결합하는 시스템을 말한다.

1) 타인의 사업을 승계하여 동종사업을 계속

상속이나 양도에 의해 사업체를 취득하는 경우, 폐업한 타인의 공장을 인수하거나, 기존공장을 임차하는 등의 경우는 창업으로 보지 아니한다. 단, 사업승계 후에 다른 업종의 사업을 영위할 경우는 창업으로 인정한다.

2) 법인전환, 조직변경후 동종사업을 계속

개인사업자가 법인 전환, 합명, 합작, 유한, 주식회사 등이 상호간 법인 형태를 변경하거나 기업을 인수합병하는 등은 창업으로 보지 아니한다. 단, 조직변경 전후의 업종이 다른 경우는 변경전의 사업을 폐지하고 변경후의 사업을 창업한 것으로 인정한다.

3) 폐업 후 동종사업 계속

폐업 후 사업을 개시하여 폐업전의 사업과 동종사업을 계속하는 경우로, '폐업 후 동종사업 계속'이라 함은 폐업 후 사업을 개시하여 폐업전의 사업과 동종의 사업을 계속하는 경우이며, 사업을 폐지한 후 동종의 사업을 재개하더라도 창업으로 보지 아니한다. 다만, 폐업을 한 후에 사업을 재개하는 경우에 폐업전의 사업과는 다른 업종의 사업을 새로이 개시하는 경우에는 창업으로 인정한다.

제2절 창업 구성 요소

1 창업의 요소 개념

창업의 가장 핵심적인 요소는 인적자원으로 창업기업가, 종업원 등이 있고, 제품 아이디어인 창업아이디어, 그리고 자본요소인 창업자본 등 이들 3가지 핵심요소들이 성공적인 창업의 기본요건이다. 따라서 만약 이들 중 어느 것에 결함이나 약점이 있는 경우 성공적인 창업은 어렵다. 이들 3가지 핵심 창업요소들의 질(質)과 양(量), 그리고 이들의 합리적인 결합이 창업기간의 단축은 물론, 창업비용도 절감할 수 있고 창업의 성공확률도 높여줄 수 있을 것이다.

사업 아이디어는 무엇을 가지고 창업할 것인가? 어떠한 재화를 생산하고 서비스할 것인가? 등에 대한 사업 아이템과 동기를 말한다. 자본은 창업자가 의도하는 사업을 실현하는 데 필요한 인력・설비・기술・원자재 등의 조달에 이용되는 창업을 위한 원천적 자원이다.

창업이라는 것은 새로운 생명체의 탄생을 위한 파종행위와 유사하다. 어떤 열매나 채소라는 생산물을 키워서 결실을 얻기 위해서는 파종이라는 행위를 해야 하듯이 어떤 제품이나 용역을 생산하여 이익이라는 열매를 얻기 위해 새로운 사업 조직을 만드는 창업행위가 필요하다는 뜻이다.

2 인적요소

창업을 하는데 필요한 기본적 투입요소 중 가장 핵심적인 것은 인적요소이다. 인적요소는 창업의 주체인 창업자를 위시하여, 생산, 판매, 일반관리 등 기업조직의 각 기능을 담당할 인적 자원을 지칭한다. 즉, 창업을 하는데 있어서는 창업을 주도적으로 계획하고 추진하며, 창업에 모든 재정적 부담과 위험을 책임지는 창업자가 있어야 한다.

일반적으로 창업자가 갖추어야 할 기본적 자질로서 기술적 자질, 인간적 자질, 개념적 자질을 들고 있다. 기술적 자질이란 특정 과업을 달성하는데 있어서 경험, 교육, 훈련을 통해서 얻는 지식, 방법, 기술, 장비 등을 이용할 줄 아는 능력을 말한다. 인간적 자질이란 종업원들에게 동기를 부여할 줄 알고, 효과적인 리더십을 발휘할 줄 알며, 사람들에게 일을 시키거나 혹은 사람들과 함께 일하는데 있어서의 능력을 의미한다. 개념적 자질이란 환경 및 전체 조직의 복합성을 명료하게 파악하여 대처할 수 있고, 조직 구성원들의 활동이 어떻게 조직 목표에 연결되는가를 이해할 수 있는 능력과 판단을 가르친다.

창업자의 자질과 특성을 개인적 자질과 관리자적 자질로 구분하고 개인적 자질을 건강 상태와 개인적 특성으로 관리자적 자질을 경영 이념과 관리 능력으로 분류했다. 창업자는 육체적으로나 정신적으로 건강해야 한다. 또한 창업자는 지적 수준 창조성, 모험성, 책임감, 지구력 등을 골고루 갖추고 있어야 한다는 것이다. 관리자적 자질로는 창업자가 가지고 있어야 할 경영이념과 다양한 관리능력을 들고 있다. 창업자는 분석력, 예측력, 조직력, 추진력, 포용력 등을 갖추고 있어야 함을 의미하고 있다. 또한 창업자는 투철한 사회적 책임감과 경영 윤리관을 갖고 있어야 함을 보여주고 있다.

3 제품요소

창업의 기본요소 중 인적요소처럼 중요한 것으로 제품요소가 있다. 제품요소란 사업의 구체적인 아이디어를 지칭한다. 즉, 창업을 통해 무엇을 할 것인가에 대한 사업내용을 말한다. 이는 기업의 존재이유와 목적으로 대변하게 된다.

창업하는 기업이 어떤 제품을 생산할 것인가에 대한 해답이 되는 것은 사업 아이디어이다. 사업 아이디어는 기업의 시스템 중 산출을 의미하는 것으로 기업의 생산품은 재화이든가 서비스다. 성공적인 기업을 설립하기 위해서 필요한 것은 수익성이 있는 상품을 선택하는 것이다. 창업 아이디어는 상품 아이디어를 의미하며, 팔릴 수 있는 상품을 만들어 낼 수 있는 착상이라 할 수 있다.

창업시 제품에 대한 현명한 탐색과 선택문제는 성공과 실패의 중요한 요인으로 된다. 창업아이디어가 어떻게 탐색되고 선택되든 창업아이디어, 즉 제품요인이 갖추어야 할 요건은 충분한 시장수요를 가져야 한다는 것이다. 시장수요는 제품의 효용가치가 제품의 가격보다 크다고 인식될 때 자연적으로 생겨난다. 즉, 제품을 구입할 때 소비자들이 부담하는 화폐가치보다 더 큰 효용가치를 제공하는 제품이라는 사실이 알려진다면, 그러한 제품에 대한 시장수요는 있게 마련이다. 이러한 제품은

기능, 용도, 간편성, 경제성 등의 측면에서 제품력을 갖춘 제품이다. 제품력을 갖춘 제품이란 창조적인 제품이며, 창조적인 제품의 생산은 창조적인 아이디어와 새로운 기술의 결합에 의해 가능하게 된다.

그러나 제품요소는 결국 창업자나 창업에 참여하는 사람들의 아이디어에 의해 결정된다는 점에서 인적요소에 의해 전적으로 좌우된다는 사실을 알 수 있다. 즉, 제품요소는 창업자의 상상력과 창조성, 그리고 창업에 동참하는 참여자들의 기발한 아이디어와 분석된 정보로 뒷받침된 조언 등 인적요인에 의해 결정된다. 다른 한편으로 제품요소는 물적 요소에 의해서도 영향을 받게 된다. 왜냐하면 제아무리 훌륭한 제품아이디어(제품개념)를 가지고 있다 할지라도 이를 생산할 수 있는 기계나 자본 등 물적 자원이 뒷받침되지 않으면, 이를 제품화할 수 없기 때문이다.

새로운 사업 아이디어의 원천으로 고객, 기존회사, 유통채널 등을 통해서 사업 아이디어를 찾을 수 있다. 또 창업자는 시장조사를 통해서 사업 아이디어를 가장 많이 얻을 수 있다. 그러므로 창업자는 인구 규모, 소득 수준, 교육 정도, 연령, 연령 변화 추세, 경쟁자의 수, 경쟁자의 특성 그리고 제품과 서비스의 구매 행동 등을 통계적인 소비자 조사 방법을 이용하여 분석한다. 그러나 가장 주요한 사업 아이디어 원천은 바로 창업자 자신의 연구와 개발이다.

4 자본요소

자본은 창업기업가가 기업을 설립하는 데 필요한 인력, 설비, 기술 등 경영자원을 확보하는 데 이용되는 자금원천이다.

창업요소 중 중요한 비중을 차지하는 자본은, 앞서 논의한 제품아이디어인 사업 아이디어를 구체적으로 상품화하는 데 필요한 자금, 기술, 기계와 설비, 재료나 부품, 건물 등에 투자할 수 있는 자금을 말한다. 제품개념(또는 구상)이 제품화되기 위해서는 적합한 기술과 자본요소들이 투입되어야 한다. 창업의 자본요소 중 중요한 것은 자본과 기술이다. 생산에 필요한 자재나 부품, 기계 및 생산설비, 그리고 공장 등은 결국 자본의 투자에 의해 취득가능하기 때문이다. 그리고 앞서 다룬 인적자원의 양과 질도 결국은 자본에 의해 좌우될 것이기 때문이다. 따라서 안정적인 창업자본의 조달과 이용, 그리고 이를 위한 정부나 관계기관의 지원제도 등도 성공적인 창업을 위해 인적 자원만큼 중요한 것이다. 아이디어가 제품화되기 위해서는 적합한 기술과 물적요소들이 투입되어야 한다. 창업의 물적요소 중 가장 중요한 것은 자본과 기술이다. 생산에 필요한 자재나 부품, 기계 및 생산설비, 그리고 공장 등은 결국 자본의 투자에 의해 취득가능하기 때문이다. 그리고 인적요소의 양과 질도 결국은 자본의 투자에 의해 취득가능하기 때문이다. 따라서 안정적인 창업자본의 조달과 이용, 그리고 이를 위한 정부나 관계기관의 지원제도 등은 성공적인 창업을 위해 인적 자원만큼 중요하다.

제3절 창업자 정신

1 창업자의 특성

창업의 성공과 실패는 창업자의 사업가적 기질이나 적성에 따라 큰 차이를 가져온다. 물론 업종도 잘 선택해야 하고, 사업장의 입지조건도 업종과 일치되어야 성공이 보장된다. 하지만 사업성패의 원인은 창업자 자신에게 있다는 중요한 사실을 잊어서는 안된다.

흔히 창업자는 본인이 성실하고 부지런하며 대인관계도 원만하고 외모나 인격적인 면까지 골고루 우수하다고 판단되면 승부수를 거는데, 여기서부터 오차가 발생한다. 이 모든 것은 스스로의 생각에 합당한 것일 뿐 고객이 평가하는 내용은 그렇지 못한 경우가 대부분이다.

창업자에게 요구되는 몇 가지의 특성을 살펴보면 다음과 같다.

첫째, 창업자는 적극적으로 사고하는 능력을 가지고 있어야 한다. 어떤 문제 상황에 부딪쳤을 때 이의 해결방안을 스스로 찾아보고 시도해 보고자 하는 강한 의욕을 가져야 한다. "어떻게 되겠지", "누가 도와주겠지"와 같은 사고방식은 의타적이어서 문제해결에 도움이 되지 못한다.

둘째, 창업자는 타인과 만나는 것을 즐기며 사교적인 성격을 가지고 있어야 한다. 조용하고 부끄러움을 잘 타는 성격은 흔히 '여성적'이라는 평을 들을 수 있을지는 모르나, 자기사업을 경영해 나가는 데는 별로 도움이 되지 않는 성격의 특성인 것이다. 따라서 쾌활하고 남과 대면하는 일을 즐기며 이야기하기를 좋아하는 성격이 보다 바람직하다고 생각된다.

셋째, 창업자는 상황을 민감하게 판단할 수 있는 특성이 있어야 한다. 사업을 경영하려면 그 규모가 크건 작건간에 시작에서부터 매사를 스스로 판단하고 결정 내려야 되는 경우가 대부분이다. 물론 가까운 가족이나 친지 또는 전문가의 도움을 받고 조언을 참조하기는 하나, 결국 마지막 판단을 내리는 사람은 경영자 자신이므로 그때그때 상황에 대한 정보를 구하고 그 가능성을 판단할 수 있는 민감성이 요구된다.

넷째, 창업자는 좌절에 대하여 이를 극복할 수 있는 힘을 가지고 있어야 한다. 경영을 해 나가다 보면 즐겁고 순탄한 길을 걸을 수도 있으나 괴롭고 좌절감에 힘겨워할 수도 있다. 좌절감에 부딪쳤을 때 자기의 역량을 탓하거나 능력이 없음을 비판하

여 스스로 죄책감에 빠져들기보다는, 실패의 원인이 무엇이고 앞으로 실패의 상황을 어떻게 보완해 나감으로써 성공으로 이끌어 갈 수 있는지를 생각해 보는 능력이 보다 바람직하다. 이러한 능력은 인내와 끈기, 그리고 일에 대한 지구력과도 관련된다.

다섯째, 성취에 대한 강한 욕구를 가지고 있을 때 창업자는 성공할 가능성이 크다고 본다. 일단 심사숙고해서 사업의 업종을 결정하고 사업을 시작하게 되면, 온갖 열정과 성의를 다하여 그 일에 전념하고 추진하여 이루어 놓겠다는 강한 욕구와 의지력이 필요하다. 물론 경영의 결과로 이윤을 얻는 것이 성취에 대한 보상이지만, 한걸음 더 나아가서 일 자체에서의 보람과 즐거움을 찾을 수 있을 때 더욱 촉진제 역할을 하게 될 것이다.

여섯째, 창업자는 대화를 즐길 뿐 아니라 어느 정도의 설득력과 화술을 갖추는 것이 바람직하다. 한 가지 유념해 둘 것은, 화술이라고 해서 능란하고 청산유수격의 말솜씨보다는 상대방의 의견을 듣고 진지하게 자기의 생각과 의견을 전달해 주는 태도가 더욱 중요하다. 특히 상품에 대한 올바른 정보를 진솔하게 펼쳐 보이는 것이 과장된 선전보다 훨씬 구매자를 설득시킬 수 있는 원동력이 될 것은 분명하다.

일곱째, 창업자는 어느 정도의 수치(數値) 감각이 있어야 한다. 수학을 잘할 필요는 없으나, 장부정리나 재고정리 등 수치를 사용하고 이를 사업에 적용하는 데 무리가 없어야 한다.

2 창업자의 자세

경영자는 창업이라는 모험적 과정을 거치지 않고도 얼마든지 될 수 있다. 반면 창업자는 실패라는 모험적 과정을 거치지 않고는 결코 그 이름을 얻을 수 없는 독특한 지위에 있는 사람이다. 창업자라는 용어는 경영자보다도 한층 더 모험지향적이고, 창조적이며, 투쟁적인 의미를 지닌다고 볼 수 있다.

【표 1-1】 창업자와 경영자의 개념적 차이

구 분	창 업 자	경 영 자
자 격	위험을 무릅쓰고 창업을 해야 한다.	창업을 하지 않아도 경영자가 될 수 있다.
추구목표	무에서 유를 창조한다.	작은 유에서 큰 유를 창조한다.
실패감수	실패를 기꺼이 감수한다.	가능한 실패할 일을 하지 않는다.
실패결과	창업자의 실패는 기업과 가정의 몰락을 의미한다.	경영자의 실패는 개인의 사표제출로 끝난다.
경영목표	당장의 이익보다는 미래의 성장성을 중시한다.	당장 눈에 보이는 이익을 중시한다.
사고방식	수평적 사고	수직적 사고
행동경향	행동우선	연구분석 우선

창업을 성공적으로 이끌기 위해 창업자로서 간직해야 할 바람직한 자세를 살펴보면 다음과 같다.

첫째, 창업에는 연습이 없다. 창업은 성공할 확률보다 실패할 확률이 훨씬 크다.

둘째, 선무당이 되지 말라. 창업준비는 망망대해를 항해하기 전에 항해술을 익히는 것이라고 볼 수 있다. 따라서 이론적인 교육보다 실제의 경험을 쌓는 것이 중요하다.

셋째, 워밍업은 길거나 짧게 하지 말라. 준비기간은 너무 길어도 시기를 놓치게 되며 너무 짧으면 준비가 부족하게 된다.

넷째, 숲과 나무를 함께 보라. 전체시장 규모를 파악하고 업종의 경기와 전망을 살펴보아야 한다.

다섯째, 베스트셀러보다 스테디셀러를 선택하라. 유행하고 있는 아이템보다 소비잠재력이 크고 어느 정도 시장이 개척되어 있는 안정적인 아이템이 좋다.

여섯째, 모르는 길은 피하고 아는 길로 가라. 주위 사람들이 오랜 경험을 쌓은 업종을 선택하는 것이 유리하다.

일곱번째, 나이를 의식하라. 나이에 적합한 업종과 아이템을 선택해야 성공할 가능성이 높다.

여덟번째, 입에 쓴 약이 몸에 좋다. 독단적인 결정을 피하고 제3자와 충분히 상담한 후 결정을 내리는 것이 좋다.

아홉번째, 구슬이 서 말이라도 꿰어야 보배이다. 창업에 관한 기본사항에 대해 구체적인 계획을 세우고 추진해야 한다.

열 번째, 무리한 수가 악수(惡手)이다. 사업이란 욕심만으로 되지 않는다. 자금조달 능력을 고려하지 않은 무리한 창업은 피하는 것이 현명하다.

3 창업자의 능력

앞으로의 사업환경 변화는 매우 빠른 속도로 급변할 것이다. 그리고 경제구조의 변화, 기업간 경쟁의 격화, 소비자 의식의 다양화, 공해문제의 대두 등 기업발전을 위한 조건들이 점점 어렵게 될 것이다. 이러한 환경변화 속에서 창업자는 앞으로 더욱 경영의 중핵으로서 역할과 과제가 중요시될 수밖에 없다.

새로운 미래지향적 경영자의 역할을 살펴보면 다음과 같다.

첫째, 경영쇄신의 중심적인 역할로서 경영전반의 혁신에 대한 '변화에의 적응'을 스스로 추진해 가야 한다.

둘째, 부하 능력발휘의 중심적인 역할로서 부하에게 창조능력을 발휘시키고, 일

을 통한 자기실현의 욕구를 충족시키는 중심적인 역할을 맡아야 한다.

셋째, 인간화의 중심적인 역할로서 직장의 비인간화는 피할 수 없는 것이므로 인간관계의 중추적 역할을 맡아야 한다.

넷째, 세대간의 의식의 갭(Gap)을 메우는 역할로서 젊은 층과 중고령층의 의식과 가치관의 갭을 메우는 것은 쉬운 일이 아니지만, 그 갭을 메꾸는 역할을 맡아야 한다.

따라서 창업자에게 요구되는 부문별 능력은 다음과 같다.

4 창업자의 자기관리

자기관리란 인생목표 달성과정에 있어서 마음의 육성과 성숙을 실현하는 인격적인 면의 자기관리와 지식과 기능을 연마하는 직능적인 면의 자기관리로 분류된다. 창조적인 인생설계를 통한 삶의 보람은 인격적 자기관리와 직능적 자기관리의 수레바퀴가 지속적으로 추진될 때 비로소 성취될 수 있다.

인간은 이율배반적인 모순 덩어리이다. 다시 말해서 인간은 매우 합리적이면서도 비합리적이고, 아주 선한 존재이면서 악한 존재이며, 부지런하면서도 게으르기 쉬운 존재이다. 결국 인간은 이와 같은 모순과 끊임없이 투쟁해야 될 존재인 것이다. 타인과의 싸움보다 자기 자신과의 싸움에서 승자가 되려면 철저한 자기관리가 선결요건이며, 이것은 인생의 목표달성에 중요한 과제 중의 하나이다.

1) 풍부한 인간성

경영자는 조직의 리더로서 좋은 인간관계를 유지시키고 부하의 사기와 조직의 능력을 높임으로써 경영목표를 달성시킨다는 중요한 임무를 지니게 된다. 그러므로 부하가 갖고 있는 능력을 최대한 발휘시키고 그 능력을 목표달성에 충분히 활용하는 것이 경영자이다. 그러기 위해서는 부하를 엄격하게 관리하고 질타와 격려에 힘쓰는 것도 한 가지 방법일지도 모른다.

그러나 마치 양치기가 양을 몰듯이 단순히 경영자와 부하라는 상하관계에서 생기는 권위를 믿고 질타와 격려만으로는 부하가 따라오지 않는다. 거기에는 상사와 부하와의 사이에 인간으로서의 공감, 즉 부하가 리더로서의 상사에 대하여 느끼는 인간적인 매력이 있어야만 된다.

조직구성원의 인생관・직업관・인간관・가치관이 매우 다양화되고 있는 시대이다. 과거에는 명령과 목표에 순종하고 주어진 일을 열심히 하는 부하가 많았다. 그러나 지금은 직장에서의 보람 못지않게 개인생활을 누리는 데 중점을 두는 세대, 즉 '무감각한 세대'가 늘어가고 있는 시대이다. 더욱이 이러한 세대의 특징은 주어진 일의 의미나 가치가 충분히 납득이 가지 않으면 움직이지 않는다.

일반적으로 부하는 일보다는 사람을 따른다고 한다. 그러나 상사가 무슨 특별한 일을 할 수 있기 때문이라는 이유에서 부하가 상사를 따른다는 것은 별로 기대할 수 없다. 상사의 몸에 밴 인간적인 매력이 있거나 인격이 고매하면서 품위가 뛰어난 상사에 대하여 인간성의 풍부함을 느끼지 않는 한 부하는 잘 따라오지 않는다.

그러면 인간성이란 무엇인가? 인간미와 상대방의 마음에 전해지는 인간으로서의 감정을 의미한다. 부하를 움직이는 것은 단순한 상사의 명령과 질타·격려가 아니라 거기에 포함된 상사의 마음과 성의와 애정이다. 풍부한 인간성을 갖추는 데 필요한 실천사항을 정리하면 다음과 같다.

첫째 성실하며 상하를 막론하고 모든 사람들이 탁 털어놓고 이야기하고 싶은 인품을 지니면서 건강하고 활력이 있으면서 언동에 위협적인 점이 없고 천천히 설명한다.

둘째 항상 몸이 청결하고 접촉하는 상대방에게 상쾌한 느낌을 주면서 태도가 당당하고 비굴함이 없어야 한다.

셋째 상대에게 불쾌감을 주지 않고 건설적인 방향으로 반대의견을 표현할 수 있어야 한다.

넷째 자기계발을 통하여 부하에게도 자극을 주면서 일하는 보람과 사는 보람을 느끼고 있다.

2) 적극적 사고

인간이 이룩하는 실적(업적)은 의욕과 능력의 함수관계에서 비롯된다. 능력이 없기 때문에 실패하는 사람보다는 일에 대한 의욕이 부족하여 실패하는 사람을 주변에서 많이 볼 수 있다. 결국 현재의 능력보다는 하려는 적극적인 정신자세에 따라 엄청난 결과를 초래한다는 것이다.

인생의 목표달성도 자신의 소극적 사고로부터 전환된 적극적이고 올바른 사고로 철저히 임해야 될 것이다. 그러기 위해서는 뚜렷한 목표를 설정한 후 강렬한 의욕을 가지면서 모든 일에 긍정적이고 낙관적으로 임한다.

또 적극성을 지닌 사람과 인간관계를 심화시키면서 자기분석을 명확히 하고 업무수행자세를 냉정하게 갖춘다. 그리고 실패에서 오는 경험을 중시면서 성공감을 만끽하고 동기부여 요소를 활용한다.

제4절 창업기업 형태

1 기업형태 결정의 중요성과 기준

1) 기업형태 결정의 중요성

기업형태의 결정은 창업에 있어 매우 중요하다. 과거와는 달리 최근기업환경은 매우 복잡하고 다양하다. 과거에는 경영자의 개인능력에 따라 회사가 경영될 수 있었다. 그것은 국내 경쟁업체도 그리 많지 않았고, 제품이 만들어지면 큰 판매활동 없이도 순조롭게 매출이 신장되었으며 마진폭도 컸다. 뿐만 아니라 오늘날과 같이 종업원의 문제로 인한 경영환경은 전혀 생소한 경우였다.

그러나 최근의 기업환경, 특히 창업환경은 과거와는 무척 다르다. 따라서 종업원의 직업관이 점차 변화되어 가고 있다. 경영자의 지시만 있으면 밤낮 없이 열심히 하던 종업원의 근무태도에도 많은 변화가 일어났으며, 보다 좋은 환경, 보다 좋은 복리후생제도, 여가시간이 많은 그런 직장을 선호하는 경향으로 점차 바뀌어 가고 있다.

기업환경의 변화도 마찬가지이다. 경쟁관계에 있는 회사도 과거에는 국내 일부 기업에 불과했지만, 이제는 세계의 기업이 모두 경쟁 상대가 되었다. 시장개방에 따라 세계 모든 나라의 상품이 국내에서 별다른 제한 없이 판매되고 있다.

이런 상황에서 기업형태의 결정은 큰 의미를 지닌다. 거의 모든 기업의 경영책임을 경영자 한 사람이 감당하면서 영업, 자금조달, 종업원 관리, 생산관리 등 기업 전반에 걸쳐 만능 경영을 하여야 하는 개인기업 형태의 창업을 할 것이냐, 조직을 갖추어서 회사업무의 대부분을 능력 있는 종업원에게 분담시켜 전체를 통괄할 수 있는 법인형태로 창업을 할 것이냐의 결정은 창업 기업의 기초확립에도 매우 중요하다. 물론 반드시 규모가 크고 종업원이 많으면 법인형태로 설립하고, 규모가 적으면 개인기업 형태로 출발해야 한다는 의미는 아니다.

모든 상황이 경영자의 능력과 조직의 필요에 의해서 회사형태는 달라질 수 있는 것이다. 기업형태에 관한 법률상의 규정은 기업의 자본조달과 기술·경영능력의 보완, 그리고 거래의 활성화에 도움이 되는 체계를 만드는 데 목적이 있기 때문에 창업에 있어서는 하나의 형식요건이 되는 것이다. 그러나 실질적으로 우리나라에서는 많은 법인기업이 법률상으로는 주식회사이면서 운영은 가족회사와 마찬가지의 형태로 경영되고 있는 경우가 허다하다.

따라서 창업자는 여러 가지 기업환경과 경영능력, 그리고 개인기업과 법인기업의 장・단점을 비교 평가하여 자기 실정에 맞는 기업형태를 선택할 필요가 있다. 왜냐하면 이런 장・단점에 대한 비교 없이는 어느 쪽이 자기에게 합당한 형태인지 판단할 수 없기 때문이다.

2) 기업형태의 결정 기준

창업자는 창업자의 특수한 사정이나 선호하는 경향과 성격에 따라 두 가지 형태 중 한 가지 형태로 회사를 설립할 수 있다. 특수한 사정이 없는 경우에는 양 제도를 비교 평가하여 이득이 큰 쪽을 선택하는 것이 바람직할 것이다. 즉, 창업자의 입장에서 어느 쪽이 절세 효과가 더 큰지를 비교 평가함으로서 개인기업과 법인기업 선택의 기준을 삼는 것이 타당할 것이다. 기업이 내는 세금은 세무조정 후 과세표준이 되는 이익에 따라서 달라지는데 세제 정책상 개인기업보다 법인기업이 더 유리하다.

과세표준이 소규모일 경우에는 개인기업이든 법인기업이든 크게 상관없으나, 소득 규모가 그 이상을 초과할 때는 개인기업보다 법인형태인 주식회사가 더 절세 효과가 큼을 알 수 있다. 따라서 창업자는 자기가 경영하려고 하는 사업의 소득규모가 어느 정도 될지를 판단하여 기업형태 결정의 기준으로 삼아야 할 것이며, 회사 설립시부터 이런 점을 종합적으로 검토하여 기업형태를 결정하는 것이 현명할 것이다. 또한 창업시 개인기업으로 설립하였다 하더라도 규모가 조금 커지면 법인전환 등의 복잡한 절차를 밟음으로써 새삼스럽게 복잡한 절차가 필요할 뿐만 아니라, 비용도 추가로 들기 때문에 처음부터 법인으로 출발하는 추세이다.

2 개인기업의 설립 방법

개인기업을 설립하는 데는 별도의 상법적 절차가 필요치 않아 그 설립절차가 간편하고 휴・폐업이 비교적 간단하다. 정부의 인허가 업종인 경우 이외에는 관할세무서에서 사업등록증만 교부받으면 언제나 영업이 가능하다.

개인기업을 창업하려면 먼저 업종을 선정한 후 이에 대한 사업계획을 수립하여 관할 세무서에 사업자등록을 신청하여 사업자등록증을 교부받음으로써 사업을 개시할 수 있다. 다만, 그 업종이 정부의 인・허가사항이라면 먼저 해당 관청으로부터 인・허가를 얻어야 한다.

개인이 사업을 개시하고자 하면 먼저 시작하고자 하는 해당 업종을 관할하는 주무부처의 법령에 의하여 필요시 인・허가를 받은 다음에 사업개시일로부터 20일 이내에 관할세무서 민원봉사실에 사업자 등록신청서를 제출하여 사업자등록증을 교부받아야 한다.

그리고 관할 지방세무서에서는 사업자등록 신청일로부터 14일 이내에 사업자등록

번호가 기재된 사업자등록증을 교부한다.

사업개시 후 1년 예상 공급대가의 합계액이 일정규모 이상인 자는 사업자 등록을 신청하여, 사업자등록증을 교부받음으로써 개인기업이 설립되며, 일정규모 미만인 자(간이과세자)는 간이과세 신청을 사업자등록신청과 동시에 신청하여 사업자 등록증을 교부받음으로써 개인기업이 설립된다.

개인사업자의 사업자등록은 사업을 시작한 날로부터 20일 이내에 〈표 1-3〉와 같은 구비 서류를 갖추어 관할세무서에 사업자등록신청을 한다.

3 법인기업의 설립 방법

법인인 경우는 설립절차가 상당히 까다로워 보통 법무사 같은 전문가에게 법인등록 서류를 대행시키는 것이 일반적이다. 그러나 아무리 등록서류를 대행시킨다 해도 반드시 창업자가 알고 있어야 하고 직접 해야 할 일이 몇 가지 있다.

법인설립 절차에 대해서는 좀 더 자세히 설명하면, 우선 법인에는 앞서 설명한 바와 같이 주식회사, 유한회사, 합명회사, 합자회사라는 4가지 형태가 있지만 현실적으로 등록되고 있는 법인형태의 대부분은 주식회사 형태이므로 여기서는 주식회사의 설립절차에 대해서만 설명하도록 한다.

법인형태 중 가장 대표직인 형태이다. 주식회사를 설립하는 데는 발기설립과 모집설립이라는 2가지 방법이 있다.

먼저 발기설립은 법원이 선임한 검사인이 법인설립 사항을 조사하고 법원에 그 결과를 보고하여 법원이 필요한 조치를 취할 수 있도록 상법에 규정하고 있으므로, 설립절차가 다소 복잡하고 비용과 시간이 많이 드는 단점이 있기 때문에 대부분의 경우 모집설립 방법을 선호하고 있다.

주식회사란 자기가 인수한 주식의 금액을 한도로 회사에 대하여 출자의무를 질 뿐 회사채권자에 대하여는 전혀 책임을 지지 않는 사원(간접 유한책임 사원), 즉 주주로만 구성되는 회사를 말한다. 주식회사는 3인 이상의 발기인이 발기인조합을 구성하여 상법이 정하는 바에 따라 정관작성, 주식인수 및 주금납입 등 일정한 절차를 거쳐 법원에 설립등기를 함으로써 설립된다.

주식회사는 전형적인 자본단체로서, 회사의 소유와 경영이 분리되는 현상이 가장 뚜렷하다. 즉 주식회사는 주주의 변동이 회사의 존재 및 경영에 미치는 영향이 가장 적은 회사형태로서 항구적인 사업을 경영하기 위하여 흔히 이용된다.

주식회사는 주주의 지분이 주식으로 세분화되어 그 양도가 자유로워 주주는 언제든지 주식의 양도로서 투자한 자본을 용이하게 회수할 수 있다. 주주는 유한책임을 지기 때문에 회사가 해산하는 경우, 종국에 가서 주식을 포기함으로써 더 이상의 책임을 지지 않으므로 오늘날 주식회사는 합리적인 투자대상이 되고 있다.

따라서 기업을 설립하고자 하는 경우에 약간은 복잡한 절차가 수행되지만 주식회사를 설립하는 것이 여러모로 유리하다. 주식회사는 주식과 사채를 발행하여 불특정 다수인으로부터 큰 자본을 조달할 수 있어 회사설립 후 지속적인 성장을 위해서는 주식회사로 설립하는 것이 유리하다.

우리나라에서는 보통 법인을 주식회사로 이해하는 경우가 많다. 그 이유는 법인을 설립한다고 하면 대부분 주식회사를 설립하기 때문이며, 통상적으로 법인이 개인기업보다 유리한 점이 많기 때문에 최근에는 주식회사를 설립하는 경향이 높다.

4 개인기업과 법인기업의 비교

기업의 법률적 형태는 개인기업 형태와 법인기업 형태로 구분할 수 있다.

개인기업 형태는 설립등기가 필요 없고 사업자등록만으로 사업개시가 가능함으로 기업설립이 용이하다. 또한 창업비용과 창업자금이 비교적 적게 소요되어 소자본을 가진 창업자도 혼자서 창업이 가능하고 기업활동에 있어 자유롭고 신속한 사업계획의 수립·변경이 용이한 반면에 일정규모 이상 성장하지 않는 중소규모의 사업에 안정적이고 적합하다. 개인기업은 기술과 아이디어 및 자금운용상의 비밀유지가 가능하며 기업이윤이 발생하면 기업주가 독점할 수 있다. 그러나 대표자는 채무자에 대하여 무한책임을 지며 대표자 변경시 계속기업으로서 영속성이 없고 사업양도시에는 양도된 영업권 또는 부동산에 대하여 높은 양도세가 부과된다.

법인기업의 형태는 합자회사, 합명회사, 유한회사, 주식회사로 구분할 수 있다. 기준에 따라 법인기업의 형태를 구분하지만 주식회사가 법인기업의 대표성을 갖는다고 할 수 있다.

우리나라의 일반적인 회사의 형태는 주식회사이며, 기업의 영속성과 성장성 측면에서 주식회사 형태의 기업을 창업하는 것이 유리하다. 그러나 회사의 형태는 아니지만 개인사업자 형태의 개인기업이 실질적으로 많이 존재한다.

주식회사는 개인기업보다 대외공신력과 신용도가 높기 때문에 신주 및 회사채 발행을 통한 자금조달이 용이하고 영업수행에 있어서도 기업의 이미지가 제고되어 유리한 점이 많다.

특히 벤처기업을 창업하는 경우에는 개인기업보다는 주식회사의 형태로 하는 것이 더욱 유리하다고 할 수 있다.

【표 1-2】 개인기업과 법인기업의 장점

개 인 기 업	법 인 기 업
· 기업이윤 전부를 기업주가 독점 할 수 있다. · 설립등기가 필요 없고 사업자등록만으로 사업 개시가 가능하므로 기업설립이 용이하다. · 창업비용과 창업자금이 비교적 적게 소요되어 소자본을 가진 창업자도 창업이 가능하다. · 일정규모 이상으로는 성장하지 않는 중소규모의 사업에 안정적이고 적합하다. · 기업활동에 있어 자유롭고, 신속한 계획수립 및 계획변경 등이 용이하다. · 개인기업은 인적 조직체로서 제조방법, 자금 운용상의 비밀유지가 가능하다.	· 일정규모 이상으로 성장 가능한 유망사업의 경우에 적합하다. · 주식회사는 신주발행 및 회사채 발행 등을 통한 다수인으로부터 자본조달이 용이하다. · 대표자는 회사운영에 대해 일정한 책임을 지며, 주주는 주금납입을 한도로 채무자에 대해 유한책임을 진다. · 사업양도시에는 주식을 양도하면 되므로 주식양도에 대하여 원칙적으로 낮은 세율의 양도소득세가 부가된다. 또한 주식을 상장후에 양도하면 세금이 없다. · 대외공신력과 신용도가 높기 때문에 영업수행과 관공서, 금융기관 등과의 거래에 있어서도 유리하다.

【표 1-3】 개인기업과 법인기업의 단점

개 인 기 업	법 인 기 업
· 대표자는 채무자에 대하여 무한책임을 지며, 대표자가 바뀌는 경우에는 폐업을 하고, 신규로 사업자등록을 해야 하므로 기업의 계속성이 단절된다. · 사업 양도시에는 양도된 영업권 또는 부동산에 대하여 높은 양도소득세가 부과된다.	· 설립절차가 복잡하고 최소한 5천만원 이상의 자본금이 있어야 설립이 가능하다. * 벤처기업의 주식회사 설립시는 자본금이 2천만원 이상이면 된다. · 대표자가 기업자금을 개인용도로 사용하면 회사는 대표자로부터 이자를 받아야 하는 등 세제상의 불이익이 있다.

5 연령별 창업 유형

1) 창업자 연령에 의한 창업유형

중소기업의 성공사례를 조사한 통계에서 창업하여 성공에 이르는 연령층은 25세부터 35세까지가 가장 많은 것으로 나타나고 있다.

이와 같은 결과는 동 연령층이 두뇌의 움직임과 신체의 활동이 기민하여 환경변화에 신속하게 적응할 수 있기 때문일 것이다. 이것이 40세가 되면 모험정신이 약화되고 신체의 활동도 둔화되어 45~50세가 되면 모험정신은 거의 사라지며 극히 신중해진다. 그리고 55~60세가 되면 지금까지 해왔던 일과 전혀 다른 환경에 적응하는 것이 매우 어려워지기 때문에 퇴직 후의 전업(轉業)이나 사업은 지금까지 종사해

온 분야나 연관분야에서 창업 아이디어를 찾게 되고 이것이 안전하고 또 성공 가능성도 크다.

이와 같이 창업자의 연령에 따른 창업유형을 구분해 보면 다음과 같이 5가지 유형으로 나눌 수 있다.

(1) 모험창업

모험창업에 속하는 연령은 20대이다. 이 연령층은 자기의 전공, 직업과 관계없이 도전분야에서 도전정신을 기반으로 한 창업을 실행한다. 경험과 지식이 부족한 상태에서의 창업이기 때문에 다른 연령층보다 실패율이 높으나 성공 가능성 또한 매우 높으며 설령 실패하더라도 재기의 가능성이 높은 것이 특징이다.

(2) 선택창업

31세부터 35세까지의 연령층은 선택창업 즉, 자신의 적성과 맞는 분야를 찾아서 창업을 하는 게 좋다. 자기 적성과 기존 업무와의 상관관계를 고려하여 사업 아이템을 발굴해야 한다.

(3) 기반창업

36세에서 40세까지의 연령층은 기반창업 즉, 사회생활 및 일정분야에서 자기가 닦아 놓은 기반과 경험을 최대한 활용할 수 있어야 한다.

(4) 전문창업

41세에서 50세까지의 연령층은 전문창업 즉, 기존 업무분야에서 20여년 이상의 경험과 전문적 지식 또한 풍부하게 축적되어 있는 연령층으로 학력을 불문하고 자기업무 분야에서는 본인이 최고의 실무 전문가라는 점을 인식하고 자신의 전문분야 내에서 창업 아이디어를 찾는 것이 바람직하다.

(5) 안정창업

51세 이상의 연령층은 안정창업 유형에 속한다. 이들은 사회경륜과 전문지식은 풍부하나 많은 지식이 오히려 행동보다 생각을 깊게 하는 원인이 되기 때문에 모험성이 전혀 없는 안전한 사업분야를 선택하고자 하는 특성을 보인다. 신중한 선택 끝에 창업에 들어가기 때문에 일단 창업한 후에는 다른 유형의 창업보다 실패율이 낮다는 점이 특징이나 창업을 통한 성공가능성은 극히 낮은 양상을 보인다.

6 사업 아이디어에 의한 창업

예비 창업자는 창업후 자신의 사업체가 어떠한 재화(상품)와 서비스를 생산하여

어떻게 소비자에게 공급할 것인가에 대해 사업을 시작하기 전에 분명히 해 두어야 한다. 왜냐하면 창업의 출발점, 즉 사업 아이디어 및 창업자의 능력과 적성이 어디로부터 도출되었는가에 따라 창업에 대한 검토·분석 그리고 창업과정이 매우 달라지기 때문이다.

1) 기술형 창업

창업의 출발점은 기술과 시장으로 크게 나누어 볼 수 있다. 예비 창업자가 보유한 사업 아이디어 또는 아이템과 관련된 전문적 기술이나 노하우를 기반으로 한 창업의 유형을 기술형 창업(Technology Driven Inaugration)이라고 할 수 있다. 이러한 기술형 창업의 대표적인 것으로 벤처창업을 들 수 있으며 통계에 의하면 벤처 비즈니스의 85%가 자신이 창업 이전에 종사했던 조직 즉, 배태조직(胚胎組織)에서 기술을 습득한 기술자나 연구자에 의한 창업이라고 한다.

2) 시장형 창업

사업아이디어가 시장의 수요에 기반을 두고 있는 창업을 시장형 창업(Market Driven Inaugration)이라 한다. 즉, 시장형 창업이란 기술과 많은 자본이 필요한 제조업 창업과는 달리 적은 자본으로 시장 및 사회변화에 부응한 신선한 사업 아이디어를 가지고 시장수요에 의존하여 창업하는 경우를 말한다. 시장형 창업은 최근에 조성되고 있는 프랜차이즈, SOHO(Small Office Home Office), 소점포 창업 등을 들 수 있다.

시장형 창업의 방법으로는 전문적인 지식과 기술보다는 아예 수요가 증명된 기존시장에 진출하거나 또는 기존시장이 가지지 못한 사각지대, 즉 틈새(Niche)시장의 공략 등 잠재적 시장수요를 탐색하여 이를 공략하는 것이 효과적인 방법이다. 그러나 기술형 창업이라 해도 소비자의 수요를 전혀 고려하지 않는 창업은 성공할 수 없고 그와 반대로 시장형 창업이라고 해도 경쟁기업의 상품이나 서비스를 차별화할 수 있는 기술 없이는 성공할 수 없다.

제1절 창업 환경분석

1 창업 환경분석의 필요성

성공적인 창업을 위해서는 주변의 창업 환경분석을 위한 충분한 사전준비와 체계적 절차가 필요하다. 창업의 준비와 절차는 창업을 하는 동기와 창업의 형태, 그리고 창업규모와 업종 등에 따라 약간씩 다를 수 있다.

한 창업과정의 준비는 기업에게 사업기회를 주며 기업의 성공기회를 한층 더 높여 줄 수 있다. 더구나 벤처기업을 창업하기 위해서는 일반적인 몇 단계의 창업과정을 거쳐야 한다.

일반적으로 벤처기업은 대부분이 서비스와 제조업 창업이며, 제조업은 제품을 제조·제작·수리 가공하는 업종을 말한다. 대체적으로 제조업의 창업이 복잡하고 어려운 이유는 제품을 생산하는 분야이기 때문에 기술, 즉 전문지식과 경험을 갖춘 인원이 필요하며 제품생산을 위한 기계설비와 이를 설치할 공장을 확보하는데 드는 비용, 즉 초기자금 투자가 다른 산업에 비해 많기 때문이다. 제조업의 창업에서 창업기업가가 특별히 유의해야 할 것이 공장 설립과정인데 공장을 새로이 건축하는 것보다 기존의 공장을 매입·임차하여 생산활동을 시작하는 것이 수월한 방법일 수 있다. 그리고 제조업의 업종에는 허가·신고·등록 등의 인·허가가 필요한 업종과 그리고 인·허가 없이도 제조활동을 할 수 있는 업종이 있으므로 창업 준비단계에서부터 이런 것이 필요한 업종인지를 확인해야 할 것이다.

제조업의 전체적인 창업과정은 일반적으로 사업에 관련된 아이디어를 탐색하여 선별하는 착상단계와 사업성을 분석하고 평가하며, 이를 기초로 사업계획서를 작성하고, 기업형태를 결정하는 계획단계를 거쳐 회사를 창업자금을 확보하여 사업장을 계약하여 회사를 설립하여 생산·영업을 개시하는 실행단계로 진행된다. 회사의 영업을 개시하기 위해서는 법인의 경우는 법인설립등기와 사업자등록을 하고 의무가입장 신고를 함으로써 비로소 가능해 진다. 개인기업의 경우는 물론 법인설립등기는 필요 없게 된다.

제조업의 경우는 공장설립을 위한 입지선정과 공장건축의 과정이 필요하기 때문에 업종이나 사업규모, 창업기업가의 여건에 따라 다소의 차이는 있지만 기본적으로 제1단계 업종선정 및 사업계획수립, 제2단계 회사설립 및 사업자등록, 제3단계 공장입지선정 및 공장설립(공장확보), 제4단계 사업 개시를 위한 기타 행정절차와 그리고 개업준비 및 조직구성을 하는 순서로 진행된다.

2 창업업종 및 아이템 선정

1) 업종선택

창업을 하려면 먼저 업종 및 사업 아이템을 선정한 후, 이에 대한 타당성 조사를 실시하고 사업규모, 기업형태, 창업멤버와 조직구성 등을 포함한 사업계획을 수립하여야 한다. 업종 선정시 창업기업가가 검토해야 할 사항은 다음과 같다.

창업을 하는데 있어서 우선해야 할 첫 번째 단계는 창업하려고 하는 업종을 먼저 선정하는 일부터 비롯된다. 경영능력이 뛰어나고 자금이 아무리 풍부하더라도, 선택한 업종이 사양사업이라면 실패할 가능성이 많은 것이다. 업종선정, 즉 생산제품의 선정은 제조업의 창업절차 중 최우선적인 과제로서 사업의 성공여부를 결정적으로 가름하는 가장 중요한 과정이다. 따라서 제조업을 창업하려는 창업기업가는 자신의 경험, 지식, 기술 즉 주어진 인적·물적 자원으로 생산이 가능한 업종을 선택하는 것이 좋다. 그것은 아무리 좋은 업종도 창업기업가가 그에 대해 경험이나 기술이 없으면 실패할 확률이 높기 때문이다. 선택한 업종이 성장기에 있고, 자신의 성격과 맞으면 성공할 확률은 그만큼 커진다.

창업하려는 업종의 내수 및 수출시장의 제품수요가 꾸준하며 경쟁력이 있는지를 살펴보아야 한다. 특히 이 업종에 국내외 경쟁업체들의 동향과 대기업의 투자가능성, 개발도상국의 추격가능성에 대해서도 검토하여야 한다. 대기업이 전문화를 위

해 중소기업에 이양하는 품목도 시장확보 측면에서 유리할 수 있다. 그러나 현재 설비투자가 과도하게 이루어진 업종은 창업하지 않는 것이 바람직하다.

2) 사업아이템 선정

창업가는 사업아이템 선정을 시작으로 직접 기업을 경영하는 사업가의 길을 걷게 된다. 사업아이템 선정에 있어 무엇보다도 중요한 것은 창업기업가가 '어느 분야에서 경쟁력이 있는가?' 하는 것이다. 사업아이템 선정에 있어 현재의 유행과 추세도 중요하지만 자기의 실력을 발휘할 수 있고 적성에 맞는 분야를 선택해야 한다. 창업 성공의 지름길은 자기 자신이 객관적으로 판단했을 때 경쟁력이 있는 사업아이템을 선택하는 일이다.

사업아이템의 선정시에는 위의 업종 선정시 내용들을 고려하여 다음과 같은 기본적인 사항들을 검토해야 한다.

① 성장가능성이 있는가?
② 일시적인 유행에 그치는 분야인가?
③ 실패의 위험이 적은가?
④ 자신의 경험이나 전공을 활용할 수 있는가?
⑤ 공장을 설립해야 하는지 아니면 아웃소싱이 가능한가?
⑥ 대기업이 참여하기 곤란한가?
⑦ 자기자본 규모에 적당한가?
⑧ 수요와 시장성이 충분한지 또는 1~2년 내에 수요가 형성될 수 있는가?
⑨ 투입비용에 대비하여 수익성은 높은가?

이러한 기본적인 사항들을 창업기업가 스스로 판단하기 보다는 주변에 관련 업종에 종사하는 사람이 있으면 필히 면담을 하거나 인터넷, 전문잡지, 신문, 정부의 관련자료 등을 통하여 정보수집을 하여 제3자의 입장에서 객관적인 사업타당성 분석을 실시하여 최적의 사업아이템을 선정하여야 한다.

3 사업타당성 분석

1) 사업타당성 분석

창업의 사업타당성분석(feasibility analysis)이란 선별된 창업아이디어를 선택할 것인지, 기각할 것인지를 최종적으로 결정하기 위해 사업추진능력, 시장성 분석(market analysis), 기술성 분석(technical analysis), 경제성 분석으로 구성된다.

이에 부가적으로 성장성 및 위험요소 분석이 요구된다. 이에 대한 자세한 내용은 다음 장에서 설명될 것이다.

창업가가 사업타당성 분석을 하는 것이 쉽지 않는 것은 사실이다. 그러나 이 조사를 철저하게 하지 못하면 창업기업가는 이 사업에서 성공의 확률을 높일 수 없다. 객관적인 조사를 실시하고 판단해야 하며, 그리고 다시 한 번 재검토의 과정을 필히 거쳐야 실패위험 줄일 수 있다.

사업계획서는 추진할 구체적인 사업내용과 세부 일정계획을 기록해 놓은 서류를 말한다. 사업계획서는 창업기업가의 창업계획을 체계적으로 정리한 것으로서 소규모의 소매업이라도 창업기업가 및 업종의 특성에 맞는 사업계획서를 작성하여 실행해 나가야 한다.

사업타당성 분석을 바탕으로 작성하는 사업계획서는 사업전략과 사업수익 목표를 구체적으로 제시하는 창업기업가 자신의 사업에 대한 청사진이라 할 수 있다. 또한 창업 과정을 계획성 있고 차질 없이 추진할 수 있게 하며, 창업기간을 단축시키고 경비를 줄여 줄 뿐만 아니라 창업 성공확률을 높여줄 수 있는 가장 중요한 과정중의 하나이다.

사업계획 수립 이후부터는 예비 창업기업가가 직접 사업계획을 실행에 옮기는 단계다. 즉, 해당업종을 담당하는 관청에서 사업의 인·허가를 받아야 하고 해당관청에 사업자등록 또는 법인설립등기를 하는 단계다.

4 사업규모분석

사업규모는 창업가 자신이 충분히 감당할 수 있는 것이라야 한다. 즉, 자기자금의 2분의 1규모 정도로 시작한다면 예상치 않은 자금수요 등에 대처할 수 있을 것이다. 사업장은 자금규모와 맞물려 있기 때문에 동시에 결정되는 게 보통이다. 그리고 적어도 같은 업종의 기존회사와 경쟁사보다는 더 좋은 시설과 인력을 확보할 수 있는 규모이어야 한다.

사업규모 결정시 고려사항은 다음과 같다.

첫째, 창업기업의 자금조달 능력

자금조달 규모가 결국은 사업규모를 결정하는 핵심요소이다. 사업규모를 자기자금 조달능력의 2분의 1의 규모로 축소하여야 창업 이후에 발생하는 긴급자금의 수요 또는 운전자금의 유동성 확보 등의 모든 상황에 대처할 수 있다.

둘째, 업종에 따른 사업규모와 동종업계의 평균 자본규모 파악

창업과 관련된 사업분야는 산업분류표상 크게 나누어 제조업, 광업, 건설·운수·창고·통신업, 도·소매업, 서비스업으로 분류된다. 이들 업종은 일반적으로 제

조업이 가장 큰 규모를 요구하고 있으며, 소매업과 서비스업은 적은 규모로도 시작할 수 있는 업종이다. 무엇보다도 사업규모 결정에 있어 경쟁회사를 정확히 분석하여 적어도 그 경쟁회사보다는 더 좋은 시설과 인력을 갖출 수 있는 규모이어야 유리하다.

셋째, 취급하고자 하는 제품과 상품을 고려

제조업이라도 많은 시설투자가 필요한 설비산업인 경우와 좁은 공간에 기계 몇 대만 설치하고서도 영위할 수 있는 사업도 있기 때문이다.

제2절 창업 일반 절차

1 사업계획수립

창업을 하려면 먼저 업종 및 사업아이템을 선정한 후 이에 대한 사업 타당성 조사를 실시하고 사업규모, 기업형태, 창업멤버와 조직구성 등을 포함한 사업계획을 수립하여야 한다.

또한 공장설립이 필요한 경우에는 사업계획 수립단계부터 설립하고자 하는 공장의 규모와 성격 및 설립 가능성에 대하여 관계법령을 충분히 검토하여야 하며 가급적 해당업무의 관련부처, 시・군・구청 또는 중소기업 상담회사를 직접 방문하거나 전화 또는 민원문서를 통하여 공장설립에 관한 종합적 이해를 하여야 한다.

창업사업계획 처리절차로서 창업사업계획의 승인을 받으려면 시・군・구청마다 설치된 중소기업창업 민원실에 비치되어 있는 창업사업계획 승인신청서에 관계서류를 첨부하여 시장・군수・구청장에게 제출하면 된다.

한편 자유입지라도 공장설치가 불가능한 지역은 입지관련 법령에 의해 공장설치보다는 농사나 산림보전 등의 목적에 적합한 것으로 설정된 지역이기 때문에 공장을 설립할 수 없다. 따라서 공장설치가 허용되지 않는 지역에서 공장을 설립하려면 처음 용도지역의 설정취지에 맞추어 여러 가지 엄격한 인・허가 사항을 구비해야 한다.

그러나 정부에서는 중소기업 창업의 활성화를 도모하기 위해 공장설치가 허용되지 않는 지역에서도 중소기업 창업자로서 일정요건을 갖춘 경우에는 시・군・구청장으로부터 창업 사업계획을 승인받아 공장을 설립할 수 있도록 하고 있으며, 공장설립 절차도 간소화해 주는 제도를 시행하고 있다.

② 공장설립승인

사업계획을 수립하였으면 창업자는 직접 사업계획에 따라 해당업종을 담당하는 관청에서 사업에 필요한 인·허가를 받은 후 사업자등록과 법인설립등기를 하여야 한다.

창업을 위하여 공장이 필요할 경우 공장을 설립할 수 있는 지역은 국가공단, 지방공단, 농공단지와 같이 공장을 건설하기 위해 국가 등에서 조성해 놓은 계획입지 같은 지역이나 국토이용관리법 및 도시계획법상으로 세분된 개별적인 용도지역이나 용도지구 중 공장설치가 허용되는 자유입지와 같은 지역이다.

자유입지일 경우 공장설립이 허용되는 지역인가의 여부를 확인하기 위하여는 해당 군청의 국토이용계획확인원, 지적공부 또는 해당 시청의 도시계획확인원의 열람을 신청하여 알 수 있다.

계획입지는 산업입지 및 개발에 관한 법률에서 정한 목적(국가공단은 국가기간산업 육성분야, 지방공단은 지역개발 분야, 농공단지는 농어촌지역개발분야 등)에 부합할 경우 신청하여 입주할 수 있으며, 자유입지는 국토이용관리법 및 도시계획법 등이 허용하는 지역에서 공장설치가 가능하다.

기업의 창업방법은 크게 세 가지로 나눌 수 있다. 즉 기업을 신설하는 방법, 기존기업을 인수하거나 합병하는 방법, 특정 제품을 생산하는 업체와 계약하여 그 제품을 독점적으로 판매할 수 있는 대리점을 개설하는 방법 등이 있다.

창업방법이 확정되면, 기업형태별 장·단점을 조사하고 계획 중인 사업의 규모를 참작하여 어떤 기업형태로 회사를 설립하는 것이 가장 유리할 것인지를 판단해 기업형태를 결정해야 한다.

기업 경영책임을 경영주가 모두 감당하면서 영업, 자금조달, 종업원 관리, 생산관리 등 기업 전반에 걸쳐 만능 경영을 하여야 하는 개인기업 형태의 창업을 할 것인지, 조직을 갖추어서 회사업무의 대부분을 능력 있는 종업원에게 분담시켜 전체를 통괄할 수 있는 법인형태로 창업을 할 것인지를 먼저 결정하여야 한다.

물론 반드시 규모가 크고 종업원이 많으면 법인형태로 설립하고, 규모가 작으면 개인기업 형태로 출발해야 한다는 의미는 아니다. 우리나라에서는 많은 기업이 법률상으로는 주식회사이면서 운영은 가족회사와 마찬가지의 형태로 경영되고 있는 경우가 많다.

이와 같은 현상은 비록 자본과 경영이 분리되지 않은 경우라 하더라도 상법상으로 주식회사의 설립요건을 갖추고 있으면, 정부는 이를 권장하여 기업이 필요한 자본을 널리 일반으로부터 모집하여 현대적 개념의 기업으로 성장할 수 있도록 상법·증권거래법·세법상 각종 혜택을 주어 이를 장려하기 때문이다. 창업기업가는 기

업환경과 경영능력, 그리고 개인기업과 법인기업의 장·단점을 비교 평가하여 자기 실정에 맞는 기업형태를 선택할 필요가 있다.

창업의 업종선정과 사업타당성이 입증된 아이디어가 사업활동으로 이어지기 위해서는 해당관청에서 법적인 인·허가를 취득하여야 하는데, 개인기업이나 법인기업 형태로 사업주체를 결정하여 사업자등록이나 법인설립 등기를 해야 한다. 개인기업의 경우에는 사업장을 관할하는 세무서에 사업자등록을 위한 신청서를 제출한 후 사업자등록증을 교부받아서 설립할 수 있으며 법인의 경우는 관할지방법원이나 등기소에 설립등기를 한 후 관할세무서에 법인설립등기를 하여야 한다.

4 사업개시

1) 사업개시전 검토사항

앞에서 설명한 단계가 완료되면 마지막으로 창업에 관련된 행정절차를 마무리하여야 한다. 필요한 행정절차로는 부동산등기, 취업규칙신고, 사업장설치계획신고, 산업재해보험관계성립 및 의료보험조합 관련신고 등이 있다.

사업개시절차 및 개업준비는 창업의 마무리 단계이다. 회사설립, 공장건축 및 생산설비설치가 완료됨으로써 회사의 골격이 갖추어지게 된다. 창업하게 될 기업을 어떻게 운영할 것인가가 바로 개업준비 절차에서 이행되어야 할 창업절차이다. 개업준비 절차에서는 본격적인 영업에 돌입하기 위해 필요한 관리·영업·생산직 직원을 충원하고 훈련·교육하는 일에서부터 체계적인 조직의 구성으로 이어진다. 이러한 것을 자세히 살펴보면 다음과 같다.

(1) 생산분야

회사실정에 맞는 조직이 구성되면 각 분야별로 생산파트에서는 원부자재 조달, 생산설비 시운전 및 시제품 생산과정을 거친 후, 본격적인 생산에 돌입해야 한다. 그리고 공장등록, 공장설립완료 보고, 부동산 등기 등의 절차도 이행하여야 한다.

(2) 관리분야

관리분야의 업무는 급여규정, 회계규정 등 각종 회사내규의 제정, 업무에 필요한 각종 장표와 서식 제정과 더불어 직원연수도 집중적으로 실시해야 한다. 대외기관에 신고해야 할 각종사규, 즉 취업규칙신고, 사업장설치 계획신고, 산업재해보험관계 성립신고, 그리고 기타 대외기관 신고 등을 이행해야 한다.

(3) 영업분야

영업분야의 업무내용은 영업체계의 확립, 시장개척 활동 및 시장조사 등을 병행하여 실시함으로써 본격 영업에 대비하여 자사제품을 홍보하고 소비자 반응을 체크하여 제품의 성공가능성을 타진해보는 등 보다 더 좋은 제품으로 발전해 갈 수 있도록 다양한 측면에서 소비자 반응을 살피는 일이 중요하다. 그리고 영업사원에 대한 정신교육과 더불어 영업직에 대한 자긍심 제고 노력 및 영업직 직원에 대한 연수도 병행하여 실시하는 것이 필요하다.

2) 사업 개시일

제조업의 경우 사업장별로 재화의 제조를 개시한 날이며, 광업의 경우에는 광물의 채취・채광을 개시한 날이고, 기타 사업의 경우에는 재화와 용역의 공급을 개시한 날이다.

사업자등록은 사업장 소재지 관할세무서 민원봉사실에 신청을 하면 세무서에서는 신청서를 선별하여 외판업, 중기, 화물, 용달, 택시사업자와 대리, 중개 주선업 등의 사업자에 대해서는 즉시 발급한다.

기타 사업자에 대하여는 해당과에서 신청사항을 확인한 후 발급하여 민원봉사실에서 우송 또는 직접 교부하게 된다.

사업자등록을 하면 사업자등록번호가 나오게 되는데 이 사업자등록번호는 모든 상거래에 있어 그 사업체를 거래시마다 표시하며 사용되는 고유번호이다.

3) 사업 시작 전도 등록가능

모든 사업자는 사업 개시일로부터 20일 이내에 사업자등록을 하여야 하며 등록시 부여받은 사업자등록번호를 사용하여 세금계산서를 주고받아 납부 또는 환급세액의 계산도 하게 된다. 그러나 사업자가 사업을 개시하기 전에 상품을 구입하거나 시설투자를 하고자 하는 경우 상품매입시 부담한 부가가치세를 환급받으려면 사업을 개시하기 전에 사업자등록을 하여 매입계산서를 교부받는 것이 유리하다. 이때에는 사업을 개시할 것이 객관적으로 확인되어야 사업자등록증이 교부된다.

사업자등록은 사업장마다 하여야 하며 사업장이라 함은 사업자 또는 그 사용인이 상시 주재하여 거래의 전부 또는 일부를 행하는 장소를 말한다. 법인의 경우 법인의 본점, 지점 모두 사업자등록을 하여야 하고 개인도 사업장이 2개 이상 있을 때에는 사업장마다 사업자등록을 하여야 하며 직매장도 사업자등록을 하여야 한다.

여기서 사업자등록 신청서 작성시에 해당되는 사업자의 유형 중 부가가치세가 과세되는 사업자의 유형은 매출액의 규모에 따라 일반과세자, 간이과세자, 과세특례자로 구분된다.

【그림 2-1】 주식회사 설립절차

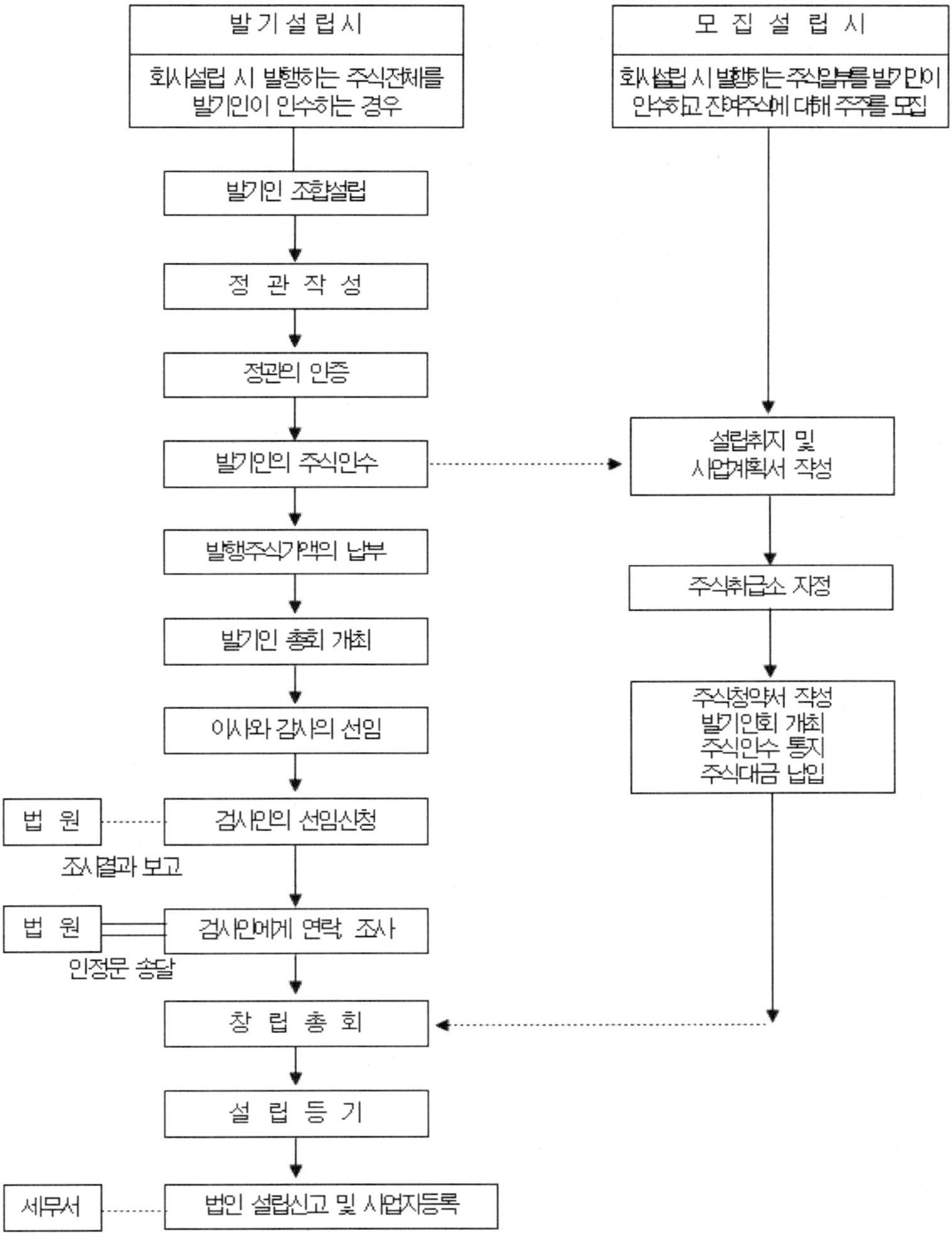

발기설립시

회사설립 시 발행하는 주식전체를 발기인이 인수하는 경우

- 발기인 조합설립
- 정 관 작 성
- 정관의 인증
- 발기인의 주식인수
- 발행주식가액의 납부
- 발기인 총회 개최
- 이사와 감사의 선임
- 검사인의 선임신청 (법 원 / 조사결과 보고)
- 검사인에게 연락 조사 (법 원 / 인정문 송달)
- 창 립 총 회
- 설 립 등 기
- 법인 설립신고 및 사업자등록 (세무서)

모 집 설 립 시

회사설립 시 발행하는 주식일부를 발기인이 인수하고 잔여주식에 대해 주주를 모집

- 설립취지 및 사업계획서 작성
- 주식취급소 지정
- 주식청약서 작성
발기인회 개최
주식인수 통지
주식대금 납입
- → 창 립 총 회

제3절 창업지원제도

1 중소기업 창업지원법에 의한 창업지원

1) 창업지원 대상과 지원체계

우리나라에서는 창업 중소기업을 지원하기 위해서 “중소기업창업지원법”을 제정, 시행하고 있는데 동법 제1조에서 법제정의 목적은 “제조업 등의 중소기업 설립을 촉진하고 중소기업을 창업한 자가 성장·발전할 수 있도록 적극 지원하며, 특히 농어촌지역에서 중소기업의 설립을 촉진함으로써 중소기업의 발전과 지역간 균형 있는 성장을 통하여 건실한 산업구조의 구축에 기여”하는 것이다. 그러나 전 산업에 걸쳐 모든 업종의 창업이 그 대상이 되는 것이 아니고, 법령이 정한 업종을 제한적으로 지원하고 있다.

2) 창업기업에 대한 자금지원

중소기업창업자의 창업활동을 지원하기 위하여 ‘창업지원자금’이 별도로 조성·운용되고 있다. 이 자금은 중소기업에 직접 지원하는 것이 아니라 창업투자회사에 대한 투·융자, 창업투자조합에 대한 출자, 창업상담회사에 대한 자금지원, 창업보육센터에 대한 융자금과 중소기업창업강좌 실시기관에 대한 교육비지원금 등으로 운용하며, 자금의 운용·관리 책임은 중소기업진흥공단 이사장이 갖고 있다. 이를 구체적으로 살펴보면 다음과 같다.

(1) 창업투자회사의 투·융자지원

사업성은 있으나 자금력과 담보력이 취약한 창업자에 대하여 창업투자회사가 납입자본금의 50%이내의 범위에서 직접 투자하여 지원하는 제도이며, 창업투자회사는 투자를 하더라도 창업자가 갖고 있는 경영권은 지배할 수 없다.

창업투자회사는 주로 무담보의 주식인수 또는 약정투자, 전환사채인수 등의 방법으로 투자하게 되며, 창업이 성공하여 이윤이 발생하면, 창업투자회사는 투자한 지분에 따라 이윤을 배분받게 되는데 궁극적으로는 기업공개를 통한 자본수익취득을 목적으로 하는 벤처캐피탈형식의 지원방식이다.

① 중소기업 창업투자회사 : 중소기업창업지원법에 의거하여 설립된 상법상의 주식회사로서, 제조업 등의 중소기업 설립을 촉진하고 중소기업으로 창업한 이

들이 성장 발전할 수 있도록 창업기업에 대한 투・융자를 주된 사업으로 하고 있다.

투자대상 및 업종은 중소기업창업지원업무규정에 의하여 장외사장에 등록되지 아니한 법인 또는 사업개시일로부터 10년 이내의 개인사업자로서 다음의 업종을 영위하는 자는 그 대상에서 제외된다. 즉, 농업・수렵업・임업 및 어업, 금융 및 보험업, 법무・회사관련 서비스업, 전문 및 일반강습소, 의료업・수의업, 금융기관 여신운용규정 제3조의 여신금지 부문 등이다.

② 창업투자조합의 투자지원 : 창업투자회사가 창업기업에 투자 및 융자를 할 목적으로 스스로 업무집행조합원이 되고 새인, 공공기관 등 불특정 다수를 일반조합원으로, 출자금을 모집하여 창업지원금을 특별조합원으로 민법상의 투자조합을 결성, 그 출자금으로 창업기업에 투자하고 일정 기간(통상 7년)이 지나 투자수익이 발생할 때 이를 출자비율에 따라 배분하는 투자방식으로서 투자대상 및 업종 등 지원절차는 창업투자회사와 동일하다.

(2) 신기술사업 금융회사의 투 · 융자지원

신기술사업 금융회사는 신기술을 개발하거나 신공정 개발 또는 제품개선을 위한 연구개발사업이나 연구개발성과의 기업화, 제품화 사업, 기술도입 또는 도입기술의 소화, 개량작업을 하는 중소기업에 대하여 투・융자를 목적으로 하는 기관이다. 현재 우리나라에는 한국종합기술금융(주), 한국기술금융(주), 한국개발투자(주), 한국기술진흥(주) 등의 신기술사업 금융회사가 있다.

신기술금융회사가 신기술을 개발하거나 이를 사업화하려는 중소기업자를 지원하는 방법은 우선 투자의 경우 발행주식의 50%이내에서 주식 또는 전환사채를 인수하는 방식을 취하고 투자액의 상환은 이익배당과 기업이 성공한 후 서로 협의하여 자본을 회수하고 있다.

또한 경영 및 기술지도, 시설의 대여, 기술개발제품 등의 거래에 수반하여 발생하는 외상매출에 관한 채권의 양수 등을 통해 투・융자받은 중소기업을 지원하고 있다.

(3) 지방자치단체의 창업지원자금

지방자치제가 실시되면서 각 시・도는 지방중소기업의 육성・발전 및 창업의 활성화를 위하여 지역내 창업자에 대해 창업지원자금을 지원하고 있다. 시・도에서 지원하는 창업자금은 중앙정부와 지방정부가 공동자금 [Matching Fund(50:50) 형태로 자금을 조성하여 운용하고 있다.

(4) 신용보증제도

중소기업을 창업하기 위해 자금지원을 받으려고 할 경우 가장 어려운 문제는 금융기관에 제공할 담보가 부족한 점이다. 신용보증업무를 담당하고 있는 신용보증기금과 기술신용보증기금은 자금력과 담보력이 취약한 창업기업에 대해서는 정식 심사기준에 의한 보증심사 대신에 별도 간이심사제도를 운용하여 창업기업을 지원하고 있다.

(5) 우수발명시 제작지원

발명인의 사기진작과 발명의욕을 고취하여 우수발명을 적극 유도하고 우수발명품을 촉진시키기 위하여 우수발명 시작품 제작비를 보조하고 있다. 발명이나 고안이 특허법, 실용신안법에 의해 등록된 것이며, 당해 권리가 시작품제작비 지원 신청일 현재 존속하고 있을 때에 가능하다.

3) 세제지원 및 부담금 감면

(1) 세제지원

정부는 중소기업의 창업을 촉진하고 중소기업을 창업한 자가 성장・발전할 수 있도록 적극 지원하며, 특히 농어촌지역에서의 중소기업창업을 지원함으로써 중소기업의 확대・육성발전과 지역별 균형성장 및 건실한 산업구조를 구축하기 위하여 창업한 자에 대해 각종 세제상의 지원제도를 운용하고 있다.

그러나, 창업자라 하여 모든 업체들이 세제상의 지원을 받을 수 있는 것이 아니라 제조업, 광업, 부가통신업, 연구 및 개발업, 방송업(종합유선방송국 및 프로그램공급업과 방송프로그램제작업에 한함), 엔지니어링사업, 정보처리 및 컴퓨터 운용 관련업, 물류산업 등의 업종에서 창업하는 사업자만 조세감면 혜택을 받을 수 있다.

(2) 부담금 감면

창업사업계획승인을 받은 창업자에 대하여는 개발이익환수에 관한 법률의 개발부담금, 농어촌 발전 특별조치법의 농지전용부담금, 산림법에 따른 산림전용 부담금 등을 감면하여 창업을 지원하고 있다.

2 입지지원제도[1)]

1) 창업보육센터

창업보육센터 [Business Incubator(BI)는 대학, 공공연구기관, 지방정부, 민간기관 등이 중소기업의 창업을 촉진하기 위해 설립한 것이다. 창업보육센터는 창업자들을 입주시켜 제반혜택 및 서비스를 제공하고 신생 중소기업의 생존율 제고, 기술

---

1) 중소기업청 벤처기업국, 『벤처기업 총람』 (1998. 10), p. 101.

혁신결과의 실용화, 신사업창출, 고용창출, 지방경제의 활성화, 기술인력의 양성, 대학 및 연구소 연구기능의 활성화 등을 목표로 하고 있다. 특히 기업을 새로이 시작하려는 창업가에게 원활한 자립경영과 성장을 도모하도록 창업과정의 제반지원체제 및 기능을 하고 있다. 창업보육센터는 입지하고 있는 지역 내에 기업을 발굴하고 적정기간 동안 양육 할 뿐 아니라 지속적으로 지역경제에 도움을 줄 수 있도록 지역내의 산업단지에 정착시키기 위하여 지속적인 협조 및 산·학·연 공조체제를 강구함으로써 산업발전과 지역경제를 활성화시키는데 기여하고 있다.

창업보육센터에서는 저렴한 임대료로 건물을 임대하며, 각종 사무기기 및 회의실 등의 공동활용 등을 제공함으로써 기술창업자들의 운영비부담을 극소화하고, 입주자들에게 경영지도, 대학 및 연구소 연구인력들에 의한 기술지도, 각종 자금, 정보, 기술, 경영지원 및 알선을 통해, 창업초기의 창업성공률을 창업보육센터를 통해 재고시켜주는 역할을 하고 있다.

창업보육센터의 입주대상은 창업을 준비중이거나, 창업일로 부터 1년이 경과되지 아니한 자 등이며 그리고 입주신청 제외대상은 다음과 같다.

① 금융기관으로부터 불량거래자로 규제중인 자
② 대기업자가 발행주식총수 또는 출자총액의 50% 이상을 소유하고 있는 자
③ 외국인이 발행주식총수 또는 출자총액의 50% 이상을 소유하고 있는 자
④ 휴·폐업 중인 자
⑤ 폐수, 소음, 진동 등 공해다발업종 영위자
⑥ 기타 공단이사장이 부적합하다고 인정하는 자

또한 창업보육센터의 입주기간은 6월 이상 2년 이내이며 1회에 한하여 연장가능하며 한편 지원내용은 다음과 같다.

① 시설지원 : 개별임대작업장, 공동이용공간(공동작업장, 회의실, 전시실 등) 공동이용시설(범용제조설비, 실험기기 및 계측설비, 사무기기)
② 지도연수 : 세무, 회계, 마케팅 등 경영분여, 시험·분석·설계·제작 등 기술분야
③ 기타 지원 : 공단의 타사업 우선지원 등 연계지원

2) 기술창업보육센터(Technology Business Incubator : TBI)

신기술보육사업은 산업자원부와 한국생산기술연구소에서 전국 주요대학의 사업공간과 고급기술인력 및 연구설비를 활용하고 또한 신기술을 보유한 예비기술창업자와 창업단계의 기술집약형 첨단중소기업에게 양산개발 및 사업화자금지원과 알선, 사업장·장비·기술제공·경영·정보 등을 지원함으로써 성공적으로 시제품 및

양산기술개발과 사업화를 이루고 지속적인 생존·성장·발전할 수 있도록 도와주고 있다. 특히 실용사업화 연구분위기 조성과 산·학·연 협동연구 활성화에 의한 연구개발결과의 기술창업 촉진 및 사업성공률 제고를 통해, 지역경제의 활성화, 산업기술기반의 확산 및 국가경쟁력제고를 목적으로 한다.

한편, 신기술보육센터의 입주자격은 신기술을 보유한 교수·연구원 또는 현장경험이 풍부한 전문기술자로서 예비창업자 또는 창업 후 1년이 경과되지 아니한 자 등이다.

3) 벤처기업 집적시설 및 벤처기업 창업타운 조성

벤처기업의 활성화는 우수기술인력의 창업촉진이 전제되어야 한다. 이를 위해서는 창업에 필요한 공간확보가 선경과제라 할 수 있다. 예를 들면 미국의 실리콘벨리, 보스턴지역, 대만의 신죽단지 등이 벤처기업육성에 성공한 것은 산업입지의 위치와 인적·물적 네트워크의 조화에서 비롯되었다고 할 수 있다.

벤처기업은 기술이나 지식을 근간으로 하는 기업의 특성상 유사업종의 기업을 집단으로 집적시킴으로써 상호간에 기술 및 경영정보의 교류를 통해 시너지효과를 거둘 수 있으므로 벤처기업전용단지의 조성이 필수적이라 할 수 있다.

정부에서는 벤처기업전용단지(빌딩)설립촉진을 위해 벤처기업전용단지를 산업단지에 포함시켜 산업단지가 적용받는 각종 인·허가 면제, 재정지원, 조세감면 등을 허용하였으며 국·공유지에 벤처단지 건설시 기부채납의무 면제 및 벤처단지 조성자와 수의계약을 하도록 한다.

한편 코스닥시장(KOSDAQ)등록 벤처기업 혜택은 다음과 같다.

① 주권상장법인과 차별성 폐지 :

- 무의결권 주식 발행한도 확대 : 발행주식 총수의 1/2 이내
- 주식에 의한 이익배당(주식배당)의 한도 확대 : 이익배당총액
- 이익참가부사채 : 교환사채 등 신종사채발행 허용
- 사채발행한도 특례 적용 : 사채(CB, BW)의 총액은 사채발행한도(순자산의 4배)에서 제외
- 보증금, 공탁금의 주권 대납가능
- 주주총회 소집공고의 간소화
- 주주총회의 의장권한 강호 : 의장에게 주총 질서유지권 부여
- 자기주식 취득 및 일반공모증자 허용 : 코스닥 등록 벤처기업에 대하여 주가안정 및 경영권방어 수단으로 자기주식 취득(발행주식총수의 1/3)을 허용, 주주의 신주인수권을 배제하고 불특정 다수인을 대상으로 신주발행 허용 등 일반공모를 통한 증자를 허용

② 국내 및 해외자금 조달능력의 확대 : 코스닥시장(KOSDAQ)등록 벤처기업으로 신규등록하기 위한 코스닥 등록 공모 또는 기등록 벤처기업의 코스닥시장(KOSDAQ) 공모증자를 통하여 일반대중으로부터 자금조달이 가능하고 그리고 거래소 상장법인과 동일하게 해외증권(CR, CB 등) 발행 및 해외증권시장 상장이 가능하게 되어 상대적으로 저렴한 해외자본조달이 용이하다. 그리고 등록을 주선한 등록종목딜러에게 일정기간동안 회사채 우선보증 및 인수의무를 부과함으로써 회사채발행이 용이할 수 있다.

③ M&A활성화를 통한 구조조정이 용이 : 외국인의 코스닥시장 등록 벤처기업 주식에 대한 투자가 허용됨으로써 시장기능을 통한 M&A활성화로 공정한 가격에 의한 구조조정이 쉬워지게 될 것이다.

④ 세제상의 혜택 : 코스닥시장등록 벤처기업으로 등록 후 신규 취득한 주식을 양도하는 경우 그 매매차익에 대하여 양도소득세가 비과세에 해당되며 금융소득합계가 4천만원 이하인 소액주주가 코스닥시장등록 기업으로부터 받은 배당소득은 분리과세되며 기관투자자가 코스닥시장등록 기업으로부터 받은 배당소득에 대하여는 그 소득금액의 90%를 비과세소득으로 간주한다.

⑤ 거래소시장 상장용이 : 기업재무내용이 건실하고 코스닥시장에서의 거래를 통해 일정률 이상의 주식이 분산되는 중소기업의 경우 거래소시장에 직상장할 수 있다.

제4절 창업 의무신고

1 신고사항 일반

사업자등록이 끝나면 법적으로 사업을 시작할 수 있는 절차가 완료되지만 필요시 법적 요건에 맞추어 기타 행정절차를 신고하여야 한다.

종업원이 5인 이상인 경우 의무적으로 가입해야 할 사항으로 산업재해보험, 국민연금, 의료보험 등이 있다.

또한 기업설립 후 필요에 의하여 신고하는 사항 중 신고를 하면 유리한 점들이 있다. 즉, 한국산업기술진흥협회에 기업부설연구소 또는 연구개발 전담부서의 설치신고를 하면 신고 후 벤처기업 확인, 조세감면, 병역특례 연구요원 공급 등 각종 지원제도를 받을 수 있다. 또한 기업설립 후 무역업을 등록하는 것도 유리하다.

2 고용보험 신고

고용보험은 실업의 예방, 고용의 촉진 및 근로자의 직업능력의 개발·향상을 도모하기 위하여 실시하는 것으로서 고용보험 적용대상 사업장이 98년 10월 1일부터 4인 이하 영세사업장을 포함한 모든 사업장으로 확대됨에 따라 사업주는 당해 보험관계가 성립한 날로부터 14일 이내에 관할 지방노동청(사무소)에 신고하여야 한다.

신규로 사업을 개시하는 사업자는 당해 사업장이 보험관계가 성립된 날(당해 사업이 개시된 날 또는 고용보험 적용요건에 해당하게 된 날)부터 14일 이내에 고용보험관계성립신고서와 피보험자자격취득신고서(별지 제14호 서식)를 함께 지방노동청에 제출하여야 한다.

고용보험관계 성립신고를 한 사업자는 고용보험 관계의 변경이 있는 경우에는 보험관계 변경신고, 사업의 폐지·종료 등으로 인하여 보험관계가 소멸하는 경우에는 피보험자격의 취득 또는 상실신고를 소재지 관한 지방노동청(사무소)에 하여야 한다.

3 국민연금 의무가입

대표이사 등 상근임원과 종업원을 합해서 5인 이상인 회사(법인)를 설립한 때에는 당연적용 사업장이 되어 국민연금법 시행령 제19조의 규정에 의하여 국민연금에 의무적으로 가입하여야 한다. 그러나 임원·종업원이 4인 이하의 사업장 근로자 및 농·어민, 자영업자, 일용근로자, 주부 등은 신청에 의하여 가입할 수 있다. 당연적용사업장이란 국내에 거주하는 3월 초과하여 계속 사용되는 18세이상 60세미만의 근로자(외국인 포함)와 사용자의 수가 5인이상 사업장을 말하는데, 다만, 공무원연금법, 군인연금법, 사립학교교원연금법의 적용을 받는 자 및 일용근로자, 3월이내의 기한부로 사용되는 근로자, 비상임이사, 시간제 근로자, 산업연수생인 외국인 등은 제외된다. 국민연금에 가입하려면 「당연적용사업장해당신고서」, 「사업장가입자 자격취득신고서」를 법인의 사업소 소재지 관할 국민연금관리공단에 제출하여야 한다.

사업장의 사용자는 매년 2월말까지 해당 사업장가입자의 전년도중 소득월액내역을 국민연금관리공단에 제출하여야 하며, 직원 등이 퇴직, 사망 등으로 인하여 사업장가입자의 자격을 상실한 때에는 사업장가입자 자격상실신고서를 제출하고, 사업장의 종류·명칭·소재지·사용자의 변경 등이 있는 때에는 사업장내역변경신고서를 제출하는 등 지속적인 관리를 하여야 한다.

국민연금에 가입하려면 당연적용사업장 해당신고서, 사업장가입자 자격취득신고서

를 법인의 사업소 소재지 관할 국민연금관리공단에 제출하여야 한다.

사업장의 사용자는 매년 2월말까지 해당 사업장 가입자의 전년도 중 소득월액 내역을 국민연금관리단에 제출(동법 시행규칙 제16조)하여야 하며, 직원 등이 퇴직, 사망으로 인하여 사업장 가입자의 자격을 상실한 때에는 사업장가입자 자격상실신고서를 제출(동법 시행규칙 제11조)하고, 사업장의 종류・명칭・소재지・사용자의 변경 등이 있는 때에는 사업장내역 변경신고서를 제출(동법 시행규칙 제17조)하는 등 지속적인 관리를 하여야 한다.

4 의료보험 의무가입

상시근로자가 5인 이상인 사업장의 사업자는 국민연금과 마찬가지로 당연 적용사업장이 되어 의료보험에 의무적으로 가입하여야 한다. 당연적용사업장이란(의료보험법 시행령 제15조) 3월 초과하여 계속 사용되는 근로자의 수가 5인 이상인 사업장을 의미한다. 다만, 일용근로자(2월을 초과하여 계속 근로하는 경우 제외), 3월 이내의 기한부로 사용되는 근로자, 비상근고문, 시간제 근로자 등은 제외된다(의료보험법 시행령 제14조) 의료보험법 시행규칙 제2조의 규정에 의하여 사용자는 상시근로자가 5인 이상의 사업장으로 된 날로부터 1월 이내에 「당연적용사업장해당신고서」및 「직장 피보험자 자격취득의 신고서」를 사업장이 속한 지역을 관할하는 직장의료보험조합(지역별 관할조합 문의는 의료보험연합회 상담과)에 신고하여야 한다.

5 산업재해 의무가입

상시근로자가 5인이상인 사업장(당연적용사업장)의 사업자는 의무적으로 산업재해보상보험에 가입하여야 하며, 당해 사업개시한 날로부터 14일이내에 사업장 관할 근로복지공단에 보험관계성립신고서를 제출하여야 한다. 또한, 사업의 폐지・종료로 인하여 보험관계가 소멸한 때에는 소멸일로부터 14일 이내에 사업장 관할 근로복지공단에 보험관계소멸신고서를 제출하여야 한다.

산업재해보상보험법 제5조에 의한 당연적용 사업장이라 함은 사업이 개시되거나 사업이 적용요건을 충족하게 되었을 때 사업주의 의사와는 관계없이 자동적으로 보험관계가 성립하는 사업을 말한다. 한국표준산업분류표를 기준으로 한 당연적용사업장을 예시해 보면 농업, 수렵업, 어업, 광업, 제조업, 전기・가스 및 상수도 사업, 건설업, 도소매 및 소비자용품 수리업, 운수・창고 및 통신업, 숙박 및 음식점업, 부동산 임대 및 사업 서비스업, 교육서비스업, 보건 및 사회복지사업, 금융 및 보험업(98.7.1 신규 적용), 기타 공공・사회 및 개인서비스업 (회원단체 제외)이다.

6 과세특례자 과세특례 적용신고

새로 사업을 개시하는 자의 연간 매출액이 4천8백만원 미만이 될 것으로 예상되는 때에는 사업자등록 신청서의 과세특례 적용신고란에 그 내용을 기재하거나 과세특례 적용신고서를 내면 과세특례 적용신고를 받게 된다.

연간매출액이 4천8백만원 미만이더라도 간이과세자가 되고자 하는 경우에는 간이과세자 적용신고를 하면 간이과세자 적용을 받게 되며 세금계산서의 수취·발급을 위하여 일반과세자가 되고자 하는 경우에는 과세특례 적용신고 또는 간이과세 적용신고를 하지 않으면 된다. 간이과세적용을 받기 위한 간이과세 적용신고시에는 새로 사업을 개시하는 자의 연간 매출액이 1억 5천만원 미만이 될 것으로 예상되는 때는 사업자등록 신청서의 간이과세 적용신고란에 그 내용을 기재하거나 간이과세 적용신고서를 내면 간이과세 적용을 받게 된다.

연간 매출액이 1억 5천만원 미만이더라도 세금계산서의 수취·발급을 위하여 일반과세자가 되고자 하는 경우에는 간이과세 적용신고를 하지 않으면 된다.

7 취업규칙신고

상시근로자 10인이상을 사용하는 사업자는 취업규칙을 작성하여 사업장을 관할하는 지방노동청(사무소)의 민원실에 신고하여야 한다. 변경하는 경우에도 변경신고를 하여야 한다. 취업규칙 에 포함되어야 하는 사항(근로기준법 제96조)은 시업·종업의 시각, 휴식시간, 휴일, 휴가 및 교대근로에 관한 사항, 임금의 결정·계산·지급방법, 임금의 산정기간·지급시기 및 승급에 관한 사항, 가족수당의 계산·지급방법에 관한 사항, 퇴직에 관한 사항, 퇴직금, 상여 및 최저임금에 관한 사항, 근로자의 식비, 작업용품 등 부담에 관한 사항, 근로자를 위한 교육시설에 관한 사항, 안전과 보건에 관한 사항, 업무상과 업무외의 재해부조에 관한 사항, 표창과 직제에 관한 사항, 기타 당해 사업 또는 사업자의 근로자 전체에 적용될 사항이다. 사업자는 상기내용 포함하는 취업규칙을 작성하고, 근로자의 과반수로 조직된 노동조합이 있는 경우에는 그 노동조합 또는 노동조합이 없는 경우에는 근로자의 과반수의 의견을 들어야 한다. 사업자는 근로자의 의견수렴 후, 취업규칙신고서에 관할 지방노동청(사무소)에 제출하여야 한다.

제 3 장

사업타당성 분석과 사업계획서

제1절 사업타당성 분석 개요

1 사업타당성 분석 성격

사업타당성 평가 항목은 일반적으로 계획사업과 창업자의 적합도, 즉 계획사업의 수행능력 평가, 계획 제품의 생산가능성, 품질, 성능 및 하자 여부 등을 검토하는 기술성 분석, 판매시장 환경, 경쟁상태, 시장진입 가능성 및 중장기 수급 전망 등을 검토하는 시장성분석, 적정 수익률 확보를 위한 경영요소 즉, 손익분기점 분석, 시설규모, 판매와 일반관리비 등 적절한 비용 분해 등을 검토하는 수익성 분석, 기타 종업원의 조직 적합도, 입지, 상품조달 위험성 등의 위험요소 분석, 중장기 경영계획의 실현 가능성 등이 있다.

사업타당성 분석은 창업 성공의 첫 번째 단계라 볼 수 있으며, 그 필요성은 다음 네 가지로 요약할 수 있다.

첫째, 창업자 자신의 주관적인 사업구상이 아닌, 객관적이고 체계적인 사업타당성 검토는 계획사업 자체의 타당성 분석을 통해 창업회사의 성공률을 높일 수 있다.

둘째, 창업자들이 사업타당성 검토를 통하여 구상하고 있는 기업의 제 형성요소를 정확하게 파악하여 창업기간을 단축할 수 있고, 효율적인 창업업무를 수행할 수 있다.

셋째, 창업자가 독자적으로 점검해 볼 수 없는 계획제품의 기술성, 시장성, 수익성, 자금수지계획 등 세부항목을 분석, 제시함으로써 해당업종에 대해 미처 깨닫지 못한 세부사항을 사전에 인지하여 효율적 창업 경영을 도모할 수 있다.

넷째, 기업의 구성요소를 정확하게 파악함으로써 사장의 경영능력 향상에 도움을 줄뿐만 아니라, 계획사업의 균형 있는 지식습득과 보완해야 할 사항을 미리 확인하여 조치를 취할 수 있게 된다.

2 사업타당성 분석 의의

사업타당성 분석은 사업을 시행하기 이전에 특정 사업의 성공가능성을 파악하기 위해 여러 가지 정보를 분석하고 평가하는 총체적인 과정이다. 창업기업가가 사업타당성 분석을 직접 작성하는 것은 쉽지 않다. 그러나 이러한 분석을 철저하게 하지 못하고 창업하는 경우에는 결코 사업의 성공의 확률을 높일 수 없다. 창업하고자 하는 사업아이템의 객관적인 조사를 실시하고 판단해야 하며, 그리고 다시 한 번 재검토의 과정을 필히 거쳐야 성공 가능성을 높일 수 있는 것이다. 체계적인 사업타당성 분석은 사전에 성공가능성이 적은 사업진출을 미리 포기하게 함으로써 발생할 수 있는 손실을 예방하거나 기업경영의 핵심요소에 대한 체계적인 점검을 통하여 간과하기 쉬운 위험을 사전에 대비토록 하는 등 신규사업의 성공에 있어 필수적인 역할을 한다. 또 사업타당성 분석(feasibility analysis)은 창업 후 경영활동의 결과인 목표이윤의 달성가능 여부를 사전에 객관적으로 조사 검토하는 과정을 말한다. 즉 창업을 고려하고 있는 사업아이템으로 사업을 시작했을 때 제품화의 과정을 거쳐 시장수요를 창출하여 어느 정도 성공할 가능성이 있는지를 체계적인 방법으로 분석하는 것을 의미한다. 이러한 사업타당성분석은 사업실패를 회피하기 위한 사전 점검장치이다.

사업타당성 분석이란, 사업을 시행하기 이전에 특정 사업의 성공가능성에 대한 정보를 파악하기 위해 사업추진능력, 기술성, 시장성, 경제성, 위험정도 등을 분석하고 평가하는 총체적인 과정을 말한다. 즉, 사업타당성 검토는 특정 사업을 추진하는 내부주체 또는 그 사업의 투・융자와 관련되는 외부관계자가 사업주체인 사업추진능력, 제품의 생산과 판매에 따르는 제반의 기술적인 문제, 시장조사와 판매가능 수요의 예측, 손익추정 및 경제성 등에 관한 정보를 입수하기 위해서 행하는 일련의 활동을 말한다.

창업자가 사업타당성 분석을 하는 것이 쉽지 않는 것은 사실이다. 그러나 이런 분석을 철저하게 하지 못하면 창업기업가는 사업에서 성공의 확률을 높일 수 없다. 객관적인 조사를 실시하고 판단해야 하며, 그리고 다시 한 번 재검토의 과정을 필히 거쳐야 실패확률을 줄일 수 있다.

또한 체계적인 사업성 분석은 기업의 설계역할을 하며, 기업경영능력 향상에 도움을 준다.

일반적으로 사업타당성분석 작성단계는 크게 1단계 예비 사업성 분석과 2단계 사업성 분석으로 나눌 수 있다

예비 사업성 분석은 소수의 특정 프로젝트 선정 이전에 다수의 예비 프로젝트를 선별해 가는 과정이라 볼 수 있다. 이 예비 사업성 분석은 후보사업 아이디어의 발견, 예비 사업성 분석 및 후보사업 아이디어의 1차 적 선정으로 이어진다.

제2단계 사업타당성 분석은 예비 사업성 분석에서 1차 적으로 선정된 후보사업 아이디어의 상세한 분석, 즉 아이템 적응성 분석, 시장성 및 판매전망 분석, 제품 및 기술성 분석, 수익성 및 경제성 분석, 국민 경제적, 공익성 분석 등을 통해 사업 성공가능성을 확인하는 과정이라 볼 수 있다.

제2절 사업타당성 분석 필요성

1 분석 필요성의 개념

창업자는 자기가 하고자 하는 사업이 사업성 있는 것인지 없는 것인지를 판단하는 일은 매우 중요하다. 창업은 한번 잘못하면 자기 망하고 집안이 망하는 파멸의 길을 걷게 되는 무서운 일이다. 그러므로 만일 사업성 없는 일이라면 아예 시작하지 않는 것이 최선의 길이다.

문제는 사업성이 있는지 없는지를 어떻게 정확히 판단하느냐는 것이다. 실제로 사업에서 실패한 경우를 보면 대부분 사업성을 평가해 보지 않았기 때문이 아니라 사업성을 잘못 평가한 데 그 근본적인 원인이 있다. 평가도 아무리 완벽하게 잘했다고 하더라도 실제로 창업을 하게 되면 많은 차질이 생길 수 있고 따라서 전혀 예측하지 못했던 문제 때문에 실패할 경우도 얼마든지 있다.

사업타당성 검토를 필요로 하는 집단은 다양하지만, 크게 두 유형으로 나누어 볼 수 있다. 하나는 직접 사업의 주체가 되는 창업자 또는 새로운 사업을 계획하고 있는 기존사업자이며, 다른 하나는 사업의 주체는 아니지만 사업에 필요한 자본을 투·융자하거나 정부의 예산을 배분해야 할 입장에 있는 금융기관과 정부기관 등이다. 전자를 내적 사업성검토, 후자를 외적 사업성검토라 할 수 있는데, 이들 평가주체들은 모두 특정 사업의 성공가능성에 대한 정보를 필요로 하기 때문에 사업성검토에 관한 강한 필요성을 갖게 된다.

내적 사업성검토는 창업자 또는 기존사업자의 입장에서 계획하고 있는 사업을 추

진하는 데 있어서 제기되는 제반의 문제와 위험요소를 사전에 점검해 보고, 계획 중인 사업이 수익성 있는 해볼 만한 사업인지를 확인하려는 데 기본관심이 놓여진다. 반면에 외적 사업성검토는 계획사업에 투·융자된 원금과 이자가 차질 없이 회수될 수 있을 만큼 충분히 경제적인 사업인지 또는 국가자원의 효율적인 배분에 기여할 수 있는 사업내용인지를 확인하려는 데 기본관심을 두게 된다.

자본주의 경제가 발전하고 산업화가 진전되면 될 수록 사업성검토 문제는 경영의 주요 과제로 등장하게 된다. 따라서 현대 기업경영에서 사업성검토능력은 기술, 자본, 정보 등과 같이 기업성패의 핵심요인으로 되고 있다.

사업타당성 분석은 창업을 실패로부터 지켜줄 수 있는 좋은 보조장치이다. 중소기업 창업은 물론 아무리 작은 소규모 창업, 심지어 구멍가게의 창업일지라도 필수적으로 꼭 작성해 볼 필요가 있다.

흔히 창업자들이 사업타당성 분석과 사업계획서를 동일시하는 경우가 있는데 이것은 엄격하게 구별된다. 사업타당성 분석은 창업 성공의 첫 번째 단계라 볼 수 있다. 따라서 사업타당성 분석은 선정된 후보사업의 상세한 분석 즉, 시장성 및 판매전망 분석, 제품 및 기술성 분석, 수익성 및 경제성 분석, 재무분석 등을 통하여 사업 가능성을 확인하는 과정이라 볼 수 있다.

반면 사업계획서란 사업타당성 분석 후 사업성이 인정된 경우에 작성하는 것으로서 사업의 내용, 경영방침, 기술성, 시장성 및 판매전망, 수익성, 소요자금 조달 및 운용계획, 인력 충원계획 등을 일목요연하게 표현한 일체의 서류를 말한다.

2 분석 필요성

창업자로 하여금 자신의 주관적 사업아이디어에 대해 객관적이고 체계적인 사업타당성분석을 수행함으로써 계획사업의 객관성을 높이고, 사업시작 전 위험요소를 확인함으로써 성공가능성을 높일 수 있다.

또 창업자들이 사업타당성분석을 통하여 구상하고 있은 사업의 제반 문제점과 제약요소들을 사전에 파악함으로써 창업기간을 단축할 수 있는 등 효율적인 창업업무를 수행할 수 있다. 사업타당성분석에서는 앞으로의 사업 전개방향과 강·약점분석을 실시하게 된다.

또 창업자가 계획사업의 시장성, 기술적 타당성, 재무적 타당성 등 세부항목을 분석해 봄으로써 해당업종에 대해 미처 깨닫지 못한 세부사항을 사전에 인지하여 성공적인 창업을 이룰 수 있다. 새로운 사업아이디어를 얻게 되면 일반적으로 자신의 사업은 매우 매력적인 것으로 보인다. 그러나 시장성, 기술적 타당성, 재무적 타당성 등 세부항목에 대한 객관적이고, 면밀한 분석의 과정을 거치지 않는다면, 자신이

전혀 예상하지 못한 문제들로 인해 위험에 빠질 수 있다.

사업에 대한 전반적인 분석이 동반됨으로써 사업 전반에 대한 평가뿐만 아니라 사업에 대한 자신의 기업규모와 조직구성 방향 등에 대해 구체적인 비전을 가지고 사업을 시작하게 된다. 결국 사업타당성분석을 통해 창업자는 자신이 보완하여야 할 사항들과 함께 자신의 사업운영방식을 설정하고 운영을 위한 필수 지식과 노하우를 습득하게 된다. 그러므로 사업타당성분석을 통해 창업자는 창업 이전에 경영능력을 향상시킬 수 있는 기회를 가지게 되는 것이다.

제3절 사업타당성 분석 요소

1 시장성 분석

1) 시장성 분석의 중요성

사업의 성공과 실패의 분수령은 제품의 판매에 있다. 아무리 품질이 우수하고 신제품이라 하더라도 판매가 되지 않으면 결코 사업이 성공할 수 없기 때문이다. 시장성 분석은 계획사업에 대한 판매예측, 즉 앞으로 생산할 제품이 시장에서 얼마나 판매할 수 있는가를 분석한다.

우리는 흔히 좋은 제품을 만들고서도 매출이 제대로 되지 않거나, 매출액 증가율이 높지 않아 손익분기점 매출액에 이르는 기간이 너무 길어 사업이 본 궤도에 올라보지도 못하고 도산해 버리는 경우를 흔히 볼 수 있다.

사업의 1차적 관문은 계획제품 또는 서비스를 원만히 생산, 조달하여 소비자에게 많이 판매할 수 있어야 한다. 그러나 사업을 성공적으로 이끌어가기 위해서는 단순한 판매에 그쳐서는 안 되며, 시장에 뛰어들어 경쟁상품과 겨루어 소비자로부터 인정을 받을 때 점차 매출이 늘어날 것이며, 시장범위도 확대되어 갈 것이다.

그러나 계획제품을 생산하여 시장에 내놓았을 때 대부분의 제품은 비교적 소비자에게 생소한 것이 보통이다. 생소한 제품에 대해 품질이 확인되기 전까지는 마케팅이 결코 쉽지 않다. 따라서 사업 성공의 갈림길이 바로 시장성과 판로확보인 것이다. 결국 창업 제품에 대한 시장성분석 및 정확한 판매 예측 없이는 사업을 성공적으로 이끌 수 없는 것이다. 그렇기 때문에 시장성 및 판매전망 요소의 정확한 분석은 사업타당성 검토의 핵심요소가 되는 것이다.

시장성분석의 최종목표는 계획제품에 대한 판매예측, 즉 앞으로 생산할 제품이 시장에서 얼마나 팔릴 것이냐, 향후 수요 증가추세는 어떻게 변할 것이냐를 분석하는 것으로 집약할 수 있다.

2) 시장성 분석 항목

시장성 조사에서는 판매량을 추정하기 위하여 기본적으로 다음과 같은 자료를 수집・분석한다.

(1) 시장의 특성

시장의 위치, 수송방법, 유통조직, 거래조건 등

(2) 수요분석

국내외 수급동향 및 중장기 수급전망, 주요고객, 예상소비량소비총액 등

(3) 공급분석

기존기업의 공급능력, 기존제품의 가격, 품질, 판매전략, 동업자 또는 유사제품과의 경쟁상태 및 향후 경쟁제품의 출현 가능성 등

(4) 거래수요의 분석

생산품에 대한 미래수요를 추정, 판매처, 판매조직 및 유통경로, 목표시장 선정 및 판매전략, 수출인 경우 해외시장 분석에 의한 수출 가능량 산정

(5) 시장점유율 추정

수요・공급・경쟁자의 위치와 구상하고 있는 사업의 판매계획 등을 고려하여 계획한 상품의 시장점유율을 추정한다.

일반적으로 시장성 분석에서는 먼저 시장의 특성으로 시장의 지리적 위치, 수송방법, 현재 운임, 유통조직, 대금결제 방법 등 일반적인 거래 관행분석과 수요분석으로 주된 소비자, 소비량, 소비총액, 선호하는 제품의 종류 등을 분석한다.

그리고 공급분석으로 국내 및 국외의 주요 공급자, 경쟁자 및 그들의 판매 가격, 품질, 판매전략 등을 분석하고 이상의 조사를 근거로 하여 생산품에 대한 총수요량, 금액 및 시장점유율 등을 예측하고, 필요에 따라 생산품별, 지역별, 시기별 수요량과 금액을 추정한다.

특히 시장성 분석에서는 특히 전반적인 시장동향 분석시에는 반드시 소비자 분석이 뒤따라야 하며 소비자의 구성분포 및 변화 추세를 분석함은 물론 제품의 소비형태와 소비단위 및 구매동기와 소비자 수요 형태 등에 대해서도 분석해 보아야 한다.

소비자의 구성분포는 지역별, 연령별로 현재의 성향과 변화추세 등을 분석하여야 하며, 제품의 소비형태, 즉 정기적 구매인지, 일시적 구매인지, 또한 재구매의 순환

주기는 얼마나 되는지, 1회의 소비단위는 어느 정도 되는지도 분석해 보아야 한다. 그리고 구매가 발생하는 동기, 소비자의 수요자극 요소 및 경향 등에 대해서도 분석해 보아야 하는 것이다.

3) 제품 분석

(1) 제품의 라이프 사이클 분석

제품의 라이프사이클을 무시하고, 그 시장에 뛰어든 경우에는 사업 실패와도 연결될 수 있는 측면이 많기 때문이다. 라이프사이클은 비단 제조업에만 국한된 것은 아니며, 도·소매업 및 서비스업에도 적용된다. 모든 사업에 있어서 라이프사이클은 존재하는 것이며, 이 라이프사이클에 대한 철저한 분석이 없이는 사업성공 자체가 어렵게 되는 것이다. 따라서 계획 제품의 라이프사이클이 도입기, 성장기, 성숙기, 쇠퇴기 중 어디에 해당되는지에 대해서도 실제 충분한 분석이 요구된다.

(2) 제품가격 분석

제품 경쟁력의 제1차적 요소는 제품 가격이다. 가격정책을 어떻게 수립하느냐가 마케팅 성공의 지름길이며, 마케팅 성공이 기업성공의 열쇠가 될 수 있기 때문에 결국 시장성 분석에 있어서 제품가격 분석을 필수적 항목이라 볼 수 있다. 제품가격 분석은 크게 나누어 제품의 가격정책, 가격 경쟁력 및 가격추세 분석으로 분류할 수 있다. 신제품을 시장에 출현시킬 때는 우선 가격정책을 수립하는 일부터 염두에 두어야 한다.

(3) 수요예측

일정 기간에 소비자 또는 고객에게 판매되는 상품의 수량 또는 금액을 측정하는 것이다. 즉 시장성 검토에서 가장 중요한 항목은 수요 예측이며, 이 수요예측은 예상 매출액으로서 수치화 된다. 수요예측이 사업성 분석과정에서 중시되는 이유는 판매계획, 생산계획, 자금조달 및 운용계획이 바로 이 수요예측 즉, 예상 매출액의 수정으로부터 출발하기 때문이다.

1 기술성 분석

1) 기술성 분석 필요성

기술성 분석은 사업타당성 분석 중 가장 어렵고 자료나 지식이 부족한 상태에서 실시해야 하는 경우가 많아 정확성이 떨어지는 수가 종종 있다. 물론 기술전문가이거나 엔지니어인 경우에는 기술면에서 자신감을 가지고 추진하겠지만 그렇지 않은 경우 엔지니어의 계획이나 활동에 의해 사업의 운명이 좌우될 수도 있기 때문에 세심한 조사, 분석 및 판단이 필요한 항목이다.

기술성 분석은 모든 기술적 사항이 건전한 것인가를 검토하는 것으로 생산계획, 시설계획, 기술능력, 입지조건 등을 비롯하여 소요인력계획, 원가계획 등 광범위한 조사가 포함되며 그 사업이 아이템의 기술적 조건이 충족될 가능성, 즉 기술적 실현가능성 여부에 중점을 두고 검토하여야 한다.

또 계획제품을 생산하기 위해서는 먼저 기술성 분석이 선행되어야 한다. 기술성이란 계획제품의 생산과 관련되는 제 요소, 즉 계획제품이 원만하게 생산될 수 있는지를 분석하는 요소이다. 계획제품에 대한 특성, 화학적 반응, 기계적 기능, 생산시스템, 공정 등 생산제품에 대한 철저한 조사·분석과 더불어 공장입지, 시설계획 및 생산시설 규모, 생산능력 및 조업도, 원재료 조달 및 제품 1단위에 대한 원재료 소요량 사정, 기술 및 기능 인력 확보, 예상불량률 및 개선 가능성 등을 종합적으로 분석하여야 한다.

흔히 특허나 실용신안 등 공업소유권에 의한 창업의 경우에는 이론과 실제와의 격차가 어느 정도인지, 또 예상되는 불량률은 어느 정도이며, 하자 발생의 가능성은 없는지를 세밀하게 검토하지 않으면 안된다. 특히, 실험실 내에서의 검증만으로는 불충분하며 실제 산업 현장에 적용해 보지 않으면 예상외로 사업 실패 확률이 높은 분야가 특허나 실용신안 등 공업소유권에 의한 창업이다. 왜냐하면 산업재산권은 기술 자체의 평가이지 사업 성공가능성의 확인이 아니기 때문이다.

아무리 훌륭한 제품이라도 소비자를 위해 상품화되지 않으면 아무 소용이 없으며, 그 사업은 성공할 수 없는 것이다. 이와 같이 제품의 상품화 가능성을 분석하는 것이 기술성 분석이며, 사업 성패의 시발점이 되는 것이다.

2) 기술성 분석 항목

기술성 평가요소는 ① 제품성 ② 생산시설의 적정성 ③ 생산계획 검토 ④ 입지조건 등으로 분류할 수 있다.

이와 같은 기술성 평가요소는 다음과 같은 2가지 관점에서 객관적이고 심층적으로 분석되지 않으면 안 된다.

첫째, 기술적 근본 문제로서 기술사활 결정요소라고 할 수 있는 치명적 요소가 존재하는지를 검토하는 일이다. 즉, ① 특정 문제로 인하여 제품 생산 자체가 불가능한지의 여부 ② 시험생산 결과 불량률이 사업한계선을 상회하는지의 여부 ③ 제품에 대한 기술력이 평균 수준을 하회하여 제품의 경쟁성이 현저히 낮은 경우 등이 존재하는지를 검토한다.

둘째, 생산환경 문제로서 ① 계획시설 수준이 동업계 평균수준에 못 미치는지의

여부 ② 주요 계획시설 내용, 시설배치, 계획시설의 장래성 등을 보아 시설계획의 적정성에 하자가 있는지의 여부 ③ 생산방식, 생산공정, 가동률, 생산조직, 주요 원재료 수급, 안전재고량 등 생산 및 재고 관리의 합리성이 결여되어 있는지의 여부 등을 평가하는 것이다.

3 재무성 분석

1) 재무성 분석 필요성

재무성 분석은 시장성 분석과 기술적 타당성 분석을 통하여 수집하고 분석한 자료를 바탕으로 경제성이나 수익성을 측정하는 여러 가지 자료를 이용하여 사업만의 타당성을 검토하는 것이다.

이러한 재무성 분석은 사업타당성 분석의 최종단계일 수도 있으며, 나아가서 창업 후 경영전략을 수립하기 위한 사전준비과정일 수도 있다. 왜냐하면 계획제품이 그 특성상 수익성이 낮다면 영업외적 요소, 즉 인건비나 경비를 줄일 수밖에 없는 경영전략 수립이 요구되며, 경제성이 없다면 새로운 사업분야의 탐색 등이 필요하기 때문이다.

재무성 분석은 추정 재무제표의 작성을 그 전제로 하고 있다. 수익전망은 향후 3년 내지 5년간의 추정제조원가 명세서와 추정손익계산서를 작성하여야만 그 예측이 가능하며, 예측된 매출액과 당기순이익 규모에 의해 손익분기점분석이 가능한 것이다. 또한 추정대차대조표와 자금조달운용계획표가 작성되어야만 이를 근거로 투자수익 및 계획사업에 대한 경제성평가가 가능하고, 자금흐름 예측에 근거하여 자금수지 및 자금조달능력을 분석할 수 있기 때문에 재무성 분석은 추정재무제표 작성을 전제로 하고 있는 것이다.

이와 같은 재무성 분석이 명확하지 못하면, 벤처캐피탈이나 엔젤로부터 투자받기가 매우 어려워지고, 이는 사업성공의 장애요인이 될 것이다. 따라서 세밀한 재무성 분석을 통해 자신의 목표를 명확히 설정하여야 한다.

아무리 제품의 품질이 좋고, 시장성이 뛰어나서 성공적으로 생산·판매되더라도 수익이 제대로 창출되지 못한다든가 투자의 경제성이 없다면 그 사업은 근본적으로 실익이 없는 것으로 판단할 수 있다.

이러한 재무성 분석은 사업타당성 분석의 최종단계일 수도 있으며, 나아가서 창업 후 경영전략을 수립하기 위한 사전준비과정일 수도 있다. 왜냐하면 계획제품이 그 특성상 수익성이 낮다면 영업외적 요소, 즉 인건비나 경비를 줄일 수밖에 없는 경영전략 수립이 요구되며, 경제성이 없다면 새로운 사업분야의 탐색 등이 필요하기 때문이다.

재무타당성 분석은 추정재무제표의 작성을 그 전제로 하고 있다. 수익 전망은 향후 3년 내지 5년간의 추정제조원가 명세서와 추정손익계산서를 작성하여야만 그 예측이 가능하며, 예측된 매출액 및 당기순이익 규모에 의해 손익분기점 분석이 가능한 것이다. 또한 추정대차대조표와 자금조달 운용계획표가 작성되어야만 이를 근거로 투자수익 및 계획사업에 대한 경제성 평가가 가능하고, 자금흐름 예측에 의거하여 자금수지 및 자금조달 능력을 검토할 수 있기 때문에 수익성 분석은 추정 재무제표 작성을 전제로 하고 있다. 재무분석에서 수행되어야 할 조사와 분석은 다음과 같다.

2) 재무성 분석 항목

재무성 분석을 위해서는 우선 기존의 재무구조, 수익성·자금수지 상황분석과 사업계획을 토대로 향후 소요되는 시설자금과 운전자금 규모들을 파악하고, 이러한 소요자금을 조달하는 방법으로서 영업활동을 통하여 들어오는 현금과 내부유보자금 및 증자 등을 통한 자금조성의 가능성을 검토한다. 그 다음에 각 기간별로 예상되는 자금 과부족에 대하여 그 규모와 신규 차입가능성 및 상환능력을 평가한다. 추정재무제표는 미래의 사업에 영향을 주는 여러 가지 불확실성을 단순화하여 작성되기 때문에 민감도분석[1]이나 손익분기점분석[2]을 실시하여 효율적인 투자결정을 유도하여야 한다.

(1) 총 소요자금 추정

창업사업의 사업성 분석과 사업계획에 있어서 총소요자금 추정은 매우 중요하다. 사업실패의 주요원인 중의 하나는 자금부족인데, 자금부족을 초래하는 원인 중의 하나가 소요자금의 추정이 부정확하기 때문이다.

(2) 자금조달 계획

총 소요자금이 추정되면, 자금조달 계획을 수립하여야 한다. 자금조달 방법에 따라 지불될 이자의 크기 등이 결정되며, 이에 따라 사업의 수익성도 영향을 받게 된다.

(3) 추정 재무제표 작성

추정재무제표를 작성해야 한다. 특히, 추정손익계산서, 추정대차대조표 등은 보통 3~5년의 미래에 대하여 작성한다. 추정재무제표를 작성하기 위해서는 추정제조

---

1) 민감도분석이란 계획의 전제가 된 가정치를 변경하여 같은 추정과 검토를 통한 결과를 만들어내는 것이다. 각 비용과 수익성요인이 변화할 때 그것이 현재가치 현금흐름과 투자수익률에 양적 영향을 얼마나 미치는지를 시뮬레이션을 통해 분석하는 기법을 말한다.

2) 손익분기점분석은 모든 비용을 고정비와 변동비로 나누어 비용, 가격, 판매수량에 따라 매출과 이익이 어떻게 변하는가를 분석하는 방법이다. 즉, 총수입과 총매출량이 일치하는 매출량을 산출하여 목표이익에 대한 매출액 또는 조업도, 생산량을 산출하는 기법을 말한다.

원가, 판매비 추정치, 일반관리비 추정치, 지급이자 추정치 등이 필요하다.

(4) 수익성지표 계산

사업의 내부수익률(Internal rate of return), 프로젝트의 현가 등 사업의 전체적인 수익성을 나타내는 지표를 구하여 사업의 수익성을 평가하여야 한다. 이와 같은 수익성을 계산하기 위해서는 관심대상이 되는 기간에 대한 현금흐름표를 작성하여야 한다.

(5) 미래의 경영상태지표 계산

미래의 사업경영상태를 나타내는 지표들, 예를 들면 유동성비율(유동비율, 당좌비율 등), 수익성 비율(총자본이익률, 자기자본이익률 등)을 구하여 미래의 경영상태를 검토하여야 한다.

4 손익분기점 분석

손익분기점(break even point : BEP)이란 수익총액과 비용총액이 일치하게 되는, 이익도 손실도 없는 매출액 또는 조업도를 말한다.

손익분기점은 창업기업에 있어서 사업 성패의 분수령이 된다. 따라서 손익분기점을 언제 달성하느냐가 중요한 것이다. 어느 정도의 매출을 실현하여야만 이익도 손실도 아닌 분기점에 도달할 수 있는 것이며, 분기점 도달 시점은 영업개시 후 언제 달성할 수 있는지가 분석의 핵심과제이다.

손익분기점 분석은 이와 같이 사업 성패의 관건인 동시에 자금수급계획의 지침이기도 하다. 매출이 손익분기점에 이르기 전까지, 그리고 손익분기점에 이른 후에도 일정기간 동안은 자금의 투입만이 이루어지기 때문에 동기간 동안 소요될 자금을 미리 확보하지 않으면 사업이 본 궤도에 오르기 전에 도산하고 마는 결과를 가져올 수 있는 것이다. 따라서 손익분기점 분석은 자금조달계획을 미리 수립하기 위한 척도로서 활용할 수 있다.

또한 손익분기점 산출 후 손익분기점 달성시점을 재조정할 필요성이 있는 경우 판매수량, 금액, 고정비, 변동비 등의 타당성을 검토함은 물론, 이들 요소로부터 경비의 절약 방안 등을 강구할 수 있어서 손익분기점 자체를 재조정할 수도 있기 때문에 손익분기점 분석은 그 효용성이 인정되는 것이다.

손익분기점의 평가기준은 그 평가 목적에 따라서 다양하다. 단순히 손익분기점 매출액을 산출하는 경우에는 손익분기점에 이르는 매출액 규모의 산출에 그 목적이 있으며, 손익분기점 매출액을 산출하면 이를 근거로 하여 창업 후 어느 시점에 이익 실현이 가능한지를 예측해 볼 수 있는 것이다. 이를 산출하기 위해서 비용을 고정비와 변동비로 나누어야 한다. 고정비는 매출액과 상관없이 일정하게 발생되는 비용이며, 변동비는 매출액이 증가할수록 비례적으로 증가하는 비용이다.

손익분기점 매출량(액)은 다음과 같이 산출된다.

$$\text{손익분기점매출량} = \frac{\text{고정비}}{(\text{가격} - \text{변동비})}$$

$$\text{손익분기점매출액} = \frac{\text{고정비}}{1 - (\text{변동비}/\text{실제매출액})}$$

여기서 손익분기점매출액 규모가 산출되면 현재의 실제 매출액을 기준으로 언제쯤 이익 실현이 가능한지 분석해 볼 수 있다. 창업기업에 있어서는 손익분기점 매출액 자체보다는 언제부터 이익 실현이 가능한지가 더 중요한 지표일 수가 있다. 이외에도 손익분기점 분석은 목표이익을 달성하기 위한 매출액에 관한 정보를 경영자에게 알려 준다.

목표이익을 1억원으로 할 때 이 목표이익 달성을 위한 매출액은 다음과 같이 구한다.

$$\text{매출액} = \frac{\text{고정비} + \text{목표이익1억원}}{1 - (\text{변동비}/\text{실제매출액})}$$

5 위험요소 분석

사업타당성 분석에서 검토되어야 할 또 다른 측면은 계획사업의 장기적 성장가능성의 분석이다. 성장성 분석시에는 기업성패에 중대한 영향을 미치는 기업환경요소 중 기업경영에 치명적 영향을 미칠 가능성이 있는 위험요소에는 어떤 것이 있으며, 이들 위험요소에 대한 정확한 대응전략의 수립이 가능한지의 여부와 장기적으로 성장가능성이 어느 정도인지를 분석하여야 한다.

계획사업에 대한 위험요소 분석으로는 ① 정책변동 ② 시장경쟁 격화 ③ 생산요소 변동 ④ 기타 등을 들 수 있다.

【표 3-1】 계획사업에 대한 위험요소

구 분	위 험 요 소
정책변동	· 조세, 관세정책 및 금융지원제도의 변경 · 금리 및 환율의 변동 · 생산제품에 대한 중소기업 고유업종 해제 및 수입 개방
시장경쟁 격화	· 경쟁기업 침입(대기업 참여 포함) · 판매 단가 조정

생산요소 변동	· 주요원자재(수입, 내수)파동 가능성 · 생산량 및 판매량, 가동률 변동요인 발생여부 · 전략제품의 변경 및 Product Mix의 실패
기 타	· 노사분규 · 시설자금 및 소요 운전자금의 적기 조달 실패 · 입지조건 부적합 · 자연환경 및 공해규제 · 환경, 보건, 조세 등 법률상 제약 · 공장 건설의 지연 · 기타 계획사업에 대한 위험요소 등

제4절 사업계획서의 이해

1 사업계획서의 개념

사업계획서는 사업계획은 고려하고 있는 사업을 하기 위해 앞으로 실행할 일련의 활동에 대한 사업계획을 기록해 놓은 서류를 사업계획서라고 한다.

사업계획서는 창업기업가의 창업계획을 체계적으로 정리한 것으로서 소규모의 소매업이라도 창업기업가 및 업종의 특성에 맞는 사업계획서를 작성하여 실행해 나가야 만이 성공적인 창업을 유도할 수 있는 것이다.

사업타당성 분석을 바탕으로 작성하는 사업계획서는 사업전략과 사업수익 목표를 구체적으로 제시하는 창업기업가 자신의 사업에 대한 청사진으로서 창업 과정을 계획성 있고 차질 없이 추진할 수 있게 하며, 창업기간을 단축시키고 경비를 줄여 줄 뿐만 아니라 창업 성취율을 높여줄 수 있는 가장 중요한 과정중의 하나이다.

사업계획과 사업타당성 분석의 연관성에 대해서 살펴보면, 사업타당성 분석은 고려중인 사업의 성공 가능성을 조사하는 일이다. 한편, 사업계획은 실행계획이다. 그러므로 먼저 사업타당성 분석을 실시하여 그 결과가 긍정적이면 실행계획 즉, 사업계획을 수립하는 것이 순서이다.

그러므로 사업계획과 사업타당성 분석은 서로 다르다고 할 수 있다. 하지만, 사업계획을 수립하자면 사업타당성 분석에서 수집했던 자료와 획득했던 정보를 많이 사용하게 된다. 따라서 사업타당성 분석과 사업계획은 서로 다른 것이기는 하지만 실제에 있어서는 대단히 밀접한 관계를 가지고 있다.

② 사업계획서의 의의

사업계획서란 창업자가 기업을 설립하고 자신의 사업을 지속적으로 성장·발전시키는 창업자의 구체화된 의지를 체계적으로 기술한 계획서이다.

또한 사업계획서는 창업자 자신을 위한 것이다. 사업계획을 타인에게 보이기 위한 것으로, 실제 내용보다는 형식을 위한 것으로 생각하는 소극적인 태도는 버려야 한다. 사업계획은 자금 동원이나 동업자를 구할 목적으로 작성하여 관계기관에 제출하거나 관계자에게 보이는 경우도 많은데 그런 경우에도 그것은 남을 위한 것이 아니고 자신을 위한 행위라는 점을 인식해야 한다.

창업을 준비하고 있는 사람뿐만 아니라 사업을 하고 있는 경영자 중 많은 사람들이 사업계획서를 요식 행위에 불과한 것으로 가볍게 생각한다. 은행대출이나 벤처캐피탈의 투자가 필요할 때 어쩔 수 없이 제출해야 하는 서류라고 생각하고 대충 요구하는 내용을 채우는데 급급해 하고 있다.

사업계획서란「제품이나 서비스의 사업기회와 시장성을 은행, 투자자 등 잠재 지원자에게 확신시켜 이들로부터 자금지원을 받기 위하여 만드는 서류」이다. 단적으로 표현하면 사업계획서는 사업을 판매하는 판매서류이다. 이때 사업계획서는 회사의 강점을 강조함은 물론이지만 회사의 문제 및 장애요인에 대하여서도 솔직하게 접근하고, 이러한 것을 어떻게 극복할 것인가에 대해서도 기술하여야 한다.

아무리 간단해 보이는 사업이라 하더라도 계획을 세우지 아니하고 즉흥적으로 행동하면 성공하기는 어렵다. 그러므로 창업자 단독으로 사업을 추진하는 경우라 하더라도 사업계획서는 작성하는 것이 좋다.

그리고 사업계획은 반드시 문서화하는 것이 좋다. 머리속에 작성한 사업계획만으로도 훌륭히 사업을 성공시킬 수 있는 능력을 갖춘 사람도 있다. 하지만 대부분의 사람들은 그러하지 못하며, 사업은 그 규모가 커지면 창업자 자신뿐만 아니라 타인을 움직이어야 하므로 기록으로 표현된 행동 지침인 문서화된 사업계획이 필요하다. 이러한 사업계획서는 창업자의 창업계획을 체계적으로 정리한 것으로서 소규모의 소매업이라도 창업자 및 업종의 특성에 맞는 창업 사업계획서를 작성하여 실행해 나가야 한다.

③ 사업계획서의 역할

1) 사업계획서는 사업을 계획하는 도구

사업계획서는 사업을 계획하는 미래의 청사진과 경영의 가이드라인이다. 이것을 작성하는 과정에서 창업자는 사업에 관한 여러 가지를 살펴보게 된다. 그러므로 사

업전반의 내용인 사업과 경쟁환경, 잠재시장 분석과 성공 가능성, 위험부담 등을 객관적으로 살펴볼 수 있는 기회가 된다.

2) 사업계획서는 자본조달의 수단

사업계획서는 창업에 도움을 줄 제3자, 즉 동업자・출자자・금융기관・거래처 더 나아가 일반 고객에 이르기까지 투자의 관심유도와 설득자료로 활용도가 매우 높다.

3) 사업계획서는 체계적인 사업준비를 하는 데 유리

사업계획서는 사업성분석 내용의 실행계획을 구체화하기 위하여 작성되는 것이다. 창업자 자신의 내부관리 목적을 위한 내적 기능과 외부투자자의 의사결정을 위한 외적 기능을 수행한다. 그러므로 체계적인 사업준비에 유리하다.

4) 사업의 성공가능성을 제고

사업계획서는 계획적인 창업을 가능하게 하여 창업기간을 단축시켜 주고 사업추진을 원활하게 하며, 자원 및 경비를 절감할 수 있게 하여 계획사업의 성취에도 많은 효과를 준다.

5) 사업계획서는 창업자의 비전과 인격

사업계획은 자신과 다른 사람을 합리적으로 설득하기 위한 준비작업으로 표현하기도 한다. 그러므로 사업계획서가 얼마만큼 잘 작성되었는가에 따라 창업자의 비전과 능력 그리고 사업목표와 경영방침 등을 효과적으로 알릴 수 있으며, 창업자 자신의 경영철학과 경영방침을 제시할 수 있는 수단이다.

4 사업계획서의 기능

첫째, 계획서류의 기능을 보면 사업계획서는 어떻게 사업을 할 것인가에 관한 아이디어를 개발하는데 사용할 수 있는 계획서이다. 그리고 마케팅, 재무, 운영업무 등 기업의 모든 면에 대하여 사전에 검토함으로써 전략을 구체적으로 가다듬는 기회를 제공할 뿐 아니라, 실제로 시장에서 직면하게 될 수 있는 잘못을 서류상에서 경험하게 하는 기회를 제공해 준다.

둘째, 사업활동의 안내 기능으로서 사업계획서는 회사의 나아갈 방향을 제시하는 사업의 안내역할을 한다. 안내지도 없이 여행할 경우 많은 어려움에 직면하게 되며 심지어는 여행을 중단하게 되는 경우도 생길 수 있다. 사업을 시작하는 것도 마찬가지로 사업을 위한 안내지도가 필요하다. 사업계획서가 바로 사업의 안내지도 역할을 하는 것이다.

셋째, 평가기준 기능으로서 사업계획서는 회상하는 도구이다. 사업계획서가 있으면 향후 일정 기간이 지난 후 사업계획에 비추어 실제성과가 어떠했는지 평가할 수 있다. 이러한 점에서 사업계획서는 향후 새로운 사업계획서를 작성하는 기초로서 사용될 수 있고 또한 사용되어야 한다.

넷째, 자금조달 도구로서 사업계획서를 통하여 자금을 확보한다. 자금을 빌려주는 금융기관이나 자금을 투자하는 투자자들은 일반적으로 사업계획서를 통하여 회사를 검토한 후에 의사결정을 하게 된다.

제5절 사업계획서 작성의 필요성과 중요성

1 사업계획서 작성 필요성

1) 필요성의 이해

창업과정에 있어 예비 창업자에게 사업계획서 작성행위는 계획사업에 관련된 제반사항 즉, 제품시장의 구조적 특성, 구매고객의 성격, 시장확보의 가능성과 전략, 적정투자 규모, 자금의 조달계획, 생산 및 판매계획, 인력수급계획 등 일련의 사항을 객관적 관점에서 체계적으로 묘사하는 매우 중요한 자료이다.

이러한 계획서는 당사자의 사업성공 가능성을 높이는 것뿐만 아니라 계획사업의 성취에도 많은 필요요인으로 작용될 수가 있다. 특히 부족자금 조달을 위한 투자가의 관심유도와 설득의 자료가 될 수 있다.

일반적으로 기업의 실패원인을 외적요인과 내적요인으로 구분하여 볼 때 90% 이상이 내적요인에 의한 실패이며, 이러한 요인 제거를 위한 최우선 과제는 무엇보다 정확한 사업계획의 입안에 있다. 사업계획은 위험성과 불확실성에 대하여 세밀하고 전문성 있는 방법에 의한 검토가 필요하며 제품구상에서부터 초기 성장단계로 진입하기 위한 활동계획과 대책을 나타내는 의사표현이라고 볼 수 있다.

대부분의 창업자는 객관적이기보다는 주관적인 판단으로 흐를 가능성이 높은 상황하에서 체계화된 사업계획 형식에 맞추어 구체적으로 각 부문별·요소별 계획과 검토를 진행하다 보면 예상치 못한 사업구상의 허점을 발견하게 되는 것을 종종 볼 수 있다. 사업은 예기치 못한 작은 원인에 의하여 성패가 좌우될 수도 있다는 것을

명심해야 할 것이다.

현재 정부 혹은 금융기관 및 투자기관들은 창업기업을 위한 금융지원을 확대하고 있으며 또는 기술개발 등 정책자금 지원도 매년 그 예산액을 상향 조정하고 있다. 이러한 여러 가지 자금조달활동을 위해서는 정확하고도 세밀한 사업계획서가 필요하며 투자가의 신뢰감을 얻을 수 있는 근거자료의 제시, 전문성과 독창성을 갖춘 보편타당한 사업계획서의 작성이 요구되어 진다.

【3-2】 사업계획서의 작성 필요성

감정적 편견을 억제하는 기능	감상적 아이디어나 경험에 의한 주먹구구식 계획을 제거시켜 준다.
사업에 대한 헌신도의 시험기능	창업자의 헌신도가 구체적인 계획으로 표현된다.
계획 및 조치의 정당성에 대한 입증기능	세부적인 계획으로 방법론의 선택과 대체안의 강구로 문제해결이 보다 쉬워진다.
사업 아이디어의 입체적 검증기능	사업체계와 절차의 명확화로 전·후 절차와 과정상의 실수 등을 줄여 준다.
일관성 있는 사업추진 기능	목표의 명확화로 일관성 있는 추진이 가능하다.
타인에 대한 설득기능과 신뢰성 향상기능	잘 짜여진 사업계획은 다른 사람의 관심을 유도하고 이해관계자에 대한 신뢰성을 높여 준다.

사업계획은 구체적이고 객관적이어야 하며, 상대방으로 하여금 신뢰성을 주는 사업계획서가 작성되어야 한다. 어떤 형태이건 창업기업은 5년이내 70%가 도산한다는 통계를 감안해 보더라도 사업계획의 수립은 철저히 조사되고, 가능성만이 아닌 실질적인 실천계획서로 작성되어야 한다.

따라서 창업에 있어서 사업계획서가 필요한 이유를 요약해보면 다음과 같다.

첫째, 창업자 자신이 창업 및 발전전략을 설계해 보는 기회가 되고, 주관적인 사업구상이 아니라, 객관적이고 체계적으로 사업을 검토할 수 있다.

둘째, 창업에 필요한 제반 요소를 점검하고, 부족한 부분을 파악함으로써 효율적으로 창업과정을 수행하고 창업 성공률(Survival rate)을 높인다.

셋째, 창업과정에서 어떠한 전략을 취할 것인가를 세밀하게 분석하여 결정할 수 있다.

넷째, 창업자가 외부로부터 자금조달을 원하는 경우, 창업자가 자신의 '기회'를 외부투자가(엔젤, 벤처캐피탈)에게 체계적으로 설명하기 위해서 필요하다.

2) 창업자 입장에서의 필요성

사업계획의 수립은 고려중인 사업을 성공으로 이끄는 데 많은 도움이 되는 것으로, 사업계획의 용도는 다음과 같이 정리할 수 있다.

(1) 사업의 성공 가능성 타진

사업계획서를 작성한다는 것은 사업의 성공 가능성을 점검할 수 있는 좋은 기회가 된다. 계획을 작성하는 과정에서 사업의 문제점을 발견하게 되는 경우도 많다. 사업타당성 분석을 별도로 실시하지 아니하고 사업계획을 작성하는 경우는 사업계획 작성 과정에서 사업성을 검토하게 된다.

(2) 의사소통의 수단

사업계획은 고려하는 사업에 참여할 투자자, 동업자, 간부급 인사들과 의사를 교환할 때 중요한 보조 자료가 된다. 대부분의 사업은 구두로만은 충분히 설명하기 어려울 정도로 복잡할 뿐만 아니라, 제안 사업을 구두로 설명하려면 관계자들로부터 충분한 이해를 얻기 어렵다. 짜임새 있게 작성된 사업계획은 주변의 사람들을 움직이는 중요한 수단이 된다.

(3) 초기의 행동지침

사업계획은 창업 초기의 업무 추진계획이다. 사업이 일단 시작되면 처리해야 할 업무가 많고 시간이 부족하여 가능한 여러 가지 대안들을 검토하고 세부적인 계획을 수립하는 일에 많은 시간을 보낼 수 없게 되는데 이때 사업계획은 유용한 행동지침이다.

3) 투자자 입장에서의 필요성

(1) 투자 사업의 타당성을 판단하는 자료

사업계획은 투자자가 투자에 관한 의사 결정을 하는 데 사용하는 가장 기본적인 자료이다. 사업계획은 사업 제안자와 투자자가 간접적이나마 최초로 접촉하게 하는 매개물인 경우가 많다. 사업계획이 어느 정도 가능성을 시사해야 사업 제안자와 투자자를 직접 만나서 사업을 논의할 수 있게 될 것이다. 사업계획은 사업평가의 가장 기본적인 자료이기 때문이다.

(2) 창업자와 경영진의 능력평가 자료

투자자들이 사업계획서를 통하여 가장 관심을 가지는 사항은 창업자와 경영진이 계획사업을 성공시킬 능력을 가졌는가 이다. 또, 투자자들은 사업계획서에 나타난 여러 가지 내용들로 예를 들면, 업계의 동향, 시장의 추이, 경쟁상태, 사업의 독창성, 소요자금, 대상기업의 현재 재무상태 등에 대하여 사실확인을 하고 사업의 타당성을 평가한다.

2 사업계획서 작성의 중요성

1) 계획사업의 청사진

창업과정에 있어서 사업계획서의 작성은 계획사업에 관련한 제반사항, 즉, 계획사업의 내용, 계획제품 시장의 구조적 특성, 소비자의 특성, 시장확보의 가능성과 마케팅 전략, 계획제품에 대한 기술적 특성, 생산시설, 입지조건, 생산계획과 더불어 계획 아이템에 대한 향후 수익전망, 투자의 경제성, 계획사업에 대한 소요자금 규모 및 조달계획, 차입금의 상환계획, 조직 및 인력계획 등 창업에 관련되는 제반사항을 객관적으로 작성하는 아주 중요한 자료이다.

2) 기업의 성과증대

사업계획서를 작성하는 과정에서 창업기업이 직면하는 주요한 문제들을 체계적으로 이해할 수 있는 기회와 이를 해결할 수 있는 전략을 수립할 수 있는 아이디어를 얻을 수가 있다. 경영자의 가치관과 기업목적의 검토 및 조정, 정보수집과 분석결과의 공유, 조직 내에서의 의사결정방법의 개발 등과 같은 것들이 계획과정에서 검토되고 수립됨으로써 창업조직을 효과적으로 만드는 데 기여하게 되어, 결과적으로 창업기업의 성과를 증대시킬 수 있다.

3) 경영관리의 지침서 역할

사업계획서는 창업기업의 비전과 목표를 담고 있으므로 관리자를 비롯하여 전체 종업원들로 하여금 이러한 목표를 향해 나아갈 수 있도록 도와주는 안내자 역할을 한다. 창업을 한 후에는 조직구성원들이 원래의 목적과 나아가야 할 방향을 잊기가 쉬운데, 그러한 경우에 사업계획서를 참조하면 기업의 목표를 재확인할 수 있고, 또한 그와 관련된 문제를 해결할 수 있는 안내자의 역할을 한다.

4) 사업성공의 지침서

사업계획서는 창업자 자신을 위해서는 계획사업의 타당성 검토를 통해 사업성공의 가능성을 높여주는 동시에 계획적인 창업을 가능케 하여 창업기간을 단축시켜 주며, 계획사업의 성취에도 많은 영향을 미친다.

또한 창업에 도움을 줄 제3자, 즉 동업자, 출자자, 금융기관, 매입처, 매출처, 더 나아가 일반고객에 이르기까지 투자 및 구매의 관심유도와 설득자료로 활용도가 매우 높다.

5) 외부자원의 획득

사업계획서는 창업에 도움을 줄 제3자 즉, 동업자, 출자자, 금융기관, 매입처, 매출처, 더 나아가 일반 고객에 이르기까지 투자에 대한 관심 유도와 설득자료로서 많이 활용하게 된다. 투자자들은 투자의사결정과정에서 사업계획서를 중시한다. 사업계획서는 투자자들이 제안된 사업이 갖는 위험과 가능성을 확인하기 위한 검토를 시작하는 출발점이 되기 때문이다.

특히 은행, 벤처자본가, 창업자금 지원기관들로부터 자금지원을 얻기 위해서는 투자심사를 위한 판단자료로 사업아이디어, 업계동향, 수요추세, 경쟁상태, 소요자금, 경영진의 경영능력 등에 관한 정보를 포함한 사업계획서를 제공해 줌으로써 투자의사결정에 활용할 수 있도록 하여야 한다.

제6절 사업계획서 작성원칙

1 작성의 기본원칙

1) 설득이 용이하게 작성

사업계획서는 충분성과 자신감을 바탕으로 작성되어야 한다. 창업기업가 자신이 가지고 있는 목표 아이템을 제3자에게 설득력 있게 납득시키는 것이 사업계획서의 제1의 목적이다. 따라서 계획사업에 대한 내용을 충분히, 그리고 구체적으로 작성할 필요가 있다. 사업내용이 창업기업가 자신에게는 다년간 관심과 연구의 결과일 수 있지만, 제3자의 입장에서는 생소한 경우가 대부분이기 때문이다. 사업계획서는 창업기업가의 얼굴인 동시에 창업기업가 자신의 신용이다.

따라서 사업계획서는 창업기업가 자신이 효율적으로 창업기업을 설립하여, 그 사업을 지속적으로 성장·발전시켜 가고자 하는 창업기업가의 구체화된 의지를 체계적으로 정리·기술한 창업계획서이기 때문이다.

2) 객관성, 현실성 원칙

사업계획서는 객관성이 결여되어서는 안 된다. 자칫 자신감이 너무 지나쳐 제3자가 느끼기에 허황되고 현실성 및 실현가능성이 없다고 판단될 때는 신뢰성이 큰 타격을 입을 수도 있다. 따라서 공공기관 또는 전문기관의 증빙자료를 근거로 정확한 시장수요조사와 최소한 회계적 지식을 갖고 매출액과 수익이 추정되어야 한다.

3) 간단 명료성

사업계획서는 설득력 있는 내용으로 간단・명료하게 작성하여야 한다.

즉 주된 취급품목만 기술하고 부수적이고 다양한 내용은 가급적 피하면서 향후 기술개발 가능성과 사업의 잠재력을 강조한다.

또 전문적인 용어의 사용은 피하며 단순하고도 보편적인 설명으로 이해시킬 수 있도록 해야 하며 근거가 불충분한 자료 혹은 논리적 비약 및 비논리적인 추정은 피한다.

그리고 계획사업의 잠재된 문제점과 향후 발생 가능한 위험요소를 명료하게 기술하고 그에 대한 대안을 제시하면서 자체적으로 조달가능 자금의 내역과 정도를 정확히 표현한다.

4) 객관성

사업계획서는 비논리적인 추정을 피하고 공공기관 또는 전문기관의 객관적 증빙자료 등의 확실한 근거와 함께 실현가능한 사실성에 근거하여 정확하게 작성하여야 한다. 특히 사업계획서의 구체적인 숫자의 예측으로부터 사업이 성공할 것이라는 객관적인 자료를 제시해야 하는데 제품의 가격, 이윤, 판매량, 시장점유율 등을 예측할 때는 지나치게 낙관적인 자세로 임해서는 안되며 예상되는 경쟁관계를 과소평가하지 않아야 한다.

5) 구체성

창업자가 가지고 있는 목표 아이템을 제삼자에게 설득력 있게 납득시키는 것이 사업계획서의 목적중의 하나이다. 따라서 사업계획서는 해당 제품 자체의 설명에만 국한하지 말고 관련산업, 관련업종의 내용 제품생산공정, 각 사업운영 부문에 대한 기술을 구체적이면서도 명료하게 나타내어야 한다. 그리고 창업자 자신이 조달가능한 자기자본을 구체적으로 현금과 예금, 부동산 담보 등에 의한 조달액을 표시함으로써 제3자로부터 창업자의 최소한의 자금조달능력을 신뢰하게 할 필요가 있으며 동업자, 금융기관 등으로부터의 조달계획을 구체적으로 표시해야 한다. 이를 통해 경영자나 투자가로 하여금 사업성공과 투자가치와 수익성에 대한 확신감을 가질 수 있도록 해야 한다.

6) 타당성

사업계획서는 이해관계자(자본투자자, 사업승인자)들에게 타당성 있고 신뢰감을 줄 수 있도록 작성되어야 한다. 이를 위해서는 시장분석, 기술분석, 재무분석, 공익성 분석 등을 실시해야 한다. 그리고 제품 및 기술성 분석 근거자료로서 공공기관의 기술타당성 검토보고서 또는 특허 등의 관련 증빙서류를 첨부함으로써 신뢰성을 높여줄 필요가 있다. 또한 사업계획서는 추정재무제표와 재무분석을 통해 계획사업의 적정수익성이 검증되어야 한다.

7) 계획사업의 핵심내용 강조

셋째, 계획사업의 핵심내용을 강조하여 부각시켜야 한다. 사업계획서는 창업기업가 자신이 가지고 있는 목표 아이템을 제3자에게 설득력 있게 납득시킬 수 있도록 보편타당성 있게 작성되어야 한다. 계획제품이 경쟁제품보다 소비자의 호응이 있으리라는 기대를 갖고, 제품의 특성을 중심으로 설명하되 잡다한 부수적 생산제품보다 창업초기 전략계획 상품을 중심으로 1~2종, 많더라도 3종을 넘지 않은 범위 내에서 핵심적으로 상품을 설명할 필요가 있다. 흔히 창업기업가들이 이 목표상품을 잘못 선택하여 창업에 실패하는 경우가 많기 때문이다. 아울러 시장 조사기관 등의 증빙자료를 근거로 시장수요 조사와 점포입지에 대한 분석을 실시하고, 예상되는 매출액과 수익성도 합리적인 방법으로 객관성 있게 추정해야 한다.

8) 상식적 수준에서 평이한 내용의 설명

제품 및 기술성 분석에 대한 내용은 가급적 전문적인 용어의 사용을 피하고, 단순하고도 보편적인 내용으로 구성한다.

해당제품 자체의 설명에만 국한하지 말고 관련사업, 관련업종의 내용부터 접근하는 것이 필요하며, 제품생산공정을 구체적으로 설명할 필요가 있다. 또한 제품 및 기술성분석 근거자료로서 공공기관의 기술타당성 검토보고서 또는 특허증사본 등의 관련 증빙서류를 첨부함으로써 신뢰성을 높여 줄 필요가 있다.

9) 신뢰성 있는 자금조달 및 운용계획

자금조달 및 운용계획은 정확하고 어느 정도 실현가능성이 있어야 한다. 창업자 자신이 조달 가능한 자기자본을 구체적으로 현금과 예금이 얼마이며, 부동산담보 등에 의한 조달액이 어느 정도 되는지를 표시함으로써 제3자로부터 창업자의 자금조달능력을 신뢰하게 할 필요가 있다. 그 후 동업자, 금융기관 등으로부터의 조달계획을 구체적으로 표시하여야 한다.

10) 문제점 및 위험요인의 심층분석

여섯째, 계획사업에 잠재되어 있는 문제점과 향후 발생 가능한 위험요소를 심층

분석하고, 예기치 못한 사정으로 인하여 창업이 지연되거나 불가능하게 되지 않도록 다각도에 걸쳐 점검이 요구된다. 인력난 속에서 간과해서는 안 될 점이 종업원의 충원문제다. 핵심요원은 구체적으로 사전 확정되어 있어야 하며, 조업률 80% 수준의 종업원 확보에 어려움이 없는지도 집중적으로 검토해 보아야 한다.

특히 기술성이 뛰어난 특허제품 등은 기술상 1%의 하자만 있어도 실패하는 경우가 흔하기 때문에 기술자 확보문제와 생산시설 설계회사와도 사전협의가 필요한 사항이다.

2 기본적인 작성순서

사업계획서는 그 목적, 용도 및 제출기관에 따라 내용상 차이가 있으며, 분량과 첨부서류에도 큰 차이가 난다. 또한 창업자가 직접 작성하느냐, 외부 전문기관에 의뢰하여 작성하느냐에 따라 전문성과 내용이 달라질 수 있다.

따라서 사업계획서 작성 전에 미리 기본계획과 작성 순서를 정하고 작성해야만 시간과 노력을 절약할 수 있으며, 내용도 충실해질 수 있다. 효율적인 사업계획서 작성을 위해 사업계획서를 실제 작성하기 전에 미리 준비할 사항과 사업계획서 작성의 기본 순서를 알아두는 것이 필요하다.

첫 번째 단계는 사업계획서 작성의 목적에 따라 기본 방향을 설정하는 것이다. 사업계획서 작성의 목적은 크게 나누어 3가지, 즉 ① 사업타당성 여부 검증을 포함해서 창업자 자신의 창업계획을 구체화하기 위한 수단으로서 작성하는 경우 ② 자금조달을 목적으로 작성하는 경우 ③ 공장설립 및 인허가 등을 위해 작성하는 경우로 구분해 볼 수 있는데, 이들 목적에 따라 기본목표와 방향을 정하지 않으면 안 된다. 기본목표와 방향이 정해지지 않으면 사업계획서가 초점을 잃기 때문이다.

두 번째 단계는 사업계획서 작성 목적 및 제출기관에 따라 소정양식이 있는지 미리 알아보아야 한다. 자금조달을 위한 경우라도 조달처가 은행, 신기술사업금융회사 등에 따라 그 내용이 약간 차이가 있기 때문이다.

세 번째 단계는 사업계획서 작성 계획 수립이다. 대부분의 사업계획서는 사업계획추진 일정상 일정기한 안에 작성해야 할 필요성이 있는 경우가 많다. 사업계획서 작성이 지연되는 이상으로 계획사업 추진에는 더 큰 지연이 따르게 된다. 따라서 각 부분별로 작성일정과 보조를 받아야 할 사람을 확정할 필요가 있다. 주관은 누가 하든지 간에 시장성 및 판매 전망은 영업부문 담당자가, 자금조달 운용계획 및 추정재무제표 작성 등 재무에 관한 사항은 경리담당자가, 그리고 제품 및 기술성 분석에 관한 사항은 생산담당자가 작성하는 것이 여러 가지로 합리적이다

네 번째 4단계는 사업계획서 작성에 직접 필요한 자료와 첨부서류 등을 철저히

준비하는 일이다. 흔히 사업계획서 작성시 이상의 3단계까지의 절차를 거치지 않고 자료 수집부터 하는 경우가 있다. 그러나 이것은 불충분한 자료수집 때문에 재차 자료수집을 해야 하는 경우도 생기고, 경우에 따라서는 많은 시간 낭비를 가져올 수 있다. 자료수집는 3단계가 끝난 후에 실시하여도 늦지 않다.

다섯 번째 5단계는 작성해야 할 사업계획서의 양식을 결정하는 일이다. 제2단계에서와 같이 특정기관의 소정 양식이 있는 경우는 그 양식에 의거 작성하면 별 문제 없지만, 특정양식이 없는 경우에는 미리 작성해야 할 사업계획서의 양식을 구성할 필요가 있다.

여섯 번째 단계는 실제 사업계획서를 작성하는 일이다. 제출기관에 따라 사업계획서 작성 방법을 간단히 설명하고 있는 경우도 있지만, 그것만으로는 충분하지 못하다. 사업계획서 작성자는 사업계획서 작성요령을 미리 숙지하여 둘 필요가 있다.

실제 사업계획서 작성 단계에서는 원칙도 중요하지만 작성상 많은 기교도 필요하다. 즉 정해진 사업계획서 양식에 따라 순차적으로 작성해 나가는 것보다는 재무적 자료의 기초가 되는 추정 재무제표를 가장 먼저 작성하는 것이 시간절약에 도움이 된다. 사업계획서에 표현될 많은 수치와 계획들이 추정 재무제표와 일치하지 않을 때 그 사업계획서는 신뢰성과 정확성을 상실하기 때문이다.

일곱 번째 단계는 편집 및 제출이다. 사업계획서는 내용도 중요하지만 그 내용을 포괄하고 있는 표지 등 편집도 대단히 중요하다. 정성을 다하고, 모양을 새롭게 하여 제출기관으로부터 좋은 인상을 받도록 최후까지 신경 쓸 필요가 있다. 사업계획서 제출시에는 그 내용을 충분히 숙지하여 설명과 응답에 부족함이 없어야 한다.

4 기본 작성 항목

1) 일반현황

창업자의 인적사항과 계획하고 있는 공장입지 등 향후 사업의 형태와 전개방향에 대한 개략적인 설명 내용이다.

2) 계획사업의 개요

사업의 내용과 생산하고자 하는 제품의 특성 등 기존 제품과의 차이점, 향후의 기대효과, 즉 수입대체 효과, 국민경제적 효과, 고용창출효과, 지역개발효과, 신기술보급효과 등에 대하여 기술한다.

3) 시장현황

현재 생산 및 판매하고 있는 동종업계의 동향 즉, 업체별 매출액, 생산설비의 규

모, 업체별 생산제품의 장단점, 업체별 시장점유율, 해외시장 동향, 국내시장의 추세 등에 따라 계획제품의 시장침투가능성 여부를 기술하며 해당 업종에 대한 국내외 성장 가능성에 대하여 강조한다.

4) 판매계획

기존 업체별 판매형태와 전략을 비교·평가하여 고유의 판매전략 및 광고전략, 판매형태를 기술하고 합리적인 판매가격을 설정하며 향후의 A/S에 대한 계획을 설명한다.

5) 생산계획 및 설비투자계획

제품의 제조공정도를 이해하기 쉽도록 그리고 판매계획과 자금조달 능력에 따른 적정 설비투자계획을 수립한 후, 생산능력에 따른 자체 생산계획과 부족분에 대한 외주 생산계획을 기술한다. 설비투자에 대한 부분은 국내구입과 수입에 대한 구분을 하며 구입처와 가격 등을 기술한다.

6) 인원 및 조직계획

경력에 맞는 이사진의 구성과 초기의 기업에 적합한 적정인원의 산출근거를 제시하여야 한다. 또한 해당 업종의 특성 또는 창업회사의 특징에 부합되는 조직체계도를 그리도록 한다.

7) 원·부자재 조달계획

국내외 원·부자재 공급처의 가격(견적서 첨부)과 납품조건, 납기, 최소 주문물량 등을 조사·생산계획에 따른 재고량을 감안한 조달계획을 작성한다.

8) 재무계획 및 자금계획

사업계획에 따른 비용 즉 인건비, 재료비, 감가상각비 등과 기업회계 규정에 따른 일반관리비 및 제조경비의 추정으로 향후 3~5년 정도의 추정 손익계산서와 추정대차대조표를 작성하여 년도별 부족자금에 대한 부분을 검토하여 계획사업에 대한 년도별 총소요자금의 조달방안 중 몇 가지의 가능한 방안을 선정한다.

9) 사업추진일정계획

계획사업의 공장부지 설정과 건물 신축·인허가, 자금조달 일정 등 각 부문별 추진일정계획을 작성한다.

10) 부속자료

계획서상에 나타낼 수 없는 내용이나 자료 중 계획 승인상에 이점이 따르는 사항은 부족자료로서 첨부하며, 계획서 형식에 따라 작성하지 못한 사항도 참고자료로서 기술하여 첨부한다.

4 사업계획서 작성시 유의사항

1) 사업계획 작성의 기본 요점

사업계획이 자신을 위한 것이되 타인과 접촉하는 수단이라는 점에서 그것을 작성할 때는 기본적으로 신뢰성, 능력, 창의성을 보여야 한다. 이들에 대하여 간단히 설명하면 다음과 같다.

(1) 신뢰성

사업계획서는 그것의 독자가 그 내용을 믿을 만한 것이라는 생각을 갖도록 작성되어야 한다. 이를 위해서는 참고자료, 자료의 출처, 권위 있는 후견인 등을 동원할 수 있다.

(2) 능력

창업자 및 경영진은 사업을 성공적으로 경영할 수 있는 능력이 있음이 나타내도록 하여야 한다. 과거의 경험, 학위, 발명, 수상 경력 등을 밝힐 수도 있다.

(3) 독창성

사업계획서는 계획사업이 기존의 다른 사업과 다른 점을 설명하여야 한다. 예를 들면, 특허, 제품의 성능, 경영방법, 표적시장 등에서 기존의 사업과 다른 점을 명시하여야 한다.

2) 세부적 유의사항

(1) 계획하는 사업과 그 사업의 잠재력에 대한 서술을 가능한 짧게 한다. 투자가의 관심을 끌 수 있는 내용만 사업계획서에 포함시키고 2차 적인 내용은 면접 때로 미룬다.
(2) 계획사업의 내용을 지나치게 다양하게 하지 말라. 관심을 한두 가지의 주요 생산품과 주요 시장으로 집중시킨다. 창업기업은 여러 기회를 모두 이용할 능력이 부족하므로 노력을 한정된 대상에 집중한다.
(3) 경영진에 공석을 두지 않는다. 투자가들은 경영진에 대하여 처음부터 확실히

알고 싶어 한다.

(4) 생산품과 공정을 설명할 때 전문적인 용어나 전문가만이 이해할 수 있는 방법을 사용하지 않는다. 투자가는 그가 이해하지 못하는 사업에 투자하려 들지 않는다.

(5) 근거가 불충분하거나, 애매한 표현을 하지 않는다. 이러한 표현은 기업가를 생각이 천박하고 멍청한 사람으로 보이게 한다.

(6) 계획사업의 현재 또는 잠재적인 문제점을 밝히고 그것을 설명한다. 투자가가 발견한 문제점에 대하여 명쾌한 설명이 없으면 기업가는 신용을 잃게 된다.

(7) 창업자는 사업계획을 작성하는 사내 경영진의 활동뿐만 아니라 법적인 내용이나 재무, 회계상의 내용과 관련되어 외부의 도움을 받는 경우에도 참여한다.

제 4 장 무역업 창업과 절차

제1절 무역업의 이해

1 무역업의 의미

무역업이란 일반적으로 국제간에 이루어지는 상품의 매매거래라 할 수 있다. 즉, 무역업이란 이국(異國)간에 행하여지는 거래로서 상품과 서비스의 유상적(有償的)교환이라 할 수 있다. 이와 같이 무역업이란 교환을 의미하는 것으로 주로 물품의 교환을 말한다. 여기서 물품(物品)이란 ① 좁은 의미로는 유체물인 상품을 말하고 ② 넓은 의미로는 상품, 자본, 노동의 생산요소와 용역을 포함한다. 무역업이란 이러한 물품, 즉 재화와 용역의 이동 현상을 의미하며, 이러한 이동현상은 국내 또는 국경을 넘어서 이동할 수도 있다.

결론적으로 무역업이란 일국내의 상업거래에 대비하여 일국의 국경을 넘나드는 외국과의 상업거래나 또는 국제간의 경제거래의 일체를 가르킨다고 할 수 있다.

2 무역업의 성격

무역업은 기후·토질 등의 자연적 조건과 언어, 법률, 관습, 종교, 제도 등의 사회적 조건이 서로 다른 국가 사이에 이루어지는 물품의 교환현상이기 때문에 무역업의 성격도 여러 면에서 생각해 볼 수 있다.

무역의 성격은 국민경제를 기반으로 하는 국가본위의 거래면에서의 단독경제적인 면과 세계경제적인 면에서의 상거래, 그리고 개별경영경제적 성격을 가진다고 볼 수 있다.

무역은 국민경제에 그 기반을 두고 있으므로 본질적으로는 국민경제적인 성격을 지니고 있으나, 현대의 각 국민경제는 여러 가지 이해관계가 얽혀있는 세계경제를 형성하고 있고, 또한 무역기능을 담당하는 단독(개별)경제, 즉 무역기업은 이와 같은 세계경제의 면에서 그리고 각 국민경제와 직접 말단에서 접촉하고 있기 때문이다. 그러므로 무역은 다음과 같이 ① 경영경제적 성격, ② 국민경제적 성격, ③ 세계경제적 성격 등의 복합경제적 성격을 지니고 있다.

① 경영경제적 성격

외국무역은 평상시 개인과 개인간에 이루어지는 사적(私的)인 물품매매 활동을 의미한다. 수출・입의 대부분이 무역기업에 의해 행하여지고 있어 무역기업간의 사적 매매활동의 최대한의 보장이 국민, 국가경제에 큰 도움이 될 것이다.

② 국민경제적 성격

무역은 자국과 외국간에 이루어지는 물품교류 현상임을 말하며, 개인 본위가 아닌 국가본위임을 의미한다.

③ 세계경제적 성격

자국 스스로 모든 물품을 자급자족하는 국가는 없으며 무역은 세계경제면에서 치열한 무역업 경쟁이나 협정에 의해 이루어지고 있다. 그리고 무역업은 방식이나 서식이 국제적으로 통일되어 가고 있는 것도 세계적 성격이라 볼 수 있다.

3 무역업의 유형

무역업은 과거 대외무역법에서 무역주체에 대한 국가관리의 일환으로 무역업과 무역대리업으로 구분하고 있었으나, 현재는 이러한 구분은 없고 무역업을 영위하면 무역대리업도 겸업할 수 있도록 되어 있다.

1) 무역업

(1) 수출업

① 수출업의 특징

첫째, 해외영업을 위주로 한다.

둘째, 우리나라의 경우 무역금융, 관세환급 등 각종 수출지원제도가 아직까지 상존하고 자금부담이 적다.

셋째, 수출시장 즉, 해외시장은 수입시장에 비하여 그 규모가 매우 크기 때문에 회전기간이 짧다.

넷째, 지원제도와 넓은 해외시장을 바탕으로 중소기업이 하더라도 경쟁력만 있다면 얼마든지 수출시장을 확보할 수 있다.

② 수출업의 영업형태

㉠ 고유수출상이다. 이는 제조설비를 보유하고 있으면서 자체생산 물품을 수출하고, 자가 소요원자재 등을 수입하는 것을 주요한 영업으로 하는 무역업자이다.

㉡ 전문무역상사이다. 이는 제조설비나 공장을 보유하지 않고 국내에서 타사 제품을 수출하거나, 수출물품을 해외에서 조달하여 최종수입자에게 수출하는 무역업자이다. 전문무역상사는 수출중개상과는 달리 계약시의 당사자(본인)로서 자기명의를 사용한다.

㉢ 수출중개상이다. 무역거래시 자기의 명의를 사용하지 않고 단지 무역거래 당사자들의 거래가 이루어 질 수 있도록 알선 및 중개하고 그 대가를 영수하는 자로서 Export Commission House, Export Broker 등을 말한다.

(2) 수입업

① 수입업의 특징

첫째, 국내영업을 위주로 한다.

둘째, 시장규모가 작아 재고부담이 크다.

셋째, 우리나라 시장은 상대적으로 그 규모가 크지 않아 상당히 배타적이므로 진입이 쉽지 않다.

넷째, 수출에 비하여 자금부담이 크고 회전기간이 길다.

다섯째, 수출과는 달리 관세 및 비관세장벽으로 대표되는 각종 수입억제제도가 상존하고 있다.

여섯째, 대부분의 경우 별도의 금융지원이 없으며 상대적으로 많은 자금을 투입된다.

일곱째, 자금투입일로부터 판매일까지 재고이자와 창고료 등 보관료가 발생하며 대부분 외상판매되는 관행으로 판매일로부터 현금입금일까지 여신이자가 발생한다.

② 수입업의 영업형태

㉠ Offer Sale이다. 이는 오퍼상이 외국의 물품공급자와 대리점계약을 체결한 후 국내에서 당해 물품을 수입하고자 하는 자에게 외국의 물품공급자 이름으

로 오퍼를 발행하고, 계약이 성립되면 대리점계약에 따라 일정한 커미션을 영수한다.

㉡ 대행수입 또는 선매수입이다. 이는 국내의 특정한 수요자로부터 수입의뢰를 받고나서 대행계약을 체결한 후에 물품을 수입하여 이를 대행의뢰인에게 인도하는 수입형이다.

㉢ 재고판매(Stock Sale)수입이다. 이는 통상 수입물품을 수입한 원상태로 소비자에게 판매하기 위한 완제품 수입시 취하는 수입형태로서, 국내 제조회사를 구매자로 하여 원자재 상태의 물품을 수입하는 경우에 활용되며 가장 일반적인 수입형태이다.

㉣ 자가사용수입이다. 이는 수입자가 제조설비를 보유하고 있는 경우 본인의 생산과정에 직접 투입할 원자재 등을 수입하는 것이다.

4 무역업의 특수성

무역은 한 나라의 영역안에서 이루어지고 있는 국내거래와는 달리 여러 가지 면에서 한 국가의 영역을 넘어서 이루어지고 있는 국가간의 거래로서 다음과 같은 특수성을 지니고 있다.

1) 무역의 해상 의존성

무역업은 해상의존성(海上依存性)이 높다. 무역업은 대부분이 해상운송수단에 의존하기 때문에 해운 및 해상보험과 밀접한 관계가 있다.

2) 무역기업의 위험성

무역업은 국내 상거래에서와는 달리 기업경영상 많은 위험이 따른다. 이러한 위험은 세계교통과 보험제도가 많이 발달하고 있으나 여전히 다음과 같은 많은 위험이 따른다.

(1) 상품에 관한 위험

상품의 운송, 보관 중에 발생하는 상품자체에 생기는 물리적 위험으로 각종 손해보험으로 보호되어지고 있다.

(2) 물품대금의 결제 및 금융에 관한 위험

수출입 대금에 대한 지급불능이나 지급거절에서 생기는 위험을 신용장(L/C)이나 각종 보험제도에 의해 어느 정도 보호되고 있다.

(3) 상품가격 및 환율의 변동에 관한 위험

선물거래에 의한 가격변동시의 위험이 발생한다. 이를 위해 외국의 경우에는 상품거래시에 연계매매나 hedging의 방법으로 손익을 상계시키고 있다. 그리고 외국환 시세의 변동, 즉 환율의 변동에 따른 환위험이 발생한다.

3) 무역의 산업 연관성

무역은 값싸고 질이 좋은 물품을 생산하여 물품의 국제적 공급을 용이하게 함으로써 국제경제의 발달에 공헌하고, 무역업 기업에는 외화획득에 의한 수익을 증대시켜 준다.

4) 무역의 국제 관습성

세계공통의 국제관례 및 규칙에 의해 실행되어야 하므로 특수한 국제관습을 지닌다.

제2절 무역업 관련 업종

1 무역업

1) 무역업 구분 관련법

우리나라 무역관리를 위한 기본법인 대외무역법에서는 무역관련 업종을 무역업과 무역대리업으로 구분하고 있다. 무역업이란 영리를 목적으로 무역을 업으로 영위하는, 즉 자기명의로 수출과 수입을 반복적·계속적으로 행하는 것으로 1997년 3월 1일부터 등록제에서 신고제[1])로 전환하여 운용하였으며, 이러한 무역업의 신고는 무역업을 영위할 수 있는 요건을 충족하였음을 의미하는 것으로 개별법상 별도요건이 있는 경우 이를 충족하여야 하였다.

그러나 2000년 1월1일부터는 종전에 신고제로 하던 것을 사업자 등록증이 있는 자라면 누구나 무역업을 할 수 있도록 완전 자유화하였다.

한편, 무역대리업은 외국 수출입업자의 위임을 받은 자(지사 및 대리점 포함)가 국내에서 외국업자의 대리인 자격으로 수출물품의 구매 또는 수입계약의 체결과 이

1) 신고란 일정한 행위 또는 법률행위를 할 것임을 신고행정기관 또는 수입기관에 일방적으로 통고하는 행위로 이전 대외무역법상의 신고제는 신고자가 사업자등록을 마친자일 것이라는 최소한의 신고요건을 부과하고 있다.

에 부대되는 행위를 업으로 하는 경우로 갑류무역대리업과 을류무역대리업으로 구분된다.

무역대리업자는 대리권 위임약정에 의하여 외국의 수출자 또는 수입자를 대리하여 국내에서 오퍼(offer)의 발행 또는 수출물품의 구매계약체결과 같은 중계업무를 수행하게 된다. 이들은 자기명의로 수출입을 할 수 없다는 점에서 무역업과 구별된다.

무역대리업 역시 그 동안 등록제를 관리하던 것을 1995년 7월 1일부터 신고제로 전환하였고 2000년 1월 1일부터 완전 자유화 되었다.

2) 무역업의 의의

무역은 물품의 수출·수입을 말하며,[2] 무역업이란 이러한 무역을 업으로 영위하는 것을 말한다.[3] 업으로 영위한다 함은 영리를 목적으로 하는 행위를 계속적으로 반복하는 것을 의미한다. 자본주의 시장경제체제하에서는 민간기업인 무역업자가 무역업을 영위하는 것이 일반적이다. 따라서 무역업자라고 하면 영리를 목적으로 대외무역을 영위하는 민간업자를 말한다. 국영기업이 무역을 하는 경우에도 민간기업의 무역행위와 다를 바가 없으므로 구분할 실익이 없다.

한국표준산업분류에 의하면 무역업의 업종이 산업분류상 다음과 같이 구분되고 있다. 즉, 우리나라의 모든 산업을 17개군으로 대분류하고 다시 60개군으로 중분류하고 있는데 그 중에서 무역업(분류번호5191; 이하 같다)은 도매 및 상품 중개업(중분류51)중에서 기타 도매업(519)의 범위에 포함되는 도매업의 한 업태로서 자기계정으로 구입하는 전문 또는 종합상품의 대외거래(수출·수입)만을 전업으로 하는 사업체의 산업활동을 말한다. 또한 동 분류에 의하면 무역업은 종합무역업(51911)과 전문무역업으로 구분하고 전문무역업은 다시 농축·음식료·담배 무역업(51912), 가정용품 무역업(51913), 산업용 중간재 및 재생재료 무역업(51914), 산업용 기계장비 및 관련 용품 무역업(51915), 달리 분류되지 않은 무역업(51919) 등의 업종으로 구분된다.

따라서 대외무역법상의 무역업은 바로 이러한 전업 무역업 이외에도 제조업 등 주된 업종을 영위하면서 부수적으로 무역을 하는 경우에도 포함하여 무역업으로 보고 있다.

(1) 무역업의 경영

정부는 무역업을 포함한 다양한 업태에 대하여 여러 가지 형태로 직접 관리한다. 그 관리수준이 강하냐 약하냐에 따라서 그 나라 행정이 정부주도인가 민간자율화인가를 평가할 수 있다. 정부의 기업에 대한 관리방법은 각종 행정법에서 규정하는 바

---

2) 대외무역법 제2조 제1호.
3) 대외무역법 제2조 제4호.

에 따라 인·허가(승인포함), 등록, 신고 등으로 구분된다. 그 중에서 인·허가는 가장 강한 관리방법이고 신고제는 가장 약한 관리방법이다. 물론 가장 자유로운 기업활동은 세법상의 사업자 등록만으로 기업활동을 영위할 수 있는 상태이다.

민간의 자율적 성숙도가 낮거나 정부의 행정권 남용이 심한 경우는 인·허가제 중심이고 그 반대의 경우는 신고제 또는 사업자 등록만으로 기업활동을 할 수 있도록 하는 것인바, 인·허가는 행정기관의 재량행위이고 등록은 요건구비에 따르는 기속행위이며 신고는 단순한 사실의 제출 또는 보고라고 할 것이다.

사실 무역업을 누가, 어떻게 영위할 수 있는가에 대한 규정은 무역관리의 주요한 영역이 아니다. 따라서 대외무역법에서는 종전에 신고제로 하던 것을 2000년 1월 1일부터 사업자등록증이 있는 자이면 무역업을 할 수 있도록 완전 자유화하고 있다.

2 무역대리업

1) 무역대리업의 경영

(1) 무역대리업의 의의

무역대리업이란 외국의 수입업자 또는 수출업자의 위임을 받은 자(외국의 수입업자 또는 수출업자의 지사 또는 대리점을 포함한다)가 국내에서 수출물품을 구매하거나 수입물품을 수입함에 있어서 그 계약의 체결과 이들에 부대되는 행위를 업으로 영위하는 것을 말한다.[4]

무역대리업은 문자 그대로 대리업이기 때문에 무역거래의 주체는 아니다. 대리라 함은 타인이 본인을 대신하여 어떤 행위를 하는 것이며 대리인의 권한 내에서 행한 행위의 효과는 직접 본인에게 귀속한다.[5] 또한 일정한 상인을 위하여 상업사용인이 아니면서 상시 그 영업부류에 속하는 거래의 대리 또는 중개를 영업으로 하는 자를 대리상이라고 한다.[6]

대외무역법에서 규정하고 있는 무역대리업자에게 수권한 본인은 외국인이다. 따라서 무역대리업자는 외국의 본인을 위하여, 국내에서 수출물품을 구매하거나 국내의 무역업자와 수입계약을 체결함으로써(이에 부대되는 행위 포함)본인으로부터 수수료를 받아 수익을 얻는 것을 목적으로 하는 자이다.

따라서 대외무역법에서 규정하고 있는 무역대리업은 본래의 중개업은 아니고 대리업이다. 대외무역법상의 무역대리업은 대리관계에 있는 외국의 본인을 위한 활동이고 더 나아가서 물품매도확약서(offer sheet)를 발행함으로써 국내 수입업자와 수

---

4) 대외무역법 제2조 제5호.
5) 민법 제114조.
6) 상법 제87조.

입계약을 체결하거나 국내에서 수출물품을 구매(외국의 본인으로서는 수입물품의 구매에 해당한다)하는 것이 주된 활동이기 때문에 타인간의 무역거래를 중개하는 순수한 무역중개업은 아니고 무역중개대리상이라고 할 수 있다.

한국표준산업분류표에서 분류된 무역중개업은 대분류 「도・소매 및 소비자용품 수입업」에 속하는 상품중개업(511)의 일종이다. 동 산업분류표에서 정의하고 있는 상품중개업을 보면 "소유권 없이 수수료 또는 계약에 의하여 상품을 판매 또는 구매를 중개하는 상품중개인, 수탁・대리판매인, 대리구매 및 대리수집상, 무역중개인 등"을 말한다. 또한 무역중개업은 각종 상품의 대외거래에 관련된 대리 또는 중개활동을 주로 하는 산업활동을 말한다.

이와 같이 한국표준산업분류표에서는 무역중개업의 범위에 대리업까지도 포함하고 있으므로 대외무역법상의 무역대리업은 무역중개업이라고 할 수 있다. 그러나 무역대리행위를 하지 않고 순수한 무역중개만을 영위하는 무역중개업은 대외무역법과 관계없이 소득세법상의 중개업자로서 업을 영위할 수 있는 것으로 보아야 한다.

이러한 한국표준산업분류표의 기준은 부가가치세법에서도 그대로 원용하여 사업자등록시에 이를 적용하고 있다.[7] 그러나 소득세법에서는 대리업과 물품매도확약서 발행업은 도・소매업 부문이 아닌 사회 및 개인서비스업에 포함함으로써[8] 무역업에 비하여 소득세율을 불리하게 적용하고 있다는 비판을 받고 있다. 일반적으로 개인서비스업은 도매업에 비하여 세율이 높게 적용되기 때문이다.

(2) 무역대리업 경영의 성격

무역대리업을 하고자 하는 자는 관할세무서로부터 사업자등록증을 교부받은 자이어야 한다. 무역대리업자의 상호, 주소, 대표자 등을 변경하고자 하는 경우에도 관할세무서장에게 정정신고를 해야 한다. 무역대리업에 대하여 그 동안 등록제로 관리하던 것을 1995년 7월 1일부터 신고제로 전환하였고 2000년 1월 1일부터 완전 자유화하였다.

3 종합무역상사

1) 종합무역상사의 의의

종합무역상사는 한국경제 내에서 자연발생적으로 생겨난 것이 아니라, 수출성장이라는 국가적 사명을 수행하기 위한 기간산업으로서 정부에 의해서 인위적으로 창조된 기업군이다. 1960년대에 시작된 정부주도의 수출드라이브 정책이 어느 정도

7) 부가가치세법 시행령 제1조 제3호.
8) 소득세법 시행령 제37조.

성공을 거두게 됨에 따라 무역기업의 대규모화를 통한 국제적 경쟁력 확보가 필요하게 되었다.

특히, 1970년대 후반에 들어서서 우리나라의 산업구조가 중화학공업 중심으로 고도화하고 무역규모도 대폭 확대됨에 따라 이에 대응해 나갈 수 있는 대규모 무역회사의 활동이 요구되었다. 더욱이 정부의 처지에서는 1970년대 말까지 100억 달러 수출실현이라는 지상과제를 목표로 하고 있었기 때문에 이를 달성하기 위해서는 무역업체의 대형화 및 전문화가 필요함을 인식하게 되었다. 즉, 국내에서 해외 수입업자들의 주문에 응해서 수출하는 수동적 자세에서 벗어나 적극적으로 해외시장을 개척하고 유리한 무역정보를 수집하는 등 수출마케팅 능력을 강화하기 위해서는 전문적이고 대형화된 무역업체가 필요하게 된 것이며, 이를 통해서 마케팅 능력이 부족한 중소기업의 수출·수입 창구역할을 함으로써 총체적인 무역진흥을 꾀할 수 있다고 본 것이다.

따라서 정부에서는 1975년 4월 30일「종합무역상사 지정 등에 관한 요령(상공부고시 제10607호)」을 공포하고 지정요건에 합당한 무역업체를 종합무역상사로 지정하고 정책적으로 지원·육성하였다.

이 당시 종합무역상사 지정요건을 보면 ① 자본금 10억 원, ② 연간 수출실적 5천만 달러, ③ 100만 달러 이상 수출국 10개국에 10개 이상의 해외지사 설치, ④ 50만 달러 이상의 수출 품목 7개 이상, ⑤ 기업공개 등이었다.

종합무역상사라는 명칭은 다양한 품목, 다양한 지역에 걸쳐 종합적으로 무역거래를 하는 대형상사라는 의미가 내포되어 있으며 이는 대부분의 무역업체들이 특정품목, 특정지역에 대하여 전문적으로 거래를 하는데 대한 구분을 하기 위한 것이다.

한국표준산업분류표상의 무역업의 업종은 종합무역업, 농축·음식료·담배무역업, 가정용품 무역업, 산업용 중간재 및 재생재료 무역업, 산업용 기계장비 및 관련용품 무역업, 달리 분류되지 않은 무역업으로 구분하고 있다. 이때의 종합무역업은 무역업자가 특정품목만을 전문(이를테면 가정용품 무역업 등)으로 하지 않고 품목을 다양하게 취급하고자 하는 경우 적용하는 업종 구분이다. 따라서 대외무역법상의 종합무역상사는 종합무역업인 무역업자 중에서 지정요건에 합치되어 산업통상자원부장관이 지정하는 무역업자이다.

2) 종합무역상사의 지정

산업통상자원부장관은 해외시장의 개척 및 무역기능의 다양화를 기하고 중소기업과의 계열화 등을 통한 중소기업의 무역활동을 지원하기 위하여 무역거래자 중에서 종합무역상사를 지정할 수 있다.[9)]

---

9) 대외무역법 제3조 제2항.

(1) 종합무역상사의 지정기준

종합무역상사로 지정받을 수 있는 자는 증권거래법 제2조 제13항에 의한 상장법인으로서 전년도 수출통관액이 전년도 우리나라 전체 수출통관액의 2% 이상인자로 한다. 앞에서 본 바와 같이 시행 초기에는 여러 가지 지정 기준이 있었으나 점차 단순화해 왔으며 현행과 같은 기준이 적용되기 시작한 것은 1981년부터이다.

(2) 종합무역상사의 지정신청과 공고

종합무역상사로 지정받고자 하는 자는 산업통상자원부장관이 정하는 서류를 갖추어 산업통상자원부장관에게 신청하여야 한다[10]. 또한 산업통상자원부장관은 종합무역상사를 지정한 때에는 이를 공고하여야 한다.[11]

(3) 종합무역상사에 대한 지원

산업통상자원부장관은 종합무역상사와 중소기업과의 계열화를 통한 중소기업의 무역활동을 지원하기 위하여 종합무역상사별로 중소기업의 사업영역보호 및 기업간 협력증진에 관한 법률에 의한 수탁기업체협의회를 구성·운영하게 할 수 있다.[12]

이외에도 금융·외환 및 무역행정상의 지원내용을 보면 첫째, 금융지원으로서 무역금융규정상 과거 1년간의 자사수출실적의 1/6범위 안에서 원신용장(master L/C)을 받지 않은 상태에서 비축용 국산 완제품 구매를 위한 내국신용장(local L/C)을 개설할 수 있고 둘째, 외국환관리면에서 현지금융한도를 일반무역업자에 비하여 높게 허용하며(일반업체는 1년간 총 수출실적의 30%인데 반하여 종합무역상사는 1년간 총 수출실적의 40%) 셋째, 무역행정면에서 협회가입비와 가입조건을 완화한다.

이러한 지원내용은 지정 초창기의 세제·금융·외환·무역행정상 다양하게 이루어지던 것과 비교하면 크게 약화된 것이다. 이는 그 동안의 종합무역상사들의 성장을 통한 자생력 확보, 국제무역환경의 변화에 따른 정책대응 등에 기인하는 바 크지만, 한편 본래의 취지와는 달리 종합무역상사들이 국가적 차원의 수출증대보다는 자사이윤의 확대에 치중함으로써 일반무역업체들로부터 특혜시비가 일어나는 등의 부작용에도 그 원인이 있다고 할 수 있다.

(4) 종합무역상사의 지정취소

지정을 받은 종합무역상사가 2년 이상 계속하여 지정기준에 미달하여 종합무역상사로서의 무역활동이 심히 곤란하다고 인정되는 때에는 그 지정을 취소할 수 있다.[13] 지정을 취소한 때에는 이를 공고하여야 한다. 산업통상자원부 장관은 종합무

---

10) 대외무역법 시행령 제18조의 2.
11) 대외무역법 시행령 제18조의 2.
12) 대외무역법 시행령 제18조의 3.
13) 대외무역법 시행령 제18조의 4.

역상사 지정을 취소하고자 하는 경우에는 청문회를 실시하여야 한다.[14)]

제3절 무역업창업 절차

1 회사 상호 결정

회사상호결정은 가능하면 거래 품목이나 시장에 관련하여 나타내어야 할 회사의 기본 뼈대로서 거래처에 중요하게 심어 줄 거래 원칙과 그에 따른 이미지를 정한다. 회사 이미지(CI:Corporative Image)의 구체적 적용으로서 거래처와의 교신에 사용할 팩스 양식이나 회사 봉투, 명함 등의 각종 양식을 디자인한다. 눈에 보이고 만져지는 물건의 거래에서 무형의 이미지는 고객의 신뢰도와 평가의 정서적 바탕을 이룬다.

회사 이름은 한번 만들고 나면 고치기가 매우 어렵다. 외국과의 거래시 영문으로 표기되는 회사 이름은 부르기 쉽고 느낌이 좋아야 하겠으며, 거래 품목과의 관련성도 있어야 한다. 발음 표기로 영문 회사 이름을 적을 경우 의도치 않게 나쁜 이미지를 줄 수도 있음에 유의해야 한다.

얼굴에 해당하는 회사 마크는 회사의 통합 이미지에 맞게 디자인해야 한다. 회사 이름의 영문 첫 자를 이용하여 디자인하든지 거래 품목의 간략한 상징으로 디자인하든지 간에 처음에 심사숙고하여 만들어야 한다.

회사 이름과 마크, 개인의 이름과 직위, 부서명, 회사 주소와 우편번호, 회사 전화번호, 팩시밀리 번호, 휴대폰과 무선호출기 번호, 인터넷 전자우편(e-mail) 주소, 홈페이지 주소 등 각종 연락처가 주요 기재사항이다. 전화번호와 팩시밀리 번호에는 지역번호를 꼭 적는다. 전문 품목이 있다면 이를 간단하게 적는다.

서식류는 팩스와 편지 양식지, 메모지, 서류 봉투, 무역 양식지 등과 각종 회사 스티커가 있는데 한꺼번에 모두 만들 필요는 없다.

2 무역업 고유번호 신청

무역업 신고제가 2000년 1월 1일부터 폐지되고, 이에 따라 기존의 무역업신고번호 대신 무역업 고유번호가 신설되었다. 개정된 대외무역 관리규정 제 3-5-1호의 규정에 의거하여 산업자원부장관은 동법시행령 제30조 및 제31조의 규정에 의한 전

14) 대외무역법 제49조.

산관리체제의 개발·운영을 위하여 무역거래자별 무역업 고유번호를 부여한다. 무역거래자는 관세법 제137조 규정에 의한 수출(입)신고시 무역업 고유번호를 수출(입)자 상호명과 함께 기재하여야 한다.

무역을 업으로 하고자 하는 자는 무역업 고유번호를 한국무역협회장에게 신청하여야 한다. 이때 필요한 서류는 사업자 등록증 사본 1부면 된다. 한국무역협회장은 접수 즉시 신청자에게 고유번호를 부여한다.

고유번호의 신청 및 부여는 별지 제1-1호의 서식에 의해서 하여야 하며, 우편·팩시밀리·전자 메일(E-mail)·전자문서 교환체제(EDI) 등의 방법으로 할 수 있다. 무역업 고유번호를 부여받은 무역업자는 상호, 대표자, 주소, 전화번호 등의 변동이 있는 경우에는 별지 제1-2호의 서식으로 변동 사실을 신속히 한국무역협회장에게 통보하여야 한다.[15] 한국무역협회장은 고유번호를 부여한 경우 또는 고유번호를 부여받은 무역업자의 상호, 대표자, 주소, 전화번호 등의 변동사실을 통보받은 경우에는 무역업 고유번호 관리대장에 이를 기록하고 계속 관리하여야 한다.

또한, 부칙 제2조(무역업 신고번호에 대한 경과조치)의 규정에 의거하여 이 고시 시행이전에 대외무역법 제10조의 규정에 의하여 부여받은 무역업 신고필증 상의 신고번호를 이 고시에 의해 부여받은 무역업 고유번호로 본다.

15) 대외무역관리규정 제3-5-1.

[별지 제1-1호 서식]

무역업고유번호신청서

APPLICATION OF TRADE BUSINESS CODE

처리기간(Handling Time)
즉 시(Immediate)

① 상 호 (Name of Firm)		② 무역업고유번호 (Trade Business Code)		
③ 주 소 (Address)			④ 업 종 (Business Type)	
⑤ 전화번호 (Phone Number)		⑥ 이메일주소 (Email Address)		
⑤ 팩스번호 (Fax Number)		⑦ 사업자등록번호 (Business Restry Number)		
⑧ 대표자 성명 (Name of Rep.)		⑨ 주민등록번호 (Passport Number)		

대외무역법 제18조 및 동법 시행령 제30조 및 제31조, 대외무역관리규정 제3-5-1조의 규정에 의하여 무역업고유번호를 위와 같이 신청합니다.

I hereby apply for the above-mentioned trade business code in accordance with Article 3-5-1 of the Foreign Trade Management Regulation.

신청일 : 년 월 일
Date of Application Year Month Day

신청인 : (서명)
Applicant Signature

사단법인 **한국무역협회장**
Chairman of Korea International Trade Association

[별지 제1-2호 서식]

무역업고유번호신청사항 변경통보서

NOTIFICATION OF AMENDMENTS TO TRADE BUSINESS CODE

처리기간(Handling Time)
즉 시(Immediate)

① 상 호 (Name of Firm)		② 무역업고유번호 (Trade Business Code)		
③ 주 소 (Address)	□□□-□□□		④ 업 종 (Business Type)	
⑤ 전화번호 (Phone Number)		⑥ 전자우편주소 (Email Address)		
⑤ 팩스번호 (Fax Number)		⑦ 사업자등록번호 (Business Registry Number)		
⑧ 대표자성명 (Name of Rep.)		⑨ 주민등록번호 (Passport Number)		

변경내용(Contents of Amendment)	
변 경 전(Before Amendment)	변 경 후(After Amendment)

대외무역관리규정 제3-5-1조의 규정에 의하여 무역업고유번호 신청사항의 변경내용을 위와 같이 통보합니다.

I hereby notify the above-mentioned amendment(s) to trade business code in accordance with Article 3-5-1 of the Foreign Trade Management Regulation.

신 청 일 : 년 월 일
Date of Application Year Month Day

신 청 인 : (서명)
Applicant Signature

사단법인 **한국무역협회장**
Chairman of Korea International Trade Association

3 무역업의 고유번호 취득

대외무역법에 의한 무역을 업으로 하고자 하는 자는 무역업 고유번호를 한국무역협회장에게 신청하여야 하며, 한국무역협회장은 접수 즉시 신청자에게 무역업의 고유번호를 부여하여야 한다.

무역업 고유번호의 신청과 부여는 별지 제1-1호의 서식에 의하여야 하며, 우편·팩시밀리·전자메일(E-Mail)·전자문서교환체제(EDI) 등의 통신수단을 이용할 수 있다. 고유번호를 부여받은 무역업자는 상호·대표자·주소·전화번호 등의 변동이 있는 경우에는 별지 제1-2호의 서식으로 변동사실을 신속한 통신수단을 사용하여 한국무역협회장에게 통보하여야 한다.

한국무역협회장은 무역업의 고유번호를 부여한 경우나 무역업 고유번호의 변동사실에 대한 통보를 받은 경우에는 무역업고유번호관리대장에 이를 기록하고 계속적인 관리를 하여야 한다. 무역거래자는 수출 혹은 수입신고를 할 때 종전의 무역업 신고번호를 기재하던 것과 동일하게 무역업고유번호를 이에 필히 기재하여야 하며, 기존의 무역업체는 무역업신고번호를 그대로 쓰고, 신규업체만 무역업고유번호를 신청 받고 있다.

한편 한국무역협회를 통하여 무역업의 고유넌호를 부여받지 아니한 무역업체가 수출입 업무를 하고자 하는 경우에는 사전에 무역업 고유번호를 부여받은 무역업체를 통해 수출입의 대행을 의뢰함으로써 신청업체의 명의로 수출입을 할 수 있다.이와 함께 무역업의 허용범위는 대외무역법에 의한 무역을 업으로 하고자 하는 자는 고유번호를 취득한 무역업자는 모든 물품의 수출입이 허용된다. 다만 수출과 수입의 승인대상품목인 경우 해당기관의 승인을 받아야 한다. 또한 무역업 고유번호를 취득하기 위한 별도의 신청요건은 존재하지 않기 때문에 관할 세무서나 등기소에 사업자등록을 한 개인이나 법인이면 누구나 가능하다.

4 사업자 등록

1) 개념

사업자등록이란 부가가치세 납세의무자에 해당하는 사업자 및 그에 관계된 사업내용을 관할 세무서에 신고하는 것을 말하고, 사업자의 본점 또는 주사무소 관할 세무서에 신고하는 것을 말한다.

2) 신청기관

사업자는 사업장마다 사업개시일부터 20일 이내에 사업장 관할 세무서에 사업자 등록을 신청해야 하며 다만, 신규로 사업을 시작하려는 자는 사업개시일 전이라도 사업자등록을 신청할 수 있다. 만약 둘 이상의 사업장이 있는 사업자는 사업자 단위로 해당 사업자의 본점 또는 주사무소 관할 세무서장에게 등록을 신청할 수 있다

3) 사업자등록증 발급

사업자 등록의 신청을 받은 사업장 관할 세무서장은 사업자의 인적사항과 그 밖에 필요한 사항을 적은 사업자등록증을 신청일부터 3일 이내에 신청자에게 발급을 하고 있다.

【그림 4-1】 무역업 창업의 절차

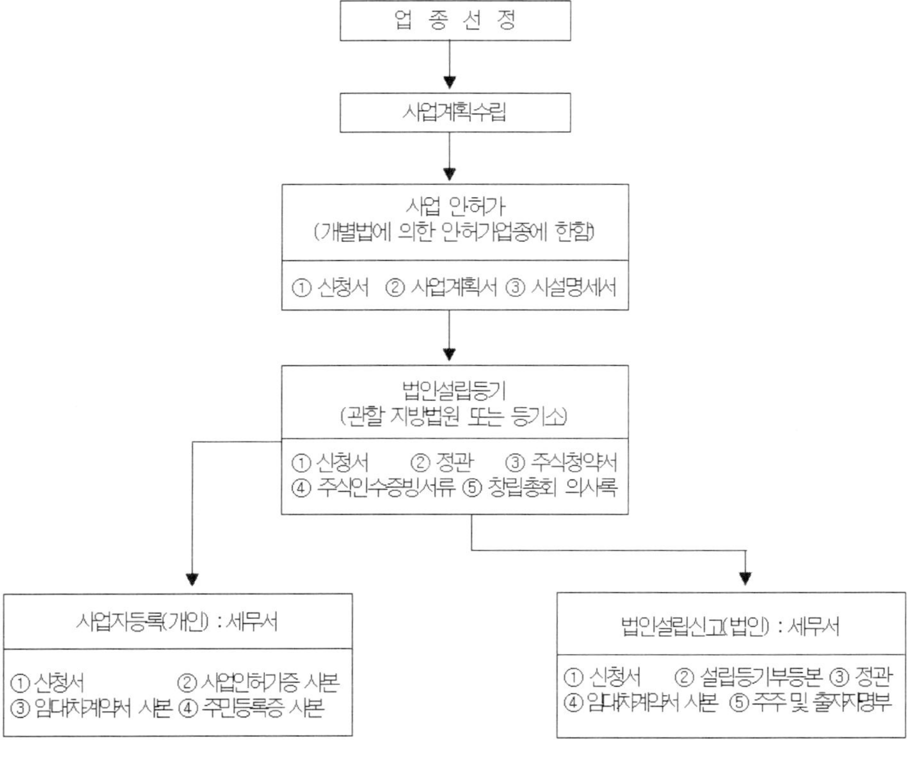

자료: 한국무역협회, 2014.10.

【그림 4-2】 무역업창업의 제1단계 절차

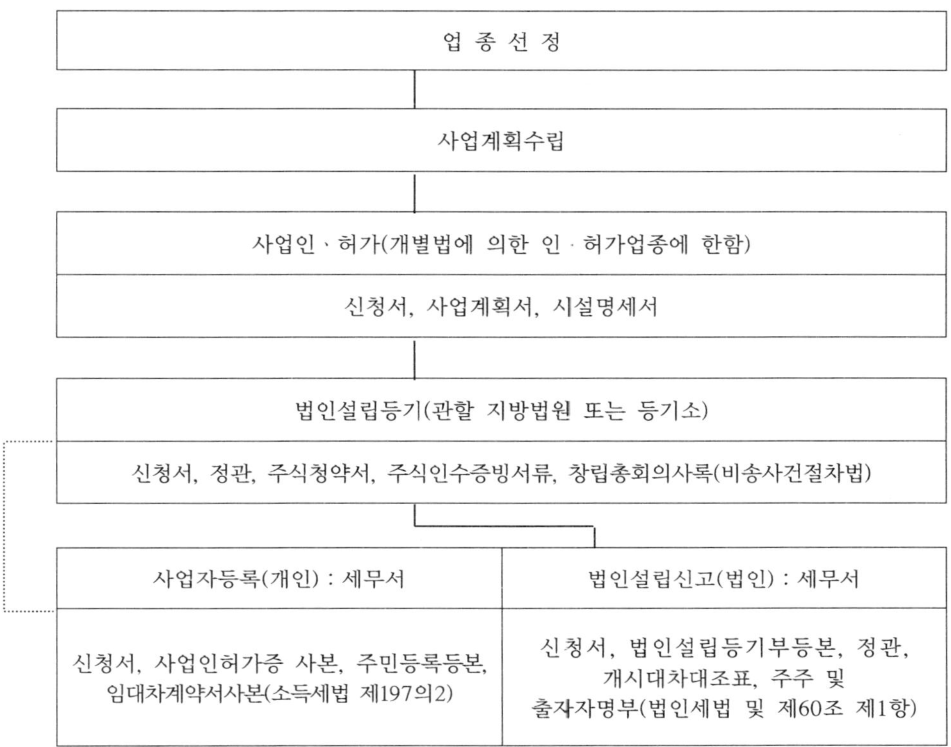

자료: 한국무역협회, 2014.10

【그림 4-3】 법인설립절차

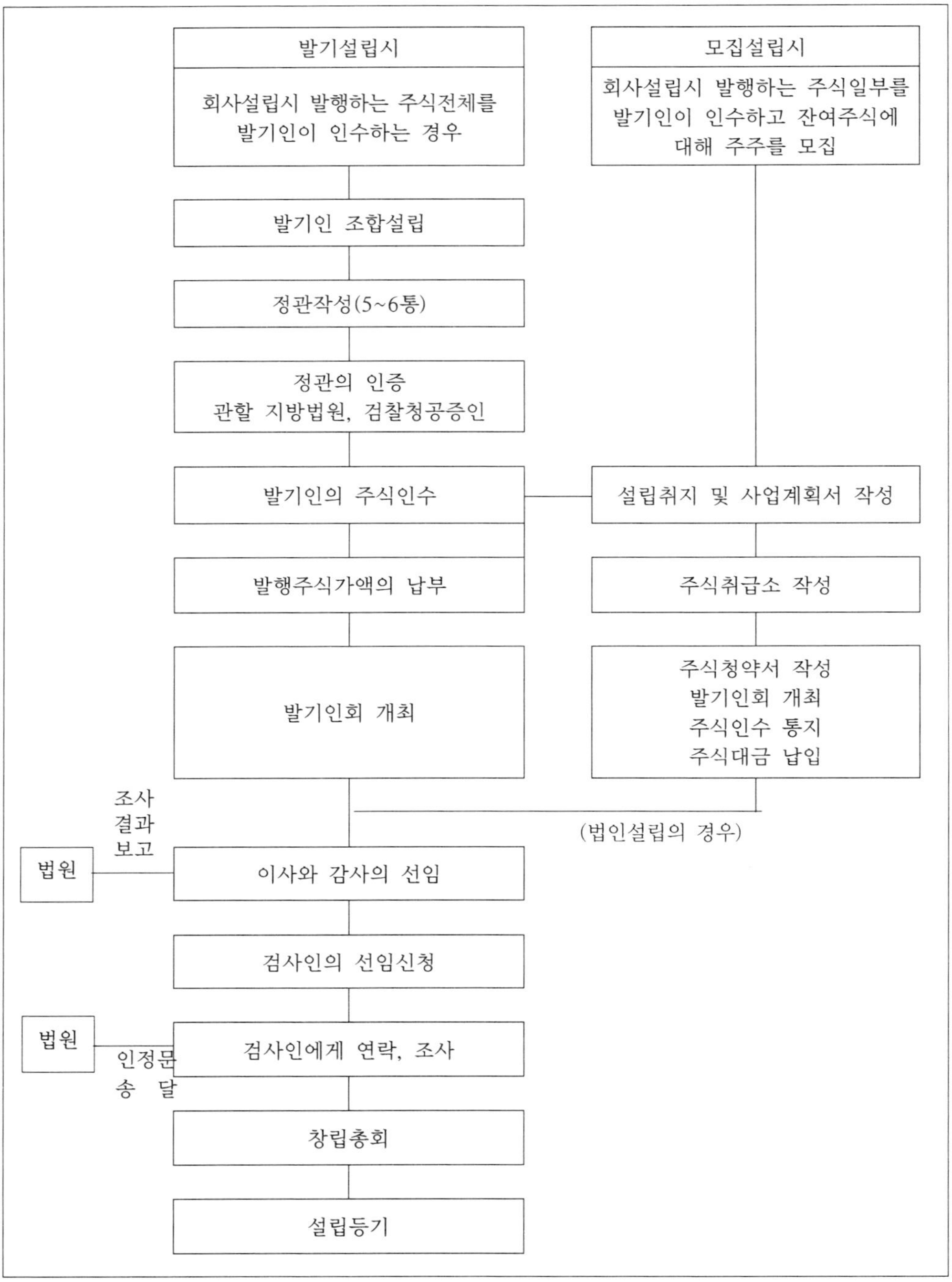

자료: 한국무역협회, 2014.10.

(2) 제2단계 : 공장입지선정과 공장설립신고

【표 4-1】 공장입지선정과 설립신고

절차	내 용
공장 입지 선정	ㆍ공장을 설립할 수 있는 지역은 국가가 공장건설을 위해 조성한 계획입지(국가공단, 지방공단, 농공단지)와 국토이용관리법 및 도시계획상 세분된 개별적인 용도지역 중 공장설립이 허용되는 자유입지에 한정되어 있어, 자유입지의 경우 공장 설립이 허용되는 지역인지의 여부를 알기 위해서는 해당군청의 「국토이용계획확인원」, 「지적공부」 또는 해당시청의 「도시계획확인원」의 열람을 신청하여 확인할 수 있음. ㆍ국토이용관리법상 용도지역은 공업지역, 도시지역, 개발촉진지역, 경지지역, 산림보전지역, 수산자원보존지역, 취락지역 등으로 나누어지며 이중 공업지역을 제외하고는 공장설치 허용범위가 제한되어 있음. ㆍ도시계획법상 지역구분은 공업지역, 상업지역, 주거지역, 녹지지역 등으로 나누어 지며, 공업지역외의 지역은 제한적으로 공장설립이 가능함. ㆍ수도권(서울, 인천, 경기)에서는 국토이용관리법, 도시계획법외에 수도권정비계획법이 추가적으로 적용되므로 개별적인 공업입지가 극히 제한적으로 허용되고 있음.
공장 설립 신고	ㆍ「국토이용관리법」 및 「도시계획법」에서 정한 공장설치 허용지역에 공장을 설립할 경우 공장건축면적 200㎡ 이상 또는 상시종업원수가 16인이상인 공장의 경우 관할 시, 군, 구청에 공장설립신고를 해야 함. ㆍ공단지역(국가공단, 지방공단, 농공단지)에 입주코자 입주계약을 체결한 경우와 공장설치가 허용되지 않은 지역에서 창업사업계획승인을 통해 공장을 설립코자 하는 경우에는 별도의 공장설립신고를 할 필요가 없음.

자료: 한국무역협회, 2014.10.

(3) 제3단계 : 공장건축 및 공장설립완료

【표 4-2】 공장건축 및 설립절차

절　　차	구 비 서 류	관할관청
1. 건축허가	· 건축허가신청서 · 건축설계도서 · 도시계획확인원(국토이용계획확인원) · 토지등기부등본 또는 토지사용승락서	시 · 군 · 구
2. 건축착공신고	· 건축물착공신고서 · 설계도서	시 · 군 · 구
3. 건축중간검사	· 건축중간검사신청서　· 공사감리보고서	시 · 군 · 구
4. 건축물사용승인	· 사용검사신청서　· 설계도서 · 공사감리보고서	시 · 군 · 구
5. 공장설립완료보고	· 공장설립완료보고서　· 준공검사필증 · 공장배치도	
6. 부동산 등기	· 신청서 · 등기원인증빙서류 · 주민등록등본 · 법인등기부등본(법인의 경우) · 대리인 신청시 권한 증빙서류 · 등기의무자의 권리에 의한 등기필증	관할지방법원/등기소
7. 취업규칙 신고	· 신고서　· 취업규칙 · 의견서	
8. 사업장설치계획신고	· 유해위험방지계획서 · 각층의 건물평면도 · 기계 · 설비배치도면 · 제조공정 및 기계설비구조	노동부 지방사무소
9. 산업재해보험관계 성립보고	· 신고서	
10. 의료보험조합관련신고	· 신고서	직장의료 보험조합

자료: 한국무역협회, 2014.10.

제 5 장 무역업과 관련 법규

제1절 국내무역관리 제도

1 무역관리 의의

무역관리(Trade control)라 함은 대외무역거래에 대한 국가의 간섭(intervention) 내지 통제(control) 및 규제(regulation)를 말한다.

무역관리는 거래의 관리로서 수량제한(Quantitative restriction)이라고도 하는 것으로 외국환거래 및 관세(customs tariff, zoll)와 함께 자유로운 무역을 관리하는 3대 법을 형성하고 있다.

관세를 제외한 각종 무역장벽요소를 비관세장벽(non-tariff-barriers)이라고 하는데, 여러 가지 비관세장벽 중에서도 수량제한은 가장 직접적이고 적극적인 간섭이 되기 때문에 WTO에서는 원칙적으로 이를 금지하고 있다. 그러나 예외적으로 식량 등 부족상태해소나 「세이프가드」 등 특정한 경우에 한하여 수량제한금지의 예외를 두고 있다.

국제분업원리에 의한 비교생산비설에 의하면 국제무역은 거래쌍방에 모두 이익을 주는 것이므로 가능한 한 무역에 대하여 인위적인 통제라든가 간섭을 행하지 않고 자유롭게 맡겨두어야 쌍방의 이익이 극대화된다고 한다. 그러나 오늘날 세계 각국은 정도의 차이는 있어도 모두 무역에 대해 정부가 직간접적인 관여를 하고 있다.

오늘날 자유주의 경제체제하에서 국가는 무역에 대하여 직접적인 관리를 할 것이 아니라, 가능한 한 가격의 자율조정기능에 의한 간접규제를 하여야 하며, 또한 이 점에 전략적 시각을 맞추고 있다. 직접통제를 행하는 가장 대표적인 예는 사회주의 국가에서와 같이 무역을 완전히 국가가 장악하고 민간무역을 전반적으로 할 수 없도록 하는 경우이지만 지금은 사회주의의 붕괴로 거의 찾아볼 수 없으며 그 밖에 일반적인 유형으로 극히 제한된 범위내에서 수출입금지 또는 제한을 행하는 경우를 들 수 있다.

간접규제를 행하는 경우에는 가격정책에 의하여 수출입규모를 간접적으로 규제하는 것으로, 이를테면 수출입규모의 양적인 규제를 오로지 가격기구에 맡기고 이에 인위적 조정을 행하지 않고 있는 것을 말한다.

2 관리목적

무역관리의 목적은 대외무역법 제1조에서 규정하고 있는 바와 같이 대외무역을 진흥하고 공정한 거래질서를 확립하여 국제수지의 균형과 통상의 확대를 도모함으로써 국민경제에 이바지하는 것이다. 다시 말하면, 무역관리의 본질적인 목적은 국민경제의 발전을 위한 국제수지의 균형과 통상의 확대라고 할 수 있다.

국제수지의 균형과 불균형에 관한 정확한 판정기준은 획일적으로 설정될 수는 없지만, 일반적으로 개발도상국의 경우는 국제수지의 적자에 고민하고 있고, 이를 시정하기 위하여 무역관리에 주력하고 있는 실정이다. 실제로 외국환관리를 통한 수입에 대한 직접적인 규제에 의하여 국제수지의 균형을 유지하는 방법도 가능하지만 무역관리는 일차적으로 국제무역환경에 적의 대처하여 국제수지의 균형을 유지하여야 한다는 차원에서 무역에 대한 합리적이고 탄력적인 관리방향을 제시하여야 한다.

또한 대외무역의 진흥에 의한 국민경제를 발전시키기 위한 본질적인 방법은 국제통상의 확대라고 하는 것은 자명하다. 왜냐하면 국제통상의 확대 없이는 대외무역이 발전될 수도 없고 또한 국민경제의 발전도 기대할 수 없기 때문이다.

따라서 효율적인 무역관리를 통한 국제무역환경에 적의 대처함으로써 국제통상의 확대가 가능해진다.

한편, 무역관리의 대상은 수출입되는 물품과 물품의 수출입행위가 주종을 이루고 있는 국민의 대외경제생활로서, 무역관리는 본질적으로 국민의 대외경제생활에 관련된 물품이나 또는 그러한 물품의 구체적인 수출입행위를 관리대상으로 하고 있다.

3 관리특성

1) 국제법 적용

무역거래는 서로 상이한 국가간에 이루어지는 거래이므로 국제협력, 상품협정, 통상협정 등의 형식으로 국제법이 적용된다는 점에서 국내상거래와 구별된다. 그러나 무역거래는 사법적 질서 하에서 계약의 자유를 기조로 하여서만 이루어지는 것이 아니라, 그 위에 공법체계에 입각하여 국가의 적극적 내지 소극적인 간섭이나 개입이 가하여지는 것도 고려하지 않으면 안된다. 그러나 무역을 경영하는 무역기업의 입장에서는 아무런 제한이나 간섭 없이 자유로이 무역업을 영위할 수 있도록 하는 것이 가장 이상적이다.

2) 경제활동규제

자본주의적 시장경제에 있어서는 각 개인은 그들이 소유하고 있는 생산수단을 이용하여 그들의 의사에 따라 자유로운 경제활동을 영위하고, 그들의 경제활동은 시장에 의하여 조정된다. 그리고 국가는 원칙적으로 개인의 경제활동에 간여하지 않고, 오로지 시장기능을 유지하고 시장의 실패를 교정하기 위하여 개인의 경제활동에 간여하게 된다. 따라서 경제활동에 대한 국가의 규제는 어디까지나 예외적인 현상에 지나지 않는다.

그러나 각국의 정부는 국가의 조화 있는 발전을 위하여 정치, 사회, 경제 등 필요한 부분에 대하여 다종다양한 조정과 규제를 하고 있으며, 특히 경제분야에 대해서는 국민경제의 발전을 위한 각종의 관리제도를 입법하여 경제활동의 조정과 규제를 하고 있다. 대부분의 국가들은 자국내의 경제에서 무역이 차지하는 비중이 높아감에 따라 국가간에 정도와 방법에 차이는 있으나 나름대로 무역의 조정과 규제를 강화하고 있다.

따라서 우리나라의 무역관리도 대내외 정치, 경제상의 많은 변화를 거치는 동안 국민경제상의 필요성에 부응하여 수출입을 규제하거나 조장하는 등 그때마다 갖가지 정책수단을 동원하여 이를 법제면에서 구체화시켜 오늘에 이르고 있다.

그것은 무역정책과 무역법제는 그 본질, 대상, 개념요소, 출현배경, 주체면에서 일치한다는 점에서 양자가 동일하다고 할 수 있으며 무역정책에 법적 효력을 첨가한 것이 무역법제라는 점에서 무역정책의 법규범이라 볼 수 있기 때문이다.

무역관리를 담당하는 주체는 정치적으로나 국제법적으로 국가이지만, 무역관리는 오늘날 국가의 행정기관을 통해서 행하여지고 있다. 이것은 자본주의의 고도화에 수반하여 국가의 행정에 의한 대외경제적 간섭의 분야가 확대되고 있음을 반영하고 있다.

또한 국가가 무역관리를 할 경우에도 그 유인(incentive)의 상위에 따라 그 내용과 정도를 달리한다. 물론 정부중심의 무역관리제도는 우리 경제규모의 확대, 국제화, 개방화 시대로의 진입 그리고 정치, 경제의 민주화와 자율화에 따라 민간중심의 자율경제운용체제로의 구축이 선행되어야 한다.

3) 정부규제작용

오늘날의 국가작용에서 현저히 두드러지는 것은, 현대의 국민생활과 기업활동을 다각적으로 규율하는 정부의 규제작용이라고 할 수 있다. 그런데 오늘날의 규제법규들은 대체로 어떠한 보편적이고 일관성 있는 원리에 의해 제정되는 것이 아니라, 개별 규제영역에서의 여러 문제를 합목적적으로 해결하기 위한 좁은 범위의 정책적 고려의 산물인 경우가 많으며, 행정현상의 변화에 의하여 수시로 개폐된다는 점이다. 그렇지만 앞으로 대외개방과 관련하여 국내산업의 대내적인 경쟁체제 강화가 필요한 분야와 시장참여 제한 등 유효경쟁의 제약으로 가격, 품질 및 서비스 경쟁이 불충분하여 소비자 이익이 저해될 소지가 있는 분야 그리고 행정절차의 중복, 복잡화로 기업활동에 불편이 있거나 국민생활에 지장을 주는 분야 등에 대해서는 행정규제를 지속적으로 정비해 나가야 할 것이다. 자율화, 국제화의 추세속에서 우리경제의 선진화와 경쟁력 강화를 위해서는 민간기업의 창의를 극대화할 수 있는 제도개선이 필요하다.

4 일반적 무역관리 수단

일반적 무역관리수단으로는 무역진흥수단, 무역규제수단, 그리고 무역균형수단의 3가지 형태로 구분된다.

1) 무역진흥수단

(1) 수출금융

수출금융은 물품의 수출을 지원하기 위하여 수출입업자, 수출용 완제품 및 수출용 원자재 생산업자를 지원대상으로 하여 수출상품의 제조, 가공에 필요한 소요자금을 지원하는 우대금융을 말한다.

(2) 수출보험

수출보험(export insurance)은 수출거래에 수반되는 위험 중에서 수출업자가 예기치 못하는 전쟁, 파산 등의 비상위험이나 신용위험, 환위험 등에 대비하기 위한 제도로서, 수출업자, 생산업자, 금융기관 등이 입게 될지도 모를 경영손실의 위험을

보상함으로써 수출진흥을 도모하기 위한 비영리 정책보험을 말한다.

(3) 관세환급제도

관세환급은 수출물품 제조에 소요된 원재료가 수출 등에 제공된 때에는 원재료의 수입시에 납부한 관세 등을 수출업자에게 되돌려 주는 제도를 말한다.

2) 무역규제수단

무역규제수단이라 함은 일반적으로 수입을 제한하는 수단을 말하는데, 주로 관세장벽(tariff barriers)과 비관세조치(non-tariff barriers)이다.

(1) 수출입 금지

각국은 경우에 따라서 국내산업의 보호 또는 정치적 이유 기타 등에 의하여 특정물품의 수출입 또는 특정국가와의 수출입을 법령에 의하여 금지 또는 제한하고 있다. 국제무역에서 주로 문제되는 것은 수입의 금지 또는 제한이다. 보호관세정책은 국내산업의 보호를 위한 수입의 억제로서 나타나고 있으나, 긴급한 필요가 있을 때에는 이러한 관세제도만으로는 부족하므로 여러 가지 직접적인 억제정책이 채택되고 있다.

(2) 반덤핑관세 및 상계관세

반덤핑관세(anti-dumping duty)는 일국의 상품이 정상적인 가격 이하로 수입되어 수입국의 산업에 실질적으로 피해를 줄 우려가 있을 때 부과되는 관세를 말하며, 이를 덤핑방지관세라고도 한다.

상계관세(countervailing duty)는 제품의 생산, 수출과정에서 직·간접으로 수출업자에게 주어지는 각종 보조금 등의 특혜를 상쇄할 목적으로 수입국이 부과하는 특별관세를 말한다.

상계관세와 반덤핑관세는 마찬가지로 자국산업을 보호하는 데 그 근본목적이 있으나, 그 혐의가 있는지의 판단과 사실조사에 많은 노력과 시간이 소요되고, 덤핑제소를 받음으로써 소비자의 심리적 영향을 고려할 때 수출입에 상당한 영향을 줄 수 있는 강력한 규제수단이 되고 있다.

(3) 수량제한

수량제한(quantitative control)은 수출 또는 수입물품의 수량을 제한하기 위하여 일정한 기준에 따라 국가별 또는 품목별로 일정한 한도를 설정하고 그 한도내에서만 수출 또는 수입을 허용하는 제도인데, 이것은 보호무역주의의 가장 강력한 수단으로서 GATT(General Agreement on Tariff and Trade) 및 WTO(World Trade

Organization)에서 가장 기피하고 있는 제도이다. 그러나 미국을 비롯한 많은 국가에서 섬유류를 비롯한 많은 품목에 대하여 이 방법을 활용하고 있다.

3) 무역균형수단

(1) 구상무역

구상무역(compensation trade)은 구상주의 또는 쌍무주의에 의하여 2국간의 무역을 균형 또는 조정하는 제도를 말하며, 무역량협정 · 상쇄협정 · 상계협정 · 바터제도 등의 다양한 방식을 포함하는 것이다.

오늘날 구상무역은 수출입이 곤란한 경우에 상대국으로부터 수입하는 대가로 자국의 수출을 상대국에 의무를 지워주는 방식으로서 무역역조가 심한 국가에 의해 수입초과를 시정하는 방법으로서 요청되고 있다.

(2) 바터제

바터제(barter system)는 두 나라 사이에 수입물품의 대금을 화폐로 결제하지 않고 그에 상응하는 만큼의 물품으로 수출하거나, 수출한 것에 상응하는 만큼의 물품을 수입하는 방식으로 두 나라 사이에 무역을 균형시키고자 하는 제도로서 이를 물물교환무역이라고 한다. 또한, 이 제도는 자국이 수출한 것만큼 무역상대국으로부터 수입함으로써 수출입의 균형을 이룬다는 구상주의에 입각한 무역형태이므로 바터제도 구상무역의 일종이라 할 수 있다.

(3) 수출입링크제

수출입링크제(export-import link system)는 수출과 수입을 연결(또는 연계)시켜서 일정한 수출(또는 수입)과 교환할 것을 조건으로 수입(또는 수출)을 허용하는 제도이다. 이것은 수출입의 연결방식에 따라 수출의무제와 수입권리제로 구분할 수 있다.

전자는 먼저 원료 등의 수입을 승인하고 일정한 기간 안에 그 원료를 사용하여 만든 제품의 수출을 의무화시키는 방식이고, 후자는 특정상품의 수출실적에 따라 수입할 수 있는 권리를 부여하는 방식이다.

5 권한위임 · 위탁에 의한 관리

1) 권한의 위임 · 위탁의 의의 및 대외무역법 규정

(1) 권한의 위임 · 위탁의 의의

권한의 위임이라 함은 행정관청이 그의 권한의 일부를 다른 행정기관에 이전하여

수임기관의 권한으로 행사하도록 하는 것을 말한다. 권한의 위임에 있어서는 그 권한의 위임의 범위내에서 수임기관의 권한이 되며, 수임기관은 그것을 자기의 권한으로서 그의 명의와 책임으로 행사하게 된다.

권한의 위임은 그 권한을 위임하는 행정관청의 하급행정청 또는 보조기관에 하는 것이 보통이다. 위임행정관청과 대등한 행정관청 기타 직접적인 지휘·감독 아래에 있지 않은 행정청이나 공공단체, 그 기관 또는 사인(私人)에 대해서도 할 수 있다. 또한 법령에서는 위임이라는 용어이외에 위탁이라는 용어도 사용되고 있는데, 전자는 상하관계에 있는 자 사이, 후자는 대등관계에 있는 자 사이에서의 위임관계를 의미한다.

(2) 위임 · 위탁기관 업무처리절차

대외무역법은 수출입행정의 신속화와 효율적인 운영을 꾀하기 위하여 무역에 대한 주무행정기관인 산업통상자원부장관은 수출입과 관련된 권한을 위임 또는 위탁하도록 하고 있다.

즉 산업통상자원부장관은 대외무역법에 의한 권한의 일부를 대통령령이 정하는 바에 의하여 소속기관의 장, 시·도지사에게 위임하거나 관계행정기관의 장, 세관장, 한국은행총재, 한국수출입은행장, 외국환은행의 장, 기타 대통령령이 정하는 법인 또는 단체에 위탁할 수 있다. 이와 같이 산업통상자원부장관으로부터 권한을 위임 또는 위탁받은 자는 위임 또는 위탁받은 업무의 처리기준 및 절차를 제정·운용할 수 있다. 또한 위임 또는 위탁받은 업무처리기준 및 절차를 제정 또는 개정하고자 할 때에는 산업통상자원부장관과 미리 협의하여야 한다.

(3) 산업통상자원부장관의 지휘 · 감독 및 보고 · 검사

산업통상자원부장관은 위임 또는 위탁한 사무에 관하여 그 위임 또는 위탁을 받은 자를 지휘·감독한다. 또한 산업통상자원부장관은 위임 또는 위탁한 사무에 관하여 그 위임 또는 위탁을 받은 자에게 필요한 보고를 명할 수 있다. 산업통상자원부장관의 권한을 위임 또는 위탁받은 자는 위임 또는 위탁받은 업무의 처리결과를 산업통상자원부장관에게 보고하여야 한다. 보고시기·보고방법 등에 관하여 필요한 사항은 산업통상자원부장관이 정한다.

(4) 권한의 위임 · 위탁에 따른 조정

산업통상자원부장관은 불공정수출입행위의 금지와 이에 따른 불공정수출입행위의 지정 그리고 규정에 해당하는 행위에 대하여 무역위원회로부터 시정조치명령 또는 과징금의 부과를 건의 받은 경우에는 지체 없이 이를 해당 세관장에게 통보하여야 한다.

또한 시・도지사 또는 세관장은 권한의 위임・위탁과 관련 규정에 의하여 과태료를 부과하고자 하는 경우에는 각각 세관장 또는 시・도지사와 미리 협의하여야 한다.

그리고 산업통상자원부장관은 권한의 위임・위탁의 규정에 의하여 권한을 위임 또는 위탁받은 자가 법 또는 이 영을 위반하여 그 위임 또는 위탁받은 업무를 처리한 때에는 시정조치 등 필요한 조치를 요구할 수 있으며, 시정조치를 요구받은 자는 지체 없이 그 업무를 시정하고 그 결과를 산업통상자원부장관에게 보고하여야 한다.

2) 기관별 위임을 받은 권한 내용(수임기관)

산업통상자원부장관은 그 권한의 일부를 대통령이 정하는 바에 따라 다음과 같은 기관(수임기관)에 권한을 위임한다.

(1) 기술표준원장

산업통상자원부장관이 관장하는 품목의 물품 중 다음 각호의 권한을 기술표준원(Korea Agency for Technology and Standards: KATS)의 장에게 위임한다.

① 목재가구를 제외한 산업통상자원부장관이 관장하는 품목에 대한 외화획득용 원료・기재의 기준소요량의 결정에 관한 권한(목재가구품목에 대한 이 권한은 임업연구원장에게 위탁되어 있다).
② 외화획득의무자의 외화획득이행여부에 대한 사후관리의 권한.
③ 외화획득용 원료・기재의 수입승인 및 산업통상자원부장관이 관장하는 외화획득용 원료・기재의 사후관리에 관한 산업통상자원부장관이 지정・고시한 관계 행정기관이나 단체에 위탁된 사무에 대한 지휘・감독 및 보고 권한.
④ 사용목적변경승인에 관한 권한 중 시・도지사에게 위임된 사무에 대한 지휘・감독 및 보고에 관한 권한.

(2) 시・도지사

다음의 권한은 시・도지사에게 위임한다.

① 산업통상자원부장관이 관장하는 품목에 대하여 외화획득 이행기간을 연장하는 권한.
② 산업통상자원부장관이 관장하는 품목에 대하여 외화획득용 원료・기재의 사용목적 변경승인에 관한 권한.
③ 수입물품에 대한 원산지표시 검사권한 중 국내유통중에 있는 물품의 검사권한(수입물품통관시 수입물품의 원산지표시 및 원산지 확인 권한은 세관장에게 있다).

④ 원산지 확인을 위한 수출입 물품의 검사를 거부, 방해 또는 기피한 자에 대한 과태료부과, 징수, 과태료부과에 대한 이의제기의 접수 및 통보에 관한 사항.

(3) 자유무역지역관리원장

자유무역지역(Free Trade Zone)의 설치목적은 외국인의 투자를 유치함으로써 수출의 진흥, 고용의 증대 및 기술의 향상을 기하여 국가 및 지역경제발전에 기여하는데 있고, 산업통상자원부장관이 지정한 지역으로 관계법령의 적용이 전부 또는 일부가 배제되거나 완화된 보세구역의 성격을 띤 지역이다. 한편, 자유무역지역관리원장에게는 관할 지역내의 입주업체에 대한 시・도지사에게 위임되었던 권한이 위임되어 있다.

3) 기관별 위탁을 받은 권한 내용(수탁기관)

산업통상자원부장관으로부터 그 권한의 일부를 위탁받는 수탁기관은 다음과 같다.

(1) 관계중앙행정기관의 장

산업통상자원부장관은 산업통상자원부장관이 관장하는 물품을 제외하고 해당품목을 관장하는 관계중앙행정기관의 장에게 다음의 권한을 위탁한다.

① 국산원료・기재의 사용을 촉진하기 위한 외화획득용 원료・기재의 수입제한에 관한 권한.
② 외화획득용 원료・기재의 기준소요량의 결정에 관한 권한.
③ 외화획득 이행기간의 결정 및 그 연장에 관한 권한.
④ 외화획득용 원료・기재 또는 그 원료・기재로 제조된 물품(산업통상자원부장관이 정하여 고시하는 품목에 한함)에 대한 다음의 권한.
・외화획득 이행여부에 대한 사후관리에 관한 권한.
・사용목적 변경승인에 관한 권한.
・양도・양수의 승인에 관한 권한.
⑤ 전략물자 수입증명서의 발급에 관한 권한.
⑥ 무역거래자에 대한 수출입 질서유지를 위한 조정명령에 관한 권한.
⑦ 시・도지사에게 위임한 외화획득 이행기간 연장 및 사용목적 변경승인업무에 대하여 지휘・감독 및 보고에 관한 권한.

(2) 임업연구원장

임업연구원장(Korea Forest Research Institute: KFRI)에게는 산업통상자원부장관이 관장하는 품목의 물품 중 목재가구에 대한 외화획득용 원료・기재의 기준소요량의 결정에 관한 권한을 위탁한다.

(3) 세관장

산업통상자원부장관은 다음의 권한을 세관장에게 위탁하고 있다.

① 물품의 수출·수입 승인면제의 확인에 관한 권한.
② 수입물품의 원산지표시 및 원산지의 확인에 대한 검사에 관한 사항.
③ 수입물품의 원산지증명서의 제출명령에 관한 사항.
④ 다음 각호에 행위에 대한 시정조치명령 또는 과징금 부과에 관한 권한.
· 국내의 법령 또는 교역상대국의 법령에 의하여 보호되는 특허권·실용신안권·의장권·상표권·저작권·저작인접권·프로그램 저작권 및 반도체 집적회로의 배치 설계권을 침해하는 물품을 수출·수입하는 행위.[1)]
· 원산지를 허위로 표시한 물품 또는 원산지의 표시를 손상하거나 변경한 물품을 수출·수입하는 행위.
· 원산지표시 지정물품이 원산지표시를 하지 아니하는 행위.
· 원산지를 혼동·오인할 수 있는 방법으로 원산지표시를 한 물품을 수출
· 수입하는 행위.
⑤ 다음 각호에 해당하는 자에 대한 과태료의 부과·징수·이의제기 접수 및 통보에 관한 권한.
· 원산지표시를 하여야 할 물품을 수입하여 분할·재포장 또는 단순제조가공을 거쳐 거래하거나 낱개 또는 산물(散物)로 거래함에 있어서 원산지표시 지정물품이 원산지표시를 하지 아니한 상태로 판매를 목적으로 유통시킨 무역거래자 또는 판매업자.
· 원산지표시 지정물품의 원산지 불표시, 원산지 허위표시, 오인표시, 원산지표시에 대해 손상·변경 등의 행위를 한 자에 대하여 그 위반여부를 확인하기 위하여 수입물품을 검사하고자 할 때 이를 거부·방해 또는 기피한 자.

(4) 한국무역협회장

한국무역협회(Korean International Trade Association: KITA)는 수출진흥을 목적으로 1946년 7월 31일 설립된 사단법인으로서 무역업자들로 구성된 일종의 민간경제단체이다.

한편 한국무역협회장에의 권한 위탁의 내용은 다음과 같다.

① 무역업 고유번호의 신청 및 변경신청의 수리.

1) 조석홍, 통상실무, 두남, 2002. 지식재산권에 자세한 내용 수록.

② 무역업 고유번호의 관리대장의 관리.
③ 수출입통계 데이터베이스 등 무역정책수립을 위한 전산관리체제의 개발및 운영
④ 수출입거래에 관한 정보의 수집・분석.

(5) 관세청장

산업통상자원부장관은 다음의 권한을 관세청장에게 위탁한다.

① 원산지표시의 사전 판정 및 이의제기의 처리에 관한 권한.
② 세관장에게 위탁된 사무에 대한 지휘・감독 및 보고에 관한 권한.
③ 산업통상자원부장관이 정하는 원산지표시방법의 범위안에서 동 표시방법에 관한 세부적인 사항을 정하는 권한.

(6) 관계행정기관 또는 단체의 장

산업통상자원부장관은 수출입승인대상물품에 대한 다음의 권한을 산업통상자원부장관이 지정하여 고시하는 관계행정기관 또는 단체의 장에게 위탁한다.

① 수출・수입의 승인, 변경승인 및 변경사항 신고의 수리에 관한 권한.
② 외화획득용 원료・기재의 수입승인에 관한 권한.
③ 산업통상자원부장관이 관장하는 외화획득용 원료・기재에 대한 사후관리에 관한 권한. 이때 "산업통상자원부장관이 지정하여 고시하는 관계행정기관 또는 단체의 장"은 수출입 공고, 수출입별도공고에 산업통상자원부장관이 지정・고시한 기관・단체(이하 "승인기관"이라 한다)의 장을 말한다.

(7) 한국기계산업진흥회장

산업통상자원부장관은 다음 업무를 공업발전법에 의하여 산업통상자원부장관의 허가를 받아 설립된 한국기계산업진흥회(Korea Association of Machinery Industry: KOAMI)에 위탁한다.

산업설비수출의 승인 및 변경승인(일괄수주방식에 의한 수출로서 건설교통부장관과 노동부장관의 동의가 필요한 경우를 제외한다).

(8) 한국수출입은행장

한국수출입은행장에게는 연불금융지원의 경우로써 산업설비수출의 승인 및 변경승인을 하는 권한(일괄수주방식에 의한 수출로서 건설교통부장관과 노동부장관의 동의가 필요한 경우를 제외한다)이 위탁되어 있다.

(9) 대한상사중재원

산업통상자원부장관은 다음의 권한을 대한상사중재원(The Korean Commercial Arbitration Board)에 위탁한다.

① 무역분쟁에 대한 의견조정 또는 알선에 관한 권한.
② 선적전검사와 관련된 분쟁조정위원회의 구성 · 운영 등에 관한 권한.

제2절 국내외 무역 관리기관

1 국내 무역관리 기관

1) 중앙행정기관

국가간의 상거래 활동은 국민경제에 미치는 영향이 매우 크므로 각국은 중앙행정기관을 통한 무역관리에 있어 일원화된 관리를 하고 있다.

우리나라에서도 이러한 대외무역의 관리를 위해 대외무역과 통상정책에 관한 최고중앙행정기관으로써 산업통상자원부장관은 상업, 무역, 광업, 공업 및 동력에 관한 사무를 관장하며, 이 같은 업무를 신속화하고 효율적인 관리를 하기 위하여 대통령령이 정하는 범위내에서 산업통상자원부장관 권한의 일부를 관계행정기관, 협회, 단체 등에 권한의 일부를 위임 및 위탁하여 관리하고 있다.

2) 협조 중앙행정기관

대외무역활동과정은 무역에만 국한되는 것이 아니라 국내경제, 보건, 외환, 서비스, 지적재산권 등 사회전반에 걸쳐 관련되어 있고, 개별행정법에서도 무역과 관련된 업무를 수행하는 경우가 있다. 이와 같은 분야는 대외무역의 중앙행정기관의 장인 산업통상자원부장관이 관장하는 업무영역에 속하지 않기 때문에 무역관리의 일원화를 통한 통상진흥을 위하여 대외무역법에서는 관계행정기관들과의 협의 및 협조를 규정하고 있는데 이 경우의 관계행정기관을 협조 중앙행정기관이라 한다.

3) 협조행정관청에 의한 관리

아상과 같이 산업통상자원부는 최고무역관리주체이지만, 그 모든 것을 독자적으로 주관하지 않고 경우에 따라서는 관련관청의 협조를 요청하기도 하는데 이는 무

역정책의 유기적인 통일성을 확보하기 위해서이다.

다음, 협조행정관청으로서는 외교부장관(해외통상·조약체결 등), 행정안전부장관(총포·도검·화약류 등), 기획재정부장관(외환 등), 농림수산식품부장관(양곡·비료·농약 등), 보건복지가족부장관(의약품·식품·독물 및 극약·마약 등), 국토해양부장관(건설장비 등) 및 문화체육관광부장관(영화·출판물·음반·문화재 등), 교육부장관(전략물자 수출입 등) 등이 있으며 이들은 각기 소관사무에 관하여 특별법을 가지고 운영하고 있다.

특히 산업통상자원부장관이 수출입 거래 형태를 인정함에 있어서 당해 거래형태가 외국환거래법에 의하여, 기획재정부장관의 허가를 받아야 하는 결제방법에 해당하는 경우에는 미리 기획재정부장관과 협의하여야 하며, 또한 기획재정부장관이 외국환거래법령에 의하여 무역대금결제 방법을 정하고자 할 때에는 미리 산업통상자원부장관과 협의하도록 하고 있다.

이와 같이 무역결제방법에 관하여 산업통상자원부장관과 기획재정부장관이 상호 협의하도록 하고 있는 것은 무역결제가 비록 외국환에 의하여 이루어짐으로써 외국환거래법상의 관리부문이기는 하나 그 행위가 대외무역법상의 무역거래자가 산업통상자원부장관의 승인을 얻고 이루어진 수출·수입의 결과라는 점에서 상호 유기적인 협의 없이 독립적인 관리만으로는 상충될 가능성이 있기 때문이다.

4) 무역위원회

(1) 무역위원회의 설치

불공정무역행위에 대한 조사·판정, 수입증가, 덤핑, 보조금 등으로 인한 국내산업의 피해 조사·판정, 산업경쟁력 영향조사 등에 관한 업무를 수행하기 위하여 산업통상자원부에 무역위원회를 둔다. 무역위원회의 업무 및 국제무역제도의 연구 등 무역위원회의 업무를 처리하기 위하여 무역위원회에 사무기구를 둔다.

무역위원회는 수입으로 인하여 피해를 받게 되는 국내산업을 보호하기 위하여 비록 공정수입에 의한 경우에도 그 수입으로 인한 국내산업피해를 조사·판정하고 관계행정기관의 장에게 구제조치를 건의하며 또한 덤핑, 보조금지급 등에 의한 불공정물품의 수입에 대하여도 그로 인한 산업피해를 조사·판정하고 그 구제조치를 관계 행정기관의 장에게 건의하는 기능을 수행한다.

한편 무역위원회는 그 기능을 수행하는 과정에서 동 위원회가 독립적으로 산업피해에 관한 조사와 판정을 한다는 점에서 준사법기관의 성격을 갖는다고 할 수는 있으나 직제상으로는 산업통상자원부에 소속되어 있기 때문에 그 독립성 측면에서 제한이 따를 수밖에 없다. 또한 무역위원회의 산업피해조사는 조사만으로도 대외적으로 통상마찰을 일으킬 수 있기 때문에 행정부처의 협상력이 약화될 수도 있다. 따라서 미국과 같이 무역위원회를 준사법기구로 지위를 강화하고 그 소속도 국회의 특별기구로 하는 것이 바람직하다. 그렇게 함으로써 산업피해의 조사·판정 및 건의는 무역위원회가 완전히 독자적으로 하고 그에 따른 구제조치의 실시는 해당기관의 판단에 맡기는 것이 바람직하다.

(2) 무역위원회의 기능

① 특정물품의 수입증가 등에 의한 국내산업피해의 조사신청을 받은 때에 이에 대한 조사개시 여부의 결정 및 조사결과에 의한 산업피해 유무의 판정
② 산업피해의 판정이 있는 경우 관계행정기관의 장에게 하는 구제조치의 건의
③ 긴급조치가 필요한 산업에 대한 잠정조치의 건의
④ 관계행정기관의 장이 행한 구제조치가 국내산업에 미치는 영향 등에 관한 연례 검토 및 당해 구제조치의 기간의 연장 또는 구제조치의 변경 및 해제 등의 건의
⑤ 무역거래자 등의 불공정 수출입행위의 유무에 대한 조사와 불공정 수출입행위에 대한 시정조치명령 또는 과징금 부과의 건의
⑥ 덤핑방지관세 및 상계관세의 부과를 위한 산업피해조사신청의 접수, 조사개시 여부의 결정, 산업피해의 조사 및 판정

종전에는 관세법에 의한 산업피해 구제절차의 심의는 관세심의위원회에서 하도록 하고 다만 기획재정부장관이 동 위원회의 심의를 거쳐 요청하는 경우에는 무역위원회에서 조사할 수 있도록 이원화하였다.

그러나 이 같은 이원적 구제기능은 비효율적이라는 비판 때문에 1993년 12월 개정 시에 관세법에 의한 산업피해구제조치가 필요한 경우에도 무역위원회가 직접 조사·판정할 수 있고 관세율조정 등 관세법에 의한 구제조치가 필요한 경우에는 기획재정부장관에게 건의하도록 함으로써 미국의 법제와 거의 일치시켰다.

⑦ 특정물품의 수입 또는 무역·유통서비스의 공급이 국내산업의 경쟁력에 미치는 영향의 조사
⑧ 국제무역에 관한 법규·제도 및 분쟁사례에 관한 조사·연구
⑨ 기타 공정무역의 조장 등 무역위원회가 필요하다고 인정하는 사항의 조사 및 건의

(3) 무역위원회의 구성

무역위원회는 위원장 1인을 포함한 위원 9인이내의 위원으로 구성한다. 위원중 대통령이 정하는 수의 위원을 상임으로 한다. 위원장과 위원은 ① 기업경영 또는 무

역진흥분야에 10년 이상 종사한 경력이 있는 자, ② 대학에서 법률학, 경제학, 경영학 또는 행정학을 전공한 자로서 대학 또는 공인된 연구기관에서 조교수 이상 또는 그에 상당하는 직에 10년 이상 있던 자, ③ 판사·검사 또는 변호사의 직에 10년 이상 있던 자, ④ 산업정책 또는 무역진흥분야의 2급 이상의 공무원직에 있던 자 중에서 산업통상자원부장관의 제청으로 대통령이 임명하되, 임기는 3년이고 연임할 수 있으며, 위원장이 신체정신상의 장애 등 부득이한 사정으로 인하여 직무를 수행할 수 없을 때에는 상임위원중 임명된 일자순으로 그 직무를 대행한다.

그리고 위원장과 위원의 신분보장을 위하여 위원장과 위원은 i) 금고 이상의 형의 선고를 받은 경우와 ii) 장기간의 심신쇠약으로 인하여 직무를 수행할 수 없게 된 경우를 제외하고는 그 의사에 반하여 면직 또는 해촉되지 아니한다.

(4) 무역위원회의 운영

위원장은 무역위원회의 회의를 소집하고 그 의장이 되며, 위원장이 회의를 소집하고자 할 때에는 회의의 일시·장소 및 부의안건을 정하여 회의개최 7일전까지 각 위원에게 서면으로 통지하여야 한다. 다만, 긴급을 요하거나 부득이한 사유가 있는 때에는 그러하지 아니하다.

그리고 무역위원회의 심리와 의결은 공개하여야 한다. 다만 무역위원회는 영업상의 비밀을 보호할 필요가 있다고 인정할 때에는 비공개로 할 수 있다. 또한 무역위원회는 이해관계인으로 하여금 회의에 출석하여 그 의견을 진술하게 하거나 필요한 자료를 제출하게 할 수 있으며, 위원회의 재적위원 과반수의 출석으로 개의하고 출석위원 2분의 1이상의 찬성으로 의결한다.

2 국외 무역관리 국제기구

국제무역의 자유화를 위하여 IMF, OECD, GATT, UNCTAD, WTO 등의 국제기구를 통하여 국제적으로 추진되고 있는데, 무역관리와 관계있는 이들 국제기구에 대하여 그 역할과 기능 및 관리내용을 살펴본다.

1) 국제통화기금(IMF)

IMF(International Monetary Fund)는 1944년 7월 브레튼우즈(Bretton Woods) 협정에 의하여 설립된 국제금융기구로서 자유무역을 원칙으로 하고 평가제도(par value system)에 의한 환율의 안정을 달성하기 위해 설립된 기관이다. 이러한 목적으로 IMF는 IMF의 승인을 받지 않고는 경상적 국제거래를 위한 지급에 대하여 제한을 가하지 않을 것을 기본원칙으로 하고, 전후 복구 또는 경제개발을 위하여 필요한 경우 잠정적으로만 외화에 대한 제한을 실시할 수 있도록 하고 있다. 그럼에도 불구하고 각국이 1973년 10월의 석유위기 이후 자국의 국제지수를 방어하기 위하여 여러 가지 무역제한조치를 취하게 되었다.

국제통화의 개혁작업 과정에서 자유무역은 새로운 국제통화제도와 마찬가지로 기본이념이 됨으로써 IMF는 1974년 6월 무역조치에 관한 선언을 채택하고 각 가맹국이 이에 서명하게 하였는데, 이는 IMF협정문 제8조를 보완하는 입장에서 한 것이다. 당초 IMF협정문 제8조는 각국 정부가 취하는 제한조치를 판정함에 있어 그 실시동기 또는 영향을 판정기준으로 하지 않고 단지 외환의 조정 및 사용에 대하여 직접적인 정부의 제한이 개입되었는가의 여부에 따라 판정할 수밖에 없었으므로 국제수지의 개선을 목적으로 하고 있는가 또는 타국의 국제수지에 어떠한 영향을 주는가에 대한 것은 별개의 문제였었다.

이에 따라 IMF선언문은 「IMF가 정당성을 인정하는 경우를 제외하고 각국은 국제수지를 개선할 목적으로 무역 및 기타 경상거래상의 제한조치를 새로이 도입하거나 강화시키지 않도록 자율적으로 규제하여야 한다」고 원칙을 세우고, 만약 가맹국이 불가피한 사정으로 제한조치를 실시할 경우에는 사전에 IMF에 통보하여 IMF가 그 정당성을 인정하지 않는 경우에는 제한조치 실시계획을 철회하여야 한다고 규정하고 있다.

2) 경제협력개발기구(OECD)

OECD(Organization for Economic Cooperation and Development)는 1961년 선진국간의 국제협력기구로 설립되었으며 그 설립목적은 경제성장, 저개발국 원조 및 통상확대를 도모하는 것이었다.

OECD는 1974년 5월 일방적인 수입제한조치 또는 기타 경상거래에 대한 조치의 실시를 1년간 유보하기로 결의하였다. 이는 OECD회원국이 석유가격상승으로 인한 인플레이션과 국제수지 적자가 심화되는 것을 막기 위하여 일방적인 수입제한조치를 시행하게 된다면 회원국 전체에 심각한 영향을 미치게 됨으로써 이에 대한 국제간의 협력이 절실히 필요하다는 것을 느끼게 되었기 때문에 제한조치의 철폐를 선언하게 된 것이다.

또한, OECD선언문은 수출 및 기타상거래를 촉진하기 위한 조치를 실시하지 않았으며, 특히 공적인 수출신용공여의 경쟁을 회피하여야 한다고 규정하고 있다. 우리나라는 1996년에 OECD회원국으로 가입하였다.

3) 유엔무역개발회의(UNCTAD)

UNDTAD(UN Conference for Trade and Development)는 1964년 UN의 특별기

구로 설립되었으며 개발도상국의 수출품에 대한 선진국의 관세면에서의 우대조치를 취하도록 함으로써 원조보다는 통상증대에 의하여 경제개발을 달성할 수 잇도록 함에 그 근본 목적이 있다. 만일 GATT의 일반원칙과 같이 선진국과 개발도상국이 호혜의 원칙에 따라 교역을 한다면 개발도상국은 영원히 1차산품의 수출국, 2차 산품의 수입국의 형편을 면하지 못할 것이므로 선진국은 개발도상국 수입을 제고하기 위하여 일방적 특혜를 부여해야 한다는 것이다.

이에 따라서 UNCTAD 는 선진국의 일반특혜관세(Generalized System of Preference ; GSP)제도를 채택할 것을 추진하였는데, UNCTAD 가맹국인 선진국은 개발도상국으로부터 농수산물·광공업품을 수입하는 경우 다른 나라로부터 수입하는 상품에 적용하는 관세율보다 낮은 관세율을 적용하도록 하였다. GSP는 이에 따라 1971년 EC와 일본이 GSP제도를 채택하고 1976년에 와서 미국이 이를 채택함으로써 본격적으로 시행하게 되었으나, 최근에 와서 미국을 중심으로 한 신보호무역주의의 강화로 개발도상국에 대한 GSP혜택의 폭을 점차 축소시켜 가고 있다.

4) 세계무역기구(WTO)

세계무역기구(World Trade Organization)는 우루과이 라운드(UR)협상이 1993년 12월 15일에 마라케시에서 최종 타결되어 1995년 1월부터 새로운 국제적 경제기구로서 다자간 무역기구인 세계무역기구가 창설되어 새로운 국제무역질서를 관장하게 되었다.

따라서 1947년 조인된 "관세와 무역에 관한 일반협정(GATT)"에 의한 GATT체제가 지난 50여년간 20세기 후반의 국제교역질서를 형성해 왔으며 앞으로 WTO체제는 21세기 이후의 국제교역질서를 책임지게 될 것이다.

그러나 WTO는 서로 상충하는 두 가지 목표, 즉 국제무역의 자유화라는 장기적인 목표와 국내산업의 보호라는 단기적인 필요성간의 타협점으로써 관세에 의한 보호의 원칙을 채택하고 있다.

각국은 WTO협약 체결시 또는 가입시에 모든 회원국에 의해서 양허된 관세율을 적용할 수 있는 반면에 쿼터 등 정량규제는 일반적으로 금지되어 있다. 이렇듯 국내산업의 보호를 관세에 의한 보호로 통일하려는 이유는 관세의 경우 다른 조치에 비해서 투명성이 높고 또 관세는 양허과정을 거치기 때문에 안정성이 높아 교역상대국의 입장에서 볼 때 미래에 대한 예측가능성이 높기 때문이다.

그러나 관세는 그 집행의 특성상 자주 변동시킬 수가 없기 때문에 일시적인 현상에 대처하기 위한 조치로는 부당한 경우가 많이 있다. 따라서 WTO체제는 예외적인 무역규제조치를 인정하는 여러 규정을 두고 있다.

제3절 무역관련 국내 법규

1 대외무역법

1) 대외무역법의 목적

대외무역법은 수출입거래를 관리하는 기본법으로서, 대외무역을 진흥하고 공정한 거래질서를 확립하여 국제수지의 균형과 통상의 확대를 도모함으로써 국민경제의 발전에 이바지함을 목적으로 한다.

종전의 무역거래법이 수출을 진흥하고 수입을 조정하여 대외무역의 건전한 발전을 촉진한다고 하여 관리무역 체제를 표방하고 있었다.

그러나 대외무역법은 수출과 수입을 동등하게 진흥하여 무역확대에 의한 경제발전을 추진하되 공정한 거래질서를 확립하여 국제무역질서에 상응하는 무역국가가 될 것임을 천명하였으며, 통상의 확대를 목적으로 하여 외국과의 통상교섭을 적극 추진할 것을 명시하고 있다.

2) 대외무역법의 특성

(1) 무역에 관한 기본법

"무역에 관하여는 이 법이 정하는 바에 의한다."(법 제6조 1항)라고 하여 대외무역법이 무역에 관한 기본법의 성격을 갖고 있음을 나타내고 있다.

(2) 무역에 관한 일반법

다른 법률에서 명시적으로 대외무역법의 적용을 배제하면 그 법은 무역에 관한 한 대외무역법에 관한 특별법으로서 우선 적용한다.

(3) 타법령에 대한 특별법적 성격

대외무역법은 민사법, 독점규제 및 공정거래에 관한 법률 그리고 국가보안법에 대하여 특별법적인 지위에 있다.

(4) 기술성

무역관리를 효과적으로 실행하기 위하여 대외경제와 대내경제의 영향을 감안하여 정책 기술적 측면이 고려되고 있다.

(5) 종합성

무역은 국가 경제에 미치는 영향이 매우 크고 경제 주체와 객체에 다양하게 영향을 미치므로 국민경제를 종합적으로 반영하고 있다.

(6) 국제성, 대외성

우리나라의 대외무역법은 헌법에 의하여 체결·공포된 무역에 관한 조약과 일반적으로 승인된 국제법규가 정하는 바에 따라 자유롭고 공정한 무역을 조장함을 원칙으로 한다(법 제3조 1항).

(7) 포괄성

대외무역법의 규정은 특정 행위나 주체에 적용되지 않고 거래전체를 규제하고 반영하고 있다.

(8) 경제통제성

국가가 경제질서의 단순한 외부보호자가 아니라, 적극적인 경제의 규제, 조정자로서의 역할을 한다.

(9) 위임입법성

대외무역법의 규정은 산업통상자원부장관에게 집중된 권한을 관련기관과 다른 행정기관에 권한의 일부를 위임 위탁하여 시행하고 있다.

(10) 중앙집권적 관리

대외무역법의 최고관리기관은 산업통상자원부장관이다.

【표 5-1】 대외무역법의 관리체계

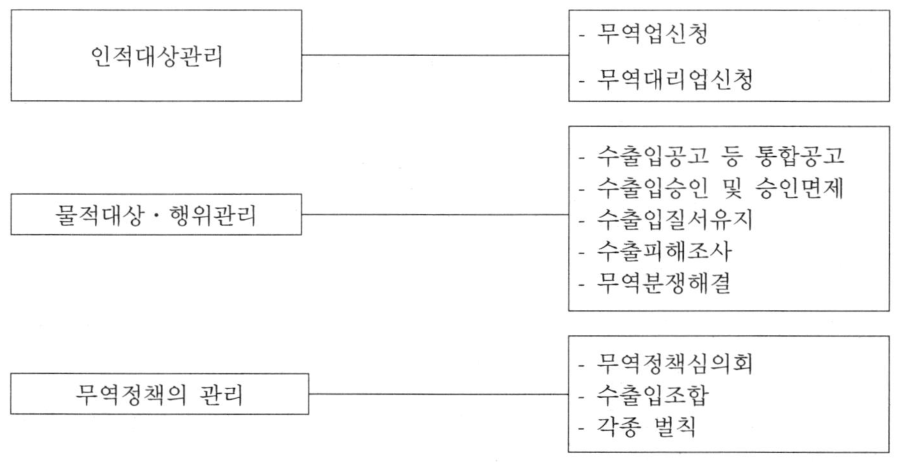

2 외국환거래법

1) 외국환거래법의 목적

외국환거래법은 외국환과 그 거래 기타 대외거래에 따른 채권, 채무관계를 규제하는 법이다. 이 법은 외국환과 그 거래 기타 대외거래를 관리하여 국제수지의 균형·통화가치의 안정과 외화자금의 효율적 운용을 기함을 목적으로 한다.

시장평균환율제 하에서 환율변동에 의해 대내외가격균형이 이루어질 수 있지만 우리나라의 외환시장이 불완전하기 때문에 국제수지의 균형을 위해 최소한의 범위 내에서 외국환관리를 실시하고 있다.

한편 국제수지균형의 전제가 되는 국내에서의 통화가치의 안정을 목적으로 하고 있으며, 외환집중 및 집중된 외환을 허가·인가 또는 승인된 거래에 사용하도록 관리하여 외환자금의 효율적 운용을 기하고자 하는 것이다.

2) 외국환거래법의 특성

(1) 자유주의 원칙(Negative List System)

현행 외국환거래법은 외국환업무의 취급기관에 대한 관리감독을 통해 법의 목적을 달성하는 것을 기본으로 하고 있다. 즉, 아주 특별한 경우로서 관리하지 않으면 국민경제의 발전에 해가 될 사항 외에는 개인과 기업의 경상지급 및 영수와 자본거래를 원칙적으로 자유로이 행할 수 있도록 하고 있다.

(2) 위임·위탁 관리체제

외국환거래법은 법적용의 대상이 되는 거래 및 행위의 종류와 양태가 다종다양하다는 점과 법적용 조치의 시의성이 강하다는 특성을 갖는다. 그러므로 필연적으로 법의 구체적 규정내용은 하위 법에 위임되고 그에 대한 관리도 일선조직에 위탁하는 체제를 갖는 것이 효율적이다. 외국환거래법 제23조에 의해 재정경제부장관이 권한의 일부를 위임·위탁할 수 있는 자는 금융감독위원회, 증권선물위원회, 관계행정기관의 장, 한국은행총재, 금융감독원장, 외국환업무 취급기관 등의 장 기타 대통령령 제35조에 규정된 관세청장, 금융감독위원회 등이다.

(3) 위기관리조치의 강화

외국환거래법은 국민경제의 방어 차원에서 외국환 및 그 거래에 대한 사후적 관리를 강화하고 거래의 내용을 즉시 파악하여 유사시에 대비하는 거시경제정책 차언의 대책을 마련하고 있다. 즉, 외국환거래 및 자본거래의 전면적인 자유화에 따른 부작용에 대비하기 위해 제6조(외국환거래의 정지 등)의 내용을 강화하여 재정경제부

장관이 취할 수 있는 비상조치의 요건을 구체화하고 비상조치의 내용도 확충하였다.

(4) 국제성

외국환거래법의 적용대상은 국내외간의 환거래이므로 외국환거래법은 기본적으로 국제적 성격을 가지고 있다. 더욱이 현행 외국환거래법은 외국환관리법이 적용되던 시절 우리의 외국환통제가 국제적 기준에 부합하지 못하여 많은 문제점을 노출하고 국제적으로도 많은 오해를 초래하였다는 점에 대한 반성으로 제정되어진 측면이 크다. 그러므로 외국환거래법은 외국환에 대한 국가의 관리라는 측면에서 국제조약 및 국제기구의 기준을 대폭 수용하여 외국환과 그 거래에 대한 선진국 수준의 자유화를 기본정신으로 하고 있다는 점에서 구법보다 진일보한 국제성을 갖게 되었다. 우리는 외국환 및 그 거래에 대한 관리에 관한 한 명실상부하게 OECD와 IMF의 기준을 확보하였으며 이를 통해 외국의 자본이 국내로 유입되고 유출되는 과정에 대한 자유성을 확보하였고 또 이를 통해 외환위기의 극복에 많은 도움을 받은 바 있다.

【표 5-2】 외국환거래법의 관리체계

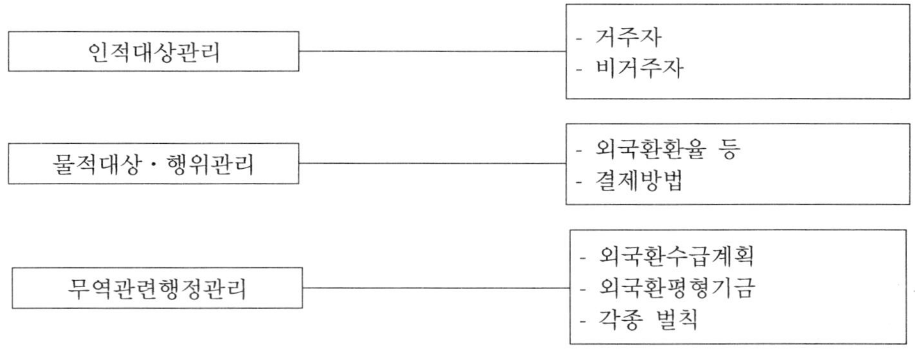

3) 외국환거래법과 대외무역법과의 관계

대외무역법은 무역의 객체인 물품의 이동을 관리하는 법규이고 외국환거래법은 무역에 의하여 이루어지는 대금결제를 관리하는 법규이기 때문에 상호 밀접한 관계를 갖고 있다. 따라서 각 법에서는 이를 조정하기 위한 규정들을 두고 있는 이를 연계하여 살펴보면 다음과 같다.

첫째로 물품을 수출・수입하고자 하는 자는 대외무역법에 의하여 당해 물품, 거래형태 또는 대금결제방법 등에 관하여 산업통상자원부장관의 승인을 얻어야 한다(대외법 제19조 1항). 또한 수출・수입의 승인을 얻은 자는 그 승인의 유효기간내에 당해 승인을 얻은 물품을 수출·수입하고 당해 물품의 수출대금의 회수하거나 수입대금을 지급하여야 한다(대외법 제20조 2항). 이러한 규정에 따르면 일단 무역에 의한 대금 결제 방법은 대외무역법에 의하여 산업통상자원부장관의 승인을 얻어야 한다.

둘째로 산업통상자원부장관이 대금결제방법에 대하여 승인하고자 할 때에는 외국환관리법 제17조 및 제18조의 규정에 의하여 재정경제부장관의 허가를 받아야 하는 결제방법에 의한 물품의 수출·수입에 대하여는 대통령령이 정하는 바에 의하여 포괄적 또는 개별적으로 재정경제부장관과 협의하여야 한다(대외법 제22조 1항).

셋째로 재정경제부장관은 대외무역법이 정하는 바에 의하여 인정된 물품의 수출·수입에 관한 지급·영수에 대하여는 재정경제원장관의 허가를 받지 않아도 되도록 하고 있다.

이러한 두 법간의 관계를 따져 볼 때 결국 물품의 수출·수입에 따른 결제방법에 대한 승인은 대외무역법에 의하여 산업통상자원부장관이 행사하되 그 범위는 외국환거래법에 의하여 재정경제부장관의 허가대상에서 제외되는 일반적인 결제방법에 한한다. 다만, 외국환거래법에 의하여 재정경제부장관의 허가대상이 되는 특정의 결제방법일 때에는 산업통상자원부장관과 재정경제부장관이 협의하여 승인하도록 하고 있다.

3 관세법

1) 관세법의 목적

관세법이란 외국에서 수입되고 외국으로 수출되는 물품, 즉 관세선을 통과하는 물품에 대해 규제하는 법이다.

관세법은 관세의 부과·징수 및 수출입물품의 통관을 적정하게 하여 국민경제의 발전에 기여하고 관세수입의 확보를 기함을 목적으로 하고 있다. 국민경제의 발전과 관세수입확보가 관세법의 궁극적 목적이다.

관세 자체가 국내산업을 보호하고 소비를 억제하여 국제수지를 개선하는 역할을 하고, 관세율과 관세제도의 조정을 통하여 국내물가의 안정과 수출지원을 도모하여 국민경제발전에 이바지하는 것이다.

한편 관세법은 국가재정수입의 확보를 목적으로 하는데, 국민경제발전과 관세수입확보는 관세의 부과·징수 및 수출입물품통관절차를 적정히 해야 이루어진다.

2) 관세법의 특성

(1) 조세법적 성격

관세법은 그 명칭이 「세법」인 바와 같이 관세의 부과·징수·감면에 관하여 규정

하고, 징수의 확보를 위하여 보세제도・운송기관에 대한 규제・처벌 등을 규정하고 있다.

조세법으로서의 관세법은 실체법인 동시에 절차법이란 양면성을 가지고 있다. 즉, 관세의 납세의무 등 과세요건과 감면요건을 규정하는 동시에 그 징수절차와 감면절차도 함께 규정하고 있다. 이와 같은 관세의 조세법적 성격은 관세법의 대부분의 규정에 나타나 있다.

(2) 통관법적 성격

통관이란 개항이라는 특정통로에 세관이 주재하여 서면으로 된 대외무역법상의 수출입 허가사항을 수출입되는 실물에 의거 확인하는 것이라 하겠으며, 통관에 관한 관세법상의 규정은 절차법적 성격이 있다 하겠다.

실제 관세행정에 있어서는 대부분 관세의 징수와 동시에 통관이 이루어져 징수와 통관이 일체가 되기 때문에 통관만을 분리하여 파악하기란 어렵다. 그러나 통관은 관세징수와 엄격히 구별된다.

수입의 경우는 징수와 통관이 동시에 이루어진다는 것을 생각하면 관세법의 통관법적 성격을 명백히 인식할 수 있다.

(3) 형사법적 성격

관세법에는 벌칙과 조사 및 처분에 관한 방대한 규정을 두고 있어 이를 관세형법이라고도 한다.

관세형법이란 관세징수와 통관이 적정을 확보하기 위한 수단으로의 규정으로서 내국세분야의 처벌법규인 조세범처벌법이나 일반 형사법규인 형법・형사소송법과는 별도의 처벌관계규정을 두고 있다. 이러한 의미에서 관세법은 형사법적 성격도 가진다고 할 수 있다.

【표 5-3】 관세법의 관리체계

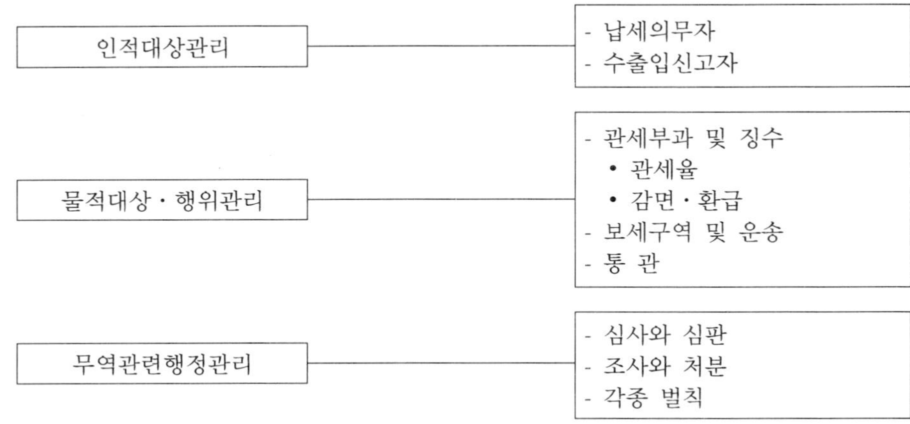

3) 관세법과 대외무역법과의 관계

무역에 관하여 볼 때 관세법과 대외무역법은 그 적용면에서 시간적으로 연결되는 선후관계에 있다. 대외무역법에 의하여 먼저 수출·수입이 허용되고 그 수출·수입이 이행되는 과정에서 발생하는 관세 등의 부과·징수 및 통관절차는 관세법에 의하여 적용된다.

다만, 관세법상의 수입에 의한 국내 산업피해구제제도인 탄력관세제도와 대외무역법상의 수입에 의한 국내산업의 피해구제제도가 이중적제도로 운용될 가능성이 있었다.

따라서 대외무역법에서는 관세법상의 산업피해구제제도는 관세법에 의하여 별도로 운용되도록 특례규정을 도입하였으나 유사한 정부기능이 이중적으로 운용됨에 따른 비효율성을 제거하기 위하여 1992년 12월에 개정한 대외무역법에서는 이를 일원화하고 관세법상의 산업피해구제도 대외무역법상의 무역위원회에 의한 피해구제를 적용하도록 하였다.

제4절 무역관련 국제법규

1 물품매매계약 국제법규

1) 매매계약법규의 개념

유형적 재화의 국제적 이동은 크게 국제기구에서 제정한 무역관련 국제조약, 정형화된 거래관습인 국제상관습, 표준약관 그리고 주요국의 무역관련 국내법 등에 의해 규율되고 있다.

이와 같은 무역관련 국제법규는 무역거래가 진행되는 과정에 따라 각각 분류・적용해 볼 수 있다. 무역거래는 일반적으로 언어와 관습이 상이한 외국의 당사자와 매매계약 체결로부터 시작되며, 해상・항공 또는 육상 등의 국제운송을 통해 물품의 선적과 인도가 이루어지고 있다. 그리고 국제운송과정 중에 발생될 수 있는 화물의 손상 및 멸실은 해상 보험을 통해 확장・담보되고 있으며, 매매계약에 명시된 화물의 이전에 따른 대금은 주로 외국환 은행과의 거래를 통해 결제되고 있다. 만일 무역거래 과정에서 거래 당사자간에 분쟁이 발생될 경우, 당사자들은 국제적인 중재나 소송제도를 이용하여 분쟁을 해결하고 있다. 즉 무역계약의 체결・이행 그리고 종료 등의 3단계에 걸쳐 진행되고 있는 무역거래는 매매계약을 중심으로 운송・보험・대금결제 그리고 중재 등에 관한 부수적인 계약 등을 통해 이루어지고 있다.

따라서 무역과 관련된 국제법규는 거래의 진행과정에 따라 크게 국제매매계약 법규, 국제운송 법규, 국제운송보험 법규, 무역대금결제 법규, 그리고 국제상사중재 법규 등으로 대별될 수 있다. 또한 국제무역법규에는 무역거래의 활성화를 위한 통관절차 및 품목분류 등 관세행정에 대한 국제법규도 포함될 수 있다.

다만 국제무역과 관련된 조약 및 상관습 등을 언어・법률・관습・화폐제도 등이 상이한 외국과의 교역에 있어서 각종 무역관계 계약조건에 대한 해석상의 차이로 인해 발생될 수 있는 분쟁을 사전에 예방하고, 궁극적으로 국제무역의 확대・발전을 도모하기 위해 국제연합이나 국제상업회의소 등 공적 기관이 주축이 되어 국제무역 거래조건과 관습 등을 통일화하려는 측면에서 발전되었다.

2) 국제매매계약 법규

(1) 정형거래조건의 해석에 관한 국제규칙

(International Rules for the Interpretation of Trade Terms)

매매계약이란 수출업자가 외국의 수입업자에게 상품 양도를 통한 소유권 인도를 약속하고 수입업자는 상품의 인수와 더불어 대금지불을 약정한 계약을 의미한다. 따라서 국제매매계약 법규는 매매계약과 관련된 국제상관습, 국제조약, 그리고 국제무역거래에서 널리 적용되고 있는 주요 국가의 국제매매계약법 등으로 구성되고 있다.

오늘날 국제물품 매매계약과 관련된 대표적인 국제법규에는 「정형거래조건의 해석에 관한 국제규칙(International Rules for the Interpretation of Trade Terms : Incoterms, 2010)」, 「국제물품매매계약에 관한 UN협약(United Nations Convention on Contracts for the International Sale of Goods : Vienna Convention, 1980)」, 「CIF계약에 관한 와르소오-옥스포드 규칙(Warsaw-Oxford Rules for CIF Contract, 1932)」 등이 있다.

Incoterms는 지역간 상이한 거래조건을 세계 공통의 거래조건으로 통일화시키기 위해 국제상업회의소가 국제법협회(International Law Association : ILA)의 도움으로 1936년에 제정한 국제관습법이라 할 수 있다. Incoterms는 개별 무역거래에 대해 수출입업자의 의무를 정형적으로 규정하여 국제계약에 있어서 분쟁방지를 목적으로 하고 있다. 그리고 Incoterms는 1936년 제정 이후 국제무역환경의 변화에 따라 1953년, 1967년, 1976년, 1980년,1990,2000 그리고 2010년의 개정에 거쳐 오늘날 무역관습의 기초를 이루고 있다.

(2) Vienna협약

Vienna협약은 무역계약 성립과 매매계약에 관한 불확실성을 해소시키기 위해 국제연합무역법위원회(United Nations Commission on International Trade Law : UNCITRAL)가 1980년에 제정한 국제조약이다. Vienna협약은 1964년 국제연합무역법위원회가 제정한「국제물품매매계약에 대한 통일 규칙(Uniform Law on the International Sale of Goods : ULIS)」이 국제무역관습의 충분한 반영미비로 인해 무역거래에서 널리 통용되지 못함에 따라 동 규칙을 개정하여 새로 제정한 조약이다. Vienna협약은 국제물품매매법의 통일을 위해 매매계약의 성립과 매매계약에 따른 매도인 및 매수인의 권리·의무에 대해 자세히 규정하고 있다. 다만 Vienna협약은 구체적인 거래조건에 대한 규정보다는 국제물품매매계약의 일반원칙만을 제시하고 있어, Vienna협약과 전 세계적으로 널리 통용되고 있는 무역관습법인 Incoterms는 국제물품매매계약에 있어서 상호보완적으로 적용되고 있다.

(3) 와르소오-옥스포드 규칙

와르소오-옥스포드 규칙은 CIF계약에 대한 국제적 통일을 위해 1928년 국제법협회가 와르소오 규칙(Warsaw Rules)을 제정하였으며, 이후 1932년에 옥스포드에

서 개최된 국제법협회 회의에서 개정된 국제상관습법이다. 와르소오-옥스포드 규칙은 CIF조건의 물품매매에 참여하고 있는 이익 당사자 중 일정한 표준계약양식을 이용할 수 없거나 일반거래조건을 구비하지 못할 경우 매매 계약에 동 규칙을 임의로 또는 용이하게 적용하는 방법을 제공하는 데 그 목적이 있다.

전자는 오늘날 물품매매에 관한 가장 전통적인 법규로 널리 이용되고 있으며, 후자는 매매계약의 성립·거래 조건·계약의 이행·계약위반 및 구제방법들에 대해 구체적으로 규정하고 있다.

(4) 기 타

국제물품매매계약에 관련된 주요국의 국내법규로는 1893년에 제정되었고, 1979년에 개정된 「영국의 물품매매법(Sale of Goods Act, 1979)」과 1952년에 제정된 「미국의 통일상법전(Uniform Commercial Code : UCC, 1992)」 제 2부가 있다.

3) INCOTERMS 2010의 내용

'INCOTERMS 2000 규칙'보다 조건이 축소되었다. 'INCOTERMS 2010 규칙'에서 가장 두드러진 변화는 DAF, DES, DEQ, DDU의 네 가지 조건이 삭제되고 그 대신 DAT(터미널인도)와 DAP(목적지인도)의 두 가지 조건이 새로 도입된 점이다. DAT는 지정 목적항 또는 지정 목적지의 지정터미널에서 도착된 운송수단으로부터 일단 양하한 물품을 수입통관을 하지 않고 매수인의 임의처분상태로 인도하는 조건이다. 이 조건을 사용할 경우 DAT뒤에 목적항 또는 목적지의 지정터미널을 표시한다. DAP조건은 지정목적지에서 수입통관을 필하지 않은 계약물품을 도착된 운송수단으로부터 양하하지 않은 상태로 매수인의 임의처분상태로 인도하는 것으로 이 조건을 사용할 경우 DAP뒤에 지정목적지를 표시한다.

DAP조건과 DAT조건의 주된 차이점은 인도조건이다. 즉 DAP조건의 경우 매도인은 지정장소에서 도착된 운송수단으로부터 양하하지 않은 상태로 매수인의 임의처분상태로 물품을 인도하면 되는데 이 때 도착된 운송수단은 선박, 지정목적지는 항구가 될 수 있다. 한편 DAT에서는 지정 터미널에서 물품이 일단 선박이나 기타 운송수단으로부터 양하된 후 매수인의 임의처분상태로 물품이 인도되는데 이 때 지정터미널은 항구에 있을 수 있다.

(1) 정형거래조건의 구분 변경

'INCOTERMS 2000 규칙'은 전체 13가지 거래조건을 실무적으로 이해하기 쉽게 각기 공통점을 기준으로 E그룹,F그룹,C그룹,D그룹의 네 가지 그룹으로 분류했지만, 'INCOTERMS 2010 규칙'은 현대의 상거래 현실을 반영해 전체 11개 거래조건을 운송수단에 따라 ①모든 단수 또는 복수의 운송수단에 적합한 규칙(즉 복합운송조건; EXW, FCA, CPT, CIP, DAT, DAP 및 DDP)과 ②해상 및 내수로 운송을 위한 규칙(즉 해상운송조건'FAS, FOB, CFR 및 CIF)으로 구분하고 있다.

(2) FOB, CFR 및 CIF조건에서의 위험과 비용부담의 분기점 변경

FOB, CFR 및 CIF조건에서의 위험과 비용부담의 분기점으로 Incoterms 2000까지는 본선의 난간(ship's rail)을 규정하고 있었으나, Incoterms 2010에서는 물품이 본선상에 「적재된」때로 규정하고 있다. 이것은 현대 상거래의 현실을 반영한 것으로 이러한 변경을 통해 위험이 가상의 수직선을 통과할 때 위험이 가상의 수직선을 통과할 때 이전된다는 시대에 뒤떨어진 관념을 피할 수 있게 됐다.

【표 5-4】 INCOTERMS 2010-International Commercial Terms

<table>
<tr><th colspan="2" rowspan="2">Terms</th><th rowspan="2">Incoterms</th><th colspan="3">Transportation</th><th rowspan="2">Pre-cautions</th><th rowspan="2">Remarks</th></tr>
<tr><th>Air</th><th>Road</th><th>Sea</th></tr>
<tr><td>출발지 인도 조건</td><td>EXW</td><td>공장인도</td><td>0</td><td>0</td><td>0</td><td rowspan="4">Receiver Pay / Collect인지 확인</td><td rowspan="8">관세&세금(수취인 부담)</td></tr>
<tr><td rowspan="3">운임 미지급 인도 조건</td><td>FCA</td><td>운송인인도</td><td>0</td><td>0</td><td>0</td></tr>
<tr><td>FAS</td><td>선측인도</td><td></td><td></td><td>0</td></tr>
<tr><td>FOB</td><td>본선인도</td><td></td><td></td><td>0</td></tr>
<tr><td rowspan="4">운임 지급 인도 조건</td><td>CFR</td><td>운임포함</td><td></td><td></td><td>0</td><td rowspan="7">Pre-paid 조건에만 사용 가능</td></tr>
<tr><td>CIF</td><td>운임/보험료포함</td><td></td><td></td><td>0</td></tr>
<tr><td>CPT</td><td>운임지급포함</td><td>0</td><td>0</td><td>0</td></tr>
<tr><td>CIP</td><td>운송비/보험료 포함</td><td>0</td><td>0</td><td>0</td></tr>
<tr><td rowspan="3">도착지 인도 조건</td><td>DDP</td><td>관세지급인도 조건</td><td>0</td><td>0</td><td>0</td><td>Free Domicile의 관세 및 각종 세금은 대부분 발송인 부담이나 당사자가 물품의 수입 시에 지불해야하는 비용의 일부를 발송인의 의무로부터 제외시키고자 하는 경우 별도 표기(DDP, VAT Unpaid)</td></tr>
<tr><td>DAP</td><td>지정장소인도 조건</td><td>0</td><td>0</td><td>0</td><td>DAF, DES, DDU 조건 통합</td></tr>
<tr><td>DAT</td><td>터미널인도조건</td><td>0</td><td>0</td><td>0</td><td>DEQ와 유사</td></tr>
</table>

2 무역대금결제 국제 법규

1) 대금결제 법규 개념

매수인은 국제물품매매계약 조건에 따라 매도인이 정상적으로 물품을 인도할 경우 물품에 대한 대금결제 의무를 수행해야 한다. 오늘날 무역거래에서 대금결제는 매도인과 매수인이 각각의 물품인도와 대금지급을 원활히 할 수 있도록 은행이 지급약정을 하는 신용장에 의한 결제방식과 매도인이 화환 어음을 발행하고 이에 약정된 선적서류를 첨부하여 자신의 거래은행에게 추심을 의뢰하여 대금을 결제받는 추심에 의한 결제방식이 가장 널리 이용되고 있다.

따라서 무역대금결제와 관련된 국제법규는 주로 신용장 및 추심방식에 대한 국제규칙이나 국제무역거래에서 널리 적용되고 있는 주요 국가의 관련 국내법으로 구성되어 있다.

무역대금결제의 국제법규에는 (화환신용장 통일규칙 및 관례(Uniform Customs and Practice for Documentary Credits : UCP600)와 (추심에 관한 통일규칙(Uniform Rules for Collection)) 등이 있다.

화환신용장 통일규칙 및 관례는 국제무역거래에서 신용장 당사자의 권리와 의무, 신용장에 대한 문언해석과 취급 관습 등을 국제적으로 통일화시키기 위해 국제상업회의소가 1933년에 제정한 국제관습법이다. 신용장 통일규칙은 제정 이후 신용장 거래에 따른 관례 및 관행의 변화에 따라 평균 10년을 주기로 지금까지 다섯 차례에 걸쳐 개정되어 왔다. 특히 1993년의 제 5차 개정은 컨테이너의 도입에 따른 국제복합운송의 발달과 무역거래에 컴퓨터 및 통신기술의 도입 등 운송분야와 사무기술의 급격한 발전을 반영시키고 있다.

다만 1951년 제1차 개정 때까지는 상업화환신용장에 관한 통일규칙 및 관례(Uniform Customs and Practice for Commercial Documentary Credits)라는 명칭으로 사용되었으나 1962년 제 2차 개정 이후부터는 현재의 명칭으로 개칭되어 사용되고 있다. 또한 신용장통일규칙에 관한 문서번호도 2차 개정 연도까지는 Brochure에서 제 3차 개정 년도 이후부터는 Publication으로 변경되어 오늘날까지 사용되고 있다.

한편 추심에 관한 통일규칙은 추심 관련 당사자의 의무와 책임, 서류 제시, 대금지급, 추심결과 통보, 그리고 추심비용 부담 등에 대한 국제적 통일을 위해 국제상업회의소에서 1956년에 제정되었다. 동 규칙은 1967년과 1978년에 두 차례에 걸쳐 개정되었으며, 특히 제 2차 개정에서는 그 내용이 대폭 변경되었을 뿐만 아니라 규칙의 명칭도 상업어음의 추심에 관한 통일규칙(Uniform Rules for the Collection of Commercial Paper)에서 금융서류*도 고려한 현재의 명칭으로 개칭되었다.

2) 신용장 통일규칙

(1) 신용장통일규칙의 본질

① 신용장통일규칙의 의의

신용장통일규칙(Uniform Customs and Practice for Documentary Credits ; 일명, UCP)이란 국제상업회의소(ICC)가 제정한 신용장업무를 취급할 때 지켜야 할 제반사항 및 해석의 기준을 규정한 국제규칙이다.

즉, 국제무역은 각국의 법률이나 상관습이 상이하고 또한 은행간에 사용되는 신용장의 양식이나 내용에 통일성과 일관성이 없으므로 해석이 각기 달라 분쟁을 해결할 수 없었다. 무역계약은 일반적으로 국제 상관습에 의거하여 체결되므로 무역계약을 원만하게 이행하고 사소한 분쟁을 피하기 위하여는 국제 상관습의 해석기준이 필요하다. 그리하여 이를 통일할 수 있는 국제적인 준거규칙이 필요로 하게 되었고 이러한 요구에 부응하여 신용장거래의 통일규칙을 국제상업회의소(International Chamber of Commerce : ICC)의 각국 은행협회의 대표로 구성된 「상업화환신용장은행위원회」(Banking Committee on Commercial Documentary Credit)가 만들어 범세계적으로 통용되는 신용장통일규칙을 제정하게 되었다.

② 신용장통일규칙의 제정

문언상에 나타난 신용장의 역사는 1654년 영국의 Thomas가 파리에 출장하는 John을 위하여 파리의 상인 William앞으로 개인적인 신용보증을 발행한 데에서 유래를 찾아 볼 수 있으나, 현대의 신용장거래와 같이 은행이 신용장의 발행인으로 등장하여 그 사용이 본격화된 것은 19세기 영국에서 부터이다.

이후 20세기에 들어서는 제1차 대전을 중심으로 세계의 상품거래 및 금융거래의 상권(商圈)이 영국에서 미국으로 이전하게 됨으로써 당연히 결제에 있어서도 달러신용장(dollar credit)의 수요가 증대되기 시작하였다.

이와 같이 무역거래가 활발해지면서 신용장의 사용도는 증가하였지만 신용장거래는 각국의 법률이나 관습이 서로 다르고 또한 은행간에 사용되는 신용장의 양식이나 내용에 통일성과 일관성이 결여됨으로 인하여 국제간의 무역거래에서 발생되는 분쟁을 해결할 수가 없었다. 즉, 각국은 신용장거래에 있어 자국법에 기초한 신용장규약을 사용하였지만 통일된 서식과 해석기준의 형식과 내용면에서 국제적으로 적용되기에는 운용과 해석상에 많은 논쟁이 발생하여 그 신용장의 국제적인 통일규칙이 절실히 요청되었던 것이다.

2) 추심결제에 관한 통일규칙

(1) 추심에 관한 통일규칙의의

대금결제방법중 신용장거래에 대해서는 관계 당사자간에 「화환신용장에 관한 통일규칙이 적용되고, 그 신용장대금의 상환에 대해서는 관계되는 은행간에 「신용장대금상환에 관한 통일규칙이 적용되어 진다.

그러나 신용장이 아니고 D/P・D/A같이 은행의 지급확약 없이 수출자가 일람출급환어음과 기한부환어음을 발행하므로서 거래자에게 어음의 결제기간만큼 신용을 공여하는 추심방식에 의한 대금결제시에는 관계 당사자간의 분쟁을 예방하기 위해 「추심에 관한 통일규칙(Uniform Rules for Collections, 1995 Revision ICC Publication No.522 ; URC522)」이 제정 및 개정되어 있다.

개정규칙은 추심관행의 변화, 구규칙 적용상의 문제점 등을 분석하여 추심을 둘러싼 분쟁을 예방할 수 있도록 마련된 것이기 때문에 향후 원활한 추심거래에 크게 기여할 것으로 보인다. 추심에 관한 통일규칙은 본 규칙의 준거문언이 제4조에 언급된 추심지시서의 본문에 삽입된 경우 제2조에 정의된 모든 추심에 적용되며, 별도의 명시적인 합의가 없거나 또는 국가・주 또는 지방의 법률 및/또는 규칙의 규정에 위배되지 아니하는 한 모든 관계당사자를 구속한다.

은행이 어떠한 이유로 접수된 추심 또는 어떠한 관련지시서를 취급하지 않을 것을 결정한 경우에는 추심 또는 그 지시서를 송부한 당사자에게 전신 또는 그것이 가능하지 않은 경우, 다른 신속한 수단으로 지체 없이 통지하여야 한다. 따라서 D/P・D/A거래의 정확한 이해를 위하여는 이 추심에 관한 통일규칙을 정확히 알고 있어야 한다.

(2) 추심에 관한 통일규칙의 제정

국제간의 추심거래는 법률과 관습이 상이한 국가간의 거래이기 때문에 분쟁이 발생할 여지가 많고 그 해결에도 어려움이 많았다. 또한 신용장거래와는 달리 추심결제방식은 각국의 수출입업자간의 신용을 바탕으로 이루어져야 하므로 범세계적으로 상관행의 통일을 기하여야할 필요가 대두되었다.

이에 따라 국제상업회의소에서는 이를 해결하기 위하여 1956년에 상업어음추심에 관한 통일규칙을 제정하여 이의 채택을 세계 각국에 권고하였으나 EEC제국과 일본 등 10여 개국이 이를 채택하였을 뿐 미국과 영국은 이 규칙이 자국의 판례 및 관습과 상이하다는 이유로 채택을 거절하였으므로 광범위하게 적용되지 못하였다.

3 국제해상 보험 법규

1) 보험법규의 변천

보험 회사마다 보험 조건이 다를 수 있으며 여러 가지의 보험 조건을 구비하여 사용할 수 있지만 해상 보험의 조건이 보험 회사마다 또는 국가마다 다르다면 국제적으로 통용될 수 있는 보험을 구성할 수 없다. 이에 영국은 1884년에 조직된 런던 보험자 협회(ILU; Institute of London Underwriters)에서 1912년부터 사용한 보험 조건을 사용해 왔는데 이를 구 협회 적화 약관이라고 한다.

그러나 구 약관은 그 내용이 어렵고 복잡하기 때문에 런던 보험자 협회와 로이드 보험자 협회(LUA; Lloyd's Underwriters Association)가 합동으로 작업하여 새로운 보험 조건을 만들었는데 그것이 신 협회 적화 약관이다.

신 협회 적화 약관이 생겼다고 하여 구 협회 적화 약관을 사용하지 않는 것은 아니며, 두 가지 보험 조건이 모두 사용되고 있다. 편의상 신약관과 구약관으로 나누어 부르고 있는데 이는 작성 시기로 보아 먼저 생긴 것을 구약관, 최근에 생긴 것을 신약관이라고 하는 것뿐이다.

현재 우리나라에서 가장 많이 사용하는 것은 영국에서 작성하여 사용하고 있는 보험 조건을 그대로 도입하여 사용하고 있으며, 각 보험 회사마다 구약관과 신약관을 모두 구비해 놓고 보험 계약자가 원하는 대로 보험 계약을 체결하고 있다. 신 협회 적화 약관은 1982년에 만들어졌으며, 우리나라에서는 1984년부터 도입하여 사용하기 시작하였고, 현재는 구 협회 적화 약관보다 신 협회 적화 약관의 사용도가 더 많다.

2) 신 협회 적화 약관

(1) 협회 적화 약관 (ICC) A

협회 적화 약관(ICC; Institute Cargo Clauses) [A]조건은 줄여서 ICC[A]조건이라고 부르는데, 보험자가 인수하지 않는 위험으로 명시되어 있는 부담보 위험 4가지를 제외한 나머지 모든 위험으로 인하여 발생하는 모든 손해에 대하여 보상할 것을 약속하는 조건으로서 피보험자의 입장에서는 보상받을 수 있는 위험의 종류가 가장 많다.

보험자가 인수하지 않는 위험 즉 부담보 위험은 다음과 같다.

① 일반 면책 조건; 피보험자의 고의적인 화물 파손, 포장의 불완전, 물품 고유의 하자 또는 자연적 손상 등

② 선박의 불내항 및 부적합; 선박 자체가 항해를 할 능력이 부족하거나 물품을

운송하기에 부적합하여 발생하는 위험

③ 전쟁 위험; 전쟁이나 내란, 혁명, 반란, 국내 투쟁에 의한 위험 및 전쟁 무기에 의한 손상 위험 등

④ 동맹 파업 위험; 동맹 파업, 직장 폐쇄, 노동 분쟁, 소요, 폭동, 테러리스트에 의하여 또는 정치적 동기에 의하여 행동하는 자에 의한 손상 위험 등

위의 4 가지 위험은 어떠한 보험에서든지 보험자가 인수하지 않는 위험인데, 특히 ①과 ②의 위험은 절대로 보험자가 인수하지 않으며, ③과 ④는 추가 보험료를 지급하면 인수해 준다.

(2) 협회 적화 약관 (ICC) B

협회 적화 약관 [B]조건은 줄여서 ICC[B]라고 부르는데, 협회 적화 약관 [A]조건보다 담보 위험의 범위가 적고 다음의 협회 적화 약관 [C]조건 보다 담보 위험의 범위가 넓은 조건이다.

(3) 협회 적화 약관 (ICC) C

협회 적화 약관 [C]조건은 줄여서 ICC[C]라고 부르는데, 협회 적화 약관 중에서 보험자가 인수하는 범위가 가장 좁다. 따라서 피보험자가 보상받을 수 있는 위험의 범위가 가장 적으며 보험료도 가장 저렴하다.

3) 구 협회 적화 약관

(1) 전위험 담보 조건

전위험 담보 조건(A/R; All Risks)은 명칭에서 들어나듯이 필연적으로 제외되는 몇 가지 위험만 제외하고 나머지 모든 위험을 보험자가 인수하는 조건으로 피보험자의 입장에서는 보상받을 수 있는 위험의 종류가 가장 넓으며 신 협회 적화 약관 [A]조건과 거의 같다.

(2) 분손 담보 조건

분손 담보 조건(W.A.; with average)은 보험 조건의 범위 속에 전손과 분손이 전부 포함되어 있으며, 소손해 면책 약관(franchise clause, memorandum clause)의 면책 비율이 적용되어 일정 비율 미만의 손해는 담보되지 않는다. 신 협회 적화 약관과 비교하면 정확하게 같지는 않지만 대략 신 협회 적화 약관 [B]조건에 해당하는 보험 조건이다.

(3) 단독 해손 부담보 조건

단독 해손 부담보 조건(FPA; free from particular average)은 분손 부담보 조건

이라고도 하며, 전손은 담보가 되지만 분손 중 특정한 조건은 담보되지 않는 조건이다. 신 협회 적화 약관 [C]조건에 해당하는 조건이다.

(4) 전손 담보 조건

전손 담보 조건(TLO; total loss only)은 전손의 경우에만 손해를 보상해 주는 조건으로 보험자의 책임이 가장 적으며, 보험료도 가장 싸다. 현재는 선박 보험에서만 주로 쓰고 있다.

(5) 국제운송 법규

국제물품매매계약 당사자들은 계약을 이행하는 과정에서 물품의 운송을 위해 제3자인 운송회사와 운송계약을 체결하게 되는데, 국제물품운송의 형태에는 국제육로운송, 국제철도운송, 국제항공운송, 해상운송 그리고 복합운송 등이 있다.

따라서 국제운송 법규는 화물의 육상, 해상, 항공 또는 복합운송과 관련된 국제조약이나 국제상관습법으로 구성되며, 이는 주로 운송업자의 책임과 의무 사항들을 규정하고 있다.

먼저 철도를 제외한 육상운송 수단을 이용하여 물품을 운송하는 국제육로운송에 관한 국제조약에는 1956년에 제정된 「국제육로물품운송협약 (Convention de Marchandises par Route : CMR, International Convention of Geneva, 1956)」이 있다.

서구 유럽의 내륙국가에서 주로 이용되고 있는 국제철도운송은 1975년에 발효된「국제물품 철도운송협약(Convention Internationale de Marchandises : CIM, International Convention on the Carriage of Merchandise by Rail, 1975)」이 적용되고 있다.

그리고 항공산업의 발달에 따라 이용도가 점차 증가하고 있는 국제항공운송과 관련된 국제조약에는 1929년에 제정된「국제항공운송에 관한 규칙의 통일을 위한 원 협약(Original Convention for the Unification of Certain Rules Relating to International Air Carriage : Original Warsaw Convention, 1929)」과 1955년, 1959년, 1975년에 개정된 「원 협약에 대한 개정협약(Amended Warsaw Convention, 1975)」, 그리고 「비 국제운송규칙(Non-International Carriage Rules)」등이 있다. 특히 비 국제운송규칙은 원 협약이나 개정협약 중 어느 협약도 비준하지 않은 국가의 항공운송에 적용되고 있다.

오늘날 물품의 국제운송에서 가장 중요한 운송수단인 해상운송과 관련된 조약에는 「해상물품운송법(Carriage of Goods by Sea Act, 1924)」, 「선하증권에 관한 법규의 통일을 위한 국제협약의 개정의정서(Protocal to Amend the International Convention for the Unification of Certain Rules of Law Relating to Bill of Lading : Visby Protocal, 1968)」, 「해상물품운송에 관한 UN협약(United Nations

Convention on the Carriage of Goods by Sea, 1978)」등이 있다.

해상물품운송법은 국제법 협회의 해사위원회(International Maritime Committee : IMC)가 1924년에 제정한 조약으로 선하증권상의 중요한 조항의 해석 및 적용에 관한 국제적 통일을 목적으로 제정되었으며, 이는 「선하증권 관계 규칙의 통일을 위한 국제협약(International Convention for the Unification of Certain Rules of Law Relating the Bill of Lading : Hague Rules)」으로 지칭되고 있다.

Visby 개정의정서는 1924년의 Hague Rules를 보완하는 해상운송 관련 국제법규로서 일명 Hague-Visby Rules이라고도 한다.

그리고 해상화물운송에 관한 UN협약은 기존의 해상운송과 관련된 국제조약들이 화주국인 개발도상국보다는 선진 해운국을 위한 규정이라는 주장이 국제연합무역개발위원회(United Nations Conference on Trade and Development : UNCTAD)에서 강력히 제기됨에 따라 1978년 국제연합무역법위원회에 의해 제정되었다. 동 협약은 기존의 선하증권 관련 국제조약에 비해 운송인의 화물손해에 대한 책임 가중, 기존의 운송인 면책조항폐지, 인도 지연에 관한 운송인의 책임조항 신설 등 운송인의 책임을 강화시키고 있다.

한편 해상·항공·육상 중 두 가지 이상의 서로 다른 운송수단을 이용하여 물품을 운송하는 국제복합운송에 대해서는 국제무역법위원회가 1980년에 제정한 「국제화물복합운송에 관한 UN협약(United Nations Convention on International Multimodal Transport of Goods, 1980)」이 적용되고 있다.

국제화물복합운송에 관한 UN협약은 1960년대 컨테이너의 등장 이후 국제복합운송의 발달로 복합운송인의 책임문제가 대두됨에 따라 이를 규율하기 위해 제정되었다. 국제연합의 복합운송조약은 오늘날 국제복합운송의 발달에 따른 복합운송책임한계에 대해 명확한 기준을 제시해 주고 있다.

4 중재에 관한 국제 법규

1) 제네바 의정서

지구촌에서 처음으로 세계대전을 겪은 이후 세계각국은 지구촌의 평화를 유지할 목적으로 1920년 1월 10일 국제연맹을 발족시켰다. 국제연맹은 국제상사분쟁의 원만한 처리 없이는 세계평화가 보장될 수 없다고 보고 국제상사중재제도의 국제적 통일을 모색하였다.

그 당시까지만 하여도 중재제도에 대한 국가마다 인식을 하지 못하고 있거나 달리하고 있어서, 중재합의계약(Arbitration Agreement)의 효력이 법원으로부터 보장되지 못하고 있는 실정이다.

국제거래에서 발생하는 분쟁을 구속력 있게 해결할 수 있는 방법은 소송밖에 없었고, 소송에 적용되는 실체법의 내용 역시 나라마다 크게 차이를 보임으로써 국제상거래는 불안한 가운데 지속될 수밖에 없었다.

따라서 주요 무역국가들은 국제상거래를 활성화시키는데 있어서 이를 큰 장애요인으로 공동인식하고, 이러한 문제를 해결하기 위하여 국제상사중재에 대한 지구촌의 실정법을 제정하고자 하였다. 그 노력의 결과 국제연맹이 주축이 되어 1923년 9월 24일 제네바에서 중재합의계약의 효력을 인정하는 결의안을 채택하고, 각국은 자국의 실정법에 이를 수용하도록 한 것이 제네바의정서(Geneva Protocol on Arbitration clause)이다. 본 의정서는 전문 8개조로 구성되었으며 그 주요내용을 보면 다음과 같다.

① 본 의정서를 비준한 국가는 비준국에 소속된 당사자간에 현재 또는 장차 발생할 상사분쟁의 전부 도는 일부를 중재에 회부할 것을 약정하고 있는 중재합의에 대해 중재가 진행될 수 있도록 그 효력을 승인한다.(제1조)

② 비준국의 재판소는 주재합의조항이 들어 있는 계약에 관련된 사항을 제소 받았을 때에 당사자 중 일방의 신청이 있는 경우에도 이를 중재에 맡겨야 한다. 다만, 중재합의이행이 불가능하거나 무효가 된 경우에 한해서는 그러하지 아니한다.(제4조)

③ 중재절차는 당사자의 의사와 중재지법에 따라 진행되어야 하며 (…shall be governed by the will of the parties and the law of the country in whose territory the arbitration takes place), 비준국은 중재절차가 자국의 법령에 따라 원만히 진행되도록 한다. (제2조)

④ 각 비준국은 자국의 영토내에서 중재판정된 내용을 자국의 관할기구(authorities)이나 또는 그 국가의 법령(the provisions of its national law)의 규정에 따라서 집행하도록 책임을 진다. (…undertakes to ensure the execution of arbitral awards made in its own territory, 제 3조)

그러나 위 내용으로 보아 각 비준국은 자국의 영토 내에서 해하여진 중재판정만이 집행될 수 있도록 규정하고 있을 뿐, 외국에서 내려진 중재판정의 집행에 관하여는 아무런 언급을 하지 않고 있다. 그리고 중재에 적용할 준거법도 당사자 합의에 의해 중재지의 법만 인정될 뿐이고, 설사 당사자의 합의가 있을 지라도 중재지법 이외의 법은 적용될 수 없다.

따라서 중재의 대상이 되는 분쟁이 국제성을 지니고 있더라도 중재지의 법률이 준거법으로 적용되고, 중재지에서 내린 중재판정만이 중재지에서 집행되도록 보장하는 결과가 되었다. 이러한 내용은 사실상 국내중재판정의 집행을 스스로 보장한 것이며, 비준국가에서 내린 중재판정(외국중재판정)일지라도 그 집행을 거부할 수 있는 문제를 가지고 있었다.

2) 제네바 협약

제네바의정서의 내용으로는 중재합의계약의 효력만 인정될 뿐 외국중재판정의 승인 또는 집행은 보장될 수 없다는 점을 관련국가들이 뒤늦게 인식하고, 이러한 결점을 보완할 수 있는 새로운 결정안을 준비하게 되었다. 그 결과 1927년 9월 26일 제네바에서 결성된 "외국중재판정의 집행에 관한 제네바협약(Geneva Convention on the Execution of Foreign Arbitral Awards)"을 일반적으로 제네바협약이라고 부른다.

(1) 본 협약의 내용은 1923년의 제네바의정서에 규정된 국제상사중재계약의 효력 승인을 전제로 하고, 유효하게 승인되 중재합의계약에 따라 중재판덩된 내용은 본 협약 비준국 내에서는 관할법원에 의해서 승인 및 집행되어야 한다. 따라서 제네바의정서의 탈퇴는 본 협약의 비준이 무의미하게 되며, 본 협약의 비준 없이 제네바의정서의 가입은 실효를 거둘 수 없다.

(2) 중재판정의 승인 및 집행요건을 다음 다섯 가지로 규정하고 있다.

① 중재판정은 준거법에 의하여 유효한 중재신청으로 행하여졌을 것
② 중재판정의 대상은 중재판정이 원용되는 국가의 법령에 의하여 중재로써 해결 가능할 것
③ 중재판정은 중재계약에 정하여진 방법과 그 준거법에 따라 구성된 중재판정부에 의하여 내려진 것일 것
④ 중재판정은 중재지에서 확정된 것일 것
⑤ 중재판정의 승인 및 집행은 중재판정을 원용하는 국가의 공공질서 또는 법의 원칙에 반하지 아니할 것

(3) 중재판정의 승인 및 집행의 거부요건을 다음과 같이 규정하고 있다.

① 중재판정이 중재지의 법령에 의해서무효로 되었을 때
② 당사자가 자신의 주장을 할 수 있도록 중재절차진행통지를 받지 못하였거나 또는 무능력자로서 정당하게 대리되지 못하였을 경우
③ 중재판정의 내용이 중재합의내용의 범위를 벗어날 경우

(4) 본 협약은 제네바의정서의효력이 발생한 다음에 중재판정된 내용에 대해서만 적용된다.

(5) 본 협약에 비준할 수 있는 자격은 국제동맹회원국이든 비회원국이든 제네바의정서를 비준한 국가만이 될 수 있다.

3) 뉴욕 협약

20세기 초부터 지구촌의 경제를 주도하기 시작했던 미국이 그 동안 국제연맹은 물론 국제연맹이 주도하고 있던 각종 국제협약에 가입을 거부하고 방관하는 자세를 취함으로써 국제연맹은 본래의 기능을 수행하지 못하게 되었다.

미국의 제네바의정서와 제네바협약에도 서명조차 하지 않음으로써 이미 가입서명까지 했던 국가들마저도 비준을 미루어 오다가 1946년 국제연맹이 해체되면서 제네바의정서와 협약은 본래의 취지를 잃어가고 있었다.

따라서 제네바의정서와 협약에 새로 비준하는 국가도 거의 없어졌으며, 국제연맹을 대신하는 국제연합이 결성되자 이를 배경으로 하는 국제상사중재에 관한 범세계적인 새로운 통일의 필요성을 절감하게 되었다.

한편, 1920년 창설되어 무역관습은 통일을 위해 국제무역법규를 제정하여 오던 국제상업회의소(ICC)[2]에서도 기존의 제네바의정서와 협약의 내용상의문제를 개정하는 초안작성을 진행하고 있었다.

ICC는 국제적으로 중재계약의 적용범위를 확장시키는 동시에중재판정의 승인 및 집행에 관한 요건을 분명하게 함으로써 중재제도가 국제상사분쟁해결에 실질적으로 이용될 것으로 판단하고, 1953년 5월에 '국제중재판정에 관한 협약 초안'을 작성하여 유엔의 경제사회이사회에 제출하였다.

유엔경제사회이사회는 특별위원회를 구성[3] 하여 여러차례 회의를 거듭하면서 ICC의 초안을 검토한 끝에 전문 15조로 구성된 '외국중재판정의 승인 및 집행에 관한협약안'을 1955년 3월에 마련하였다. 유엔경제사회이사회는 본 초안을 각국 정부에 송부하여 의견제시를 요구하였는데, 독일, 일본, 한국, 인도, 필리핀, 소련, 멕시코, 레바논, 오스트리아, 벨기에, 스위스 브라질, 자유중국, 덴마크, 프랑스 등 15개국의 정부로부터 의견서를 제출받았다.

이사회는 1956년 5월3일 각국 정부의 의견서 내용을 취합하는 전권대표자회의를 소집하였으며, 그 후에도 수차의 검토와 토의 끝에 16개 조문의 최종안으로 의견을 조정하였다.

1958년 5월20일에서 6월 10일까지 뉴욕의 유엔본부에서 개최된 유엔총회에서 48개국 대표자와 15개 국제단체대표[4]가 참가한 가운데 오늘의 "외국중재판정의 승인

---

2) 국제상업회의소는 1936년에 「상업화환신용장에 관한 통일규칙(Uniform Customs and Practicefor Commercial Documentary Credits)」을, 1936년에 「무역용어에 관한 국제규칙(International Rules for the Interpretation of Trade Terms)」을 제정하여 오늘날 국제무역을 활성화시키는데 중요한 역할을 하고 있다.

3) 1954년 4월에 개최된 제17차 유엔총회에서 ICC가 제출한 협약초안을 검토하도록 영국, 벨기에, 스웨던, 소련, 오스트리아, 에콰도르, 이집트, 인도 대표에게 의뢰하였다.

4) International Chamber of Commerce, Hague Conference on Private International Law, Rome International Institute for Unification of Private Law, International Law Association 등의 대표자.

및 집행에 관한 협약(Convention on the Recognition and Enforcement of Foreign Arbitral Awards)" 탄생시켰다.

본 협약은 당시의 시대적 요청을 충분히 만족시키는 것이라고는 할 수 없겠으나, 제네바의정서 및 협약에 지적된 문제점을 보완하는데는 성공적이라 평가되고 있으며 오늘날 국제상거래에서 발생하는 각종 분쟁을 해결하는 방법으로 널리 이용되고 있는데 주요내용은

(1) 협약의 적용대상을 외국중재판정으로 하고 그 의의를 확실히 규정하고 있다. 즉, 중재판정의 승인 및 집행의 요구를 받은 국가 이외의 영토에서 내린 중재판정과 집행지의 국법에 의하여 국내중재판정으로 인정할 수 없는 중재판정을 모두 외국중재판정이라고 정의하고 있다. 이는 제네바의정서 및 제네바협약에 비하여 그 범위가 대폭 확대된 것이었다.

그러나 본 협약에 가입시 가입국은 그 적용을 협약가입국에 한정하는 상호주의(reciprocity)와 상사사건(commercial reservation)에 한해서 적용할 수 있도록 조건부 비준을 허용함으로써 국가별로 그 적용범위는 다소 축소될 수도 있다.

(2) 국가 또는 공법인(legal body of public law)이 사법관계에 관하여 중재계약을 체결하였을때 본 협약이 적용되며, common low 국가에서 흔히 이용되는 임시중재(ad hoc arbitration)에 의해서 판정된 내용이든 성문법 국가에서 흔히 이용되는 기관중재(institutional arbitration)로 판정된 내용이든 차별 없이 본 협약이 적용된다.

(3) 본 협약 가입국의 법원은 중재합의계약의 효력승인뿐만 아니라 중재판정의 승인 및 집행도 허용하도록 규정하고 있다.

중재대상이 계약적 성질의 것이거나 아니거나를 불문하고(without con-tractual or not) 중재에 의하여 해결이 가능한 법률관계에 관련하여 당사자간에 발생하였거나 또는 발생할 수 있는 분쟁의 일부 또는 전부를 '서면으로(in writing)' 중재합의하였을 경우 본 협약비준국의 법원에 의해서 승인·집행된다.

중재합의의 효력문제와 중재판정의 승인 및 집행문제를 각각 분리하여 규정하고 있던 제네바의정서와 제네바협약의 내용을 뉴욕협약은 통합규정 함으로써 제네바의정서와 협약에 가입한 국가가 뉴욕협약에 가입과 동시에 제네바의정서와 협약의 효력은 중복되는 부분에 한하여 종료된다.

(4) 중재판정의 승인 또는 집행의 청구자는 중재합의서의 원본 또는 그 사본과 중재판정의 판정문 원본 또는 그 사본을 집행국 해당법원에 제출함으로서 집행청구자측의 입증책임은 완료되며(제4조), 그 순간부터 그 청구를 거부할 수 있는 뉴욕협약의 규정에 관한 거증책임(burden of proof)은 피청구인측 에 있다. 또한 그 집행을 청구할 수 있는 조건을 보다 제한 내지 명백히 하고 있으며, 피청구권인측이 불합리하게 집행을 지연시키려는 의지를 봉쇄하고 있다.

(5) 중재판정집행청구의 거절조건중 성문법 국가에서 규정하고 있는 중재판정에

대한 이유(reason)의 기재요건을 명시하지 않고 있다.

(6) 중재절차 또는 중재판정부 구성에 관한 준거법이나 그 방법의 결정에 있어서는 당사자 자치의 원칙을 우선하였으며, 그러한 당사자간의 준거법선정에 관한 합의가 없을 경우에는 중재지국의 법률을 적용하게 된다.

(7) 중재합의의 유효성 내지 중재판정의 적법성에 관한 요식적 심사권만을 집행지국 법원에 부여함으로써 집행청구절차의 신속화에 치중하고 있다.

중재판정이 당사자에게 확정판정에 이르지 못하여 최종구속력이 없거나(not binding), 중재판정을 내렸던 국가의 법원에 의해 취소(set aside) 또는 효력정지(suspend)가 되어 있거나, 취소 또는 효력정지의 소송이 진행중임이 입증되는 경우에 한하여 문제의 중재판정에 대한 집행판결이 선고되지 않을 수도 있다고 규정하고 있다.(뉴욕협약 제 5조 1항)

4) 워싱턴 협약

20세기 초에만 하더라도 국제거래는 주로 상품을 매매하는 유형의 거래를 하였으며, 그 규모나 거래형태는 단순하고 일방적인 거래였다고 할 수 있다.

그러나 오늘날 국제거래는 유형의 상품뿐만 아니라 무형의 기술, 용역, 정보, 경영, 천연자원의 이용, 공장건설 등의 무형의 투자거래로 공업선진국에서 후진국으로 다양하게 이루어지고 있으며, 그 거래규모도 대형화 추세에 있다. 따라서 유형 또는 무형의 형태로 외국에 기술이나 자본을 투자하는 입장에서는 자신의 투자자산을 어떻게 보호하느냐가 매우 중요한 문제이다.

효율적인 투자분쟁해결제도의 마련은 국제간의 자본 도는 기술투자거래를 촉진시키는데 큰 역할을 할 것이라는 기대로 국가마다 개별적으로 상호투자보호협정을 맺어 투자에 관련된 분쟁을 사전에 막거나 해결하려 하지만 그것은 소망에 불과했고, 복잡・다기하게 복합적으로 발생하는 분쟁을 피하거나 신속하게 해결할 수는 없었다.

원래 중재당사자는 사인을 원칙으로 하고 국가가 상거래의 계약당사자로서 상행위의 주체가 되었을 경우에 한하여 국가를 중재당사자로 인정하였다. 그러나 투자, 기술이전 및 그 외의 유사한 국제거래가 법원의 편협한 견해로 상업적행위에서 제외됨으로써 사인의 대외국투자는 위축될 수밖에 없었다.

아메리카 국제법학회(American Society of International Law)는 1961년 연차총회에서 국가와 외국 사기업간의 중재에 관한 국제적 협정체결의 필요성을 토의하였다. 외국민간투자의 촉진을 위한 안정책으로 투자분쟁은 중재로 해결하는 것이 바람직하며, 관련 중재절차업무를 담당할 기관은 세계은행으로 하자는 데 의견의 일치를 보았다.

그 후 세계은행이사회는 수차례의 협의를 걸쳐 1963년 10월에 워싱턴협약의 초안

을 작성하였다.

본 초안의 내용은 국제상업회의소와 기타 유수의 전문기관으로부터 의견이 수렴되어 1966년 10월 14일 국제부흥개발은행(IBRD)의 부설기구로서 "투자분쟁의 해결을 위한 국제본부(International Center for Settlement Disputes: ICSID)"를 설치하고 투자분쟁에 관한 조정과 중재를 담당하게 하였다. ICSID의 사건관할권은 분쟁당사자의 합의에 의한 위임이 있을 때에 발생하는 것이지만, 그 근거는 "국가와 타국민간의 투자분쟁의 해결에 관한 협약(Convention on the settlement of Investment Disputes Between states and nationals of other states)"이며 이를 약칭하여 '워싱턴(Washington)협약'이라고 한다.

본 협약은 국제부흥개발은행의 주도하에 체결된 다자조약으로서 경제발전을 우한 국제적 협력의 필요성과 국제민간투자의 역할을 고려하여 1965년 3월 18일 워싱턴에서 채택되어 1966년 10월 18일 에 발효되었다.

본협약의 중요내용과 특징을 요약하면 다음과 같다.

(1) 일방가입국과 타방가입국 국민간의 투자분쟁의 조정과 중재를 위한 기관을 마련할 목적으로 IBRD 본점소재지에 국제본부를 두고, 본부에는 운영위원회, 사무국, 조정위원단을 상설한다.

운영위원회는 각 가입국의 대표 1명씩과 의장(IBRD은행총재)으로 구성되며, 본부의 행정, 재정, 조정 및 중재규정을 채택하되 어떤 보수도 받지 않는다. 사무국은 본부의 법적 대표자인 사무국장 1인과 1인 이상의 사무차장 및 직원을 두며, 사무국장은 중재판정문의 인증업무와 운영위원회에서 채택한 내용이 실행되도록 제반사무를 관장한다. 각 가입국은 조정위원단과 중재위원단에 임기 6년의 위원 4인씩을 각각지명하고, 위원들은 당사자의 합의에 따라 조정 및 중재인으로 선정된다.

(2) 각 가입국의 하부조직이나 기관과 타방가입국 국민이 본 협약에 따라 조정 또는 중재하기로 합의했을 경우에 ICSID에서 관할권을 가지며, 일방적으로 취소할 수 없다.

(3) 분쟁은 반드시 본 협약가입국과 타방가입국의 사이업 사이에 투자와 직접 관련되어 발생하는 법률분쟁이어야 한다.

(4) 판정문에 판정이유를 명시하여야 하며(워싱턴협약 제 48조) 본 협약에 규정된 바를 제외하고는 중재판정은 불복신청 또는 여하한 구제수단의 대상이 되지 아니한다.(제 53조) 가입국은 판정내용을 구속력 있는 것으로 승인하여야 하고, 금전상의 의무는 자국법원의 확정판결과 같이 집행하여야 한다.

(5) 본 협약의 해석 또는 적용에 관하여 가입국간에 발생하는 분쟁은 별도합의된 방법이 없으면 당사국의 신청에 의하여 국제사법재판소에 회부되어야 한다.(제 64조)

(6) 중재판정부는 공평과 선의에 입각하여 적용가능한 국제법의 적용으로 분쟁을 해결할 권리를 가진다.(제42조)

(7) 중재판정부의 의장중재인은 판정부가 구성된 후 60일 이내에 첫 회합을 가져야 한다. 중재의 심문장소는 본부 또는 상설중재재판소나, 다른 적합한 기구의 건물 또는 판정부가 사무총장과 협의하여 선정한 장소로 할 수 있다.

중재심문은 판정부 중재인의 과반수가 참석함으로써 성립되며, 만약 이 기간내에 작성할 수 없으면 중재판정부는 이 기간을 30일 더 연장할 수 있다.

중재판정의 해석, 수정 또는 취소를 신청하려면 사무총장에게 신청이유를 밝힌 신청서를 제출하여야 한다. 중재판정의 수정신청은 판정일로부터 3개월 이내에 행하여야 하며, 판정취소의 신청은 판정이 내려진 후 120일 이내에 행하여야한다. 그러나 부정을 이유로 중재판정이 취소되었을 경우에는 부정을 안 날로부터 120일 이내에 신청하여야 하며, 중재판정의 수정신청이 인정될 경우에는 사무총장은 원래의 중재판정부에 다시 회부하여 심문하도록 한다.

또는 임시중재로 이용하기에 적합하고, 중재인 선정이나 절차진행을 지연시킬 수 있는 내용이 들어있어 특히 성문법계 국가로부터 호응을 받지 못하고 있는 실정이다.

한편, UNCITRAL은 1979년 7월 제12차 회의에서 범세계적으로 이용할 수 있는 국제상사중재법의 제정을 검토하고 각국의 중재법과 국제중재협약 등의 자료를 수집하면서 국제중재법의 제정작업이 시작되었다.

1981년 UNCITRAL 제14차 회기에서 표준국제상사중재법 초안을 작성하였는데, 동 초안에는 중재의 적용범위, 중재계약, 중재인 선정 및 기피, 중재판정 등에 관한 입법상의 문제점을 열거하고 있었다.

UNCITRAL은 본 초안의 작업임무를 국제 계약실무작업반(Working Group on International contract Practices)에 위임하였고, 동작업은 1984년 6월까지 7차례의 회의를 거쳐 표준국제상사중재법초안(Draft text of the model law on International commercial arbitration)을 작성하였다. 본 초안은 각국 정부에 배포되어 의견을 수렴·분석하여 1985년 6월 3일부터 21일까지 비엔나에서 개최된 UNCITRAL 제 18차 회기에 상정되어 "UNCITRAL표준국제상사중재법(UNCITRAL Model law on International Commercial Arbitration)"으로 공식 채택되었다.

제 6 장

수출입절차

제1절 수출절차

1 수출절차의 개요

무역계약이 체결되면 수출업자는 계약물품의 수출을 위하여 계약에 정해진 물품을 구매하거나 제조하여야 하며, 때로는 수출용 원자재를 수입할 필요가 있는 경우도 있다. 어떠한 방법을 이용하든 수출용 물품이 준비되면, 수출업자는 국내법에 규정된 법규에 따라 소정의 절차를 밟아야 수출이 가능해진다.

수출절차는 수출의 종류 및 인도방법 등 계약의 형태에 따라 달라지기는 하나 수출계약의 체결에서부터 계약물품의 준비, 입수, 포장, 통관, 선적 및 대금결제에 이르기까지의 모든 행정절차와 이의 사후관리까지를 포함하는 개념이라 할 수 있다.

2 수출계약의 체결

무역계약은 국제간에 이루어지는 매매계약을 말한다. 이는 수출상이 수입상에게 상품의 소유권을 양도하여 상품을 인도할 것을 약정하고 수입상은 이를 받아들이고 그 대금을 지급할 것을 약정하는 계약이다.

【그림 6-1】 수출절차

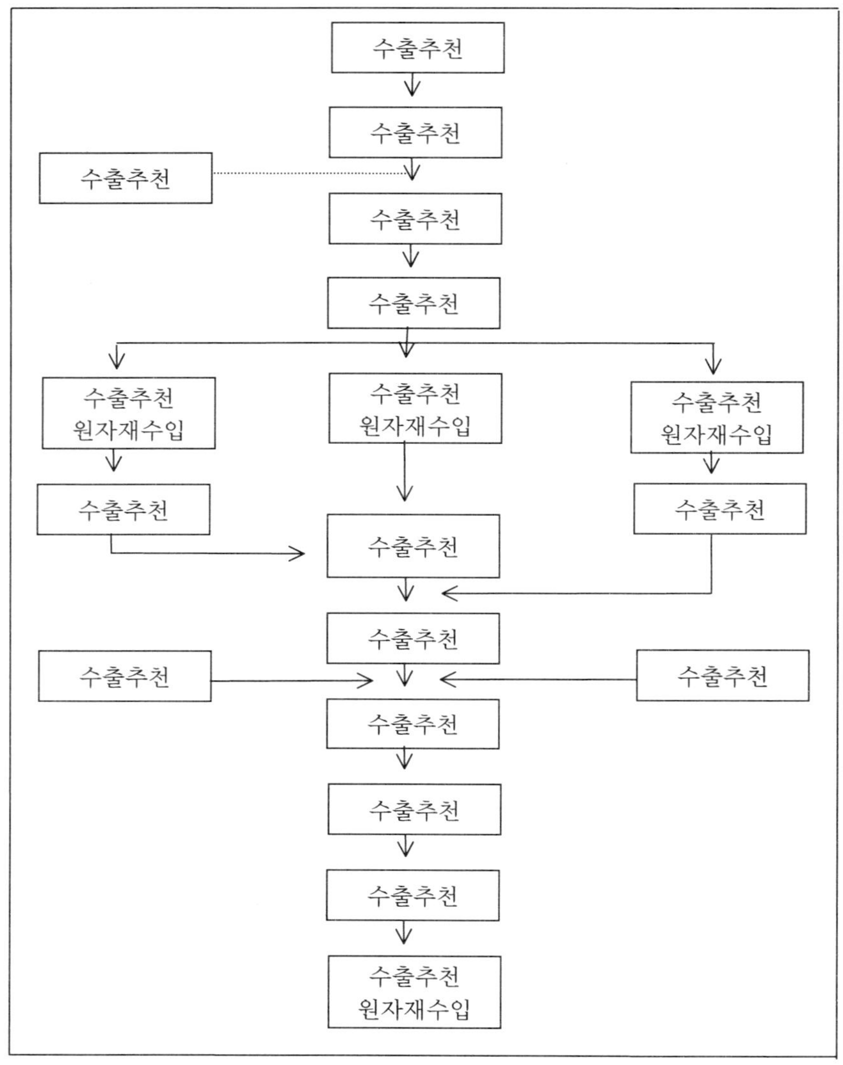

무역계약이 성립되는 과정을 보면 일반적으로 구매의사가 있는 고객으로부터 구매의사표시(inquiry : 조회)를 받게 되면, 수출상은 감사의 표시와 함께 서면이나 전신(fax, telex 또는 cable 등) 등으로 청약(offer)을 하게 되는데 여기에는 최소한 가격, 품질, 수량, 운송, 보험 및 대금결제방법 등 제조건을 명시하게 된다. 그러나 대부분의 경우에는 가격을 흥정하거나 품질을 결정하기 위한 견품과 가격의 왕래부터 시작되는 것이 일반적이다.

한편, 이러한 제조건을 가지고 흥정하는 과정에서 어느 한 조건에 대한 수정을 피청약자(offeree)가 요구하게 되는데, 이를 반대청약(counter offer)이라 하며 이에 대하여 청약자(offerer)가 다시 확정적 청약(firm offer)을 하면 피청약자가 승낙

(acceptance)함으로써 계약이 성립된다. 또한 수입상의 주문서(order sheet)에 따른 수출상의 주문승낙(order confirmation)도 계약이 성립되는 것으로 본다.

무역계약은 일회성으로 체결되는 개별계약에 있어서 양 당사자가 합의한 오퍼쉬트(offer sheet)만으로는 완전한 계약이라고 할 수는 없다. 이러한 것에 의한 합의내용은 정형화된 문장에 의해 단순하게 합의되기 때문에 후일에 계약을 이행하는 단계에 있어서 발생되는 문제를 해결하기 위한 명확한 구분이 매우 어렵고 또한 해결방법들이 구체적으로 제시되지 않으므로 또 다른 분쟁이 야기될 수 있다.

따라서 오퍼쉬트(offer sheet)에 의해 무역계약이 체결된다 하더라도 수출상과 수입상 사이에 구체적인 거래조건을 망라하여 서면으로 또는 오퍼쉬트 이면에 조항으로 명시되어 있는 계약서(purchase order 또는 sales contract)를 교부하여 각각 보관하여야 할 것이다.

3 신용장의 내도와 수출신고

1) 신용장의 내도

무역계약이 체결되면 매매계약서에 명시된 조건에 따라서 대금결제가 신용장에 의할 경우 수입상은 자기 거래은행(신용장 개설은행)을 통해 신용장을 발행하여 수출상의 국내거래은행(신용장 통지은행)에 의해 수출상 앞으로 통지하게 된다.

신용장은 이를 발행하는 은행이 독자적으로 신용장상의 조건이행을 명시하여 이를 이행하는 자에게 신용장상의 금액의 무조건 지급을 확약하겠다는 증서이다.

이는 무역거래의 대금지급 및 상품수입의 원활을 기하기 위하여 수출상을 수익자(beneficiary)로 하여 수입상의 거래은행인 신용장 개설은행이 수입상의 요청과 지시에 따라 독자적으로 수출상 또는 그의 지시인으로 하여금 신용장에 명기된 조건과 일치하는 제반서류(documents)를 제시하면 지급의 이행 혹은 신용장에 의해 발행된 어음의 지급·인수를 수출업자 또는 어음매입은행 및 선의의 소지인에게 약정하게 된다.

따라서 신용장은 수출상에게는 대금회수의 위험을 제거하고 수입상에게는 화물인수에 따른 위험을 제거하여 줌으로써 국제적으로 가장 많이 이용되는 대금결제방식이다.

한편, 수출상은 신용장을 수취하면 신용장과 계약서의 내용이 일치하는지, 대금회수에 위험이 있는 신용장인지 또는 수출이행에 불리한 특수한 조건이 있는지 등을 주의 깊게 검토하여 대금회수의 위험을 사전에 예방해야 한다.

2) 수출신고

수출신고는 원칙적으로 수출품의 선(기)적 전까지 당해물품이 있는 소재지를 관할하는 세관에 하도록 되어 있으나 산물이나 광산물같이 선적 후 공인검정기관의 수량확인이 필요하거나 수산물 같은 특수품은 선적 후 선상 수출신고를 할 수 있고, 현지 수출 어패류나 원양수산물은 출항 후 신고를 할 수 있다.

수출신고는 전자문서로 작성된 신고자료를 통관시스템에 전송하면 되는 것이나, 대외무역법상 수출승인 대상품은 관계행정기관·단체장의 승인을 받은 수출승인서를 제출하여야 하고, 또 법 제145조의 세관장 확인대상 물품, 전략물자 수출허가 대상물품, 위약으로 인한 재수출물품, 수출자가 검사를 요청하는 물품 등은 관련 증빙서류 첨부하여 별도 서식의 수출신고서를 제출하여야 한다.

4 수출승인

수출입공고, 별도공고상 수출제한품목을 수출하고자 하는 자는 해당 추천기관으로부터 수출승인을 받아야 한다. 수출 및 수입승인은 무역관리의 일환으로 국가에서 수출입거래 당사자간에 체결한 무역계약내용을 사전에 검토·확인한 후 이를 건별로 허가하는 것을 의미한다.

1996년까지 수출입승인제도는 우리나라의 무역관리를 위한 기본제도로 운용되어 왔으며, 무역업자는 모든 계약에 대하여 매거래시마다 계약 1건당 별도의 승인을 받은 후 승인 받은 대로 수출·수입을 이행하여야 했다. 그리고 대외무역법에 의한 승인시에 외국환거래법에 의한 수출입대금결제방법을 사전에 확인을 하였다.

그러나 1997년부터 수출입승인제도는 Negative List System으로 전면적으로 개편하여 시행되고 있다. 이에 따라 수출입공고 등에서 수출입이 제한되는 품목을 수출입하는 경우에 한하여 수출입승인을 받도록 하고 있다.

이와 함께 통합공고상 요건확인품목은 수출입승인대상에서 제외하고, 수출입승인시에 외국환거래법상의 결제방법에 대하여도 확인하지 않도록 하였다. 따라서 수출입승인기관도 종래에는 외국환은행장이었으나 수출입추천기관장으로 바뀌었다.

이와 같이 수출승인의 위임을 받은 기관은 대외무역법을 비롯한 각종 무역관련법규에서 규정하고 있는 바를 충족하고 있는가를 검토하고 수출을 승인해 준다.

수출승인의 유효기일은 수출승인일로부터 1년까지이다. 다만 물품인도조건, 대금결제기간, 기타 거래상의 필요에 따라 20년의 범위내에서 연장될 수도 있다.

5 수출 물품의 확보

수출물품을 확보하기 위해서는 수출업체가 직접 제조·생산하거나 완제품을 구매하는 방법이 있으며, 동 수출물품의 제조·생산을 위해 소요되는 원자재를 확보하기 위해서는 국내에서 구매하거나 외국으로부터 수입을 한다.

수출용 원자재를 국내에서 구매하는 경우 수출상은 무역금융을 활용하여 원자재 구매자금이나, 제조·생산에 소요되는 자금을 수출신용장 등을 근거로 유리한 조건에 융통할 수 있다. 또한 내국신용장 또는 구매승인서 제도를 이용하게 되면 국내공급선도 무역금융 이용이나 수출실적 인정이 가능하다.

수출용 원재료를 수입하기 위해서는 수입계약의 체결, 수입승인, 수입통관 등의 일련의 수입절차를 거쳐야 한다. 우리나라에서는 수출진흥의 차원에서 수출용 원재료의 수입에 대해서는 내수용에 비해서 수입제한의 배제, 무역금융, 관세환급 등의 특혜를 부여하고 있다.

【그림 6-2】 수출물품 확보방법

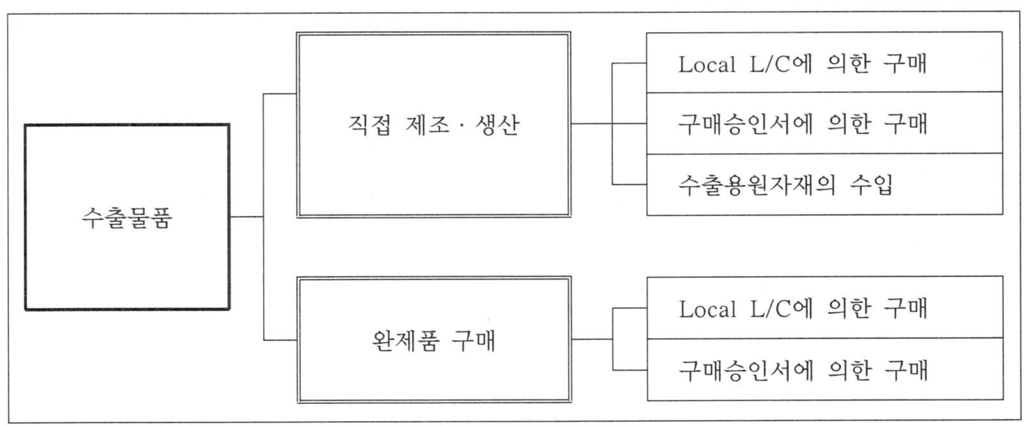

6 선적전 검사

우리나라 수출품목의 품질이 전반적으로 우수해지고 1994년 수출검사법이 폐지되면서 수출검사대상품목은 점점 줄어들고 있다. 그러나 아직도 일부 수입국 중에서는 선적전 검사(Pre-shipment Inspection : PSI)라고 하여 자국으로 수입되는 물품에 대하여 반드시 선적전에 공인된 국제검사기관에 의한 검사를 받을 것을 요구하는 경우가 있다. 이러한 경우 지정된 검사기관은 일정한 검사수수료를 징수한 후 검사대상물품의 재료와 품질 또는 포장조건이 검사기준에 적합한 경우에 한하여 그

들 물품, 재료 또는 포장물의 가장 잘 보이는 곳에 합격한 표시로 'Passed' 및 검사기관명・검사일자・유효기간을 표시하고, 영문 또는 국문으로 된 검사합격증을 신청인에게 교부한다.

7 운송계약 및 무역보험

수출물품의 제조・생산이 완료되면 수출물품의 운송을 위하여 운송회사를 물색, 선정하여 구체적인 운송을 협의한 후 운송인과 운송계약을 체결한다.

운송인과 운송계약을 체결할 경우에는 운임(freight)결정이 제일 중요한 결정요소이며, 운임이 결정되면 운송인은 화주(수출상)에게 선적요청서(shipping request : S/R)를 요구하게 되고 화주가 이를 전달함으로써 운송계약의 증거서류가 되며 선적이 완료되면 이를 근거로 운송회사는 화주에게 선하증권(bill of lading : B/L)을 교부해 준다. 또한 수출가격조건이 CIF조건과 같이 수출업자의 비용부담에 보험료가 포함된 경우에는 운송도중 화물의 멸실이나 손상에 대비하여 보험회사와 해상보험계약을 체결하고 보험증권을 발급 받아야 한다.

한편 수출상은 수입국의 외환거래의 제한 또는 금지, 전쟁 등 비상위험이나, 상대방의 파산 또는 지급불능과 같은 신용위험 등 통상의 운송보험으로 담보할 수 없는 위험에 대비하여 수출보험에 부보할 수 있다. 수출보험은 불가항력적인 위험으로 수출대금을 제대로 회수할 수 없는 경우에 수출상의 손실을 덜어줌으로써 안심하고 수출업무에 전념할 수 있도록 도와주기 위해 수출보험법에 의해 한국수출보험공사에서 운영하고 있는 비영리정책보험이다.

8 수출통관

수출물품을 생산하거나 완제품을 구매한 수출상은 물품을 선적하기 전에 관세법이 정하는 바에 따라 수출통관 수속을 하여야 한다.

수출통관이란 수출신고를 받은 세관장이 수출신고 사항을 확인하여 일정한 요건을 갖추었을 때 이를 즉시 수리하는 것을 말한다. 세관장은 신고된 서류상의 물품과 실제품목의 일치여부 등을 심사한 다음 수출신고필증을 교부하여 준다.

수출신고가 수리되면 수출상은 수출물품을 임의대로 운송・보관 등을 통하여 30일 이내에 선적지 보세구역에 반입시키게 되며, 비로소 선박 또는 항공기에 적재하게 된다.

【그림 6-3】 수출절차 도해

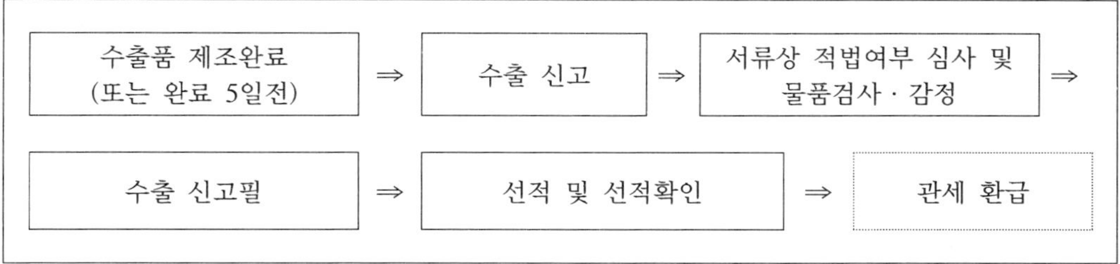

9 수출대금의 회수

수출통관 후 선적이 완료되면 수출상은 신용장에서 요구하는 제반서류, 즉 상업송장(commercial invoice), 선하증권(bill of lading), 화물보험증권(insurance policy), 포장명세서(packing list), 원산지증명서(certificate of origin) 등을 준비하고 환어음(bill of exchange : draft)을 발행하여 거래 외국환은행에 수출환어음 매입(negotiation)을 의뢰한다.

매입의뢰를 받은 외국환은행은 선적서류가 신용장 조건과 일치하는지 여부를 검토하고 수출이 이행되었는지를 확인하기 위하여 수출신고필증을 제출케 한 다음 환어음을 매입하여 수출대금을 수출상에게 지급한다. 그리고 서류를 매입한 매입은행은 동 수출환어음을 서류와 함께 신용장 조건대로 지급은행 또는 발행은행 앞으로 송부하여 대금을 추심하게 된다.

【표 6-1】 수출대금회수를 위한 준비서류

구분	종 류 및 내 용	
기본 서류	L/C(신용장) 원본	Nego후 매입사실 기재후 다시 돌려받음
	B/L(선하증권) 또는 Airway Bill (항공화물운송장)	선적일로부터 21일 이내 제시되어야 함
	Insurance Policy(보험증권) 또는 Insurance Certificate(보험증서)	보험증권의 부보일자가 B/L상의 선적일자 이전이어야 함
	Commercial Invoice (상업송장)	수출물품에 대한 계산서 및 대금청구서 역할을 하는 것으로서 수출상이 발해함(L/C의 내용과 엄격히 일치하여야 함)

보완 서류	Draft 또는 B/L (환어음)	수출상이 Nego은행으로부터 수출대금을 받았다는 영수증으로부터 출발하여(수출상이 발행), 환어음의 지급인도 원칙적으로 신용장 발행은행이 되어야 함
	Packing List (포장명세서)	상업송장의 보조역할을 하는 것으로서 수입상의 취급편의를 위하여 수출상이 작성함
	C/O(Certificate of Origin : 원산지증명서)	수출물품의 원래 생산지를 증명하는 서류로서 대한상공회의소에서 발급됨
	GSP(Generalized System of Preference) C/O(일반특혜관세원산지증명서)	선진국이 개발도상국으로부터 특정상품을 수입할 경우 관세감면의 특혜를 주는 바 이것을 GSP제도라 하며, GSP수혜 대상국가 및 GSP 수혜대상 품목일 경우 시청에서 GSP C/O를 발급 받아 제시하면 선진국 수입상이 관세감면의 특혜를 받을 수 있음
	Consular Invoice (영사송장)	수입국에서 수입관세 징수시 기준이 되는 서류로서 관세를 경감시키기 위해 고의로 부정한 서류를 작성할 우려가 있으므로 수출국 주재 수입국영사가 발급함.
	Custom Invoice (세관송장)	영사송장과 같은 목적으로 징수되나 영사가 작성하거나 Visa(사증)을 받지 않고 단지 수출업자가 각국별 소정양식을 사용하여 작성함
	Certificate of Weight and Measurement (중량 및 용적증명서)	수출업자 또는 제3자가 작성
	Certificate of Inspection (검사증명서)	수출업자 또는 지정 검사기관이 발행
	Certificate of Health(위생증명서)	검역기관 등에서 발급

10 관세환급 및 사후관리

관세환급이란 수출상품 제조에 소요된 원재료의 수입시에 납부한 관세 등을 수출상에게 되돌려 주는 것을 말한다.

관세환급의 방법에는 중소기업자로서 일정한 요건을 갖춘 자는 환급절차상의 편리를 위하여 수출신고필증만 제시하면 간이정액환급률표에 기재된 금액을 환급하여 주는 간이정액환급제도와 수출물품의 관세액을 일일이 계산해서 환급받는 개별환급제도 등이 있다.

환급신청은 수출신고 수리일로부터 2년 이내에 세관에 신청해야 하며, 수출이행기간은 외화획득용 원재료로 수입승인을 받아 수입한 원재료를 제조·가공 또는 원상태로 직접 수출한 때에는 원재료 수입신고 수리일로부터 1년 6개월 이내에 수출

등에 제공한 때에 한하여 관세환급이 가능하다.

한편, 수출입공고상 제한승인품목이나 특별법 규제대상 품목이 외화획득용 원재료로 수입되거나 내국신용장이나 구매승인서에 의하여 국내에서 구매되는 경우에는 대응수출이 이행되었는지 여부에 대하여 사후관리를 받아야 한다.

사후관리 대상물품을 수입한 자는 일정기간 내에 외화획득을 하고 사후관리 은행에 외화획득 이행 신고를 하여야 하며, 적정 사유로 대응수출을 하지 못했을 경우에는 외화획득용 원료 사용목적 변경승인을 받거나 상사간 양도승인을 받아야 한다. 그러나 성실하게 사후관리를 이행하는 업체로 일정한 요건에 부합하여 자율 관리기업으로 지정된 경우에는 매 건별 사후관리를 면제하도록 하고 있다. 이와 같이 사후관리 대상품목에 대한 외화획득 이행신고를 마지막으로 수출절차는 모두 끝나게 되는 것이다.

【표 6-2】 관세환급 방법과 절차

구 분	내 용
관세환급 방법	정액환급 : 수출물품별로 환급금액을 사전에 정한 정액 환급율표에 따라 환급신청서와 수출면장만 제시하면 환급해 주는 방법(대행수출시는 수출업자 인감증명서 첨부된 수출대행계약서 추가하여 위탁자도 환급신청가능)
	개별환급 : 정액환급율표에 게재되어 있지 않은 수출물품의 경우 수출용원자재 수입시 납부한 관세 등을 환급신청서와 일일이 수입면장 및 소요량증명서를 제시하고 환급금액을 계산하여 환급하는 방법
환급신청 기간	원칙적으로 선적이 확인된 수출면장의 수출면허일로부터 2년 이내
환급신청 기관	전국세관, 출장소 또는 수출면허기관의 환급은행
환급금의 지급	환급신청을 받은 환급신청기관(세관 등)은 신청내용을 심사하여 환급금을 결정한 후, 당해금액을 신청인에게 지급할 것을 내용으로 하는 「지급지시서」를 환급신청인이 지정한 환급은행에 송부하고 환급신청인에게는 환급금 및 환급방법을 기재한 「환급통지서」를 교부함
	환급신청인은 환급통지서를 환급은행에 제시하고 환급금 지급을 신청하면 환급은행은 지급지시서와 대조 확인한 후 환급금을 지급함

제2절 수입절차

1 수입절차의 개요

수입절차라 함은 수입계약을 체결하고 수입승인을 받고 수입신용장을 발행한 후, 수입화물과 운송서류가 내도하면 수입화물을 통관하는 일련의 절차를 의미한다. 이러한 수입절차는 수출의 경우와 마찬가지로 대외무역법, 외국환거래법, 관세법 등 각종 관련법규의 규정에 따라 행해진다.

수입(Import)이란, 외국에서 생산 및 가공된 물품이 우리나라의 세관을 통관하여 들어오는 과정을 말하며, 크게 나누어 일반물품수입과 수출용 원자재수입으로 분류될 수 있다. 같은 물품의 수입일지라도 외화획득을 위하여 사용되는 원자재의 수입은 일반물품수입보다 우선적으로 승인되며, 또 무역·행정·금융 및 세제면에서 여러 가지 혜택이 주어진다. 그러나 원자재수입이라 하여도 관세환급을 위한 소요량증명서의 발급과 관세징수 유예신청의 절차 외에는 대부분의 수입절차가 일반물품수입의 경우와 같으므로, 여기에서는 일반물품의 수입을 위해 거쳐야 하는 단계에 대해서만 설명하기로 한다.

2 수입계약체결과 수입신고

1) 수입계약체결

수입계약이란 국제간에 발생되는 매매계약으로서 수출업자가 수입업자에게 상품소유권의 양도 및 인도를 약속하고 매수인은 그 대금의 지급을 약정하는 계약을 말한다.

이런 종류의 국제매매거래는 멀리 떨어진 지역간의 물품과 대금의 이전이기 때문에 양 당사자 사이에 의무, 책임의 범위와 한계 그리고 가격조건 등을 명확하게 정하여 두는 것이 사후에 발행될 수 있는 분쟁을 미연에 방지할 수 있다.

수입계약은 일반적으로 수입업자가 수출업자로부터 청약(offer)을 받고 수입업자가 여기에 대하여 승낙(acceptance)을 하게 되면 계약이 성립한다. 다시 말하면 수입계약체결에 있어서 무역업신고필증을 소지하고 있으며 해당품목이 관계법률에 의거 수입이 가능하다고 판단되면 수입업자는 해외시장조사 및 조회 등을 통하여 거래처 선정과 신용조사를 실시한다. 위와 같은 과정을 통하여 가장 적합하다고 판단되는 수출업자와 수입계약을 체결하는데 현재 국내의 수입계약은 한국무역대리점협

회에 신고된 무역대리업신고필증을 소유한 갑류대리업자(offer상)를 통하여 물품매도확약서(offer sheet)를 발급받음으로써 이루어진다.

【그림 6-4】 수입절차

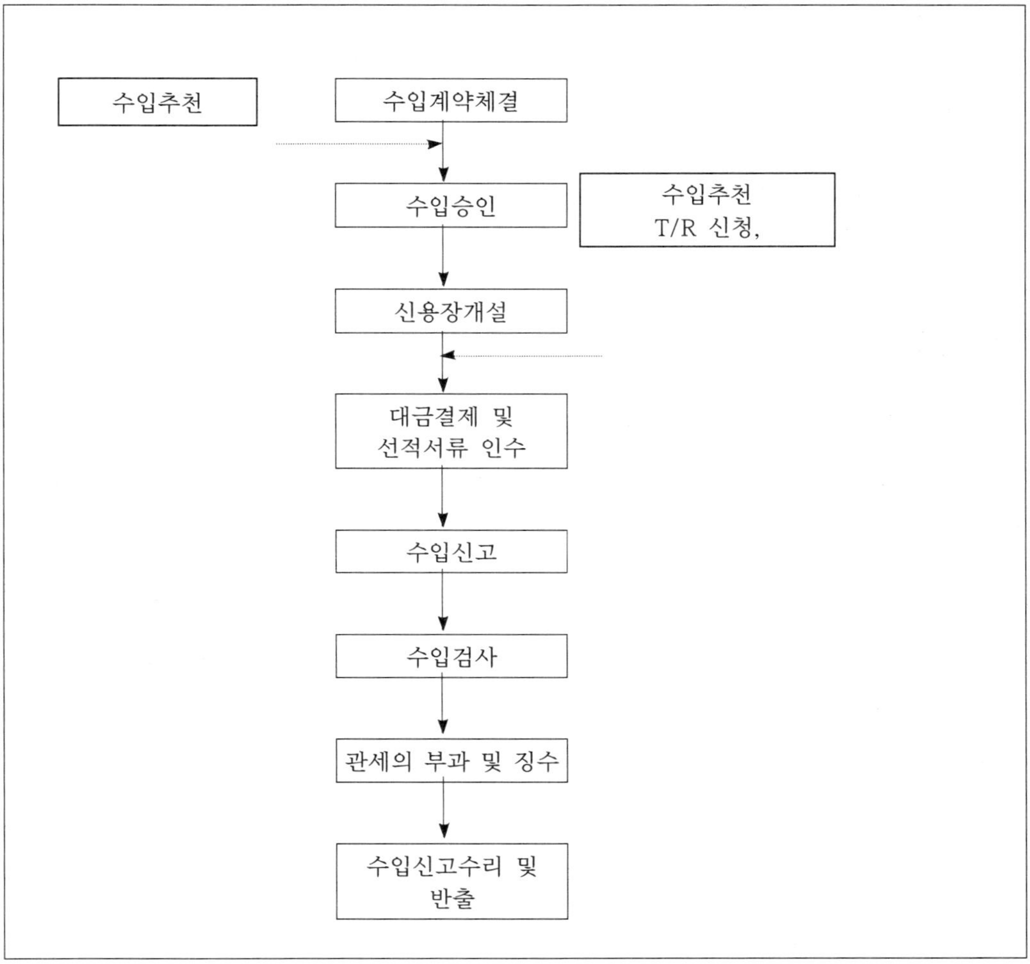

2) 수입신고

1996년 12월 30일 이전에는 수입물품이 입항되어 보세장치장에 옮겨진 후 수입신고를 할 수 있었으나 지금은 바로 수입신고를 할 수 있으며 수입물품을 보세장치장에 반입하지 않고 부두나 공항에서 바로 찾아 갈 수 있다. 또한 신속한 통관이 필요할 경우에는 입항 전에도 수입신고를 하는 것이 허용된다. 다시 설명하면 "대외무역법 개정법률"이 시행된 2001년 1월 이전 수입면허제 하에서는 선박 · 항공기 입항→수입물품보세구역장치→수입신고→세관의 물품검사 및 법규요건 충족여부심사→관세납부→수입면허→물품반출의 단계를 거쳤다. 그러나 2001년 1월 이후 무역업이 자유화로 바뀐 이후에는 선박 · 항공기입항→수입신고→ 신고수리→물품반출→관세납부로 대폭 축소되었다.

3 수입승인

1) 수출입승인제의 예외적 채택

1996년 12월 30일 대외무역법 개정법 시행이전 구법상의 수출입거래에대한 일반적 관리제도를 살펴보면 수출입의 승인이 면제되는 경우를 제외하고는 원칙적으로 모든 수출입거래에 대하여 일반적 수출입승인제가 적용되었다. 그러나 동 개정법은 개방화 · 세계화 추세에 따라 일반적 수출입승인제를 철폐하고 다만 수출입승인, 수입금지 등 수출입의 제한 대상만 구체적으로 정함으로서 수출입거래에 대한 관리제도를 선진화하였다. 다시 말하면, 개정법은 원칙적으로 선진국의 경우와 마찬가지로 물품 수출입의 자유화를 실현하고 예외적으로 수출입의 제한대상을 구체적으로 정하고 있다.

2) 수출입제한 대상물품

산업통상자원부장관은 헌법에 의하여 체결 · 공포된 조약(예컨대 WTO 등 다자간, 양자간 협정)과 일반적으로 승인된 국제법규에 의한 의무의 이행, 생물자원의 보호 등을 위하여 필요하다고 인정되는 경우에는 물품의 수출 또는 수입을 제한할 수 있다(대외무역법 14조 1항). 이에 따라 구체적으로 수출, 수입이 제한될 수 있는 물품은 다음과 같다(대외무역법 시행령 24조).

① 헌법에 의하여 체결 · 공포된 조약이나 일반적으로 승인된 국제법상의 의무이행을 위하여 산업통상자원부장관이 지정, 고시하는 물품
② 생물자원보호를 위하여 산업통상자원부장관이 지정, 고시하는 물품
③ 교역상대국과의 경제협력증진을 위하여 산업통상자원부장관이 지정, 고시하는

물품

④ 방위산업용 원료, 기재, 항공기 및 동 부분품, 기타 원활한 물자수급, 과학기술의 발전 및 통상산업정책상 필요하다고 인정하여 산업통상자원부장관이 당해 품목을 관장하는 관계행정기관의 장과 협의를 거쳐 지정, 고시하는 물품

4 수입신용장의 개설

수입신고를 한 자는 외국환은행을 통하여 일정금액의 수입담보금을 적립하고 수입신용장을 개설한다. 신용장을 개설해주는 외국환은행은 개설전에 관련된 수입업자 및 수출업자의 신용상태와 해당수입상품의 시장성뿐만 아니라 또한 충분한 담보를 확보하여야 한다. 수입업자가 외국환은행에 수입신용장의 개설을 의뢰할 때에는 아래의 서류를 구비하여 제출하여야 한다.

① 물품매도확약서(offer sheet)

② 신용장거래약정서, 신용장개설신청서(각 은행 소정양식) 및 담보차입증

③ 보험증명서 등

신용장의 개설방법은 선적기일, 자금사정 등을 고려할 때 두 가지 방법이 있는데 전신에 의한 방법과 우편에 의한 방법이 있다. 신용장을 신속히 개설할 필요가 있을 때는 전신에 의한 방법을 사용하는데, 은행은 전신요금의 절감뿐만 아니라 방대한 신용장 내용의 타전에서 발생하는 혼란을 피하기 위하여 거의 대부분 미리 약정한 암호(cypher)를 사용한다. 우편에 의한 방법은 비용은 적게 들지만 시간이 오래 걸리는 단점이 있다.

한편 신용장개설시 유의사항으로는

첫째, 신용장금액의 정확성 및 표시통화의 수입신고서상의 기재통화와 일치문제

둘째, 상품명세의 정확한 기재 및 수입신고서와의 이상유무확인

셋째, 필요선적서류의 기재와 관련된 정확도

넷째, 선적항 및 도착항은 수입신고서상에 표시된 것과 동일한지의 여부

다섯째, 분할선적(partial shipment)과 환적(transshipment) 허용여부의 정확한 기재 여부

여섯째, 신용장의 유효기일, 선적유효기일 및 서류제시기일의 정확도 유무

일곱째, 수익자(수출업자) 및 개설의뢰인(수입업자)의 정확한 성명과 주소 기입 여부

여덟째, 화환어음의 종류와 어음의 지급기일을 정확하게 기재했는가의 문제

아홉째, 각종 수수료에 대한 부담자 명시여부 등을 들 수 있다.

【표 6-3】 L/C 조건변경 절차

구 분	내 용
L/C조건변경 신청	I/L을 먼저 변경한 다음 L/C 조건변경 신청
	구비서류 - 수입승인사항변경승인서 - 신용장조건변경신청서(Application for Amendment to Letter of Credit)
L/C조건변경신청서 심사 및 L/C조건변경 통지	L/C발행은행은 L/C조건변경신청서 접수 후 타당하면 L/C 조건을 변경하고 L/C 개설통지에 준하여 L/C 조건변경을 통지함
	· 가장 일반적인 L/C 조건변경사항 - L/C 금액의 증감 - L/C 기한의 연장 - 분할선적 및 환적 허용여부 변경 - 선적항 및 도착항 변경 - 품목 변경 - L/C의 취소 등

<< 신용장 발행 신청서 >>

APPLICATION FOR IRREVOCABLE DOCUMENTARY CREDIT

TO : THE BANK OF CALIFORNIA, Los Angeles DATE June 20, 2002

1. ☑ Cable (full) ☐ Cable (short and air) ☐ Airmail

※ 2. Advising Bank

※ 3. Credit Number

4. Beneficiary THE DAE HAN TRADING CO., LTD, C.P.O. BOX 1267, SEOUL, KOREA

5. Applicant THE ANGELES IMPORTING CO., INC. 3710 WEST 9TH ST. LOS ANGELES CA. 90019 U.S.A.

6. Amount USD950,000.--

7. Expiry Date AUGUST 15, 2002

8. Draft's Tenor 60DAYS AFTER SIGHT (☐ Banker's ☑ Shipper's ☐ Domestic)

※ 9. Drawee Bank

10. Documents Required
   - ☑ Signed Commercial Invoice in quintuplicate
   - ☑ Full set of clean on board ocean Bills of Lading made out to the order of **THE BANK OF CALIFORNIA** marked "Freight PREPAID" and "Notify accountee"
   - ☐ Air way bills consigned to **THE BANK OF CALIFORNIA** marked "Freight"
   - ☑ Marine Insurance Policy or Certificate in duplicate, indorsed in blank for 110% of the invoice value (Institute Cargo Clause : ICC[A])
   - ☐ Price List in triplicate
   - ☐ Others

11. Hs No.	Commodity Descriptions	Quantity	Unit Price	Total Amount
	COLOR TV DCT-1526	1,000SETS	USD500/SET	USD500,000.--
	REFRIGERATOR DRF-F600	500SETS	USD900/SET	USD450,000.--
			TOTAL	USD950,000.--

ORIGIN (REPUBLIC OF KOREA)

12. Loading port PUSAN 13. Unloading port LOS ANGELES

14. Latest Shipping Date July 31, 1996

15. Partial Shipment ☐ Permitted ☑ Prohibited

16. Transhipment ☐ Permitted ☑ Prohibited

17. Documents Presentation Period 15 DAYS

18. Special Instructions

19. Reimbursement Bank ※

This Application is made subject to the Continuing Letter of Credit Agreement heretofore executed by us and delivered to you, the provisions of which are hereby made applicable to this Application and the Credit.

Applicant THE ANGELES IMPORTING CO., INC.

Address 3710 WEST 9TH ST. LOS ANGELES CA. 90019 U.S.A.

(Authorized Signature)

※ The blank of this mark should be left to this bank Limited

5 선적서류내도 및 수입대금결제

1) 선적서류내도

수출업자는 신용장에 근거하여 상품선적을 완료한 후 환어음을 발행하고 선적회사 등으로부터 발급받은 선적서류를 첨부하여 수출국의 매입은행에서 매입(Nego)을 통하여 수출대금을 회수한다. 매입은행 혹은 인수은행은 매입한 환어음과 선적서류를 수입국의 신용장개설은행 앞으로 송부하게 되며 수입업자는 개설은행에 수입대금을 결제하고 선적서류를 수령한다.

(1) 선적서류수수 및 점검

수입국의 신용장 개설은행은 환어음과 선적서류가 내도하게 되면 개설된 신용장조건과 선적서류가 정확히 일치하는가를 점검하여야 한다. 그 외에도 어음의 필수적 또는 임의적 기재사항의 명확성 여부를 확인해야 하고 또한 선적서류가 필요한 요식을 갖추었는지 또는 하자가 있는지를 검토할 필요가 있으며 하자가 없는 경우 선적서류는 수입업자에게 전달된다.

(2) 화환어음의 부도

신용장 개설은행은 선적서류의 심사결과 어떠한 선적서류에 하자가 발견될 경우 임의로 해당 선적서류를 인도할 수는 없다. 따라서 신용장 개설은행은 일단 수입업자에게 이러한 하자에도 불구하고 선적서류의 인도를 받을 것인가를 문의하고 부정적인 대답이 있을 경우 신속히 수출국에 있는 선적서류의 송부은행(매입은행)으로 그 사실을 통보하여야 한다. 이때 신용장 개설은행은 매입은행을 통하여 수출업자에게 신용장조건에 알맞도록 선적서류의 보완이나 또는 화환어음에 대한 부도통지를 하게 된다.

(3) 수입화물선취보증서(Letter of Guarantee : L/G)

수입업자가 선박회사로부터 수입화물을 인도받기 위해서는 선하증권(B/L : Bill of Lading)원본을 선박회사에 제공하여야 한다. 그러나 수입화물이 목적지에 도착하였음에도 불구하고 수출국에 있는 매입은행으로부터 선하증권을 포함한 관련선적서류가 아직 도착되지 않을 수도 있다. 이런 상황하에서는 수입업자는 선박회사에 선하증권을 제출하고 화물을 인도받는다는 것은 불가능할 뿐만 아니라 불의의 손해를 볼 수도 있다. 은행 또한 담보로 되어 있는 화물이 인도되지 않았다는 면에서 수입업자와 같은 손해를 볼 염려가 있다. 따라서 선하증권을 포함한 선적서류가 수입화물보다 늦게 수입지에 도착함에 기인한 수입업자, 은행 및 선박회사의 손해와 불편에 대한 동시해결수단으로 생긴 제도가 수입화물선취보증제도이다. 이와 관련하

여 수입화물선취보증장의 의의를 살펴보면 선적서류보다 수입화물이 먼저 도착하였을 경우 또는 선하증권(B/L)을 분할하여 화물을 인도받고자 할 경우에 후일 선하증권원본을 반드시 제출하겠다는 수입업자와 은행의 연대보증서를 말한다.

수입화물선취보증서의 발행을 은행에 신청할 때에는 신청서와 선적서류사본 등을 구비해야 한다.

(4) 수입화물 또는 선적서류의 대도

수입화물 또는 선적서류의 대도(Trust Receipt : T/R)란 수입업자가 어음대금을 결제하기 전이라도 수입화물을 처분할 수 있도록 하는 동시에 신용장 개설은행은 그 화물에 대한 담보권을 상실하지 않도록 하는 제도이다. 일람출급어음조건의 경우 신용장 개설의뢰인, 즉 수입업자가 신용장 개설은행에 대하여 수입화물을 대도하여 줄 것을 신청하고 신용장 개설은행은 자기소유의 수입화물을 수입업자에게 대도하여 그 화물을 적기에 처분하도록 함으로써 그 판매대금을 가지고 약정기일 안에 수입대금을 결제할 수 있도록 하는 제도이다. 신용장 개설은행측에서 볼 때 수입대금결제가 지연될 경우 화물자체를 소유하고 있다 하더라도 실제의 이익은 거의 없기 때문에 수입업자가 화물을 빨리 인도하고자 할 때 신용장 개설은행은 그 화물에 대한 담보권의 상실 없이 수입업자에게 화물을 인도할 수 있도록 편의를 제공하게 된다.

결국 수입화물 선적서류의 대도(T/R)는 수입업자에게 편의를 주기 위한 신용장 개설은행의 여신행위라 볼 수 있으며 신용장 개설은행은 수입업자의 신용, 수입상품의 판매조건과 시장상태 등 여러 가지 사정을 고려하여 T/R의 발급을 결정하게 된다.

2) 수입대금의 결제

환(화환)어음과 이에 첨부된 선적서류의 심사가 끝나면 수입국의 신용장 개설은행은 수입업자, 즉 신용장 개설의뢰인에게 대금결제를 청구하게 된다. 신용장 개설은행은 환어음이 신용장조건에 의하여 신용장 개설의뢰인 앞으로 발급되도록 되어 있는 경우 동지급인에게 관계선적서류의 명세를 기입한 통지서(arrival notice of documents)와 어음을 함께 제시하여 지급 또는 인수를 청구한다. 만약 신용장조건에 의하여 어음의 지급인이 신용장 개설은행 자신으로 되어 있는 경우 또는 해외에 있는 거래은행이 지급인으로 되어 있는 어음이 송부되어 오지 않고 단순히 신용장 개설은행의 계정에 차기통지서(debit note)만 송부되어 올 때, 신용장 개설은행으로서는 어음의 제시없이 선적서류의 명세를 기입한 통지서 등의 송부를 통해 대금결제를 수입업자(신용장 개설의뢰인)앞으로 청구할 수 있다. 청구의 방법으로는 흔히 전화 등이 이용되고 있으며 수입승인 또는 신용장개설 당시 수입담보금(margin money)이 적립되어 있으면 이 담보금은 수입대금결제를 위하여 충당된다.

6 수입통관

선박 또는 항공기에 의하여 국내에 반입된 외국물품이 내국물품이 되어 수입목적에 맞게 쓰이기 위해서는 관세법의 규정에 따라 일련의 수입통관절차를 거쳐야 한다. 수입통관절차는 수출통관절차와 거의 비슷하나, 관세의 부과 및 그의 납부와 관련된 절차가 추가되는 점이 다르다.

1) 수입신고전 절차

수입신고전 절차를 보면, 대외무역법상 수입승인물품은 우선 외교통상부 장관이 지정・고시하는 관계행정기관 또는 단체장의 수입승인을 받고, 선하증권(B/L)・송품장・보험증권 등 선적서류를 외국환은행으로부터 취득하여 이중 B/L을 선박회사에 제출하여 화물인도지시서(Delivery Order)를 인수하고, 화물을 양륙(하역)하여 보세구역 반입 또는 허가를 얻어 타소장치를 하고 수입신고를 한다. 1999년부터는 외항선의 선상도 보세구역으로 인정, 세관장이 인정하는 물품은 선상통관도 가능하게 되었다.

2) 수입신고

1997년부터 시행된 개정관세법에서는 수입통관절차를 신속・간소화하기 위하여 특정화물(LCL화물 등) 이외에는 입항전에 수입신고를 할 수 있고, 특정의 관래대상(심사・검사대상)물품 이외에는 형식요건만 갖추면 즉시 신고수리하고, 수리 후에 심사, 세금납부를 할 수 있게 하였다. 그 과정에서 납세신고한 납세의무자는 수정신고를 할 수 있고 세관장은 신고사항의 경정을 할 수 있다. 수입신고가 수리되면 수입신고필증을 교부받아서 이를 D/O(화물인도지시서)와 함께 물품을 장치한 보세구역 등에 제시하여 물품을 반출(출고)하도록 되어 있으나 EDI통관제도에 따라 수입신고수리 여부를 전산으로 확인함으로써 수입신고필증 없이 즉시 반출(출고)할 수 있다.

(1) 수입신고인

수입신고는 화주・관세사・통관취급법인 또는 관세사법인의 명의로 하여야 한다. 이와 같이 수입신고인을 한정하고 있는 것은 관세채권의 확보가 용이하며, 복잡한 통관업무를 신속히 또 정확히 처리하기 위해서는 숙련된 전문가가 필요하기 때문이다. 또한 화주의 입장에서도 전문인에게 통관을 맡기는 것이 시간과 비용을 절감할

수 있다.

(2) 신고의 시기

수입신고는 물품을 보세구역에 장치한 후 언제든지 할 수 있다. 그러나 신고기간은 수입물품을 보세구역에 반입한 후 30일 이내로 되어 있다.

수입신고는 적용법규·통관 여부·면세적격 여부 등이 확정되는 등 중요한 법률효과를 가져오므로 그 시기를 명백히 하여야 한다. 수입신고를 하면 신고 당시 시행되는 법규의 적용을 받으며, 신고일 후에 법규가 개정되더라도 이의 적용을 받지 않는다.

(3) 수입신고시 구비서류

수입신고시에는 세관이 수입물품에 대하여 심사 및 검사를 한 후 관세의 부과와 징수 및 수입면허를 내주는 데 필요한 다음과 같은 서류들을 첨부해야 한다.

(가) 수입신고서(Import Declaration : I/D)

(나) 수입승인서(Import License : I/L)(수입승인대상물품에 한함)

(다) 가격신고서(법 제9조2에 의한 송장(Invoice) 등 과세가격관계자료)

(라) 신고납부서(법 제17조에 의거 신고납부를 하는 경우)

(마) 선하증권(Bill of Lading) 사본

(바) 포장명세서(세관장이 필요없다고 인정하는 경우는 제외함)

(사) 원산지증명서(Certification of Origin : C/O)(해당물품에 한함)

(아) 보세운송신고서 사본(신고된 물품에 한함)

(자) 수입대행계약서(수입자와 납세의무자가 다른 경우)

(차) 기타 법 제145조 규정에 의한 세관장회인물품 및 확인방법지정고시에 의한 구비서류

수입신고도 수출신고와 같이 신고서 및 첨부서류를 제출하지 아니하고 전자서류에 의하여 EDI시스템을 우선 전송할 수 있으며, 사후에 서류를 갖추어 제출하게 하고 있다.

(4) 수입신고의 취하(取下) 및 각하(却下)

관세법 제142조에 의하면 수입신고를 필한 후에는 원칙적으로 신고를 취하할 수 없으나 정당한 사유가 있어 세관장의 승인을 얻을 경우에는 수입신고를 취하할 수 있다. 그러나 장치장에서 일단 물품을 반출한 후에는 취하할 수 없다. 신고의 취하를 승인하였을 때에는 면허의 효력은 상실된다.

신고의 요건을 갖추지 못하였거나 허위, 기타 부정한 방법으로 신고한 경우 세관장은 직권으로 면허전에 신고를 각하할 수 있다.

3) 수입검사

수입신고를 접수한 세관은 수입신고에 대해 관련법규 등의 위배 여부, 구비서류의 첨부 여부, 기재사항의 오류(誤謬) 또는 이상유무를 놓고 서면심사를 실시하고 필요에 따라 현품검사를 실시한다. 검사를 실시하는 목적은 관세부과를 위해 수입물품의 실체를 파악하고 밀수를 막기 위한 것이다.

(1) 검사장소

검사장소는 지정장치장이나 세관검사장 등 보세구역에서 하는 것이 원칙이나, 세관장의 허가를 얻어 타소장치장이나 선상에서도 가능하다. 그러나 후자의 경우 소정의 파출검사 수수료를 납부하여야 한다.

(2) 검사대상 및 방법

검사대상은 우범성과 신고업체의 성실도에 따라 관세청장이 지정하는 필수검사대상물품과 불규칙검사대상물품으로 구분된다. 불규칙검사대상물품은 관세청장이 정하는 무작위추출방법에 의거하여 선별하되 성실도를 기준으로 업체별로 차등을 둘 수 있도록 되어 있다. 검사방법은 포장단위기준 2개 이상의 발췌검사를 원칙으로 하나, 다음의 경우에는 전량검사를 행한다.

(가) 우범성이 있거나 불성실업체에서 신고한 물품
(나) 변질 또는 손상된 물품
(다) 종량세 물품
(라) 기타 일부 발췌검사로는 물품의 수량·규격·성질 등을 확인하기 곤란한 물품

4) 관세의 부과

검사과정이 끝나면 관세의 4대 요건인 과세물건·납세의무자·과세표준·관세율이 모두 확정되며, 이에 따라 관세 등이 부과된다.

(1) 과세물건

관세법 제3조의 규정에 따라 과세물건은 수입물품이 된다. 원칙적으로 관세는 수입신고시의 성질과 그 수량에 의해 부과된다.

(2) 납세의무자

납세의무자란 국가에 대하여 관세를 납부할 법률상의 의무를 부담하는 자이다. 수입신고한 물품에 대하여는 원칙적으로 그 물품을 수입한 화주가 납세의무자가 된다.

(3) 과세표준

과세표준이란 세액결정의 기준이 되는 과세물건의 가격 또는 수량을 말한다. 종가세가 적용되는 물품의 경우에는 그 가격이 과세표준이 되며, 종량세의 경우에는 그 수량이 과세표준이 된다. 과세표준과 관련하여 수입물품의 수량은 세관검사시에 쉽게 확인할 수 있으나 그 가격은 시장여건에 따라 수시로 변동하고 있으며, 특히 수많은 종류의 상품들의 실제가격을 정확히 알아낸다는 것은 지극히 어려운 일이다. 이러한 점을 감안하여 현행 관세법에서는 〈표 1-24〉과 같은 과세가격 결정방법에 관한 규정을 마련하고 순차적으로 적용하고 있다.

【표 6-4】 과세가격의 결정방법

적용순위	내 용
제1방법	당해 물품의 실제 거래가격을 기초로 한 과세가격의 결정
제2방법	동종·동질의 물품의 거래가격을 기초로 한 과세가격의 결정
제3방법	유사물품의 거래가격을 기초로 한 과세가격의 결정
제4방법	국내판매가격을 기초로 한 과세가격의 결정
제5방법	산정가격(算定價格)을 기초로 한 과세가격의 결정
제6방법	합리적 기준에 의한 과세가격의 결정

(4) 관세율

① 관세율(rate of tariff)의 의의

관세율이라 함은 세액을 결정함에 있어 과세표준에 대하여 적용하는 비율을 말한다. 따라서 과세표준과 함께 세액결정의 두 가지 인자중 하나이다. 종가세의 경우에는 백분율로 표시하고 종량세의 경우에는 단위 수량당 금액으로 표시한다.

② 관세율의 종류

현행 우리나라의 관세율은 국정관세율과 협정관세율로 구분된다.

㈀ 국정관세율

(i) 기본관세율

기본관세율은 그 나라의 관세율표상에 규정되는 기본적인 세율이며, 다른 사정에 변동이 없는 한 상당히 장기간 적용되는 법정세율을 말한다.

(ii) 잠정세율

잠정세율은 관세율표상의 기본세율과 함께 표시되어 있으며, 이는 특정품목에 대하여 기본세율과는 다른 세율을 잠정적으로 적용하기 위하여 책정되어 있는 것으로 그 설정절차는 기본세율과 동일하게 국회의 승인을 요한다. 다만, 기본세율과의 차이를 좁히도록 인상 혹은 인하하는 것은 대통령령으로 할 수 있다.

(iii) 탄력세율

탄력세율은 조세법률주의의 예외로서 일정한 요건을 정하여 관세율 변경권을 행정부에 위임하고 있는 세율이다. 관세법 10조에서 16조까지 규정한 것으로 덤핑방지관세, 보복관세, 긴급관세, 농림축산물에 대한 특별긴급관세, 조정관세, 상계관세, 편익관세, 계절관세, 할당관세에 의한 세율을 말한다.

㈏ 협정세율(국제협력관세)

우리나라의 통상과 대외무역의 증진을 위하여 필요하다고 인정할 때에는 특정국가 또는 국제기구와 조약 또는 행정협정 등으로 정한 세율을 말한다.

협정세율은 협정의 종류에 다음과 같은 것이 있다.

(i) WTO협정 일반양허관세율

(ii) WTO협정 개도국간의 양허관세율

(iii) 방콕협정 양허관세율

(iv) 개발도상국간 무역특혜제도(GSTP)의 양허세율

(v) 특정국가와 관세협상에 따른 국제협력관세

③ 관세율의 적용순서

이상에서 설명한 여러 세율이 서로 경합될 때에는 원칙적으로 〈표Ⅲ-1-2〉와 같은 순서에 따라 세율을 적용한다.

【표 6-5】 관세율의 적용순위

순위	종류 및 근거	비고
1순위	덤핑방지관세 (법 제10조) 보복관세 (법 제11조) 긴급관세 (법 제12조) 농림축산물 긴급관세 (법 제12조의 3) 상계관세 (법 제 13조)	최우선적용
2순위	편익관세 (법 제14조) 국제협력관세 (법 제43조의 8)	③④⑤보다 낮은 경우에 우선
3순위	조정관세 (법 제12조의 2) 계절관세 (법 제15조의 2) 할당관세 (법 제16조)	
4순위	농림축산물 양허관세	
5순위	잠정관세 (법 제7조)	
6순위	기본관세 (법 제7조)	

5) 관세의 징수

관세의 징수행위는 납부와 영수로써 완료되는데, 거두어들이는 국가측에서 보면 수납이 되고, 납세의무자측에서 보면 납부가 된다. 수입물품에 대한 관세 등의 징수

는 신고납부를 원칙으로 하며, 관세의 납세의무자는 수입신고를 할 때 과세표준, 세율 및 납부세액을 세관장에게 신고하여야 한다.

세관장은 납세신고에 대한 확인·심사를 한 후 신고납부서를 교부하여 납세의무자로 하여금 관세를 납부토록 하고 있다. 그러나 예외적으로 과세가격 결정자료가 미흡한 무환수입물품이나 심사에 신중을 요하는 탄력관세 적용물품 등의 경우에는 세관장이 세액을 결정하여 고지한 금액을 납세의무자가 납부하도록 하는 부과고지 방식으로 징수할 수도 있다.

신고납부서의 교부 또는 납세의 고지에 대하여 납세의무자가 자진하여 납부하고 이를 수납기관이 영수하는 것을 임의징수라고 하며, 국가가 재정권력에 의하여 강제적으로 수납하는 것을 강제징수라고 한다.

6) 수입신고수리 및 반출

수입물품에 대한 수입검사를 거쳐 관세 및 기타 내국세의 징수가 끝나면, 세관장은 수입신고인에게 수입신고필증을 교부한다. 이와 같이 수입신고수리된 물품은 세관장에게 반출신고만으로 언제든지 보세구역에서 반출되어 관세법의 규제에서 벗어날 수 있다.

그러나 경우에 따라서 어떤 물품은 수입신고인의 책임 밖의 사유에 의하여 수입신고수리가 적기에 교부되지 못하게 될 수 있으며, 이로 인하여 상기(商機)를 잃거나 물품을 적재적소에 사용하지 못할 수도 있다. 이를 방지하기 위해 관세법에서는 수입신고수리 전이라도 관세상당액을 담보로 제공하고 세관장의 승인을 얻으면 물품을 보세구역으로부터 반출할 수 있도록 규정하고 있다.

한편 관세 사후납부제 및 담보면제제도가 도입되었는데 1996년 12월 31일 까지는 수입신고 후 15일 이내에 관세를 내고 수입신고수리를 받아야 물건을 찾아갈 수 있었으나 현재는 수입신고필증을 교부받으면 관세를 내지 않고도 물품 반출이 가능하여졌다. 관세는 물품을 가져갈 때 담보를 제공하고 신고필증 교부일로부터 15일 이내에 내면 된다.

한편 3년간 수출실적이 있는 등 일정기준 이상의 신용도를 갖춘 업체가 관할세관에 담보면제를 신청하면 담보면제업체로 지정, 담보없이 수입하도록 하였다.

그러나 관세청은 관세를 나중에 내게 할 경우 관세체납사례가 늘어날 수 있어 관세법 위반사례가 있는 업체나 소비재 수입업체에 대해서는 관세채권확보차원에서 담보를 요구하고 있다.

한편 1996년 12월부터 수출에 적용해 오고 있는 EDI 방식에 의한 자동통관제도를 1997년 7월부터는 수입에까지 확대하고 있으며 또한 신고제가 악용되는 사례를 막기 위해 우범화물을 자동으로 선별하는 시스템을 활용하고 불법수입물품에 대해서는 유통단계까지 사후조사를 벌여 나가기로 하였다.

【그림 6-5】 수입통관절차 도해

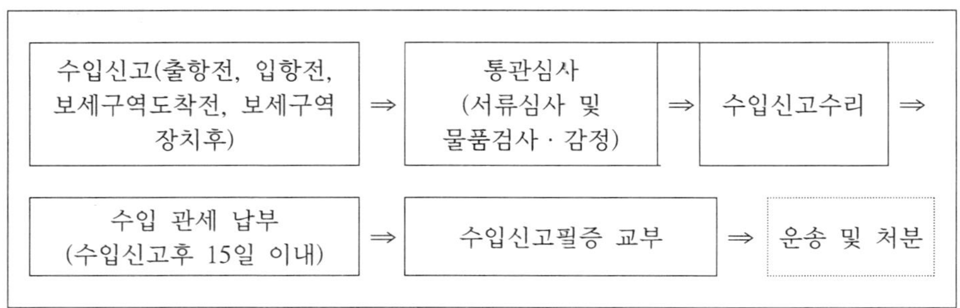

제 7 장
거래처선정과 수출입마케팅

제1절 해외시장조사

1 해외시장조사의 개념

해외시장조사(overseas market research)는 수출입절차의 첫 단계로서 거래관계를 개설할 수 있도록 목적상품에 대한 수요나 공급의 실태, 시장성 및 상관습 등 판매가능성(selling feasibility)을 조사하는 것을 말한다. 시장조사의 목적은 ① 신시장의 개척, ② 기존시장의 유지 또는 확대, ③ 상실한 구시장의 회복 등에 있으나 목적 여하에 따라 조사활동대상에 차이가 있다.

2 해외시장조사의 필요성

무역거래는 국내 상거래와는 달리 국가간에 상이한 문화, 종교, 언어 및 상관습의 차이에서 이루어질 뿐만 아니라 상거래에 직접 관계되는 결제통화, 외환제도, 수출입승인 및 통관제도 등에서 국내 상거래 보다 훨씬 절차가 복잡하고 위험도 많이 따른다. 따라서 외국과의 무역거래에 있어서 위험을 최소화하고 이익을 극대화하기 위해서는 목적시장에 대한 각종자료의 수집・분석을 통한 신속・정확한 시장조사가 필요하다.

【표 7-1】 문화영역 구분

문화영역	특　　　징
중동아시아 및 북아프리카	· 이슬람 문화권
유　　　럽	· 기독교 문화권(남부는 카톨릭, 북부는 개신교) · 가장 발달된 문화권
중　　　국	· 유교 문화권 · 현세중시 · 공산주의에서 자본주의 경제로 전환중
인　　　도	· 힌두교 문화권 · 윤회설에 따라 내세 중시
동남아시아	· 힌두교 · 불교 · 이슬람교의 영향
중앙아프리카	· 나라별로 고유언어 소유 · 전통적인 민족 종교
라틴아메리카	· 카톨릭 문화권 · 포르투갈과 스페인의 식민지 영향
북　　　미	· 개신교 문화권 · 세계에서 가장 선진 공업국
러　시　아	· 희랍정교 문화권 · 공산주의에서 자본주의로 전환중
일　　　본	· 불교와 신도(神道)의 영향 · 세계 선진공업국의 하나
태평양국가	· 폴리네시안 국가
한　　　국	· 한국 고유의 전통문화 · 유교 · 불교 · 기독교의 영향

자료 : 김영생 · 이종원, 「국제무역통상개론」, 법경사, 1997, p.131.

3 해외시장조사의 내용

해외시장조사는 그 방법에 있어서 목적시장에 대한 일반적인 사항을 조사한 다음 목적에 따라 세부적인 내용을 조사하는 과정을 거치게 된다.

4 시장조사의 방법

시장조사를 하는 방법에는 무역업자나 제품제조업자가 목적시장에 대한 필요한 정보를 직접 수집하여 조사하는 직접조사방법과 공공기관이나 관련회사들이 발행하는 각종 조사자료를 이용하는 간접조사방법이 있다.

【표 7-2】 시장조사 내용

구 분		조 사 내 용
일반조사	· 일반사항 · 경제동향 · 산업동향 · 무역동향 · 무역관리제도 · 시장특성 및 유통구조 · 시장접근방법 · 교역현황 · 기타	· 정치, 경제, 사회, 문화, 종교, 인구, 언어, 지리적 여건 등 · 경제체제, 경제성장, 국제수지, 물가, 통화, 임금 · 산업구조(특히 제조업) · 대외무역구조(특히 등록별, 지역별, 경쟁국, 진출동향) · 통화정책, 수입관리제도 및 절차, 수입규제, 관세율과 외환관리 · 소비자계층, 상관습 및 구매시기, 수입상 현황 · 거래관계 · 해당 품목 수입규모 · 항만, 통신시설 등
세부조사	· 수요조사 · 공급조사	· 수요구역, 용도, 시기, 소비 또는 수요량, 기호, 공급방법, 공급량, 공급상태 · 목적상품의 생산지와 공급지, 생산실태, 공급사정, 공급량

1) 직접조사방법

직접조사방법은 해외출장이나 해외지사, 출장소, 사무소나 거래처를 통하여 직접 조사하는 방법으로 시장정보를 얻기 위한 가장 좋은 방법이나 많은 성과를 거두기 어렵고 비용이 많이 드는 단점이 있다.

2) 간접조사방법

간접조사방법은 우리나라의 기관을 이용하는 방법과 타국의 기관을 이용하는 방법으로 구분된다.

【표 7-3】 간접조사방법

구 분	관 련 기 관
우리나라기관 이용방법	· 한국무역협회(Korea Foreign Trade Association : KFTA) · 대한무역진흥공사(Korea Trade Promotion Corporation : KOTRA) · 대한상공회의소(Korea Chamber of Commerce & Industry : KCCI) · 한국신용보증기금(Korea Credit Guarantee Fund : KCGF) · 외국주재한국공관(대사관, 공사관, 영사관) · 금융기관 등
타국기관 이용방법	· 주한 외국대사관 · 외국 금융기관

제2절 거래처 발굴과 거래제의

1 거래처의 발굴과 선정

시장조사에 의하여 목적시장이 결정되면 잠재력이 있는 유력한 거래처를 찾아 거래관계를 맺게 된다. 원거리의 해외시장을 상대로 하는 무역거래에서 거래처의 발굴과 선정은 사업의 성패와 직결되므로 신용 있고 능력 있는 거래처를 선정하여 거래관계를 맺는 것이 중요하다.

2 거래처의 발굴방법

거래처의 발굴에는 아래와 같은 여러 가지 방법이 이용된다.[1)]

1) 자체홍보물 이용방법

거래선 발굴을 위해 자체홍보물을 제작 배포하는 방법이다. 홍보물의 내용은 상품의 규격, 용도, 재질 등 상품의 구성에 주안점을 두어 작성하여야 하며, 배포는 해당 상품을 취급하는 구매자를 대상으로 배포할 수 있는 방법이 강구되어야 한다.

2) 해외광고를 통한 방법

해외광고를 이용하는 방법에는 국내발간 해외배포용 매체광고를 이용하는 방법과 해외발간매체 광고를 이용하는 방법이 있다.

대표적인 국내발간 매체로는 한국무역협회의 Korea Export(년 2회), Korea Trading Post(격주간) 및 대한무역투자진흥공사의 Korea Trade & Business(월간), Korea Trade(1년 8호)외에 관련 협회의 자료 등을 활용할 수 있다.

한편 해외발간 매체로는 해당 국가의 전문지 등을 이용할 수 있다.

3) 국내발간 해외홍보매체 이용방법

국내발간 각종 Directory를 이용하여 해외홍보를 할 수 있다.

---

1) 한국무역협회, 「무역실무연습」, 1994, pp.63~70.

4) 해외공공기관 이용방법

각국의 상공회의소, 각국 World Trade Center(WTC) 또는 수출입 관련기업에 서신을 발송하는 방법이다.

5) 각종 사절단 및 전시회 참가방법

무역관련기관에서 주관하는 사절단, 박람회 및 전시회를 이용하는 방법이다.

6) 직접 방문 방법

해당 지역에 직접 방문하여 발굴하는 방법으로 거래선을 발굴하는 최선의 방법이다.

【표 7-4】 국내발간 해외홍보매체

발행기관명	자 료 명	언어	기간별	배포부수	
				해외	국내
한 국 무 역 협 회	Korea Export	영어	연 간	7,500	2,500
	Korea Trading Post	영어	격주간	9,000	2,000
	한국상품ガイド	일어	격주간	930	170
대 한 상 공 회 의 소	Korean Business Directory	영어	연 간	1,000	1,500
중 소 기 업 중 앙 회	K.T.Directory of Small & Medium Business	영어	연 간	2,000	
대한무역투자진흥공사	Korea Trade & Business	〃	월 간	7,500	2,500
	Korea Trade	〃	격월간	9,500	500
기 계 공 업 진 흥 회	Korea Machinery	〃	격 년	1,500	500
전 자 공 업 진 흥 회	Korea Electronics Catalogue	〃	연 간	2,100	900
완 구 공 업 협 동 조 합	Toy Manufacturers in Korea	〃	〃	2,000	2,000
금 속 공 업 협 동 조 합	Korea Metal Products	〃	부정기	4,400	10,600
전 자 공 업 협 동 조 합	Korea Electronics Buyer's Guide	〃	연 간	700	300
섬 유 산 업 연 합 회	Korea Textiles Garments Buyer's Guide	〃	부정기	6,000	4,000
공 작 기 계 공 업 협 회	Korea Machine Tool's Guide	〃	〃	1,200	1,800
조 선 기 자 재 협 회	Ship's Machinery & Equipment	〃	〃	3,600	2,400
한국잡화시험검사소	Korea Merchandise	〃	연 간	2,700	300
BUYERS GUIDE사	Korea Buyers Guide	〃	월 간	8,000	2,000

7) 인터넷 이용방법

인터넷의 무역알선사이트 또는 해당 기업의 홈페이지를 검색하여 필요한 정보를 얻는 방법이다.

(1) 국내외 무역거래알선 웹 사이트 및 검색엔진 등록

국내외 무역거래알선 웹 사이트에 등록하면 해외바이어들이 Home Page를 방문하여 수출조건을 조회(inquiry)하는 E-mail을 보내온다.

국외거래 알선사이트에는 ① 세계무역센터협회(WTCA), ② 국제연합(UN), ③ Trade Leads, ④ Access-Trade, ⑤ GEIS 등이 있으며, 국내무역거래알선사이트에는 ① KTNET의 http//www.eckorea.net., ② KITA의 http//www.ec21.net., ③ KOTRA의 http//www.KOTRA.or.kr/KOBO 및 silkroad21, ④ SMIPC의 http// www. smipc.or.kr 등이 있고, ⑤ 국외검색엔진에는 Yahoo, Altavista, Infoseek 등이 있다.

(2) 국내외의 무역전문 웹 사이트

- 한국무역정보통신 eckora(http://www.eckorea.net)
- 한국무역협회 EC21(http://www.ec21.net)
- 대한무역투자진흥공사Kobo(http://www.KOTRA.or.kr/KOBO)
- 대한무역투자진흥공사 Silkroad21(http://www.silkroad21.com)
- 중소기업진흥공단 Smipc(http://www.smipc.or.kr)
- e-trader(http://www.e-trader.co.kr)
- 일간수출 오더정보센터(http://www.tradeorder.co.kr)
- 카오스트레이드(http://www.chaostrade.com)
- 코리안소스(http://www.koreansource.com)
- 트레이드서울(http://www.tradeseoul.com)
- 삼성물산(http://www.findkorea.co.kr)
- 인포트레이드(http://www.infotrade.co.kr)

(3) 해외무역전문 웹 사이트

- 세계무역센타협회 wtca(http://www.wtca.org)
- Trade leads(http://www.tradeleads.com)
- 글러벌소시스 globalsources(http://www.globalsources.com)
- Asian net(http://www.asiannet.com)
- Access-trade(http://www.access-trade.com)
- Sellers-Buyers intl(http://www.i-trade.com)
- World Business Network(http://www.worldbusiness/marketplace)
- Asian Sources(http://www.asiansources.com)
- IMEX(http://www-imex.com)
- Bolero(http://www.bolero.net)

- BC Trade Network(http://www.bc-trade.net)
- Global trade center(http://www.trade2000.com)

3 신용조사

1) 신용조사의 필요성

시장조사결과 몇 개의 거래처가 선정되면 거래를 개시하기 전에 상대방에 대하여 엄격한 신용조사(credit inquiry)를 실시하여야 한다.

신용이란 현재의 가치를 미래의 가능성과 교환하는 매개체로 이를 성립시키기 위해서는 수신자의 지급과 관련 신의, 지급능력, 지급불능시 지급을 강제할 수 있는 자산의 보유 및 일반경제 상태의 보장을 요건으로 한다.

또한 무역거래는 신용을 바탕으로 성립되므로 상대방의 신용상태(credit standing)가 불량한 경우 상품의 인수를 회피하거나 대금지불을 거절하는 경우가 발생할 수 있다.

따라서 신용조사는 반드시 거쳐야 할 과정으로 거래개시 뿐만 아니라 거래중인 경우에도 정기적으로 실시하여야 한다.

2) 신용조사의 내용

신용조사는 상대방의 신용도(reliability)를 조사 및 측정하는 것으로 주요 내용은 다음과 같다.

(1) 상도덕(character)

상대방의 성실성, 평판, 영업태도, 채무이행에 대한 열의 등 계약이행에 대한 신뢰성에 관계되는 사항의 조사

(2) 거래능력(capital)

상대방의 재무상태, 수권자본금, 납입자본금, 자기자본과 타인자본, 매출액, 손익상태 등 재무제표를 중심으로 하여 자산, 자본, 부채 등 지불능력의 조사

(3) 대금지불능력(capacity)

영업형태, 회사연혁, 경영자의 경력, 영업권, 거래처, 거래실적, 취급상품 등 기업운영능력을 조사

(4) 거래조건(conditions)

현지시장의 정치적·경제적 상태, 통관절차나 항만, 운송시설 등 상대회사를 둘

러싼 현지시장의 상태를 조사

(5) 담보능력(collateral)

위험발생소지를 줄이기 위하여 상대방의 물적 담보와 인적 담보(신용담보)의 충족 가능성 조사

3) 신용조사의 방법

신용조사의 방법에는 은행 및 동업자 조회, 해외지사를 통한 조회, 상업흥신소를 통한 조회, 국내신용기관을 통한 조회 등이 있다. 또한 해외의 유력 신용조사기관은 〈표 7-5〉와 같다.

(1) 은행 및 동업자 조회

일반적으로 많이 활용되는 방법으로 해당 업체의 환거래계약체결은행(correspondent bank)이나 상대국의 거래선에 신용조사를 의뢰하는 방법

(2) 해외지사를 통한 조회

상대국에 위치한 본사 등의 해외지사를 통하여 신용조사를 의뢰하는 방법

(3) 상업흥신소를 통한 조회

신용조사를 전문으로 하는 회사(merchantile agency; commercial credit agency)에 의뢰하여 조사하는 방법

【표 7-5】 해외 유력 신용조사기관

기 관 명	소 재 지	신용조사 가능지역
Dun & Bradstreet International	1 World Trade Center Suit 9069 New York N.Y.100487, U.S.A.	전 세 계
Amalgamated Trade Protections Ltd.	Sellotape House 54/58 High Street Edware Middlesex HW U.K.	전 세 계
Commercial Report Australlia Pty Ltd.	Launens House 180 Finders Lane Box 2630 Gpo Melbourne Vic 3001 Australlia	대 양 주
Avetis Johannes	Trade Inquiry office 51 Khiaban Ramsar Av.Shareza Tehran 15 Iran	중 동
Tokyo Shoko Japan International Co.Ltd.	P.O. Box 1064 Tokyo Central Tokyo, Japan	아 시 아
Exim Recoveries Ltd.	Investment House(1st) 21/25 Broad Street C.P.O. Box 8016, Lagos Nigeria	아프리카
Ausktnfe Burgel Centrale GmbH	D-57100 Aachen EL isabethstrabe Postfach 310 Germany	유 럽
Veritas Argentina	Maipu 286 Buenos Aires, Argentina	중 남 미

Incredisa (Inform-Credit S.A.)	Inform-Credit, S.A. Lopez 15-309 Y310 Apartado Postal 572 Mexico I.D.F. Mexico	멕 시 코
Tile Research(Private Ltd.)	109-A. Frankel Avenue Singapore15	싱 가 폴
ICAP Hellas S.A.	54A Queen Sophia Avenue, Athens 612 Greece	그 리 스
KUTZ Corporation	P.O. Box 16522 Bombay-400 026,India	인 도

(4) 국내 신용기관을 통한 조회

국내에서 활용 가능한 공공기관을 통하여 조사의뢰하는 방법으로 많이 활용되며 참고로 한국수출보험공사의 조사의뢰절차를 예시하면 다음과 같다.

【그림 7-1】 수출보험공사 조사절차

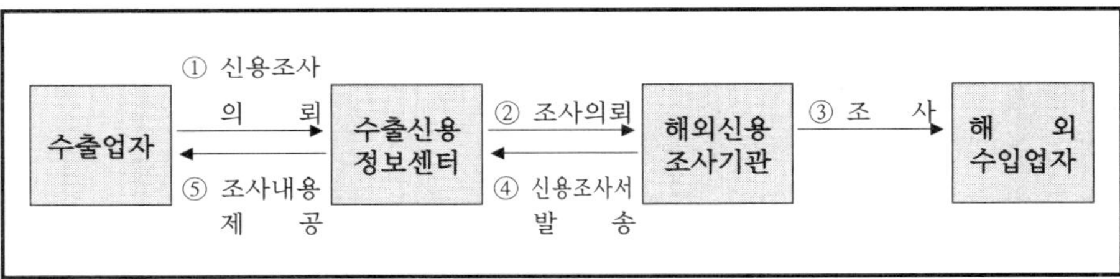

【표 7-6】 신용조사 의뢰가능한 국내기관

기 관	주 요 내 용
대한무역투자진흥공사	· 상품 및 지역조사 · 신용조사 · 수출보험 사고조사 등
한국수출입은행 (수출신용정보센터)	· 경영일반사항 · 소유주, 대표자 경영능력, 종업원수, 취급상품, 대금결제상태, 현지 평판, 은행거래상태 및 소송기록 등 · 재무사항 · 매출액, 이익률, 순자산, 운전자본 등 대차대조표 및 손익계산서에 관한 사항
신용보증기금	· 기업체명, 주소, 소유주, 연혁, 대표자경력, 취급상품, 종업원수, 신용등급 등 · 매출액, 자본금, 영업실적, 채무상환기록, 지급결제조건 등

2 거래제의

1) 거래제의

신용조사를 거쳐 거래처가 선정되면 거래를 제의하는 권유장(circular letter; letter of business proposal)을 발송하게 된다. 권유장은 자신의 회사를 소개하는 서신으로 정중하게 작성하여 상대방으로 하여금 거래를 결심하도록 하여야 한다.

권유장을 작성할 때에는 상대방을 알게 된 경위와 회사의 영업규모, 상태, 취급상품 및 업계에서의 위치, 대금결제조건, 회사의 신용조회처 등을 포함하여야 한다.

2) 거래제의 서한

거래제의 서한은 다음 요령에 의거 작성하도록 한다.

(1) 작성요령

- 상대방을 알게 된 동기
- 거래제의 회사의 업종, 취급 상품
- 거래제의 회사의 국내지위, 거래경험, 거래(생산)규모
- 거래조건(특히 가격, 결제 및 운송조건)
- 거래제의 회사의 신용조회처(거래은행명 및 주소)

(2) 작성시 유의사항

- 간단명료한 문장으로 작성한다.
- 해당 시장을 상대 회사를 통해 개척하고자 한다는 점을 강조한다.
- 생산량, 연간 매출액 등 회사 규모를 적절히 표현한다.
- 품질의 우수성과 경쟁력이 있는 가격을 제시한다.
- 상대방이 관심 있는 경우 오퍼나 견품을 즉시 송부한다.
- 거래관계가 성립되면 상호이익을 바탕으로 한다는 점을 강조한다.

3) 일반거래조건협정의 체결

신용조사결과 상대 회사의 신용상태가 양호하고 거래제의가 받아들여지면 실제 거래가 이루어지게 된다. 그러나 같은 거래조건으로 반복해서 거래하고자 할 때 개개의 무역거래를 성립시키기 전에 거래방법에서 일관성의 유지와 장래에 발생할지도 모르는 무역분쟁이나 클레임의 예방과 원만한 해결을 위하여 무역거래의 일반적인 기준이 될 제반 조건을 협정하고 교환해 둘 목적으로 작성하는 것이 일반거래조

건협정서(agreement on general terms and conditions of business)이다.

일반거래조건협정은 무역계약을 체결할 경우 일반적으로 기준이 되는 사항으로서 다음과 같은 사항이 포함된다.

(1) 거래형태

본인 대 본인거래(business as principal to principal)인가 수수료에 의한 거래(business on commission)인지의 구분[2)]

(2) 계약의 기본조건

① 품질(quality) : 품질결정방법, 품질결정시기 등
② 수량(quantity) : 수량단위, 수량결정시기, 과부족용인조건 등
③ 가격(price) : 거래화폐, 가격기준 등
④ 포장(packing) : 포장방법, 화인(marking), 기타 표시사항 등
⑤ 거래조건(trade terms) : 무역조건의 정의와 해석
⑥ 선적(shipment) : 선적지, 선적항 등
⑦ 대금결제(payment) : 결제방법, 어음기간, 선적서류의 인도조건, 신용장조건 등
⑧ 보험(insurance) : 손해보상의 범위, 보험금액, 부보하는 화폐단위, 보험금지급장소 등

(3) 거래절차

① 청약(offer)과 승낙(acceptance)의 시기와 방법
② 주문
③ 선적통지 등

(4) 클레임의 처리방법

① 클레임의 제기기한 및 방법
② 해결방법
③ 발생비용 부담방법 등

---

2) 거래형태에 의한 구분은 계약 당사자가 그 거래로부터 발생하는 손액을 부담하느냐 여부에 따라 구분된다. 즉 본인으로서의 거래는 자기 자신의 명의와 계산으로 하는 거래이므로 거래에서 발생하는 손익이 자기 자신에 귀속되나 수수료에 의한 거래는 손익과는 관계가 없다는 데서 차이가 있다.

(5) 기타 거래에 관한 필요사항

〈서식 7-1〉 일반거래조건협정서

Agreement on General Terms and Conditions of Business

This Agreement entered into between A & Co., Ltd., [a corporation organized and existing under the laws of Japan] having its principal office at 4, Ohtemachi I-chome, Chilyodaku, Tokyo, Japan (hereinafter called Sellers) and B & Co., Inc., [a corporation organized and existing under the laws of the State of New York, U.S.A.] having its principal office at 514 Fourth Avenue, New York, N.Y., U.S.A.(herinafter called Buyers), witness the as follows :

Business : All business transactions into between the parties shall be as Principals to Principals and not as Agent.

Quality : The Sellers are to supply the Buyers with samples free of charge, and the quality of the goods to be shipped should be about the equal to the sample on which an order is given.

Quantity : Weight and quantity determined by the Seller, as set forth in shipping documents, shall be final.

Price : Unless otherwise specified, all price are shall be quoted in U.S. Dollars on the basis of C.I.F. New York.

Packing : Proper export wooden case packing is to be carried out. All shipments shall be marked by instructed marking in advance, given consecutive numbers, port and country of origin.

Trade Terms : The trade terms and conditons used in this contract shall be governed and interpreted by the provisions of Incoterms 2000, unless otherwise specifically stated.

Shipment : Shipment is to be made within the time stipulated in each contract.

Payment : Draft(s) shall be drawn at sight, documents attached, for the full invoice amount under and irrevocable credit which shall be established within 10 days after the conclusion of the contract. Business against D/P draft without L/C should be subject to Seller's previous notification.

Insurance : All shipments shall be covered All Risks for a sum equal to the amount of the invoice plus ten(10) percent, if no other conditions are particularly agreed upon. All policies shall be made out in U.S.Dollars and payable in New York.

Offer : Unless otherwise stipulated, all offers shall be valid for three (3) days from the time dispatched, excluding Sunday and national holiday.

Acceptance : All acceptance shall be confirmed immediately in writing by the buyer. Original to be retained by the Seller. Name of Buyers, delivery, payment, validity, shipping port, destination, packing, description of goods, quality, quantity, unit price, amount to be entered herein.

Shipping Notice : The Sellers shall notify each shipment immediately when it is effected.

Claims : Any claim by Buyer must be made in writing within fourteen (14) days of receipt of the goods at the destination. Certificates by recognized if they

are used.

Force Majeure : Neither shall be liable for failure to perform its part of this agreement when such failure is due to fire, flood, strikes, labour troubles or other industrial disturbances, inevitable accidents, war(declared or undeclared), embargoes, blockades, legal restrictions, riots, insurections, or any cause beyond the control of the parties.

Arbitration : All disputes, controversies, of differences which may arise between the parties, out of or in relation to or in connection with this contract, or for the breach thereof, shall be finally settled by arbitration in Seoul, Korea in accordance with the Commercial Arbitration Rules of the Korean Commercial Arbitration Board and under the Law of Korea. The award rendered by the arbitrator(s) shall be final and binding upon both parties concerned.

Governing Law : Both the conclusion and the performance of this contract shall be govered by Korea Law.

In witness whereof, A & Co., Ltd. have hereunto set their hand on the 1st day of September, 20…, and B Co. have hereunto set their hand on the 10th day of October, 20…. This Agreement shall be valid on and from the 1st day of November, 20…and any of the Articles in this agreement shall not be changed or modified unless by mutual consent.

(Buyers)B & Co., Inc. (Sellers)A & Co., Ltd.

(Signed) (Singned)

General Manager Managing Director

제3절 수출마케팅

1 수출마케팅의 의의

수출마케팅은 수출업자가 행하는 해외영업에 관한 활동으로서, 수출물품을 국내 또는 해외에서 조달하여 이를 해외에 판매하기 위한 여러 가지 활동을 의미한다. 수출마케팅을 보다 효과적으로 적용하기 위해서는 목적시장에 있는 현지 고객의 욕구(Needs)가 무엇인지를 정확히 파악하여 기존 제품의 수정이나 신제품 개발을 통하여 현지 고객들의 욕구를 최대한 만족시켜 줄 수 있는 마케팅전략을 수립하여야 한다. 이렇게 수립된 마케팅전략을 실행함으로써 기존 거래선의 지속적인 거래유지와 새로운 거래선을 창출시킴으로서 이익을 극대화시키는 것이 수출마케팅의 목적이라고 할 수 있다. 따라서 수출업자는 본국시장 중심의 사고방식에서 탈피하여 해외시장의 특성을 중요시 여기는 태도와 사고방식을 가져야 한다. 즉 수출제품은 현지 고객의 욕구와 기호 그리고 현지시장의 법적, 기술적 요구에 맞게 수정되어야 한다. 또한 수출가격도 현지시장의 경쟁상태와 소득수준, 운송, 환율, 보험 그리고 관세 등의 제반 요인을 고려하여 결정해야 한다.

이러한 제반 사항을 정확히 파악하기 위해서는 해외시장조사활동과 수출상담활동이 필요하다.

보다 구체적으로 살펴보면 다음과 같다.

먼저, 해외시장조사활동은 앞에서 설명한 바와 같이 다양한 방법과 경로를 통하여 해당 물품의 수출을 위하여 적합한 시장을 물색한 후 거래가 가능한 상대방에 대한 신용조사를 거쳐 거래상대방을 선정하는 일련의 과정을 의미한다. 또한 수출상담활동은 무역거래에서 유리한 무역계약을 체결하기 위해 거래상대방과 진행하는 일련의 협상과정을 의미한다.

수출마케팅의 목표는 수출업체의 해외영업활동의 행태와 전략에 따라 두 가지로 나눌 수 있다.

첫 번째는 가장 우선적으로 높은 시장점유율(Market share)을 목표로 하는 것으로 이는 침투하려는 시장에서 높은 시장점유율을 확보함으로서 제품의 경쟁력을 확대시키려는 목적으로 주로 시장진입 초기 단계에 이루어진다.

두 번째는 시장점유율보다는 내실을 기하는 이익률(Profit rate) 확보를 목표로 하는 것으로서, 시장점유율에 크게 영향을 받지 않는 고가품 등에 적합한 방법이다.

어떤 수출마케팅 전략을 선택할 지는 수출업체의 경영전략과 경영방침에 따라 결정되겠지만, 수출 초기 단계이며, 중・저가품인 경우에는 시장점유율의 확보가 이익률의 확보보다는 우선하는 것이 일반적인 추세이다.

다음은 수출시장의 확대와 실적증대를 위한 수출마케팅의 4P전략에 대하여 알아보자.

2 수출마케팅의 4P Mix 전략

첫째, 제품(Product) 믹스 전략으로 기존제품을 새로운 시장에 도입하여 제품의 품목수를 넓히는 제품다양화(Product Diversification)전략인 제품확장전략과 새로운 시장에 차별화 된 신제품을 도입하는 제품차별화(Product Differentiation)전략인 제품적응전략으로 나누어 선택할 수 있다.

둘째, 가격(Price) 믹스 전략으로 원가중심, 목표가격중심, 수요중심 및 경쟁중심 전략 중 어느 것에 비중을 두느냐에 따라 전략을 결정할 수 있으며, 일반적으로 수출자는 제조원가에 요소비용과 예상이익을 포함하여 수출단가를 결정한다.

셋째, 유통경로(Placing by Channel) 믹스 전략으로 수출업체의 해외시장 진입 방식 및 유통경로에 대한 선택에 따라 직접수출, 간접수출 그리고 해외현지생산으로 분류한다.

넷째, 광고 및 판매촉진(Promotion) 믹스 전략으로 각 시장이 가지는 고유한 특성에 따라 표준화전략과 현지적응화전략 중 하나를 선택하여 실행할 수 있다.

결과적으로 수출마케팅전략은 해외시장 조사활동의 결과에 따라 제품별 특성에 적합한 가격전략, 광고 및 판촉전략 그리고 유통경로를 채택하여 수출상담 과정에서부터 이를 실행하고 계약서를 체결할 때까지의 전반적인 활동으로 파악할 수 있다.

지금 수출을 생각한다면 인터넷과 기타 다양한 경로를 통하여 입수한 각종 정보와 자료를 근거로 판단하여 수출시장의 환경과 제품의 특성에 최적인 수출마케팅전략을 수립하는 것이 최우선 과제이다.

3 수출상품의 이해

무역시장에서는 취급상품에 대한 소비자들의 반응 또는 인기도에 따라서 수출 상품을 네 가지로 분류하고 있다.

가장 인기가 없어서 소매상들이 잘 안 가져가는 품목을 "Slow Item", 항상 꾸준히 사가는 것을 "Steady Item"이라 하며, 비교적 잘 팔리는 것을 "Hot Item"이라고 한다. 그리고 무서운 열기로 엄청나게 잘 팔리는 새로운 품목을 "Hit Item"이라고 부른다.

수출에서 가장 중요한 것은 바로 수출상품인 「아이템(Item)」이다. 처음부터 고유 품목을 가지고 생산하는 제조업체를 제외하고는 수출을 하고자 하는 사람들에게 있어서 가장 큰 문제로 대두되는 것이 바로 수출상품인 아이템 선정 작업이다. 수천 수만 가지로 세분화되어 있는 많은 수출품목 중에서 어떠한 것을 선정할 것인가 하는 문제는 각자의 주어진 환경이나 상황에 따라 달라질 수밖에 없는 것은 당연한 일이다. 만약 무역을 하기 이전에 정밀기계 부문에 종사하였다면 당연히 관련 기계 및 부품을 취급할 것이고, 섬유류 계통이었다면 섬유류 수출에 주력할 것이다. 그러나 이것도 저것도 아닌 상태에서 확실한 품목이 선정되지 않았다면, 향후 엄청난 개발의 여지가 있고 노력의 여하에 따라서 많은 수출실적을 올릴 수 있는, 즉 경쟁력이 있는 아이템 중에서 하나를 선택하는 것이 현명하다

수출상품은 상품의 적합성과 시장의 확보가능성 등 상품고유의 특성뿐만 아니라 다음과 같은 관점에서 현실적인 거래가능성을 갖추고 있는가를 파악해야 한다.

첫째, 수출하고자 하는 상품과 관련하여 품목별 수출입규제 여부를 파악해야 한다.

우선 취급상품의 HS(The Harmonized Commodity Description and Coding

System)번호를 알아야 한다. 상품의 품목분류기준인 HS, 즉 조화제도는 1988년 1월 1일부터 시행되고 있다. 우리나라의 HS품목분류는 세계 공통인 6단위에다 국내의 제반사정을 감안한 자체분류 4단위를 합해 모두 10단위로 분류하고 있다.

현재 모든 국가는 그 나라의 경제상황 또는 무역정책에 따라 품목별로 수출입을 규제하고 있다. 따라서 물품의 수출과 관련하여 중요한 것은 수입국의 수입규제 사항을 올바르게 파악하는 일이다. 이는 물론 우선적으로 수입자가 파악하여 수출자에게 그 정보를 제공하여야 할 것이지만, 수출자의 입장에서도 보다 공격적으로 자체 채널을 활용하여 사전에 수입국의 상관습, 거래관행 그리고 수입국의 무역정책과 관련된 제반 규제사항을 파악하여야 한다.

둘째, 수출상품과 관련하여 품목별 수출동향을 파악하여야 한다.

수출하고자 하는 상품과 관련하여 품목별 수출실적(국가별, 지역별), 수입국가, 수입업체 등 수출상품의 기본적인 수출동향을 파악하여야 한다. 그러나 상품별 수출단가는 영업을 위한 핵심사항일 뿐만 아니라 품목별로 규격과 품질수준에 따라 천차만별이므로 이를 HS번호로 파악하는 것은 무의미하다. 따라서 이는 당해 상품을 취급하는 과정에서 파악할 수 있는 Know-How의 일종이라 할 수 있다. 수출상품에 대한 수입국의 수입동향은 반드시 향후 수출마케팅에 반영시켜 전략을 수립하여야 한다.

4 수출상품의 원가 분석

국제무역에서 수출입 상담에 임하는 담당자는 필수적으로 당해 물품의 제조공정은 물론 수출원가를 구성하는 모든 요소를 정확하게 파악하여야 한다. 즉, 수출원가와 관련하여 공정의 사소한 변경에 따른 원가의 변경내용을 제대로 파악하고 있어야 한다. 물론 수출입절차 흐름에 따른 제반 부대비용에 대하여도 상당한 지식을 갖추고 있어야 한다. 그래야만, 수출입 상담에서 생산공정의 변화와 무역조건의 변경에 따른 가격변화에 신속하게 대처할 수 있다.

무역거래의 상담과정에서 거래당사자는 일반적으로 FOB가격을 기본으로 하여 가격조건을 결정하게 된다. 여기에 운송비용 또는 보험료의 부담여부에 따라 CFR 또는 CIF가격으로 가격조건이 변경될 수 있다. 이 경우에 운임(Freight)의 경우, 운송수단의 종류 그리고 운송회사별로 운임이 천차만별이므로 여러 가지 원가를 정확히 파악하는 것이 매우 중요하다. 특히, 중계무역의 경우에는 단 1~2%의 이익을 획득하기 위하여 어려운 상담을 진행하는 경우가 많다. 이러한 상황에서 거래상담자가 수출입절차 전반에 대한 이해와 사소한 조건 변경에 따른 원가변동을 제대로 파악하지 못한다면 자칫 손해를 감수하는 상황에 처할 수도 있다. 그러므로, 수출입 담당자는 반드

시 수출입 상품의 원가를 정확하게 분석할 수 있어야 한다.

수출가격을 산정 하는 데는 먼저 수출원가의 구성항목에 대하여 올바르게 이해해야 한다.

수출가격을 구성하는 주요 원가요소는

① 수출상품의 기본원가

② 수출지에서 수입지까지의 운송비 및 보험료

③ 수출계약의 성립 및 그 계약을 이행하는 데 소요되는 제 경비

④ 예상이익 및 예상손비의 네 가지로 분류된다.

여기에서 수출가격의 산출에 기본이 되는 요소는 수출품의 매입원가이고, 기타 조건은 모두 부가적 요소로서 수출 협상과정에서 조정될 수 있는 요소이다.

수입자가 상품을 수입하느냐의 결정여부는 최종적으로 품질과 가격이 그 수입자를 만족시킬 수 있느냐에 달려있다. 수입을 희망하는 수량의 보유, 인도방법 그리고 결제조건 등도 문제가 되지만 이들 문제는 상품 매매의 핵심을 이루는 품질과 가격조건에 흡수되어 진다. 특히, 우리나라의 경우 독창적인 신제품이 적어 상층흡수 가격정책(Skin pricing policy)을 채택하는 것이 어렵고, 처음부터 가격경쟁을 무기로 하여 세계시장에 진출할 수밖에 없으므로 얼마나 저렴한 수출가격을 산정 할 수 있느냐가 거래의 성립여부를 좌우한다.

1) Cost Plus 방식

실제로 무역가격의 표시는 FOB 또는 CIF 등 가격조건으로 산정 하는 것이 보통이다. 그러나 상대시장의 가격적응성을 검토하는 경우에는 이러한 가격체계는 쓸모가 없다. 왜냐하면 FOB나 CIF도 수출자에게 필요한 비용(Cost)만을 가산한 수출자 중심의 수출가격이기 때문이다. 즉 매입원가 또는 제조원가에 선적까지의 제비용과 수출자의 이윤을 가산한 것이 FOB 가격이고, 이 FOB 가격에 운송비와 보험료를 가산하면 CIF 가격이 된다. 이러한 Cost Plus 방식의 계산은 간단하지만 상대시장에서의 경쟁관계나 수입자의 수요 탄력성 등 거의 상대방의 사정을 모두 무시한 수출자 본위의 가격체계이다. 예컨대 외제차를 구입할 때 고객의 관심은 지급해야 될 차량의 구입가격과 국산차와의 품질 및 가격을 비교 검토하는 것이며, 이때 외제차의 원가내용보다는 대금을 지급해야 되는 최종가격(End price)이 선택의 대상이 되는 것이다.

2) End Price 방식

End Price 방식이란, 해외시장을 대상으로 소매가격을 기준으로 한 수입자용 가격산출방식을 말한다. 수출자에게 중요한 수출상품 1개당 이익이 아니고 총수익이

얼마나 되는가에 관한 것이다. 현지에서의 소매가격을 설정한 경우에 최대의 판매 수량을 기대할 수 있는가에 대한 수요의 가격탄력성(Price elasticity of demand)은 End Price 방식에 의해서만 파악할 수 있다. 특히 인터넷을 통한 정보화가 급속하게 진전하고 있는 오늘날의 무역마케팅에 있어서 소매가격의 실태와 경쟁가격도 비교적 쉽게 파악할 수 있다. 이 점에 대해서는 해외시장 각지의 일류백화점의 상품목록도 참고가 될 수 있다. 이렇게 하여 최적의 End Price를 산출할 수 있으며 여기에서 현지의 유통비용, 관세, 해상운임, 보험료 등을 공제하여 FOB 가격, 다시 공장의 제조원가까지를 역산하여 채산성여부를 검토해야 한다. 채산이 맞지 않을 경우에는 유통경로의 단축도 검토하여야 하며 또한 현지 생산의 여부도 검토할 수 있다.

수출가격의 산출방법은 일반적으로 Cost Plus방식을 채택하고 있지만, 특히 인터넷 무역시스템에서는 수출전략상 End Price 방식에 의한 수출전략가격의 산출방법을 채택하는 것이 확산되고 있다.

5 수출상담 전략

국제무역에서 수출상담을 훌륭히 수행하려면 우선 목적 시장을 국내시장처럼 명확히 파악하여야 한다. 이들 지역 거래선의 정치, 경제, 문화, 기후 및 시장조건 등 전반적인 상황과 제품의 수요와 공급, 유통구조 등 세부적인 내용을 조사한 다음 그 지역의 상관습까지 숙지한다면 효과적인 수출마케팅을 수립할 수 있을 것이다.

이런 철저한 준비과정을 거친 후 상담과정에서 명심할 사항은 상담이 일방적이어서는 안되며, 상호간의 이익을 극대화시켜야 한다는 점이다. 구체적으로 말하면 양 당사자가 품질, 가격 그리고 납기와 대금결제방법 등 무역거래조건에서 공감대를 형성해야 한다는 것이다. 이때 입장에 따라서 가격공감에 있어서는 상담에 임하는 행태를 약간 달리할 수 있다. 즉, 장래에 발생할 수 있는 본격적인 수익을 위하여 시장확보에 중점을 둘 것인가(Marketing share oriented) 아니면 시장확보보다는 현재의 이익에 중점을 둘 것인가(Profit of revenue oriented)하는 점이다. 이것은 어디까지나 상담에 임하는 당사자의 마케팅전략의 선택에 관한 사항이다. 그러나 Buyer들이 상담을 할 때 상품 자체와 그 품질, 그리고 가격만을 놓고 흥정을 한다고 생각하면 그것은 잘못된 생각이다. 대개의 Buyer들은 흥정도 중요하지만 흥정을 하는 상대 당사자도 그에 못지않게 중요하게 생각한다는 것이다. 즉 Seller의 인상, 언동, 자세, 신뢰성 등이 주문에 영향을 끼친다고 생각하는 것은 물론이지만 나아가 선적을 마치고도 일어날 수 있는 여러 가지 문제점을 해결하는 데도 많은 영향을 준다고 생각한다.

어디까지나 이러한 것들은 Buyer들의 편견에 의한 것이지만, Buyer는 다음과 같

이 좋아하는 Seller와 싫어하는 Seller로 구분하여 상담에 임하고 있다는 것을 명심해야 한다.

제4절 수입마케팅

국제무역에서 수입은 국내에서 판매할 시장을 확보하고 있거나, 시장을 확보할 수 있는 물품을 해외에서 조달하여 국내에 반입하여 국내에서 영업활동을 전개하는 제반 활동을 의미한다. 수입은 당해 물품을 국내에서 조달하기 어려운 경우나 국내에서 조달할 수 있다 하더라도 국내에서 생산되는 제품의 기능이나 신뢰성이 외국제품에 비하여 떨어지는 경우에 발생된다. 결과적으로 수입의 기능은 당해 물품에 대한 국내의 수요와 공급을 일치시키면서 국내소비자로 하여금 다양하고 폭 넓은 소비생활이 가능하도록 하여 국민의 삶의 질을 향상시키고 수출입의 균형을 맞추어 국제사회의 일원으로서 공헌할 수 있는 기회를 제공한다.

수입을 하려면 수입의 특성을 충분히 고려하여 수입마케팅에 있어서는 우선 수입물품에 대한 국내거래선에 대한 판매영업 정보와 경쟁력 있는 상품을 공급할 수 있는 해외 공급자를 확보하는 과정을 먼저 해결해야 한다. 그러기 위해서는 국내영업의 형태를 결정하고 수입물품에 대한 국내의 수입동향 및 수입규제 여부 그리고 수입상품의 원가를 사전에 파악해야 한다.

1 수입마케팅의 준비

인터넷을 이용하여 시장정보를 획득한 후 시장정보를 분석한 수입자는 자신에게 적합한 거래선, 상품 그리고 무역조건 등을 확정하여 해외 공급거래선과 무역계약을 체결하고 신용장의 개설 그리고 수입대금을 결제하고 수입상품을 인수하기까지 구체적인 절차와 각 단계별로 준비하여야 할 사항을 정리하면 다음과 같다.

첫째, 수입규제 여부와 국내시장의 수급현황을 파악하여야 한다.

수입하고자 하는 상품에 대하여 수입규제의 여부와 국내시장의 수급현황을 파악해야 한다. 상품을 수입하려면 제일 먼저 수입하고자 하는 상품의 수입제한을 시행하고 있는지 여부를 확인해야 한다. 만약 수입제한에 따라 수입허가나 수입추천을 받아야 한다면 추천 등의 요건을 구비하여 수입승인의 가능성 여부를 검토해야 한다. 그리고 수입하고자 하는 상품을 국내시장에서 판매 가능성 여부를 확인해야 한다. 당해 상품이 국내의 시장에서 경쟁력이 있는지 여부를 판단하는 것은 수입하기 이전에 고려해야 하는 것은 당연한 사항이다. 이를 파악하기 위하여 국내시장을 조사할 때에는 시장성이 있는 상품의 구체적인 규격을 파악하고, 국내생산업체 그리고 국내시장규모를 구체적으로 파악하는 것이 중요하다. 그리고 다른 업체에서 이미 수입하는 경우는 수입규모와 수입지역 그리고 가능하다면 수입단가까지 상품의 개괄적인 정보를 파악해야 한다. 이와 함께 국내시장 조사과정에서 가장 중요한 사항은 국내시장에 수입하고자 하는 상품의 유력한 시장지배자(Market leader)의 존재 여부를 파악하는 일이다.

둘째, 안정적인 해외 거래처를 확보하여야 한다.

수입하고자 하는 상품을 안정적으로 공급받을 수 있는 해외의 거래처를 확보해야 하며, 수입거래처를 확보하는 방법은 먼저 수입하고자 하는 상품 또는 그와 유사한 물품을 취급하는 국내 오퍼상이나 해외지사 또는 대리인을 활용하는 방법을 생각할 수 있다. 그러나 국내 오퍼상이나 해외지사가 없다면 수입물품을 공급할 수 있는 해당 국가의 무역관련기관으로부터 공급자를 소개받거나 무역거래알선 사이트를 활용할 수 있다.

셋째, 정확한 상품의 원가를 구체적으로 파악하여야 한다.

수출과 마찬가지로 모든 비즈니스는 원가분석에서 출발하므로, 수입하고자 하는 상품의 원가를 정확하고 구체적으로 파악해야 한다. 그러므로 수입계약의 내용, 즉 가격조건, 대금결제방법, 환어음의 결제기간, 운송방법 그리고 보험조건 등을 고려하여 물품대금, 수입 제 경비, 이자 및 기타 비용을 사전에 파악하고 있어야 한다.

2 수입마케팅의 의의

수입마케팅은 수입자가 수입활동을 통하여 외국의 공급업자(생산업자) 또는 수출자로부터 상품을 수입하고 이것을 자기 나라의 소비자 또는 생산재 수요자에게 유통시키는 것으로, 근본적으로 국내시장에서 전개하는 모든 영업활동을 Total System으로 총괄하는 것을 의미한다.

수입마케팅에 있어서 수입자는 해외의 물품공급자를 물색하여 확보하는 과정과 수입물품을 국내에서 판매하는 과정의 두 가지 측면으로 나누어 살펴볼 수 있다.

첫째, 수입자는 우선 국내시장에 적합한 수입물품을 제대로 공급할 수 있는 해외의 공급자를 확보하여 상담과정에서 절감할 수 있는 원가항목이 있다면 최선을 다하여 이를 절감하여 유리한 수입계약을 체결하기 위한 상담활동을 전개하여야 한다

둘째, 수입 상품을 팔 수 있는 국내시장의 영업정보를 확보하고 판매활동을 전개한다.

수입마케팅에서는 해외의 물품공급업자를 물색하는 활동보다는 국내 영업활동이

더 중요한 의미를 가진다. 또한 수입거래시 중요한 사항은 수입물품의 국내시장규모와 국내거래 관행 그리고 시장지배자(Market leader) 등을 파악하여 국내시장에 대한 특성을 이해하여야 한다. 이것은 수입상품의 정확한 재고수준을 예측하고, 국내의 대금결제 관행을 파악하여 재고관리와 관련하여 미리 각 품목별 시장동향을 점검해야 함을 의미한다.

이런 과정을 통하여 수입준비단계부터 재고발생가능성을 예측하여야 한다. 특히 우리나라는 외국 시장과 비교하여 상대적으로 시장규모가 작으므로 각 품목별로 시장지배자군(Market leader group)의 형성이 용이하므로, 동 시장지배자군들은 곧 가격 결정자(Price maker)로서 일반적으로 진입장벽을 만들어 신규진입자에 대하여는 일정규모 이상의 시장진입을 허용하지 않는 견제를 하게 된다.

사실 이것은 세계 어느 국가에서나 볼 수 있는 불가피한 현상이지만 상대적으로 시장규모가 작은 우리나라에서 더욱 두드러진 현상이다. 이와 같은 기존 시장지배자와 국내시장 전반에 대하여 제대로 파악하지 못하고, 경험도 못한 채, 단순한 계획만으로 수입업무를 진행한다면 큰 손해를 자초할 수 있다.

이와 같은 상황은 대부분의 완제품 수입시장에서 지배적으로 형성되어 있는 관행으로 이해하면 된다. 그리고 국내 결재시에는 주로 어음에 의한 외상거래가 관행화되어 있으므로 채권확보에 신중을 기하고 결제기간에 따른 이자를 미리 원가에 포함시켜야 한다. 또한 근본적으로 수입영업은 국내영업이므로 수입형태를 대금결제방법의 형태로 분류하는 것보다는 국내 영업방법에 따라 분류하는 것이 유익할 것이다.

수입자의 유형은 수입물품의 국내판매형태에 따라 수입을 계획하는 단계부터 각 형태별로 수입마케팅전략을 다르게 채택하게 되므로 다음과 같이 네 가지의 형태로 구분할 수 있다.

첫째, 외국의 물품공급자를 대신하여 국내에서 Offer sale을 하는 수입오퍼상이다. 오퍼상은 그 대가로 수수료(Commission)만 수취하므로 수출입 본거래에 대하여는 책임을 지지 않는 것이 일반적이다.

둘째, 수입자가 외국으로부터 물품을 수입하기 전에 국내의 구매자와 수입물품 판매계약을 체결한 후에 수입거래를 진행하는 형태의 대행수입 또는 선매수입이 있다.

셋째, 매매차익을 목적으로 수입자가 직접 재고부담을 안고 물품을 수입하여, 국내 영업활동을 통해 물품을 판매하는 가장 일반적인 형태의 재고수입(Stock sale)이 있다. 이와 같은 수입형태는 주로 완제품 수입 시에 채택하는 거래형태로서 사전수입원가 산정시 수입원가 구성항목에 반드시 재고이자와 여신이자를 포함시켜야 한다.

넷째, 제조설비를 보유하고 있는 자가 자가사용을 전제로 한 실수요 수입의 경우

이다. 이 경우의 수입물품은 주로 생산과정에 투입되는 기초원자재나 중간재이다.

③ 수입상품의 이해

수입이 어렵다고 생각되는 이유는 수입·유통규제 및 수입관리제도에 있다. 수입규제 대상품목은 국내항에 도착되어도 수입통관이 안되어 수출자에게 반송되거나 폐기처분 해야 되는 경우가 종종 있다. 특히 농수산물이나 축산물 등 1차 상품은 대부분 국가에서 수입을 규제하고 있기 때문에 원칙적으로 일반인들이 수입하기는 거의 불가능한 경우가 많다. 따라서 수입자는 자신이 기획하고 있는 수입품의 각종 규제 등을 충분히 조사한 다음 수입을 해야 한다.

우리나라에서는 이를 수출입공고, 수출입별도공고 그리고 통합공고 등 수출입물품에 대하여 규제하기 위한 공고체계에 의해 물품의 수출입규제 여부를 정하고 있다. 수입 시에는 이와 같이 국가에서 시행하고 있는 품목별 수입규제사항을 파악함과 더불어 수출국에서 해당물품에 대하여 수출을 규제하고 있는지 여부도 함께 파악하여야 한다.

대체적으로 선진국일수록 가공도가 높은 고기능 물품에 대하여 수출을 규제하고 있는 경우가 많다. 그 이유는 상품이 고도의 기술을 포함하고 있음에 따라 기술이전이 불가피한 Software, 군수품 등에 대하여 부메랑(Boomerang) 효과를 염려하여 수출을 규제하거나 금지하고 있는 경우가 많기 때문이다. 반면, 후진국은 주로 가공도가 낮은 원자재에 대한 수출을 규제하는 경우가 많다. 이것은 가능하면 수출국 내에서 부가가치를 추가하는 가공공정을 시행할 수 있도록 하기 위해서이다.

수입물품에 대한 규제여부를 파악하려면 수출에서와 마찬가지로 우선 HS번호를 정확히 파악해야 한다.

현재 우리나라는 수출품목은 HS 6단위로, 수입품목은 HS 10단위 기준으로 수출입규제여부를 정하고 있다. 수입하고자 하는 물품에 대해서는 수출의 경우와 마찬가지로 국내에서의 당해 품목에 대한 주요 공급국가, 수입물량, 수입량의 변동추이 및 국내시장에서의 수요 등 일반적인 수입동향을 점검할 필요가 있다. 이를 위하여 한국무역협회에서 개발한 KOTIS(www.kotis.net)를 통하여 조회할 수 있지만, 당해 정보를 이용하기 위해서는 KOTIS에 가입해야 한다. KOTIS를 이용하면 품목별 수입실적, 수입지역별 수입금액, 수입업체 등 관심품목에 대한 기본적인 수입동향을 쉽게 파악할 수 있다. 그러나 품목별 수입동향과 관련하여 품목별 수입단가 등 수입물품의 국내영업과 직결되는 실질적인 정보는 품목별로 규격이나 품질수준이 다양하기 때문에 이를 쉽게 파악하기는 어려우며, 이는 결국 실제로 수입거래를 진행하거나 해당업계에 종사하는 과정을 통하여 현장에서 구체적으로 파악할 수 있다.

4 수입상품의 원가 분석

수입자는 수입계약을 체결하기 전에 먼저 누구로부터, 무엇을, 얼마에 수입할 것인가를 결정해야 한다. 이러한 구체적인 사항들이 수입자와 수출자간에 합의가 되어야만 수입계약이 성립되며, 수입을 교섭하고 계약할 때에는 계약하는 수입가격 이외에 여러 가지 수입비용이 존재한다는 것을 알아야 한다. 물론 가격조건 즉, FOB, CFR, CIF조건 그리고 대금결제조건 등 거래조건에 따라 그 수입비용이 달라지지만, 수입과 관련하여 발생할 수 있는 모든 항목을 잘 검토한다면 수입비용을 최대한 절감할 수 있다.

수입자는 계약을 협상하는 단계에서 무역조건을 교섭하는 동시에 수입으로 인해서 발생하게 되는 운송비, 해상보험조건별 보험료, 수입관세 및 기타 금융비용 등을 산출해야 하며, 이들 비용을 산출할 때 항상 비용을 경감시키는 방법을 찾아서 검토해야 한다.

수입은 수출에 비하여 사전 원가 계산 시 다음과 같은 몇 가지 점에 주의해서 치밀하게 수입전략을 세워야 한다.

첫째, 수입은 국내영업인 데 반하여 수출은 해외영업이다.

국내시장은 좁으며 불완전경쟁시장인 반면, 해외시장은 넓고 완전경쟁시장에 가깝다. 즉, 수출거래와 비교하여 수입거래는 우선 수출시장에 비하여 상대적으로 좁은 국내시장에서 이익을 실현시키고자 한다는 점을 인식해야 한다.

둘째, 시장규모의 차이에 따라 수입은 수출에 비하여 회전율이 상당히 길다.

수입거래는 대부분 수입물품을 인수하기 전에 물품대금 전액을 결제해야 한다. 그리고 불가피하게 일정수량의 재고가 발생하는데, 이에 따른 자금부담 및 이자 그리고 재고부담에 따른 비용을 제대로 고려하지 않은 채 수입을 계획하는 경우가 많다.

셋째, 수출은 외화를 벌어들여 국내에 공급하는 반면, 수입은 외화를 사용한다.

수출과 달리 수입은 주로 국내산업을 보호한다는 측면에서, 각종의 수입제한제도가 운용되고 있으며, 수입의 경우는 수출과는 달리 많은 관세가 부과된다.

이상에서 살펴보았듯이 수입원가를 구성하는 항목을 설정할 때는 수출원가를 구성할 때 보다 더욱 주의하여야 하며, 수입원가는 크게 보아 물품대금과 제 경비 그리고 이자로 나누어 살펴볼 수 있다는 것을 알았다. 이와 함께 수입원가는 환율, 관세율, 이자율 및 시장현황의 변화 등에 따라 수시로 변동할 수 있으므로 각 외부변수의 변화추이에 대해서도 항상 관심 있게 살펴보아야 한다.

수입자가 수입상품의 원가를 파악하는데 포함하는 항목들을 보다 구체적으로 알아보면 다음과 같다.

첫째, 물품대금은 수입자가 선하증권을 수취하기 위하여 결제해야 하는 환어음대금으로, 수입자가 결제해야 하는 환어음 금액은 달러 등 외화로 표시되어 있으므로 수입자는 동 외화금액에 전신환 매도율을 곱하여 이를 원화로 환산해서 결제해야 한다.

둘째, 수입 제경비는 은행에서 발생하는 금융비용, 수입통관시 세관에 지불해야 하는 수입제세금 등 통관경비와 수입물품 운송·보험과 관련하여 발생하는 물류 제비용으로 이들 중 부담의 정도는 일반적으로 물류비용, 통관경비, 금융비용의 순서이다.

셋째, 수입원가항목에 포함시켜야 하는 이자는 수입대금을 결제한 이후에 수입물품의 국내영업과정에서 발생하는 이자를 말한다.

넷째, 수입상품의 원가조사시 고려해야 하는 또 다른 항목은 수입대금 결제시기와 관련한 환차손익, 외상거래시 발생하는 금융비용, 수입추천비용 또는 수입허가비용 등 수입규제에 따른 행정비용과 수입부담금 그리고 기타 수량의 과부족 등에 따른 비용이다.

이상으로 수입상품의 원가 분석에 필요한 항목들에 대하여 알아보았다.

수입자가 고려해야 하는 또 다른 것은, FOB나 CIF 등의 무역조건 중 어느 조건으로 수입하는 것이 가장 유효한지를 고려해야 하는데, 수입자가 저렴한 운임이나 보험료를 수배할 수 있다면 FOB로 수입하는 것이 바람직 하지만, 많은 수출자로부터 동일한 상품에 대하여 각각 Offer를 받는 경우에는 CIF가격으로 Offer하는 것이 유리하다. 그 이유는 CIF가격조건으로 계약할 경우 가장 유리한 가격을 쉽게 알 수 있기 때문이며, 이 경우에 가능하면 FOB가격, 운임 그리고 보험료를 개별로 표시하여 받는 것이 원가파악에 편리하다.

제 8 장

수출입승인

제1절 수출입승인 의의 및 요건

1 수출입승인의 의의

물품을 수출입하고자 하는 자는 대통령령이 정하는 바에 따라 당해 물품, 거래형태 및 대금결제방법에 관하여 산업통상자원부장관이 정하는 서류를 갖추어 산업통상자원부장관의 권한을 위임받은 기관장의 승인을 받아야 한다.

2 수출입승인의 요건

수출입승인기관의 장은 수출입을 승인하고자 하는 경우 다음 각 요건에 합당한지 여부를 확인하여야 한다.

【표 8-1】 수출입품목의 관리체계

구 분	내 용
· 수출입자동승인 품목	수출입공고, 수출입별도공고 및 통합공고상 제한 또는 금지품목이 아닌 품목
· 수출입제한승인 품목	수출입공고, 수출입 별도공고 및 통합공고상 관련 협회, 조합, 기관이 추천이나 사전허가를 받아야 수출입 가능한 품목
· 수출입금지 품목	수출입공고, 수출입별도공고 및 통합공고상 수출입이 금지된 품목

① 승인신청인에 대한 무역업자의 자격여부
② 수출입공고 및 규정에 따라 수출입허용 물품인지 여부
③ 수출입거래지역이 관계 법령상 금지 또는 제한지역인지 여부
④ 수출입대금의 결제통화나 방법이 외국환거래법령에 의하여 적합한지 여부

【표 8-2】 수출입대금결제 방법

구 분	내 용
· 지급통화(수입)	모든 외국통화, 우리나라 원화(U$ 20만 이하)
· 영수통화(수출)	지정영수통화 : IMF 8조국통화, 홍콩통화, 중국원화, ECU(유럽통화단위), 우리나라 원화(U$20만이하)
· 결제시기	일람불조건(기한부조건은 예외로 인정)
· 결제기관	외국환은행 경유
· 결제원칙	전액결제원칙(수출), 원화결제원칙(수입)

⑤ 품목분류번호(HS)의 적용이 적합한 지 여부
⑥ 수입의 경우 수입부담금의 납부 여부
⑦ 물품매도확약서의 인정여부
⑧ 기타 대외무역법 동법 시행령 및 무역관리규정에서 정한 요건 또는 절차의 합당여부

3 수출입승인의 면제[1)]

물품을 수출입하고자 하는 자는 수출입의 승인을 받아야 하나 거래형태나 대금결제 방법상 위험이 없는 소액거래, 특정 용도에 따라 사용되는 물품, 기타 견본류 등 아래와 같은 특정 물품의 수입은 수출입의 원활한 거래를 위하여 수출입승인을 면제하고 세관장의 확인만으로 거래가 가능하도록 하고 있다.

① 긴급물품
② 무역거래의 원활화를 위한 부수적 거래
③ 무상 수출입 물품
④ 특정지역 물품(산업통상자원부장관이 고시)
⑤ 공공용품으로서 별도의 수출업관리가 요구되지 않는 물품
⑥ 기타 상행위 목적이외의 물품
⑦ 외국환 거래가 수반되지 않는 물품(세관장이 타당하다고 인정하는 물품을 말하며, 과세가격이 500만원을 초과하는 수업에 대하여는 수입승인서 제출을 요

1) 대외무역법 시행령 제27조 제1호 및 제2호 규정.

구할 수 있음)

⑧ 해외이주자용 물품

4 특정거래형태의 수출입승인

특정거래형태의 수출입이란 대외무역법상 특정거래형태에 대해 산업보호목적상 필요한 사항 및 대금결제에 관한 사항을 별도로 관리하여 거래가 원활하게 이루어질 수 있도록 거래형태의 인정절차, 인정유효기간, 기타 필요사항을 산업통상자원부장관이 고시하는 거래 형태를 말한다.

특정거래형태의 수출입에는 특정거래형태의 수출, 특정거래형태의 수입 및 특정거래형태의 수출입이 있으며, 인정받을 수 있는 범위의 결정기준은 다음과 같다.

【표 8-3】 특정거래형태의 수출

거래방식	내 용	대 상 요 건
위탁판매 수 출	물품을 무환으로 수출하여 당해 물품이 판매된 범위내에서 대금을 결제하는 계약에 의한 수출	판매계약기간 종료후 판매되지 않은 물품을 기간만료 후 6월을 초과하여 재수입하는 경우
임 대 수 출	생산시설과 새로운 기술 확보를 위한 자금소요에 대응하고 생산제품의 시장 개척을 위하여 임대차 계약에 의하여 물품을 수출하여 계약기간 만료시 당해 물품을 수입하거나 또는 그 소유권을 이전하는 수출	임대차계약기간 만료후 3월을 초과하여 수출하는 경우
외국인도 수 출	수출대금은 국내에서 영수하지만 국내에서 통관되지 않은 수출물품으로서 외국으로 인도하는 수출	· 외국인수물품으로서 해외에서 사용후 외국에서 판매하는 물품 · 항해 또는 어로작업 중 현지매각하는 선박 · 해외에서 각종사업에 사용한 후 외국에 판매하고자 하는 중고시설기재, 또는 원자재 · 해외투자사업에서의 현물회수분으로외국에 판매하고자 하는 물품 이외의 경우

① 수출입제한품목으로 지정, 고시한 목적을 해칠 우려가 있는 거래 또는 산업보호상 인정하기 곤란한 거래

② 외국에서 외국으로 물품의 이동이 있고 대금의 지급 또는 영수가 국내에서 이루어지는 거래로 대금결제 사항의 확인이 곤란하다고 인정되는 거래

③ 대금결제가 수반되지 않고 물품의 이동만 이루어지는 거래

【표 8-4】 특정거래 형태의 수입

거래방식	내 용	대 상 요 건
수탁판매수입	물품을 무환으로 수입하여 당해 물품이 판매된 범위내에서 대금을 결제토록 계약을 체결하는 수입	판매계약기간 종료 후 판매잔량을 6월을 경과하여 재수출하는 경우
임차수입	임차(사용임차 포함) 계약에 의해 경과한 물품을 수입하여 일정기간 후 재수출하거나 그 기간의 만료전 또는 만료 후 당해 물품의 소유권을 이전받는 수입	임대차계약기간 만료후 3월을 초과하여 재수출하는 경우
외국인수수입	수입대금은 국내에서 지급되지만 수입물품은 외국에서 인수하는 수입	산업설비 수출관련 외국기자재, 위탁가공용 원자재, 해외투자목적물 등 자동인정대상에 해당하지 않은 경우

【표 8-5】 특정거래형태의 수출입

거래방식	내 용	대 상 요 건
위탁가공 무역에 의한 수출입	가공임을 지급하는 조건으로 가공할 원자재의 전부 또는 일부를 거래상대방에게 수출하여 이를 가공한 후 재수입하는 형태의 무역	· 수입되는 가공물품이 법 제14조 제2항의 규정에 의한 품목인 경우(수출물품과 수입물품의 HS10 단위가 동일한 경우와 승인요건을 충족하는 경우는 제외) · 법 제14조 제2항의 규정에 의한 승인대상 품목의 제한요건을 충족하지 않고 외국에 판매하는 경우 · 최종 가공물품을 가공기간 종료 후 6월을 초과하여 재수입하는 경우(수출신용장, 수출계약서 등으로 외국에 판매하는 사실을 확인할 수 있는 경우 제외)
수탁가공 무역에 의한 수출입	가득액을 획득하기 위하여 원자재의 전부 또는 일부를 거래상대방의 위탁에 의하여 수입하고 이를 가공한 후 위탁자 또는 위탁자가 지정한 자에게 가공물품을 수출하는 무역방식	· 가공물품을 가공기간 종료후 6월을 초과하여 수출하는 경우
중계무역에 의한 수출입	물품을 수출할 것을 목적으로 수입하여 원형 그대로 가공하지 않고 제3국으로 수출하여 일정한 중계수수료를 취득하는 거래	· 수출입물품을 보세구역 또는 타소장치장 이외의 국내에 반입하고자 하는 경우 · 선적서류를 하나의 외국환은행을 통하여 인수 및 송부하지 않는 거래
연계무역에	수출과 수입이 연계된 무역거래로서 수출	· 수출과 수입이 하나의 계약서로

의한 수출입	입을 균형시킬 목적으로 실시되며 물물교환, 대응구매, 구상무역 등의 형태의 무역	작성되거나 별도로 작성된 경우에는 상호관계가 있을 것 · 수출입대상품목의 가격차이가 외환관리법령에서 인정하는 방식에 의하여 상계되어질 것 · 수출·수입통관일로부터 30일 이내에 수출·수입된 사실을 증명할 수 있다고 인정 될 것 · 선적서류를 하나의 외국환은행을 통하여 인수 및 송부하지 않는 거래

제2절 수출승인 신청과 절차

1 수출승인의 신청과 절차

1) 수출승인시 구비서류와 유효기간

수출승인신청시 필요한 서류는 다음과 같다.

① 수출승인신청서 4부(업체용, 승인기관용, 세관용, 사본)
② 수출신용장, 수출계약서 또는 주문서
③ 대행계약서(수출자 또는 수입자와 위탁자가 다른 경우)
④ 수출입공고, 통합공고상의 제한 요건을 충족하는 서류
⑤ 수출이행계약서(산업설비수출의 경우에 한함)
⑥ 수입부담금납입확인서(내수용 수입의 경우)

수출승인의 유효기간은 원칙적으로 승인일로부터 1년이나 물품의 인도조건, 대금결제기간, 기타 거래 특성상 필요하다고 인정되는 다음의 경우에는 20년 범위내에서 초과하여 설정할 수 있다.

① 물품의 제조, 가공기간이 1년을 초과하는 경우
② 물품의 선적기일과 대금결제기간을 감안하여 1년 이내에 선적이나 대금결제가 어려울 것으로 인정되는 경우
③ 수출·수입이 혼합된 거래로서 수출입승인기관장이 부득이하다고 인정하는 경우

2) 수출신청서류의 작성

(1) 수출신청서류 작성시 검토사항

① 수출승인신청서와 신용장의 검토

수출승인신청서의 상품명세, 가격조건, 대금지급방법 등은 발급근거가 되는 신용장 또는 계약서의 내용과 일치하여야 한다. 신용장이나 계약서상의 상품명이나 규격, 단위, 가격조건 등이 포괄적으로 명시되어 있는 경우에는 해당계약서, 물품매도확약서, 주문서 등과 일치하도록 하여야 한다.

② 수입품목분류 검토

수출물품의 품목분류는 정확히 이루어져야 한다. 품목분류가 잘못된 경우 수출입공고상 수출허용품목인지 여부의 판단에 어려움이 있기 때문이다. 상품분류는 산업통상자원부의 수출입공고와 재무부의 관세율표해설서를 참조하여 분류한다.

③ 수출입공고 검토

수출품목은 수출입공고 및 대외무역관리규정에 의한 수출허용품목이어야 한다. 따라서 수출제한품목이거나 통합공고에 의하여 허가가 필요한 경우에는 제한조치에 합당한 추천이나 허가를 받아야 한다.

④ 대금결제 검토

수출대금의 결제와 관련 결제통화, 결제기간, 결제방식 등 결제조건이 외국환거래법령에 따라 지급 등의 방법에 관한 인증 또는 허가대상인지를 검토하여야 한다. 수출승인을 받았더라도 대금결제방법이 정상결제방법인 경우(허가불요 정상 외 결제방법 포함)에는 별도의 허가가 필요 없지만 정상 외 결제 방법인 경우에는 외국환은행장의 인증이나 한국은행총재로부터 허가를 받아야 한다.

(2) 수출신청서류의 작성

① 수출자 및 무역업고유번호

수출자의 상호, 주소, 대표자 성명을 기재한다. 또한 무역업 고유번호를 기재한다.

② 위탁자 및 사업자등록번호

수입상의 주소·상호를 기재한다. 다만 추심결제방식(D/P, D/A)에 의한 수출의 경우에는 계약상대자의 주소·상호를 기재한다.

③ 원산지

수출물품의 원산지를 기재한다.

④ 구매자 또는 계약대상자

구매자 또는 계약대상자를 기재한다.

⑤ 신용장 또는 계약서번호

신용장에 의한 수출의 경우 내도된 L/C 번호, 추심결제방식에 의한 수출의 경우에는 계약서 번호를 기재한다.

⑥ 금액

수출승인신청 총금액을 기재한다.

⑦ 대금결제기간

대금결제기간란의 표시는 예를 들어, 결제가 ㉮ 일람출급조건이면 at sight, ㉯ 일람 후 정기출급조건이면 at ×× days after sight, ㉰ 발행일자 후 정기출급이면 at ×× days after May 5, 20×× ㉱ 확정일출급이면 August 20, 20××로 기재한다.

⑧ 가격조건

인코텀스 조건 등에 지정목적지 또는 항구명에 가격을 기재한다.

⑨ 도착항

계약서나 물품매도확약서상의 도착항을 기재한다.

⑩ HS부호

수출품의 해당 HS 부호를 기재한다.

⑪ 품명과 규격

수출품명과 수출품의 규격을 기재한다.

⑫ 단위와 수량

수출품에 따른 단위와 수량을 기재한다.

⑬ 단가

가격조건과 단가를 기재한다.

⑭ 금액

수량을 단가로 곱한 금액, 즉 수출금액을 기재한다.

⑮ 승인기관 기재란

⑯ 유효기간

수출승인기간은 원칙적으로 1년이나 경우에 따라 20년 범위내에서 유효기간을 승인할 수 있다.

⑰ 승인번호

⑱ 승인기관 관리번호

수출승인시 승인기관에서 승인번호를 부여한다.

[별지 제3-1호 서식]

수출승인(신청)서

Export License(Application)

처리기간 : 1일
Handling Time : 1Day

<table>
<tr><td>① 수출자 무역업고유번호
(Exporter) (Notification No.)
상호, 주소, 성명
(Name of firm, Address, Name of Representative)
(서명 또는 인)
(Signature)</td><td colspan="3">④ 구매자 또는 계약당사자
(Buyer or Principal of Contract)

⑤ 신용장 또는 계약서 번호(L/C or Contract No.)</td></tr>
<tr><td rowspan="3">② 위탁자 사업자등록번호
(Requester) (Business No.)
상호, 주소, 성명
(Name of firm, Address, Name of Representative)
(서명 또는 인)
(Signature)</td><td colspan="3">⑥ 금액(Total Amount)</td></tr>
<tr><td colspan="3">⑦ 결제기간(Period of Payment)</td></tr>
<tr><td colspan="3">⑧ 가격조건(Terms of Price)</td></tr>
<tr><td>③ 원산지(Origin)</td><td colspan="3">⑨ 도착항(Port of Arrival)</td></tr>
</table>

⑩ Hs부호 (HS Code)	⑪ 품명 및 규격 (Description/Size)	⑫ 단위 및 수량 (Unit/Quantity)	⑬ 단가 (Unit Price)	⑭ 금액 (Amount)

⑮ 승인기관기재란(Remarks to be filled out by an Approval Agency)

※ 유효기간(Period of Approval)

※ 승인번호(Approval No.)

※ 승인기관 관리번호(No. of Approval Agency)

※ 위의 신청사항을 대외무역법 제14조제2항 및 동법 시행령 제26조제1항의 규정에 의하여 승인합니다.
(The undersigned hereby approves the above-mentioned goods in accordance with Article 14(2) of the Foreign Trade Act and Article 26(1) of the Enforcement Decree of the said Act..)

년 월 일

승인권자 (인)

※승인기관이 2이상인 경우 ※~※의 기재사항은 이면에 기재하도록 합니다.
※이 서식에 의한 승인과는 별도로 대금결제에 관한 사항에 대하여는 외국환거래법령이 정하는 바에 따라야 합니다.

2812-281-01611민
'97.2.26. 승인

210mm×297mm
일반용지 60g/㎡

2 수입승인의 신청과 절차

1) 수입승인시 구비서류와 유효기간

수입승인신청시 필요한 서류는 다음과 같다.

① 수입승인신청서 4부(업체용, 승인기관용, 세관용, 사본)
② 수입계약서 또는 물품매도확약서
③ 수입대행계약서(수입자와 실수요자가 다른 경우)
④ 수출입공고 등에서 규정한 요건을 충족하는 서류
⑤ 전략물자의 경우 전략물자 수입증명서
⑥ 폐기물 회수, 처리예치금 또는 부담금 납부영수증

수입승인을 받은 자는 유효기간내에 물품의 수입과 수입대금의 지급을 이행하여야 한다. 수입유효기간은 원칙적으로 1년이나 다음의 경우는 20년의 범위내에서 초과하여 설정할 수 있다.

① 산업통상자원부장관이 물가안정 또는 수급조정을 위해 1년 이내로 유효기간의 단축이 필요하다고 인정하는 경우
② 물품의 제조·가공기간이 1년을 초과하는 경우와 물품의 선적 또는 도착기일을 감안하여 1년이내에 물품의 선적이나 도착이 어려울 것으로 수출·입 승인기관의 장이 인정하는 경우
③ 수출·수입이 혼합된 거래로서 수출입승인 기관장이 부득이 하다고 인정하는 경우

2) 수입신청서류의 작성

(1) 수입신청서류 작성시 검토사항

① 수입승인서와 물품매도확약서의 대조검토

수입승인신청시에는 수입계약서나 물품매도확약서가 첨부되어야 하며 이때 물품매도확약서는 무역대리업자가 거래상대국 공급자와 체결한 합의서 또는 계약서에 따라 발행한 것이어야 한다.

② 수입품목분류 검토

수입승인서상의 물품은 관세통계 통합분류표(HSK : Harmonized System Korea)에 따라 엄격히 분류되어야 한다.

관세청 훈령 품목분류 사무처리요령에 의거 수입물품에 적용할 세번(稅番)부호가 다음에 해당하는 경우에는 원칙적으로 당해 물품에 적용한 세번부호를 결정한다.

㉮ 당해 물품이 관세율표에 특별금 게재되어 있거나 관세율표상 별도의 통제품목으로 구분되어 있는 품목에 해당하는 것이 명백한 경우

㉯ 당해 물품이 관세율표해설서에 구체적으로 예시 또는 설명되어 있는 경우
㉰ 관세청장이 당해 물품과 동일한 물품에 대하여 적용할 세번부호를 이미 시달한 경우
㉱ 관세청장이 관세법 제7조의 2에 의거 품목분류세번회시한 물품과 동일한 물품에 해당하는 경우
㉲ 세관장이 세번회시한 물품과 동일한 물품에 해당하는 경우
㉳ 적용세번 통보신청서상의 물품과 동일한 물품에 해당하는 경우

그러나 적용할 세번부호를 위 규정에 의하여 정할 수 없는 경우에는 관세율표 해석에 관한 통칙에 의거 세번부호를 결정하여야 한다.

③ 수출입공고 검토

수입승인신청서상의 물품은 수출입공고상 수입자동승인품목이어야 한다. 만약 수입제한승인품목인 경우 그 제한조치에 합당한 허가서나 추천서를 첨부하여 신청하여야 한다.

④ 별도공고 검토

품목분류결과 별도공고에 의한 대상물품인 경우 별도공고에 따라 수입승인을 받아야 한다. 별도공고에 의한 수입추천의 유효기간은 특별한 규정이 없는한 추천을 받은 날로부터 30일까지이며, 추천유효기간이 경과한 후 수입승인신청을 하거나 동 품목에 대한 변경승인신청을 하는 경우에는 재추천을 받아야 한다.

⑤ 통합공고검토

대외무역법 이외의 법령에 의하여 별도의 요건과 절차에 의한 수입요령이 정한 것이 있는 경우 수출입공고상의 제한요건은 물론 통합공고상의 제한요건도 반드시 충족하여야 한다.

⑥ 대금결제검토

수입대금의 결제와 관련 결제통화·결제기간·결제방식 등 결제조건이 외국환거래법령에 따라 지급 등의 방법에 관한 인증 또는 허가대상인지를 검토하여야 한다. 정상결제방법인 경우에는 별도의 허가가 필요 없지만 정상외 결제방법인 경우에는 관련법규에 의하여 당해 거래의 원인행위에 대하여 허가 등을 받았다 하더라도 외국환은행장 또는 한국은행총재로부터 다시 결제방법에 대한 허가를 받아야 한다.

(2) 수입신청서류의 작성

① 수입자 및 무역업고유번호

수입자의 상호, 주소, 성명 및 무역업고유번호를 기재한다.

② 위탁자 및 사업자등록번호

위탁자의 상호, 주소, 성명 및 사업자등록번호를 기재한다. 무역업고유번호를 받은 자라도 특수한 제품이나 특정한 거래로서 전문적인 지식과 경험이 있는 자에게

대행시키는 것이 유리할 경우에는 대행을 위탁할 수 있다.

이때는 소정의 인지를 첨부한 수입대행계약서를 구비하고 대행위탁자(실수요자)를 이 위탁자란에 기재한다.

③ 원산지

수입물품의 원산지를 기재한다.

④ 선적항

계약서나 물품매도확약서상의 선적항을 기재한다.

⑤ 송화인

계약서나 물품매도확약서상 물품공급자의 상호, 주소, 성명 등을 기재한다.

⑥ 금액

수입할 금액의 총액을 기재한다.

⑦ 결제조건

㉮ 신용장

화환수입신용장에 의하여 대금을 결제하는 조건으로 일람불수입신용장조건인 경우 "at sight"로 기재하고, 기한부수입신용장조건인 경우 어음의 만기일에 따라 "at xx days after sight" 또는 "at xx days after B/L date(draft date)" 등으로 기재한다.

분할지급수입조건은 수입대금의 일부를 선적서류나 물품인수 전에 분할하여 지급하고 그 잔액을 선적서류나 물품인수 후 분할하여 지급하는 거래로서 계약서나 물품매도확약서상 지급방법별로 기재한다.

㉯ 추심어음

추심결제방법에 의한 수입은 선적서류의 인도가 어음의 지급조건인가 인수조건인가에 따라 지급도조건(D/P)과 인수도조건(D/A)으로 구분된다.

D/P 조건은 "at sight"로 D/A 조건은 결제기간란에 어음의 만기일에 따라 "at xx days after sight" 또는 "at xx days after B/L date(draft date)" 등으로 기재한다.

㉰ 송금환

선적서류나 물품을 인수하기 전이나 인수와 동시에 또는 인수 후에 수입대금을 지급하는 방식으로 단순송금방식인 경우 "payment to advance", 현금결제방식인 경우 COD(cash on delivery), 서류상환방식인 경우 CAD (cash against documents)로 기재한다.

㉱ 기타 방식

상기 언급한 것 이외의 것으로서 계약서나 신용장상의 대금결제방식에 의거 기재한다.

⑧ 가격조건

인코텀스상의 조건에 따라 FOB, CIF 등에 지정목적지 또는 항구명에 가격을 기재한다.

⑨ HS 부호

수입품의 해당 HS 부호를 기재한다.

⑩ 품명 및 규격

수입품명과 수입품의 규격을 기재한다.

⑪ 단위 및 수량

수입품에 따른 단위와 수량을 기재한다.

⑫ 단가

가격조건과 단가를 기재한다.

⑬ 금액

수량을 단가로 곱한 금액, 즉 수입금액을 기재한다.

⑭ 승인기관 기재란

⑮ 유효기관

수입승인기간은 원칙적으로 1년이나 경우에 따라 20년의 범위 내에서 유효기간을 승인할 수 있다.

⑯ 승인번호

⑰ 승인기관 관리번호

⑱ 승인권자의 서명날인

[별지 제3-2호 서식]

수입승인(신청)서

Import License(Application)

처리기간 : 1일 Handling Time : 1Day

① 수입자 (Importer) 무역업고유번호 (Notification No.) 상호, 주소, 성명 (Name of firm, Address, Name of Representative) (서명 또는 인) (Signature)	⑤ 송화인(Consignor) 상호, 주소, 성명 (Name of firm, Address, Name of Representative)
② 위탁자 (Requester) 사업자등록번호 (Business No.) 상호, 주소, 성명 (Name of firm, Address, Name of Representative) (서명 또는 인) (Signature)	⑥ 금액(Total Amount) ⑦ 결제기간(Period of Payment) ⑧ 가격조건(Terms of Price)
③ 원산지(Origin)	④ 선적항(Port of Loading)

⑨ Hs부호 (HS Code)	⑩ 품명 및 규격 (Description/Size)	⑪ 단위 및 수량 (Unit/Quantity)	⑫ 단가 (Unit Price)	⑬ 금액 (Amount)

⑭ 승인기관기재란(Remarks to be filled out by an Approval Agency)
⑮ 유효기간(Period of Approval)
⑯ 승인번호(Approval No.)
⑰ 승인기관 관리번호(No. of Approval Agency)
⑱ 위의 신청사항을 대외무역법 제14조제2항 및 동법 시행령 제26조제1항의 규정에 의하여 승인합니다. (The undersigned hereby approves the above-mentioned goods in accordance with Article 14(2) of the Foreign Trade Act and Article 26(1) of the Enforcement Decree of the said Act..) 년 월 일 승인권자 (인)
※승인기관이 2이상인 경우 ⑭~⑱의 기재사항은 이면에 기재하도록 합니다. ※이 서식에 의한 승인과는 별도로 대금결제에 관한 사항에 대하여는 외국환거래법령이 정하는 바에 따라야 합니다.

2812-281-01711민
'97.2.26.승인

210mm×297mm
일반용지 60g/㎡

제3절 수출입승인 변경 및 유효기간의 연장

1 수출입승인의 변경

1) 수출입승인변경의 의의

수출입승인을 받은 자는 최초 승인을 얻은 내용에 따라 수출입을 이행하여야 하지만 수출입업자의 계약변경 등으로 인하여 기 승인내용의 변경사유가 발생한 경우에는 수출입승인 유효기간내에 최초 승인기관의 장으로부터 수출입승인사항의 변경승인을 받아야 한다.

수출입승인사항의 변경을 위한 구비서류는 다음과 같다.

① 수출입승인사항 변경승인
② 당초 수출입승인서(기 수출입승인사항 변경승인서 포함)
③ 사항변경사유 입증서류(변경된 계약서, 물품매도확약서 등)
④ 기타 필요한 서류

2) 수출입승인사항의 변경승인요건

(1) 변경승인 요건

수출・수입승인 사항의 변경승인 기관의 장은 수출・수입승인사항을 변경하고자 할 경우에는 다음의 각 요건에 합당한지 여부를 확인하여야 한다. 변경승인 기관의 장은 수출・수입 승인사항에 관하여 변경신고가 있는 경우 이를 확인한 후 신고를 수리하여야 한다.

① 수출입 승인을 얻은 후에 수출입공고 등에 수출・수입을 제한하는 사항이 추가된 품목으로서 관계기관의 장의 허가 등을 추가로 요하는 품목일 때에는 그 허가 등을 받았을 것
② 수출물품의 단가를 인하하거나 수입물품의 단가를 인상하는 내용의 수출 또는 수입승인사항 변경은 다음의 하나에 해당하는 경우일 것
  - 거래상대방의 파산 또는 지급거절 등 현지의 거래은행, 상공회의소 또는 공공기관에 의하여 객관적으로 확인되는 경우에 수출물품을 제3자에게 전매하는 경우
  - 물품의 성질과 국제거래 관행상 승인시점에 단가를 확정할 수 없는 경우
  - 기타 급격한 시장상황의 변화 등 변경사유가 불가피하다고 인정되는 경우
③ 변경하고자 하는 내용이 수출신용장, 수출입계약서, 주문서, 물품매도확약서

등에 명시되어 있을 것. 다만, 수출신용장 등에 명시가 필요없는 경미한 사항일 경우에는 그러하지 아니하다.

④ 수출대상국가의 변경은 수출제한사유 등을 고려할 때 타국으로 변경하여도 지장이 없을 것

(2) 변경 신고수리 요건

수출입 승인사항의 변경승인기관의 장은 수출입승인사항에 관하여 변경신고가 있는 경우에는 이를 확인한 후 신고를 수리하여야 한다.

3) 수출입승인의 변경승인기관

수출·수입승인 사항의 변경은 당초 승인한 기관의 장이 승인한다. 다만, 다음의 하나에 해당하는 사항에 대하여는 당초 승인한 기관의 장에게 변경신고를 하여야 한다.

① 원산지
② 도착항(다만, 수출의 경우에 한함)

【표 8-6】 수출입승인사항의 변경승인요건

구 분	변경승인사항
품목변경	제한승인품목(통합공고, 수입선다변화품목 포함)의 경우 제한조치에 합당한 허가나 추천필요
단가변경	수출입물품의 단가인상은 선적 이전에 승인신청
결제방법변경	결제·기간·방법의 변경은 외국환거래법령에 합당하여야 하며, 필요시 한국은행총재 또는 외국환은행장의 별도의 정상외 결제허가 필요
목적지변경	쿼타제도의 운영이나 무역관리상 지장이 없는 경우 가능 쿼타품목의 경우 추천기관의 추천사항의 변경승인시 가능
용도변경	수출입공고에 위배되지 않는 범위 내에서 가능
거래당사자변경	수출 : 선적과 대금결제 전 가능 수입 : 대금지급 전 가능
거래방식변경	외국환거래법에 위배되지 않는 범위 내에서 가능

③ 규격
④ 수출입물품의 용도(다만, 수출입승인 용도가 지정된 경우에 한함)

4) 변경승인 · 신고의 신청

수출입승인의 변경신청은 원칙적으로 당초 수출입승인기관에 신청하여야 하나 변경사항이 경미한 다음 사항은 세관장에게 직접 변경승인을 신청할 수 있다.

(1) 품목분류번호 및 품명

수출입공고나 통합공고에서 제한되지 않는 품목 또는 동 품목으로 변경되는 경우 변경승인 절차 없이 변경된 사실을 확인한 세관공무원이 승인서상에 변경된 부분을 정정표기함으로서 수출입할 수 있으나, 수입제한품목이거나 수입금지품목으로 변경되는 경우로서 제한요건에 충족되는 경우에는 세관장의 승인을 받아 수입할 수 있다.

(2) 규격 및 중량

수출입이 제한되지 않는 품목 또는 동 품목으로 변경되어 관계법규에 의한 제한조치에 저촉되지 않으며, 금액 및 기본세율이 변경되지 않는 경우 변경승인 절차 없이 변경된 사실을 확인한 세관공무원이 승인서상에 변경된 부분을 정정표기함으로써 수입할 수 있으나, 수입제한품목이나 수입금지품목으로 변경되는 경우로서 동 제한요건에 충족되는 경우에는 세관장의 승인을 받아 수입할 수 있다.

2 수입승인 유효기간의 연장

1) 수입승인 유효기간연장의 의의

수입승인을 받은 자는 수입승인서의 유효기간 내에 물품의 수입신고와 수입대금의 지급이 완료되어야 하나 동 기간 내 이행을 할 수 없어 연장이 필요한 경우에는 유효기간 내 승인기관의 장은 유효기간 연장승인을 할 수 있으며, 예외적으로 1개월 범위 내에서 세관장도 연장승인할 수 있다.

수입승인의 연장은 수입신고와 수입대금지급에 따라 업무처리방법이 상이하다.

【표 8-7】 유효기간 연장 및 제재내용

구 분	유효기간 신청 여부	조 치 사 항	비 고
수입신고와 대금결제가 모두 미이행시 연장승인	유효기간 내 신청시	· 도착시기와 대금결제기간을 감안한 기간 내에서 연장승인 · 연장시점의 수입에 관한 제한요건 충족필요	
	유효기간 내 미신청시	· 유효기간 만료와 동시 자동취소 · 세관용 허가서 회수	
수입신고와 대금결제 중 하나가 미이행시 연장승인	유효기간 내 신청시	· 만료일로부터 6월 범위 내 연장 · 연장사유에 책임 있는 자에게 과태료 처분연장가능	세관장 1월범위내에서연장가능
	유효기간 내 미신청시	· 만료일로부터 3월 범위 내 2회 직권 연장 · 연장사유에 책임 있는 자에게 과태료 처분통보	연장사실을 수입자에 통보

[별지 제3-5호 서식]

수출입승인사항변경승인 · 신고(신청)서

처리기간
1 일

② 신청인　무역업고유번호	② 변경전승인일자
(상호, 주소, 성명) (서명 또는 인)	③ 변경전승인번호
	④ 사후관리기관 · 단체명
⑤ 변경내용(변경을 요하는 사항만을 기입하십시오	
변　경　전	변　경　후
⑥ 승인(신고수리)조건	
⑦ 유효기간	
⑧ 승인(신고수리)번호	
⑨ 위의 신청사항을 대외무역법 제14조 제3항 및 동법시행령 제26조의 규정에 의하여 승인(신고수리) 합니다. 년　월　일 승인권자　(인)	

2812-281-02011민　　210mm×297mm
'97.2.26. 승인　　일반용지 60g/㎡

2) 수입승인 유효기간연장 불요대상

수입승인의 유효기간연장은 수입승인 후 연장사유가 발생하면 연장승인이 이루어져야 하나 다음의 경우에는 예외로 한다.

① 수입승인 유효기간 내에 거래외국환은행에 수입대금을 지급하고 선적서류를 인수한 경우

② 수입승인 유효기간 내에 선적서류의 사본을 외국환은행으로부터 확인받고 수입대금에 해당하는 금액을 수입승인은행에 예치한 후 수입신고를 한 경우

3) 수입승인 유효기간연장 신청서류

① 수입승인 유효기간연장 승인(신청)서

② 최초 수입승인서

③ 물품매도확약서 또는 계약서 사본

④ 유효기간 연장사유 설명서

제4절 수출입승인 사후관리

1 사후관리 제도의 의의

수출입의 승인제는 수출입거래 자체에 대한 사전관리제도이다. 이러한 사전관리제도의 실효성을 확보하기 위하여 수출입승인 이후부터 그 거래가 완전한 의미에서 종결될 때까지의 관리, 즉 사후관리도 매우 중요하다. 사후관리는 무역관리의 목적달성과 수출입의 이행사항에 대한 확인 그리고 수출입관리의 실효성 확보 뿐만 아니라 수출입동향의 분석과 통상 및 무역정책 수립의 기초자료로 활용하기 위해서 필요하다.

따라서 산업통상자원부장관(수출입승인기관의 장에게 그 권한이 위탁되어 있음)은 대외무역법에 의거 다음 각호의 수출입 이행사항을 확인하게 된다.

① 물품의 수출 또는 수입의 승인이나 변경승인을 얻은 자가 승인된 내용대로 수출 또는 수입이행 여부

② 승인을 얻지 아니하고 수출 또는 수입되는 물품(수출·수입승인 대상물품에 한함)이 승인면제 대상물품인지의 여부

③ 특정거래형태의 수출입인정을 받은 자가 인정받은 내용대로 물품을 수출 또는 수입하는지의 여부

2 사후관리 내용

1) 수출 · 수입 이행사항 확인조치

수출입승인기관의 장은 수출·수입승인을 얻은 자가 승인의 내용대로 이행하였는지를 내용별로 확인하고 그 결과를 정리하여야 하며, 그 확인 결과에 따라 필요한 조치를 하여야 한다. 다만, 수출 또는 수입승인을 얻은 자 또는 그 거래상대방이 파산, 행방불명 기타 이에 준하는 사유로 수출 또는 수입의 이행이 불가능하다고 인정되는 경우에는 사후관리를 하지 아니한다.

2) 승인사항의 이행신고

수출입승인을 얻은 자는 유효기간내에 당해 수출·수입을 이행하고 이를 입증할 수 있는 다음 각호의 서류를 당해 승인기관의 장에게 제출하여야 한다(2 이상의 승인기관에서 승인을 얻은 경우에는 각 승인기관에 해당서류를 제출). 다만, 전산관리체제로 이를 확인할 수 있는 경우에는 서류를 제출할 필요가 없다.

① 수출·수입신고필증 또는 관세법에 의한 컨테이너 반입확인서 등 수출입이행사항을 확인할 수 있는 서류 사본 1부

② 조건부승인인 경우 그 조건의 충족을 입증할 수 있는 서류 1부

제 9 장 무역계약

제1절 무역계약 개념

1 무역계약의 의의

본질적으로 계약이란 일정한 채권·채무관계의 형성을 목적으로, 복수당사자의 상호 대립되는 의사표시의 합치에 의하여 성립되는 법률행위를 말한다. 실제로 계약에 관한 이러한 개념은 계약의 본질을 정확하게 표현하는 것이지만, 오늘날 국제간에 성립되는 무역은 주로 물품매매가 중심이기 때문에 무역계약에 관한 개념은 계약에 관한 본질적 개념과 국제간에 이루어지는 물품매매를 중심으로 설명된다.

물품매매계약이란 매도인이 대금이라는 금전의 대가를 받고 매수인에게 물품의 소유권을 이전하거나 이전하기로 약정하는 계약이기 때문에 이를 원용하여 일반적으로 무역계약은 수출업자가 대금이라는 금전의 대가를 받고, 수입업자에게 물품의 소유권을 이전하거나 이전하기로 약정하는 국제계약을 의미한다.

본질적으로 무역계약과 국내의 물품매매계약은 물품매매계약이 가지고 있는 상업적인 성격과 법리적인 성격을 공통적으로 가지고 있다. 다만, 무역계약과 국내의 물품매매계약이 구별되는 기본적인 이유는 국내의 물품매매계약은 동일한 환경내의 매도인과 매수인 상호간에 성립되는 반면에, 무역계약은 제반환경이 상이한 국가에 거주하는 수출업자와 수입업자 상호간에 이루어진다는 무역계약의 고유한 특수성에 기인한다.

무역계약의 개념을 무역계약의 성립과 이행의 측면에서 살펴보면 다음과 같다.

【표 9-1】 무역계약의 개념

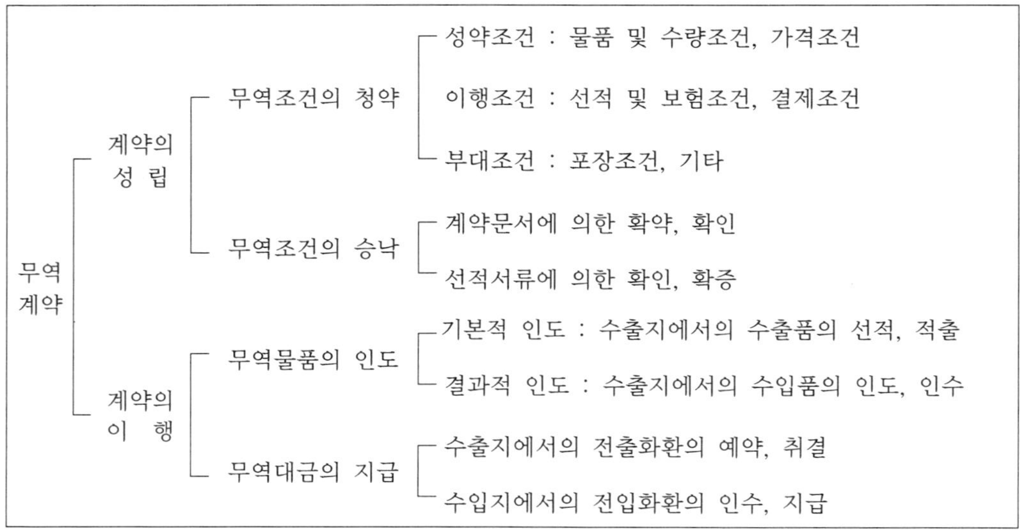

2 무역계약의 성격

무역계약은 본질적으로 다음과 같은 법적인 성격을 가지고 있다.

1) 낙성계약(Consensual Contract)

낙성계약은 계약당사자의 합의만으로 성립하는 계약으로서, 일방당사자의 청약에 대한 상대방의 승낙에 의하여 성립되는 계약을 의미한다. 따라서 낙성계약은 계약당사자의 합의가 있으면 성립되기 때문에, 당사자의 합의 이외에 계약목적물의 인도와 소유권의 이전 등과 같은 법률사실이 계약의 성립요건인 요식계약과는 상이하다.

실제로 무역계약의 경우에 수출업자의 판매청약(selling offer)에 대하여 수입업자가 승낙(acceptance)한다면, 무역계약은 합법적으로 성립된 것으로서 특별히 무역계약서의 작성 등이 무역계약의 성립요건으로 요구되지 않는다. 따라서 무역계약은 일반적으로 이행미필인 상태에서 계약이 성립된다.

2) 쌍무계약(Bilateral Contract)

본질적으로 계약은 일정한 채권·채무관계의 형성을 목적으로 성립된다는 측면에서 볼 때 쌍무계약은 계약의 성립과 동시에 계약당사자는 상호채무를 부담하는 계

약을 의미한다.

예컨대 무역계약의 성립과 동시에 수출업자는 계약의 목적물을 수입업자에게 인도해야 할 의무가 발생되며, 반면에 수입업자는 계약목적물의 수령과 이에 대한 대금지급의무가 발생된다.

따라서 수출업자가 정당한 사유 없이 계약목적물을 인도하지 않는 경우에 수입업자의 대금지급의무가 발생하지 않는 것은 당연하다.

이러한 관점에서 쌍무계약상 채무의 부담문제는 당사자 일방이 채무를 부담하는 것은 상대방이 채무를 부담하기 때문이라는 교환적 원인관계가 있는 것이며, 반드시 채무의 이행문제와 위험부담문제를 수반하게 된다.

【표 9-2】 무역계약의 성격

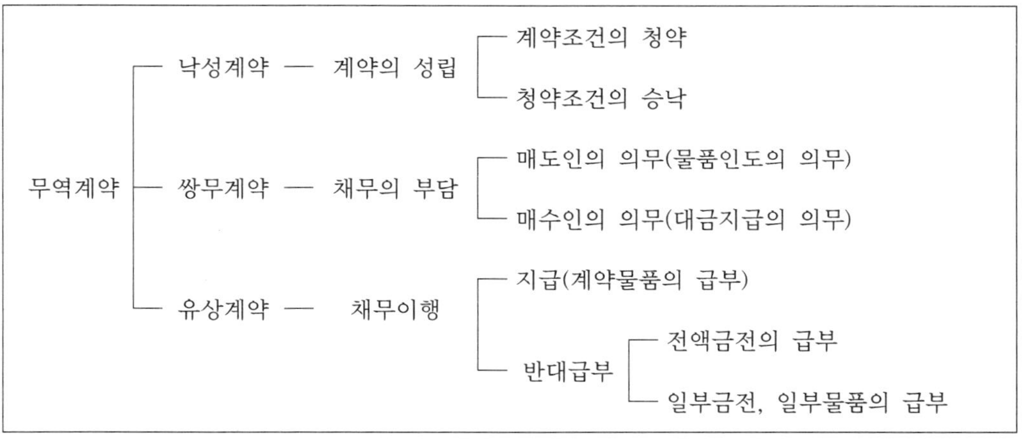

3) 유상계약(Contract for Consideration)

유상계약은 계약당사자가 상호 대가적인 관계에 있는 급부를 할 것을 목적으로 성립된 계약을 말한다.

예컨대, 무역계약의 경우에 수출업자의 계약목적물의 인도와 수입업자의 그에 대한 대금지급은 상호대가적인 의미를 가지는 급부와 반대급부로 볼 수 있다.

3 무역계약의 종류

국제거래에서 이용되고 있는 무역계약은 다음과 같이 분류할 수 있다.

1) 개별계약(case by case contract)

어떠한 특정품목의 거래성립시 매번마다 양당사자가 거래조건에 합의하면 계약이

성립되고 그 계약에 대한 거래가 종결되면 계약이 종료된다.

2) **포괄계약**(master contract)

같은 당사자간에 같은 품목을 빈번하게 거래하게 되는 경우 매번 거래조건에 대해 합의를 하고 이를 문서화하는 것은 번거롭기 그지없는 일이다. 이러한 경우 일반거래조건에 대한 포괄적인 합의를 담는 계약서를 작성하고 필요할 때마다 선적을 해주는 방식의 포괄계약을 체결하면 편리하다.

3) **독점계약**(exclusive contract)

수출입을 특정기업에 국한시킬 경우에는 당사자간에 독점계약이 체결된다. 독점계약이 체결되면 수출업자는 계약품목을 수입국의 지정수입업자외에는 수출해서는 안되며, 마찬가지로 수입업자도 수출국의 다른 기업으로부터 동일한 품목을 수입해서는 안된다.

독점계약을 체결하는 목적은 당사자간의 이윤극대화에 있기 때문에 매도인은 해당 품목의 품질을 보장하고 매수인은 최고 구매량을 보장해 주어야 한다.

4 무역계약의 효력

무역계약의 효력이란 계약의 유효성을 의미하며 계약이 당사자간에 체결된 목적대로 실질적인 효과를 발생시키는 것을 말한다. 무역계약이 성립하여 효력을 발생시키려면 아래의 네 가지 조건을 필요로 한다.

① 무역계약의 당사자는 행위능력(legal capacity)을 가지고 있어야 한다. 계약당시에 일방의 당사자가 이미 파산(bankrupt)한 사실을 다른 당사자가 모르는 상태에서 계약한 경우 그 계약은 무효이다. 단, 그 무효를 이유로 선의의 제3자(bona fide third party)에게 대항할 수는 없다.
② 허위계약이 아니어야 한다. 제3자를 속일 목적으로 양 당사자 간에 합의한 계약은 당연히 무효가 된다. 따라서 이러한 내용을 모르는 선의의 제3자에게 대항할 수 없다.
③ 계약내용이 확정적이어야 한다.
④ 계약의 내용, 즉 거래목적물 및 거래방법은 적법성을 지녀야 한다. 예를 들면 밀수품의 매매계약이나 공공질서 등에 위배되는 물품의 매매계약은 무효이다.

한편 무역계약의 효력문제는 계약의 불이행시에 두드러지게 나타나며, 계약의 불이행(non-performance of contract)은 계약의 내용, 법률의 규정, 관습, 양당사자

간에 확립된 관례 및 신의성실의 원칙 등을 고려하여 볼 때 적당한 이행을 하지 않는 경우로서 이행의 지체, 이행불능 그리고 불완전이행 등 세 가지 형태를 가지고 있다.

① 이행의 지체(delay on performance)란 선적지연 등 무역계약의 이행을 지체한 경우로서 상대방은 계약의 이행을 요구하거나 또는 일정한 조건하에 계약을 해제할 수 있을 뿐만 아니라 손해배상도 청구할 수 있다. 단 손해배상청구의 경우 당사자측의 고의, 과실 등과 같은 책임 있는 사유에 한하며, 불가항력(force majeure) 등 당사자의 귀책사유에 해당되지 않는다는 사실을 증명하게 되면 면책되기도 한다.

② 이행불능(impossibility of performance)은 무역계약이 당사자의 책임 있는 사유에 의하여 이행이 불가능하게 되었을 때를 말하며 상대방은 손해배상청구와 함께 계약을 해제할 수 있다.

③ 불완전이행(incomplete performance)의 경우, 무역계약의 이행이 이루어졌으나 품질불량 및 수량부족 등의 사유로 인하여 그 이행이 계약의 내용에 부적합한 것을 말한다. 상대방은 불완전한 이행에 대하여 거절할 수 있을 뿐만 아니라 완전한 이행요구 또는 계약해제를 통한 손해배상청구도 가능하다.

제2절 무역계약의 성립

1 청약

1) 청약의 개념

일반적으로 계약의 성립에 있어서 당사자 상호간의 합의의 존재를 추론하는 것이 합리적인지의 여부를 결정하기 위하여 청약과 청약에의 유인(invitation to treat)이라는 개념이 오랫동안 이용되어 왔다. 즉, 합의의 방식으로서 청약과 승낙이라는 개념이 이용되었다.

따라서 법원은 계약의 성립여부를 판단하기 위해서 일방당사자가 확정청약을 하였는지 또는 상대방이 그 확정청약을 승낙하였는지 등의 모든 주변상황을 주도면밀하게 검토하여 확인하게 되었다.

이러한 관점에서 청약이란 계약의 성립을 목적으로 하는 확정적인 의사표시로서 특별한 방식을 필요로 하지 않으며 구두, 서면 또는 행위에 의하여 상대방에게 할 수 있다. 즉 청약은 법적으로 구속력이 있는 계약의 체결의사를 구두 또는 행위에 의하여 피청약자에게 인지하게 하는 것이며, 청약의 조건 중에는 피청약자의 행위 또는 부작위에 의하여 청약이 승낙된다면 즉시 청약자를 구속한다는 것을 명시적 또는 묵시적으로 표시한 것을 의미한다.

따라서 본질적으로 상대방의 승낙에 의하여 합의로 전환될 수 있는 청약은 특정한 조건이 승낙되면 법적인 구속력을 가지는 명확한 약속으로 구성되어야 한다. 실제로 청약자는 청약에 대한 승낙 또는 거절의 선택권은 피청약자에게 맡기고, 자신은 특정한 조건하에서 그의 의무를 이행할 의사를 표시하는 것만으로서 청약의 개념은 충분하다.

2) 청약과 청약에의 유인

일반적으로 무역계약의 체결이 있어서 계약당사자들은 확정청약을 하기 이전에 당사자 상호간에 계약의 체결을 위한 사전의 예비교섭단계를 거친다. 즉, 계약당사자는 거래청약서(circular latter) 또는 문의(inquiry) 등을 통하여 상대방의 청약을 유인하거나 또는 확정청약과 유사한 형태의 예비교섭단계를 가지게 된다. 계약의 체결을 위한 이와 같은 사전의 예비교섭단계에서 문제가 되는 것은 확정청약과 사전의 예비교섭단계에서 이루어지는 청약에의 유인과의 명확한 구분이다.

왜냐하면, 무역계약은 일방당사자의 청약에 대하여 상대방이 승낙하면 계약이 성립하는 낙성계약으로서 사전의 예비교섭단계 중에서 일방당사자의 청약과 유사한 형태의 청약에의 유인(invitation to treat)에 대하여 상대방이 승낙한다고 하더라도 계약이 성립될 수 없기 때문이다. 실제로 무역업계의 경우에 시세가 불안정한 때에는 다음과 같이 청약자가 "청약자의 확인을 조건으로 하는 청약(offer subject to our confirmation)"을 하는 경우가 종종 있다.

① 청 약 자 : We offer 1,000 dozen of Article No.A for shipment in January at U.S. $ 100 per dozen subject to our confirmation.
② 피청약자 : We accept your offer.
③ 청 약 자 : We confirm your acceptance.

상기 예에 있어서 ①은 "offer"라는 표현을 사용하고 있지만, 이것은 청약이 아니고 청약에의 유인에 불과하다. 왜냐하면, ②에서 피청약자가 승낙을 한다고 하더라도 ③에서 청약자가 승낙을 하지 않는다면 계약이 성립될 수 없기 때문이다. 반면에 ②에서는 피청약자가 "accept"라는 표현을 하고 있지만 실제로는 이것이 구매청약이며 ③에서는 청약자가 "confirm"이라는 표현을 사용하고 있지만, 실질적으로 이것이 승낙이다.

즉, 비록 "offer"라는 표현을 사용하고 있다고 하더라도 청약에의 유인인 경우도

있고, 반면에 "acceptance"라는 표현을 사용하고 있다고 하더라도 청약이 되는 경우도 있다. 다시 말하면 청약과 청약에의 유인과의 구분에 있어서 "offer" 또는 "acceptance"라는 표현이 결정적인 요소가 되지 않는다. 사실상 청약과 청약에의 유인의 구분이 이와 같이 어렵게 되는 것은 이러한 문제가 계약당사자의 추론적인 의사의 범주에 따라 결정되기 때문이다.

3) 청약과 청약에의 유인과의 구분

일반적으로 의사표시를 한 당사자의 의도를 기준으로 청약과 청약에의 유인은 다음과 같이 구분된다.

첫째, 의사표시를 한 일방당사자가 상대방의 승낙과 동시에 자신의 의사표시에 구속되려는 의도를 가진 경우에, 그러한 의사표시는 청약으로 인정된다. 즉, 청약은 특정한 조건이 승낙된다면 구속되는 확정적인 약속으로 구성되어야 한다는 것을 의미한다.

둘째, 의사표시를 한 일방당사자는 상대방의 동의 통지만으로는 구속되지 않고, 반드시 그 자신의 의사표시가 포함된 서류에 서명한 경우에 그 자신이 구속되는 것을 명시적으로 규정한 경우, 그러한 의사표시는 청약에의 유인으로 인정된다. 왜냐하면 청약은 상대방의 승낙이 있으면 즉시 계약을 성립시킬 의사표시이지만, 청약에의 유인은 상대방이 승낙을 한다고 하더라도 그것 자체가 승낙이 아니므로 계약이 성립될 수 없기 때문이다.

요컨대, 청약에의 유인은 상대방으로 하여금 자신에게 청약을 하도록 유인하는 행위로서 그 전형적인 예로서는 구인광고, 물품판매광고, 상품목록의 배부 및 정찰상품 등의 진열 등을 들 수 있다.

4) 청약의 종류

청약은 발행자와 구속력의 여부 등의 분류기준에 따라 여러 가지로 분류가 가능하고 또한 특수한 용도의 청약에의 유인 등이 있다.

(1) 구매청약(Buying Offer)

구매청약은 매수인이 매도인에게 물품의 구입의사를 밝히는 것으로, 일반적인 무역의 경우에서는 드물게 사용된다.

(2) 판매청약(Selling Offer)

판매청약은 매도인이 매수인에게 물품의 판매의사를 밝히는 것으로, 일반적으로 청약(offer)이라고 하는 경우에는 판매청약을 의미한다.

(3) 확정청약(Firm Offer)

확정청약은 매도인 또는 매수인이 발행한 청약이 법적인 구속력(legal binding power)을 가지는 청약으로서, 청약상에 유효기간 등이 명시되어 있어서 유효기간내에 피청약자의 승낙이 있으면 계약이 성립되고, 청약의 철회가 불가능하다. 따라서 일반적인 무역의 경우에 있어서 확정청약이 갖는 법적인 구속력 때문에 많이 이용된다.

(4) 불확정청약(Free Offer)

불확정청약은 매도인 또는 매수인이 발행한 청약이 법적인 구속력이 결여되어 있는 청약으로서, 피청약자가 승낙을 하여도 청약자의 확인(confirmation)이 없으면 계약이 성립될 수 없고, 청약자는 언제라도 청약의 변경 또는 철회가 가능하다. 따라서 일반적인 무역의 경우에 있어서는 불확정청약의 실효성이 없다.

(5) 특수한 용도의 청약

반품허용청약(offer on sale or return), 점검매매청약(offer on approval) 및 재고품잔유청약(offer subject to being unsold)등이 있다.

5) 청약의 효력발생

【표 9-3】 Offer의 종류 및 효력

구 분	종 류	효 력
발행 주체	Selling Offer	매도인이 발행하는 매도오퍼. 일반적으로 Offer라고 한다.
	Buying Offer	매수인이 발행하는 매수오퍼. 일반적으로 Purchase Order라고 함
확정력 기준	Firm Offer	유효기간(보통 3개월 이내)이 확정되어 있으며, 유효기간 내에 피청약자가 승낙하면 이를 이행하여야 하는 확정오퍼.
	Free Offer	유효기간이 확정되어 있지 않고 언제라도 변경 가능한 불확정 오퍼로서, 다음과 같은 조건이 명시됨(표현은 Offer이지만 효력상으로 확정력이 없는 Price Quotation과 동일함). -Subject to change without notice. -Subject to our final confirmation -Subject to prior sale -Subject to being unsold
기타	Counter Offer	피청약자가 청약자에게 일부조건을 변경하여 다시 역으로 제시하는 역오퍼 또는 반대오퍼(실무상 이와 같은 역오퍼가 수차례 왕래후 승낙이 이루어지고 계약이 성립됨)

일반적으로 청약은 피청약자에게 도달할 때까지는 그 효력이 발생되지 않는다. 왜냐하면 피청약자는 청약자가 청약을 하였다는 사실을 인지할 때까지는 그러한 청약에 근거하여 어떠한 행동도 취할 수 없는 것이 당연하기 때문이다. 이러한 관점에서 청약은 피청약자에게 도달된 시점에서 그 효력이 발생하며, 그 이전에는 그 효력이 발생되지 않는다. 즉 청약의 효력발생은 도달주의의 입장을 취하고 있다.

6) 청약의 효력소멸

일반적으로 청약의 효력은 다음과 같은 경우에 소멸된다.

(1) 청약의 철회

청약의 효력에 관한 일반원칙으로서 청약은 피청약자가 청약을 승낙하기 이전이라면 어느 시점에서도 철회가 가능하다.

다만 청약의 효력발생에 도달주의의 입장을 취하고 있는 바와 같이 청약의 철회통지는 반드시 현실적으로 피청약자에게 도달하여야 하며 단순한 우편의 발신으로는 청약의 철회가 이루어지지 않는다.

(2) 청약의 거절

청약은 거절에 의하여 그 효력이 소멸된다. 즉, 피청약자가 청약자에 대하여 승낙을 하지 않았다는 취지를 적극적으로 표시하였을 때에는 청약은 그 효력을 상실한다. 실제로 청약에 포함되어있지 않은 새로운 조건에 청약에 대한 승낙의사표시도 반대청약이 수반된 것이기 때문에 청약의 거절이 되고 또한 그 효력이 소멸된다.

다시 말하면 반대청약(counter offer)은 기존의 청약조건을 변경한 것이기 때문에 그것 자체가 새로운 하나의 청약으로서 기존의 청약에 대한 거절을 의미한다.

(3) 시간의 경과

일반적으로 청약자는 청약이 승낙되어야 할 기간, 즉 승낙기간을 명시하거나 또는 명시하지 않는 방법에 의하여 피청약자에게 청약을 한다. 따라서 청약의 효력발생과 시간은 상당히 중요한 관계를 갖는다.

첫째, 청약자가 승낙기간, 즉 청약의 유효기간을 명시한 경우에 그러한 유효기간을 경과한 후의 피청약자의 승낙은 효력이 상실되는 것이 당연하다. 왜냐하면 유효기간이 명시된 청약의 경우에는 그러한 유효기간이 경과하게 되면 자연적으로 청약이 소멸되기 때문이다.

둘째, 비록 청약자가 승낙기간에 대한 명시적인 확정이 없다고 하더라도 청약은 무한정으로 유효한 것이 아니라, 일반적으로 상당한 기간내에만 그 효력이 발생된다. 이러한 경우에 상당한 기간의 의미는 사실상의 문제로써 결정되기 때문에 상황에 따라 상이하다.

예컨대, 부패되기 쉬운 상품이나 또는 가격변동이 심한 상품의 청약의 경우에는 비교적 짧은 기간이 경과되면 청약의 효력이 소멸되는 것으로 인정되어야 하며, 또한 청약이 전보에 의하여 이루어진 경우도 동일하게 인정되어야 할 것이다.

<< OFFER SHEET >>

THE DAE HAN TRADING CO., LTD.
Exporters of Electronic Products

C.P.O.BOX : 1267 SEOUL, KOREA
CABLE ADD. : DHTRA SEOUL
TELEX NO. : DHTRA K 28570
TELEPHONE : 778-2181/5
FACSIMILE : (82-2) 777-4040

OFFER SHEET

Seoul June 12, 2014
No. DH 96-07

Messrs, THE ANGELES IMPORTING CO., INC.
3710 WEST 9TH ST. LOS ANGELES
CA. 90019 U.S.A.

Gentlemen:

In accordance with your instructions, we are pleased to offer you as follows:

Origin : Republic of Korea
Packing : Standard Export Packing
Payment : By an irrevocable L/C at 60 days after sight in our favor.
Shipment : During July
Validity : Until June 14, 2014

ART. NO.	DESCRIPTION	QUANTITY	UNIT PRICE	AMOUNT
			CIF Los Angeles/set	
DCT-1526	COLOR Television	1000 SETS	US$500.00	US$500,000.00

We are looking forward to receiving your valuable order.

Yours faithfully,
THE DAE HAN TRADING CO., LTD.
Jo Seok Hong

Jo Seok-Hong
General Manager

2 승낙(Acceptance)

1) 승낙의 개념

본질적으로 승낙이란 청약에 따라 계약을 성립시킬 목적으로 피청약자가 청약자에 대하여 행하는 의사표시이다. 다시 말하면 승낙은 청약과 같이 계약성립의 요소가 되는 의사표시이며, 청약자에 의하여 지시된 방법에 따라 청약조건의 동의의 의사표시를 언어 또는 행위에 의하여 행하는 것이다.

이러한 관점에서 승낙은 다음과 같은 본질적인 성격을 갖는다. 즉, 승낙은 청약의 내용과 일치하여야 한다. 다시 말하면 승낙은 무조건적(절대적)인 것이어야 하며, 청약에 대한 조건적인 승낙 또는 청약의 조건을 변경시킨 승낙은 본질적으로 청약을 거절한 것으로 인정된다.

2) 승낙의 효력발생

원칙적으로 계약은 피청약자가 청약자의 청약을 승낙함으로써 성립되지만 무역계약의 경우에는 청약자와 피청약자가 상이한 국가에 거주하고 있기 때문에 승낙의 효력이 어느 시점에서 발생하느냐의 여부가 당사자 상호간에 문제가 된다. 왜냐하면 승낙의 효력발생 여부에 따라 무역계약의 성립여부가 결정되기 때문이다.

일반적으로 승낙의 효력발생시기에 관하여 다음의 3가지 견해가 대립되고 있다.

첫째, 피청약자가 승낙의 의사표시를 발신한 시점에서 계약이 성립한다는 측면에서 승낙의 효력발생에 대한 발신주의의 입장이다.

둘째, 피청약자의 승낙의 의사표시가 청약자에게 도달한 시점에서 계약이 성립한다는 측면에서 승낙의 효력발생에 대한 도달주의의 입장이다.

셋째, 물리적으로 단순하게 승낙의 의사표시가 청약자에게 도달한 시점뿐만 아니라, 청약자가 현실적으로 그러한 내용을 인지한 시점에서 계약이 성립한다는 측면에서 승낙의 효력발생에 대한 요지주의의 입장이다.

사실상 각 나라마다 승낙의 효력발생시기에 관하여 주의를 달리할 수도 있고, 또한 승낙의 방법에 의하여서도 각각 상이한 주의를 취할 수도 있다. 예컨대, 비록 청약자와 피청약자가 각기 상이한 국가에 거주하고 있다고 하더라도 승낙이 전화 또는 텔렉스에 의하여 이루어지는 경우에 양당사자는 대화자로 취급되며, 또한 우편이나 전보에 의한 경우에는 그 내용의 송달시간이 소요되기 때문에 격지자로 인정된다. 따라서 대화자와 격지자의 경우에 있어서 승낙의 효력발생시기의 원칙이 상이하게 나타난다.

3) 승낙의 방법과 효력발생시기

승낙의 효력발생시기에 관하여 영미법은 2가지로 구분하고 있다. 즉, 영미법은 대화자간에 있어서는 도달주의, 격지자간에 있어서는 발신주의를 채택하고 있다. 예컨대, 격지자간의 승낙의 효력발생시기는 승낙의 통지가 청약자에게 도달여부에 관계없이 승낙은 발신된 때에 효력을 발생한다고 규정되고 있다.

다만 승낙의 방법과 그 효력발생시기에 관련하여 고려해야 할 문제는 어떠한 경우에 대화자 또는 격지자로 구분해야 하는가 하는 점이다. 일반적으로 대화자와 격지자의 구별은 의사의 전달이 즉시 행하여지는가의 여부에 따라 결정된다. 따라서 승낙의 여러 가지 방법중에 전화 또는 텔렉스에 의한 경우는 비록 양당사자가 거리적으로 멀리 떨어져 있다고 하더라도 대화자로 인정되고, 우편 또는 전보에 의한 경우는 승낙의 송달시간이 필요하기 때문에 격지자로 인정한다.

4) 승낙의 철회

일반원칙으로서 승낙은 청약자에게 통지되지 않았다면 또는 통지될 때까지는 그 효과가 발생하지 않는다. 즉, 이러한 원칙은 승낙의 사실이 청약자가 인식하지 않으면 안된다는 것을 의미한다. 예컨대, 승낙의 표현이 공중을 비행하는 비행기의 소음에 의하여 상대방에게 전달되지 않은 경우에는 계약이 성립하지 않는다.

이러한 관점에서 본다면 승낙의 철회 자체가 승낙이 도달되기 전에 전달되는 한 승낙의 철회가 가능하다고 볼 수 있다. 그러나 영미법의 경우 우편 또는 전보에 의한 승낙은 발신주의의 입장에서 서신이 우편함에 투함되거나 전보가 전보국의 계원에게 제출된 시점에서 그 효력이 발생되기 때문에 승낙이 일단 발신되면 계약이 성립된다. 따라서 승낙의 철회는 불가능하다.

【표 9-4】 승낙 효력발생시기

통신수단 \ 준거법			한국법	일본법	영미법	독일법
의사표시에 관한 일반법칙			도달주의	도달주의	도달주의	도달주의
승낙의 의사표시	대화자간	대 화	〃	〃	〃	〃
		전 화	〃	〃	〃	〃
		텔렉스	〃	〃	〃	〃
	격지자간	우 편	발신주의	발신주의	발신주의	〃
		전 보	〃	〃	〃	〃

자료 : 조석홍, 국제통상론, 도서출판 두남, 2001.

실제로 이러한 예외는 논리적이고 공평한 원칙이라고 볼 수 있다. 왜냐하면 승낙의 철회가 가능하다면 일단 승낙이 청약자에게 통지된 후에는 청약을 철회할 수 없는 청약자에게 상당히 불리한 결과가 초래되고, 반면에 피청약자는 그 나름대로 유리함 얻을 수 있기 때문이다.

3 계약서의 작성

무역계약은 불요식계약으로 별도의 형식이 필요한 것은 아니다. 그러나 수출입절차의 제단계에서 거래사실의 확인을 위해서 또는 분쟁을 예방하거나 신속히 해결하기 위해서 다양한 거래조건에 대한 당사자의 합의를 명문화하고 이를 확인하는 서명을 담은 계약서를 작성하는 것이 바람직하다. 계약서를 작성하는데는 다음과 같은 방법들이 활용되고 있다.

1) 물품매도확약서(offer sheet)에 의한 방법

Offer sheet는 계약체결에 필요한 주요거래조건이 기재되어 있다. 따라서 별도의 계약서를 작성하지 않고 물품매도확약서를 그대로 계약서로 이용하는 가장 간단한 방법이다. 이 경우 매도인이 발행한 Offer sheet에 매수인이 승낙의 표시로 서명한 후 이를 각각 한통씩 보관한다.

2) 판매서(sales note)에 의한 방법

Sales note는 매도인이 작성하여 매수인에게 보내는 특정물품의 판매서이다. 매도인이 당사자간에 합의된 거래조건을 모두 담은 판매서 2통을 작성하여 정식으로 서명을 한 후 매수인에게 보내면 매수인은 이를 검토한 후 이의가 없으면 반대서명을 한 후 1통은 자신이 보관하고, 나머지 1통은 다시 매도인에게 보낸다. 매도인의 Offer에 대해 매수인이 수락의 표시로 주문을 하면 매도인이 이를 다시 한 번 확인하는 형태로 매수인에게 보내어지기 때문에 주문확인서(confir- mation of order)라고도 불리운다.

3) 구매주문서(purchase order)에 의한 방법

작성주체가 매도인이 아니라 매수인이라는 것일 뿐 계약서의 내용이나 형식은 Sales note의 경우와 거의 같다. 매수인이 자신이 필요로 하는 물품의 구매조건을 모두 담은 구매주문서 2통을 작성하여 정식으로 서명을 한 후 매도인에게 보내면 매도인은 이를 검토한 후 이의가 없으면 반대서명을 한 후 1통은 자신이 보관하고, 나머지 1통은 다시 매수인에게 보내면 이것이 곧 계약서가 되는 것이다.

<< CONTRACT NOTE >>

DAE HAN TRADING CO., LTD
Mailing Address: C.P.O. BOX 1267
SEOUL, KOREA

The Angeles Importing Co., Inc.

3710 West 9th St.
Los Angeles, CA. 90019
U.S.A

CONTRACT NOTE

NO. : CT 02-315
DATE : June 20, 2014

PAYMENT: Draft at 60 d/s under Irrevocable L/C in our favor

INSURANCE: ICC [A]

SHIPMENT: JULY 31, 2014

PACKING: One set separately in a hardboard box

CASE MARKS

A I
LOS ANGELES
C/NO 1-1500
MADE IN KOREA

COMMODITY DESCRIPTION	QUANTITY	UNIT PRICE	AMOUNT
Color TV & Refrigerator		CIF Los Angeles	
DCT-1526	1,000 sets	US$500/대	US$500,000.--
DRF-F600	500 sets	US$900/대	US$450,000.--
TOTAL	1,500 sets		US$950,000.--

CONFIRMED BY
The Angelese Importing Co., Inc.

James Porter

James Porter
Executive Director

CONFIRMED BY
Dae Han Trading Co., Ltd.

Jo Seok Hong

Jo Seok-Hong
General Manager

<< ORDER SHEET >>

THE ANGELES INPORTING CO., INC.
3710 West 9th St. Los Angeles
CA. 90019. U.S.A.

PURCHASE ORDER

CT-0222
DATE : June 20, 2014

To
The Dae Han Trading Co., Ltd.
C.P.O. BOX 1267
Seoul, KOREA

PAYMENT: Draft at 60 d/s
under Irrevocable L/C in our favor
INSURANCE: ICC [A]
SHIPMENT: Until July 31, 2014
PACKING: One set separately
in a hardboard box

Item No.	Commodity Description	Quantity	Unit Price	Amount
			CIF Los Angeles/대	
DCT-1526	COLOR TELEVISION	1,000SETS	US$500	US$500,000.--
DRF-F600	REFRIGERATOR	500SETS	US$900	US$450,000.--
	TOTAL	1,500SETS		US$950,000.--

CASE MARKS

AI
LOS ANGELES
C/No
MADE IN KOREA

CONFIRMED BY
The Angeles Importing Co., Inc.
James Porter

James Porter
Executive Director

CONFIRMED BY
THE DAE HAN TRADING CO., LTD.
Jo Seok Hong

Jo Seok-Hong
General Manager

4) 일반계약서(sales agreement) 또는 각서(memorandum)

매매당사자가 한곳에 모여 모든 매매조건에 대해 구체적으로 합의를 한 후 이를 정식계약서로 작성하여 양당사자가 서명을 한 후 한통씩 보관하는 방법이다. 한번에 끝나는 것이 아니라 지속적인 거래관계를 개설하고자 할 경우 이용되는 방법이다.

제3절 무역계약의 기본조건

무역계약을 구성하는 주요한 조건으로서는 일반적으로 ①품질조건(quality term), ②수량조건(quantity term), ③가격조건(price term), ④선적조건(shipment term), ⑤대금결제조건(payment term), ⑥보험조건(insurance term) ⑦포장조건 ⑧클레임과 상사중재에 관한 조건 등 8개 조건이 있다.

1 품질조건

1) 품질의 결정방법

거래물품의 품질을 결정하는 방법에는 실견매매 또는 점검매매(sale by inspection), 견본매매(sale by sample), 표준품매매(sale by standard), 상표매매(sale by trade mark or brand), 명세서매매(sale by specification), 규격매매(sale by grade or type) 등이 있다.

(1) 실견매매 또는 점검매매(Sale by Inspection)

물품거래시 매수인이 물품을 직접 확인 또는 점검을 한 후에 물품의 품질을 결정하는 것을 실견매매 또는 점검매매라고 한다. 이러한 품질표시방법은 그 성격상 국내거래에 있어서의 소매상에서 많이 이용하는 방법이나 무역거래와 같이 매도인과 매수인이 상이한 지역에 있는 경우에는 그 실효성이 떨어진다. 다만, 종종 이용되는 점검매매의 방법으로서는 “Sale on approval”과 “On sale or return” 등이 있다.

(2) 견본매매(Sale by Sample)

물품거래시 견본에 의하여 물품의 품질을 결정하는 것을 견본매매라고 하며, 오늘날 대부분의 무역거래에서는 견본매매에 의한 물품의 품질결정방법이 이용된다.

견본매매에 의한 경우 견본은 약정물품의 대표성을 갖고 있기 때문에 반드시 약

정물품과 엄격하게 일치해야 하며, 만일 견본과 약정물품이 일치 하지 않는 경우에 무역계약의 관계당사자는 계약위반에 대한 책임을 부담해야 한다.

견본은 여러 가지 기준에 따라 분류가 가능하지만, 견본송부인을 기준으로 매도인 견본(seller's sample), 매수인견본(buyer's sample) 및 반대견본(counter sample) 등이 있다.

(3) 표준품매매(Sale by Standard)

물품거래시 국제시장에서 물품의 품질이 널리 인정되는 일정한 수준의 품질의 물품, 즉 표준품으로서 품질을 결정하는 것을 표준품매매라고 한다. 일반적으로 표준품매매에 의한 물품의 품질결정방법은 면화와 소맥 등의 농산물 등과 같이 수확예상품의 거래에 이용된다.

표준품매매에 의한 품질표시방법으로서는 전년도 수확물의 평균중등품의 품질을 가진 것을 표준품으로 하고 실제인도물품은 당해 수확년도의 표준중등품질일 것을 조건으로 하는 표준중등품질조건(Fair Average Quality Term : FAQ Term)과 매도인 자신이 약정물품의 품질이 물품시장에서 널리 인정되는 표준적인 것이며 또한 판매적격성을 갖고 있다는 것을 보증하는 판매적격품질조건(Good Merchantable Quality Term : GMQ Term) 등이 있다.

(4) 상표매매(Sale by Trade Mark Brand)

생산자의 상표가 국제시장에서 널리 알려져 있는 경우에는 (예를 들면, Pierre Gardin, Cartier, AIWA, SONY 등) 물품의 품질이 국제적으로 인정되기 때문에 물품의 견본이 아닌 상표자체에 의하여 물품거래가 이루어질 수 있다. 이러한 품질표시방법을 상표매매라고 한다.

(5) 명세서매매(Sale by Specification)

기계류, 선박 및 의료기구 등과 같은 특정한 물품의 거래에 있어서는 거래물품의 성격상 견본의 이용이 곤란하기 때문에, 물품의 성질, 재료구조 및 성능 등에 관한 명세표, 청사진 및 도해도 등을 통하여 물품거래가 이루어지는 경우를 명세서매매라고 한다.

(6) 규격매매(Sale by Grade or Type)

국제적으로 물품의 규격(grade)이 결정되어 있거나 수출국의 관계법규 또는 규정에 의하여 물품의 규격이 정해져 있는 물품에 대해서는 그러한 일정규격에 의하여 물품의 품질이 결정되는데, 이를 규격매매라고 한다.

2) 품질의 결정시기

일반적으로 장기간의 국제운송을 필요로 하는 무역거래물품의 경우에 있어서는 운송중 물품의 품질변화의 가능성이 매우 높기 때문에 선적시점에 있어서의 물품의 품질과 양륙시점에 있어서의 물품의 품질간에 상당한 차이가 나타날 수 있다.

따라서 무역계약의 당사자들은 후일의 물품의 품질에 관한 분쟁을 미연에 방지하고 명확한 무역계약을 체결해야 된다는 관점에서, 선적시의 물품의 품질로서 결정하는 선적지품질조건(shipped quality term)과 양륙시의 물품의 품질로서 결정하는 양륙지품질조건(landed quality term)중에서 선택을 하여야 한다.

【표 9-5】 품질결정 방법 및 시기

구 분	종 류
품질결정 방법	견본매매(Sales by Sample) : 대부분의 일반공산품(예 : Quality to be same as sample No. 123)
	명세서매매(Sales by Description, Specification or Dimension) : 기계류
	상표매매(Sales by Brand or Trade Mark) : Coca Cola 등
	표준품 매매(Sales by Standard) : 농산물, 목재 등 - 평균중등품질조건(FAQ : Fair Average Quality) : 농산물 등 (예 : Quality to be fair average at the time and the place of shipment) - 판매적격품질조건(GMQ : Good Merchantable Quality) : 목재 등
	점검매매(Sales by Inspection) : 신제품, 악기 등
	점검매매(Sales by Inspection) : 신제품, 악기 등
품질결정 시기	선적품질조건(Shipped Quality Terms 또는 TQ=Tale Quate) : 대부분의 일반 공산품(General Merchandise)
	양륙품질조건(Landed Quality Terms 또는 RT=Rye Terms) : 농산물, 광물 등 산적화물(Bulk Cargo)
품질증명 방법	수출상 자신의 수출품질검사(Seller's inspection to be final)
	국제적으로 공신력 있는 검사기관(Societ Generale De Surveillance S.A, Lloyd's Surveyor 등)의 품질검사

2 수량조건(Quantity term)

일반적으로 무역계약체결시 수량조건에서 결정해야 할 문제는 무역물품의 수량단위, 수량의 결정시기 및 수량의 과부족의 경우에 있어서 대금정산 등의 문제 등이다.

1) 수량단위

물품의 수량단위는 거래물품의 성질과 거래관습에 따라서 여러 가지 단위가 이용

된다. 중량단위(weight unit)로서는 톤(ton : long ton, short ton, metric ton)과 파운드(lbs) 등이 있고, 개수단위로서는 piece, dozen 및 gross 등이 있다. 또한 길이단위(length unit)로서는 미터(meter)와 야드(yard) 등이 있다.

2) 수량의 결정시기

물품의 품질결정시기와 동일하게 수량의 경우에 있어서도 운송 중의 수량의 변화 가능성과 거래 물품의 성질에 따른 선적시 수량의 정확한 측정의 곤란한 점등에 의하여 선적시의 수량을 최종적인 것으로 하는 선적지수량조건(shipped quantity term)과 양륙시의 수량을 최종적인 것으로 하는 양륙지수량조건(landed quantity term) 등이 있다.

3) 수량의 과부족문제

물품의 수량결정시기와는 관계없이 물품의 인도시점에서 계약량과 실제로 인도된 물품량간에 다소간의 차이가 발생되는 경우가 있다. 이러한 경우에 계약당사자간의 수량의 과부족으로 인한 분쟁을 미연에 방지하고자 거래물품의 성질에 따라서 계약량의 어느 정도의 차이에 대해서는 약속위반으로 인정하지 않는다는 물품의 과부족 허용조건(x% more or less clause 또는 plus or minus clause) 등이 이용된다.

【표 9-6】 수량 단위, 결정시기, 중량 및 톤

구 분	종 류
수량단위	개수 : piece(pc), dozen(dz) 등
	길이 : feet(ft=12inch), yard(yd=3ft) 등
	넓이(면적) : ft^2(square feet), yd^2(square yard) 등
	부피(용적) : ft^3(cubic feet), yd^3(cubic yard) 등
	무게(중량) : pound(lb), M/T(Metric Ton) 등
수량결정 시기	선적수량조건(shipped Quantity Terms) : 대부분의 일반공산품(General Merchandise)
	양륙수량조건(Landed Quantity Terms) : 농산물 광물 등 산적화물(Bulk Cargo)
포장재료 중량포함 여부	총중량(Gross Weight) : 포장재료의 중량을 포함한 총상품 중량
	순중량(Net Weight) : 포장재료의 중량을 제외한 순상품 중량
톤	L/T(Long Ton)=2,240lbs≒1,016kg : English Ton
	S/T(Short Ton)=2,000lbs≒908kg : American Ton
	M/T(Metric Ton)=2,204lbs=1,000kg : Kilo Ton(K/T)

과부족허용조건의 경우, 과부족수량에 대한 당사자간의 대금정산은 계약가격, 선적시점에 있어서의 가격 및 양륙시점에 있어서의 가격 중에서 선택하여 이루어진다. 다만 대금정산에 따른 후일의 분쟁을 미연에 방지한다는 측면에서 계약체결시점에서 수량의 과부족에 대한 대금정산시에 적용할 가격을 미리 결정하는 것이 바람직하다.

3 가격조건(Price term)

1) 가격조건의 주요 내용

가격조건과 관련해서는 크게 두 가지 문제가 발생한다. 하나는 매매가격을 어느 나라의 통화로 할 것인가 하는 거래통화에 대한 것이고, 다른 하나는 수출입에 따른 각종 비용 및 위험을 누가 부담하는가 하는 무역거래조건에 관한 것이다.

먼저 거래통화에 있어서는 국제적으로 널리 통용되는 안정적인 통화로 표시하여 환위험을 최소로 해야 한다. 우리나라는 지정통화제도를 채택하고 있어 원칙적으로 대외거래에는 이들 통화만을 이용하도록 제한하고 있다.

한편 가격산정의 기초가 되는 무역거래조건에 있어서는 국제상업회의소(International Chamber of Commerce : ICC)에서 제정한 "무역거래조건의 해석에 관한 국제규칙(International Rules for the Interpretation of Trade Terms : Incoterms)"이 매매당사자간의 최소한의 의무를 밝히는데 전세계적으로 이용되고 있다. Incoterms의 제정목적은 매매당사자 사이의 계약조건의 해석상의 차이에 따른 분쟁과 마찰을 해소함으로써 국제거래를 촉진하기 위한 것이다.

Incoterms는 1936년 처음 제정된 이후, 국제무역환경의 변화에 따라 1953년, 1967년, 1976년, 1980년, 1990년, 2000년,2010년 까지 수차례에 걸쳐 부분적인 수정 및 보완을 거쳐 오늘에 이르고 있다. 현재 적용되고 있는 Incoterms 2010은 행정절차, 상거래, 운송분야에서 전자문서교환(Electronic Data Interchange : EDI)의 사용확대와 복합운송의 발달에 따른 새로운 국제상관행을 반영하고 그 동안 사용되어 왔던 조건들에 대한 일부 모호한 정의를 명확히 하기 위해 무역거래조건을 13가지 조건으로 정형화하고 있다.

Incoterms는 법적 구속력을 지닌 국제조약이 아니라 매매당사자의 합의에 의해서 사용될 수 있다. 그러나 1980년 이후에는 그때까지 지리적 특수성을 내세워 독자적인 거래조건을 채용하고 있던 미국도 자국의 무역업자들에게 Incoterms를 사용하도록 권장하고 있다. 따라서 오늘날의 국제무역거래에는 일부 1차산품이나 자본재의 거래를 제외하고는 대부분 Incoterms 2010에서 규정하고 있는 11개 조건이 적용되고 있다.

가격결정을 위해서는 이들 각 조건에 있어서 매도인과 매수인의 최소한의 의무는 무엇이며 소유권과 비용 및 위험은 언제 어디서 이전되는가를 명확히 알아둘 필요가 있다.

(1) EXW(Ex Works...named place 공장 인도조건)

수출상의 영업장 내에서 물품을 수출자가 수입자에게 인도하는 조건이다.

이 조건은 해상운송, 육상운송, 항공운송 등 모든 운송수단에 적용이 가능한 조건으로 물품의 인도가 정해진 시기에 수출상의 정해진 영업장 구내에서 수입상의 임의처분 하에 인도한 때에 완료된다. 이 때 물품의 소유권도 수입상에게 이전되고 동시에 물품에 대한 위험부담과 비용부담도 같이 이전되므로 **비용부담의 한계는 위험부담의 분기점**과 같다. 수출상에게는 물품에 대한 위험부담이나 비용부담, 기타 여러 가지 관련의무의 부담이 가장 가볍다.

실무적으로 수출자가 출발 시 물품의 적재에 대한 책임을 지나 그러한 적재의 위험과 모든 비용부담을 수출자가 부담하기를 수입자가 원하면 매매계약서에 이와 같은 취지의 명시적인 문언을 추가함으로써 수출자는 이를 명확히 하여야 한다.

【표 9-7】 EXW조건에서의 당사자 의무

수출자의 의무	수입자의 의무
계약내용과 일치하는 상업송장, 포장명세서, 품질, 수량 등에 관한 검사증명서 또는 이와 동등한 전자통신문을 제공	수출자의 구내에서 물품을 수령한 사실을 입증하는 물품수령증(buyer's receipt)을 제공
수입자의 요청과 비용 및 위험부담으로 영사송장(consular invoice), 원산지 증명서등 수출, 수입 또는 제3국으로의 통과에 필요한 서류를 취득할 수 있도록 협조	자신의 위험과 비용부담으로 수출승인과 통관절차, 운송계약을 체결

EX는 'free'의 의미를 가지고 있으며 W는 'works'의 약어로 'factory', 'warehouse' 등 화주(매도인)가 물건을 만들어서 보관하고 있는 장소를 말한다. 따라서 창고나 인도장소 이름을 정확히 지정해서 명시하여야 한다. 예를 들면 삼성의 수원 제5 보세창고에서 인도하는 경우는 다음 예와 같이 된다. (EXW SAMSUNG'S WAREHOUSE #5, SUWON, KOREA, INCOTERMS 2000) 무역에서 흔히 쓰이는 Ex loco, Ex Factory, Ex Mill, Ex Mine, Ex Plantation, Ex Store도 같은 조건이다.

수출자 창고나 공장건물 안 밖을 불문하고 LCL 또는 FCL 적재 중 사고발생 시 수입자 책임이다. 수출자는 책임이 없다. 즉, 수출자는 화물을 계정(tally)후 인수증을 받고 적재의무를 운송인에게 넘기는 것으로 계약의 의무가 완성된다. 물품이 수출자의 운송용구에서 하역되지 않은 채로 수입자의 처분 하에 놓이는 경우에도 수출자는 인도의무를 다한 것이다.

FCL로 컨테이너수출을 하는 경우, 적재의무(stuffing)는 수입자의 의무가 된다. 따라서 관행으로 수출자가 화물을 적재하는 경우, EXW 조건은 적당한 무역조건이 아니며 또한 'EXW loaded' 라고 명기해서도 절대 안 된다. 'EXW loaded'라고 명기하면 화물을 싣는 선적비용만 부담하는 것인지, 위험책임까지 부담하는 것인지 불명확해지므로 사고발생 시 책임소재를 서로 전가하는 분쟁이 발생할 수 있기 때문이다.

수출관련 서류비용은 매수인 부담하고 운송자(포워더)는 물인수증(cargo receipt)을 교부하거나 받고 물품 인수 또는 인도 한다. EXW의 경우, 실무적으로는 국내 도매가격으로 계약하는 것이 관행으로 되어 있다.

(2) FCA(Free Carrier...named place; 운송인 인도조건)

운송인 인도조건은 매도인의 구내 또는 다른 지정된 장소에서 매수인이 지정한 운송인이나 또는 그 밖의 당사자에게 물품을 인도하는 것이다. 양 당사자는 가능한 한 지정된 인도장소에서의 인도지점을 명확히 해두어야 하는데 이 분기점에서 위험이 매수인에게 이전되기 때문이다.

양 당사자가 매도인의 구내에서 물품을 인도하고자 하면, 지정된 인도장소로서 그 구내 장소를 명시하여야 한다. 그리고 다른 어떤 장소에서 물품을 인도하고자 하는 경우에 당사자들은 그러한 인도장소를 명시하여야 한다.

FCA조건은 물품의 수출통관을 매도인이 하여야 하며 매도인의 영업장 구내에서 물품을 인도할 때는 매도인이 적재책임을 지고, 다른 모든 장소에서 인도할 때는 매도인이 양하책임을 지지 않는다.

이 조건은 복합운송을 포함한 모든 운송방식에 사용할 수 있다. 비용부담의 분기점은 위험부담의 분기점과 같다. 적재 시 발생할 수 있는 사고위험과 비용부담과 수출통관은 수출상이 진다. 그러나 하역사고는 수입자가 부담한다. (표기방법 : FCA+지정장소 ; 항공운송(FCA 000 Airport), 해상운송(FCA 000 Container Terminal), 철도운송(FCA 000 Station), 도로운송(FCA 000 Cargo Terminal), 복합운송(FCA 000 Warehouse)

FCA 조건은 매도인이 EXW조건+인도장소까지 운송비용+수출통관비부담을 하는 조건으로 수출상은 수출통관까지 마친 후 지정된 지점에서 수입상이 지정한 운송인의 관리 하에 물품을 인도함으로써 물품인도의무를 끝낸다. 이 때, 매도인이 물품을 수출통관하고 지정된 장소에서 매수인이 지정한 운송인에게 화물을 인도할 때 매도인의 위험과 비용의 부담도 종료가 된다. 즉, 매도인의 구내가 아닌 지점에서 물품을 인도할 때 매도인은 인도차량에서 적재화물을 양하할 의무가 없다.

【표 9-8】 FCA 조건에서 당사자의 의무

수출자의 의무	수입자의 의무
수출자의 부담으로 수출허가와 수출통관 이행 및 컨테이너 세, 각 종 부과금 지급	운송인지정 및 운송방식, 인도기일, 인도장소 통지
계약내용과 일치하는 상업송장, 수출허가서, 운송인에게 물품을 인도하였음을 증명하는 인도증거서류 제공	수출자에게 운송계약을 요청하지 않았으면 인도장소로부터 운송을 위한 운송계약체결
수입자의 요청과 비용 및 위험부담으로 운송계약 체결 후 운송서류제공	

FOB Pusan'과 비교해서 'FCA Pusan Port'(반드시 항이라고 밝혀야 한다. FCA Pusan은 부산의 어떤 역이나 창고일 수도 있기 때문이다.)는 수출자가 작업을 통제할 수 없는 선측에서의 본선선적 시 문제까지 책임지지 않아도 된다. 'FCA Pusan CY' 또는 CFS 라고 명기된 경우, 'Pusan CY' 또는 CFS에서 수입상이 지정한 운송인에게 화물을 인도하는 것으로 무역 계약상의 수출상의 의무는 자사의 통제 하에 완수되는 것이다. 그러므로 THC, W/F, C/T 모두 수출상이 부담하고 그 위험부담도 책임을 지는 것이다. 수출상은 수출통관비용 외에 수입자의 요청과 비용부담으로 선적에 관해서는 B/L을 발행한다.

(3) FAS(Free Alongside Ship...named port of shipment; 선측 인도조건)

선측인도조건은 매도인이 지정 선적항에서 매수인이 지정한 본선의 선측(예를 들면, 부두 또는 부선상)에서 물품을 인도하는 것을 의미한다.

FAS 조건에서 양 당사자는 가능한 한 지정선적항의 선적지점을 명확히 결정해 두어야 한다. 이는 물품에 대한 멸실이나 손실에 대한 위험은 물품이 선측에 인도된 때에 이전되며, 매수인은 이 순간부터 선적비용을 포함한 모든 비용을 부담하기 때문이다. 즉, 이 지점까지의 위험과 비용은 매도인의 부담이며 이러한 비용과 관련된 화물 취급수수료는 항구의 관습에 따라 달라질 수 있기 때문이다.

FAS 조건에서 매도인은 선측에 물품을 인도하거나 선적을 위해 이미 그렇게 인도된 물품을 조달하여야 한다. 여기서 조달이란 특히 상품거래에서 통상적인 것으로 복합판매를 위한 판매사슬(연속매매)에 물품을 공급하는 것을 말한다.

FAS조건에서 부선을 사용하는 작업일 경우 부선의 사용료는 당연히 수출자가 부담하여야 하며 선측까지 화물을 운반하기 전에 부선에서 사고가 발생하면 사고비용 책임을 수출상이 져야한다.

그러나 당사자들이 매수인이 물품의 수출통관을 이행할 것을 원하는 경우에는 매

매계약상에 이러한 취지의 명시적인 문언을 추가함으로써 이를 명확히 하여야 한다. 이 조건은 선측인도조건이므로 물품의 해상운송 또는 내수로 운송의 경우에만 사용한다. 그리고 이 조건은 일반화물의 운송에는 그다지 이용되지 않으며 화물의 종류에 따라 선박의 형태가 결정되는 운송에 많이 사용된다. 이는 FOB와 마찬가지로 선박지정(nomination)이 매수인에 의하여 이루어지므로 선적비용이 많이 들고 컨테이너 방식을 사용하기 곤란한 원맥, 원목, 원사 등 선적비용이 많이 드는 대량의 덩어리 화물(bulk cargo)에 자주 쓰인다. 수출상은 지정된 선적항의 부두 위 또는 본선의 현측에서 물품을 인계한다. (거래조건 표기의 예 : FAS+지정 선적항 ; FAS Pusan)

(4) FOB(Free On Board...named port of shipment ; 본선 인도조건)

물품이 지정된 선적항에서 본선에 안전하게 적재한 때에 매도인이 매수인에게 인도하는 것을 뜻한다.

이는 수입자가 그 지점으로부터 물품에 대한 모든 비용과 멸실 또는 손상의 위험을 부담하여야 한다는 것을 의미하며 수출상의 책임이 물품을 본선갑판에 적재하는 것과 동시에 면제된다. 본선인도 조건은 매도인이 물품의 수출통관을 이행할 것을 요구하고 있으며 이 조건은 해상 또는 내수로 운송에만 사용할 수 있다.

【표 9-9】 FOB 조건에서 당사자의 의무

수출자의 의무	수입자의 의무
계약내용과 일치하는 상업송장 및 제반 서류 제공	본선적재비가 운송비에 포함된 경우 적재비용, 도착항의 양륙비 지급
자신의 비용부담으로 수출허가, 통관, 컨테이너세, 기타 부과금 납부	자신의 비용부담으로 목적항까지 운송계약을 체결하고 수출자에게 선박명, 적재장소, 시기를 통보
수입자의 요청과 비용 및 위험부담으로 영사송장, 원산지 증명서등 수입 또는 제3국으로의 통과에 필요한 서류와 유통성 선하증권, 비유통성 해상화물운송장, 등의 서류를 취득할 수 있도록 협조	수출자에게 통지불이행, 지정선박의 입항지연이나 물품수령불이행이 발생할 경우, 합의한 인도기일로부터 발생하는 모든 비용과 위험을 부담

FOB조건은 수입상이 선박을 수배하여 수출상에게 지정하는 것이 원칙이나 실무상 수입상을 대신하여 수출상이 배를 수배하기도 한다. 저렴한 해상운임, 빠른 항해일정, 적시에 출항하는 배를 쉽게 수배하는 쪽이 누구냐에 따라 실제 업무가 이루어진다. 또 FOB 조건은 CIF 조건과 함께 가장 많이 사용하는 조건이다. 지정 선적항에서 매수인이 지정한 선박의 갑판상에 물품이 인도될 때 매도인의 물품에 대한 위험과 비용의무가 종료된다.

(5) CFR(Cost and Freight;...named port of destination 운임포함조건)

이 조건은 FOB의 변형조건으로 FOB조건에 운임만을 추가한 것이다. 따라서 물품이 선적항에서 본선에 안전하게 적재한 이후 물품의 손상이나 멸실에 대한 위험부담이 수출상에서 수입상으로 이전된다. 선적을 마칠 때까지 발생하는 모든 비용과 지정된 목적항까지 물품을 운송하는 데 소요되는 운임을 수출상이 부담한다.

이 조건의 특징은 위험의 분기점과 비용의 분기점이 서로 다른 장소에서 이전된다. 그래서 화물의 정상적으로 인도된 후 운송과정에서 발생하는 비용과 운송 중 사고는 수입상이 책임을 지며 도착지에서의 화물의 하역비용은 수입자가 부담한다(정기선인 경우는 포함).

【표 9-10】 CFR 조건에서 당사자의 의무

구분	내용
수출자의 의무	①수출자의 부담으로 목적항까지 물품의 운송계약체결 ②계약내용과 일치하는 물품을 선적항의 본선 갑판상(on board)에서 인도 ③계약내용과 일치하는 상업송장 및 목적항까지의 무사고 운송서류(유통성 선하증권, 해상화물운송장, 내수로 운송서류 등)을 지체없이 제공하고 모든 서류는 당사자 간 합의로 전자통신문으로 대체가능 ④자신의 비용부담으로 수출허가, 통관, 컨테이너세, 기타 부과금 납부
수입자의 의무	①목적항에서 양륙비가 운임에 포함되어있지 아니할 경우에는 양륙비를 지급 ②매도인에 대한 통지불이행으로 인하여 발생하는 모든 위험과 추가적인 비용을 지급 ③상업송장, 운송서류 및 보험서류가 도착하면 이를 승낙하고 도착항에서 물품을 수령

운임포함인도 조건은 수출자가 물품의 수출통관을 이행하여야 하며 이때, 운임에는 도착지에서의 하역비용은 포함되지 않는다. 이 조건은 해상 및 내수로 운송에서만 사용할 수 있다.

당사자들이 CFR 조건을 복합운송으로 변경할 때에는 첫 조건으로 대체할 수 있다. 계약서상에는 항상 목적항을 명시하고 선적항을 명시하지 않을 수도 있는데 이곳이 매수인에게 위험이 이전되는 곳이기 때문이다. 선적항이 매수인의 특정한 이해에 속하는 것이라면 양 당사자는 가능한 한 이를 정확하게 명시하여야 한다. (거래조건 표기의 예 ; CFR+지정 목적항 ; CFR New York)

(6) CIF(Cost, Insurance and Freight ...named port of destination; 운임보험료 포함조건)

FOB 조건에서 수출자가 운임(단 도착지 하역료는 수입자가 담), 보험료를 추가부담하는 조건으로 매도인이 본선 갑판상에서 물품을 인도하거나 또는 이미 그렇게 인도된 물품을 조달하는 것을 의미한다.

물품에 대한 멸실이나 손상에 대한 위험은 물품이 본선의 갑판상에 인도된 때에 이전된다. 매도인은 운송계약을 체결해야 하고 물품을 지정목적지로 가져오는데 필요한 비용과 운임을 지불하여야 한다. 그리고 이 때 수출자는 담보가 최소인 보험으로 부보하는 것이 통례이므로 수입자가 보다 더 큰 담보조건으로 보호를 받고자 원할 때에는 수출자와 이에 상당하는 명시적인 합의를 하거나 또는 수입자 스스로 별도의 보험약정을 체결하여야 할 필요가 있다. 물론 운송계약에서 따로 보험료를 수입자가 부담하기로 한 경우는 수입자가 부담한다. 이 경우 사고 시 보험이익의 수혜는 수출항의 본선 적재 이전에 발생한 사고보험이익은 수출상이, 그 이후는 수입상이 받는다. 이 조건은 해상 및 내수로 운송에 만 사용될 수 있다.

【표 9-11】 CIF 조건에서 당사자의 의무

수입자의 의무	①목적항에서 양륙비가 운임에 미포함된 경우, 양륙비를 지급 ②매도인에 대한 통지 불이행으로 발생하는 모든 위험과 추가적인 비용을 지급 ③상업송장, 운송서류 및 보험서류가 도착하면 이를 승낙하고 도착항에서 물품을 수령
수출자의 의무	①수출자의 부담으로 목적항까지 물품의 운송계약체결 ②계약내용과 일치하는 물품을 선적항의 본선 갑판상(on board)에서 인도 ③계약내용과 일치하는 상업송장 및 목적항까지의 무사고 운송서류(유통성 선하증권, 해상화물운송장, 내수로운송서류 등)을 빨리 제공하고 모든 서류는 합의로 전자통신문으로 대체가능 ④자신의 비용부담으로 수출허가, 통관, 컨테이너세, 기타 부과금 납부 ⑤자신의 비용부담으로 최소담보조건인 ICC(C), ICC(FPA)으로 물품대금의 110%한도 까지 계약상의 통화단위로 부보(전쟁, 동맹파업, 소요 및 폭동위험에도 부보) ⑥선적항에서 물품의 본선적재비(loading costs) 부담하고 단, 정기선의 경우 목적항에서 양륙비가 운임에 포함되어 있으면 이것도 지급

CIF 조건은 CFR 가격에 해상보험료를 더한 것으로 보험가입 의무와 보험료를 수출상이 진다는 것 외에는 CFR 조건과 동일하다.

(7) CPT(Carriage Paid To ; 운임지급인도조건)

원칙적으로 CFR과 같은 조건으로서 FCA 가격에 수입지의 지정 목적지(양 당사자가 합의한 어떠한 장소)까지의 운임이 더해진 조건이다. 이는 매도인이 스스로 지정한 운송인에게 물품을 인도하되, 다만 지정된 목적지까지 물품을 운반하는데 필요한 운송비를 추가로 지급하여야 한다는 것을 뜻한다. 물품이 그렇게 인도된 이후에 발생하는 모든 위험과 기타 모든 비용을 매수인이 부담하여야 한다.

합의된 목적지까지의 운송을 위하여 여러 운송인이 참여하고, 또 당사자가 특정의 인도지점을 합의해 두고 있지 않은 경우에는 매도인이 선택하는 지점에서 물품이 최초의 운송인에게 인도된 때에 위험이 이전된다. 그 이후의 단계(예를 들면 항구 또는 공항)에서 위험을 이전하고자 하는 경우에는 계약서상에 이를 명시하여야 한다. 당사자들은 합의된 목적지 내의 지점을 가급적 정확하게 지정하는 것이 바람

직하다. 그러한 지점까지의 비용은 매도인이 부담하기 때문이다. 매도인은 운송계약을 체결해야 하며 이 조건을 정확하게 일치시켜야 한다.

이 조건은 매도인이 물품의 수출통관을 이행하여야 하며 복합운송을 포함하여 운송방식에 관계없이 사용될 수 있다.

【표 9-12】 CPT 조건에서 당사자의 의무

수입자의 의무	①목적항에서 양륙비가 운임에 포함되어있지 아니할 경우에는 양륙비를 지급 ②매도인에 대한 통지불이행으로 인하여 발생하는 모든 위험과 추가적인 비용을 지급 ③상업송장 및 운송서류가 도착하면 이를 승낙하고 도착항에서 물품을 수령
수출자의 의무	①수출자의 부담으로 목적항까지 물품의 운송계약체결 ②계약내용과 일치하는 물품을 운송인이나 최초 운송인에게 인도 ③계약내용과 일치하는 상업송장 및 목적항까지의 무사고 운송서류(유통성 선하증권, 해상화물운송장, 내수로운송서류 등)을 지체없이 제공하고 모든 서류는 당사자 간 합의로 전자통신문으로 대체가능 ④자신의 비용부담으로 수출허가, 통관, 컨테이너세, 기타 부과금 납부 ⑤선적항에서 물품의 본선적재비(loading costs) 부담하고 단, 정기선의 경우 목적항에서 양륙비가 운임에 포함되어 있으면 이것도 지급

이 조건은 Carriage Paid To (…지정장소)의 의미이므로 CPT조건은 복합운송을 포함하여 어떠한 운송형태에도 사용할 수 있다. 복합운송의 경우 최초의 운송인에게 물품이 인도된 시점에서 수입상에게로 위험부담이 이전된다. 이 조건은 지정도착지까지의 운송비지급가격조건으로 운송인에게 물품을 인도하는 것이므로 수출자의 계약이행이 완료되는 시점이 FCA조건과 같으나 운송인은 수출자가 지정하고 운송비도 수출자가 부담한다. 화물이 인도될 때까지의 모든 비용, 선적비, 도착지에서의 하역비 포함 모든 운송비용(수출 통관비용 포함)은 매도인이 부담하여야 하나 단 운송계약에서 따로 매도인(수출자)이 부담하기도 되어 있지 않은 한 도착지 하차비용은 수입자가 부담한다.

(8) CIP(Carriage and Insurance Paid ; 운임보험료지급인도조건)

수출자는 자신이 지정한 운송인에게 운송료 및 모든 운송비용을 지불하고, 보험에 가입하여 운송 중 물품의 멸실과 손상위험을 보상할 보험상품에 부보한 후, 물품을 인도하면 계약의 의무가 완료된다. 이때 수출자는 최소 담보조건인 ICC(C), ICC(FPA) 조건으로 보험을 부보해도 되기 때문에 수입자는 이를 주지할 필요가 있고, 만약 수입자가 확장담보를 원하면 수출자와 명시적으로 합의를 하거나 수입자 자신이 추가로 보험 수배를 해야 한다.

수출통관의 의무는 수출자에게 있다. 이 조건은 원칙적으로 CIF와 같은 조건으로서 CPT와 유사하다. 수출상이 수입상을 위하여 적화보험의 보험가입 의무와 보험료를 부담한다는 것이 다르다.

【표 9-13】 CIP 조건에서 당사자의 의무

수입자의 의무	①목적항에서 양륙비가 운임에 포함되어있지 아니할 경우에는 양륙비를 지급 ②매도인에 대한 통지불이행으로 인하여 발생하는 모든 위험과 추가적인 비용을 지급 ③물품이 운송인에게 인도되고 상업송장 및 운송서류가 도착하면 이를 승낙하고 도착항에서 물품을 수령
수출자의 의무	①수출자의 부담으로 목적항까지 물품의 운송계약체결 ②계약내용과 일치하는 물품을 운송인이나 최초 운송인에게 인도 ③계약내용과 일치하는 상업송장(commercial invoice) 및 목적항까지의 무사고 운송서류(유통성 선하증권, 해상화물운송장, 내수로 운송서류 등)을 지체없이 제공하고 모든 서류는 당사자 간 합의로 전자통신문으로 대체가능 ④자신의 비용부담으로 수출허가, 통관, 컨테이너세, 기타 부과금 납부 ⑤자신의 비용부담으로 최소담보조건으로 물품대금의 110%한도 까지 계약상의 통화단위로 부보(전쟁, 동맹파업, 소요 및 폭동위험에도 부보) ⑥선적항에서 물품의 본선적재비(loading costs) 부담하고 단, 정기선의 경우 목적항에서 양륙비가 운임에 포함되어 있으면 이것도 지급

CIP와 CFR, CIF, CPT를 포함하는 C조건의 특징은 결제방법이 일반적으로 화환신용장을 사용한다. 화환신용장 하에서 수출자는 은행에 합의된 선적서류를 제시함으로써 대금을 결제 받는다.

그런데 화환신용장 하에 대금결제가 이루어진 순간이후 또는 물품을 선적 및 발송한 후 추가위험이나 추가비용을 수출자가 부담하여야 하는 것은 화환신용장의 본래 목적에 상충된다. 따라서 선적 및 발송 이후 발생되는 사건으로부터 초래되는 추가비용은 수입자가 부담하여야 한다. 만약 수출자가 관세, 조세 및 기타 수수료의 지급을 포함하는 운송계약을 제공해야 하는 경우에는 물론 그러한 비용을 매도인이 부담하여야 한다. 합의된 도착지에 도달하기 위해 중간 장소에서 물품의 환적을 수반하는 다수의 운송계약을 체결하는 것이 관례인 경우, 수출자는 물품이 어떤 운송용구로부터 다른 운송용구로 환적될 때 발생하는 여하한 비용을 포함하여 모든 비용을 지불하여야 하나 운송인이 예상치 못한 장애물(예를 들어 얼음, 혼잡, 노동분규, 전쟁 또는 전쟁에 준하는 작전)을 피하기 위하여 환적가능문구를 명시하고, 이에 따라 운송인이 마땅한 권리의 행사로 환적을 했을 경우 그로부터 발생하는 추가비용은 수입자가 부담한다. 이는 매도인의 통산적인 의무가 운송계약을 체결하는 것으로 제한되기 때문이다. 또한 정기선에 의한 운송을 하는 경우는 통상 정기선운임에 하역비가 포함되므로 하역비는 수출자의 부담이 된다.

(9) DDP(Delivered Duty Paid; 관세지급인도조건)

관세지급인도 조건은 매도인이 물품을 수입통관 하고, 지정된 목적지에 도착하는 모든 운송수단으로부터 양화하지 아니한 상태로 매수인에게 인도하는 조건이다.

EXW 조건이 매도인에 대한 최소 의무를 나타내는 반면에, 관세지급인도 조건은 최대 의무를 나타낸다.

매도인은 적용 가능한 경우 목적지 국가에서의 수입을 위한 모든 관세를 포함하여 목적지까지 물품을 운반하는데 수반되는 모든 비용과 위험을 부담하여야 한다.

【표 9-14】 DDP 조건에서 당사자의 의무

수출자의 의무	①계약내용과 일치하는 물품을 최종목적지에서 수입자의 임의처분하에 인도 ②계약내용과 일치하는 상업송장(commercial invoice) 및 수입자가 지정된 목적지에서 물품을 수령할 수 있는 인도지시서(delivery order) 또는 유통성 선하증권, 해상화물송장, 복합운송서류 제공한다. 이 때, 모든 서류는 당사자 간 합의로 전자통신문으로 대체가능 ③자신의 비용부담으로 수출허가, 수출통관, 수입지에서 수입통관 수입허가, 조세, 관세 등을 지급 ④국경에서 최종목적지까지의 반입운송비(on-carriage)를 지급
수입자의 의무	①목적지에서 자신의 임의처분 하에 인도된 물품을 수령하고 운송수단으로부터 물품을 양하 ②물품을 인도 받으면 지체업이 약정대금지불

이 조건은 매도인이 직접 또는 간접적으로 수입허가를 취득할 수 없는 경우에 사용되어서는 아니 된다. 그러나 당사자들이 물품의 수입 시에 지급되는 비용의 일부(예컨대 부가가치세)를 매도인의 의무사항에서 제외할 것을 원하는 경우에는, 매매계약상에 이러한 취지의 명시적인 문언을 추가함으로써 이를 명확하게 하여야 한다. 당사자가 매수인이 수입에 따른 모든 위험과 비용을 부담할 것을 원하는 경우에는, 관세미지급 조건을 사용하여야 한다. 이 조건은 운송방식에 관계없이 사용가능하다.

이 조건은 가능한 한 도착지를 정확하게 기재하여야 한다. 만약 도착지가 명확하지 않으면 수출상 임의로, 수입상이 원하는 곳이 아닌 곳에 화물을 하차하여도 책임을 물을 수 없게 되므로, 예를 들면 DDP Smith's Warehouse 2, Chicago, Incoterms 2000.처럼 정확한 상품의 하차지점을 명시해야 한다.

(10) DAT(Delivered at Terminal ; 도착 터미널 인도조건)

물품이 도착운송수단으로부터 양화된 상태로 지정목적항이나 지정목적지의 지정터미널에서 매수인의 처분 하에 놓이는 때에 매도인이 인도하는 것을 말한다. 터미널은 부두, 창고, 컨테이너야드 또는 도로, 철도, 항공화물 터미널과 같이 덮개의 유무를 불문하고 모든 장소를 포함한다. 즉, DAT에서는 (종래의 DEQ 규칙과 같이) 도착차량에서 양회된 상태로 매수인의 처분하에 놓인 때 매도인은 의무를 다하게 된다. DAT에서 지정터미널은 항구일 수도 있으므로 DAT는 Incoterms 2000의 DEQ가 사용가능하던 경우에 안전하게 사용될 수 있다.

매도인은 물품을 운송하고 지정항구나 목적지의 터미널에서 양하하는데 필요한 모든 위험을 부담한다.

(11) DAP(Delivered at Place ; 도착 장소 인도조건)

물품이 지정목적지에서 도착운송수단에 실린 채 양화준비된 상태로 매수인의 처분하에 놓이는 때에 매도인이 인도한 것을 말한다.

매도인은 그러한 지정장소까지 물품을 운송하는 데 수반하는 모든 위험을 부담한다. 즉, DAP에서는 (종래의 DAF, DES, DDU와 같이) 마찬가지로 매수인의 처분하에 놓인 때이지만 양화할 준비가 된 때에 인도가 일어난다.

4 선적조건(Shipment Term)

선적조건의 경우에 있어서 당사자가 결정해야 할 중요한 문제는 선적시기의 결정과 선적시기의 위반에 따른 손해배상의 문제이다.

1) 선적시기의 결정

(1) 특정일중 또는 특정월중 선적

무역계약서 또는 신용장상에 “December 31, 2014”, “Shipment during December, 2014”, “December Shipment, 2014” 또는 “Shipment to be made during December, 2014” 등과 같이 물품의 선적시기를 특정일 또는 특정월로 한정한다.

(2) 특정조건부선적

“Shipment : Within 30 days after receipt of L/C” 또는 “Shipment : Within 30 days after contract” 등과 같이 특정한 조건이 이행되는 시점을 중심으로 선적시기를 결정한다.

(3) 즉시선적(Prompt or Immediate Shipment)

물품의 사정상 신속한 선적이 요구되는 경우에 이용되는 선적시기의 결정방법이지만 Prompt 또는 Immediate의 결정기준이 애매모호하기 때문에 선적시기에 관한 후일의 분쟁을 미연에 방지한다는 측면에서 이와 같은 선적시기의 결정방법보다는 특정일 또는 특정월을 확정하는 것이 바람직하다.

【표 9-15】 선적기일 표시방법

구 분	선 적 기 일 표 시 방 법	선 적 기 일
특정기일 선적	Not latter May 31, 2014 = Latest(By) May 31, 2014 Within 45days after receipt of your L/C	2014.5.31까지 신용장 수령일 익일부터 기산하여 45일 이내
특정일경 선적	On or about May 6, 2014	2014.5.1~5.11 사이
연월 선적	In May/June, 2014	2014.5.1~6.30 사이
단월 선적	In May, 2014	2014.5.1~5.31 사이
상・하반월 선적	In the first half of May, 2014 In the second half of May, 2014 In the beginning of May, 2014 In the middle of May, 2014 In the end of May, 2014	2014.5.1~5.15 사이 2014.5.16~5.31사이 2014.5.1~5.10 사이 2014.5.11~5.20사이 2014.5.21~5.31사이
사용금지 표현	As soon as possible, prompt, immediate 등의 애매모호한 표현	해석기준이 없음 (L/C유효기일이내)

2) 선적시기의 위반

원칙적으로 선적시기는 무역계약의 본질적인 요소로서 매도인이 고의적 또는 태만으로 선적시기를 위반하였을 경우에 매수인은 계약을 소멸시키고 선적불이행에 대한 손해배상을 청구할 수 있다.

5 대금결제조건(Payment Term)

대금결제조건에 있어서 당사자가 결정해야 할 중요한 문제는 대금결제시기와 대금결제방법으로서 주요한 것을 보면 다음과 같다.

1) 대금결제시기

(1) 선불(Payment in Advance)

매수인이 물품의 주문과 동시에 대금을 결제하는(Cash With Order : CWO)방법으로서 매도인에게는 유리하나 매수인에게는 불리한 조건이다.

(2) 누진불(Progressive Payment)

Plant 수출입 또는 선박, 항공기 등과 같이 물품대금이 상당히 큰 경우에 이용되는 방법으로서, 물품대금을 수회로 분할하여(예컨대, 계약시점, 선적시점, 인도시점

등) 점진적으로 물품대금을 결제하는 방법이다.

(3) 연불(Deferred Payment)

약정물품이 매수인에게 인도된 후 일정한 기간이 경과한 후에 대금결제가 이루어지는 방법으로서, 일반적인 외상거래의 방법이다.

(4) 현금불(Cash on Delivery)

약정물품이 목적지에 도착하면 그 물품과 상환으로 대금을 결제하는 방법이다.

2) 주요한 대금결제방법

(1) 신용장결제(Payment by Letter of Credit)

무역당사자간의 물품거래에 따른 신용상의 위험(credit risk)과 상업상의 위험(mercantile risk)을 해소시키지 않는 한 무역의 원활한 이행을 기대할 수 없다. 신용장은 이와 같은 무역당사자간의 물품거래에 따른 위험을 해소시키는 하나의 효율적인 방안으로서 등장하였다.

즉, 신용장에 의한 대금결제는 무역당사자간의 개인적인 신용(private credit) 이외에 은행의 신용(bank credit)이 추가되어 이루어진다. 다시 말하면 신용장이란 은행의 조건부대금지급확약증서(bank's conditional and definite undertaking instrument for payment)로서 수출업자가 신용장조건과 일치하게 유효한 선적서류를 제시하는 한 수입업자의 파산 등 대금지급불능사태가 발생하여도 신용장개설은행이 수출업자에게 대금지급을 하겠다는 하나의 확실한 약속증서로서 수출업자의 신용상의 위험을 해소시켜준다.

반면에 수입업자의 경우에 있어서는 수출업자가 신용장조건과 일치한 선적서류를 제시하는 경우에 한해서 은행의 대금지급이 이루어지기 때문에 무역계약과 일치한 약정상품의 수령이 가능하기 때문에 상업상의 위험이 해소된다.

실제로 신용장에 의한 대금결제방식은 일반적인 화환어음에 의한 결제방식에다가 은행의 지급보증이 첨부된 것으로서 신용장부화환어음(documentary bill of exchange with letter of credit)에 의한 결제방법을 의미한다. 신용장의 이와 같은 효용 때문에 오늘날 무역거래상 대금결제의 상당한 부분을 신용장이 차지하고 있다.

(2) 추심결제(Payment by Collection)

추심에 의한 결제방식은 수출업자가 약정상품을 선적한 후에 선적서류를 첨부한 환어음(documentary bill of exchange)을 발행하여 거래은행에 매입의뢰(nego)를 하면 거래은행이 선적서류와 상환으로 대금을 결제하는 것을 의미한다.

추심에 의한 대금결제방식에는 은행의 수입업자에 대한 선적서류의 제시조건에

따라 인수인도조건(Document against Acceptance : D/A)과 지급인도조건(Document against Payment : D/P)이 있다. 즉, 일반적으로 화환어음을 매입한 수출지의 은행은 수입지의 은행에게 환어음과 선적서류를 송부하여 수입지의 은행이 수입업자에게 선적서류를 인도하게 된다.

수입업자가 선적서류를 인도받는 시점에서, 인수인도조건이란 수입업자가 은행으로부터 선적서류를 인수받으면서 어음금액을 지급하지 않고 단지 어음상에 "Acceptance"라고 표시하면 되는 조건이다. 반면에 지급인도조건이란 수입업자가 은행으로부터 선적서류를 받으려면 반드시 어음금액을 지급하여야만 하는 조건을 의미한다.

【표 9-16】 대금결제방법의 종류

구분	종 류
송금	사전송금방식 : 선불 - CWO(Cash With Order : 현금출급전문) : 주문대금시 지불
	사후송금방식 : 후불 - Open Account : 물품 및 운송서류 인도 후 대금이 결제되는 순수한 후불 - COD(Cash On Delivery : 화물인도 대금결제방식) : 물품인도와 동시에 대금결제 - CAD(Cash Against Documents : 서류상환 대금결제방식) : 운송서류 인도와 동시에 대금결제
추심	D/P(Document against Payment : 선적서류지급인도조건) : 운송서류와 환어음을 제시함과 동시에 대금결제
	D/A(Document against Acceptance : 선적서류인수인도조건) : 외상거래 - D/A(at 90 days after sight) : 일람후 90일에 대금결제 - D/A(at 90 days after the date of shipment) : 선적후 90일에 대금결제
신용장	Sight L/C(일람불신용장) : 운송서류 및 환어음 제시 즉시 대금결제(은행보증)
	Usance L/C(기한부 신용장) : 외상거래(은행보증) - Usance L/C(at 90 days after sight) : 일람후 90일에 대금결제 - Usance L/C(at 90 days after the date of shipment) : 선적후 90일에 대금결제
국제 팩토링	IFC(International Factors Group) 등 국제팩토링그룹에 가입되어 있는 Export Factor(수출국 팩토링회사) 및 Importer Factor(수입국 팩토링 회사)의 무역금융수혜 및 지급보증으로 대금결제가 이루어지는 최근의 결제방법

주) Shipper's Usance L/C : 신용공여자가 수출상인 일반 Usance L/C
Banker's Usance L/C : 신용공여자가 은행이며, 수입상의 입장에서 만든 Usance L/C
-Overseas Banker's Usance L/C : 신용공여자가 수입상 입장에서 해외은행
-Domestic Banker's Usance L/C : 신용공여자가 수입상 입장에서 국내은행

6 보험조건(Insurance term)

무역에 있어서는 약정상품의 장기간의 국제운송에 대비하는 상품의 운송 중에 발생될 수 있는 위험문제를 고려해야 한다. 따라서 보험조건에 있어서 당사자가 결정해야 할 문제는 부보의무자와 부보조건의 결정이다.

1) 부보의무자의 결정

수출업자와 수입업자 중 어느 당사자가 약정상품의 운송에 따른 부보를 해야 할 것인지는 무역계약의 조건에 따라 결정되는 문제이다. 즉, 본선인도조건(FOB)의 경우에는 수입업자가 부보의무자가 되고, 운임보험료 포함가격조건(CIF)의 경우에는 수출업자가 부보를 하여야 한다.

2) 부보조건의 결정

원칙적으로 보험자의 경우 상품의 운송중에 발생될 수 있는 모든 손해를 보상하는 것이 아니고, 피보험자가 부보한 조건에 따라 보험자가 담보한 위험에 기인하여 발생한 손해만을 보상한다. 따라서 피보험자는 어떠한 조건으로 부보할 것인지를 보험계약의 체결시 결정하여야 한다.

사실상 무역당사자의 경우 해상보험에 관한 전문적인 지식을 가지고 있는 전문가가 아니기 때문에 보험자로 하여금 어떠한 위험을 담보시키고, 어떠한 위험을 면책시킨다는 등을 하나하나 보험계약서상에 명시하는데도 상당한 어려움 등이 있어서 런던 해상보험업자협회(Institute of London Underwriters)와 로이즈 해상보험업자협회(Lloyd's Underwriters Associaation)에서 신협회화물약관 (Institute Cargo Clause : ICC)을 제정하였다.

협회화물약관상에 나타나 있는 부보조건에는 ICC(A); A Clauses, ICC(B); B Clauses, Institute ICC(C); C Clauses, Institute War Clauses 및 Institute Strikes Clauses 등이 있다.

따라서 피보험자의 경우에 있어서는 협회화물약관상에 있는 부보조건을 결정하여 보험계약을 체결하면 된다. 다만, 피보험자의 경우에 있어서 약관에 나타나 있지 않는 위험에 기인한 손해를 보상받고 싶은 경우에는 보험자와 특약에 의하여 추가보험료를 부담하고 위험에 대한 보험보호를 받을 수 있다.

7 포장조건

1) 포장 단위

포장방법은 물품의 최소 소매단위를 하나하나 개별적으로 포장하는 개장(unitary packing), 개장된 물품을 취급하기에 편리하도록 일정한 양을 묶어 한번 포장하는 내장(interior packing)이 있다. 그리고 운송도중 파손이나 도난을 방지하고 하역작업에 편리하도록 몇 개의 내장을 목재나 카톤(carton) 등으로 된 상자에 다시 포장하는 외장(outer packing)이 있다.

2) 포장 단위

화물의 단위화(單位化)는 무역거래 대상물품의 물적유통관리를 합리적이고 자율적으로 수행하기 위하여 필요하다. 물적유통과정에서 가장 중요한 것은 화물의 일관운송관리와 재고(在庫)관리이다. 물적유통을 관리함에 있어서 화물의 형태가 다양하거나 취급하는 단위량, 규격 등이 달라지게 되면 물류 방식이 복잡해지고 기계·장비에 의한 처리도 어려워지기 때문이다. 따라서 화물을 일정한 표준규격의 중량 또는 용적으로 일체화시킬 필요가 생긴다. 이를 단위화(Unitization)라 한다. 화물의 단위화는 화물의 운송과정에서 운송회사에 의해 요구되기도 한다.

3) 포장의 종류

수출화물의 가장 일반적인 포장은 상자(case)이지만 화물의 성질에 따라 여러 가지의 포장이 사용된다. 매매당사자들은 수출화물에 적합한 포장을 대부분 알고 있기 때문에 무역계약에서는 포장의 종류를 보통 표준수출포장(standard export packing)으로 표현한다.

【표 9-17】 포장의 종류

구분	포장종류	재질	포장명	약 호	포장대상물품
용기포	상 자	나 무 종 이 금 속 지 투시상자	wooden box; case; chest carton tin-lined case crate skelton case	W/B ; C/S ; CST C/; CTN CRT	식료품, 손상하기 쉬운 잡화, 홍차, 가벼운 일반잡화, 통조림, 자동차
	베 일 (bale)	마 압축베일 가 마 니	burlap; hessian cloth pressed bale straw mat	- BL -	면사, 원모 원면 쌀
	부대(bag)	마 대 면 대	gunny bag sack	BG 나	미곡, 잡곡 소맥

장		지 대 폴리에틸렌	paper made bag polyethylene bag	BT BG	시멘트, 석회 소금, 사료, 분말약품
	통	나무통(대) 나무통(중) 나무통(소)	barrel cask keg	BRL CSK KG	술, 간장 염료 못, 볼트
	특수용기	드 럼 관 양 철 관 용기, 유리 대 나 무 철제원통	drum tin; can jar; pot; carboy basket; hamper cylinder; iron flask	DR - - BKT -	화공약품, 유지 석유, 통조림 유산, 음료수 과일 탄소
무용 기포장	두루마리 다 발 궤		roll; coil bundle ingot	BL ; CL BDL -	철판, 신문지, 철사 철근 철강, 알루미늄

4) 화인(Shipping Marks)

화인(shipping marks, cargo marks)은 외장(外裝)에 특정의 기호, 번호, 목적지, 원산지 등의 표시를 하는 것을 말한다. 이러한 표시는 해당 화물에 대한 구분으로 운송인이나 기타 관계자에 대한 업무처리의 정확성과 효율성을 높이기 위한 것이다. 화인의 주요 표시는 선하증권이나 포장명세서(Packing List)에 기재된다.

8 클레임과 상사중재에 관한 조건

일반적으로 무역계약의 당사자가 계약조건을 엄밀하게 일치하여 무역계약을 이행하게 된다면, 당사자간의 무역거래에 따른 문제가 발생되지 않는다. 그러나 현실적으로 무역계약의 이행시 당사자의 고의 또는 과실 여부를 떠나서 클레임이 발생하는 것이 일반적이다.

따라서 무역당사자간의 이와 같은 분쟁을 합리적으로 해결하기 위하여 무역당사자간의 클레임제기에 따른 손해배상청구 등의 문제를 무역계약의 체결시에 결정하는 것이 요구된다.

일반적으로 클레임과 상사중재에 관한 조건에서 고려해야 할 문제는 클레임의 제기기간, 클레임의 해결장소 및 준거법 및 해결방안 등이 명시되어야 한다.

제10장 국제운송과 보험

제1절 해상운송

1 해상운송의 기초개념

1) 해상운송의 개념

해상운송(carriage by sea)이란 해상에서 선박을 이용하여 사람이나 화물의 장소적 이동을 시켜주고 그 대가로서 운임을 취득하는 상업적인 행위를 의미한다. 일반적으로 운송은 운송업자가 운송행위의 대가로서 운임을 취득하는 영업행위, 상인자신이 자기의 화물을 자기의 운송용구에 의하여 운송하고 상업상의 이윤을 취득하는 영업행위 및 군인 또는 군수물자 등을 운반하는 군함이나 유람선 등에 의한 비상업적인 행위로 구분할 수가 있다.

그러나 물품의 국제간의 이동에 이용되는 통상적인 의미에 있어서의 해상운송은 해운기업의 이윤을 추구하는 영업상의 행위를 의미하는 것이며, 군함이나 유람선 등에 의한 비영리적인 운송행위를 의미하지 않는다.

2) 해상운송업무의 유형

해상운송업무의 유형은 분류기준에 따라 연안항해, 근해항해(short sea), 원양항해(deep sea) 또는 적화운송과 승객운송 등으로 구분할 수 있지만, 가장 기본적인 해상운송업무의 분류방식은 다음과 같은 3가지 해상운송업무의 형태에 의한 분류이다.

(1) 부정기선운항

부정기선(tramper)이란 일정한 항로나 화주를 한정하지 않고 화물이 있을 때마다 또는 선복의 수요가 있을 때마다 화주가 요구하는 시기와 항로에 따라 화물을 운송하는 선박을 의미하며, 부정기선에 의한 운항을 부정기선운항이라고 한다.

해운의 역사적인 관점에서 볼 때 산업혁명을 계기로 독립기업으로서 등장한 해운이 초기에는 외국의 특산물과 귀중품의 교역에만 집중하여 이윤이 많이 발생될 수 있는 항구를 찾아 부정기적으로 운항하는 부정기선운항이 주류를 이루다가 오늘날의 현대적인 정기선해운으로 성립되었다.

그리고 오늘날 일반적으로 부정기선운항은 선주가 선박을 이용하는 자를 위하여 선박의 일부 또는 전부를 빌려주어 이를 이용할 수 있도록 하여 주는 용선계약에 의하여 이루어진다.

(2) 정기선운항

정기선(liner)이란 두 개 이상의 일정 항구간을 정하여진 기일에 정기적으로 왕복하면서 화물의 다소여부에 관계없이 운항되는 선박으로서, 화물에 따라 불특정항로에 취항하는 부정기선과는 다르다.

따라서 정기선 운항이란 항해스케줄에 따라 동일한 항구간에 정기적으로 운항하는 것을 의미한다.

정기선은 그 성격상 운항이 정기적이고 신속성이 요구되기 때문에 정기선에 적재되는 화물은 원료품 보다는 주로 제품화된 일반화물이며, 그 운임은 해운동맹의 운임율에 따라 산정된다.

(3) 전용선운항

전용선운항은 부정기선 운항의 일종이기도 하나, 특수한 물리적 또는 화학적 성질을 가진 특정종류 내지 특정그룹의 화물운송에 적합한 설비를 갖춘 선박으로써 전용선이나 특수선에 의한 운항형태이다.

전용선운항에서 상당히 중요한 역할을 하고 있는 것으로서 Tanker운항이 있는데, Tanker란 원유, 가솔린, 등유 및 액화가스 등을 산적하여 운송할 수 있도록 건조된 전용선이다. 오늘날의 해상운송에서 Tanker 운항이 중요한 역할을 하게된 본질적인 이유는 국제무역에서 원유와 유류제품이 차지하는 중요성 때문이다.

Tanker의 종류를 보면 가솔린, 윤활유와 같이 정제된 Clean oil을 운송하는 Clean tanker, 원유 등의 정제되지 않은 Dirty oil을 운송하는 Dirty tanker 및 원

유 비축용을 위한 Station tanker 등이 있다.

3) 해운동맹(Shipping Conference or Shipping Ring)

(1) 해운동맹의 개념

해운동맹(shipping conference) 또는 해운연합(shipping ring)이란 특정한 항로 또는 기타 항로에 있어서의 해운업의 경쟁을 조정하거나 제한하는 목적으로 결성된 해운회사의 내밀적인 결합체(a combination more or less close of shipping companies)로서, 결국 두 회사 이상의 정기선회사가 특정항로에서 상호간에 기업적인 독립성을 유지하면서 공정한 경쟁을 유지하거나 경영기반의 유지발전을 위하여 운임율 및 기타 영업조건 등에 관하여 계약을 체결하는 해운카르텔이다.

해운업 자체가 본질적으로 자유 경쟁적인 성격을 갖고 있기 때문에 다른 산업에 비해서 당사자간의 경쟁도 한층 격화되는 경향도 있고, 또한 해운시황의 호황과 불황을 불문하고 일정한 스케줄에 따라 배선하여 운송을 해야 하는 상당히 어려운 문제를 안고 있다.

따라서 정기선회사의 경우에, 회사 상호간의 파멸적인 경쟁을 억제하고 협조체제를 구축함으로써 개별 정기선회사의 자구책을 마련하고자 필연적으로 출현된 것이 해운동맹이라고 할 수 있다.

(2) 해운동맹의 기능

해운동맹은 본질적으로 다음과 같은 3가지 기능을 갖는다.

① 동맹회원사 상호간에 운임협정(rate agreement)을 체결하여 장기적인 안목에서 운임의 안정을 확립시킨다.

② 해운동맹을 통하여 항로의 안정이 유지되고 또한 동맹회원사간의 과다경쟁이 억제되기 때문에 다소간의 운항경비를 절감시킴으로써 보다 나은 해운서비스를 제공할 수 있다.

③ 정기선운항이 지속적으로 가능하기 위한 전제조건은 해상화물의 출회량의 안정성이라고 볼 수 있다. 해운동맹은 본질적으로 이와 같은 해상화물의 출회량을 안정시켜 주기 때문에 정기선운항을 유지시켜준다.

(3) 해운동맹의 경쟁억제수단

해운동맹은 동맹내외부의 과다경쟁을 막기 위한 수단으로서 여러 가지 유형의 규제방법을 강구하고 있는데 주요한 것은 다음과 같다.

① 운임협정(Rate Agreement)

해운업의 가장 본질적인 경쟁이 운임경쟁이기 때문에 운임율에 따른 과다경쟁을 방지하기 위하여 해운동맹에서 표준적인 운임율표를 제공하여 각각의 해운동맹회원사에게 엄격히 적용할 것을 요구한다.

② 합동계산제(Pooling Agreement)

동맹회원사 상호간의 이해를 조화시키고 동맹에 대한 구속력을 강화시키기 위하여 각각의 해운동맹회원사가 특정항로에서 일정기간 내에 취득한 운임액 가운데서 소정의 항해 및 하역경비를 공제한 나머지 순운임 수입을 공동기금으로 거출하였다가 일정한 기간이 경과한 후에 각 동맹회원사의 실적 등을 근거로 미리 정해진 비율(pool point)에 따라 이익운임을 배분한다.

③ 운임기말환급제(Deferred Rebate System)

화주가 일정기간 동안에(보통 6개월임) 맹외선(해운동맹에 가입하지 않은 선박회사이며 outsider라고 불리운다)에 화물을 선적하지 않고 오직 동맹회원사의 선박에만 화물을 적재한 경우에, 화주가 그 기간 동안에 지불한 운임총액의 일정부분(보통 10%임)을 환급받을 수 있는 자격이 부여되며, 다음 일정기간(보통 6개월)에도 동맹회원사의 선박만을 이용하는 경우에 그 금액을 환급하여 주는 제도이다.

④ 경쟁대항선(Fighting Ship)

맹외선의 경쟁이 있을 경우에 해운동맹에서 맹외선과 같은 시기에 채산성을 무시한 저운임으로 경쟁시켜서 맹외선으로 하여금 동맹항로에의 배선을 하지 못하게 하는 제도이다.

2 해상운송계약

1) 해상운송계약의 개념

해상운송계약(contract of carriage by sea)이란 해상운송업자가 해상에서 선박에 의하여 화물을 약정장소까지 운송하여 줄 것을 약정하고, 그 상대방은 해상운송의 대가로서 운임을 지급할 것을 약정함으로써 성립되는 계약을 의미한다.

무역거래의 경우 물품의 국제간의 이동이 필연적으로 요구되고 있기 때문에 무역거래업자는 물품의 국제간의 이동의 첫 단계인 해상운송계약의 체결에 신중을 기하여야 한다.

예를 들면 한국의 수출업자가 해외의 수입업자와의 무역계약에 의하여 약정기일까지 약정물품을 인도해야 하는 경우, 한국의 수출업자는 우선 물품을 약정기일까지 인도될 수 있도록 해상운송업자와 물품의 해상운송계약을 체결하여야 한다. 만일 이러한 물품의 해상운송계약의 체결이 곤란하게 된다면 한국의 수출업자는 물품의 인도지연 또는 불인도에 대한 손해배상을 부담해야 하기 때문에 합리적이고 경제적인 해상운송계약의 체결이 요구된다.

2) 해상운송계약의 종류

일반적으로 해상운송계약은 개품을 운송하는 개품운송계약(contract of affreightment by a general ship)과 선박의 전부 또는 일부를 임차하여 물품을 운송하는 용선운송계약(contract of affreightment by charter party)으로 크게 구분할 수 있다.

(1) 개품운송계약

개품운송계약이란 선박회사가 다수의 화주로부터 위탁받은 개개의 화물을 인수하여 화물운송계약을 개별적으로 체결하는 것을 의미하며, 일반적으로 정기선(liner)에 의한 물품의 해상운송에 이용된다.

개품운송계약을 체결하는 순서를 보면 무역계약의 조건에 따라 해상운송계약의 체결의무를 부담하는 당사자는 선박회사 또는 운송알선업자 등이 보내오는 배선표(sailing schedule) 등을 기준으로 약정품의 선적기간에 적합한 선박을 선택하여 해당 선박회사에 약정화물의 적재가 가능한 선복(ship's space)을 신청하고 선박회사로부터 승낙을 받게 되면 화주와 선박회사간에 개품운송계약이 체결된다.

일반적으로 정기선에 의한 개품운송계약은 선적항에서 양륙항까지의 직항선에 의하여 이루어지지만 경우에 따라 직항선이 없는 경우에는 중간항구에서 타선박회사의 선박에 환적(transshipment)하여 목적항까지 일관운송하는 통운송(through transportation)이 이용되기도 한다.

(2) 용선운송계약

용선운송계약이란 화주가 선박의 전부 또는 일부를 임차하여 화물을 운송하는 것으로서 선주가 제공한 선박의 전부 또는 일부의 선복에 의하여 화물을 운송할 것을 약정하고 용선자(charterer)는 이에 대하여 보수, 즉 용선료(charterage)를 지급할 것을 약정하는 해상운송계약을 의미하며 일반적으로 정기선이 이용되는 개품운송계약과는 달리 부정기선(tramper)에 의한 물품의 해상운송에 이용된다.

용선운송계약의 이용방법을 보면, 선박의 임차범위에 따라 선박의 일부를 일정한 기간 동안 빌리는 일부용선계약(partial charter contract)과 선박의 전부를 일정한 기간 동안 빌리는 전부용선계약(whole charter contract)이 있다. 전부용선계약은 용선자와 선주 사이에 일정항해, 즉 1항해 또는 몇번항해를 기준으로 특정한 선적항으로부터 특정한 양륙항까지 선복의 전부 또는 일부를 빌려서 약정화물을 운송할 것을 약정하는 항해용선계약(voyage charter contract)과 사전에 항해노선을 특정하지 않고 일정한 기간동안 선박소유자가 지정한 일정항해 구역내에서 용선한 선박을 이용할 수 있는 정기용선계약(time charter contract)이 있다.

항해용선계약과 정기용선계약은 다같이 선복의 이용을 목적으로 하는 계약이지만, 항해용선계약은 일정의 항해(한 항해 또는 여러 번의 항해)를 기준으로 한다는 점에서 정기용선계약과는 상이하다.

항해용선계약의 경우 운임은 실제 선적량에 대하여 1톤당 얼마로 정해지지만, 이러한 운임계산과는 다르게 변형되어 운임이 계산되는 선복용선계약(lump sum charter)과 일부용선계약(daily charter)이 있다. 즉, 선복용선계약이 특정항에서 특정항으로 항해를 특정화시키는 것은 항해용선계약과 동일하지만, 운임계산에 있어서 실제 선적량을 기준으로 운임을 계산하는 것이 아니라 실제 선적량에 관계없이 한 항해당 얼마라는 식으로 운임을 포괄적으로 약정한다.

반면에 일부용선계약은 항로가 험하거나 항구시설이 부실하여 한 항해에 소요되는 일수를 확정하기 어려운 경우에 이용되는 것으로서, 운임계산은 본선을 계약서에서 지정된 항구에서 용선자에게 인도한 시점부터 지정된 양륙항에서 양화 완료시점까지의 기간 동안 얼마의 용선료를 정한다.

항해용선계약이나 정기용선계약의 경우 본질적으로 선박소유자는 일체의 선구를 구비하고 선원을 승선시키는 등의 선박의 감항능력(seaworthiness)의 유지에 상당한 주의(due diligence)를 하고 소정의 항구에서 용선자에게 선박을 인도하여야 한다.

이외에도 특수한 용선계약으로서 선주는 일정기간 동안 용선자에게 선박만을 빌려주고 용선자가 선박의 감항능력유지에 필요한 선장을 포함한 전승무원의 임명, 지시 및 감독을 하는 나용선계약(bareboat charter contract)과 나용선된 선박에 감항능력유지에 필요한 인원 및 선구 등을 갖추어서 다시 용선하는 재용선계약도 있다.

3) 해상운송계약의 주요조건

(1) 하역조건

① 관습적 조속하역조건(Customary Quick Dispatch : CQD)

정박기간을 확정하지 않은 조건으로서, 그 항구의 관습적인 하역능력으로서 가능한 한 조속하게 하역을 하는 것을 의미한다. 일요일과 공휴일을 하역일수에 포함시키느냐의 여부는 계약에 약정된 것에 의하여 결정되지만, 계약에 명시적인 규정이 없으면 그 항구의 관습에 따른다.

② 연속정박기간조건(Running Laydays)

항구내에서의 파업, 악천후 및 불가항력적인 사태를 불문하고 하역개시 이후의 모든 기간을 정박기간으로 산입하는 조건으로서, 일반적으로 일요일과 공휴일은 정박기간에서 제외되지만 항구의 관습에 따라 수정될 수도 있다.

③ 하역가능 기후 정박기간조건(Weather Working Days : WWD)

항구내에서의 기후가 화물의 하역이 가능한 상태에 있는 날짜만을 정박기간에 산

입하며, 악천후 등과 같이 하역이 불가능한 시간은 정박기간에 산입되지 않는다. 일요일과 공휴일의 정박기간의 산입여부는 하역조건에 따라 상이하다. 즉, 하역조건이 "Sundays, Holidays excepted"인 경우 일요일과 공휴일에 하역을 한 경우에도 일요일과 공휴일이 정박기간에 산입되지 않지만, "Sundays, Holidays excepted unless used"인 경우에는 하역작업을 한 일요일과 공휴일은 정박기간에 산입된다.

④ 체선료(Demurrage)와 조출료(Dispatch Money)

체선료는 약정화물의 선적 또는 양륙에 있어서 약정된 하역일수가 지나가도 하역이 완료되지 않은 경우에 지급되는 일종의 과태료이며, 반면에 조출료는 약정된 하역일수 이전에 하역이 완료되었을 경우에 일종의 환급금이다.

(2) 하역비부담조건

화물의 성질 및 종류에 따라 하역비의 부담이 다양하기 때문에 화주와 선주간에는 선내 하역인부임료(stevedorage)를 누가 부담할 것인지를 약정하여야 한다.

① Berth term 또는 Liner term

약정화물의 선적시점뿐만 아니라 양륙시점의 선내 하역인부임료를 선주가 부담한다. 일반적으로 정기선에 의한 개품운송은 이러한 방법을 이용한다.

② FIO(Free In and Out)

Berth term의 상대조건으로 약정화물의 선적 및 하역시의 선내하역인 부임료를 화주가 부담한다.

③ FI(Free In)

약정화물의 선적시의 선내 하역인부임료는 화주가 부담하고 반면에 양륙시의 선내 하역인부임료를 선주가 부담한다.

④ FO(Free Out)

F.I.의 상대조건으로 약정화물의 선적시의 선내 하역인부임료는 선주가 부담하고, 반면에 양륙시의 선내 하역인부임료는 화주가 부담한다.

3 화물의 선적절차

일반적인 수출화물의 선적절차는 다음과 같다.

첫째, 수출업자는 약정화물의 선적준비가 완료되면, 선박회사 또는 대리점에서 발송되어 오는 항해일정표(shipping schedule)나 각 선박회사의 선박입출항 예정이 공표되어 있는 쉬핑가제트(shipping gazette)등을 참조하여 무역계약상의 약정기간 내에 약정화물의 선적이 가능한 선복(ship's space)을 수배한다.

둘째, 선복을 수배하는 경우에 수출업자는 선정된 선박의 선박회사 또는 대리점에 선적의뢰서(Shipping Request : SR)를 제출하고 선복예약에 대한 영수증으로서의 선적확인서(freight booking note)를 발급받는다.

셋째, 수출업자는 선적 예정화물의 수출통관과정을 거친 후에 보세구역(bonded area)으로부터 부두까지 보세운송을 하여 선박회사에서 선장앞으로 발행한 선적지시서(Shipping Order : S/O)에 의거하여 본선에 약정품의 선적을 완료시킨다.

넷째, 약정품의 선적이 완료되면, 본선의 일등항해사(chief mate)로부터 약정품의 선적증거서류로서 본선수취증(Mate's Receipt : M/R)을 발급받는다. 이 때 일등항해사는 선적된 약정품의 멸실여부에 대한 책임소재를 명확하게 하기 위하여 선적지시서(S/O)와 선적된 약정품의 상태를 조사하여 본선수취증을 발급한다.

만일 선적지시서와 약정된 선적품 상호간에 개수의 과부족 또는 손상 등이 발견되면 이러한 사실들이 그대로 본선수취증에 기재되어 후일에 무사고선하증권(clean B/L)이 아닌 사고선하증권(foul B/L)이 발행된다.

다만 선적지시서와 약정된 선적품의 상태비교는 그 화물이 외관상 양호한 상태(apparent good order and condition)인지의 여부에 중점을 두기 때문에, 포장화물의 내용에 대해서 선박회사는 일체의 책임을 지지 않는다.

다섯째, 약정품의 선적이 완료되어 본선수취증이 발급되면 수출업자는 선박회사 또는 대리점으로 가서 운임과 함께 본선수취증을 제시하여 선적물품을 대표하는 권리증권(document of title)으로서의 선하증권(bill of lading)을 발급받는다.

마지막으로 수출업자는 화물의 선적과 동시에 수입업자에게 선적통지(shipping advice)를 한다.

4 항공운송

1) 항공운송의 개념

항공운송이란 항공운송인이 운송을 위탁받는 화물에 대하여 항공운송계약에 약정된대로 항공기에 탑재하여 공항으로부터 정해진 항공로로 목적공항까지 운송하는 것을 의미한다.

항공화물운송은 다른 운송수단에 비하여 짧은 역사적 과정을 거쳐 발전해 왔지만, 과학기술의 발달에 의하여 항공기의 첨단화 또는 대형화가 순조롭게 추진되고 있고, 또한 화물의 특성과 종류에 따라 항공화물운송을 이용하는 경우가 점차 늘어나고 있는 추세이기 때문에 국제운송에 있어서의 항공운송의 중요성이 점점 높아져 가고 있다.

2) 항공운송의 특성

본질적으로 항공운송은 다른 운송수단에 비하여 다음과 같은 특성을 가지고 있어

서 항공운송의 이용이 점차 늘어가고 있다.

첫째, 항공화물운송은 다른 운송수단보다 신속성을 갖고 있기 때문에 긴급을 요하는 물품과 계절유행상품의 운송에 많이 이용된다.

둘째, 일반적으로 항공운송화물은 오후까지 화물을 집화하여 아침에 운송하고 있기 때문에 화물의 대부분이 야간에 집중된다.

셋째, 항공화물운송은 대부분 고정적인 화주로부터 반복적으로 운송하는 경우가 많기 때문에 다른 운송수단에 비하여 계절에 대한 수요탄력성이 적다.

넷째, 항공화물운송은 해상운송과는 달리 왕복운송이 적고 대개 편도운송이 주류를 이룬다.

3 복합운송

1) 복합운송의 기초개념

(1) 복합운송의 개념

복합운송이란 일정한 규격의 컨테이너 사용을 전제로, 복합운송인이 물품을 어느 한 국가의 지점에서 수탁하여 다른 국가의 인도지점까지 해상, 내륙, 수로, 항공, 철도나 도로운송의 운송방식 중 적어도 두 가지 이상의 운송방식에 의한 물품운송을 의미한다. 즉 복합운송은 육상, 해상 및 항공 등의 각 운송수단을 유기적으로 결합, 일체화시킨 수송시스템이라고 볼 수 있다.

따라서 복합운송은 적화의 포장, 하역, 수송 및 보관 등의 각 운송기능을 유기적으로 연결시키는 동시에 적화의 물적 유통단계에서 발생되는 운송비를 포함한 제반 비용의 절감을 가능케 하며, 또한 적화의 운송루트를 최적의 상태로 조합하기 때문에 이상적인 운송방식이라고 할 수 있다. 이와 같은 복합운송은 1960년대의 후반에 종래의 재래선 단계를 탈피한 대형의 컨테이너를 중심으로 하는 세계주요항로의 컨테이너 운송화와 함께 국제운송의 총아로 등장한 것으로서 화물을 컨테이너에 적재된 대로 다른 운송수단에 접속되고, 운송계약도 복합운송인(multimodal transport operator)이 전구간에 대하여 일관책임(through liability)을 부담함으로써 그 경제적인 효용을 극대화할 수 있어 전세계적으로 컨테이너에 의한 복합운송이 널리 보급되고 있다.

(2) 복합운송의 주체

일반적으로 복합운송의 주체는 크게 두 가지로 구분된다.

① Common Carrier형

주로 선박회사 또는 항공회사가 복합운송인이 되어 point to point service 또는

door to door service를 제공하는 복합운송형태이다.

② Forwarder형

스스로 운송수단을 소유하지 않은 Non Vessel Operating Common Carrier (NVOCC)가 화물의 인수에서 인도까지 운송 각 단계를 유기적으로 조직함으로써 운송기능을 발휘하는 Forwarder에 의한 복합운송형태이다.

(3) 컨테이너(Container)의 개념과 성격

Container의 성격과 구조에 관한 국제적인 협정이 없기 때문에 Container에 관한 통일된 정의는 없지만, 일반적으로 Container란 Liftban, 가반탱크 및 이와 구조가 유사한 운송용구로서 운송의 3가지 원칙인 경제성, 신속성, 안정성을 충족시킬 수 있는 현대 운송용구의 총아라고 할 수 있다. ISO(International Standardization for Organization)의 경우, ① Container는 일정시간에 재사용이 가능한 내구성을 가질 것, ② 화물의 운송도중에 운송경로가 바뀌는 경우에 화물의 이적없이 일관운송(through transportation)을 할 수 있도록 설계될 것, ③ 화물의 운송경로를 변경하는 경우에 조작이 용이할 것, ④ 화물의 선적과 하역이 편리하게 설계될 것 등의 구비조건을 갖추어야 한다고 규정하고 있다.

실제로 Container에 의한 화물의 일관운송을 이용하게 되면, 종래의 재래선에 의한 운송보다도 여러 가지 면에서 유리한 점이 많다. 예컨대, Container 자체가 견고하고 밀폐되어있기 때문에 화주의 포장비도 절감할 수 있고 화물의 안정성 있는 운송도 가능하며, 또한 화물의 환적시 지연시간없이 화물의 일관운송이 가능하기 때문에 운송기간도 단축할 수 있고 결과적으로 하역시간 및 하역비용도 절약할 수 있다.

따라서 Container를 처음으로 이용하게 된 것은 제2차 세계대전 중의 군사용품의 운송을 위해서 이용되었지만, 민간부문에서 컨테이너운송이 본격화된 것은 1955년 경부터인데 자동차운송이 고속화함에 따라 자신들의 영역을 급격하게 잠식당하게 된 철도회사가 그들의 영역을 만회하기 위한 방법으로 Piggy Back방식, 즉 자동차에서 철도로 이어지는 육상일관운송방식을 개발한데에 기인한다.

이와 같이 컨테이너운송은 처음에는 도로운송과 철도운송을 원활하게 결합시키는 매개체로서 발전하였지만, 사실상 Container에 의한 화물운송의 여러 가지 이점 때문에 오늘날 무역화물의 운송의 경우에 있어서 상당히 많이 이용되고 있다.

(4) 컨테이너선의 종류

① 건화물용 컨테이너(dry container)

가장 많이 사용되는 전형적인 컨테이너로서 온도조절이 필요없는 일반건화물을 수송하는데 사용된다.

② 냉동컨테이너(reefer container)

냉동컨테이너는 온도조절장치가 부착되어 있어 과일, 야채, 생선, 육류 등을 신선하게 운송할 수 있다.

③ 솔리드 벌크 컨테이너(solid bulk container)

솔리드 벌크 컨테이너(산화물 운반 컨테이너)는 천장에 구멍이 뚫려 있어 소맥분이나 가축사료 등을 적재하여 운송하기에 편리한 컨테이너이다.

④ 상부개방 컨테이너(open top container)

지붕이 없는 개방식의 특수 컨테이너로서 크레인으로 상부에서 하역이 가능하다. 중량화물(heavy cargo), 예를 들면, 철제, 유리판 및 합판 등을 적재하는데 적합하다.

⑤ 플래트 랙 컨테이너(flat rack container)

밑부분은 견고하고 사각에 지대 등 화물고정장치가 있는 분해결합형 컨테이너(collapsible container)의 일종으로서 자동차, 기계류 및 합판 등의 운송시에 이용된다.

⑥ 행거 컨테이너(hanger container)

행거 컨테이너는 의류의 다림질한 상태를 유지하기 위하여 컨테이너 내부에 설치된 옷걸이(hanger)에 걸어 운반할 수 있도록 고안된 컨테이너이다.

⑦ 탱크 컨테이너(tank liquid bulk container)

알콜(술), 유류 및 화학제품 등과 같은 액체상의 화물을 수송하기 위해 특별히 고안되었다.

⑧ 동물운반용 컨테이너(pen container)

소, 말, 양과 같은 살아 있는 동물을 운반하는데 알맞는 컨테이너로서 통풍 및 사료를 운송도중에 공급할 수 있을 뿐만 아니라 내부청소를 할 수 있도록 제작되었다.

2) 컨테이너화물의 운송형태와 장단점

(1) 컨테이너 화물의 운송형태

① Container Freight Station(CFS)

일반적으로 무역화물의 운송에 있어서 화주의 화물이 1개의 컨테이너를 완전히 채울 수 없는 경우에(즉, Less than Container Load Cargo : LCL Cargo) 컨테이너 운송회사는 다수의 화주로부터 화물을 인도받아 화주별로 물품을 분류 및 보관하고, 컨테이너에 혼재(consolidation)한다. 이러한 경우에 운송회사가 다수의 화주로부터 물품을 인수받고 컨테이너에 혼재하는 장소를 CFS라고 한다.

② Container Yard(CY)

반면에 화주의 화물이 1개의 컨테이너를 완전히 채울 수 있는 경우에는 (Full Container Load Cargo : FCL Cargo) 운송회사가 화주에게 화물을 적재할 수 있는 컨테이너를 보내주면 화주는 컨테이너에 화물을 직접 적재하여 운송회사가 지정한 특정장소에 컨테이너를 인도한다. 이러한 경우에 운송회사가 지정한 특정장소를 Container Yard라고 한다.

실제로 CFS와 CY를 이용한 컨테이너에 의한 화물의 운송형태는 컨테이너의 장점을 최대한 활용하는 CY에서 CY까지의 운송과 기타 CFS-CFS, CY-CFS 및 CFS-CY 등이 있다.

(2) 컨테이너화물 운송의 장단점

가. 컨테이너화물 운송의 장점

① 컨테이너 운송에는 품목별로 무차별운임이 적용되므로 운임부담을 절감할 수 있다. 또한 컨테이너선은 속도가 22-23노트로 재래선의 14-15노트보다 빠르므로 운항시간을 단축할 수 있어 운임이 그만큼 저렴하게 된다.

② 크레인과 같은 기계장치에 의하여 하역되므로 하역시간이 단축된다. 또한 인건비부담이 적어진다. 재래선에 의한 하역의 경우에 세계 각 항구의 평균하역 능력에 비하여 컨테이너선의 경우에는 10배의 시간단축이 가능하다.

③ 컨테이너는 누수가 되지 않으므로 컨테이너 야드(container yard)에 컨테이너를 야적한 상태로 보관할 수 있어 보관비가 절감되며 통관을 위해서도 보세창고 입고가 면제되므로 통관수속비가 절감된다.

④ 하역·운송도중에 컨테이너는 눈·비의 위험에서 안전하므로 화물의 손상·멸실의 위험이 적어 보험료가 절감된다. 컨테이너는 트럭, 철도, 선박으로의 화물이적이 자유로우므로 복합운송에 의한 일반운송이 가능하다.

나. 컨테이너화물 운송의 단점

① 컨테이너 전용부두건설, 크레인 설치, 컨테이너 제조 등에 많은 고정비가 소요된다.

② 컨테이너에 의하여 운송되지 못하는 화물이 있다.

③ 항로별로 컨테이너화물이 균형되지 않을 때에는 돌아올 때에 빈배로 운항하여야 한다.

④ 컨테이너선은 상당부분이 컨테이너를 갑판에 적재하게 되므로 보험료가 할증된다.

3) 컨테이너와 복합운송의 발달

선진해운국에 의한 해상 컨테이너화가 결국 Sea Land사의 창립자 McLean씨의 구상에 의해 행해진 것은 해륙복합운송뿐만 아니라 해·육·공 복합운송을 위한 기반 내지 하부구조의 형성에 있어서 큰 의의를 가지고 있다. 즉 선내뿐만 아니라 갑판 위에도 함께 몇층으로 적재함으로써 대량의 컨테이너(20휘트 환산 1000~2000

개)의 적재를 가능하게 하는 풀컨테이너선과 Lift On/Lift Off의 접속방식의 채용은 선박 이외의 대량연결운송기간, 즉 철도와의 계획적인 연결에 의한 해륙복합운송의 발전의 기반이 확립되었을 뿐 아니라, 다른 운송수단 상호의 모체로서 그리고 각종 운송수단에 공통의 운송용구로서 컨테이너 본래의 기능이 작용해 해륙공 복합운송의 길이 열리게 되었다.

이 점에 있어서 주목되는 것은 해상과 항공의 연결에 의한 이른바 Sea Air에 의한 국제복합운송의 최근의 눈부신 발전이다. Sea Air에 의한 복합운송은 육상운송에서의 저운임 항공운송의 신속성이라고 하는 양자의 장점을 복합한 수송방식으로, 최근 항공화물 전용기의 대형화와 항공화물의 다양화에 수반해 급속히 발달하고 있다.

1970년대 이후에는 국제복합운송 분야에서도 복합운송 모듈컨테이너(inter- modal or multimodal module container)를 개발하여 Sea Air/Land 또는 Air/Land 등의 일반운송 분야에까지 진출할 수 있게 되었다.

4) 복합운송인의 책임

오늘날 국제복합운송에 있어서 운송인의 책임문제는 결국 육상, 해상 및 항공 등 각 운송수단마다 상이한 책임체계 및 책임기준이 지배하는 현실의 법질서 중에서 전체 운송에 대한 복합운송인의 책임과 관련하여 어떤 법규를 적용할 것인가, 또는 그 책임의 내용을 어떻게 하는 것이 가장 타당할 것인가라는 문제이다.

이 점에 대하여 입법 정책적인 접근은 기본적으로 다음 두 가지로 나누어 생각할 수 있다.

첫째는 당해 복합운송을 구성하는 개개의 운송구간에 적용되는 법규에 의한다고 하는 이른바 각 운송구간 이종책임원칙체계(network liability system)와, 둘째는 전구간을 통하여 손해발생장소가 어딘가를 묻지 않고 단일의 책임체계에 의하는 것으로서 전운송구간 단일책임원칙체계(uniform liability system)이다.

국제복합운송조약은 복합운송인의 책임체계로서, 이상의 두 원칙 가운데 이종책임체계의 적용을 원칙으로 하되 운송구간 불명손상의 경우 그 구간의 책임한도액이 조약에 규정된 일반원칙(basic liability)에 의한 제한액보다 적은 경우에는 일반원칙을 적용하도록 하는 변형의 이종책임체계를 채택하여 운송인의 책임을 강화하는 입장을 취하고 있다.

5) 주요 국제복합운송경로

(1) 랜드 브리지(Land Bridge)의 개념

랜드브리지란 해상과 육상을 연결하는 가장 경제적인 복합운송경로이다. 랜드브리지에는 해상-육상을 결합시키는 2구간 랜드브리지(two span land bridge)와 해상-육상-해상을 결합시키는 3구간 랜드브리지(three span land bridge)가 있다.

(2) 대표적인 국제복합운송경로

① 시베리아 랜드브리지(Siberia Land Bridge ; SLB)

시베리아 랜드브리지는 부산 또는 일본 등으로부터 러시아의 나호드카(Nakhodka) 또는 보스토치니(Vostochny)까지 해상운송 후 시베리아 횡단철도에 의해 유럽 및 중동지역에 까지 운송하는 경로이다. 시베리아 횡단철도의 서쪽에 이르면 다시 선박으로 영국, 이태리, 북유럽제국으로 연결되기도 하고 유럽 및 중동각국으로 철도 또는 트럭으로 연결되기도 한다. SLB운송은 1971년이래 본격적으로 발달되었는데 일본, 한국, 대만, 홍콩, 필리핀, 호주, 뉴질랜드에서 서구, 동구, 북구, 지중해, 중동, 북아프리카, 아프가니스탄, 몽고에까지 이른다.

부산-로테르담간의 각종 운송수단의 수송거리를 비교해 보면 시베리아 랜드브리지가 다음과 같이 가장 짧다.

- 시베리아 랜드브리지 경우 13,000km
- 수에즈운하 경유 20,700km
- 케이프타운 경유 27,000km
- 파나마 운하 경유 23,000km
- 아메리칸 랜드브리지 경유 20,000km

한국에서 유럽의 시베리안 랜드브리지를 이용할 때의 소요일수는 27-35일인데 수에즈운하를 경유할 때의 40-45일보다 약 10일이 단축되며 운임도 15-25%가 절감된다.

② 아메리칸 랜드브리지(American Land Bridge : ALB)

아메리칸 랜드브리지는 극동에서 미국대륙 서해안까지 해상운송하고 철도에 의하여 미국대륙을 횡단한 후 다시 해상으로 유럽에 이르는 경로로서 1972년에 Seatrain사가 개발한 이래 1978년에 Sea-Land사가 1980년에 APL, 1982년 Lykes Lines사가 참가함으로써 본격화 되었다.

미국횡단철도에는 이단적재 컨테이너 전용전차가 이용되므로 대량수송이 가능하다. 한국에서 유럽에까지 아메리카 랜드브리지를 이용하면 35-45일이 소요되는데 전 구간을 해상운송할 때보다 수일이 단축되며 운임도 절감된다.

③ 미니 랜드브리지(Mini Land Bridge : MLB)

미니 랜드브리지는 극동에서 미국 동부해안의 여러 도시에까지 이르는 경로이다. 즉 극동에서 선박으로 시애틀, 오클랜드 등 미국서부해안에 이르고 그 이후는 철도에 의하여 미국의 동부해안 항구에 이른다. 극동에서 파나마 운하를 경유하여 뉴욕까지 해상운송할 때의 거리는 9,800마일(30일 소요)이나 미니 랜드브리지를 이용할

때의 거리는 7,600마일(20일 소요)로 단축된다. 미니 랜드브리지는 1972년에 미국의 Sea train사가 시작하였다.

1980년 이후에는 캐나다의 동부해안 도시인 토론토, 몬트리올에까지 이르는 캐나다 MLB도 발달되고 있다.

④ 마이크로 랜드브리지(Micro Land Bridge : MCB)

마이크로 랜드브리지는 극동지역에서 시카고, 캔사스시티, 달라스, 미네아폴리스, 디트로이트, 아틀란타 등의 미국의 내륙지점에 이르는 경로로서 내륙지점 복합운송경로(interior point intermodal : IPI)이라고도 부른다.

마이크로 랜드브리지는 1977년 미국의 States Steamship Lines가 개발하였다.

⑤ 캐나다 랜드브리지(Canadian Land Bridge : CLB)

캐나다 랜드브리지는 극동지역에서 캐나다의 벤쿠버 또는 미국의 시애틀까지 해상운송하고 그 이후는 캐나다 횡단철도를 이용하여 캐나다 동부해안의 몬트리올 또는 세인트 존에 이른 후 다시 해상으로 함부르크 등 유럽의 항구에 이르는 경로이다. 소요일수는 약 35일로 전 구간 해상운송할 때보다 6-8일이 단축된다. 캐나다 랜드브리지는 수차례의 환적을 요하기 때문에 운송 코스트가 다른 랜드브리지에 비하여 높은 것이 단점이다.

⑥ 해공복합운송경로(Sea/Air)

해공복합운송경로는 해상과 항공경로를 복합시킨 것으로 전 구간을 해상운송하기에는 기간이 너무 많이 소요되고 항공운송하기에는 비용이 너무 많이 소요될 때 해상과 항공을 적절히 조합하여 시간과 경비를 절감함에 목적이 있다.

해공복합운송경로는 북미서안 경유 Sea/Air, 러시아 경유 Sea/Air, 동남아시아 경유 Sea/Air가 발달되어 있다.

제2절 해상보험

1 해상보험의 개념과 범위

1) 해상보험의 개념

일반적으로 해상보험이란 항해사고에 부딪치게 되는 재산권을 소유한 다수인이 위험의 정도에 따라 합리적인 기금을 거출하여 공동준비재산을 조성하고, 만일 항해사고에 의하여 손해가 발생한 경우에 이것을 보상하여 경제상의 불안을 제거 또는 경감하는 경제시설이다.

다시 말하면 해상보험이란 당사자의 일방이 우연한 일정사고에 의하여 발생할 수 있는 손해를 보상할 것을 약정하고, 상대방이 이에 그 보수를 지급할 것을 약정함으로써 효력이 발생하는 손해보험계약의 일종이다.

따라서 해상보험에 있어서의 손해에 관한 보상은 본질적으로 실손보상으로서 피보험자가 손해발생 직전에 있었던 것과 동일한 금전상의 지위를 되찾을 수 있도록 보험자가 재정적인 보상을 해주는 것을 의미한다.

2) 해상보험의 범위

원칙적으로 해상보험에서 보호하는 범위는 해상보험에 기인하는 경제상의 손해 또는 손실로서 해상보험의 범위는 시대의 변천과 더불어 다소 변천을 가져왔으나, 육상보험에서 보는 바와 같이 문화 발전을 하지 못하고 해상고유의 위험뿐만 아니라 육상에서는 이미 독립보험이 되고 있는 화재, 도난 등과 같은 위험까지도 포함하고 있는 것이 오늘날 각국의 입장이다.

2 해상보험계약의 본질적 성격

해상보험계약은 당사자의 일방(보험자)이 보험사고의 발생에 의하여 피보험자가 입은 손해를 보상할 것을 약정하고, 상대방(피보험자)이 일정액의 보험료를 지불할 것을 약정함으로써 성립하는 계약으로서, 다음과 같은 본질적인 성격을 갖는다.

1) 낙성계약(Consensual Contract)

해상보험계약은 당사자간의 합의에 의하여 성립하며, 피보험자 또는 보험계약자의 보험료의 지불은 보험자의 책임개시를 위하여 필요한 것이지 해상보험계약의 성립요건은 아니다.

2) 쌍무계약(Bilateral Contract)

해상보험계약의 체결에 의하여 보험계약자는 보험료를 지급할 의무가 있고 보험자는 보험금을 지급할 의무가 있기 때문에, 이러한 당사자간의 본질적인 의무가 상호교환조건으로 된 관계에 놓여진다는 의미에서 쌍무계약이다.

3) 유상계약(Contract for Consideration)

해상보험계약의 체결에 의하여 보험자의 급부는 보험사고에 의하여 발생하는 손해를 보상 또는 일정한 금액을 지급하는 것이고, 보험계약자의 급부는 보험료의 지

불을 약정한다는 의미에서 유상계약이다.

4) 사행계약

계약당사자의 일방이 갖는 이익 또는 손해가 불확정한 사고의 발생에 달려있다는 것이 사행계약으로서, 해상보험의 경우 보험자는 우연한 사고의 발생에 의해 발생한 손해를 보상하고, 보험금지급은 보험사고의 발생에 의해 좌우된다는 관점에서 해상보험계약은 사행계약이다.

5) 선의계약

해상보험계약은 선의의 계약 또는 최대선의의 계약으로서, 당사자의 신의성실의 바탕에서 성립하는 계약이다.

3 해상보험계약의 당사자

1) 보험자(Insurer, Assurer, Underwriter)

보험자란 보험계약을 인수하는 주체로서, 위험을 담보하고 보험자가 담보한 위험으로 인하여 손해가 발생한 경우에, 그러한 손해를 보상하며 또한 제3자에 대한 배상책임 등을 부담하는 개인 또는 회사를 의미한다.

보험자의 경우, 영국에 있어서는 Lloyd's와 같이 보험계약을 체결할 자본력만 갖추고 있으면 개인이라도 보험자가 될 수 있고, 반면에 미국에 있어서는 개인보험업자는 허용되지 않는다.

2) 피보험자(Assured, Insured)

일반적으로 피보험자란 보험계약을 청약하는자 또는 보험금을 수취할 권리가 있는 자를 의미하며, 이를 좀 더 구분하면, 보험계약을 청약하고 보험료를 납입하는 자를 보험계약자(policy holder)라고 하고, 보험금의 수취권자를 피보험자라고 한다.

4 해상보험계약상의 고지의무

1) 고지의무(Duty to Disclose Material Facts)의 개념

해상보험계약은 장래의 우연한 사고의 발생을 전제로 하여 보험자의 책임이 인정되는 사행계약이기 때문에, 원칙적으로 보험자는 보험계약을 체결함에 있어서 보험사고발생의 객체에 대하여 정확하게 파악하여 보험의 인수여부를 신중하게 결정해야 한다.

그러나 보험계약의 성격상, 보험사고 발생의 객체에 관한 정확한 파악은 보험자 혼자의 능력으로는 불가능한 것이고, 보험계약자 또는 피보험자의 협조를 얻는 경우에만 가능하다. 이러한 관점에서 형성된 고지의무(duty to disclose material facts)란 해상보험계약의 체결 시점에서 보험계약자 또는 피보험자가 보험료율의 산정과 위험의 인수여부에 영향을 미칠 수 있는 중요한 사실을 보험자에게 고지해야 하거나 부실고지를 하지 않을 의무를 의미한다.

2) 고지의무의 내용

Rozanes v. Bowen사건에서 "보험자는 아무것도 모르지만 보험자에게 부보할 것을 요구하는 자는 모든 것을 잘알고 있기 때문에, 보험자로부터 모든 중요한 사항에 관하여 질문 받지 아니하더라도 보험계약을 맺고자 하는 자, 즉 보험계약자는 보험자에게 완전하게 고지해야 할 의무를 지는 것이다"라는 Scrutton 판사의 언급에서와 같이 본질적으로 피보험자 또는 보험계약자가 보험계약의 체결시점에서 보험자에게 고지해야 할 내용은 해상보험계약에 영향을 미칠 수 있는 중요한 사실(material facts)이다.

그러나 "중요한 사실"의 개념자체에 관한 객관적인 근거가 마련될 수 없기 때문에 중요한 사실의 결정여부는 주변환경에 따라 결정해야 할 사실상의 문제(a matter of fact)이다.

따라서 고지의무상의 중요한 사실이란 보험자가 일반적으로 보험료율의 산정과 보험의 인수여부를 결정하는데 있어서 영향을 미치는 사실을 의미한다.

예컨대, 객관적인 입장에서 보험자가 그러한 사실을 알았다면 보험계약을 체결하지 않았을 것이라든가 또는 적어도 그러한 조건으로 보험계약을 체결하지 않았을 것이라고 인정되는 사항들이 중요한 사실이라고 할 수 있다.

원칙적으로 해상보험계약상 피보험자 또는 보험계약자가 보험자에게 고지해야 할 내용들은 선박의 성질, 선급, 선령, 국적, 선박이 손해 입은 사실, 갑판적 및 적화가 보험자의 책임개시전에 이미 손해를 입을 가능성이 있는 여러 가지 사실 등이다.

3) 고지의무의 위반

해상보험계약의 체결시점에서 피보험자 또는 보험계약자가 고지의무를 위반한 경우, 보험자는 보험계약의 무효 또는 이로 인한 손해배상청구는 불가능하지만, 보험계약을 해지시킬 수 있다.

5 해상보험계약상의 인과관계

1) 인과관계(Causation)의 개념

일반적으로 인과관계란 서로 관련이 있는 여러 현상에 있어서, 어떤 현상이 없었다면 어떤 결과도 발생하지 않았다고 하는 두 현상간의 관계를 의미한다. 해상보험계약에 있어서의 인과관계란 위험이라는 전행현상이 없었더라면 손해라는 후행현상이 일어나지 않았을 것이라는 위험과 손해라는 두 현상간에 필연적 관계가 있다는 것을 의미한다.

해상보험은 보험자가 해상보험으로 인하여 발생한 손해를 피보험자에게 보상할 것을 약속하는 손해보상계약(contract of indemnity)이기 때문에 해상보험에서 인과관계가 문제되는 것은 해상위험과 손해와의 인과관계이다. 다시 말하면 보험자는 담보위험에 의하여 발생하는 손해를 보상하며, 면책위험 또는 비담보위험에 기인하여 발생하는 손해는 보상하지 않기 때문에 합리적인 손해보상을 위해서는 위험과 발생된 손해와의 인과관계가 밝혀 져야한다.

2) 위험과 손해의 인과관계분석의 필요성

해상보험자는 해상위험으로 인하여 자기가 인수한 피보험목적물에 손해가 발생한 경우에, 그 손해가 해상보험계약상의 담보위험에 기인한 것이면 보상을 하고 면책위험 또는 비담보위험에 의한 것이면 보상을 하지 않는다. 따라서 피보험자가 보험자로부터 손해보상을 받기 위해서는 담보위험과 손해사이에 인과관계가 존재하여야하며, 그렇지 않고 면책위험 또는 비담보위험과 손해사이에 인과관계가 인정되면 보상을 받지 못한다.

이와 같이 해상보험에서의 인과관계의 문제는 현실적으로 보험계약당사자 사이에 매우 중요한 의미를 갖는다. 왜냐하면 손해발생원인의 진정한 원인이 규명되어야 보험자의 피보험자에 대한 손해의 보상여부가 결정되기 때문이다.

3) 인과관계와 근인설과의 관계

일반적으로 해상위험은 그 종류가 매우 많고, 또한 많은 해상위험이 단일위험으로 손해를 발생하게 하는 경우는 드물며 보통 2개 이상의 위험이 동시에 또는 연쇄적으로 일어나 결과적으로 손해를 발생하게 한다.

따라서 손해에 대하여 다수의 원인이 존재하는 경우에는, 보험자가 그 손해를 보상할 책임이 있느냐의 여부를 결정하기 위하여 다수의 원인중에서 하나의 원인을 선택하여 그것이 손해의 진정한 원인인지를 결정할 필요가 있다.

원칙적으로 보험자는 담보위험으로 인하여 발생한 손해에 대해서는 보상할 책임을 지고, 면책위험으로 인하여 발생한 손해에 대해서는 보상할 책임을 지지 않는다. 따라서 보험자의 피보험자에 대한 손해보상의 여부를 결정하기 위해서는 위험과 손해와의 사이에 어떤 관계가 있으면 위험으로 인하여 손해가 발생하였다는 것이 되는가, 또는 위험과 손해가 어떤 결합이 있으면 이것을 원인과 결과로 인정할 수 있을 것인가 등이 해결되어야 한다.

이러한 문제에 관하여 Ritter는 다음과 같이 논하고 있다.

"보험업에 있어서는 인과관계의 결정에 대해 하나의 방식을 수립하지 않는다면 위험 상호간의 내부적 관계를 식별하기가 곤란하다. 이 방식은 번잡스러움을 피하고 복합적인 피보험이익에 대해 간단하고 적절히 적용될 수 있는 간결한 방식이어야 한다. 그 방식의 하나로서 입안된 것이 근인설이다".

5 해상피보험이익

1) 피보험이익(Insurable Interest)의 개념

해상보험계약은 보험자가 해상위험에 기인하여 발생할 수 있는 손해를 보상할 것을 약정하고 보험계약자가 이에 대하여 보험료를 지급할 것을 약정하는 손해보상계약으로서, 원칙적으로 손해의 보상을 목적으로 하는 것이기 때문에 손해가 발생되기 위해서는 그 전제로서 일정이익이 존재하여야 한다. 이러한 이익을 피보험이익(insurable interest)이라고 한다.

즉 피보험이익이란 일정물(보험의 목적물)에 위험(보험사고)이 발생함으로써 일정인(피보험자)에게 경제상의 손해를 끼칠 우려가 있는 인과물과의 관계를 의미한다.

따라서 해상피보험이익이란 선박, 적화 또는 이들에 준할 유체물에 해상위험이 발생함으로써 피보험자가 경제상의 손해를 입을 우려가 있는 보험의 목적(선박, 적화 또는 이들에 준할 유체물)과 피보험자와 관계를 의미한다고 볼 수 있다.

따라서 이익이 존재하지 않으면 손해를 입을 가능성이 전혀 없기 때문에 이익을 가지지 않는 사람을 위해서 해상보험이 악용되면 그것은 해상위험을 둘러싼 도박에 불과하다. 그러므로 해상보험계약은 다른 손해보험계약과 마찬가지로 피보험자가 피보험이익을 가지지 않거나, 또는 이를 취득할 가망이 없이 체결할 때에는 무효가 된다.

일반적으로 "이익이 없으면, 보험도 없다(no interest, no insurance)"고하는 것은 바로 손해발생의 전제로서의 일정이익의 존재를 의미하며, 바로 그 일정이익이 피보험이익을 의미한다.

2) 피보험이익의 성질과 요건

(1) 피보험이익의 성질

해상피보험이익이란 선박, 적화 또는 이들에 준할 유체물에 해상위험이 발생함으로써 피보험자가 경제상의 손해를 입을 우려가 있는 보험의 목적(선박, 적화 또는 이들에 준할 유체물)과 피보험자와 관계를 의미한다고 볼 수 있기 때문에, 피보험이익은 특정보험의 목적에 대한 일정의 피보험자와의 관련에 있어서만 존재한다. 이러한 관점에서 피보험이익은 주관적 존재이다.

(2) 피보험이익의 요건

① **적법성** : 피보험이익이 보험의 보호를 받기 위해서는 그것은 반드시 적법의 것이어야 한다. 따라서 불법 또는 공공질서, 미풍양속에 위배되는 보험의 목적물은 피보험이익이 될 수 없다.

② **경제성** : 사고가 발생한 때에 보험자가 보상하는 급부는 경제적인 급부이기 때문에 급부에 의해서 얻을 수 있는 이익도 경제적인 이익이어야 한다.

③ **확정성** : 피보험이익은 보험계약의 하나의 요소로서 확정하거나 확정할 수 있는 것이어야 한다. 원래 보험에 있어서는 보험사고와 손실간에 인식할 수 있는 인과관계가 존재할 때만 보험적 보호가 부여된다.

예를 들면 CIF가격에 희망이익(marginal profit or expected profit)을 추가로 보험에 가입하거나, 수출입상품의 송장금액에 추가해서 예상이익을 피보험이익으로 인정하기 때문에 이것을 보험의 목적으로 보험에 가입할 수 있다.

3) 보험사고의 발생과 피보험이익의 존재

해상보험계약의 본질은 해상위험으로 인하여 피보험자의 현존하는 경제재의 금전적인 손해를 보상하는 것이기 때문에 피보험자는 보험증권상 담보되는 위험으로 인하여 손해가 발생하여 보험자로부터 보상을 받기 위해서는 손해가 발생된 경제재와 피보험자간에는 위험이 발생한 시점에 피보험이익을 가져야 한다.

다만, 보험계약을 체결할 당시에는 피보험이익을 가질 필요는 없는 것이지만 보험사고가 발생할 시점에는 이해관계를 갖지 않으면 안된다.

일반적으로 무역화물의 경우 해상보험계약은 화물의 소유이익의 존재를 전제로 체결된다.

소유이익은 원래 소유권자의 피보험이익을 뜻하며, 소유권자가 화물소유에 따른 물적인 가치유지에 대해서 갖는 경제적인 이해관계를 의미한다. 따라서 형식적인 소유권자라고 하더라도 경제적인 이해관계를 상실하고 있는 경우에는 소유이익의 존재가 문제가 된다.

화물의 소유권과 위험부담이 동일인에 귀속되어 있는 경우에는 완전히 소유이익이 존재하지 않는다. 일반적으로 위험은 소유권에 따라 동시에 이전되지 않고 시차가 있는 경우도 있다.

예를 들면 CIF계약에 있어서는 위험부담이 FOB조건과 같이 본선 적재시에 매수인에게 이전되지만, 소유권은 선적후 선적화물을 대표하는 선적서류를 매수인에게 제공해야만 대금이 지급되고 비로소 선적시에 소급해서 소유권이 이전된다.

따라서 매도인은 그 화물에 대해서 본선적재 이후에도 소유권을 가지고 있으나 위험부담을 지고 있지 않기 때문에 본선적재 이후에는 소유이익을 상실하게 된다. 한편 매수인(buyer)은 아직 소유권을 취득하고 있지 않으나 화물의 위험부담을 지고 있어, 그것의 물적인 가치유지에 대해서 경제적인 이해관계를 가지고 있으므로 실질적으로는 소유이익을 소유하게 된다.

이러한 매수인의 피보험이익을 엄밀하게는 취득이익 또는 수익이익이라고 한다. 취득이익은 기대이익의 일종으로서 일정한 물건에 대해서는 가까운 장래에 소유권을 취득하리라는 기대를 갖는 자의 피보험이익이다.

3 해상위험

1) 해상위험의 개념

일반적으로 해상보험에 있어서의 보험사고는 항해에 관한 사고로서 보통 이것을 해상위험(maritime perils)이라고 한다. 해상보험계약상 위험이라는 말은 발생자체가 불확실하지만 그것이 객관화 또는 측정이 가능할 때(uncertain, objectified and measurable)인정되는 것으로서, 그 의미는 다양하게 사용되지만 주요한 것은 손해의 원인인 위험사고가 발생할 가능성으로서의 위험, 보험사고 발생의 가능성으로서의 위험, 손해발생의 가능성을 내포하는 구체적인 상태로서의 위험 및 보험책임으로서의 위험 등이다.

해상보험계약상의 위험에 관하여 여러 가지 의미를 살펴보았지만, 본질적으로 해상보험계약에 있어서의 위험은 손해의 원인인 위험사고가 발생할 가능성을 의미한다고 볼 수 있다. 다시 말하면 위험은 손해발생의 가능성 또는 손해의 가능성을 의미한다.

이러한 관점에서의 위험은 보험계약성립의 요소로서의 위험이며 보험자가 손해를 보상하는데 달려있는 사고이기 때문에 보험자의 보상여부는 이러한 의미의 위험의 발생 또는 불발생의 시기에 따라 결정된다.

2) 해상위험의 중요성

해상보험계약은 계약에 의해서 보호되는 이익이 존재하고 동시에 이러한 이익에 손해를 주는 해상위험이 특정되어야 한다. 해상보험계약에 의해서 보호되는 이익이 존재한다고 하는 것 자체가 해상위험의 존재가 예상됨을 의미한다.

왜냐하면 이익이 보호된다는 것은 이익에 손해를 주는 어떤 사고의 존재가 예상됨을 필요로 하고, 그 사고가 여기에서 말하는 해상위험이기 때문이다.

따라서 해상보험계약이 성립되기 위해서는 해상위험의 존재가 그 전제로 되어야 한다는 의미에서 해상위험은 해상보험계약의 한 요소라고 할 수 있다.

3) 해상위험의 요건

해상위험의 요건으로서는 크게 4가지를 들 수 있다.

① 보험자가 부담하는 위험은 손해의 원인으로서의 성질을 가져야 한다. 무엇이 손해의 원인으로서의 성질을 가진 사고이냐는 어떤 사건의 자연적이고 확률적인 결과(natural and probable consequence)에 있어서 손해를 야기하는 성질의 사건이면 족하며, 특정의 경우에 손해를 야기하지 않는 일이 있어도 무방하다.

② 해상위험은 재난 또는 사고이며 이는 우연한 사건으로서 그 발생이 가능하지만 불확실한 사고를 의미하기 때문에 발생이 불가능하고 확정적인 사건은 위험사고로서의 위험이 될 수 없다. 발생의 가능 및 불확정을 결정하는 시기는 보험계약체결의 시점이며, 발생의 가능 및 불확정을 결정하는 관점은 계약당사자의 주관이다. 객관적으로는 발생이 불가능 또는 확정하지만 주관적으로 가능하며 불확정하다고 판단하여 보험자가 충분한 고지를 받고 이 사건을 인수하면 이것은 위험이라고 할 수 있으며, 따라서 보험계약은 유효하게 성립한다.

③ 해상위험은 과거의 사건이라고 하더라도 보험계약 체결당시에 그 발생이 확정되어 있는 사실 또는 이미 발생한 사실을 계약당사자가 모르고 있는 한 그 사건은 위험이 될 수 있다.

예로서 소급보험은 보험자의 책임이 과거에 소급되므로 과거의 사건이 위험이 될 수 있다는 것이 중요한 일이며, 과거의 사건이 위험이 될 수 있다는 것을 전제로 해서만이 소급보험의 필요가 생긴다.

④ 해상위험은 불가항력적인 사건이어야 할 필요가 없다. 불가항력(Force Majeure 또는 Acts of God)은 인간행위의 개입 없이 직접적이고도 자연적인 원인에 의한 사고로서 상당한 예방수단을 강구하더라도 방지할 수 없는 사고라고 할 수 있다.

4) 주요한 해상위험의 종류

(1) 파선 또는 난파

파선 또는 난파(shipwreck)란 선박이 풍랑의 격렬한 작용에 의하여 선체가 파손되거나 해안 또는 암초에 올라앉아 대파된 상태를 의미한다.

(2) 침몰(Sinking)

침몰의 위험은 다른 종류의 해상위험과 달리 단독으로 손해를 발생시키는 것이 아니고 다른 해상위험, 예를 들면 좌초, 화재, 폭발, 폭풍우 및 선원의 비행 등을 그 원인으로 하는 특징을 가지고 있다.

침몰이란 선박이 부력을 상실한 결과 갑판을 포함하는 선체의 전부가 수면 아래로 빠지는 상태를 말한다. 침몰은 그 침몰의 정도에 따라, 선박 및 적화가 심해에 침몰하여 이를 인양할 수 없는 상태에 있을 경우, 선박 및 적화가 해저에 침몰하여 그 인양에 다액의 비용이 소요되는 경우 및 선박과 적화가 잔해에 침몰하였을 뿐 난파되지 않고 그 인양이 용이한 경우 등 3가지로 구분된다.

(3) 좌초(Stranding)

좌초란 선박이 암초나 그 외 견고한 물체 위에 올라앉아 진퇴의 자유를 잃는 것과 같은 상태에 빠지는 것을 말한다.

(4) 화재 및 폭발

화재 및 폭발은 종래 충돌 다음으로 발생가능성이 많은 해상위험이었지만, 최근 선박연료에 석유, 가솔린 등을 사용하는 경우가 많아진 결과 점점 그 비율이 증가하고 있다. 화재란 원래 모든 화력을 의미하지 않고 불이 자력으로 확대할 수 있는 능력을 갖추지 않으면 안된다. 폭발은 낙뢰와 함께 화재와 유사한 위험이다. 보험의 의미에 있어서 폭발이란 가스 또는 연기의 팽창작용에 기인하여 급격히 발화하는 파괴력을 말한다.

(5) 충돌

충돌은 보통 선박과 선박의 충돌에 의한 해상위험과, 선박과 타물과의 격돌 또는 접촉을 말한다. 이 경우 타물이라 함은 부선, 암벽, 방파제, 유빙, 표류물, 난파선, 침몰선 및 해저의 암초 등을 의미한다.

(6) 지진

지진이란 때때로 다른 해상위험을 피하기 어려운 결과로 발생시킨다. 예를 들면 대지진 때문에 화재가 발생하고 또는 사회질서가 혼란해진 결과 도난이 발생한 경

우가 이것이다.

(7) 투하

투하란 선박 또는 적하물이 피하기 어려운 해상위험에 직면하였을 때 이것을 보존하기 위해 적하물의 일부를 해중에 투기하거나 선박의 장구를 절단하는 희생적인 행위를 말한다.

8 해상손해

1) 해상손해의 개념

해상손해란 해상위험의 작용에 의해서 피보험이익의 일부 또는 전부가 소멸하는 것을 의미하는 것으로서, 이는 피보험자가 입게 되는 경제상의 손실 또는 재산상의 불이익을 뜻한다. 해상피보험이익이란 선박, 적화 또는 이들에 준할 유체물에 해상위험이 발생함으로써 피보험자가 경제상의 손해를 입을 우려가 있는 보험의 목적과 피보험자와의 관계이므로 해상피보험이익은 발생할 수 있는 가능적인 손해이다.

따라서 해상피보험이익과 손해는 이론상 표리일체를 이루는 개념이다. 말하자면 해상피보험이익은 해상위험의 발생 이전에 있어서의 가능적인 손해를 의미하며, 손해는 이와 같은 가능적인 손해의 모습으로서의 피보험이익이 해상위험의 발생으로 인하여 소멸한 것, 다시 말하면 가능적인 손해가 현실적인 손해로 전환한 것이다.

2) 해상손해의 종류

해상손해(Marine Losses)는 ① 보험목적물(선박, 화물 등)의 멸실 또는 손상과 같은 물적손해, ② 구조비나 단독비용과 같은 비용손해, ③ 제3자에 대한 손해배상의 책임을 부담하게 되는 손해와 같은 책임손해 등으로 분류된다.

(1) 물적손해

물적손해는 손해의 정도에 따라 전손(Total Loss)과 분손(Partial Loss)으로 구분되며, 전손 이외의 모든 손해는 분손이다.

① 전손(Total Loss)

전손은 피보험목적물이 운송 도중에 멸실되거나 손상의 정도가 심해서 피보험목적물을 구조하거나 수리하는 비용이 부보금액보다 큰 경우로서 보험자가 부보금액을 전액 보상한다. 전손은 현실전손과 추정전손으로 구분된다.

【그림 10-1】 해상손해 범위

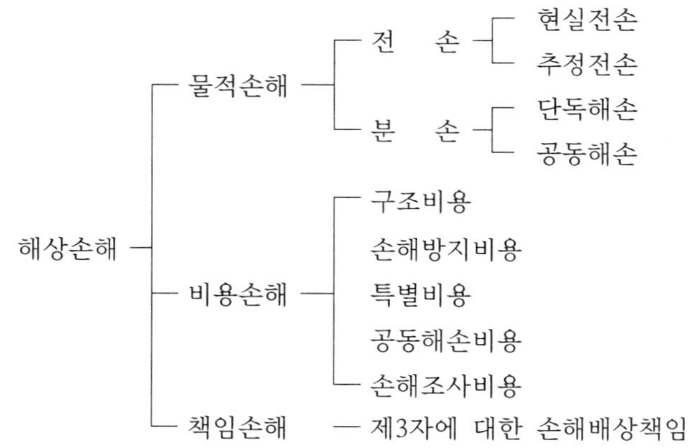

가. 현실전손(Actual Total Loss)

현실전손은 피보험목적물이 멸실 또는 손상되어 상품가치가 없어진 경우를 말한다. 이에 해당하는 경우로는 목적물이 파괴되거나 심한 손상을 입은 경우 또는 물품은 탈취당하거나 선박이 행방불명되어 물품을 회복할 수 없을 때 등을 들 수 있다.

나. 추정전손(Constructive Total Loss)

피보험목적물이 현실전손의 위험에 처했을 때 피보험목적물의 현실전손이 불가피하다고 간주되거나 또는 현실전손을 면하기 위하여 지출하는 비용이 보험목적물의 가액을 초과할 것이 예상되는 경우에는 현실전손이 발생한 것으로 추정하고 수리를 하는 등의 비용지출행위를 하지 않고 부보금액을 전액 보상한다.

예를 들면 선적한 기계가 해수에 침수되어 못쓰게 되었는데 이를 수리하려면 수리비용이 기계가액보다 큰 경우 피보험자가 기계수리를 포기하고 부보금액을 보상받는다.

추정전손이 성립하기 위해서는 피보험자가 보험자에게 서면으로 피보험이익의 일체를 포기하는 절차, 즉 위부(委付, abandonment)가 필요하다.

다. 위부(abandonment)

위부란 추정전손이 인정될 수 있는 사유가 발생하였을 때 피보험자는 그 피보험목적물에 대해서 갖는 일체의 권리를 보험자에게 이전하고 대신 전손에 해당되는 보험금을 청구할 수 있는데 이것을 위부라고 한다.

위부행위는 원래 유럽에서 16세기 후반에 처음 시행되어 그 후 세계 각국에서 널리 이용되어 오는 해상보험의 특유한 제도이다. 위부란 보험의 목적물이 전부 멸실될 것이 거의 확실하지만 이를 입증하기 곤란하거나 선박의 수선비가 수선한 후 시가보다 비싸게 견적이 나오거나, 선박 또는 적하물이 나포되거나, 관의 처분에 의하

여 6개월 이상 압수당하거나 선박이 행방불명과 같이 전부 멸실한 것과 동등시되는 경우에 피보험자가 부보물품에 대하여 소유하는 일체의 권리(all right remedies)를 보험자에게 이전하는 대신 보험금의 전부를 취득하게 되는 것이다. 다시 말하면 피보험자가 보험손해를 추정전손으로 처리하기 위하여 피보험이익의 일체를 보험자에게 포기(abandon)하는 행위가 곧 위부행위이다.

보험자는 추정전손의 부담을 결정할 때 피보험자로부터 위부여부를 다짐하여야 하며, 피보험자는 위부의 뜻을 서면으로 표시하여야 한다. 이것을 위부서 또는 위부의 통지(notice of abandonment)라고 하며 만일 보험자가 위부를 승인하지 않을 때는 피보험자는 위부의 원인 및 불가피성을 증명할 의무를 지며, 만약 위부가 보험자에 의해서 수락되지 않으면 그 손해는 분손으로 처리된다.

라. 대위권(right of subrogation)

대위권은 보험자가 피보험자의 편의를 위해 보험금을 먼저 지불하고, 피보험자의 위부에 의해서 보험자는 피보험자를 대신해서 피보험 이익에 관하여 제3자에 대해 피보험자의 권리를 이양 받아 취득하게 된다. 이렇게 취득한 권리를 대위권이라고 하며, 피보험자가 발행한 대위권 양도서에 의해 보험금을 지급함으로써 그 효력이 발생하는데, 보험자가 취득한 대위권은 보험자가 지불한 보상액 한도내에서만 유효하다.

② 분손(Average)

분손은 피보험목적물의 일부만이 손해를 입은 경우로서 전손이 아닌 손해는 분손으로 처리된다. 분손은 단독해손과 공동해손으로 구분된다.

가. 단독해손(Particular Average)

단독해손은 손해를 당한 자가 단독으로 부담하는 손해로 공동해손이 아닌 분손은 단독해손으로 처리된다. 단독해손은 해손정산인(surveyor)이 손해액을 산정하며 이에 따라 보험자가 보상한다. 화물의 단독해손은 주로 변질, 부패, 수량부족 등에 기인한다.

나. 공동해손(General Average)

선박이나 화물이 해난을 당하였을 때 선박이나 화물을 구조하기 위하여 선장의 책임으로 선박이나 화물의 일부를 희생하게 되면 이는 희생당한 선박 또는 화물의 주인 단독으로 부담할 성질이 아니다. 따라서 이러한 손해는 선박 및 화물에 이해관계가 있는 자들이 공동으로 손해를 부담하게 된다.

공동해손이 성립되기 위해서는 다음 조건이 충족되어야 한다.

가) 위험이 현실적으로 절박해야 한다.

나) 공동해손행위가 합리적이어야 하며 의도적으로 취해지는 행위이어야 한다.

다) 위험이 선박, 화물 및 운임 모두를 위협하는 것이어야 한다.

라) 손해는 공동해손 행위에 의하여 직접적으로 발생한 결과이어야 한다. 공동해손이 발생하면 공동해손 정산인이 양육항에서 정산하게 되며 이에 따라 각 이해관계자가 손해를 분담한다. 공동해손에 적용되는 국제규칙인 York-Antwerp 공동해손규칙(1890)에서는 공동해손의 손해의 범위를 다음과 같이 정하고 있다.

㉠ 화물의 투하에 의한 손해
㉡ 선박화재로 인한 손해
㉢ 임의 좌초에 의한 손해
㉣ 돛의 사용에 의한 기계 및 기관의 손해
㉤ 좌초선박을 가볍게 하기 위한 비용과 손해
㉥ 연료로 사용한 적하물과 저장품
㉦ 피난항에서의 비용과 선원의 급료
㉧ 선박의 수선비
㉨ 운임의 손실

(2) 비용손해

해상보험은 명시된 위험에 대한 보험금액만 보상하는 것이 원칙이나 사전에 명시될 수 없는 다음의 손해는 보험금액을 초과하여 보상이 된다.

① 구조비용(Salvage Charge)

해난을 만나 손해가 발생할 것이 예상되는 때에 구조자가 계약에 의하지 아니하고 구조하게 되면 그 구조비를 지불해야 한다. 이 비용은 예상치 못한 비용이므로 부보금액에 포함되어 있지 않으나 구조행위로 인하여 손해가 방지되었으므로 보험자가 피보험자를 대신하여 구조자에게 그 비용을 보상한다.

② 특별비용(Particular Charges)

피보험목적물의 손해를 방지하기 위하여 발생한 비용중에서 공동해손과 구조비 이외의 비용을 특별비용으로 보험자가 보상한다. 다음에 설명하는 손해방지비용과 비슷한 성격을 가지나 특별비용에는 손해검사비 또는 화물판매비용 등이 포함된다.

③ 손해방지비용(Sue and Labor Charges)

손해방지비용은 피보험자가 자신의 화물 등에 손해가 발생할 것이 예상될 때 이를 방지하기 위한 행위를 함으로써 발생하는 비용이다. 피보험자는 손해방지 또는 경감조치를 취할 의무가 있는데 이때 발생하는 비용은 손해방지 행위의 성공여부에 관계없이 보험자가 부담한다.

손해방지행위를 하지 않으면 손해방지비용보다 손해가 커진다. 따라서 손해방지비용을 적절하고 합리적으로 하도록 하기 위해서는 위부와 상관없이 보상하도록 하고 있다.

④ 공동해손 비용

공동해손 비용(General Average Expenditure)은 공동해손행위에 의하여 지출된 금전적인 비용지출을 말한다. 다시 말하면, "공동해손 비용"이란 공동의 해상모험(항해)에서 위험에 놓인 재산을 보존할 목적으로 위험에 처한 시기에 고의적 및 합리적으로 지출하는 이례적인 비용을 말한다.

⑤ 손해조사비용(Lose Survey Charges)

손해가 발생하면 손해를 손해사정인이 사정하게 되는데 그 손해를 보험자가 부담해야 할 성질의 손해이면 손해조사비용은 보험자가 보상한다. 만약 손해보상을 보험자가 부담하지 않는 경우에는 피보험자가 손해방지비용을 부담한다.

3) 책임손해

"책임손해"란 해상위험에 속하는 위험, 즉 「우연한 사고 또는 재난」이 발생함으로써 ① 피보험재산(선박, 화물 등)의 소유자(선주, 화주 등) 또는 ② 피보험재산에 이해관계가 있거나 혹은 그것에 대한 책임을 지는 기타의 자(피보험재산 소유자이외의 가)가 「제3자에 대한 배상책임」을 부담하게 되는 손해를 말한다.

현행의 영국해상보험법 제3조(제2항 C호)에 의하면, 피보험재산의 소유자 또는 「피보험재산에 이해관계가 있거나 혹은 그것에 대한 책임을 지는 기타의 자」가, 해상위험 때문에, 「제3자에 대한 배상책임」을 부담하게 될 지도 모르는 경우에는 해상모험이 존재하며, 이와 같은 해상모험에 수반되는 해상손해는 "책임손해"라 불리워진다.

9 협회 화물 약관

무역거래에서는 보험계약체결의 기본이 되는 여러 가지 협회약관중에서도 협회화물약관(Institute Cargo Clauses : ICC)이 가장 중요하다.

보험사고가 발생하여 피보험자가 해상위험에 수반되는 해상손해를 입게 된 경우에 보험자(보험회사)가 피보험자의 손해를 보상해주는 손해 보상조건에는 "기본조건"(Basic Conditions)과 "부가조건"(Additional Conditions)이 있다.

해상화물보험(Marine Cargo Insurance)에 있어서의 기본조건은 ① 종래의 해상보험증권(적화) 및 종래의 협회화물약관(구 ICC)에 의거하여 부보하는 경우에는 분손부담보(FPA)조건, 분손담보(WA)조건 및 전위험담보(A/R)조건으로 구분되며, ② 새로 제정된 신 해상보험증권(적화) 및 신 협회화물약관(신 ICC)에 의거하여 부보하는 경우에는 (A)조건, (B)조건 및 (C)조건으로 구분된다.

또한 협회전쟁약관(Institute war clauses) 및 협회동맹 파업약관(Institute

strike clauses) 등의 특별약관이 있다.[1)]

1) 종래의 협회화물약관의 기본조건

(1) 분손부담보(FPA)조건

분손부담보(단독해손부담보 : Free from Particular Average ; FPA)조건은 해상화물보험의 기본적 계약조건의 하나이며, 이 조건으로 부보한 경우에 있어서 보험자(보험회사)가 보상해 주는 손해는, ① 전손(total loss), ② 공동해손 손해(general average loss)[2)], ③ 「특정의 단독해손 손해」, ④ 단독비용(Particular Charges)[3)], ⑤ 구조비(Salvage Charges)[4)] ⑥ 부대비용이다.

분손부담보(FPA)조건에서는, 보험자가 단독해손 손해(물적분손)를 보상해 주지 않는 것이 원칙이지만, 오늘날에는 그 보상의 범위를 확대하여, 위 ③의 '특정의 단독해손 손해'에 대하여는 보험자가 그 손해를 보상해 주고 있다.

분손부담보조건의 협회화물약관 제5조에 명시되어 있는 '특정의 단독해손 손해' 소위, '특정분손'은 다음과 같다.

(i) 보험목적물(화물)을 적재한 본선(Vessel) 또는 부선이 좌초되거나 침몰되거나 혹은 대화재를 입었을 경우의 단독해손(손해),

(ii) 선적중, 환적중 또는 양육중의 포장단위의 전손,

(iii) 화재, 폭발, 충돌, 접촉 및 조난항(port of distress)에서의 양화작업에 기인된다고 정당하게 간주될 수 있는 보험목적물의 멸실 또는 손상(단독해손 손해).

(2) 분손담보(WA) 조건

분손담보(단독해손 담보 : With Average ; WA)조건은 해상화물보험의 기본적 계약조건의 하나이며, 이 조건으로 부보한 경우에 있어서의 보험자가 보상해 주는

---

1) 문철한 외 6인, 무역학원론, 비봉출판사, 1997, p.508이하 참조

2) FPA조건의 협회화물약관 제7조(공동해손 약관 : G.A. Clause)에 보험자의 보상 손해임을 명시하고 있다. ① 공동해손 희생(G.A. Sacrifice), ② 공동해손비용(G.A. Expenditure) 및 ③ 공동해손 분담금(G.A. Contribution)의 손해 모두를 보험자가 보상한다.

3) 손해방지비용(Sue and Labour Charges)과 특별비용(special charge) 모두를 보험자가 보상한다. 다만, 특별비용은, 중간의 기항항 혹은 피난항(intermediate port of call or refuge)에서의 양육・보관・계속운반을 위해 지출된 특별비용(Special Charges)으로서, 그것이 WA조건의 협회화물약관에서 보상되는 비용인 경우에 한한다(FPA 조건의 협회화물약관 제5조 후단 참조).
단독비용에 속하는 손해방지비용은 구 보험증권의 본문에 명시되어 있는 '손해 방지약관'(Sue and Labour Clause) 및 FPA조건의 협회화물약관 제9조의 '수탁자약관'(Baile Clause)에 규정되어 있는 「피보험자의 손해방지의무」를 이행하는데 필요한 비용으로서 보험자가 그 비용을 보상해 주는 것은 당연하다.

4) 구조비(Salvage Charges)도 FPA조건의 협회화물약관 제7조에 명시되어 있는 '공동해손약관'의 규정에 의거하여 보상된다.

손해는 ① 전손, ② 공동해손 손해, ③ 단독해손 손해('특정의 단독해손 손해' 소위 '특정분손' 이외의 단독해손에 대하여는 소손해면책비율을 적용함), ④ 단독비용(손해방지비용 및 특별비용), ⑤ 구조비 및 ⑥ 부대비용이다.

분손담보조건으로 부보하는 경우에는 보통 소손해 면책비율(Franchise)이 협정되고, 이러한 소손해 면책비율은 '특정의 단독해손 손해' 소위 '특정분손'이외의 단독해손에만 적용되며, 소손해 면책비율에 미달하는 소손해는 보상되지 아니한다.[5)]

경우에 따라서는 '면책비율 부적용'(Irrespective of Percentage ; IOP)이 특약되기도 한다.

(3) 전위험담보(A/R) 조건

전위험담보(All Risks ; A/R, Against All Risks ; AAR) 조건은 해상화물보험의 기본적 계약조건의 하나이며, 보험자(보험회사)가 운송화물에 대한 '목적지까지의 모든 종류 및 범위의 위험'을 담보하는 해상보험조건이다. 이 조건으로 부보하는 경우, 보험자는 ① 전손, ② 단독해손인 분손, ③ 공동해손인 분손, ④ 단독비용, ⑤ 구조비, ⑥ 부대비용, ⑦ 그밖에 도난·우유(雨濡)·담수유(淡水濡)·파손(破損) 등의 특수위험도 특약없이 담보하며, 소손해 면책비율도 적용하지 아니한다(면책비율에 미달하는 소손해도 보상한다).

그러나 전쟁위험(War Risks)과 동맹파업위험(Strikes, Riots and Civil Commotions Risks ; SRCC 위험)만은 원칙적으로 담보되지 않기 때문에, 이러한 위험을 담보받기 위해서는 추가적 특약을 필요로 한다(예 : All Risks including War Risks and SRCC).

2) 신협회화물약관의 기본조건

(1) (A) 조건

(A)조건은 보험자(보험회사)가 '보험목적물(화물)의 멸실 또는 손상의 모든 위험'(All Risks of loss of or damage to the subject-matter insured)을 담보하는 조건이다. 다만, (A)조건의 신협회화물약관(신 ICC)에 규정되어 있는 보험자의 면책손해 즉, ① 제4조의 일반면책약관(General Exclusions Clause), ② 제5조의 불내항 및 부적합 면책약관(Unseaworthiness and Unfitness Exclusion Clause), ③ 제6조의 전쟁면책약관(War Exclusion Clause) 및 ④ 제7조의 동맹파업면책약관(Strikes Exclusion Clause)에 규정된 손해(화물의 멸실 또는 손상의 물적손해 및

5) 예를 들어 "in franchise of 3%"로 부보한 경우, 5%의 손해가 발생하며, 그 손해는 소손해 면책비율인 3%를 초과하는 손해이기 때문에, 5%의 손해금액 전액을 보험자가 보상해 준다. 그렇지만, "in exess(deductible franchise) of 3%"로 부보한 경우, 5%의 손해가 발생하면, 보험자는 3%의 손해금액(소손해액)을 공제한 나머지 2%의 손해금액(5%의 손해금액-3%의 손해금액)만을 보상해 준다.

비용손해)에 대하여는 보험자(보험회사)가 담보(보상)하지 아니한다.

그리고 (A)조건으로 부보하는 경우, 보험자는 '공동해손 손해'와 '구조비'를 보상해 주며[6], 또한 피보험자의 손해방지의무를 이행하는데 필요한 손해방지비용(단독비용)도 보험자가 보상해준다.[7] 그리고 보험목적물(화물)의 목적지 이외의 항구 또는 지역에서 피보험운송(Insured Transit)이 종료될 경우에, 피보험자(화주) 또는 그의 사용인이나 대리인이 지출하는 '특별비용'(단독비용) 즉, 화물의 양육비용・보관비용・목적지에의 제반비용도 보험자가 보상해 준다.[8]

이상에서 서술한 (A)조건의 보상손해를 정리해 보면, ① 보험자의 면책손해(제4조-제7조의 손해)를 제외한 보험목적물(화물)의 멸실 또는 손상의 모든 물적손해, ② 공동해손 손해(공동해손 희생, 공동해손 비용 및 공동해손 분담금), ③ 구조비, ④ 단독비용(손해방지비용 및 특별비용), ⑤ "쌍방과실충돌약관"에 의한 책임손해 등이다.

(2) (B)조건

(B)조건으로 부보하는 경우에 보상되는 물적손해는 다음과 같다.

(ⅰ) ① 화재(fire) 또는 폭발(explosion), ② 본선 또는 부선의 좌초・교사・침몰・전복(vessel or craft being stranded, grounded, sunk or capsized), ③ 육상 운송용구의 전복(overturning) 또는 탈선(derailment), ④ 본선・부선・운송용구와 물(water)이외의 타물체와의 충돌(collision) 또는 접촉(contract), ⑤ 조난항에서의 화물의 양화(discharge of cargo at a port of distress) ⑥ 지진(earthquake), 분화(volcanic eruption) 또는 낙뢰(lightning)에 정당하게 기인된(reasonably attributable to) 보험목적물(화물)의 멸실 또는 손상,

(ⅱ) ① 공동해손 희생(General Average Sacrifice), ② 투하(Jettison) 또는 파도에 의한 갑판유실(Washing Overboard) ③ 본선・부선・선창・운송용구・컨테이너・지게차・보관소에의 해수・호수・하천수의 유입(entry of sea, lake or river water into vessel, craft, hold, conveyance, container, liftvan or place of storage)으로 인하여 생긴(caused by) 보험목적물(화물)의 멸실 또는 손상

(ⅲ) 본선이나 부선에의 선적중에 또는 본선이나 부선으로부터의 양륙중에 해수면으로 낙하하여 멸실되거나 추락하여 발생된 포장단위의 전손(total loss of any package lost overboard or dropped whilst load-

---

6) 신협회화물약관(A) 제2조의 공동해손약관(General Average Clause)참조.
7) (A)조건의 신협회화물약관(신 ICC) 제16조의 피보험자 의무약관(Duty of Ass-ured Clause) 참조.
8) (A)조건의 신협회약관 제12조의 '계반비용약관'(Forwarding Chages Clause) 참조.

ing on to, or unloading from, vessel or craft)이다.

(B) 조건에서도, (A)조건에서와 마찬가지로, 보험자의 면책손해는 인정되며[9], ① 공동해손 손해, ② 구조비, ③ 단독비용(손해방지비용 및 특별비용), ④ 쌍방과실충돌약관에 의한 책임손해 등은 보험자가 보상해 준다.

(3) (C)조건

(C)조건으로 부보하는 경우에 보상되는 물적손해는 다음과 같다.

(ⅰ) ① 화재 또는 폭발, ② 본선 또는 부선의 좌초・교사・침몰・전복, ③ 육상 운송용구의 전복 또는 탈선, ④ 본선・부선・운송용구와 물 이외의 타 물체와의 충돌 또는 접촉 및 ⑤ 조난항에서의 화물의 양화에 정당하게 기인된 보험목적물(화물)의 멸실 또는 손상

(ⅱ) ① 공동해손 희생 및 ② 투하로 인하여 생긴 보험목적물의 멸실 또는 손상이다.

여기서 「(C)조건에서 보상되는 물적손해」와 「(B)조건에서 보상되는 물적손해」와를 비교하여 본다면, ① 지진・분화・낙뢰에 정당하게 기인된 물적손해(화물의 멸실 또는 손상), ② 「파도에 의한 갑판유실」및 「선박・부선 등에의 해수・호수・하천수의 유입」으로 인하여 생긴 물적손해 및 ③ 「선적중 또는 양육중에 발생된 포장단위의 전손」은 (B)조건에서는 보험자(보험회사)가 보상하지만, (C)조건에서는 보험자가 보상하지 아니한다.

(C) 조건에서도, (A)조건에서와 마찬가지로, 보험자의 면책손해는 인정되며[10], ① 공동해손 손해, ② 구조비, ③ 단독비용(손해방지비용 및 특별비용), ④ 쌍방과실충돌약관에 의한 책임손해 등은 보험자가 보상해 준다.

3) 부가조건

앞에서 서술한 기본조건 중에서 전위험담보(A/R)조건이나 (A)조건은 보험자의 보상범위가 가장 넓은 조건이기 때문에 보험료도 가장 높다.

그러므로 화물의 종류, 성질, 포장상태 등을 고려하여 보험료가 싼 분손부담보(FPA)조건이나 (C)조건, 경우에 따라서는 분손담보(WA)조건이나 (B)조건을 기본조건으로 하고서, 각종의 부가위험을 부가조건으로 특약하는 경우가 있다. 이러한 경우에 보험자가 특약으로 인수할 수 있는 부가위험 가운데 주요한 것을 들면 다음과 같다.

① 우담수손(雨淡水損 ; Rain and/or Fresh Water Damage ; RFWD)

② 도난・발화・불착(Theft, Pilferage and/or Non-Delivery ; TPND)

---

9) (B)조건의 신협회화물약관 제4조-제7조 참조.

10) (C)조건의 신협회화물약관 제4조-제7조 참조.

③ 투하 · 갑판유실(Jettison and Washing Over-Board ; JWOB)
④ 파손 · 곡손(Breakage, Denting & Bending)
⑤ 누손 · 부족손(Leakage and/or Shortage)
⑥ 갈고리에 의한 손해(Hook & Hole)
⑦ 유류 및 타 화물과의 접촉에 의한 손해(Contact with Oil and/or Other Cargo ; COOC)
⑧ 습기와 열에 의한 손해(Sweat & Heating)
⑨ 자연발화(Spontaneous Combustion)
⑩ 오염(Contamination)

4) 협회 특별약관

런던보험업자협회(Institute of London Underwriters ; ILU)에서 승인 · 채택한 협회 특별약관에는 ① 협회화물약관(협회적화약관, Institute Cargo Clauses ; ICC), ② 협회전쟁약관과 협회동맹파업약관, ③ 특수화물에 관한 기본약관, ④ 특수피보험이익에 관한 약관, ⑤ 부가위험 및 특정화물에 관한 약관, ⑥ 책임의 시종에 관한 약관, ⑦ 기타 약관 등이 있다.

여기서는 ①의 협회화물약관 및 ②의 협회전쟁약관과 협회동맹파업약관에 대해서만 약술한다.

(1) 협회화물약관

협회화물약관(Institute Cargo Clauses ; ICC)은 런던보험업자협회에서 승인 · 채택한 협회 특별약관 중에서 가장 기본적인 것으로서, ① 구증권과 함께 사용되는 구협회화물약관(구ICC)과 ② 신증권과 함께 사용되는 신협회화물약관(신ICC)으로 대별된다.

① 구협회화물약관(구ICC)

구협회화물약관(구ICC)은 다시 ① 분손부담보(FPA)조건의 구ICC ② 분손담보(WA)조건의 구ICC 및 ③ 전위험담보(All Risks)조건의 구ICC로 구분된다.

구협회화물약관은 14개 조항(소약관)과 하나의 유의사항으로 구성되어 있으며, 제5조의 규정내용만이 다를 뿐, 나머지 13개 조항(소약관)의 규정내용은 동일하다.

② 신협회화물약관

신협회화물약관(신ICC)은 다시 ① 전위험담보(All Risks)조건과 유사한 신ICC(A)조건의 Institute Cargo Clauses(A), ② 분손담보(WA)조건과 유사한 신 ICC(B)조건의 Institute Cargo Clauses(B) 및 ③ 분손부담보(FPA)조건과 유사한 신ICC(C)조건의 Institute Cargo Clauses(C)로 구분된다.

신협회화물약관은 19개 조항(소약관)과 하나의 유의사항으로 구성되어 있으며,

제1조(위험약관 ; Risks Clause)의 규정내용이 다를 뿐, 나머지 18개 조항(소약관)의 규정내용은 동일하거나 약간의 차이가 있을 뿐이다.[11)]

2) 협회전쟁약관과 협회동맹파업약관

전쟁위험과 동맹파업·폭동·소요 등의 이른바 동맹파업위험은 그 위험 발생율의 예측이 극히 곤란하고 일단 발생하면 손해는 거액에 이른다. 이와 같은 특수한 성격의 전쟁위험과 동맹파업위험은 구 보험증권과 이탤릭 서체약관에 속하는 포획·나포부담보약관(FC&S Clause) 및 동맹파업·폭동·소요 부담보약관(FSR&CC Clause)에 의해 면책되고, 또한 구협회 화물약관 제12조(FC&S Clause)와 제13조(FSR&CC Clause) 그리고 신협회화물약관 제6조(War Exclusion Clause)와 제7조(Strikes Exclusion Clause)의 규정에 의해 면책된다.

그러므로 전쟁위험과 동맹파업위험을 담보받기 위해서는, 별도로 산정되는 할증보험료를 납부하고, 종래의 협회전쟁약관 또는 신협회전쟁약관(적화)과 종래의 협회동맹파업·폭동·소요약관 또는 신협회동맹파업약관(적화)으로 보험회사와 특약을 맺어야 한다.

구보험증권과 구협회화물약관에 의거하여 해상화물보험계약이 체결된 경우에 전쟁·동맹파업위험을 담보받기 위해서는, 종래의 협회전쟁약관(Institute War Clauses)과 종래의 협회동맹파업·폭동·소요약관(Institute Strikes Roits and Civil Commotions Clauses)을 사용하여 특약을 맺는다.

한편 신보험증권과 신협회화물약관에 의거하여 해상화물보험계약이 체결된 경우에 전쟁·동맹파업위험을 담보하기 위해서는, 신협회전쟁약관(적화)(Institute War Clauses〈Cargo〉)과 신협회동맹파업약관(적화)(Institute Strikes Clauses〈Cargo〉)을 사용하여 특약을 맺는다.

위 경우의 할증보험료는 영국 런던의 전쟁위험요율 산정위원회(War Risks Rating Committee)가 시시각각 변화하는 세계정보에 따라 산정하는 전쟁보험요율표(London War Schedule)에 따르기로 되어 있다.

---

11) (1) 신ICC(B)조건과 신ICC(C)조건의 신협회화물약관 제4조(일반면책약관)에는 하나의 '일반면책사항' 즉, 'Deliberate damage to or deliberate destruction of the subject-matter insured or any part thereof by the wrongful act of any person or persons'(보험목적물 또는 그 일부에 대해 발생된 모든 자의 불법행위에 의한 고의적인 손상 또는 고의적인 파괴)이 추가되어 있다. 위의 '일반면책사항'은 신ICC(A)조건에는 없음.

(2) 신ICC(B)조건과 신ICC(C)조건의 신협회화물약관 제6조(전쟁면책약관) 제2항에 "piracy excepted"라는 문언이 없으므로 "해적행위"는 전쟁면책사항에 포함되는 반면에, 신ICC(C)조건의 신협회화물약관 제6조 제2항에는 "piracy excepted"라는 문언이 포함되어 있으므로 신ICC(A)조건에서는 "해적행위"가 전쟁면책사항에서 제외됨.

(3) 신협회화물약관(A), (B) 및 (C)의 제2조, 제3조, 제5조 및 제7조 내지 제19조의 규정내용은 동일함. 그리고, 신협회화물약관 (B) 및 (C)의 규정내용은 제1조의 규정내용만이 다를 뿐, 나머지 18개 조항(소약관)의 규정내용을 동일함.

제3절 수출보험

1 수출보험의 의의

수출보험이란 무역거래상 수반되는 여러 위험 가운데 해상보험 등 통상의 보험으로는 담보될 수 없는 위험, 즉 수입국의 전쟁이나 내란, 환거래의 제한 및 금지 등에 의한 비상위험(political risk)과 수출계약 상대방의 파산 또는 대금지급지연 및 거절 등에 의한 신용위험 등으로부터 수출업자, 수출품생산자 또는 수출자금을 융자한 금융기관 등이 입은 손실을 보상해줌으로써 수출진흥을 도모하기 위한 비영리 정책보험을 말한다.

우리나라의 수출보험은 재정경제원에서 관장하고 실제업무는 대한재보험회사에 위탁하여 1969년 2월 18일부터 취급하여 오다가 다시 1977년 1월1일부터는 한국수출입은행에서 그 업무를 대행하였고, 현재는 한국수출보험공사가 취급·운영하고 있다.

2 수출보험의 담보위험

수출보험의 담보대상이 되고 있는 위험으로는 상업위험에 속하는 신용위험과 기업위험, 그리고 비상업위험인 비상위험이 있다.

1) 비상위험(Emergency risk)

비상위험이란 수입국에서의 수입금지 혹은 제한조치, 환거래제한 또는 금지뿐만 아니라 전쟁, 내란 및 파업 등과 같은 비상사태로 인하여 수출계약당사자에게 책임을 부담시킬 수 없는 사유로 인하여 수출업자가 손실을 입게 되는 위험이다.

2) 신용위험(credit risk)

신용위험은 수출계약상대방, 즉 수입업자의 귀책으로 인한 위험으로서 수입업자의 파산 또는 일방적인 계약파기 등으로 인한 수출 및 대금회수 불능과 수입업자의 재정상태 악화에 의한 대금지급지연 등 수입업자의 채무불이행 또는 태만에 의해 발생된다.

3) 기업위험(management risk)

기업위험은 신용위험과 마찬가지로 상업위험의 일종으로서 수출계약상대방(수입

업자)에게 책임을 추궁할 수 있는 것이 아니라, 기업의 경영활동과정에서 기업가의 판매예측 혹은 경영예측이 빗나감으로써 발생하는 위험이다.

이런 경우 최선의 담보조건은 기업가로서의 능력인 특수형태의 위험으로서 우리나라는 위탁판매수출보험에서 이런 종류의 기업위험을 담보로 하고 있다.

3 수출보험의 기능

수출보험은 다음과 같은 여러 가지 기능을 갖고 있다.

1) 수출업자의 불안제거기능

수출보험은 수입국에서 발생될 수 있는 비상위험 혹은 신용위험 등에 의한 수출불능 또는 수출상품의 대금회수 불능으로부터 수출업자나 수출상품 생산업자들이 입게 되는 손실을 보상하여 준다. 따라서 수출에 따른 불안을 해소시켜 무역거래환경을 국내거래환경과 동일하게 만들어 수출업자로 하여금 안심하고 수출활동을 할 수 있도록 한다.

2) 무역관리제도로서의 기능

수출보험은 보험의 인수조건, 예를 들면 담보하는 위험의 범위, 보상율 및 보험요율 등의 조정을 통하여 수출업자의 활동을 촉진 또는 제한할 수도 있다. 또한 수출보험은 대외무역법, 관세법 및 외국환거래법 등 직접적인 무역관리제도와 함께 간접적인 무역관리제도로 활용되기도 한다.

3) 신용수단의 제고

수출보험은 수출대금의 미회수 위험에 대하여 담보하기 때문에 금융정책에 의해 수출지원금융이 용이하여 진다. 보험사고발생의 경우 수출업자에게 신속한 보상을 하여 자금면에 있어서의 유동성이 조속히 회복되어 사업을 계속할 수 있을 뿐만 아니라 신용수단을 제고시킬 수도 있다.

4) 수출진흥정책상의 기능

수출보험은 그 특성상 민간보험회사가 운영하기는 사실상 불가능하기 때문에 정부에서 수출업자에게 정책보험으로서의 유리한 보험요율과 보상을 제공한다. 그 결과로서 수출보험은 수출경쟁력강화뿐만 아니라 수출촉진을 위한 정책수단이 된다.

5) 해외수입업자의 신용조사기능

수출보험은 보험사고의 사전방지를 위하여 수입업자의 신용상태와 수입국의 정치 및 경제시장을 조사한다. 조사결과로 얻어진 관련자료들을 수출업자에게 제공함으로써 수출불능이나 대금회수불능 등의 발생방지뿐만 아니라 건전한 무역거래를 유도하여 수출선 확보와 수출거래의 확대에 기여하게 한다.

1 수출보험의 특성

1) 위험의 동시다발성

전쟁, 내란 및 환거래의 제한 또는 금지 등의 비상위험으로 인한 보험사고는 위험을 예측하기가 매우 어렵고 또한 다수의 수출거래에 대하여 동시에 발생(위험의 동시다발성)하게 된다. 이러한 성격으로 인해 보험사고발생의 확률산정이 곤란하여 적정보험 요율을 산정하기 어렵다. 어떤 한나라에서 비상위험이 발생하면 그 나라와의 수출거래 모두에 영향을 미치게 된다.

2) 거액의 보험사고 발생가능성

산업설비 수출의 증가는 이를 지원하는 중장기성 보험종목의 인수금액을 크게 늘어나게 하고 있다. 특히 일괄수주방식의 보편화와 프로젝트 규모의 대형화는 이러한 추세를 더욱 가속화시켜 보험금액이 500억원을 넘는 거래가 자주 있다. 이러한 대형보험 인수건에서 사고가 발생할 경우 보험자가 지불해야 할 보험금은 천문학적 숫자에 이를 정도로 엄청나며, 또한 비상위험에 의한 사고는 그 다발성으로 인해 일시에 보험금청구가 집중되게 되어 이 경우 역시 대규모의 보험금지급이 불가피하게 된다.

3) 비영리 정책보험

민간기업이 수출보험을 운영할 경우 수출지원정책적 견지에서 보다는 이윤추구의 입장에서 채산에 맞는 위험유형만을 선택·운영하게 되므로 담보하는 위험의 범위가 극히 제한될 수밖에 없어 수출지원 정책적 효과를 거두기가 매우 어렵다. 또한 수지균형을 맞추기 위해 과다한 보험요율을 책정할 경우 이는 수출원가의 직접적 상승효과로 작용하여 오히려 수출진흥에 역행하게 된다. 정부가 수출보험운영에 깊이 관여하거나 직접 운영하는 이유가 여기에 있는 것이다.

5 수출보험의 종류

1997년 7월 현재 우리나라의 수출보험 운영 종목은 8개의 보험과 1개의 보증으로

이루어져 있는데 그 내용은 다음과 같다.

1) 단기수출보험

단기수출보험은 수출대금의 결제기간이 2년 이내인 단기 상품수출거래에서 발생할 수 있는 수출업자(보험계약자)의 선적 전 수출불능과 선적 후 수출대금(임대료 포함) 회수불능에 따른 손실을 보상하는 보험이다. 단기수출보험의 대상이 되는 거래는 다음과 같은 네 가지이다.

① **일반수출** : 국내에서 생산·가공 또는 집하된 물품을 수출하는 거래로서 연계무역방식의 구상무역과 대응구매를 포함한다.

② **위탁가공무역** : 수출업자가 국내에서 조달한 원자재를 외국에 위탁, 가공한 물품을 수출하거나 수출자의 해외 현지법인이 생산·가공한 물품을 수출하는 거래

③ **중계무역** : 수출업자가 수출할 목적으로 물품을 수입한 후 이를 제3국으로 수출하는 거래

④ **재판매** : 수출업자의 해외지사(현지법인 포함)에 물품을 수출하고, 동 해외지사가 현지 또는 제3국으로 재판매하는 거래

2) 수출어음보험

수출어음보험이란 D/A, D/P 등 무신용장베이스의 수출거래를 보호하기 위하여 제정된 보험으로써, 수출업자가 수출한 후 수입업자를 어음지급인으로 한 화환어음을 발행하여 외국환은행이 매입하였을 때, 화환어음이 만기에 어음지급인인 수입업자로부터 지급받을 수 없게 되거나 또는 화환어음을 매입한 외국환은행이 동 어음을 타외국환은행에 재매입시켰을 경우에 화환어음 재매입은행이 어음의 만기에 어음금액을 지급인으로부터 받을 수 없게 됨으로써 매입은행이 화환어음의 재매입은행에 어음부도금액을 소구를 받아 지급함으로써 최초 매입은행이 입게 되는 손실을 보상해 주는 보험이다.

3) 중장기수출보험

수출대금의 결제기간이 2년을 초과하는 중장기수출계약을 체결한 후 수출이 불가능하게 되거나 수출대금을 받을 수 없게 된 경우 또는 수출대금금융계약을 체결한 후 대출원리금을 받을 수 없게 됨으로써 입게 되는 손실을 보상하는 보험이다.

4) 해외공사보험

해외공사계약 체결 후 그 공사에 필요한 물품의 수출이 불가능하게 되거나 그 공

사의 대가를 받을 수 없게 된 경우 또는 해외공사에 사용할 목적으로 공여된 장비에 대한 권리가 박탈됨으로써 입게 되는 손실을 보상하는 보험이다.

5) 수출보증보험

금융기관이 해외공사계약 또는 수출계약 등과 관련하여 수출보증을 한 경우에 보증상대방으로부터 이행청구를 받아 이를 이행함으로써 입게 되는 금융기관의 손실을 보상하는 보험이다.

6) 해외투자보험

해외투자를 한 후 투자대상국에서의 전쟁, 송금위험으로 인하여 그 해외투자의 원리금, 배당금 등을 회수할 수 없게 되거나 보증채무이행으로 입게 되는 손실을 보상하는 보험이다.

7) 농수산물수출보험

농수산물수출보험은 UR이후 농수산물 시장개방에 대응하기 위해 도입된 보험으로 수출농어가 육성과 농수산물의 해외수출기반 확보를 지원하기 위한 보험이다. 농수산물수출보험에서는 비상위험 또는 신용위험의 발생으로 수출을 할 수 없게 되거나 수출대금을 회수하지 못하게 되어 입게 되는 손실, 그리고 수출물품의 국내가격 상승에 따라 입게 되는 손실을 보상한다.

8) 시장개척보험

시장개척보험은 수출업자(보험계약자)가 수출증진을 목표로 무역전시회에 참가한 후 수출증가가 당초 목표에 미달함으로써 무역전시회 참가비용을 회수하지 못할 경우 입게 되는 손실을 보상하는 보험으로서, 수출업자들의 시장개척과정에서의 불안제거와 적극적인 시장개척활동의 추진을 지원하기 위하여 새로 도입된 것이다. 이 보험이 대상으로 하는 무역전시회는 세계각국에서 일정기간 전시되는 해외 전문상품별 전시회(상설전시회 제외)로서 수출과 관련된 국내기관 또는 업종단체가 주관하는 해외무역전시회를 포함한다.

9) 중소기업수출신용보증

수출계약과 관련하여 중소기업이 금융기관으로부터 어음할인을 포함한 대출을 받은 후 수출이 불가능하게 되거나 수출대금을 받지 못하게 됨으로써 중소기업이 금융기관에 대하여 부담하는 금전채무에 대한 연대보증제도이다.

제 11 장 무역서류와 대금결제

제1절 무역서류

① 무역서류의 의의와 종류

무역거래는 지리적으로 멀리 떨어져 있는 당사자간의 매매거래인 격지자간 거래이기 때문에 국내거래에서와 달리 매매계약에서의 물품인도 및 대금지급과정에서 무역서류(documents of trade)를 필요로 한다.

여기에서 무역서류라고 할 때에는 계약물품의 재산권을 증권화한 선하증권에서 상업송장에 부속되는 소액채권의 청구서에 이르기까지 국제매매거래에 사용되는 여러 가지 무역용 문서를 총칭한다.

다시 말해서 무역서류란 국제매매거래의 이해관계에 수반되는 일련의 선적서류(shipping documents) 또는 운송서류(transport documents)를 의미한다.

이러한 무역서류는 국제매매거래에서 필수적인 서류로 분류되는 주요서류와 매매당사자간의 약정에 의하여 첨부되는 여러 가지 부속서류로 구성된다.

필수 무역서류는 국제매매거래에서 가장 필요한 서류로서 세계의 무역상사 사이에서 널리 인정받고 있는 것은 ① 거래목적을 유가증권화한 선하증권 또는 이것을 대용하는 운송증권, ② 위험담보를 증명한 보험증권 또는 이것을 대용하는 보험증명서, ③ 매매계약 및 계산관계를 명시한 상업송장 등의 세 가지로 구성되며, 이에 반하여 부속무역서류에 해당하는 서류로는 ① 세관관계서류(영사송장, 세관송장,

원산지증명서), ② 송장부속서류(포장명세서, 중량·용적증명서), ③ 품질증명서류(검사증명서, 품질증명서, 위생증명서) 등이 이에 해당한다.

그런데 최근에 세계적인 정보·통신수단의 발달에 따라 무역서류의 간소화를 위하여 Incoterms 1990에서는 운송서류를 전자문서교환방식(Electronic Data Interchange : EDI)으로 대체할 수 있음을 규정하고 있다. 이는 현재의 무역관련서류들을 대폭 간소화하고 궁극적으로는 서류없는 무역시대의 도래를 예견하고 있는데, 국제무역환경의 변화에 따른 시대적 요구에 부응하기 위해서는 EDI에 의한 전자통신문(electronic message)의 사용에 대한 인식도 뒤따라야 한다.

2 선하증권(Bill of Lading)

1) 선하증권의 개념

선하증권(B/L : Bill of Lading)은 무역거래가 갖고 있는 서류거래적인 성격 때문에 무역거래에서 사용되는 가장 본질적인 서류로서, 물품운송의 책임을 맡은 선박회사가 송화인(shipper)으로부터 운송화물을 수취하여 운송계약조건과 일치하게 운송하여 지정된 목적항에서 본증권과 상환으로 수화인(consigner)에게 운송화물을 인도할 것을 약속한 유가증권이다.

즉, 선하증권은 선박회사의 운송화물 수취에 대한 영수증이며 운송계약의 증거서류로서 발행된다고 볼 수 있다.

2) 선하증권의 성질

선하증권은 다음과 같은 특성을 갖고 있다.

첫째, 선하증권은 선적화물을 대표하는 대표증권이며, 선하증권에 의하여 선적물품이 처분되기 때문에 처분증권이며, 또한 운송화물의 수령 또는 선적에 의하여 발행되기 때문에 요인증권이다.

둘째, 선하증권은 해상운송계약의 증거서류이며, 선박회사의 화물수취에 대한 영수증이다.

셋째, 선하증권은 물품의 권리가 표현되어 있는 권리증권(document of title)이다. 선하증권이 갖고 있는 이와 같은 성질 때문에 선하증권이 오늘날의 국제무역거래에서 가장 많이 활용되고 있고, 또한 선하증권의 가장 중요한 성질 중의 하나이다.

넷째, 선하증권은 화물을 대표하는 유가증권으로서, 배서 또는 인도에 의하여 선하증권상의 물품에 대한 소유권이 이전되는 유통증권의 성질을 갖는다.

3) 선하증권의 종류

선하증권은 분류기준에 따라 다양한 분류가 가능하지만, 중요한 선하증권의 종류를 보면 다음과 같다.

(1) 선적선하증권(Shipped B/L)과 수취선하증권(Received for B/L)

선적선하증권은 화물이 실제로 특정선박에 선적되었을 경우에 발행되는 것으로서, 오늘날 무역거래에서 가장 많이 이용되는 선하증권이다. 왜냐하면 물품을 대표하는 권리증권 또는 유가증권으로서의 기능을 가지려면 화물자체가 특정선박에 선적되어야 하기 때문이다.

반면에 수취선하증권이란 선박회사가 화물을 수령하였지만 아직 특정 선박에 선적되지 않고 선박회사의 창고 등에 입고된 상태에서 발행되는 것으로서, 후일에 화물이 선적되면 수취선하증권상에 "On Board" 표시에 의하여 선적선하증권이 될 수 있다.

(2) 무사고 선하증권(Clean B/L)과 사고선하증권(Foul B/L)

원칙적으로 선하증권은 본선수취증(mate's receipt)을 근거로 발행이 되는데, 만약 본선수취증의 비고란(remarks)에 선적화물의 개수와 상태 등에 관한 하등의 명기사항이 없고, 선하증권상에 "Shipped in apparent good order and condition"이라고 기재되어 있는 것이 무사고선하증권이다.

반면에 선하증권의 비고란에 "5 bags short", "10 bags torn" 등과 같이 선적화물의 개수와 상태 등에 관한 명기사항이 기재되어 있는 것을 사고선하증권이라고 한다.

현실적으로 은행에서는 사고선하증권을 수리하지 않기 때문에 사고선하증권을 발급받는 화주는 선박회사에 파손화물보상장(L/I : Letter of Indemnity)을 제출하고 무사고선하증권을 발급받을 수 있다.

(3) 기명식 선하증권(Straight B/L)과 지시식 선하증권(Order B/L)

기명식 선하증권이란 선하증권의 수화인(consignee)란에 특정수화인의 성명을 기재한 증권을 말하며, 이러한 선하증권의 경우에는 유통성을 갖지 못한다.

반면에 지시식 선하증권은 유통성을 갖는 증권으로서 수화인을 기재하지 않고, "Order", "Order of Shipper" 또는 "Order of Negotiating Bank" 등으로 기입되는 증권이다.

(4) 통과선하증권(Through B/L)

통과선하증권은 화물이 해상운송과 육상운송의 두 경로를 통과하는 경우에, 최초의 운송인과 화주간에 체결되는 운송계약에 근거하여 발행되는 선하증권인 동시에

철도의 화물상환증을 겸용한 증권으로 주요 운송경로가 해상이기 때문에 통과선하증권이라고 한다.

미국의 경우 육상운송과 해상운송을 겸한 선하증권을 overland B/L이라고 한다.

(5) 기간경과 선하증권(Stale B/L)

기간경과 선하증권은 선적 후 정당하다고 인정되는 기간이 경과한 후에 은행에 제시되는 증권으로서, 처음부터 Stale B/L로서 발행된 것은 아니다. 일반적으로 Stale B/L은 무역당사간의 특별한 사정에 의하여 합의 또는 양해를 통해 이루어진다.

신용장통일규칙 제47조에 의하면 "모든 운송서류는 발행 후 신용장에서 명시된 기간내에서 제시되어야 한다"라고 규정하고 있기 때문에 은행은 신용장상에 Stale B/L Acceptable라는 조항이 없는 한 B/L 발행 후 21일이 경과한 선하증권은 수리하지 않는다.

4) 선하증권의 발급과정

선하증권은 기본적으로 4가지 기능을 수행한다. 4가지 기능을 보면 ① 선하증권은 우선 선적화물을 대표하는 영수증이다. ② 배서에 의하여 소유권이 이전되는 유통증권이다. ③ 운송계약조건을 나타내는 증명서이다. ④ 배서에 의하여 양도·양수가 가능한 매매가능 증서이다.

수출상이나 수출상의 에이전트가 신문·잡지광고나 또는 기타의 방법으로 선박회사의 항해스케줄을 알게 되면 수출스케줄에 맞는 선박에 선적을 예약한다. 이러한 경우 수출상은 화물에 관한 사항을 상세히 알려줄 필요가 있다. 화물이 선박에 선적되면 선하증권이 발급되며, 운임을 출발항에서 납부하면 'freight prepaid' 또는 'freight paid'라는 스탬프를 선하증권에 찍으며 운임이 도착항에서 납부될 예정이면 'freight payable' 또는 'freight to be payable at destination'이라는 스탬프를 선하증권에 찍는다. 이 때 화물에 아무 이상이 없으면 선하증권에 아무런 단서가 붙지 않은 무고장선하증권이 발급된다. 반대로 화물에 이상이 있으면 고장선하증권이 발급된다. 수출상은 선하증권의 'full set'을 발급받아 수입상에게 송부한다.

선하증권은 둘 또는 세 통(full set)의 원본이 발급되는 것이 일반적이며 수출상은 이 중에서 하나 또는 두 통의 원본을 즉시 수입상에게 발송하며 나머지 하나 또는 두 통의 원본은 시차를 두고 발송한다. 이는 발송중에 분실되는 것을 염려해서이다. 선하증권의 배면에는 운송계약조건이 기재되어 있다. 모든 선하증권의 운송조건은 문구는 조금씩 달라도 사실상 유사한 내용들이다.

수출상이 나중에 설명할 은행이 발급한 신용장조건으로 화물을 수출하는 경우나, 수하인에게 화물을 인도하기 전에 수출대금을 받기를 원할 때에는, 수출상은 선하증권의 원본 전부를 은행에 넘기며 은행은 이를 수하인에게 제시하고 대금을 지급

받도록 조치한다.

도착항에서 화물을 찾으려면 선박회사나 선박회사의 대리점에게 선하증권 원본 한 통을 제시해야 한다. 출발항에서 운임을 지급하지 않았으면 도착항에서 운임을 지급해야 하는 것은 물론이다. 선하증권의 원본 한 통이 선박회사에 제시되면 나머지 원본들은 효력이 없어진다.

선하증권이 운송중에 분실되거나 선하증권의 도착이 어떤 이유로 지연되면 수하인은 화물선취보증서(L/G : letter of Guarantee)를 선박회사에 제출하고 도착된 화물을 찾을 수 있다. 화물선취보증서는 수하인의 거래은행이 서명하며 화물이 수하인에게 인도된 후 다른 사람이 선하증권 원본을 제출하고 화물의 인도를 요구할 경우, 선박회사에게 아무런 손해를 끼치지 않고 모든 책임을 은행이 부담하겠다는 약정서이다.

<< BILL OF LADING >>

Consignor
THE DAE HAN TRADING CO., LTD.
C.P.O. BOX 1267
SEOUL KOREA

Consigned to order of
BANK OF CALIFORNIA

Notify Address
THE ANGELES IMPORTING CO., INC.
3710 WEST 9TH ST. LOS ANGELES
CA. 90019 U.S.A.

KOREA TRANSWAY CO., LTD.
TEL: 02) 773-2680 ~ 5
FAX: 02) 773-2686

Place of receipt
PUSAN CY

Ocean Vessel	Port of loading
KOREAN PACIFIC V/61S	PUSAN, KOREA

Port of discharge	Place of delivery
LOS ANGELES	

Marks and numbers	Number and kind of packages	Description of goods	Gross weight	Measurement
	SHIPPER'S LOAD & COUNT SAID TO CONTAIN	105,000KGS	810CBM	
AI PUSAN C/NO 1001-2000 MADE IN KOREA	1,000CTNS (ONE SET SEPARATELY IN HARDBOARD BOX)	COLOR T.V. DCT-1526		
AI PUSAN C/NO 2001-2500 MADE IN KOREA	500CTNS (ONE SET SEPARATELY IN HARDBOARD BOX)	REFRIGERATOR DFR-F600		

L/C NO: 99/80000
"FREIGHT PREPAID"
SAY: ONE THOUSAND FIVE HUNDRED (1,500) CTNS ONLY

LOADED ON BOARD
DATE: JUL. 25, 2002

according to the declaration of the consignor

Declaration of Interest of the consignor in timely delivery (Clause 6.2.)	Declared value for ad valorem rate according to the declaration of the consignor (Clauses 7 and 8)

The goods and instructions are accepted and dealt with subject to the Standard Conditions printed overleaf.

Taken in charge in apparent good order and condition, unless otherwise noted herein, at the place of receipt for transport and delivery as mentiioned above

One of these Multimodal Transport Bills of Lading must be surrendered duly endorsed in exchange for the goods. In Witness whereof the original Multimodal Transport Bills of Lading all of this tenor and date have been signed in the number stated below, one of which being accomplished the other(s) to be void.

Freight amout AS AGREED	Freight payable at SEOUL, KOREA	Place and date of issue SEOUL, KOREA: JUNE 25, 1996
Cargo Insurance through the undersigned ☐ not covered ☐ Covered according to attached Policy	Number of Original FBL's THREE/3	Stamp and signature *Jo Seok Hong* *KOREA TRANSWAY CO., LTD.*
For delivery of goods please apply to:		

3 보험서류

무역거래는 때와 장소를 달리하는 화물의 수요를 양적·질적 또는 시간적·공간적으로 만족시켜 줌으로써 이익을 얻는 것을 목표로 하는 것인데, 이에는 예상치도 못한 무수한 위험이 뒤따른다. 이처럼 무역거래에 있어 계약물품의 운송도중 해난이나 기타의 위험으로 인하여 입게 될 손해에 대비하여 거래당사자는 보험을 부보하게 되는데, 이에 대하여 보험자로부터 발급받는 증거서류를 보험서류(insurance documents)라 한다.

1) 보험증권

무역거래는 국내거래와는 달리 운송물품의 이동거리가 멀고 또한 대부분 위험부담이 높은 해상운송에 의해 운송될 뿐만 아니라, 매매당사자간에 언어, 관습 및 법률 등이 다르기 때문에 그 위험은 국내거래에 비하여 훨씬 크고 또한 복잡하다. 따라서 무역거래에 종사하는 자는 무수한 영업위험을 충분히 연구·고찰하여 가능한 한 그 위험의 발생을 회피 또는 예방하여야 한다.

이와 같은 목적에 해당되는 것이 보험증권(insurance policy)인데, 이는 담보화물에 대한 보험계약의 존재 및 내용을 표시한 증권으로서 개별적 거래에 대한 보험내용이 확정된 경우에 발행되며, 국제거래에서 대부분 통용되고 있는 전형적인 보험서류의 일종이다.

우리나라 해상보험회사는 전세계적으로 통용되는 런던의 해상보험회사가 사용하고 있는 영문보험증권(Loyd's S. G. Policy Form)을 사용하고 있다. 이 영문보험증권에서는 우리나라 해상보험회사가 인수한 국제해상보험의 국제적 유통성을 확보하기 위하여 영국법 준거약관을 기재하고 있다. 그러나 최근에 협회화물약관(Institute Cargo Clause : ICC)이 개정되어 새로운 보험증권양식이 국제적으로 사용됨에 따라 우리나라에서도 1983년 3월부터 신증권과 종전의 증권을 병행하여 사용하고 있다.

2) 보험증명서

보험증명서(certificate of insurance)는 보험회사 또는 그 대리인이 자사발행의 원보험증권(original insurance policy)에 의거하여 그 보험계약의 존재 및 피보험물에 보험이 부보되어 있다는 사실을 증명하는 보험증권의 대용서류를 의미한다.

즉 동종·동질의 물품이 동일지역에 계속해서 수출될 경우 선적시마다 개별적인 보험에 부보하지 않고 사전에 포괄보험증권(open policy)을 발급받고 개별적인 선적이 될 때마다 이 포괄보험증권의 원본에 의해 개개 선적품이 부보되어 있음을 증명하는 서류이다.

<< MARINE INSURANCE POLICY >>

THE SHINSONG FIRE & INSURANCE COMPANY CO., LTD.

60, SOGONG-DONG, CHUNG-GU K.P.O.BOX 295
SEOUL, 100-070 KOREA FAX: 773-2283

MARINE CARGO INSURANCE POLICY

Policy No. 96HG22035 **Assured(s) etc.** THE DAE HAN TRADING CO., LTD

Claims, if any, payable at: THE SHINSONG FIRE & INSURANCE CO., LTD. LOS ANGELES BRANCH 527 EAST 3RD ST. L.A. CA. 90023 U.S.A. IN U.S. DOLLAR	Ref. No. L/C NO. 99/80000 INV. NO. DH-02-015
Surfey should be approved by THE SHINSONG FIRE & INSURANCE CO., LTD. LOS ANGELES BRANCH 527 EAST 3RD ST. L.A. CA. 90023 U.S.A.	Amount insured US$1,045,000.00 (US$950,000.00 × 110%)
Local Vessel or Conveyance / From(interior port or place of loading)	Conditions Subject to the following Clauses as per back hereof Institute Cargop Clauses (ICC [A]) Special Replacement Clause (applying to machinery) On-Deck Clause
Ship or Vessel called the: ARIRANG V. 961 / Sailing on or about: JULY 25, 2014	
at and from: PUSAN, KOREA / transhipped at	
arrived at: LOS ANGELES, U.S.A.	

Subject-matter insured

1,000 SETS OF COLOR TELEVISIONS DCT-1526
500 SETS OF REFREGERATORS DRF-F600

Marks and Number as per Invoice No. specified above.

Place and Date signed in. SEOUL, KOREA JULY 23, 2014 No. of Policies issued. DUPLICATE

For SHINSONG FIRE & INSURANCE CO., LTD.

Jo Seok Hong

AUTHORIZED SIGNATURE

4 송장

1) 송장의 개념

송장(invoice)이란 수출업자가 작성하여 수입업자 앞으로 발행하는 서류로서 이는 선적안내서, 내용명세서 및 선적화물의 계산서로서 수출업자에게 상품대금이나 비용의 청구서 역할(화환결제를 할 때 필요한 서류)을 하며, 수입업자에게는 수입계산서역할(수입자에게 통관할 때 필요한 서류)을 한다.

송장은 우선 상업송장과 공용송장으로 대별할 수 있으며, 상업송장은 그 작성시기와 용도에 따라서 선적송장과 견적송장으로 나뉘어 지는데, 통상 송장이라고 할 때에는 상업송장을 의미하는 것이다.

반면에 공용송장은 적송품이 수입국 세관을 통과하는데 있어서 상업송장의 진실성을 증명하기 위하여 상업송장의 내용에 관해 관계관청의 증명을 받은 특정서식의 송장이다.

송장에는 선하증권이나 보험증권 등의 다른 서류에는 기재되지 않는 상세한 물품명세가 기재되어 있으므로 운송 중의 물품이 멸실 또는 손상된 경우 손해화물에 대한 검정신청 또는 선박회사에 대한 손해배상청구의 절차를 밟을 때에 제공하여야 할 서류로서 송화인의 서명이 있는 송장이 필요하다. 그러므로 운송서류에는 반드시 상업송장이 포함되어 있어야 하며, 선하증권 및 보험증권과 함께 일조의 운송서류를 이룬다.

2) 송장의 종류

송장은 그 용도와 발행양식에 따라 다음과 같은 종류가 있다.

(1) 상업송장

상업송장(commercial invoice)이란 수출상 앞으로 작성하는 물품선적안내서이며, 가격계산서로서 B/L이나 보험증권과 같이 권리를 나타내는 유가증권은 아니지만 무역거래에서 없어서는 안될 기본서류 중의 하나이다.

상업송장은 그 작성시기와 용도에 따라서 선적송장과 견적송장으로 구별된다.

① 선적송장

선적송장(shipping invoice)이란 실제로 선적된 화물의 내용과 가격을 명시한 서류이다. 선적송장에는 매매계약이 본인 대 본인에 의하여 결정될 때 작성되는 매매송장(sales invoice)과 본인 대 대리인 또는 대리인 대 대리인에 의하여 체결되는 경우에 작성되는 위탁판매송장(consignment invoice)과 위탁매입송장(indent invoice) 그리고 견본송부시에 발송되는 견본송장(sample invoice) 등이 있다.

② 견적송장

수출상이 거래를 유발, 촉진하기 위한 수단으로 또는 수입승인·외화배정 등을 받기 위한 수입상의 요청에 의해 수입상에게 화물에 대해서 시산적으로 작성, 발송하는 가송장을 견적송장(proforma invoice)이라 한다.

(2) 공용송장

거의 모든 나라들은 수입화물에 대해서 관세를 부과하며 수입화물의 수입국 세관을 통과하는 데 있어서 상업송장의 진실성을 증명하기 위해 상업송장의 내용에 관한 관계관청의 증명을 받는 특정서식의 송장인 공용송장제도가 생겼고, 이 공용송장은 대개 영사송장과 세관송장으로 구별된다.

① 영사송장

영사송장(consular invoice)이란 수입상품가격을 높게 책정함에 따른 외화도피나 낮게 책정함에 따른 관세포탈을 규제하기 위하여 수출국에 주재하고 있는 수입국영사의 확인을 얻도록 한 송장이다. 이는 주로 몇몇 후진국에서 이용되고 있으나, 점차 폐지되어 가는 경향이 있으며, 영사송장발급의 경우에 영사관은 소정의 사증료를 징수하여 영사관의 수입으로도 하고 있다.

② 세관송장

세관송장(customs invoice)은 ㉠ 수입지 세관이 수입화물에 대하여 과세가격의 결정기준으로 삼기 위하여, ㉡ 외국수출상의 덤핑(dumping) 유무를 확인하기 위하여, ㉢ 쿼터(quota)품목의 통관기준량의 계산을 위하여, ㉣ 전반적인 수입통계를 위하여 사용되는 송장이며, 나라마다 그 나라 세관이 요구하는 양식이 있는데, 우리나라에서는 무역협회나 상공회의소에서 구할 수 있다.

<< COMMERCIAL INVOICE >>

① Shipper/Exporter THE DAE HAN TRADING CO., LT C.P.O. BOX 1267 SEOUL, KOREA	⑧ No. & Date of Invoice DH-96-015 JULY 22, 2014 ⑨ No. & Date of L/C 99/80000 JUNE 20, 2014
② For Account & Risk of Messrs. THE ANGELES IMPORTING CO., INC 3710 WEST 9TH ST. LOS ANGELES CA. 90019 U.S.A.	⑩ L/C Issuing Bank BANK OF CALIFORNIA LOS ANGELES, CALIFORNIA, U.S.A.
③ Notify Party SAME AS ABOVE ④ Port of loading: PUSAN, KOREA ⑤ Final destination: LOS ANGELES, U.S.A. ⑥ Carrier: ARIRANG V.961 ⑦ Sailing on or about: JULY 25, 2014	⑪ Remarks CONTRACT NO. : CT 96-315

⑫ Marks & Nos. of PKGS	⑬ Description of goods	⑭ Quantity/Unit	⑮ Unit price	⑯ Amount
AI LOS ANGELES US$500,000.00 C/NO 1001-2000 MADE IN KOREA	COLOR TV DCT-1526		1000SETS	US$500.00
AI LOS ANGELES US$450,000.00 C/NO 2001-2500 MADE IN KOREA	REFRIGERATOR DCT-1526		500SETS	US$900.00
TOTAL		1,500SETS		US$950,000.00

⑯ C.P.O.BOX : 1267 SEOUL, KOREA
CABLE ADD. : DHTRA SEOUL
TELEX NO. : DHTRA K 28570
TELEPHONE : 778-2181/5
FACSIMILE : (82-2) 7777-4040

⑰ Signed *Kang Jae sun*
Kang Jae-sun
General Manager
THE DAE HAN TRADING CO., LTD.

5 기타의 무역서류

1) 원산지증명서

원산지증명서(certificate of origin)는 수출화물이 그 나라 또는 특정국에서 생산 또는 제조가공된 것임을 증명하는 공문서로서 두 가지 목적으로 징수되는 서류이다. 하나는 무역관리를 목적으로 하고 다른 하나는 수입시 감면을 목적으로 하고 있다.

특정국가로부터의 수입을 금지하는 경우, 그 국가로부터 수입을 금지하기 위하여 원산지증명서를 제출하도록 요구하는 예가 있다.

따라서 원산지증명서는 수출국에 주재하는 수입국의 영사 또는 상공회의소가 작성하는 것이 일반적이며 어느 경우에나 일정한 서식이 사용된다. 특히 개발도상국에 있어서는 선진국들이 제공하고 있는 일반특혜관세제도(GSP : Generalized system of preference)를 활용하기 위하여 원산지증명서를 이용하고 있다.

2) 중량(용적)증명서

중량(용적)증명서(certificate of weight and measurement)란 수출화물을 선적하기에 앞서 공인검량인(public weighter)에 의해 발급되는 서류인데 화물의 중량 또는 용적이 상업송장에 총괄적으로 표시되어 있더라도 이것을 보충해서 상세하게 기재된 이 증명서를 요구하는 경우가 많다.

본 증명서는 상업송장의 보조서류로서 이용되고 있으며, 운송화물에 대한 해상운임(freight) 등을 산출하는 기초가 되기 때문에 정확히 작성되어야 한다. 신용장에서 본 증명서의 발행자를 지정한 경우에는 지정된 자가 발행하여야 하고 명시가 없는 경우에는 수출자 자신이 작성하면 된다.

<< CERTIFICATE OF ORIGIN >>

Form No. KCC1-1 (2002. 11.1)

1.Seller

THE DAE HAN TRADING CO., LTD.
C.P.O. BOX 1267
SEOUL, KOREA

ORIGINAL

CERTIFICATE OF ORIGIN
issued by

THE KOREA CHAMBER OF COMMERCE & INDUSTRY
Seoul, Republic of Korea

원 산 지 증 명 서
대한상공회의소

2. Consignee

To order of
THE BANK OF CALIFORNIA
1749 NORTH SERRANO AVE LOS ANGELES
CA. 90027, U.S.A.

4. Buyer (*if other than consignee*)

THE ANGELES IMPORTING CO., INC.
3710 WEST 9TH ST. LOS ANGELES
CA. 90019 U.S.A.

3. Particulars of Transport(*where required*)

FROM : PUSAN, KOREA
TO : LOS ANGELES, U. S. A
CARRIER : ARIRANG V.961
SAILING ON OR ABOUT : JULY 25, 2014

5. Country of Origin

REPUBLIC OF KOREA

6. Invoice Number and Date

DH-96-015 JULY 22, 2014

7. Shipping Marks	8. Number and King of Packages : Description of Goods	9. Gross Weight or Other Quantity
	COLOR TELEVISION SETS & REFRIGERATOR CONTRACT NOTE NO. : CT 96-315	
AI LOS ANGELES C/NO 1001-2000 MADE IN KOREA	1,000 SETS OF COLOR T.V. MODEL : DCT-1526	40,000 Kg (240CBM)
AI LOS ANGELES C/NO 2001-2500 MADE IN KOREA	500 SETS OF REFRIGERATOR, MODEL : DRF-F600	65,000Kg (570CBM)

10. Other Information

The Korea Commerce & Industry hereby certifies, on the basis of relevant invoice and other documents, that the above mentioned goods originate in the country shown in column 5.

JULY 22, 2014

Jo Seok Hong

jo Seok-hong
Managing Director

THE KOREA CHAMBER OF COMMERCE & INDUSTRY

3) 검사증명서

검사증명서(certificate of inspection)란 수입업자가 수출업자의 부정을 방지할 목적으로 선적 전에 물품을 검사한 후 선적을 하도록 하는 경우에 요구되는 서류인데, 수출검사법에 의하여 수출검사를 필요로 하는 화물에 대하여 소정기관으로부터 수출검사를 받을 때 검사증명서가 발급된다.

신용장에서 본 증명서의 발행자를 지정한 경우에는 지정된 자가 발행하여야 하고 명시가 없는 경우에는 수출업자 자신이 작성한다.

우리나라의 경우는 수입업자의 요구가 없어도 수출품의 대외성가와 품질의 유지 향상을 도모하여 수출무역을 조장시킬 목적으로 하여 원칙적으로 지정된 물품은 지정된 수출검사기관의 수출검사에 합격하여야 만이 수출할 수 있다.

4) 포장명세서

포장명세서(packing list)는 각 화물마다 포장되어 있는 내장품의 명세서이며 송장의 보조서류로서 수출업자가 작성한다.

여러 가지 종류의 상품 혹은 품질이 다른 여러 상품을 동시에 수입하는 경우, 수입업자는 포장명세서에 의하여 각 화물의 내용을 식별할 수 있기 때문에 편리하다.

5) 위생증명서

위생증명서(health, veterinary & sanitary certificate)는 음료품, 생물과 동물 등을 수출하는 경우에 수입국 보건기준에 합치된 것을 수입할 수 있도록 관리하기 위하여 수입상의 요구에 의해 수출국의 위생검사당국에서 발행하여 제공하는 서류이다.

<< PACKING LIST >>

① Shipper/Exporter THE DAE HAN TRADING CO., LT C.P.O. BOX 1267 SEOUL, KOREA		⑧ No. & Date of Invoice DH-02-015 JULY 22, 2014
② For Account & Risk of Messrs. THE ANGELES IMPORTING CO., INC 3710 WEST 9TH ST. LOS ANGELES CA. 90019 U.S.A.		⑨ Remarks L/C NO. : 02/80000 CONTRACT NO. : CT 02-315
③ Notify Party SAME AS ABOVE		
④ Port of loading PUSAN, KOREA	⑤ Final destination LOS ANGELES, U.S.A.	
⑥ Carrier ARIRANG V.961	⑦ Sailing on or about JULY 25, 2014	

⑩ Marks & Nos. of PKGS	⑪ Description of goods	⑫Qunatity	⑬Net-weight	⑭Gross-weight	⑮Measurement
AI LOS ANGELES 240CBM C/NO 1001-2000 0.24CBM/SET MADE IN KOREA	COLOR TELEVISION DCT-1526	1000SETS	37,000KG 37KG/SET	40,000KG 40KG/SET	
AI LOS ANGELES 570CBM C/NO 2001-2500 1.14CBM/SET MADE IN KOREA	REFRIGERATOR DCT-1526	500SETS	60,000KG 120KG/SET	65,000KG 130KG/SET	

※ C.P.O.BOX : 1267 SEOUL, KOREA
CABLE ADD. : DHTRA SEOUL
TELEX NO. : DHTRA K 28570
TELEPHONE : 778-2181/5
FACSIMILE : (82-2) 7777-4040

※ Signed *Jo Seok Hong*
Jo Seok-Hong
General Manager
THE DAE HAN TRADING CO., LTD.

6 복합운송증권

1) 복합운송증권의 개념

복합운송증권(MTD : Multimodal Transport Document)은 복합운송계약의 증명서류이고 또한 복합운송인(multimodal transport operator)이 자기의 보관 아래 화물을 인수했다는 것 및 그 계약의 조건에 따라서 운송인이 화물을 인도할 의무를 부담하는 것을 증명하는 증서를 말한다.

즉 복합운송증권은 물품의 인수지로부터 지정된 인도지까지 2개 이상의 서로 상이한 운송수단에 의하여 복합운송을 이행할 것을 증명하는 증권으로서 전운송구간에 걸쳐 단일운송책임과 물품의 멸실, 손상 및 지연 등에 대한 배상책임을 부담하는 복합운송인이 발행한 운송증권을 의미한다.

복합운송에 있어 운송은 하나의 전체로 인식되는 반면에, 각 운송수단에 따른 법률제도는 각기 상이하기 때문에 여러 가지 문제가 발생하게 되는데, 화주의 입장에서는 전 운송을 하나의 운송으로 인식하며, 복합운송인의 입장에서는 운송형태에 따라 각기 고유한 법률제도를 지니고 있는 하수운송인과 창고업자 등의 개입이 전제되기 때문에, 이들 간에 충돌이 일어나게 된다.

이러한 상반되는 요청을 만족시키기 위해 종래의 선하증권과는 다른 새로운 형태의 운송증권, 즉 복합운송증권이 절실하게 필요하게 되었는바, 복합운송증권에 관한 국제적 통일조약이 아직 마련되지 않은 채 실무적으로는 종래의 B/L 명칭을 그대로 또는 Through B/L, Combined Transport B/L, Through Transport B/L, Forwarders B/L, Combined Transport Document 및 Multimodal Transport Document 등 운송인, 복합운송인 및 운송중개인의 임의대로 각각 다른 부서와 내용의 서류가 사용되어 왔다.

2) 복합운송증권의 특징

복합운송증권의 특징을 일반 선하증권과 비교하여 살펴보면, 복합운송증권은 복합적인 운송수단에 의하여 화물의 운송이 이루어질 것을 증명하는 서류이고, 운송의 각 단계에 있어서 각각의 운송인이 독립적으로 계약을 체결하거나 발행되는 증권이 아니라 1인의 복합운송인이 유일한 계약주체가 되어 발행되는 단일증권이다. 즉 종래의 통과선하증권과 비교하여 복합운송증권의 특징을 요약해 보면 다음과 같다.

첫째, 통과선하증권은 반드시 운송인이나 그 대리인에 의하여 발행되어야 하나, 복합운송증권은 운송인, 그 대리인 또는 운송중개업자에 의하여 발행될 수 있다. 복합운송증권은 복합운송인에 의하여 발행되며 복합운송인에는 운송인과 운송중개업자가 있다.

둘째, 복합운송증권은 통과선하증권과 같이 운송의 각 단계에 관하여는 각각의 운송인이 독자적으로 계약하거나 발행하는 것이 아니라 일인의 복합운송인이 유일한 계약주체가 되어 발행하는 단일증권이다.

셋째, 해·육 구간을 연결하여 운송하는 형태가 통과선하증권으로서 이에 대한 운송인의 책임형태는 운송인이 각 구간에 대하여 책임을 부담하는 화주에 대한 분할책임인(network liability system)인데 반하여, 복합운송증권은 발행인이 화물을 수탁하여 화주에 대하여 자기의 책임으로 그 운송을 일괄하여 인수하는 것으로, 운송인의 책임은 화주에 대한 단일책임을 부담하는 Uniform Liability System을 취하고 있다. 따라서 통과선하증권은 화물에 대해 해상구간만 책임을 부담하고 복합운송증권은 전구간에 대해서 운송책임을 부담한다.

넷째, 통과선하증권은 특정선박에 선적되었음을 증명하는 "On board notation"이 있어야 하는 선적선하증권(shipped B/L)일 것이 요구되나, 복합운송증권은 운송을 위하여 수취한 것(taking in charge)을 증명하는 것으로 충분하다.

3) 복합운송증권의 변천과정

복합운송체계의 정립과 함께 단일한 운송증권으로서 하나의 운송계약에 의한 다종의 운송수단의 운송을 규율할 수 있게 되었으나, 여기에는 새로운 문제가 제기된다. 즉 복합운송에 있어 화주의 입장에서는 운송을 전구간에 걸친 하나의 운송으로 인식하며 화주가 상대하려는 대상은 복합운송인 뿐이다. 그러나 복합운송인의 입장에서는 운송의 실행면에서 각기 다른 제도의 규제를 여러 하수운송인과 창고업자 등과 관련을 맺게 되며 따라서 그러한 개별적인 제도들을 하나의 복합운송계약의 범주내에 편입시켜야 한다.

이러한 요청을 만족시키기 위하여 운송업자는 적합한 복합운송증권의 창안을 위한 여러 가지 시도를 해 왔는데 그 결과 이들이 고안한 운송증권의 형태를 살펴보면 다음과 같다.

첫째로 종래의 선하증권을 활용하는 통과선하증권(Through B/L)의 사용방식

둘째로 해상운송인의 책임제도를 복합운송에 맞는 대화주 단일책임으로 규정하기 시작한 복합운송증권(Combined Transport Document : CTD)

셋째로 운송인에게 소위 'Uniform System'이라는 고유한 동일책임원칙을 적용하려는 복합운송증권(Multimodal Transport Document : MTD) 등이다.

4) 복합운송증권의 발행

복합운송인은 물건을 수령한때로부터 수하인에게 인도할 때까지의 전운송구간을 지배하는 복합운송증권을 발행함으로써 그가 운송책임을 진다는 것을 입증한다.

UN조약 제5조 1항에 의하면 복합운송인은 운송물의 수령시 송하인의 선택(at the option of consignor)에 의하여 유통 또는 비유통증권을 발행해야 한다고 규정하고 있다. 여기서 복합운송인은 운송물품을 수령한 이상 의무적으로 증권을 발행하야 하고, 다만 그 형식은 송하인의 선택에 따르도록 하고 있음을 알 수 있다. 그러나 송하인이 명시적으로 유통증권을 요구하지 않을 경우에 복합운송인은 비유통증권을 발행하여야 하며, 이때 송하인의 동의가 있으면 기계 전자장치를 이용할 수 있다.

복합운송증권은 복합운송인이면 누구나 발행할 수 있다. 따라서 복합운송인이 운송수단을 소유했는가 소유하지 않았는가는 문제가 되지 않는다. 실제 복합운송증권의 발행자는 선박회사의 경우도 있지만 국제복합운송인으로서 점차 그 역할을 증대시키고 있는 운송주선업자가 발행하고 있는 경우도 증가하고 있는데, 이러한 경향은 점차적으로 늘어나고 있다.

복합운송증권이라고 해서 기존의 선하증권과 너무 구분해서 생각할 필요는 없다. 복합운송증권도 일종의 선하증권이라고 볼 수 있다. 단지 선하증권의 운송수단은 선박으로서 해상운송을 지배하는데 비해, 복합운송증권은 해상, 육상, 공중의 운송방식에 의한 전구간을 지배한다는데 중요한 특성을 갖는다. 따라서 복합운송증권도 외관상 선하증권과 유사하나 그 문면상에 복합운송증권을 나타내는 문구가 포함되어 있는 것이 통례적이다.

5) 복합운송증권의 유형

UN조약의 규정상 MTD(Multimodal Transport Document : 복합운송증권)의 유형에는 유통성증권, 비유통성증권 및 기계 전자장치에 의하여 발행되는 증권의 세 가지가 있으며, 어떤 형태를 취하든 그 증권은 MTD의 정의에 합치해야 한다.

(1) 유통성 복합운송증권(Negotiable MTD)

대부분의 복합운송증권은 지시식으로 발행된다. 지시식 증권에는 증권상의 권리자인 수하인을 지정하여 수하인 또는 그 지시인에게 물품을 상환할 것으로 하는 형식과 수하인을 지정하지 않고 단순히 수하인란에 “an order”로 표시되는 두 가지 형태가 있다. 복합운송증권이 단순히 “an order”로 발행되었을 때에는 증권의 발행인에게 물품을 탁송한 송하인이 증권 권리자로서 물품인도를 청구하든가 아니면 단순히 교부함으로써 인도청구권을 이전할 수 있다.

이에 대하여 복합운송증권이 전자의 형태, 즉 “특정인 또는 지시인”의 형태로 발행된 경우에는 그 특정인에 의하여만 운송물품의 인도청구권이 이전된다. 이 경우에 송하인은 매수인이 매매계약상의 중요한 급부(예를 들면 대금의 지급)를 이행하지 않으면, 그 증권을 유보함으로써 이행을 사실상 강제할 수 있게 된다.

(2) 비유통성 복합운송증권(Non-Negotiable MTD)

UN조약은 복합운송증권이 유가증권이 아닌 비유통성증권만으로 발행될 수 있음을 인정하고 있다. 그 내용을 보면 복합운송증권으로 발행된 경우에 복합운송인은 증권상 기재된 수하인 또는 그가 지정한 자에게만 운송물품을 인도하도록 되어 있어 송하인의 운송물품의 처분권은 그 한도에서 제한된다고 할 수 있으며 따라서 이 증권은 처분금지의 기능을 하게 된다.

또한 지명된 수하인 또는 그가 지정한 자에게 물품을 인도한 경우, 인도할 의무를 면한다고 규정하고 있다. 이와 같이 규정된 비유통성 복합운송증권은 유가증권은 아니며 단순한 면책증권이다.

왜냐하면 비유통성 형식의 경우에는 물품의 인도가 복합운송증권과의 상환을 조건으로 되어 있지 않기 때문이다.

UN조약은 선하증권의 경우와는 다른 비유통성 복합운송증권을 정식으로 인정하고 있는데, 대서양항로 등에서의 고속 컨테이너선의 경우 비유통성 화물운송장(non-negotiable waybill)이 많이 이용되고 있으며, 특히 항공운송업계에서는 항공운송의 신속성 때문에 항공운송장(air waybill)의 유통성을 인정하지 않고 있는 점을 감안한 것이다.

(3) 전산시스템에 따른 복합운송증권

정박기간이 극히 짧은 컨테이너의 특징으로 운송증권의 표준화와 간소화는 물론 운송증권의 처리에 컴퓨터가 최대한 활용되고 있다.

즉 ADP(Automatic Data Processing)나 EDP(Electronic Data Processing)를 이용하여 종래의 운송증권의 이전방식보다 빠른 절차로 대체할 수 있게 되었으며, 각기 다른 장소에 위치한 관계당사자들은 중앙의 컴퓨터로 모두 연결되어 필요한 모든 정보들을 선택, 손쉽게 입수할 수 있도록 하는 등 서류처리업무에 있어 컴퓨터화가 크게 발달하고 있다.

이러한 서류이전에서의 전산화를 이용함으로써 서류의 지연과 같은 문제를 해결할 수 있을 것이다. UN조약은 송하인이 합의할 경우에, 제8조에 규정된 복합운송증권에 포함되어야 할 명세들의 기록을 보존하고, 기계적인 방법 혹은 기타방법을 사용해서 비유통성 복합운송증권을 발급할 수 있다고 규정하고 있다.

그러한 경우 복합운송인이 물품을 자신의 보관으로 인수한 후, 기록되어 있는 명세를 포함하고 있고 판독이 가능한 증권은 본 조약규정을 위해 복합운송증권으로 인정되어야 한다. 왜냐하면 운송인의 입장에서 선적명세에 관한 컴퓨터 출력정보지시(computer printout)라는 추가적인 요건은 손쉽게 충족시킬 수 있고 그다지 중요하지 않은 기술적인 문제이기 때문이다.

제2절 무역 대금결제

무역결제란 무역거래의 당사자인 수출업자와 수입업자가 무역거래의 대금을 서로 주고 받음으로써 양자간의 채권·채무를 청산하는 것을 말한다. 이러한 무역결제를 하는 방법으로서는 ① 신용장에 의한 결제방식, ② 추심에 의한 결제방식, ③ 송금방식에 의한 결제방식 등이 사용되고 있다.

1 신용장에 의한 대금결제

1) 신용장의 의의

무역의 성격상 수출업자와 수입업자는 각각 제반환경이 상이한 국가에 거주하고 있다. 따라서 수출업자의 경우 약정품을 수입업자에게 인도하였음에도 불구하고 수입업자의 대금지급지연 또는 대금지급불능에 따른 신용상의 위험(credit risk)을 안고 있고, 반면에 수입업자의 경우에 있어서는 약정품의 대금을 결제하였음에도 불구하고 수출업자가 계약과 상이한 물품을 인도함으로써 발생되는 상업상의 위험(mercantile risk)을 부담하게 된다.

결국 신용장에 의한 대금결제는 무역당사자간의 개인적인 신용(private credit)이외에 은행의 신용(bank credit)이 추가되어 이루어진다.

2) 신용장의 성격

첫째, 신용장은 본질적으로 수익자가 발행한 환어음을 지급 또는 인수하겠다는 개설은행의 조건부 대금지급확약을 포함하고 있다.

둘째, 신용장은 독립성과 추상성을 갖는다. 신용장은 그 성질상 매매계약 또는 기타 계약에 근거를 두고 있는 경우일지라도 그러한 계약과는 아무런 관계가 없는 별개의 독립된 거래이며, 그러한 계약에 전혀 구속되지 않는 독립성을 갖는다.

또한 신용장거래에 있어서 모든 관계당사자는 서류상의 거래를 하는 것이지 서류에 관련되는 상품, 서비스 및 기타 의무 이행상의 거래를 하는 것이 아닌 추상성을 갖는다.

사실상 신용장거래에 있어서 신용장 관계은행들은 수익자가 발행한 환어음에 첨부된 선적서류가 신용장조건에 엄밀하게 일치하기 때문에 환어음을 지급, 인수 또는 매입을 한다. 그러나 만일 수입업자(신용장개설의뢰인)가 수출업자(수익자)의 품

질불량, 수량부족 및 사기 등에 의한 계약위반을 이유로 신용장 개설은행으로 하여금 화환어음의 지급, 인수 또는 매입에 따른 보상을 거절할 수 있다고 한다면, 신용장 관계은행들은 아무리 신용장이 개설되어있다고 하더라도 안심하고 화환어음에 대한 지급, 인수 또는 매입을 할 수 없을 것이다.

왜냐하면 은행의 입장에서는 상품의 전문가가 없는 상태에서 선적상품에 대한 정밀한 검사를 할 수 없고, 또한 무역당사자간의 계약위반문제가 발생할 때마다 하나하나 연관이 되기 때문에 신용장의 개설 또는 신용장에 의한 화환어음의 지급, 인수 또는 매입을 하지 않으려 할 것이다.

따라서 원칙적으로 이와 같은 신용장의 독립성과 추상성이 없다면 오늘날의 무역거래에서 신용장이 무역결제수단으로서 그 기능을 발휘하지 못할 것이고, 또한 신용장의 의미도 사라질 것이다.

3) 신용장의 관계당사자

(1) 개설의뢰인(Applicant, Importer)

무역계약의 체결시점에서 수입업자가 대금결제조건으로서 신용장을 약정하였을 경우에 수입업자는 약정된 기일까지 수출업자 앞으로 신용장을 개설시켜 주어야 한다.

따라서 신용장 개설의뢰인이란 무역계약에 따라 자신의 거래은행으로 하여금 수출업자 앞으로 신용장을 개설하도록 의뢰하는 수입업자를 의미한다.

(2) 개설은행(Opening Bank, Issuing Bank)

수입업자의 요청과 지시에 따라 수출업자 앞으로 신용장을 개설하고, 수입업자가 발행하는 환어음을 일정한 조건아래 지급, 인수 또는 매입할 것을 확약하는 은행을 신용장의 개설은행 또는 발행은행이라고 한다.

(3) 통지은행(Notifying Bank, Advising Bank)

신용장이 개설되었을 경우 개설은행이 직접 수익자에게 통지하는 것도 가능하지만, 일반적으로 수출업자 소재지의 은행을 통하여 수출업자에게 신용장개설 사실을 통지한다. 이와 같이 신용장의 개설사실을 통지하여 주는 은행을 통지은행이라고 한다.

원칙적으로 통지은행은 접수된 신용장을 신속하게 수출업자에게 전달하는 의무 이외에 신용장상의 어떠한 책임도 부담하지 않는다.

다만, 통지은행은 통지하는 신용장이 외견상 진실하다는 것(the apparent authenticity of the credit)을 확인하기 위하여 상당한 주의를 기울여야 한다.

(4) 수익자(Beneficiary, Exporter)

수익자란 신용장개설은행이 발행한 신용장의 편익을 받는 당사자로서 수출업자를 의미한다. 즉 수출업자의 경우, 신용장의 개설을 통하여 수입업자의 파산 또는 부도 등에 의한 대금지급불능의 위험 등을 사전에 피할 수 있기 때문이다.

(5) 확인은행(Confirmed Bank)

일반적으로 수출업자는 국제거래상 신용이 확실하지 않은 국가 또는 지역의 은행이 신용장 개설은행이 된다면, 그러한 신용장을 믿고 무역거래를 할 수 없기 때문에 국제적으로 공신력이 있는 외국의 제3은행으로 하여금 신용장을 확인해 주도록 수입업자에게 요구하게 된다.

즉 수출업자는 신용장개설은행의 첫 번째 조건부 대금지급확약 이외에 제3은행의 두 번째 조건부 대금지급확약을 수입업자에게 요구한다. 이러한 경우 신용장개설은행의 신용장을 확인하여 주는 은행을 확인은행(confirmed bank)이라고 한다.

(6) 매입은행(Negotiating Bank)

일반적으로 수출업자는 신용장조건에 따라 약정품을 선적한 후 선적서류를 첨부한 환어음을 발행하여 통지은행 또는 자사의 거래은행에게 어음의 매입을 의뢰한다.

이러한 경우, 수출업자의 환어음을 매입하는 은행을 매입은행(Negotiating bank)이라고 한다.

(7) 지급은행(Paying Bank)

수출업자가 신용장조건에 따라 약정품을 선적한 후 선적서류를 첨부한 환어음에 대하여 직접 대금을 지급하거나 대금지급을 위탁받는 은행을 지급은행이라고 한다.

(8) 인수은행(Accepting Bank)

수출업자가 신용장조건에 따라 약정품을 선적한 후 선적서류를 첨부한 환어음을 발행하였을 때, 그러한 환어음이 기한부어음(time bill)인 경우에는 은행이 지급을 하기 전에 어음에 대한 인수를 하게 된다. 이와 같이 수출업자의 기한부어음을 인수하는 은행을 인수은행이라고 한다.

4) 신용장에 의한 대금결제 메커니즘

일반적으로 신용장에 의한 대금결제 메커니즘은 신용장의 개설과 이에 따른 환어음의 발행 및 매입의뢰로 구분된다.

(1) 신용장의 개설

① 수출업자와 수입업자는 약정품의 대금결제를 신용장에 의한다는 조건을 포함

한 제반계약조건으로 합의하여 무역계약을 체결한다.

② 수입업자는 무역계약의 체결에 따라 약정된 기일내에 자신의 거래은행에게 수출업자를 수익자로 하는 신용장을 개설하여 줄 것을 의뢰한다.

③ 수입업자의 신용장 개설의뢰를 받은 거래은행은 수입업자의 신용상태 등을 확인한 후 수입업자의 요청과 지시에 따라 수출업자를 수익자로 하는 신용장을 개설한다. 또한 개설은행은 직접 수출업자에게 신용장개설 사실을 통지할 수도 있지만 일반적으로 수출업자 소재지의 환거래 체결은행에게 신용장개설사실을 수출업자에게 통지하여 주도록 의뢰한다.

【그림 11-1】 신용장의 개설

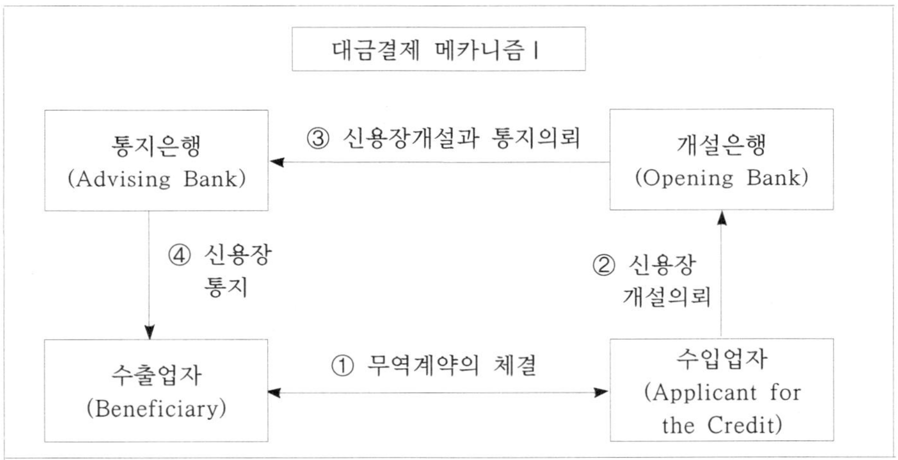

④ 개설은행으로부터 신용장개설의 통지를 의뢰를 받은 통지은행은 정확하고 신속하게 수출업자에게 신용장개설사실을 통지한다. 이 때, 통지은행은 통지하는 신용장이 외견상 진실하다는 것을 확인하기 위하여 상당한 주의를 기울여야 한다.

⑤ 신용장의 개설을 통지받은 수출업자는 신용장조건에 따라 약정품을 선적하고, 운송회사와 보험회사 등으로부터 관계선적서류를 발급받는다.

⑥ 수출업자는 약정품의 선적과정 등에서 발급받은 선적서류 등을 첨부하여 수입업자 또는 개설은행을 지급인으로 하는 환어음을 발행하고, 통지은행 또는 자신의 거래은행에 환어음의 매입의뢰를 한다.

⑦ 수출업자로부터 환어음의 매입의뢰를 받은 통지은행 또는 수출업자의 거래은행은 제시된 선적서류가 문서상 신용장의 제반조건과 엄밀하게 일치하는지의 여부를 상당한 주의를 기울여 확인한 후, 만일 엄밀하게 일치하는 경우 환어음을 매입한다.

⑧ 환어음을 매입, 인수 또는 지급한 은행은 환어음과 선적서류를 신용장개설은행에 송부한다.

⑨ 환어음과 선적서류를 송부받은 개설은행은 선적서류가 신용장조건과 엄밀하게 일치하고 있는 지의 여부를 심사 및 확인한 후, 만일 엄밀하게 일치한다면 환어음을 매입, 인수 또는 지급한 은행에 대하여 대금을 상환한다.

개설은행은 수입업자에게 선적서류의 도착을 통지하고 대금을 지급받는 등의 신용장조건에 따라 선적서류를 수입업자에게 인도한다.

(2) 환어음의 발행과 매입

【그림 11-2】 대금결제 절차

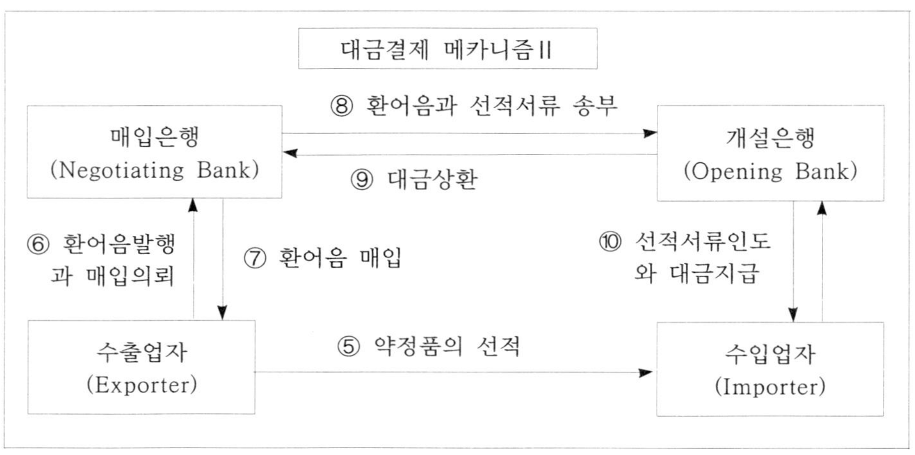

<< 환 어 음 >>

NO 2345 **BILL OF EXCHANGE** DATE JULY 25,2002, KOREA

FOR US$950,000.--

AT 60 DAYS AFTER SIGHT OF THIS FIRST BILL OF EXCHANGE (SECOND OF THE SAME TENOR AND DATE BEING UNPAID)PAY TO THE BANK OF SEOUL OR ORDER THE SUM OF

SAY US DOLLARS NINE HUNDRED FIFTY THOUSAND ONLY

VALUE RECEIVED AND CHARGE THE SAME TO ACCOUNT OF THE ANGELES IMPORTING CO., INC. 3710 WEST 9TH ST. LOS ANGELES CA. 90019 U.S.A. DRAWN UNDER THE BANK OF CALIFORNIA, LOS ANGELES, U.S.A.

L/C NO. 99/80000 DATED JUNE 20, 2002

TO THE BANK OF CALIFORNIA

LOS ANGELES, U.S.A.

THE DAE HAN TRADING CO., LTD.

Kang Jae Sun

Kang Jae-sun, General Manager

5) 신용장의 종류

신용장은 다양한 분류기준에 따라 다양한 분류가 가능하지만, 일반적으로 신용장을 분류하면 다음과 같다.

(1) 취소불능신용장(Irrevocable Credit)과 취소가능신용장(Revocable Credit)

취소불능신용장이란 신용장상에 "Irrevocable"의 표시가 있거나, 아무런 표시가 없는 경우의 신용장으로서, 개설은행이 일단 신용장을 개설하여 수익자에게 통지한 이상 신용장의 유효기간 중에는 신용장 관계당사자 전원의 동의 없이는 개설은행이 일방적으로 신용장의 변경 또는 취소가 불가능한 신용장을 의미한다.

취소불능의 표면적인 의미는 신용장의 변경 또는 취소가 불가능하다는 것을 의미하지만 취소불능의 보다 더 정확한 의미는 개설은행의 조건부 대금지급확약을 취소할 수 없다는 것이다.

한편, 취소가능신용장이란 “Revocable”의 표시가 있는 신용장으로서, 원칙적으로 신용장 개설은행은 어느 시점이라도 신용장을 변경 또는 취소할 수 있는 신용장을 의미한다.

다만, 통지은행의 경우 신용장의 변경 또는 취소의 통지를 개설은행으로부터 받기 이전에 신용장의 조건에 일치한 환어음을 매입, 인수 또는 지급하였다면, 개설은행은 통지은행에게 그러한 대금을 상환하여야 한다.

일반적으로 신용장에 의한 무역결제의 경우, 신용장 자체가 무역거래의 신용상의 위험과 상업상의 위험을 해소시키기 위한 방법으로 등장한 것이기 때문에, 취소가능신용장은 의미가 없고 대부분 취소불능신용장이 이용된다.

(2) 확인신용장(Confirmed Credit)과 무확인신용장(Unconfirmed Credit)

신용장 개설은행 이외의 제3은행이 수익자가 발행한 환어음의 지급을 다시 확약하는 것이 확인신용장이고, 반면에 제3은행의 그러한 확약이 없는 것이 무확인신용장이다.

다만, 확인신용장의 경우 확인은행의 환어음에 대한 대금지급확약의 의미는 단순히 신용장 개설은행의 대금지급을 보증하는 것이 아니라 하나의 독립적인 대금지급확약이라는 것을 유의해야 한다.

(3) 양도가능신용장(Transferable Credit)과 양도불능신용장(Non transferable Credit)

신용장에는 수익자가 지정되어 있어서 특별히 수권되어 있지 않는 한, 양도할 수 없는 것이 원칙이다. 그러나 신용장상에 "Transferable"의 표시가 있어서 수익자가 제3자에게 신용장금액의 전부 또는 그 일부를 양도하는 것을 허용하고 있는 신용장을 양도가능신용장이라고 한다.

신용장이 양도가능하기 위해서는 반드시 신용장상에 "Transferable"이라고 명시되어 있어야 한다. 일반적으로 "Transferable credit" 또는 "This credit is Transferable"이라는 방법으로 양도가능신용장의 의미를 나타낼 수 있다.

신용장의 양수인은 신용장의 양도된 부분에 대해서는 원래 수익자와 동일한 권리를 취득한 것이기 때문에 신용장조건에 일치한 환어음을 발행하는 한, 개설은행에 대하여 어음대금의 지급을 요구할 수 있다.

반면에 양도불능신용장은 제3자에게 신용장금액의 양도가 불가능한 신용장으로서, 원래의 수익자만이 신용장을 사용할 수 있는 것을 의미한다.

(4) 상환청구가능신용장(With Recourse Credit)과 상환청구불능신용장(Without Recourse Credit)

신용장개설은행이 파산되었을 경우 환어음의 인수 또는 지급이 불가능해지기 때문에 매입은행은 환어음의 발행자에게 어음대금의 상환을 요구하게 된다.

이때 어음의 소지인이 어음발행인에게 상환청구를 할 수 있는 신용장을 상환청구가능신용장이라고 하고, 상환청구를 할 수 없는 신용장을 상환청구불능신용장이라고 한다.

(5) 보통신용장(General or Open Credit)과 제한신용장(Special or Restricted Credit)

일반적으로 수출업자는 신용장조건에 따라 약정품을 선적하고 선적서류를 첨부한 환어음을 발행하여 통지은행 또는 자기의 거래은행에 환어음의 매입을 의뢰하게 되는데, 신용장상에 이와 같은 환어음의 매입은행을 지정하고는 있는지의 여부에 따라 보통신용장과 제한신용장으로 구분된다.

즉, 보통신용장이란 환어음의 매입은행이 지정되어있지 않기 때문에 어느 은행에서나 어음의 매입의뢰가 가능한 것을 의미하고, 반면에 제한신용장이란 "Negotiation under this credit is restricted to Korea Exchange bank" 등과 같이 환어음의 매입은행이 특정되어있는 것을 의미한다.

(6) 매입신용장(Negotiation Credit)과 지급신용장(Straight Credit)

신용장에 의하여 발행되는 환어음이 매입(negotiation)될 것을 예상하고, 개설은행이 매입은행 등에 대하여 대금지급확약을 하고 있는 신용장을 매입신용장이라고 한다. 매입신용장의 경우 개설은행은 수익자뿐만 아니라 환어음의 배서인(endorser)과 소지인(bona fide holder)에게도 다 같이 대금지급을 확약하고 있다.

반면에 지급신용장은 어음의 매입을 예상하지 않고 단지 수익자가 신용장조건에 일치하게 발행한 환어음을 개설은행 또는 그 지정은행에 제시하였을 경우 개설은행이 대금지급을 확약하고 있는 것을 의미한다.

따라서 지급신용장은 신용장 개설은행이 수출지 소재지의 지점 또는 지정은행에 대하여 신용장조건에 일치하는 선적서류와 상환으로 지급을 위탁한 것으로서 수출업자의 환어음은 지급은행 앞으로 발행된다.

(7) 일람출급신용장(Sight Credit)과 기한부신용장(Usance Credit)

신용장에 의하여 발행되는 어음이 일람출급어음(sight bill)일 것을 요구하고 있는 신용장을 일람출급신용장이라 하고, 반면에 기한부어음(usance bill)을 요구하고 있는 신용장을 기한부신용장이라고 한다.

일람출급신용장의 경우 어음이 신용장조건에 일치하는 한 개설은행은 환어음의 제시와 동시에 즉시 대금지급을 하여야 하며 수입업자도 즉시 개설은행에 대금을 상환하여야 한다. 반면에 기한부신용장인 경우 어음이 신용장조건에 일치하는 한 어음이 제시되었을 때 먼저 어음이 인수되고 그 만기일에 대금지급이 이루어진다.

(8) 내국신용장(Local Credit)

일반적으로 생산시설을 갖고 있지 않거나 갖고 있다고 하더라도 약정상품의 생산에 원자재의 구매를 필요로 하는 수출업자는 국내의 다른 약정상품의 제조업자 또는 공급업자로부터 약정상품을 구매하여 선적하거나 또는 원자재의 구매 및 약정품을 생산하여 선적한다.

이러한 경우 신용장의 수익자인 수출업자가 약정상품과 원자재의 구매를 위하여 자신의 신용장을 거래은행에 담보로 하고, 약정품의 공급업자 또는 원자재의 제조업자 등을 수익자로 하는 신용장을 개설해주도록 거래은행에 의뢰하게 된다.

이때 발행되는 신용장을 내국신용장(local credit)이라고 하고, 반면에 수출업자 앞으로 원래 내도한 신용장을 원신용장(original credit, master credit)이라고 한다.

(9) 전대신용장(Packing Credit or Red Clause Credit)

수출업자가 약정품의 제조, 가공 및 구매자금조달을 용이하게 하기 위하여 신용장 개설은행이 수입업자의 의뢰에 의하여 신용장상에 통지은행의 수익자에 대한 수출대금의 전대를 인정하고, 그 지급을 보증하는 신용장을 전대신용장(packing credit)이라고 하고, 선불허용약관이 붉은 색으로 표시되어 있어서 Red clause credit 이라고도 한다.

(10) 회전신용장(Revolving Credit)

동일한 거래처간에 동일한 상품으로서 일정기간에 걸쳐 계속적으로 거래가 이루어지는 경우 매거래시마다 신용장을 개설하려면 수입업자측의 많은 시간과 비용이 들게 되고 또한 거래예상액 전액을 일시에 개설한다면 상당한 자금부담이 생기기 때문에 이러한 경우 일정기간 동안 일정한 범위내에서 신용장금액이 자동적으로 갱신되도록 되어있는 신용장을 회전신용장이라고 한다.

(11) 동시개설신용장(Back to Back Credit)

이 신용장은 상계신용장이라고도 하며 Escrow credit와 마찬가지로 무역당사국간의 수출입균형을 기하기 위한 구상무역에 사용되는 신용장을 의미한다. 그 운용방식을 보면 일정국가에서 일정액의 수입신용장을 개설할 경우, 그 신용장은 상대수출국에서 동액의 수출신용장이 개설하여 오는 경우에 한해서 유효하다는 조건이 첨부되어있다.

일반적으로 Back to back credit과 Escrow credit은 그 목적면에서는 동일하지만, Escrow credit의 경우는 수출신용장과 수입신용장의 개설시기에 시간적인 차이가 발생하지만, Back to back credit의 경우에는 두 신용장이 동시에 개설된다.

(12) 기탁신용장(Escrow Credit)

기탁신용장은 수입업자가 신용장을 개설하는 경우 신용장의 한 조건으로서 그 신용장에 의하여 발행되는 어음의 매입대금을 수출업자에게 직접 지급하지 않고, 수익자 명의의 Escrow account에 기탁하여 두었다가 그 수출업자가 원신용장의 개설국가로부터 수입하는 상품의 대금결제에만 사용하도록 규정하고 있다.

(13) Tomas 신용장

이는 동시개설신용장과 유사한 것으로 수출입업자 양측이 상호 일정액의 신용장을 개설하기로 하되 한 측에서 먼저 신용장을 개설할 경우 상대방측은 이에 대응하는 신용장을 일정기간 후에 개설하겠다는 보증서를 발행하여야만 상대방에서 내도한 신용장이 발효하는 조건의 신용장을 말한다. "Tomas"란 용어는 처음으로 이러한 방식을 이용하여 중국과의 거래를 행하였던 일본무역상사의 전신약호이다.

(14) 채무보증신용장(Stand by Credit)

채무보증신용장이란 일반적인 신용장과 같이 수입물품의 대금결제수단으로서 이용되는 것이 아니라 금융을 위한 담보 또는 보증의 수단으로 발행되는 일종의 무담보신용장을 의미한다.

즉, 그 운용방식을 보면 국내의 해외지사가 본사의 물품을 수입하기 위하여 신용장을 개설하거나, 해외지사 소재지의 외국은행으로부터 금융의 편의를 받고자 하는데 담보가 부족한 경우에 국내의 본사가 국내의 거래은행에게 의뢰하여 해외지사의 거래은행을 수익자로 하는 채무보증신용장을 개설해 주면 해외지사의 거래은행은 이것을 담보로 하여 수입신용장을 개설하여 주거나 금융의 편의를 제공할 수 있다.

2 D/A와 D/P에 의한 대금결제

1) D/A와 D/P의 의의

무역당사자간의 상호 신뢰도와 거래의 지속성에 따라서 신용장개설에 따르는 시간 및 비용부담을 절감할 수 있도록 은행의 추심에 의한 대금결제가 이루어지고 있다.

은행의 추심에 의한 대금결제의 경우 신용장을 통한 은행의 수출업자에 대한 대금지급확약이 없는 상태에서 수출업자는 계약조건에 따라 약정품을 선적하고, 이에 따라 발급되는 선적서류를 첨부한 환어음을 발행하여 자신의 거래은행에 추심을 의뢰하면 거래은행은 수입업자 소재지의 환거래은행에 추심을 의뢰하여 선적서류와 상환으로 수입업자의 대금을 결제하게 된다.

은행의 추심에 의한 대금결제 방식은 D/A(Document against Acceptance : 인수인도조건) D/P(Document against Payment : 지급인도조건)의 두 가지로 구분된다.

첫째, D/A의 경우 수입업자는 수출업자가 발행한 어음을 제시한 은행에 대하여 인수(수입업자는 제시된 어음의 이면에 "accepted"라는 인수문언을 기재한다)만 하면 환어음에 첨부된 선적서류를 인도받을 수 있다. 따라서 수입업자는 선박회사로부터 선적서류와 상환으로 약정품을 수취하고 이것을 매각 또는 선하증권의 양도 등을 통해서 약정품의 대금을 회수하고, 어음의 만기일에 어음금액을 지급하면 되기 때문에 수입업자에게는 금융편의상 유리한 대금결제방식이다.

둘째, D/P의 경우 수입업자는 은행으로부터 수출업자의 어음을 제시받으면 그 어음을 인수하고 일단 그 어음을 은행에 반송한 다음 그 지급기한이 도래한 때에 어음금액을 지급하고 이와 상환으로 은행으로부터 선적서류를 인도받게 된다.

2) D/A와 D/P의 관계당사자

(1) 추심 의뢰인(Drawer or Exporter)

무역계약조건에 따라 약정품을 선적한 후 발급된 선적서류를 첨부한 환어음을 발행하여 자신의 거래은행에 어음의 추심을 위탁한 사람으로 수출업자를 의미한다.

(2) 추심의뢰은행(Remitting Bank)

수출업자의 어음추심요청에 따라 어음의 추심을 의뢰하는 은행으로서 어음추심에 따른 제반지시사항이 명시된 추심의뢰서를 작성하여 해외의 환거래은행에 추심을 의뢰한다.

(3) 추심은행(Collecting Bank)

수출의뢰은행의 어음추심의뢰에 의하여 어음의 지급인으로부터 추심하여 추심의뢰은행에 대금을 송부하는 은행을 추심은행이라고 한다.

(4) 지급인(Drawee or Importer)

추심의뢰한 어음에 대하여 대금을 지급하는 사람을 지급인이라고 하며, 수입업자를 의미한다.

3) D/A와 D/P의 대금결제

일반적으로 D/A와 D/P에 의한 대금결제는 환어음의 발행, 환어음의 추심의뢰 및 추심으로 구분된다.

【그림 11-3】 D/A와 D/P의 대금결제

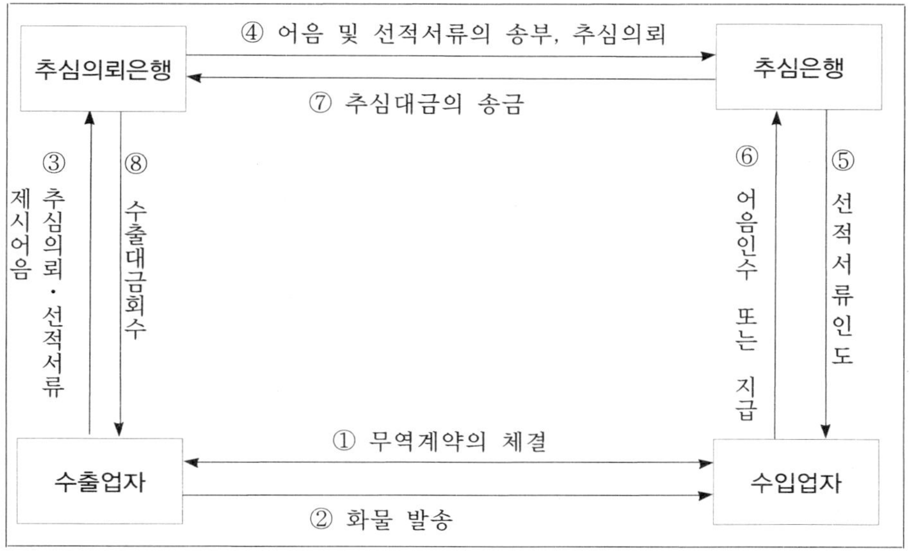

① 수출업자와 수입업자는 약정품의 대금결제를 D/A 또는 D/P에 의한다는 조건을 포함한 제반계약조건으로 합의하여 무역계약을 체결한다.
② 수출업자는 무역계약의 체결에 따라 약정된 기일내에 약정품을 선적하여 자신의 거래은행에게 선적서류를 첨부하고 수입업자를 지급인으로 하는 환어음을 추심의뢰하여 줄 것을 요청한다.
③ 수출업자의 추심의뢰 요청을 받은 수출업자의 거래은행은 추심에 관한 제반사항이 기재된 추심의뢰서를 작성하여, 환어음과 선적서류와 같이 수입업자 소재지의 거래은행에 추심을 의뢰한다.
④ 환어음의 추심의뢰를 받은 수입업자 소재지의 거래은행은 수입업자에게 운송서류 도착통지서를 발송하고, 계약조건에 따라 수입업자는 운송서류를 인도받기 위하여 환어음을 인도하거나 또는 환어음대금을 결제한다.
⑤ 환어음의 추심은행은 수입업자로부터 환어음의 인수 또는 대금결제가 이루어지면 그 대금을 수출업자 소재지의 추심의뢰은행에 송금한다.

3 송금에 의한 결제방식

송금 결제방식이란, 앞서 설명한 신용장 결제방식 및 추심결제방식 이외의 결제방식으로서, 무역물품의 선적 이전에 또는 그 이후에 수입업자가 수입대금의 전부를 「수출업자 앞으로 송금하는 방법」또는 「외화나 수표 등의 대외지급수단으로 수

출업자나 그의 대리인에게 직접 지급하는 방법」으로 무역대금을 결제하는 방식을 말한다.

이와 같은 송금 결제방식은, ① 무역물품의 선적 이전에 수입업자가 수입대금의 전부를 수출업자 앞으로 송금하거나 또는 대외지급수단으로 지급하는 선적전 송금방식, 즉 단순송금방식과, ② 무역물품의 선적 이후에 수입업자가 수입대금의 전부를 송금하거나 대외지급수단으로 지급하는 선적후 송금방식으로 분류된다.

위의 선적후 송금방식에 속하는 대표적인 것은 우리나라의 대외무역관리규정에 규정되어 있는 대금교환도 방식이다. 대금교환도 방식이란 신용장이나 환어음없이 무역물품이나 선적서류를 그 물품의 대전(代錢)과 맞바꾸는 결제방식을 말한다. 이러한 대금교환도 방식은 다시 ① 물품교환도 결제방식(Cash On Delivery : COD)과 ② 서류교환도 결제방식(Cash Against Document : CAD)으로 구분된다.

물품교환도 결제방식(COD)은 무역물품이 목적지(수입지)에 도착하면 수입업자가 직접 그 물품의 품질 등을 검사한 후 그 물품의 대전 즉, 수입대금을 그 물품과의 교환으로 현금으로 지급하는 결제방식이다.

서류교환도 결제방식(CAD)은 수출업자가 수출물품의 선적을 마친 후 그 물품에 관련된 운송서류(선하증권 등), 보험서류, 상업송장, 포장명세서 등의 선적서류를 직접 또는 은행을 통하여 수입업자에게 제시하고서 그 서류와의 교환으로 수출대금을 현금으로 영수하는 방식이다.

이상에서 설명한 송금 결제방식에 있어서의 송금방법(method of remittance)에는 ① 송금수표(보통송금환 : Demand Draft : D/D), ② 우편송금환(Mail Transfer : M/T), ③ 전신송금환(Telegraphic Transfer : T/T)에 의한 세 가지 방법이 있다.

1) 송금수표에 의한 송금방법

① 수입업자의 외화송금(D/D) 신청

수입업자는 자기의 거래은행(송금은행)에 외화송금신청서(application for re-mit- tance)를 작성・제출하고서 수입대금에 해당하는 금전과 송금수수료를 납부한다.

② 송금은행의 송금수표(D/D) 교부

송금은행은 수출업자를 수취인(beneficiary, payee)으로 한 송금수표를 발행하여 그것을 송금신청인(수입업자)에게 교부한다.

③ 송금수표의 우송

송금신청인(수입업자)은 송금은행에서 발행한 송금수표를 자기자신의 책임하에 국제우체국을 통하여 수출업자(수취인)에게로 우송(우편에 의한 송부)한다.

④ 수출업자(수취인)의 지급청구

송금수표를 접수한 수출업자는 수취인의 자격으로 그 수표의 지급은행(paying bank)에게 수표금액의 지급을 청구하거나 또는 자기의 거래은행에 그 수표를 매각함으로써 송금액을 수령한다.

2) 우편송금환에 의한 송금방법

① 수입업자의 우편송금(M/T) 신청

수입업자는 외화송금신청서 상에 명시하도록 되어 있는 송금방법을 우편송금(Air Mail : M/T)으로 명기하여 송금신청을 하고서, 수입대금에 해당하는 금전과 송금수수료를 송금은행에 납부한다.

② 송금은행의 지급지시서 우송

송금은행은 「수취인(수출업자)에게의 일정한 금액의 지급」을 위탁하는 지급지시서(payment order)를 발행하여 그 지급지시서를 송금은행의 책임하에 지급은행 앞으로 우송한다.

③ 지급은행의 송금액 지급

송금은행으로부터 지급의 위탁을 받은 지급은행은 지급지시서에 따라 수취인(수출업자)에게 송금액을 지급한다.

3) 전신송금환에 의한 송금방법

① 수입업자의 전신송금(T/T) 신청

수입업자는 외화송금신청서 상의 송금방법을 전신송금(cable : T/T)으로 명기하여 송금신청을 하고서, 수입대금에 해당하는 금전과 송금수수료 및 전신료를 송금은행에 납부한다.

② 송금은행의 전신에 의한 지급지시

송금은행은 전신, 텔렉스, 컴퓨터통신(SWIFT) 등의 신속한 통신수단으로 지급은행에 대하여 「수취인(수출업자)에게의 일정한 금액의 지급」을 지시한다.

③ 지급은행의 송금액 지급

송금은행으로부터 전신 등에 의한 지급지시를 받은 지급은행은 그 지시에 따라 수취인(수출업자)에게 전신송금액을 지급한다.

이상과 같은 세 가지의 송금방법 중에서 ① 많은 금액을 시급히 송금하고자 할 경우에는, 전신료의 추가 부담이 있다고 하더라도, 「전신송금환(T/T)에 의한 송금방법」으로 송금하여야 하며, ② 지급(至急)을 요하지 않는 송금을 하고자 할 경우에는, 송금은행의 책임하에 지급지시서를 우송하게 되는 「우편송금환(M/T)에 의한 송금방법」으로 송금하는 것이 좋다. 왜냐하면 「송금수표(D/D)에 의한 송금방법」으로 송금한 경우에, 만일 송금수표가 우송도중에 분실된다면 그 분실사고에 대한 책임을 송금신청인(수입업자)이 져야 하며, 분실된 송금수표를 발행한 송금은행은 그 분실사고에 대하여 아무런 책임을 지지 아니하기 때문이다.

제3절 수출대금 회수

1 수출대금회수의 의의와 절차

수출대금의 회수는 수출입계약에 따라 선적을 완료하고 선하증권을 발급받으면 환어음과 선적서류를 작성하여 거래외국환은행(매입은행)에 매입 또는 추심을 외뢰함으로써 이루어진다.

매입은행입장에서 볼 때 환어음의 매입은 일종의 여신행위로 실무상 이를 네고(Nego)[1] 라 하며, 매입은행은 매입대금을 신용장개설은행에 상환청구하거나 환거래은행(Correspondent bank)을 통해 수입자에게 추심하게 된다.

수출대금은 승인된 결제방법에 의하여 회수기간내 전액회수하여야 하며, 기한내 회수되지 않거나 초과영수시 기간을 연장받거나 미회수처리허가 또는 초과영수처리 허가를 받아야 한다.

2 환어음거래 약정체결

환어음거래약정은 화환어음[2] 매입으로 인하여 발생할 수 있는 모든 문제의 처리 방법 등에 관한 수출자와 매입은행간의 계약으로 담보확보, 책임한계, 비용, 은행면책사항을 정하고 있다.

환어음 거래약정은 신용장거래와 무신용장거래인 지급도(D/P), 인수도(D/A)거래시 적용되며 외국환은행이 작성한 약정서에 서명날인함으로써 성립된다.

---

1) 수출자가 거래은행에 제시하는 선적서류의 대가로 거래은행이 대금을 지급하는 행위를 협상(negotiation)이란 의미에서 네고라 한다.

2) 화환어음이란 선하증권으로 대표되는 물품의 가격 청구서인 상업송장상의 금액을 지급수단인 환어음을 발행하여 여기에 선적서류가 첨부된 환어음을 말한다.

【그림 11-4】 수출대금회수 절차

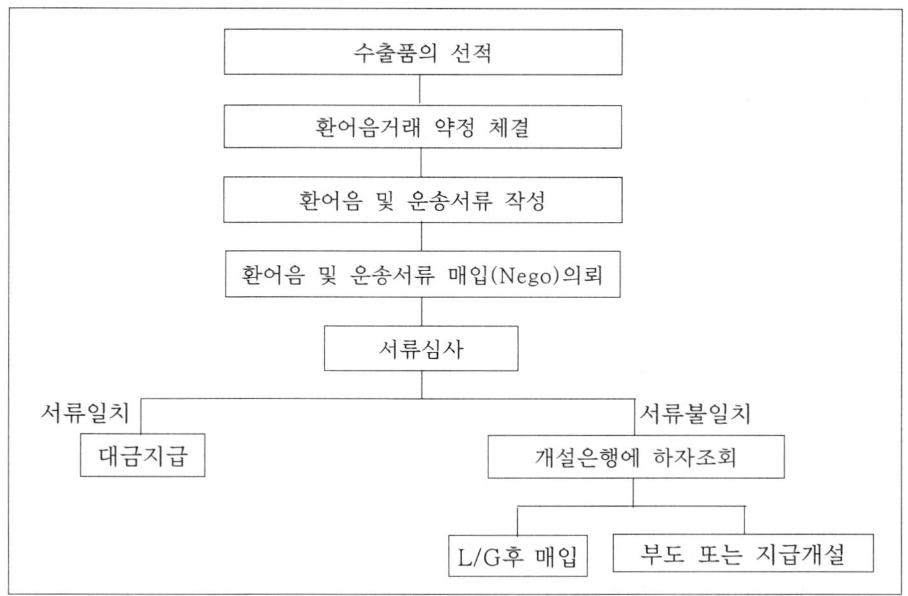

3 환어음 및 선적서류 작성

1) 환어음의 작성

(1) 환어음의 의의

환어음(Bill of Exchange, Drafts)은 어음 발행인인 채권자가 지급인인 채무자에 대하여 어음금액을 지명인 또는 소지자에게 일정한 시일 및 장소에서 무조건 지급할 것을 은행에 위탁하는 요식유가증권(要式有價證券)이자 유통증권(流通證券)이다.

환어음은 1882년 영국에서 제정된 환어음법(Bill of Exchange Act, 1882)과 1978년 국제상업회의소에 의해 개정된 추심에 관한 통일규칙(Uniform Rules for Collection, 1978 Revision, Publication No.322), 이후 1995년 다시 한번 개정된 추심에 관한 통일규칙(Uniform Rules for Collection, 1995 Revision) 등과 같은 국제법에 의해 운용되고 있으며, 우리나라에서는 전국은행협회에서 1979년 7월부터 채택·시행되고 있다.

(2) 환어음의 당사자

가. 발행인(drawer) : 환어음을 발행하고 서명하는 자로 수출자가 된다.

나. 지급인(drawee) : 환어음의 지급의무를 지닌 채무자로 신용장개설은행 또는 D/A, D/P 거래에서의 수입자가 된다.

다. 수취인(payee) : 환어음 금액의 지급을 받는자로서 보통 수출자로부터 환어음

을 매입한 은행이 되나 개설은행 또는 개설은행이 지정한 은행이 될 수 있다.

(3) 환어음의 기재사항

가. 필수기재사항

① 환어음표시 : Bill of Exchange
② 무조건지급위탁문언 : "Pay to~ the sum of~"
③ 지급인 : 어음지급위탁자
④ 만기일 : "at ~ sight"
⑤ 수취인 :
　기명식 : pay to~ Bank
　지시식 : pay to the order of~ Bank
　소지인식 : pay to bearer
　선택적무기명식 : pay to~ Bank or bearer
⑥ 지급일 및 지급지
⑦ 발행일 및 발행지 : 발행일은 신용장 유효기일내의 환어음 매입일
⑧ 발행인의 서명날인 : 신용장의 수익자(수출자)

나. 임의기재사항

① 환어음번호
② 신용장 및 계약서 번호
③ 환율 및 이자규정
④ D/P, D/A 문언
⑤ 발행매수 표시
⑥ 거절증서 작성 면제문언

〈서식 11-1〉 환어음

No.

BILL OF EXCHANGE

(Place) ② (date) ③

FOR ④

AT ⑤ SIGHT OF THIS **FIRST** BILL OF EXCHANGE(SECOND UNPAID)

PAY TO ⑥ **CHOHUNGBANK** OR ORDER

THE SUM OF

⑦

VALUE RECEIVED AND CHARGE THE SAME TO ACCOUNT OF

⑧

DRAWN UNDER ⑨

LETTER OF CREDIT NO. ⑩ DATED ⑪

TO: ⑫

⑬

(외 75.1 제정) (2-1) 007-2-1751(21×9.4) 백상지 100g/㎡

(4) 환어음의 작성요령

① **어음번호** : 임의기재사항으로 후일 업무상 편의를 위해 기재한다.

② **발행지** : 어음의 효력은 행위지법의 적용을 받으므로 발행지를 도시명까지 기재한다.

③ **발행일** : 외국환은행이 어음과 함께 선적한 날짜로 신용장유효기일이내여야 한다.

④ **금액** : 환어음의 금액은 상업송장상의 금액과 일치하여 기재한다.

⑤ **지급 · 만기일표시(결제조건)** : 일람출급인 경우 at ○○ sight of로 표시되며, 기한부인 경우 at ○○ days after sight 또는 at ○○ days after the date of shipment의 형식으로 기재된다.

⑥ **수취인** : 환어음의 지급을 받는자로 발행인 또는 발행인이 지정하는 제3자가 될 수 있다.

⑦ **문자금액** : 어음금액을 문자로 표시하는 곳으로 숫자금액과 일치하여야 한다. 양자간에 차이가 있을 때는 문자금액이 우선한다.

⑧ charge the same to account of : 환어음 발행인 지급인에게 지시하는 내용으로 지급인에 의해 환어음이 결제되면 그 금액을 account of~ 이하에 기재된 자로부터 차기(借記)하라는 의미로 신용장상의 Accountee가 기재된다.

⑨ **신용장 개설은행** : 신용장개설은행을 기재하며, 무신용장방식의 경우에는 공란 또는 계약서상 지정은행을 기재한다.

⑩ **신용장번호** : 신용장번호를 기재하며, 무신용장방식인 경우에는 계약서번호를 기재한다.

⑪ **신용장발행일자** : 신용장상 발행일자를 기재한다.

⑫ **지급인과 지급지** : 어음금액의 지급인과 지급지를 기재하는 곳으로 지급지는 별도 명시가 없는한 도시명까지 기재한다.

⑬ **발행인과 기명날인** : 환어음을 발행하는 자 즉 신용장상 수익자가 기명날인하는 곳으로 화환어음약정시 은행제출 서명감과 일치하여야 한다.

2) 선적서류의 작성

(1) 선적서류의 개념

선적서류(shipping documents)란 수출자가 환어음을 결제받기 위하여 수입자가 계약물품을 입수하는 데 필요한 일체의 관련 서류를 말한다. 무역거래에서 일반적으로 요구되는 선적서류는 기본서류와 부속서류로 구성되며, 기본서류에는 무역화물을 증권화한 운송서류와 위험을 담보하는 보험서류 그리고 매매관계를 명시한 상업송장 등으로 구성되고, 부속서류는 필요시 요청에 의하여 징수되는 서류이다.

이러한 선적서류는 수출대금회수시 환어음과 함께 첨부되어 매입은행에 제시하게 되므로 신용장 또는 계약서에 따라 작성 및 제출되어야 한다.

【그림 11-5】 선적서류의 구분

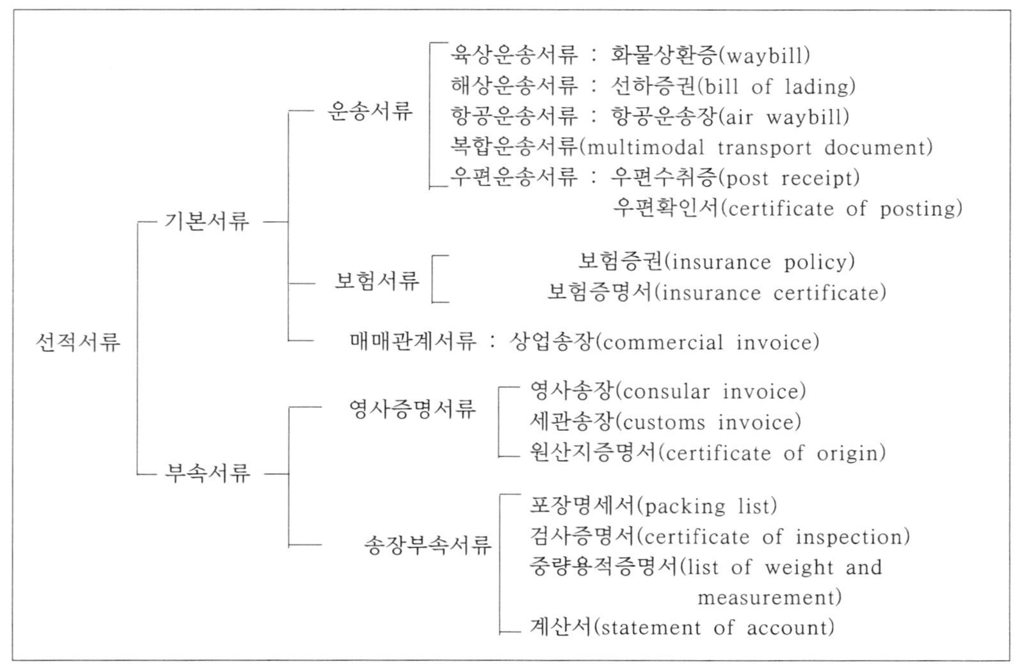

【그림 11-6】 송장의 종류

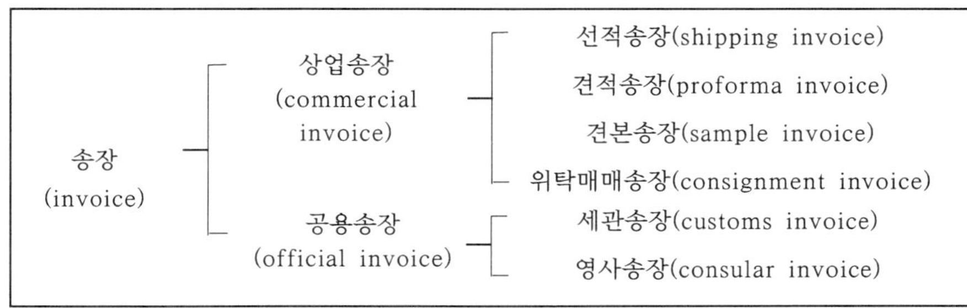

〈서식 11-2〉 상업송장

COMMERCIAL INVOICE

① Shipper/Exporter			⑧ No. & date of invoice ⑨ No. & date of L/C ⑩ L/C issuing bank	
② For Account & Risk of Messers.			⑪ Remarks	
③ Notify party				
④ Port of loading	⑤ Final destination			
⑥ Carrier	⑦ Sailing on or about			
⑫ Marks and numbers of PKGS	⑬ Description of goods	⑭ Quantity/Unit	⑮ Unit-price	※ Amount

Signed by ____________________

※ P.O.Box :
Cable address:
Telex code :
Telephone No.:

〈서식 11-3〉 포장명세서

PACKING LIST

<table>
<tr><td colspan="2">① Shipper/Exporter</td><td colspan="3">⑧ No. & date of invoice</td></tr>
<tr><td colspan="2">② For Account & Risk of Messers.</td><td colspan="3">⑨ L/C issuing bank</td></tr>
<tr><td colspan="2">③ Notify party</td><td colspan="3" rowspan="3">⑩ Remarks</td></tr>
<tr><td>④ Port of loading</td><td>⑤ Final destination</td></tr>
<tr><td>⑥ Carrier</td><td>⑦ Sailing on or about</td></tr>
<tr><td>⑪ Marks and numbers of PKGS</td><td>⑫ Description of goods</td><td>⑬ Quantity or net weight</td><td>⑭ Gross weight</td><td>⑮ Measurement</td></tr>
<tr><td colspan="2">⑯ P. O. Box :
Cable address :
Telex code :
Telephone No. :</td><td colspan="3">⑰ Signed by ____________________</td></tr>
</table>

4 선적서류의 매입의뢰

환어음과 선적서류의 입수 및 작성이 완료되면 수출자는 선적서류매입신청서, 신용장 원본 또는 사본, 환어음, 선적서류 전통(full set) 및 통관필 수출신고서와 수출면장 사본을 갖추어 어음의 매입을 신청하며, 외국환은행은 신용장 조건과 일치여부를 심사후 제반수수료와 수출금융 등을 공제한 후 매입대금을 지급하게 된다.

이때 매입대금은 고객의 요청에 따라 매입당일의 전신환매입률(T/T buying rate)로 환산한 원화에서 우편료, 환가료(exchange commission)[3], 무역금융융자액 등을 공제한 잔액이 된다.

5 하자있는 선적서류의 매입과 처리

수출자가 제시한 선적서류의 심사결과 L/C 조건과 일치하지 않으면 원칙적으로 매입이 거절된다.

이 경우 매입은행은 매입의뢰인(수출자)의 신용상태, 개설은행의 입장 및 수출자와 수입자간의 거래관계 등을 고려하여 다음의 방법 중 하나를 선택하여 처리하게 된다.

1) 추심후 매입방법

선적서류상 중대한 하자나 신용장의 진위에 의심이 있어 매입대금회수가 어려운 경우 환어음을 추심한 후 대금이 입금되었을 때 지급하는 방법이다.

2) 전신조회후 매입방법

L/C 개설은행앞으로 하자 사항을 명시하여 통지후 전신조회가 접수되면 정상적으로 대금을 지급하는 방법이다.

3) 조건변경후 매입방법

신용장 유효기간이 남아있는 경우 수출자가 수입자에게 하자 내용을 통보하여 신용장 조건을 변경하게 한 후 매입하는 방법이다.

---

3) 환가료(換價料)는 은행의 자금부담에 따른 이자성격으로 받는 수수료로서 매입한 환어음(운송서류)의 추심소요기간(우편기간 및 기한부인 경우 어음기간)에 대한 이자를 말하며 우편일수는 현행 9일 또는 10일을 표준우편일수로 일괄적용하고 있다.

〈서식 11-4〉 원산지증명서

<table>
<tr><td>1. Seller</td><td rowspan="2">COPY
CERTIFICATE OF ORIGIN
issued by
THE KOREA CHAMBER OF COMMERCE
& INDUSTRY
Seoul, Republic Korea

원 산 지 증 명 서
대한상공회의소</td></tr>
<tr><td rowspan="2">2. Consignee</td></tr>
<tr><td>4. Buyer's (if other than consignee)</td></tr>
<tr><td rowspan="2">3. Particular of Transport (where required)</td><td>5. Country of Origin</td></tr>
<tr><td>6. Invoice Number and Date</td></tr>
<tr><td colspan="2">7. Shipping Marks 8. Number and Kind of Packages : Description of Goods. 9. Quantity Gross Weight or Measurement</td></tr>
<tr><td>10. Other information</td><td>The Korea Chamber of Commerce & Industry certifies, on the basis of relevant invoice and document, that the above mentioned goods originate in the country shown in column 5</td></tr>
</table>

4) 보증부 매입방법

이는 수입자의 대금지불거절시 환불하겠다는 각서를 수출자로부터 보증서(Letter of Guarantee:L/G)를 징수한 후 매입하는 방법이다.

이 방법은 매입은행이 수출자의 신용을 믿고 대금회수가 가능하다고 판단되는 경우 이용될 수 있는 방법으로 매입은행은 수출자로부터 매입대금확보를 위해 매입담보를 요구하게 된다.

한편 수출환어음이 인수 또는 지급거절되거나 입금 또는 회수일이 경과되어도 입금·인수되지 않는 경우 부도처리되며, 이때 수출자는 수출환어음매입대금 및 이자를 계산하여 외국환은행에 상환하여야 한다.

제4절 수입대금 결제

수입대금의 일반적인 결제과정은 우선 수출자는 신용장에 명시된 조건대로 물품을 선적한 후 선적서류와 환어음을 발행하여 매입은행을 통해 수출대금을 회수하면 매입은행은 매입한 환어음과 선적서류를 개설은행에 송부(추심)하게 된다.

매입은행으로부터 매입한 환어음과 선적서류를 수취한 개설은행은 서류를 심사하여 대금결제 여부를 검토한 후 개설의뢰인에게 해당 선적서류를 인도하고 대금을 결제받는 과정을 거치게 된다.

1 선적서류 수취 및 도착통지

매입은행으로부터 서류를 접수한 개설은행은 선적서류가 신용장조건에 따라 합당하게 작성되었는지 여부와 매입은행의 지시대로 취급하였는지를 심사하게 된다. 심사결과 신용장조건과 일치하면 개설은행은 개설의뢰인에게 선적서류 도착통지(arrival notice of document)를 발송함과 동시에 전화 또는 전신 등 가장 빠른 방법으로 도착사실을 통지하게 된다.

통보를 접수한 개설의뢰인은 선적서류를 엄밀하게 점검하여 서류상 하자로 서류를 인수할 의사가 없거나 관계법규에 의하여 인수를 거절한 경우에는 서류접수 후 3일 이내에 개설은행에 이를 통보하여 상대방 매입은행에 이의를 제기하여야 한다.

【표 11-1】 선적서류 검토사항

1. 신용장상 요구서류의 제시여부 2. 제시서류의 신용장상 제반조건 충족여부 3. 제시서류의 상호연관성과 일치여부 4. 수익자의 발행, 서명 및 소정양식 구비여부 5. 환어음, 선하증권, 보험증권 등 유가증권의 정당한 배서 및 양도여부

【그림 11-7】 수입대금의 결제과정

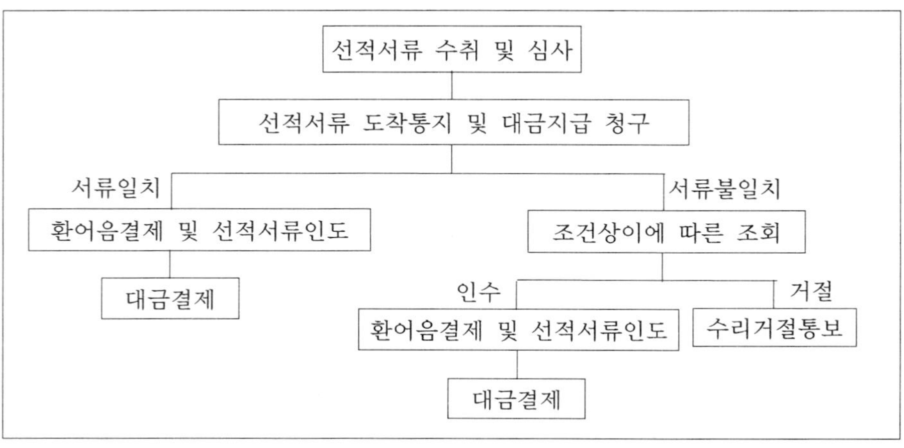

2 환어음의 결제와 선적서류인도

수입어음의 결제는 크게 일람불어음 결제와 기한부어음 결제로 구분된다.

1) 일람불어음 결제

개설은행은 신용장 조건에 따라 발행된 환어음의 지급인(drawee)이 발행신청인(applicant)으로 일람출급어음(at sight bill)인 경우 즉시 발행신청인(수입자)에게 지급청구를 하게 된다.

발행신청인은 외국환은행의 선적서류 또는 차기(借記)통지서의 접수일로부터 7일 이내에 결제하여야 하나 기간 중 결제가 이루어지지 않으면 8일째에 외화지급보증대지급(代拂) 처리하게 된다. 이때 은행은 대금이 변제될 때까지 선적서류를 인도하지 않는다.

개설의뢰인이 수입금융을 받아 대금을 결제할 경우에는 은행은 수입화물대도(trust receipt:T/R)에 의하여 서류를 인도하게 된다.

2) 기한부어음 결제

일람불어음신용장이 선적서류의 인도와 동시에 어음의 결제가 이루어지는 반면 기한부어음신용장은 선적서류 인도후 만기일에 가서 수입대금을 결제하는 것을 말한다.

【그림 11-8】 banker's usance의 흐름

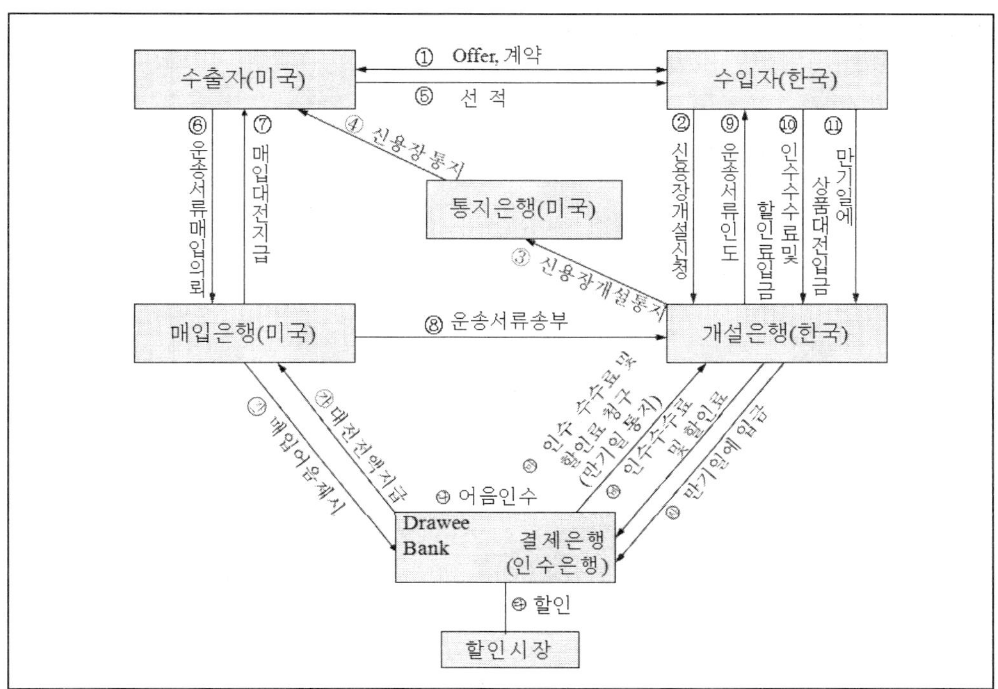

이와 같이 신용장에 의해 발행되는 어음이 기한부어음(time draft, term draft)인 경우를 usance credit이라 한다.

usance란 수입대금의 지급을 일정기간 유예한다는 의미로 지급유예의 주체에 따라 banker's usance(buyer's usance)와 shipper's usance(seller's usance)로 구분된다.

1) banker's usance(buyer's usance)

banker's usance란 개설은행이 자기의 거래은행(환거래은행으로서 신용을 공여하는 은행)을 인수은행으로 지정하고 인수은행으로 하여금 수출자가 발행한 기한부어음을 인수 할인하게 하여 어음금액 전액을 매입은행을 통하여 수출자에게 지급하고, 인수 수수료와 할인료는 개설은행에 청구함으로써 수출자는 일람불어음신용장과 마찬가지로 결제대금을 수령하며 수입자는 usance 기간 동안의 이자만 선지급하고 결제은행으로부터 송부되어 온 선적서류를 인수 후 해당 원금은 만기일에 가서 개설은행을 통하여 지불하는 은행신용공여제도이다.

이 제도는 수출자에게는 수출대금을 즉시 지급받을 수 있으며, 수입자에게는 usance 기간 동안 이자만 지급하고 원금은 만기일에 개설은행을 통해 지급해도 되는 이점이 있다.

【그림 11-9】 shipper's usance의 흐름

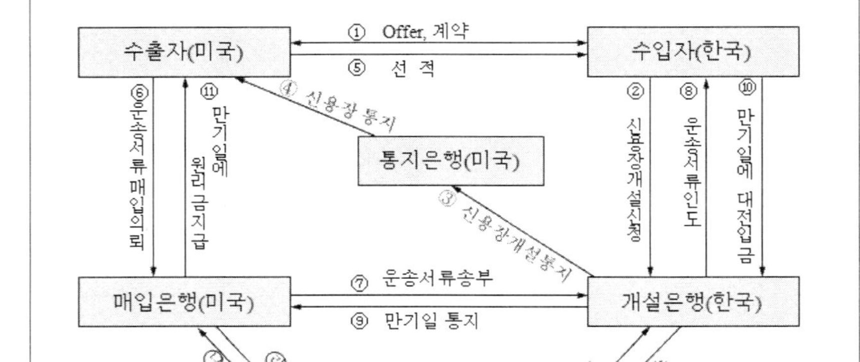

2) shipper's usance(seller's usance)

shipper's usance란 usance 기간 동안 신용공여를 수출자가 수입자에게 하는 것으로 수입자가 수출자와의 계약에 의하여 원리금을 어음기일에 지급하는 형태이다.

운송서류송부시 수입자는 운송서류를 인수하고 만기일에 운송서류 송부장에 지시된 대로 수출자에 대금을 지급하는 점에서 banker's usance와 차이가 있다.

3) D/P, D/A 어음결제

D/P, D/A에 의한 어음은 수출업자의 신용만으로 수출입거래가 이루어지는 것으로 어음의 매입은 원칙적으로 추심후 지급에 의하게 된다.

매입은행은 계약내용과 선적서류를 심사하여 매입여부를 결정하게 되며, 매입이 완료된 선적서류는 수입지 추심은행 앞으로 발송하게 된다.

수입지 추심은행은 수입자에게 D/P계약인 경우 수입대금을 즉시 지급하게 하고,

D/A계약인 경우에는 어음을 인수하게 한 후 선적서류를 수입자에게 인도한 후 환어음 만기일에 대금을 지급하게 한다.

3 불일치서류의 처리

매입은행으로부터 내도한 선적서류의 심사결과 신용장조건과 불일치할 경우 개설은행은 일단 개설의뢰인에게 하자 있는 선적서류를 인수할런지 여부를 문의하게 된다. 서류상 하자가 있더라도 개설의뢰인이 수리할 것을 동의한 경우에는 하자내용이 관계법규가 허용하는 범위 내에서 인도할 수 있다.

그러나 하자를 이유로 선적서류 인수를 거절할 경우에는 서류접수 후 늦어도 7일 이내에 전신(cable) 등에 의한 방법으로 인수거절사유 및 서류의 행방(보관 또는 반송중) 등을 명시하여 매입은행에 통지하여야 한다.

개설은행이 클레임 제기시에는 서류의 행방과 클레임 제기사실과 이유를 지체없이 전신 또는 기타 신속한 방법으로 서류송부은행 또는 수익자에게 통지하여야 한다.

개설은행이 이 같은 의무를 준수하지 못한 경우 개설은행은 서류가 신용장조건에 일치하지 않는 데 대한 클레임 제기권리가 박탈되게 된다.

4 수입화물선취보증서와 수입화물대도

1) 수입화물선취보증서(Letter of Guarantee : L/G)

수입화물을 선박회사로부터 수령하기 위해서는 선하증권 원본을 제시하여야 한다. 그러나 화물은 도착되었으나 선적서류가 내도하지 않는 경우 운송서류가 도착되기 이전에 수입자와 신용장 개설은행이 연대하여 보증한 서류를 운송회사에 선하증권 대신에 제출하여 수입화물을 인도받을 수 있도록 하는 서류가 수입화물선취보증서이다.

수입화물선취보증서는 선하증권 원본이 신용장개설은행에 도착하면 운송회사에 원본 전통을 제출하겠다는 것과 이로 인한 위험과 책임 및 비용(미납부 운임, 광고료, 양륙비 등)은 신청인이 부담하겠다는 내용으로 되어 있다.

신용장방식의 경우 수입화물선취보증서가 발행되면 추후 내도된 선적서류상에 하자가 있더라도 클레임을 제기할 수 없게 된다.

2) 수입화물선취보증서 발급신청

(1) 해상화물운송

수입화물선취보증서가 선하증권에 의한 수입거래에서 수입화물의 선취를 위하여 발행되는 것으로 수입화물선취보증서를 신청하려면 일반적인 경우 다음과 같은 서류를 신용장개설은행에 제출하여야 한다.

① 수입화물선취보증신청서
② 화물도착통지서
③ 신용장에서 요구한 선적서류 사본 일체
④ 기타 필요한 서류

그러나 외국 수출자가 거래하는 환어음매입은행으로부터 환어음매입사실을 통보받았거나 또는 수입물품에 대하여 특별한 보호조치를 취할 필요가 없고 부패·변질 등의 우려가 있는 물품으로서 상대 은행으로부터 선적사실에 대한 통보를 받은 경우에는 선하증권 사본 및 상업송장 등의 서류가 없어도 수입화물선취보증서를 발급받을 수 있다.

(2) 항공화물운송장에 의한 특례인도

해상선하증권이 물권적 권리를 나타내는 유가증권이며 유통증권인데 반하여 항공화물운송장은 항공운송사실을 증명하는 단순한 증거증권이며 유통증권으로서 기명식으로 발행되는 특징이 있다.

통상 수입화물은 매입은행으로부터 선적서류 원본이 도착하기 전에 수입지에 도착하게 되므로 수입자가 화물을 항공회사로부터 인도받기 위해서는 개설은행으로부터 수입화물에 대한 인도승낙을 받아 화물을 찾게 된다.

또한 항공화물운송장은 배서에 의한 양도가 허용되지 않으므로 수입화물선취보증서의 발급이 허용되지 않는 것이 원칙이나 항공화물운송장(airway bill) 또는 항공우편수취증(air parcel receipt)에 대하여 개설은행으로부터 별도의 인도승낙서를 발급받음으로써 수입화물선취보증서와 동일한 효과를 거둘 수 있다.

수입화물인도승낙의 신청서류는 다음과 같다.

① 항공화물운송장에 의한 수입화물인도승낙(신청)서
② 신용장에서 요구하는 선적서류 사본
③ 선적서류 인도시에 받는 인수증
④ 기타 필요한 서류

3) 수입화물대도(Trust Receipt : T/R)

기한부신용장(usance L/C)거래에 의한 수입의 경우 수입자는 환어음을 인수함으로써 운송서류를 은행으로부터 인도받아 수입화물을 매각하여 그 판매대금으로 어음만기일에 수입대금을 결제하게 된다. 그러나 일람불신용장(at sight L/C)거래에 의한 수입의 경우에는 수입대금을 결제하여야만 운송서류를 인도받을 수 있다.

수입화물대도란 일람불신용장거래, 추심결제방식의 D/P거래에서 수입자가 수입어음대금을 결제하기 전이라도 선적서류를 인도받아 일정한 목적에 한하여 처분할

수 있도록 하는 동시에 개설은행은 그 화물에 대한 담보권과 소유권을 유지하는 제도이다.

즉 대금결제기간이 일람출급방식인 경우에도 불구하고 수입자는 개설은행에 수입물품을 대도하여 줄 것을 요청하고 대도신청을 받은 개설은행은 자기소유권하에 있는 수입물품을 수입자에게 대도하여 적기에 물품을 처분할 수 있도록 한 후 처분대금으로 수입대금을 결제할 수 있도록 양해하는 은행을 신탁공여자(entrustor)로 하고 개설은행인을 수탁자(trustee)로 하는 신탁계약(trust contract)을 말한다.

수입화물대도는 은행입장에서 볼 때 수입자가 수입화물처분 후 수입결제대금을 다른 용도로 사용하거나 파산하는 경우 금전적 손실을 입을 수 있으므로 은행기여도 등 특별한 신용을 갖추고 있는 경우가 아니면 허용하지 않는다.

수입화물대도는 수입자에 대한 개설은행의 여신행위로 수입자가 대도를 받기 위해서는 개설은행이 요구하는 책임을 부담할 것을 보증하여야 하며 이러한 보증은 신용 정도에 따라 다음과 같은 방법이 있다.

① 당해 화물 이외에 상당한 담보를 제공하는 방법
② 다른 은행이나 신용이 충분한 제3자를 보증인으로 세우는 방법
③ 담보와 보증인을 세우는 방법

수입화물대도를 신청하는 경우 은행에 제출하는 서류는 다음과 같다.

① 수입화물대도신청서
② 수입담보화물처분약정서(확정 일부)
③ 선하증권 사본
④ 상업송장 사본
⑤ 포장명세서 사본
⑥ 기타 은행이 요구하는 서류

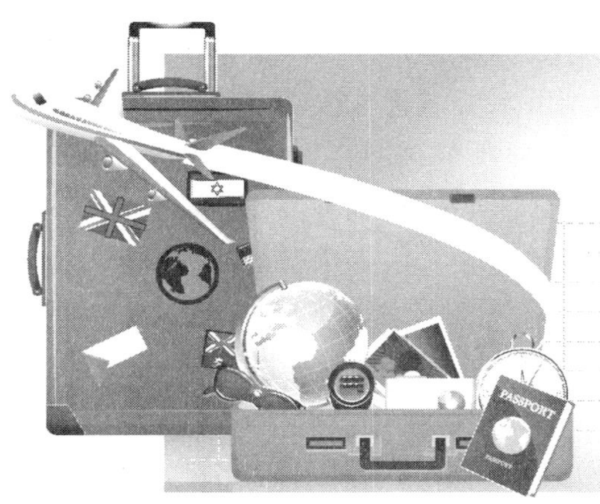

제12장 무역클레임과 국제상사중재

제1절 무역클레임 기본개념

1 무역클레임의 개념

무역거래는 법역을 달리하는 격지간의 거래로서 이의 시행에는 많은 장벽이 초래된다. 거래당사자가 처해있는 정치, 경제, 문화 및 지리적 환경이 다르고 각국의 무역관행과 관습이 서로 다르다.

그리고 무역거래의 이행에는 대부분 장거리 및 장기간에 걸쳐 화물의 운송이 수반되고 그러한 과정에 따르는 위험을 커버하기 위하여 보험계약을 체결하고 서로 다른 지역간의 통화에 따른 대금결제문제도 발생하게 된다.

무역상의 클레임은 국제매매계약 당사자간의 일방이 계약이행을 위반함으로써 다른 일방이 이로 인하여 입은 손해의 배상을 청구하는 것을 말한다.

국내거래에서도 이러한 클레임은 발생되나, 무역거래에서는 그 이행상 복잡한 과정과 절차가 요구되고 또한 해당거래가 환경과 여건이 다른 지역간에 이루어지는 까닭으로 클레임의 발생가능성이 높아진다. 그리고 무역거래는 국내거래에 비해 그 규모가 큰 것이 보통이고, 거래당사자가 위치하는 법역도 서로 다르기 때문에 그 해결에도 어려움을 겪게 된다.

이러한 이유로 인하여 거래당사자는 무역클레임을 사전에 예방하기 위하여 무역계약을 체결전에 상대방에 대하여 철저히 신용조사를 행하게 되며, 클레임이 발생한 후에는 이의 효과적인 해결을 위하여 일련의 해결방안을 모색하게 된다.

클레임(claim)이라는 용어에는 두 가지의 뜻이 있다. 하나는 「운송화물에 관한 클레임」이고, 다른 하나는 「무역거래에서 발생하는 무역클레임」이다. 전자는 운송 중의 사고로 인하여 운송화물에 손해가 생겼을 때에 피해자인 화주가 운송인(carrier ; 선박회사 등) 또는 보험자(보험회사 또는 보험업자)에 대하여 손해배상을 청구하는 클레임(운송클레임 및 보험클레임)을 말한다. 후자는 무역물품의 매매당사자(수출업자 및 수입업자)의 일방이 매매계약의 내용에 따른 이행을 하지 않았을 때에 그로 인하여 손해를 입은 당사자가 상대방에 대하여 손해배상을 청구하는 클레임을 말한다. 이것을 국제상사분쟁의 구상(claim for international trade dispute)이라고도 한다. 그러나 일반적으로 클레임이라고 할 때에는 무역거래상의 클레임(business claim)을 가리키며, 양자를 구별하기 위하여 이를 무역클레임이라고 부른다.

2 무역클레임의 성립요건

무역클레임은 그 당사자가 원거리 격지간에 위치해 있고 또한 제기자가 상대방에게 상당한 구상권을 행사한다는 점에서 다음과 같은 성립요건을 필요로 한다.

첫째, 당해 무역거래의 관련계약이 위반되어야 한다는 점이다. 여기서 관련계약의 위반은 ① 계약이행거절, ② 불이행, ③ 이행불능, ④ 불완전이행, ⑤ 이행지체로 대변된다. 즉, 이행거절은 당해 계약을 이행하지 않을 의사를 직접 표명하는 것이며, 불이행은 이러한 의사의 표명없이 사실상 이행하지 않는 것이다. 이행불능은 당사자가 계약을 이행할 의사를 가지고 이행행위를 하고자 하나 불가항력 등 자기의 통제범위를 벗어나는 사유로 이행을 못하는 것을 말한다. 불완전이행은 계약을 이행하되, 완전하지 않게 이행하는 것이며, 이행지체는 시기적으로 계약을 늦게 이행하는 것을 말한다.

이 가운데 이행불능의 경우에는 무역관행상 계약위반당사자는 그 범위에서 위반책임을 면하게 되므로, 무역클레임이 발생하지 않는다. 그러나 이행거절, 불이행, 불완전이행, 이행지체의 경우에는 위반당사자가 상당한 책임을 지게 되므로 클레임이 발생하게 된다.

둘째, 이러한 계약위반으로 상대방에게 경제적 손해가 발생하여야 한다는 점이다. 무역거래는 경제거래로서 경제적 이익을 도모하고자 수행되는데, 경제적 손해가 발생하지 않으면 사실상 거래의 목적이 훼손되지 않게 된다. 한편, 계약위반으로 발생하는 손해의 성격이 경제적인 것이어야 한다. 거래과정상 발생하게 되는 정신

적 피해나 도덕적 모멸 등은 클레임의 요인이 될 수 없다.

셋째, 계약위반을 당한 당사자는 발생한 손해의 전부 또는 일부에 대하여 상대방에게 문제를 제기하여 보상을 청구하여야 한다는 점이다. 클레임은 상대방을 상대로 성립하는 개념이며, 이러한 상대방은 원격지에서 일방적으로 클레임을 당하는 불리한 위치에 처해 있다. 이러한 상대방을 보호하여 클레임을 공정하게 성립시키기 위해서는 클레임 상대방에게 상당한 절차와 방법에 따라 제기하여야 한다. 따라서 이러한 제기 과정 없이 단순히 발생하는 불평이나 불만은 클레임으로 인정되지 못한다.

3 무역클레임의 종류

무역클레임은 발생원인, 제기자, 성질 등에 따라 여러 가지로 분류할 수 있다.

1) 발생원인을 기준으로 한 분류

(1) 상품에 관한 클레임

클레임 중에 제일 많이 일어나는 것으로 품질불량, 품질상위, 규격상위, 변색, 색상상위, 내용상위, 운송도중의 멸실이나 손상 등 구체적 원인도 다양하다. 가장 빈번히 일어나는 클레임인 만큼 해결하기도 까다롭다.

(2) 수량과부족

계약한 상품의 수량과 실제로 도착한 수량과의 차이로 야기되는 클레임을 말한다. 상품에 따라서는 수송도중에 감량이 되는 것도 있고, 또 증량되는 것도 있어 문제를 더욱 복잡하게 한다. 그러므로 선적서류에 나타나는 상품의 수량이나 중량의 표시는 정확해야 한다.

(3) 포장에 관한 클레임

포장불량, 부정포장, 포장파손 등으로 인한 상품의 멸실이나 손상이 포장에 관한 클레임의 원인이 되며, 화인누락, 화인상이, 화인소멸 등도 포장에 관한 클레임에 포함되어야 한다. 장거리 운송이 필연적인 국제무역에서는 운송도중 상품을 안전하게 보호하기 위해 방수가 되는 견고한 자재로 상품을 포장해야 한다.

(4) 운송에 관한 클레임

상품의 운송도중에 발생하는 멸실이나 손상에 관한 클레임도 의외로 빈번하게 발생한다. 항해중에 일어날 수 있는 위험은 누손, 증발, 혼합, 기름, 빗물 및 담수, 땀과 열, 곰팡이, 투하, 굴곡 등 실로 다양하기 그지없다. 이러한 모든 위험을 수출업자나 선박회사가 부담한다는 것은 사실상 불가능하다. 따라서 이러한 위험에 대해서는 대개 해상보험에 부보함으로써 해결하고 있다.

(5) 선적에 관한 클레임

선적에 관련된 클레임은 크게 선적지연과 선적불이행으로 구분된다. 이러한 선적지연이나 선적불이행이 수출업자의 사정으로 인한 것일 경우에는 당연히 적절한 손해배상을 해야 하지만, 수출업자가 책임질 수 없는 불가항력에 기인한 것일 경우에는 대개 계약서의 이면에 삽입된 불가항력 조항에 의거하여 면책이 된다.

(6) 보험에 관한 클레임

수출업자가 체결한 보험계약이 계약에서 합의된 보험조건과 일치하지 않아 보험회사로부터 보상을 받을 수 없는 경우에 제기되는 클레임이다. 예를 들어 ICC(A)조건으로 해야 할 것을 ICC(B) 또는 ICC(C) 조건으로 부보했다든지, 전쟁위험이나 동맹파업을 담보하기 위한 약관을 첨부하지 않은 경우이다. 약간의 보험료를 절감하기 위해 꾀를 부리다가는 낭패를 당하기 쉽다.

(7) 결제에 관한 클레임

주로 수출업자가 제기하는 클레임으로 대금미지급, 신용장의 개설지연 또는 개설불이행, 계약조건과 다른 신용장의 개설 등이 있다. 특히 신용장은 서류에 의한 거래이므로 상품과는 독립적으로 선적서류상에 조그마한 하자가 발견되어도 수입업자가 환어음의 지급 또는 인수를 거절하는 경우도 있으므로 주의해야 한다.

2) 클레임 제기자를 기준으로 한 분류

(1) 수출업자의 클레임(Seller's Claim)

무역계약상 수출업자의 본질적인 의무는 약정품을 계약조건에 일치하게 인도하는 것이고, 반면에 수입업자의 의무는 약정품의 인도에 대하여 계약조건에 일치하게 대금지급을 하는 것이다. 따라서 수입업자가 계약조건과 일치되게 대금지급을 하지 않았을 경우에 수출업자가 제기하는 클레임을 수출업자의 클레임이라고 한다.

오늘날 현실적으로 이용되고 있는 대금결제수단으로서는 신용장이 주류를 이루고 이외에도 D/A(Document against Acceptance : 어음인수도 조건)와 D/P(Document against Payment : 어음지급도 조건)가 있다. 따라서 수출업자의 클레임의 주요한 내용은 신용장이 약정된 기간내에 개설되지 않는 것과 D/A 또는 D/P 조건에 의하여 발행된 환어음이 부도처리 되는 것 등이다.

(2) 수입업자의 클레임(Buyer's Claim)

무역계약상 수출업자가 약정품의 인도라는 본질적인 의무를 위반했을 경우에 수입업자가 제기하는 클레임이 수입업자의 클레임이다.

따라서 수입업자의 클레임은 주로 약정품 자체에 관한 내용과 약정품의 선적기간에 관한 내용이다. 약정품 자체에 관한 것으로서는 약정품의 품질, 규격, 수량 및 파손 등을 의미하며 약정품의 선적기간에 관한 것으로서는 약정품의 선적지연(delayed shipment)과 불선적(non-shipment)을 의미한다.

3) 클레임 성질을 기준으로 한 분류

(1) 일반적 클레임(general claim)

이것은 무역거래를 수행하는 과정에서 발생하는 일반적인 클레임을 말하며, 이러한 클레임은 수출입의 당사자 중에서 어느 일방의 과실 또는 태만에 의하여 발생하는 경우가 대부분이다. 그렇지만, 수출입의 당사자이외의 제3자 즉, 수출물품의 제조업자나 공급자 또는 운송인(carrier) 등의 과실 또는 태만에 의하여 발생하는 클레임도 있을 수 있다. 이와 같이 제3자의 과실 또는 태만에 의해 발생하는 무역클레임의 경우에는 우선 가해자(claimer)가 피해자(claimant)에게 손해배상을 해준 후에 그 책임을 제3자에게 전가시킬 수 있다.

(2) 시장클레임(Market Claim)

수입업자가 제기하는 클레임 중에서 특수한 경우로서 무역계약의 체결이후에 계약물품의 시장가격 등이 하락되어 상당한 손해가 발생할 것이 예상되는 경우에 악덕수입업자(buyer in the blacklist)는 계약물품의 가격을 인하할 목적으로 계약물품의 사소한 결함을 이유로 고의적으로 계약물품의 인수거절의사 또는 클레임 제기의사를 나타내는 것이 있는데 이를 시장클레임이라고 한다.

따라서 수출업자의 경우 이와 같은 시장클레임을 당했을 경우에는 무조건 수락하는 대신에 신축적이고 강력한 대응을 통한 해결방안을 강구해야 한다. 특히 중요한 것은 무역계약체결의 예비단계에서 대상기업에 대한 철저한 신용조사를 하여 신뢰할 수 있는 수입업자를 선정하여 시장클레임을 예방하는 것이 중요하다.

(3) 계획적 클레임(planned claim)

이것은 수출입 당사자의 어느 일방이 계획적으로 제기하는 클레임을 말한다. 주로 악덕상인인 수입업자가 처음부터 교묘한 술책을 사용하여 수출업자(seller)로 하여금 계약의 이행에 지장을 일으키게 하고서 고의로 제기하는 클레임을 계획적 클레임이라 하며, 이러한 클레임을 상습적으로 제기하는 악덕상인을 우리는 클레임상인(claim merchant)이라 한다.

이와 같은 계획적 클레임을 예방하기 위해서도 수입업자에 대한 신용조사를 철저히 시행할 필요가 있다.

4 무역클레임의 제기

1) 클레임의 제기시기

수입업자는 물품을 수령하면 우선적으로 약정상품에 대한 검사부터 시작하여야 한다. 특수품이 아닌 종류매매(sale by description)의 경우에는 수령 즉시 검사하여 물품의 하자유무를 판별한 후 수출업자에게 통지하여야 한다. 수입업자가 이 검사 및 통지의무를 해태하는 경우에는 청구권을 행사하지 못하게 되므로 특히 주의해야 한다. 이 검사기간에 대하여 우리 상법 제69조는 '지체없이'(without delay) 검사하고 '즉시'(immediately, promptly) 통지하도록 규정하고 있다. 여기서 '지체없이'나 '즉시'의 뜻은 합리적인 기간(reasonable time)을 의미하는 것으로서 이는 물품의 성질과 거래의 조건에 따라 구체적으로 판단할 문제이다. 즉, 아무리 신속한 검사를 요한다 하더라도 합리적인 검사의 기회(reasonable opportunity for examination)를 생략할 수는 없다.

한편, 클레임은 청구인의 확정적 의사에 따라 비로소 시작된다. 확정의사는 객관적 판단에 의한 구체적 사실에 기반을 두어야 하며, 만일 그렇지 못한 경우에는 주관적인 불만이나 항의 등으로 그치는 수가 있음을 주의해야 한다.

2) 클레임의 제기경로

원칙적으로 클레임은 당사자에게 직접 제기하여 당사자 상호간에 해결을 도모하는 것이 가장 바람직하다. 제3자나 기관에 제기하는 경우에도 당사자에게 먼저 제기한 후에 행하는 것이 합리적이다.

한편, 클레임이 발생하면 법에 의하는 것보다 행정적 조정에 의하는 것이 신속한 경우가 많기 때문에 상대국 정부기관 등에 진정할 경우, 의외로 빨리 해결되는 수도 있다. 또, 클레임은 상거래에 경험이 많은 중재인에 의하여 해결하는 것이 신속하기 때문에 중재기관에 제기하는 것도 편리하다. 그러나 이 경우에는 후술하는 바와 같이 분쟁의 양당사자가 분쟁을 중재로 해결하겠다는 합의가 필요하다.

이상과 같이 당사자에게 직접 혹은 정부 및 중재기관 등을 통하여서도 만족스럽지 못할 경우에는 최종적으로 법원에 소송을 제기하는 수밖에 없다. 이 경우에는 중재와는 달라서 관할지법원에 제기하여야 사후 집행이 가능하다.

3) 클레임의 제기 절차

클레임을 제기할 때에는 클레임 청구서에 청구취지, 청구이유, 손해산출명세, 주장의 근거(입증책임) 등 모든 사항을 자세히 기술하여야 한다.

(1) 청구취지

간략히 청구내용의 주요골자, 즉 손해배상금 얼마를 지급하라든지, 몇상자의 대체품을 송부하라든지 등의 식으로 결론적인 청구를 하여야 한다.

(2) 청구이유

위의 청구취지에 대한 이유를 명시하여 상대방에게 납득이 가도록 정성을 들여야 한다. 이유가 석연치 않은 청구란 승산이 없기 때문이다.

(3) 손해산출명세

청구취지나 그 이유가 분명하더라도 이를 구체적으로 풀이하여 주는 것은 숫자에 의한 명세이므로 청구가능한 손해만을 제시하여야 한다.

(4) 증거서류의 제시

증거는 절대로 남이 대신해 주지 않는다. 입증책임은 모두 자신의 책임하에 해결해야 하므로 유리한 증거, 이용가능한 증거를 갖추는 데 전력을 기울여야 한다.

제2절 무역 클레임 해결방법

1 무역 클레임 해결방법의 구분

무역 클레임을 해결하는 방법에는 청구권의 포기(waiver of claim), 화해(amicable settlement), 알선(intermission, recommendation), 중재(arbitration), 조정(conciliation, mediation), 소송(litigation) 등이 있다. 형태상으로 볼 때, 청구권 포기와 화해는 클레임 당사자간에 우의적으로 해결하는 방법이다. 알선, 조정, 중재, 소송은 제3자를 개입시켜 해결하는 방법이다.

대부분의 클레임은 화해로 해결되고, 그것이 여의치 않을 경우에는 제3자가 시도하는 알선으로 해결된다. 소송은 경비, 시간 및 인력면에서 부담이 상대적으로 크기 때문에 무역 클레임의 최종적 해결방안으로서 상사 중재를 채택하게 된다.

상사중재는 중재지, 중재기관 및 준거법에 따라 클레임 당사자간에 이해 관계를

달리하므로 무역계약의 체결시 그에 관한 사항을 중재계약으로 별도로 약정하게 된다. 그리고 상사중재는 민간차원에서 이루어지는 것임에도 불구하고 중재법 등에 의해 소송과 같은 법적 효력을 부여받게 되고, 국내에서 이루어진 중재도 그 효력을 국제적으로 인정받을 수 있게 되는 등 독특한 성격을 지닌다.

2 당사자간의 우호적 해결방안

1) 청구권의 포기

청구권의 포기는 무역 클레임이 성립되고 난 후 제기자가 당해 클레임의 성립요건의 하나인 청구내용을 포기함으로써 클레임을 해결하는 방안이다. 이러한 예는 당해 청구내용이 크지 않거나, 거래당사자간의 우의의 지속과 거래관계의 개선 등 기타조건으로 이러한 청구내용을 만족시킨 경우에 발생하게 된다.

2) 화해

화해는 무역 클레임의 해결책 가운데 가장 많이 이용되는 방법으로서 당사자간에 상호평등의 원칙하에 분쟁을 해결하는 방법으로서 자주적인 교섭과 양보를 통해 분쟁을 해결하게 된다. 통상의 클레임 당사자간에 은밀하게 이루어지기 때문에 겉으로는 잘 드러나지 않는다.

화해로써 무역 클레임이 해결되기 위해서는 우선 양당사자가 서로 양보하여 당해 클레임을 종료시킨 다음 그 뜻을 서로 약정해야 한다.

3 제3자의 개입에 의한 해결방안

1) 알선

알선은 당사자가 당해 클레임에 대한 이해가 첨예하게 대립하여 당사자간의 합의에 의한 해결에 대한 전망이 없는 경우 한쪽 또는 쌍방에서 해결을 위한 협력을 제3자의 전문가 또는 전문기관[1]에 의뢰하고, 제3자가 쌍방의 주장과 문제점을 규명하여 양자와 상의하면서 서로 양보시켜 자주적으로 해결하도록 유도하는 방법이다.

---

1) 실무상으로 대한상사중재원, 대한무역진흥투자공사, 한국무역협회, 상공회의소 및 동업자 등이 알선자로 나서는 경우가 대부분이다.

【그림 12-1】 알선절차

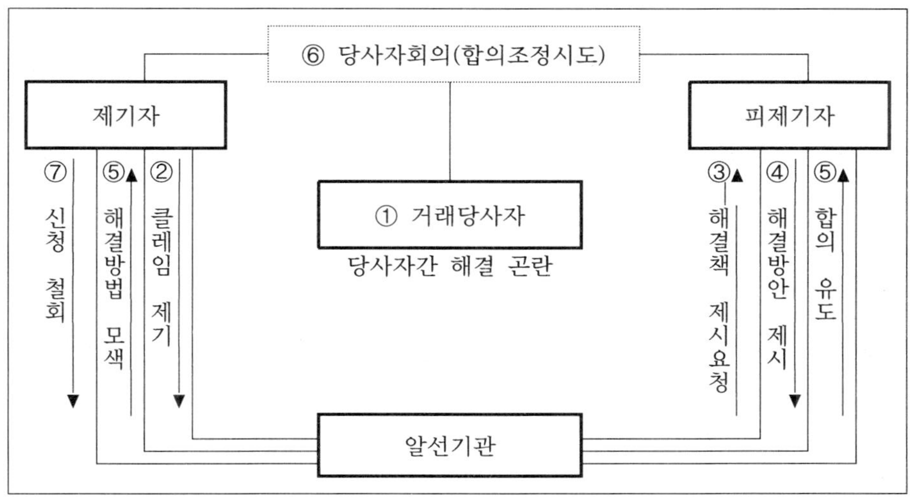

2) 조정

조정은 당사자 쌍방이 서로 양보하여 분쟁을 해결하는 것을 기본으로 하고 있다. 우리나라 중재 규칙상 중재신청 후 양당사자가 요청할 경우, 상호 협의하에 조정을 신청, 조정을 시도할 수 있도록 되어있어 조정안이 성립되면 조정결정은 중재판정과 동일한 효력을 갖게 된다. 그러나 실패하면 30일 내에 조정절차는 자동적으로 폐기되며, 중재인을 선정, 중재절차가 진행된다.

【표 12-1】 알선과 조정의 성격 비교

항 목 해결책	대 상	중 개 자	효 력
알 선	통상의 화해로 해결되지 않는 클레임	제3자 전부	화해와 같은 효력
조 정	중재에 회부된 클레임	중재회 부기관	중재판정과 같은 효력

3) 중재(arbitration)

중재는 클레임 당사자가 쌍방의 합의하에 제3자를 중재인으로 선정하고 중재인의 판정에 절대 승복함으로써 분쟁을 해결하는 방법이다. 조정은 당사자중 일방이 요청해도 가능하나 중재는 당사자 쌍방의 합의가 반드시 필요하다. 왜냐하면 중재는 클레임 당사자는 중재인의 판정에 절대 승복해야 하는데 승복의 근거는 양 당사자의 자유의사에 의한 합의에 있기 때문이다. 따라서 분쟁해결 방안으로 중재방법을 사용코자 하면 무역계약서 작성시에 그 내용을 명기하여야 한다.

중재는 법원의 소송절차에 따르지 않으나 중재판정은 법원의 확정판결과 같은 효과를 가진다. 우리나라 중재법 제2조는 "중재판정의 국내적 효력은 당사자간에는 법원확정판결의 효력과 같다."라고 규정하고 있다. 중재에는 국제조약으로 보장받고 있다.

4) 소송

외국과의 거래에 의한 클레임의 해결 시 ① 당사자간의 합의, ② 알선에 의한 해결, ③ 조정에 의한 해결, ④ 중재에 의한 해결 가운데 어느 방법에 의해서도 해결되지 않는 경우 「소송」이 분쟁해결의 최종적인 수단이 된다.

이러한 소송에 의한 절차는 민사소송으로서, 재판관(judge)의 판단을 바라는 것으로서 재판소에서 제소하여 싸우는 것은 거래 상대방의 동의 없이 일방적으로 제소할 수 있기 때문에 언뜻 쉽게 생각할 수 있다.

그러나, 국제상거래에서 발생하는 분쟁을 소송으로 해결하기 위한 국제재판소는 존재하지 않는다. 따라서 국제적 분쟁이라도 국내의 소송과 마찬가지로 ① 자기나라의 법원에 소송을 제기 하거나, 또는 ② 상대국의 법원에 제기하거나 해야 한다.

이러한 소송은 중재에 의한 해결보다 재판비용도 많이 들며, 사건은 법정(Court)에서의 심리로써 하기 때문에 공개된 장소에서 싸우게 된다. 따라서 대단한 사정 또는 막대한 금액이 걸린 경우를 제외하고는 소송에 의한 해결은 바람직하지 않다.

따라서 최종적인 선택으로 중재를 선택하는 것이 상도덕이며, 대부분의 계약서 이면의 인쇄약관에 중재가 명시되어 있는 것은 이 때문이다.

【표 12-2】 소송의 장점과 단점

	국내에서 재판하는 경우	상대국에서 재판하는 경우
장점	준거법을 한국법으로 하면 법관 및 변호사가 관례 및 상관습을 숙지	승소판결을 받은 경우의 강제집행이 용이
단점	승소의 판결을 받아도 상대방이 한국에 재산이 없으면 강제집행이 불가능	한국법령 및 판례를 숙지하고 있는 법관 및 변호사를 기대할 수 없음 상대국들의 준거법으로 한 재판에서 현지의 유능한 변호사를 구하기가 어려움

제3절 국제상사중재

1 상사중재의 개념

상사중재(commercial arbitration)는 본질적으로 무역거래상의 당사자인 수출업자와 수입업자가 후일에 발생할지도 모를 클레임 문제를 법원의 소송절차에 의하지 않고, 공정한 제3자를 중재인으로 선정하여 공정한 해결을 부탁하기로 합의한 중재합의(arbitration agreement)가 있는 경우에, 중재인이 클레임의 쌍방 당사자의 주장과 근거에 입각하여 중재판정을 내리며 쌍방 당사자가 무조건 중재판정에 복종하는 것을 의미한다.

따라서 상사중재는 상거래에서 발생하는 분쟁을 저렴한 비용으로 신속한 해결을 하기 위하여 자신들의 합의에 의하여 법관이 아닌 제3자, 즉 중재인(arbitrager)에게 그 해결을 위탁하고, 그 재정(arbitration award)에 복종함으로써 분쟁을 최종적으로 해결하는 법적인 절차이다.

2 상사중재의 장 · 단점

1) 상사중재의 장점

중재는 실리와 능률을 좋아하는 상인들의 절실한 요망에서 발달한 제도인 만큼 여러 가지 장점이 있다. 중재를 소송과 비교해 보면 다음과 같다.

첫째, 중재는 분쟁을 신속하게 해결하므로 그만큼 비용이 절약된다. 즉, 소송의 경우에는 변호사비용 등 부대비용이 많이 소요되나, 중재의 경우에는 그러한 비용이 훨씬 절감된다.

둘째, 실질적이고도 정확한 판정을 도모할 수 있다. 상사관계는 상인사회의 관습에 지배되는 경우가 많으므로 상거래의 실정에 정통한 중재인의 판정이 보다 합리적인 것이다.

셋째, 재판은 국가공권력의 발동이므로 국경 내에서만 그 효력을 미치나, 중재판정은 국제협약 또는 2국간 협정에 의해 국제적으로 효력을 미칠 수 있다.

넷째, 소송과정은 3심제로 이루어지므로 당사자가 상소수단을 남용하여 무의미한 지연작전을 쓸 염려가 있으나, 중재는 단심제로 이루어지므로 분쟁이 신속히 종결된다.

다섯째, 일반적으로 소송절차는 공개되기 때문에 사업의 내막이나 영업비밀이 외부에 누설될 염려가 있지만, 중재는 비공개로 진행되므로 그러한 위험을 피할 수 있다.

2) 상사중재의 단점

중재는 약식절차에 의해 진행된다는 점과 전문재판인이 아닌 중재인에 의해 판결이 내려진다는 점에 있어서 다음과 같은 단점을 초래하기도 한다.

첫째, 소송의 경우 판사는 법률과 판례에 구속됨으로써 판정의 법적 안정성이 있으나, 중재는 중재인의 경험과 지식에 따라 판정하므로 판정기준이 흐려져 때로는 객관성이 결여되고 자의나 주관이 가미될 위험성이 있다.

둘째, 중재는 단심제로 상소수단이 없으므로 당사자의 이해관계가 충분히 반영되지 못하는 난점이 있다.

셋째, 중재에서는 당사자가 각각 중재인을 1명씩 선임한다. 이 경우 선임된 중재인은 자기를 선임해 준 당사자의 이익을 위해 행동할 위험이 있다.

넷째, 중재에서는 당사자의 입장이 완전히 무시될 우려도 있다. 왜냐하면, 출두에 관한 통지가 정당하게 이루어진 이상 당사자가 결석해도 심리를 진행시킬 수 있기 때문이다.

3 상사중재의 절차

상사중재의 전제조건으로서의 중재합의는 무역계약의 당사자 상호간에 발생할지도 모를 무역클레임 문제를 법적인 소송절차에 의하지 않고 공정한 제3자인 중재인에게 맡겨서 해결한다는 일종의 계약을 의미하며, 중재합의의 본질적인 내용으로서 중재를 담당할 중재인, 중재장소, 중재절차 및 준거법이 명시되어 있다.

따라서 중재합의가 있는 경우에는 중재합의에 일치한 상사중재가 성립될 수 있다. 그러나 현실적으로 무역에 종사하는 기업이라고 하더라도 상사중재에 관한 전문가는 아니기 때문에 중재합의를 하는 경우에 중재조항의 내용을 정확하게 규정하지 못하여 불이익을 당하는 경우가 종종 발생된다. 이와 같은 중재합의에 있어서의 오류를 막기 위하여 우리나라의 유일한 중재기관인 대한상사중재원에서는 다음과 같은 표준중재조항을 중재합의로서 이용하도록 권고하고 있다.

“이 계약으로부터 또는 이 계약과 관련하여 또는 이 계약의 불이행으로 말미암아 당사자간에 발생하는 모든 분쟁, 논쟁 또는 의견차이는 대한민국 서울특별시에서 대한상사중재원의 상사중재규칙 및 대한민국법에 따라 중재에 의하여 최종적으로 해결한다. 중재인들에 의하여 내려지는 판정은 최종적인 것으로 당사자쌍방에 대하여 구속력을 가진다.”

“All disputes, controversies, or differences which may arise between the

parties, out of or in relation to or in connection with this contract, or for the breach thereof, shall be finally settled by arbitration in seoul, korea in accordance with the commercial arbitration rules of the korean commercial arbitration board and under the laws of korea. The award rendered by the arbitrator(s) shall be final and binding upon both parties concerned."

상사중재의 세부적인 절차를 살펴보면 다음과 같다.

1) 중재의 신청

중재의 신청은 특정한 형식을 필요로 하지는 않지만, 중재법의 규정에 의하여 중재의 합의를 인증하는 서면의 원본 또는 사본과 중재신청서 등과 같은 소정의 양식에 의하여 이루어진다. 본질적으로 중재절차 자체는 임의적인 것이나 중재제도의 기능이 효과적으로 발휘될 수 있도록 세계 각국들은 그 나름대로의 중재법을 규정하고 있고, 우리나라의 경우에도 1973년에 제정되었다.

2) 중재신청의 수리 및 통지

사무국은 중재의 신청을 접수함과 동시에 당해 신청의 적합성 여부를 확인하여 수리되었을 경우에 클레임 관련 양당사자에게 중재신청의 수리사실을 통지한다.

3) 조정에 의한 해결

중재의 신청이 제출된 경우에 당사자의 일방 또는 쌍방으로부터 요청이 있을 때 사무국은 중재인의 선정 또는 중재절차에 의하지 아니하고 당사자 쌍방의 우의적인 합의에 의한 조정을 시도한다. 이때 조정은 중재인 명단 중에서 사무국이 선정하는 1명 또는 수명의 조정인에 의하여 진행되며, 조정이 성립되면 화해에 의한 판정의 방식으로 처리되는 동시에 판정과 동일한 효력을 갖는다.

다만 신속하고 정확한 클레임의 처리를 위하여 조정인이 선정된 날로부터 30일 이내에 조정이 성립되지 않는 경우에는, 조정절차는 포기된다.

4) 중재인의 선정

일반적으로 중재인의 선정방법은 당사자에 의한 직접선정방법과 상사중재원에 의한 선정방법이 있다. 당사자가 중재의 신청서를 제출하고 수리되면, 사무국은 중재인 명부중에서 중재인 후보자 수인을 선택하고 그 명단을 당사자 쌍방에게 동시에 송부하여 각 당사자가 선정의 희망순위를 표시하기 위한 번호를 붙여서 사무국에 반송하여 중재인이 선정된다.

5) 중재장소의 합의

당사자는 중재합의에 의하여 자유롭게 중재장소를 결정할 수 있지만, 만일 중재의 신청이 접수된 날로부터 14일 이내에 중재장소가 결정되지 아니한 경우에는 사무국이 중재장소를 결정할 권한을 갖는다.

6) 심문

중재신청의 당사자가 서면에 의한 합의에 의해 분쟁을 심문에 의하지 아니하고 서면심리에 의한 중재를 하기로 하지 않는 한 중재판정부(arbitration tribunal)는 사실의 탐지를 목적으로 심문을 실시한다. 이러한 경우 심문절차는 비공개적이며, 당사자의 일방이 정당하게 통지 또는 고지되었는데도 불구하고 출석하지 않는 경우 등에도 중재는 그대로 진행된다.

7) 중재판정(Arbitration Award)

중재판정부는 중재가 갖고 있는 본질적인 성격인 시간 및 비용적인 측면에서의 장점을 최대한도로 발휘시키기 위하여, 당사자의 합의 또는 법률의 규정중에 다른 규정이 없는 한 심문종결일로부터 30일 이내에 판정을 하여야 한다.

【그림 12-2】 중재판정절차

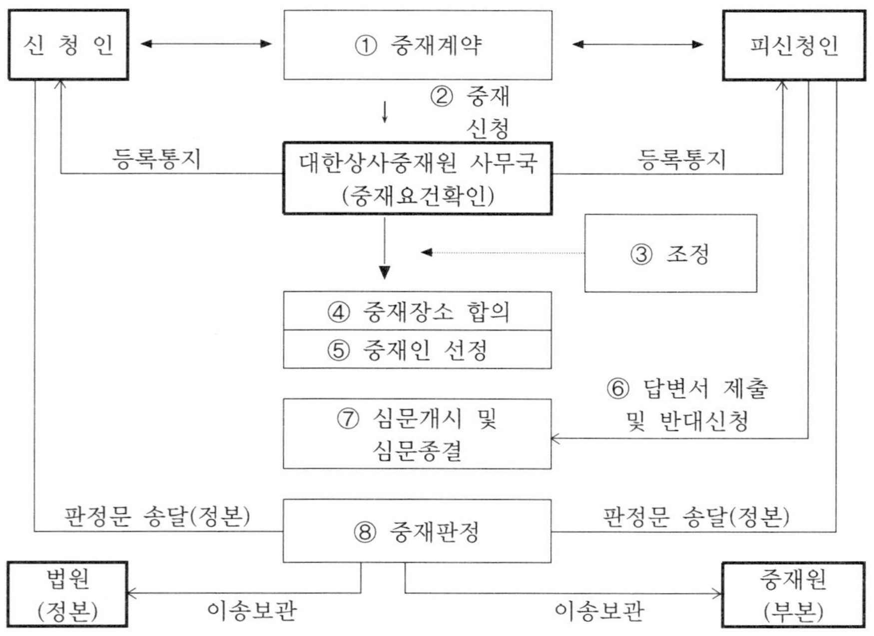

이와 같은 중재판정은 확정적이며 최종적인 것으로서 법적인 구속력을 가지며, 그 효력은 외국에서서도 그 판정의 집행이 가능하다.

제4절 손해배상

1 손해배상의 개념

손해배상은 그 성격상 일방당사자의 귀책사유에 의한 계약위반으로 인하여 상대방이 입은 손해를 금전으로 배상함으로써 가능한 한 상대방을 계약이 이행된 것과 동일한 지위에 있게 하려는데 그 목적이 있다. 따라서 손해배상은 계약위반의 성립시에 항상 이용이 가능하고, 또한 일종의 권리로서 요구할 수 있기 때문에 법원의 재량 또는 특정조건이 충족된 경우에 한하여 이용이 가능한 특정이행 및 원상회복과는 구분되어야 한다.

2 손해배상 성립상의 인과관계

사실상 손해배상을 하는 경우에 계약위반으로부터 야기된 모든 손해를 피해당사자에게 배상한다는 것은 종종 바람직하지 못한 결과를 초래하여 불합리한 경우가 많다. 왜냐하면 피해당사자가 완전히 보호된다면 불합리할 정도로 비용이 증가되거나 또는 상대방의 계약체결을 전적으로 방해하는 결과를 초래하게 되기 때문이다.

따라서 피해당사자의 정당한 손해배상이 성립되기 위하여서는 엄밀한 관점에서 피해당사자의 손해가 상대방의 계약위반에 의해서 발생되었는지의 여부 즉 계약위반과 손해상호간의 인과관계의 본질적인 문제가 손해배상의 성립 이전에 충분히 고려되어야 한다. 왜냐하면 상술한 바와 같이 불합리한 손해배상의 측면을 고려할 때 계약위반자는 계약위반의 결과가 아닌 피해당사자의 손해를 배상할 필요가 없고 또한 피해당사자의 입장에서도 손해배상을 받을 권리가 없기 때문이다.

다시 말하면, 손해배상성립의 본질적인 요건은 계약위반이라는 전행현상이 없었다면 손해라는 후행현상이 발생하지 않았을 것이라는 두 현상간에 필연적 관계가 있어야 한다는 것을 의미하는 것으로서, 이 관계가 바로 인과관계이다.

따라서 손해배상청구권의 확립을 위하여 피해당사자는 우선 그가 입은 손해가 계약위반에 의하여 발생되었다는 사실을 입증하여야 한다. 그러나 다만, 법은 피해당사자의 손해가 계약위반에 의하여 발생되었다는 사실만으로 계약위반자에게 손해배상을 요구하는 것은 아니다. 즉, 계약위반과 손해와의 밀접한 인과관계를 고려한 후에 손해배상의 여부가 결정된다.

요컨대, 손해배상의 성립에 있어서 인과관계는 계약위반이 성립하는 경우에 그 원인인 사실과 손해와의 사이에 존재하는 원인결과의 관계로서, 이 문제는 단순히 B사실은 A사실의 결과로서 생각한 것의 타당성의 여부에 관련된 가치판단의 문제로 귀착된다.

한편, 일반적으로 계약위반에 관련된 인과관계는 손해배상의 범위에 관한 문제로서, 손해배상의 성립상의 인과관계와 손해배상액의 산정상의 인과관계를 검토하게 된다. 즉, 계약위반의 성립시에 계약위반자는 근인(近因)의 손해에 대해서만 책임을 질 뿐, 원인(遠因)의 손해에 대해서는 책임을 지지 않는다고 하지만, 문제는 발생된 손해의 근인(近因) 또는 원인(遠因)의 여부를 결정하는 것으로서 바로 이 점이 인과관계의 중요한 과제이다.

3 당사자의 손해경감의무

피해당사자는 계약위반에 의하여 발생하는 손해를 경감시키기 위하여 모든 합리적인 조치를 취해야 할 의무가 있으며, 또한 이러한 의무의 태만으로 인하여 발생된 손해에 대해서는 상대방에게 손해배상청구를 할 수 없다. 즉, 계약위반시에 피해당사자가 청구할 수 있는 손해배상의 범위는 당사자의 이익보호의 측면에서 그가 입은 모든 손해를 포함하는 것이 아니라, 단지 그가 합리적으로 피할 수 없었던 손해로 제한되는 것을 의미한다.

예컨대, 매매계약상에 있어서 매도인이 약정품을 인도하지 않았을 경우에, 매수인은 적절한 시기에 현물시장에서 대체품을 구매하여야 한다. 만일 그렇지 못한 경우에는, 매수인은 물품의 시장가격이 상승하거나 또는 물품의 이용과 전매에 의한 이윤획득의 기회를 상실함에 의하여 발생되는 손해를 매도인으로부터 배상받을 수 없다.

4 손해배상의 기본원칙

일반적으로 계약위반에 의한 손해배상의 기본원칙은 다음 두 가지로 집약된다.

첫째, 계약위반자는 계약위반으로부터 자연적으로, 즉 사물의 통상적인 과정에 따라 발생하였다고 공정하고도 합리적으로 고려할 수 있는 손해를 피해당사자에게 배상해야 한다.

사실상 계약위반으로부터 변혁적 또는 이례적인 손해가 발생될 수 있다. 그러나 법은 실질적인 이유에서 손해배상에 관하여 일정한도를 설정하여 비록 계약위반자

의 행동의 직접적인 결과로 인하여 손해가 발생하였다고 하더라도 손해배상의 범위에서 제외될 것이라는 견해를 가지고 있다.

이러한 관점에서 볼 때, 첫째원칙은 적절한 배상대상인 손해의 종류를 한정하고 또한 그 이외의 손해는 원인관계적(遠因關係的)인 손해로서 배제시킨다는 점에서 의의가 있다. 따라서 이 원칙은 원인관계적인 손해에 관련된 것으로서, 계약위반에서 발생한 손해의 원인결과의 여부는 법원이 결정해야 할 문제이다.

실제로 영국물품매매법(The Sale of Goods Act, 1979)은 이 사건의 첫째원칙을 매매계약의 원인에 의한 손해배상액의 산정의 기본원칙으로서 규정하고 있다.

둘째, 계약위반자는 계약체결시에 양당사자가 계약위반의 계연적 결과로서 발생을 예견하였다라고 합리적으로 추측할 수 있는 손해를 피해당사자에게 배상하여야 한다.

이 원칙에서의 본질적인 문제인 합리적인 예견가능성의 여부는 양당사자가 계약체결시에 가지고 있었던 지식에 의하여 판단될 수밖에 없지만, 손해가 사물의 통상적인 과정에 의하여 발생된 것이라면 그것이 현실적으로 예견가능하였는지의 여부는 불문한다. 왜냐하면, 통상의 과정에서 발생된 손해는 이미 양당사자가 고려하고 있기 때문이다.

다만, 이러한 예견가능성의 유무의 기준시점을 계약이행시점이 아닌 계약체결시점으로 하는 것은 당사자가 계약체결시점에서 특수한 사정을 인지 하였다면 사전에 충분히 대비할 수 있기 때문에 당사자간에 공평을 기할 수 있다는 데에 그 근거를 둔다.

제5절 무역클레임관리와 관리시스템의 개발

1 무역클레임의 관리

무역이란 정치, 경제, 사회 및 법적인 환경이 상이한 국가간에 이루어지는 현상으로서, 특히 무역계약의 관계당사자들이 상이한 국가에 거주하고 있기 때문에 국내거래에 비하여 클레임이 발생할 가능성이 높고, 또한 그러한 클레임의 해결이 어렵고 복잡한 문제 등을 야기 시킨다. 왜냐하면 무역계약에 관한 제반문제를 규율하는 제반 규칙 등이 각 나라에 따라 다소간의 차이를 보이고 있기 때문이다.

현실적으로 오늘날과 같이 기업의 국제화 또는 다국적화가 진행되는 시점에서, 무역기업의 지속적인 국제진출과 계속적인 발전을 위해서는 토탈마케팅적인 입장에서 국제시장에서 경쟁력을 갖춘 물품의 기획, 생산 및 판매활동이 무엇보다도 중요하고, 또한 이에 못지않게 클레임의 발생을 사전에 예방하는 것이 매우 중요하다. 그러나 무역기업의 경우에, 일반적으로 사전에 클레임의 발생을 예방하려는 노력을 시도하였음에도 불구하고 불가피하게 클레임이 발생하게 되어 상당한 시간과 비용을 투입하여 해결해야만 하는 것이 오늘날 무역거래의 현실이다.

이러한 관점에서 본다면, 무역기업의 경우에 현실적으로 무역거래상 클레임이 발생되고 있고 또한 클레임의 해결을 위하여 상당한 비용과 시간을 투입하는 입장에서 무엇보다도 요구되는 것은 무역클레임의 합리적인 관리이다. 다시 말하면, 무역기업의 경우에 무역클레임의 관리문제를 무역기업의 거시적인 국제경영관리의 중요한 하나의 요소로서 인정하고, 이러한 문제를 해결 또는 관리하는데 있어서 시간과 비용을 절약시킬 수 있는 합리적인 무역클레임의 관리가 요구된다.

오늘날 세계 각국의 점차 높아져 가고 있는 무역장벽과 국제경쟁 속에서 무역기업의 무역클레임 관리에 대한 소극적이고 미시적인 관리가 계속 이루어진다면 현실적으로 국제시장에서의 무역기업의 신용유지 또는 국제시장의 확대 등이 상당히 어렵게 되어 무역기업의 국제시장진출에 상당한 어려움이 뒤따르게 될 것이다.

2 무역클레임의 관리시스템의 개발

현실적으로 최근의 무역기업의 환경적인 측면을 볼 때, 경영업무수행의 효율성을 제고시키기 위하여 상당히 많은 경영업무의 전산화 내지 사무자동화가 추진되고 있는 실정이고 또한 조속한 시일내에 거의 모든 경영업무의 전산화가 이루어질 전망이다. 따라서 무역클레임에 관련된 업무도 무역기업의 사무자동화 또는 전산화 추세에 부합될 수 있도록 관리되어야 할 필요성이 다분하다.

이러한 관점에서 국제시장에서 생존하기 위하여 국제경쟁력을 높여야 하는 무역기업의 입장에서 오늘날의 무역거래에서 불가피하게 발생되는 클레임의 문제를 무역클레임자료의 전산화를 통하여 합리적으로 해결 또는 관리할 수 있는 무역클레임의 관리시스템을 개발하는 것이 필요하다.

다시 말하면, 무역클레임의 합리적인 관리를 위하여 가능한 한 적은 비용과 시간으로 무역클레임을 해결 또는 관리할 수 있는 무역클레임 관리시스템을 개발하는 것으로서, 그 방법으로서는 무역거래상에 비근하게 발생되고 있는 무역클레임의 전형적인 유형을 전산작업을 통하여 특정코드로서 분류 입력하고, 이러한 분류에 해당되는 무역클레임사례를 데이터(Data)로서 전산화시키는 등 무역클레임에 관한 제반 데이터(Data)를 관리할 수 있는 무역기업의 무역클레임에 관한 합리적인 관리시스템을 개발하는 것이다.

실제로 무역기업의 경우에 무역클레임 관리시스템을 개발하는데 필요한 내용을

좀 더 자세히 살펴보면 다음과 같다.

첫째, 무역클레임의 유형을 영 · 미 · 일본의 다양한 서적과 영 · 미 · 일본 · 우리나라의 법 및 국제물품매매계약에 관한 UN협약을 중심으로 분류하고, 이를 바탕으로 합리적인 무역클레임 관리시스템에 응용 가능한 무역클레임의 전형적인 유형을 매도인의 계약위반과 매수인의 계약위반 등으로 분류한다.

둘째, 무역클레임의 유형별, 전형적 사례를 무역클레임 관리시스템의 기본적인 자료로써 응용할 수 있도록 전산처리하여 입력시킨다.

셋째, 이와 같이 전산화된 자료에 입각한 무역클레임의 합리적 관리시스템의 이용방법을 모색하여 이를 통한 무역분쟁 해결방안의 예측 및 무역분쟁의 합리적인 관리방안을 모색한다.

넷째, 무역클레임의 합리적 관리시스템을 통한 무역클레임 관리방안으로서 미시적인 측면에서의 무역분쟁 관리에서 탈피하여 거시적인 측면에서의 무역분쟁 관리시도 및 전산화자료를 통한 합리적 무역분쟁 관리시스템을 이용하여 무역분쟁 해결방안의 사전예측관리를 제시한다.

제 13 장

외환과 환위험관리

제1절 외환과 환율

1 외환의 의의

1) 외환(Foreign Exchange)의 정의

일반적으로 모든 상거래는 채권・채무 관계를 수반하고 있기 때문에 상거래의 당사자는 현금이나 기타 대금지급수단에 의하여 채권・채무관계를 결제한다. 현실적으로 상거래의 양당사자가 동일지역 내에 있는 경우에는 현금으로 쉽게 결제할 수 있지만 양당사자가 상이한 지역 내에 있는 경우에는 시간과 비용이 많이 들어가고 또한 위험성까지 내포되어 있는 현금수송을 통한 결제방법을 이용해야 하는 어려움이 있다.

이와 같은 상거래상의 대금결제에 따른 문제점을 해소시키는 방안으로서 등장한 것이 환(exchange)으로써, 격지자간의 채권・채무관계를 현금의 직접 수송에 의하지 않고 은행이라는 금융중개기관을 통하여 결제하는 수단을 말한다.

환은 거래당사자가 국내에 있느냐 또는 외국에 있느냐에 따라 내국환(domestic exchange)과 외환(foreign exchange)으로 구분된다. 즉, 내국환이란 환거래의 당사자가 동일한 국내에 있을 경우의 환을 의미하며, 반면에 외환은 환거래 당사자의 일방이 외국에 있을 경우의 환을 의미한다.

내국환과 외환이 동일한 점은 다음과 같다.

첫째, 격지자간의 채권채무관계를 현금의 직접 수송없이 결제하는 수단이라는 것

둘째, 다수의 환거래 당사자가 존재한다는 것

셋째, 은행이라는 금융중개기관을 이용한다는 점 등이다.

그러나, 외환의 경우는 환거래가 국경을 넘어서 이루어지고 또한 이종통화간에 이루어진다는 점에서 내국환과는 본질적으로 상이하다.

2) 외환의 거래방법

일반적으로 외환에 의한 국제결제방법은 순환(remittance by draft)과 역환(collection)의 두 가지가 이용된다. 순환은 주로 개인간의 외화송금이나 무역 이외의 결제방법으로서 이용되며, 역환은 주로 무역거래의 결제방법으로 이용된다. 순환과 역환의 결제 메카니즘을 살펴보면 다음과 같다.

(1) 송금에 의한 방법

송금은 채무자가 채권자 앞으로 먼저 대금을 송금하는 방법으로 이러한 환을 순환 또는 송금환이라고 한다. 이와 같은 순환 또는 송금환에는 우편송금환(M/T : Mail Transfer), 전신송금환(T/T : Telegraphic Transfer), 송금수표(D/D : Demand Draft) 등이 있다.

순환방식은 다음과 같은 두 가지 방식에 의하여 외환이 결제된다.

첫째, 서울의 수입업자가 뉴욕의 수출업자에게 송금환방법에 의해서 1만달러를 송금하는 경우, 수입업자는 서울의 외환은행에 1만달러 상당의 원화(은행송금수수료 포함)를 납입하고 수출업자에게 지급을 의뢰하면, 서울의 외환은행은 뉴욕의 외환은행에 전신 또는 서신에 의하여 수출업자에게 지급지시를 한다. 뉴욕의 외환은행은 수출업자에 대하여 1만달러를 지급하는 동시에, 뉴욕의 외환은행이 보유하는 서울의 외환은행의 미화표시예금계정에서 동액수만큼 인출하여 상환하거나 차기한다.

이러한 경우에, 서울의 외환은행으로부터 뉴욕의 외환은행에 대하여 행하여지는 지급지시가 전신에 의하였다면 이를 전신송금(Telegraphic Transfer : T/T)이라고 하며, 전신송금의 경우에는 서울의 외환은행이 뉴욕의 외환은행에 대하여 전신에 의한 지급지시를 함과 동시에, 송금인인 수입업자도 수취인인 수출업자에게 전신으로 뉴욕의 외환은행으로부터 1만달러를 수취할 것을 통지한다. 그러나 이 지급지시가 서신에 의하여 행하여졌다면 우편송금(Mail Transfer : M/T)이라고 한다.

둘째, 수입업자가 서울의 외환은행에 1만달러 상당의 원화(은행송금수수료 포함)를 납입하면 외환은행은 이와 상환으로 수입업자에 대해서 서울의 외환은행을 발행인(drawer), 수출업자를 수취인(payee), 뉴욕의 외환은행을 지급인(drawee)으로 한 1만달러의 환어음(bill of exchange) 또는 서울의 외환은행의 은행수표(Bank

check)를 수입업자에게 인도한다. 수입업자는 동 환어음이나 수표를 수출업자에게 송부하면 수출업자는 이를 뉴욕의 외환은행에 제시하고 자기가 보유하는 서울의 외환은행의 계정에서 동액을 인출하여 상환하거나 차기하므로써 송금거래가 종결된다. 이 경우에는 일람출급이기 때문에 이를 요구불어음(Demand Draft : D/D, 혹은 일람불어음(sight draft)이라고도 한다.

(2) 추심에 의한 방법

추심은 채권자가 채무자 앞으로 대금을 청구하는 방법으로 이러한 환을 역환 또는 추심환이라고 한다. 그런데 이러한 추심환에는 추심전 매입에 의한 방식과 추심후 지급에 의한 방식이 있다.

추심전 매입에 의한 방식은 수표나 어음의 대금을 먼저 고객에게 지급하는 매입에 의한 방식으로 이를 매입환이라 한다. 반면에 추심후 지급에 의한 방식은 수표나 어음의 대금을 추심에 의하여 동 대금이 입금되었다는 통보를 받은 후에 지급하는 방법으로 이를 추심화환어음이라 한다.

추심에 의한 결제방법을 보면, 수출업자는 계약에 약정된 수출화물을 선적 완료한 후에 뉴욕의 수입업자를 지급인, 서울의 외환은행을 수취인으로 한 화환어음(documentary bill of exchange)을 발행하여 서울의 외환은행에 그 어음의 매입을 의뢰하면 서울의 외환은행은 그 어음과 상환으로 1만달러 상당의 원화에서 어음의 지급기일까지의 선이자를 공제한 금액을 수출업자에게 지급한다(다만, 이 이자는 환율 중에 포함시켜서 특별히 징수하지 않는 것이 보통임). 이와 같이 이자를 공제한 후 어음을 매입하는 것을 보통 할인(discount)이라고 부른다.

2 외환시장(Foreign Exchange Market)

1) 외환시장의 개념

국내통화와 국제통화의 관계에 있어서 가장 본질적인 차이점은 국내통화는 하나의 통화단위를 갖고 있고 국제통화는 다양한 통화단위를 갖고 있다는 사실이다. 만일 세계가 통일된 통화제도를 가지고 있다면, 국제간의 대금결제는 국내거래의 대금결제와 동일하게 이루어질 수 있기 때문에 복잡한 문제가 발생되지 않는다. 그러나 현실적으로 세계는 각국 나름대로의 다양한 통화제도를 갖고 있기 때문에, 특정국가의 통화로부터 다른 국가의 통화를 획득하기 위하여 반드시 거쳐야 될 관문이 바로 외환시장이다.

예를 들면, 달러를 매각하여 파운드를 획득하기를 원하는 사람이 있는 경우, 각 통화의 가격 또는 동일한 환율에 근거하여 파운드를 매각하고 달러를 획득하기를

원하는 사람이 반드시 존재해야 한다. 이러한 경우에 통화의 교환을 원하는 사람을 모으고 그들에게 시장의 환율에 따라 상호간에 상이한 통화를 교환할 수 있도록 하여 주는 곳이 바로 외환시장이다.

따라서 외환시장이란 외환거래가 이루어지는 시장조직으로서 이종통화의 교환이 이루어지는 시장을 의미한다. 일반적으로 이와 같은 외환시장에는 국제대금을 결제해야 하는 수출업자와 수입업자들의 일반고객, 환율의 안정이나 외환관리를 위해 시장에 개입하는 정부 또는 중앙은행 등의 통화당국 및 외환브로커 등이 참여한다.

2) 외환시장의 당사자

(1) 외환은행

외환거래는 외환의 매매를 통하여 외환은행이 국제간의 자금결제를 중개하고, 외환은행은 고객과의 거래결과로 발생하는 외환포지션을 조정하기 위하여 은행간에 외환거래를 하기 때문에 외환은행이 외환시장의 제1의 당사자가 된다.

외환은행은 고객의 요구에 따른 외환의 매매, 고객과의 거래에서 발생한 환포지션을 조정하기 위한 거래 및 이윤추구를 위하여 환 재정거래, 금리재정거래 또는 투기거래 등을 행한다.

(2) 고 객

외환의 수요자 또는 공급자로서 외환은행과 거래하는 고객이 외환시장의 제2의 당사자이다. 일반적으로 외환은행의 입장에서 볼 때의 고객은 개인, 기업, 환거래은행 및 외국의 중앙은행들로서 그 가운데서 기업은 주로 국제무역에 따른 대금결제를 위한 목적을 가지고 있으며, 고객에는 무역회사, 해운회사 및 보험회사가 해당된다.

(3) 통화당국

국제단기자금의 이동 등에서 이루어지는 외환시장의 불안을 막고 또한 환율의 안정을 도모하는 것을 목적으로 하여 각국 정부 또는 중앙은행 등의 통화당국은 환평형계정 또는 환안정기금을 설치하고 시장개입을 행하고 있다.

(4) 외환브로커

외환브로커란 외환은행간에 또는 외환은행과 고객과의 사이에 개재해서 그들 사이에서 일어나는 외환거래의 중개를 행하는 업자를 말하며, 수수료를 받고 중개업무만 하고, 자기자신의 계산과 위험부담으로 외환의 매매를 행하는 딜러(dealer)와는 상이하다.

따라서 외환브로커는 고객들에게 충분한 정보를 제공할 뿐이지 외환포지션을 유지하지 않는다.

3) 외환시장의 기능

일반적으로 외국환시장의 기능은 크게 청산, 환재정, 이자재정, 헷징 및 환투기 등의 5가지가 있다. 이를 설명하면 다음과 같다.

(1) 청 산(clearing)

청산이란 본질적으로 수요와 공급을 일치시키는 기능으로서 외환시장에 있어서 청산은 환율의 자유로운 변동에 의해 달성된다.

(2) 환재정(exchange arbitrage)

환재정이란 환율이 낮은 시장에서 외환을 매입하여 동시에 환율이 높은 시장에서 동일량의 외환을 다시 파는 행위를 말한다. 따라서 환재정업자들은 환위험에 노출되지 않는다.

(3) 이자재정(interest arbitration)

이자재정은 국제적으로 이자율에 차이가 있을 때 보다 높은 수익을 얻기 위한 단기유동자본의 국제적 이동으로서, 이자율이 낮은 금융시장으로부터 이자율이 높은 금융시장으로 자금을 이동시키는 행위를 말한다.

일반적으로 국제금융시장에서 보다 높은 이자수입을 얻기 위한 단기유동자본의 국제적 이동을 하기 위해서는 내국통화를 외환으로 교환하고 만기가 되면 다시 외환으로부터 내국통화를 교환하여야 하기 때문에 투자기간 동안의 환율변동에 따른 위험이 발생된다.

(4) 헤징(Hedging)

일반적으로 외환의 관계당사자들은 환율이 변동될 수 있다는 사실에 근거하여 외환에 대한 각기 상이한 견해를 갖는다. 어떤 관계당사자는 장래의 환율을 확신하지 못하기 때문에 자국통화를 갖기를 원하고, 반면에 어떤 관계당사자는 앞으로의 환율 변동에 대하여 잘 알고 있다고 생각하기 때문에 국제상품 또는 용역의 구매에 사용할 외환을 기꺼이 구매하기를 원한다. 외환에 대한 관계당사자의 이와 같은 두 가지 태도가 표현된 것이 바로 헤져(hedger)와 환투기자(exchange speculator)라고 할 수 있다.

따라서 헤징이란 환위험을 회피하려는 모든 외환거래를 의미하는 것으로써 현물환시장 또는 선물환시장을 통해서 이루어질 수 있으나, 보통은 자금의 보유 없이도 환위험을 회피할 수 있는 선물환시장을 통해서 이루어진다.

① 현물환시장

현물환시장은 외환을 상품으로 인정하여 환매매계약의 체결일로부터 2영업일 이

내에 외환을 수령하고 지급하는 것이기 때문에 현물환시장을 통한 헤징을 수입업자와 수출업자로 나누어 살펴보면 다음과 같다.

수입업자의 헤징을 보면, 미국으로부터 상품을 수입하기로 한 수입업자는 현물환율로 필요한 달러를 사서 수입대금을 지급하기 전까지 미국의 은행 등에 예치(이자수익)하여 환위험을 회피할 수 있다.

반면에 수출업자의 헤징을 보면 미국으로 상품을 수출하기로 한 수출업자는 뉴욕에서 달러를 빌려서 현물환율로 달러를 매각하여 원을 매입하여 환위험을 회피(이자지급)한다. 달러로 수출대금을 받았을 때 그 달러를 다시 미국의 은행 등에 갚는다.

② 선물환시장

선물환시장이란 장래의 특정일자에 일정금액의 외환을 특정한 환율로 매매할 것을 사전에 은행과 고객간에 약정하는 거래를 하는 것으로서 선물환시장을 통한 헤징의 방법이다.

(5) 환투기

환투기란 환위험을 오히려 택함으로써 이익을 얻으려는 행위, 즉 헤징과는 상반되는 개념으로서, 환율이 상승할 것으로 예상될 경우 외환을 매입하고 환율이 하락할 것으로 예상될 경우 외환을 매각한다.

투기는 헤징과 마찬가지로 현물환시장 또는 선물환시장을 통해서 행할 수 있으나 현물환시장을 통한 투기는 자기자금이 있든가 또는 은행융자를 받아야 가능하지만 선물환시장을 통한 투기자는 실제로 자금을 보유할 필요가 없다.

4) 외환은행의 환조작

외환은행의 환조작이란 외환은행이 고객과의 외환거래를 원활하게 하기 위하여 그리고 외환업무에 따르는 환리스크를 회피하기 위하여 자금의 과부족을 조정하는 것을 말한다.

(1) 포지션조정거래

외환포지션(exchange position)이란 외화표시자산과 외화표시부채의 차액을 말한다. 포지션은 외환의 매입 또는 매도의 결과로서 발생한다. 포지션조정거래는 외환은행이 환리스크를 회피하기 위해서 대고객거래에서 발생한 외환포지션을 대은행거래에 의해 해결하는 것을 말한다.

(2) 자금조정거래

외환의 매입초과와 매출초과는 원화자금과 외화자금의 불균형을 가져오기 때문에 이러한 자금구성상의 과부족을 해소시키고 외환거래를 원활하게 수행하기 위해 은

행간 거래와 중앙은행으로부터의 차입 등으로 행한다.

3 환율

1) 환율의 의미

환율(foreign exchange rate)이란 한 나라의 통화가치를 다른 나라의 통화가치로 표시한 것으로서 양국 통화간의 교환비율을 말한다. 즉, 이종통화간의 교환비율은 환언하면 한 나라의 통화가치, 즉 그 통화가 외국에서 갖는 구매력(purchasing power)을 말한다. 결국 환율이란 외국통화로 표시된 상품의 가격이므로 해당 통화간의 수요와 공급에 의하여 결정되게 된다.

2) 환율의 표시방법

(1) 자국통화표시방법

환율을 자국통화를 기준으로 표시하는 방법을 자국통화표시환율(rate in home money or currency)이라 하고 이와 같은 표시방법을 자국통화표시방법이라 한다.

즉, U＄1=1350₩ 또는 ₩/U＄=1350으로 표시하는 환율표시방법이다.

(2) 외국통화표시방법

자국통화 1단위와 교환될 수 있는 외국통화의 단위량을 외국통화표시환율(rate in foreign money or currency)이라 하고 이와 같은 표시방법을 외국통화표시방법이라고 한다.

1₩=U＄$\frac{1}{1350}$ 또는 ₩/U＄=0.00074로 표시하는 환율표시방법이다.

(3) 환율의 등락

환율은 각종 통화간의 교환가치를 지칭하는 것으로서 환율가치의 상승이나 하락, 그리고 평가절하 또는 평가절상 등의 의미로 사용하게 된다. 환율의 표시방법 중 방화표시방법을 사용한다는 전제에서 이러한 의미를 살펴보면 다음과 같다.

흔히 접하게 되는 환율상승이라는 의미는 1달러당 1,300에서 1,350원으로 변경되는 것을 말한다. 이와 같은 의미의 사용은 자국통화의 대외적인 구매력의 하락, 즉 자국통화의 평가절하와 동일하다. 이와는 달리 환율의 하락은 1달러당 1,300원에서 1,250으로 환율표시가 떨어진 것으로 대외적인 구매력의 상승, 즉 자국통화의 평가절상을 의미한다.

3) 환율제도의 종류

(1) 고정환율제도

고정환율제도(fixed exchange rate system) 또는 공정환율제도(official exchange rate system)란 외국환시장에서 환율의 변동을 전혀 인정하지 않거나 그 변동폭을 일정한 범위 내로 한정시키는 제도이다. 즉, 국가가 환율을 법적으로 정하는 제도이다. 이 제도의 대표적인 것은 금본위제도(gold standard system, 1870~1914)와 브레튼우즈체제(Bretton Woods system, 1946~1971)인데, 1973년 스미소니언체제에 따라 변동환율제도를 이행함에 따라 고정환율제도는 붕괴되었다. 이 고정환율제도의 장점과 단점은 다음과 같다.

① 고정환율제도의 장점

㉠ 환율의 안정성을 유지함으로써 그만큼 국제시장을 확대할 수 있다.
㉡ 환율의 범위 안에서 국제수지의 불안정을 방지할 수 있다.
㉢ 환율의 범위 안에서 외환에 대한 투기를 억제 할 수 있다.
㉣ 환율의 범위안에서 내외화폐에 대한 공통통화의 의미를 가진다.

② 고정환율제도의 단점

㉠ 국내경기가 불경기에 빠질 우려가 있고 이를 수습하는 대내정책이제약되기 쉽다.
㉡ 환율의 경직성으로 인하여 인플레이션 및 디플레이션의 국제적인 파급현상을 일으킨다.
㉢ 환율의 경직성으로 인하여 국제수지의 불균형을 자동적으로 조정할 수 있는 능력이 결여된다.
㉣ 환율의 고정성으로 인하여 각종의 무역통제를 유발시킨다.

(2) 변동환율제도

변동환율제도(floating exchange rate system)는 외국환시장에서의 수요와 공급에 맡겨 환율이 자유롭게 형성되도록 아무런 제약을 하지 않는 제도이다. 1973년 스미소니언체제의 출범으로 고정환율제도에서 변동환율제도로 전환되었다. 변동환율제도의 장점과 단점은 다음과 같다.

① 변동환율제도의 장점

㉠ 국제수지의 불균형의 자동적인 조절을 그 목적으로 한다.
㉡ 국제수지의 조정작용이 계속성을 유지할 수 있다.
㉢ 국제수지의 상태에 구애됨이 없이 완전고용・물가안정・경제발전 등 의 경제정책을 수행할 수 있다.
㉣ 국제준비금 보유의 필요성을 제거하고 금융정책의 효율성을 증대할 수 있다.

② 변동환율제도의 단점

㉠ 환투기에 의하여 환율이 불안정하게 될 우려가 있다.

㉡ 환 Risk의 존재로 인하여 무역 및 장기자본의 이동을 감소시킬 우려 가 있다.

㉢ 초과수요 등에 의한 국내 Inflation의 위험을 안고 있다.

㉣ 수출입상품의 수요량의 가격탄력성이 1보다 커야 유효하다.

(3) 복수통화바스켓제도

복수통화바스켓제도(composite currency basket system)는 자국통화의 환율결정을 미달러화의 가치에만 연결시키지 않고 수개국의 통화를 가중평균하여 환율을 결정하는 제도이다. 이 제도에는 환율을 대폭적으로 인상시키는 환율조정방식을 관리하기 위하여 SDR(Special Drawing Right, 특별인출권) 페그제도와 독자페그제도가 있는데, 한국은 1980년 2월 27일에 두 제도를 결합한 복수통화바스켓제도를 실시한 바 있다.

SDR페그바스켓제도는 IMF을 상위 5개국 통화(미국, 서독, 프랑스, 일본, 영국)를 바스켓에 넣어 가중평균하여 해당 통화의 시장환율을 반영하고 각 통화에 대한 SDR의 단위수를 산출하는 제도이고, 독자패그제도는 독자적으로 상위 5개국의 통화를 가중평균하여 자국화의 환율을 결정하는 제도이다. 이 복수통화바스켓제도는 바스켓구성통화의 등락이 가중되므로 개별통화에 연결하였을 경우에 비하여 환율변동이 안정적이고, 또한 각국의 통화가치의 변동을 복합적으로 반영할 수 있는 장점이 있다.

4) 환율의 종류

(1) 매도환율과 매입환율

외환시장에서 보통 두 개의 숫자로 환율을 표시하고 있는데, 그 가운데 하나는 외화를 매입하려는 매입률(bid 또는 buying rate)이고, 다른 하나는 외화를 매도하려는 매도율(offered 또는 asked rate)이다. 이 두 환율은 동시에 고시된다. 매입률은 은행이 고객으로부터의 매입하는 경우에 적용되는 환율이고 매도율은 외화를 고객에게 매도하는 경우에 적용된다. 따라서 외화의 매입률이 매도율보다 낮은 환율이 적용된다.

(2) 현물환율, 선물환율, 스왑레이트

현물환율(spot rate)은 외환매매계약 후 통산 2영업일 이내에 외환의 수도와 결제가 이루어지는 거래를 현물환거래라 하고, 이 때 적용되는 환율이다. 또한 선물환율(forward rate)은 외환매매계약 체결일로부터 일정기간 후에 인도, 결제가 이루어지는 거래를 선물환거래라고 하고, 이 때 적용되는 현물거래로서 외국통화를 매도(또는 매입)하고 동시에 미래의 일정 시점에서 그 외국통화를 다시 매입(또는 매도)할 것을 약정하는 일종의 현물환거래와 선물환거래가 결합된 형태를 스왑거래라고 하는데 이때 현물환과 선물환거래에 적용된 환율의 차이를 스왑레이트라고 한다.

(3) 은행간 환율, 대고객환율

은행간 환율(inter-bank rate)은 외국환은행 상호간의 거래에서 형성된 환율로서 외환의 도매가격을 말하고, 대고객환율(exchange quotation)은 외환은행이 대고객에 적용되는 환율로서 외환의 소매가격을 의미한다.

(4) 고정환율과 변동환율

고정환율(fixed exchange rate)은 일정한 평가(par value or parity)를 설정하고 이를 대외거래에 적용할 것으로 한 환율, 또는 동 평가를 기준으로 하여 일정한 범위 내에서 유지되는 환율을 말하고, 변동환율(floating exchange rate)은 외환시장에서 외환의 수요와 공급에 의하여 자유로이 변동되어 정해진 환율이다. 변동환율제도를 채택하고 있는 대부분의 국가들은 자국화폐의 환율결정을 외환시장의 수요, 공급에만 맡기지 않고 중앙은행을 비롯한 통화관리당국이 개입함으로서 자국의 정책목표가 반영될 수 있도록 유도하는 관리변동환율제도(managed floating or dirty floating exchange system)를 채택하고 있다.

(5) 일람출급환율과 기한부환율, 전신환매매율

일람출급환율(on demand rate, sight bill)은 고객의 의뢰에 따라 일람출급어음(at sight bill)을 발행하거나 결제될 때 적용되는 환율이고, 기한부환율(usance rate, time rate)은 기한부어음에 대해서 적용되는 환율이다.

그리고 전신환에 의하여 외국환매매가 이루어지는 경우에 적용되는 환율을 전신환매매율(telegraphic transfer rate)이라고 한다.

(6) 기준율, 크로스 레이트, 재정률

기준율(basic rate)은 국제금융의 중심을 이루는 통화와 환율이고, 크로스 레이트(cross rate)는 자국화와 타국 화폐간의 환율을 말하고, 재정률(arbitrage rate)은 기준율과 크로스 레이트에 의하여 제 3 국 통화의 환율을 산출할 때 이 환율을 재정률이라고 한다.

제2절 환위험관리

1 환위험의 개념

환위험이라는 것은 한마디로 정의되어 있지 않지만 일반적으로 인식되고 있는 개념은 예상치 못한 외환 시세(환율)의 변동으로 기업이나 경제적 주체가 손실을 입을 가능성의 정도이다. 이러한 위험은 단지 수출·수입에 국한되지 않고, 외화현금·예금·증권·대출금·차입금 외에도 장래의 외화수취나 지급 등 일체의 외화자산·부채 또는 외환채권·채무를 갖고 있는 경우에도 존재한다. 협의의 환위험은 환율 변동으로 손실을 입은 경우만을 위험라고 하지만, 광의의 환위험은 이익을 보는 경우에도 계획상의 수치가 벗어난다는 의미에서 환위험에 포함시키고 있다. 국제기업의 경우는 상이한 통화로 계약을 체결하기 때문에 해외영업에 당연히 환위험이 수반된다. 현대는 이러한 국제기업의 수가 날이 갈수록 증가하고 있고 따라서 환위험 역시 증가하고 있는 추세이다.

금리자유화 진전, 금융국제화, 선물·신종업무의 확대 등 금융환경의 변화로 인해 기업이 당면하고 있는 위험이 커지고 있음에도 기업들이 위험에 대한 관리체계를 제대로 갖추지 못하였기 때문에 큰 피해를 보게 되는 경우가 많아졌다.

이에 따라 기업이 당면한 여러 위험들 중에서 특히 최근 들어 관심이 급증하고 있는 위험이 바로 금융위험이다. 금융위험에 대한 관심증가는 최근 금융환경의 변화와 밀접한 관련이 있다. 1980년대 중반이후 국내 금융시장에서 금융자유화, 국제화 및 개방화가 본격적으로 진전되면서 기업의 자금조달 측면에서는 다양한 신규조달 방식이 등장하였고, 자금운용 측면에서 자유재량권 확대 및 경쟁격화 등으로 고수익, 고위험 자산에 대한 투자비중이 높아져 왔다.

한편, 1990년대 들어서는 금리, 주가 및 환율 등 기업의 금융자산 및 부채와 밀접한 관련이 있는 위험 요소들의 변동허용폭이 지속적으로 확대 또는 자유화되는 추세를 보이고 있다. 1997년 12월 16일에는 자유변동환율제도를 도입함에 따라 기업들이 이에 적절히 대응하지 못해 큰 피해를 보게 되는 경우가 많아지면서 금융환경의 변화, 특히 금융위험관리의 중요성이 크게 부각되었다.

특히 대기업에 비해 중소기업의 경우는 은행으로부터 외환관련 수수료를 다르게 적용받고 있는 등 환율변동으로 인한 위험 이외 이중부담을 겪게 되는 결과를 초래하였다. 신용위험, 금리위험, 가격 및 환율변동위험 및 유동성 위험 등 기업의 주요 금융위험이 증대됨으로써 기업의 전반적인 위험성이 높아질 가능성이 있는 것이다.

이에 따라 기업들은 위험관리에 대해 적극적인 준비태세를 갖추고 대응할 필요를 느끼게 되었다.

이러한 금융위험에는 신용위험(Credit Risk), 환위험(Currency Risk, Foreign Exchange Risk), 금리위험(Interest Risk), 유동성위험(Liquidity Risk), 중도상환위험(Prepayment Risk) 등이 있다.

신용위험(Credit Risk)는 거래상대방의 파산 등 지급불능상태의 발생에 따른 위험을 말한다. 장래 예상치 못한 환율변동으로 인한 외화자산·부채의 가치변동위험은 환위험(Currency Risk, Foreign Exchange Risk)이고, 향후 금리변동으로 자산의 감소나 부채의 증가로 인해 손실이 발생할 위험을 금리위험(Interest Risk)라 말한다.

2 환율예측의 어려움

환율은 상대통화와의 상대적 관계에서 결정되는데, 국제정치적 사건에 영향을 민감하게 받고 투기적 요인이 크기 때문에 중앙은행에 의한 개입을 예측하기가 곤란하여 신속하고 정확한 정보의 수집 등 정보접근의 어려움이 있다. 장기적 환율예측은 장기적 환율결정요소인 상대물가수준, 관세 및 무역장벽, 국내 제품에 대한 상대적 선호도, 국내기업의 상대적 생산성의 변화를 예측함으로서 가능하다. 그러나 이와 같은 변수들은 단기간내 변화하지 않는 것이 보통이어서 보다 관심을 갖게 되는 단기적 환율 예측에 대해 좀 자세히 살펴보면 해외금리하락 또는 국내금리상승이 예상될 경우 원/달러 환율은 하락할 것임을 쉽게 예측할 수 있다. 다만 이때 주의할 것은 금리의 변화가 실질금리의 변화에 따른 것인가, 아니면 기대 인플레이션의 변화에 따른 것인가 하는 차이의 구분이다. 실질금리의 상승에 의한 국내금리 상승은 국내 자산의 상대적 기대수익률을 높여 원화수요를 증가시킴으로써 환율하락을 가져오지만 기대인플레이션 상승의 경우는 다르다. 이때도 물론 명목금리는 상승하지만 이는 기대수익의 상승과는 무관하며 오히려 경제상황 약화로 인한 미래 기대수익의 감소를 의미한다.

따라서 이때는 오히려 원화가치가 하락하는 반대현상이 예측된다. 비슷한 논리로서 국내 통화량이 증가할 경우도 인플레이션 유발이나 또는 금리하락을 통해 원화가치 하락을 예측해볼 수 있다. 미래 환율에 대한 기대도 환율예측에 도움이 된다. 금융시장내에 미래 원/달러 환율이 상승할 것으로 예상되는 경우 평가손의 예상에 따라 상대적으로 원화자산 기대수익률은 하락한다. 따라서 원화에 대한 수요는 감소하고 원/달러환율은 실제로 상승할 것임을 알 수 있는 것이다. 환율예측은 사실상 주가예측보다 훨씬 어렵다고 알려져 있다.

주가나 환율 모두 금융시장내 "기대"의 변화에 민감하게 반응하므로 예측이 어렵다고 한다. 그러나 주가 예측이 기본적으로 한 국가의 금융시장에 대한 분석으로 가능한 반면, 환율은 두 개 이상의 국가에 걸친 분석을 필요로 하는 것이어서 어려움이 더 크다고 할 수 있다.

3 환위험관리 중요성

자유무역주의를 앞세운 무자비한 개방압력 속에 선진국들이 최대의 경제이권으로 우리 경제에 강요하고 있는 것이 금융개방이다. 자본주의 경제에서 금융은 경제흐름을 좌우하는 대동맥이다. 따라서 한 나라의 금융을 장악하면 그 나라의 경제이익 전체를 장악할 수 있다. 우리나라의 경우 금융개방을 무방비상태로 허용한다면 경제흐름의 고삐를 완전히 외국에 주는 것이 될 것이다. 그러나 이러한 흐름을 더 이상 막을 수는 없고 우리나라의 경우도 마찬가지로 무역 등 경상거래 규모의 확대 및 거래의 다양화, 국제채권발행, 외화차입규모의 확대 및 차입통화·기법 또한 다양화되어 국제투자 활동의 증가 등 기업의 국제화가 이루어짐에 따라 기업의 환위험 노출이 확대되고 있다.

외환의 가격인 환율은 외환시장의 수급 및 기대심리 등 기타 여러 가지 요인에 의해 변동하게 된다. 고정환율제도하에서는 외환당국에 의해 환율이 상당기간 동안 고정되어 있어 대외경제활동의 안정성이 보장되는 반면에 대외불균형이 대내부문으로 그대로 전가되는 부작용이 있을 뿐 아니라 환율이 경제불균형을 해소하는 방향으로 자동 변화하지 않아 단속적인 대규모의 환율변동이 불가피해 오히려 안정을 해칠 수도 있다.

한편 변동환율제도에서는 환율이 대외부문의 불균형을 해소하는 방향으로 변동함으로써 대외부문의 충격이 대내부문에 미치는 교란을 감소시키는 효과가 있으나 환율이 단기에 크게 변화할 경우 경제활동의 안정성이 저해되는 부작용이 있다.

또한 환율변동은 국제수지, 물가, 생산 등 거시경제변수에 영향을 미칠 뿐 아니라 기업의 재무구조 변화를 통해 환위험에 노출시키는 효과가 있다.

근래 우리나라의 환율변동성이 점점 커지고 있는데 이에 따라 개별 경제주체들의 환위험이 증가하였다. 따라서 우리나라의 환율변동성을 이행하고 효과적으로 환위험을 방지하기 위한 대응방안 모색이 필요하다.

제3절 환위험관리 체계

1 환위험관리의 목표

환위험관리는 기업이 어떤 위험회피전략을 추구하며 어떤 회피기법을 선택할 것인가 하는 결정에서 시작된다. 즉, 그 기업의 환위험 관리 목적에 의해서 환위험 관리 사용기법의 선택에 차이가 생기게 된다.

이것은 다음과 같은 경우에 선택의 차이가 나타나게 된다.

첫째, 기업이 당면하고 있는 환위험은 환산환위험, 거래환위험, 영업환위험 중 어느 쪽인가, 또는 어느 쪽이 더 중요한 것인가 하는 문제가 제기된다.

둘째, 이러한 환위험을 관리함에 있어서 기업의 태도는 무엇인가, 기업의 환차익을 극대화하려고 하는가, 아니면 환손실을 최소화하려고 하는가의 문제이다.

그런데 이들 두 문제를 해결하기 위해서는 장·단기의 기간적인 배려가 중요하다. 처음의 문제와 관련된 예로서 구조적인 이익을 중시하게 되면 환산위험보다는 영업환위험을 더욱 강조하게 될 것이다. 또한 단기적으로 환손실의 최소화에 역점을 두면서 구조적인 개선을 통해 환차익도 추구할 수 있어야 할 것이다. 그러므로 기업의 가치를 결정하는 기준이 회계적 가치가 아닌 기업의 현금흐름 또는 시장가치라는 점에서 환위험에 대한 회계적 환위험보다는 경제적 환위험의 관리가 더욱 중요하게 대두되고 있다. 이와 같은 경제적 환위험에 있어서는 상대적 가격변화가 매우 중요하다. 따라서 기업에서 환위험을 관리하는 데 있어 환율과 상대가격, 그리고 그 기업의 실질현금흐름간의 관계를 예측할 필요가 있다.

결국 환위험을 관리하는 목적은 단순히 환율변동에 따른 손실을 회피하는 차원에서뿐만 아니라 그 기업의 실질현금변화에 따른 기업가치가 변화되는 문제와도 관계된다.

환위험에의 노출이 안정적인 영업환경 저해하기 때문에 건전한 재무관리로 영업외적 불안전성 제거해야 하고, 통화별 자산·부채간의 Gap을 축소하는 것이 목적이다.

2 환위험의 측정

1) 환산환위험의 이해

환산(translation)이란 외국통화로 표시된 금액을 해당기업의 보고통화 화폐단위

로 계량화하는 과정으로 볼 수 있다. 환산환위험는 이때 발생하는 환위험로 설명할 수 있다.

외화표시 재무제표 항목을 본국 또는 보고통화표시 금액으로 환산하는 방법은 국가에 따라, 시대에 따라 다르게 사용되고 있다. 대체로 외화표시 재무제표 가운데 어떤 항목에 대하여는 현행환율을 적용하며 어떤 항목에 대하여는 역사적 환율 또는 평균환율을 적용한다.

환산방법으로는 다음과 같은 네 가지 평균환율의 선택에 따라 유동성-비유동성법(current/non-current method), 화폐성-비화폐성법(monetary/ non-monetary), 시제법(temporal method), 현행환율법(current rate method) 등 네가지이다.

【표 13-1】 환산환위험의 측정방법

	환산 환위험 측정방법	내 용
단일 환율 방법	현행환율법	• 모든 대차대조표의 항목일체를 현재의 환율을 적용하여 환산하는 방법. 단, 자본항목(자본금 및 유보이익)은 예외적으로 역사적 환율 적용 • 가장 많은 나라에서 채택
복수 환율 방법	유동성-비유동성법	• 해외자회사 회계장부항목을 그 만기나 보유기간에 따라 유동성 자산·부채와 비유동성 자산·부채로 분류 • 유동성 자산·부채(현금, 재고자산, 매출채권, 유동부채)에 대하여는 현행환율 적용 • 비유동성 자산·부채(유형자산, 영업권, 차입금, 법인세, 자본금)에 대해서는 역사적 환율을 계속 적용 • 손익계산서 항목에 있어서도 실제환율을 반영할 수 있는 평균환율 사용
	화폐성-비화폐성법	• 환위험 노출여부를 대차대조표 항목의 경제적 성격에 따라 구분하는 것 • 화폐성 항목(현금, 매출채권, 법인세, 차입금)은 현행환율로 환산 • 비화폐성 항목(유형자산, 재고자산, 영업권, 자본금)은 역사적 환율로 환산 • 손익계산서를 환산할 때 비화폐성 항목에 관련된 수익, 비용은 역사적 환율 적용 * 재고자산을 비화폐성자산으로 취급 역사적 환율적용
	시제법	• 원가산정의 방법에 초점 • 원가를 발생시점의 취득원가로 산정하였는가 또는 현재의 시가로 정하였는가를 기준으로 환산 환율을 결정

3 환위험의 관리과정

환위험을 효율적으로 관리하기 위해서는 합리적인 관리과정이 필요한데 대체적으로 전략적 차원에서 다음과 같은 과정을 통하여 수행되고 있다.

기대되는 환율변화를 현금흐름 및 자산구조에 영향을 주는 모든 기초적인 기업결정에 고려하여 기대치 못한 환율변동의 위험을 허용할 것인지 아니면 외환 및 금융시장에 맡길 것인가를 결정하여야 한다. 개별기업에서의 외환관리는 국제금융부서 또는 외환관리팀이 담당하게 된다.

1) 환익스포져 정의 및 이익목표의 설정

환노출의 형태 및 규모를 파악하는 것이 목표다.

우선적으로 기업이 인식·관리하여야 하는 환위험의 범위를 정의하여야 한다. 기업에 따라서는 환산위험, 거래환위험, 영업환위험을 동시에 관리대상으로 선정할 수도 있다.

또 환위험을 1년 단위로 할 것인지, 3년 단위로 할 것인지 또는 거래건별로 할 것인지를 결정하여야 할 것이다. 기업의 정상적인 영업이익목표와 함께 손실허용한도를 포함한 외환거래의 이익목표를 설정한다.

2) 환위험 정보체제의 구축

관리하여야 할 환위험이 정의되면 환위험에 관한 정보를 수집·분석할 수 있는 체제가 구축되어야 하는데 이러한 체제의 수립을 위하여는 우선 포지션 운영조직과 커버조직의 구분운영을 통한 권한과 책임소재의 확립, 구체적인 포지션 관리체제의 완비(거래한도, 손절매, 한도관리) 등이 필요하다고 이를 담당할 전문인력의 확보 및 양성이 필요하다.

이러한 환위험 정보체제는 크게 두 가지 기능을 할 수 있어야 하는데, 우선 환산환위험, 거래환위험, 영업환위험과 같은 환위험을 실제로 파악·확인할 수 있어야 한다.

아울러 환율예측 및 장래 환산손익의 계상 그리고 환산손익에 영향을 미칠 조세 및 외환관리제도의 변경 등 환위험관리전략 수립시 필요한 정보를 수집·분석할 수 있어야 한다. 따라서 환위험 정보체제는 기본적으로 사전예고제 체제로서 다음과 같은 특징을 가져야 한다.

첫째, 과거의 역사적 정보수집보다는 예측자료에 기초한 예고적인 정보의 분석에 역점을 두어야 한다.

둘째, 정보보고의 빈도와 보고체제를 합리화하여 적정한 시기에 신속한 정보가 정확히 전달될 수 있도록 운영되어야 한다. 이를 위해서는 예측정보의 내용에 따라 정기보고 이외에 각 시장의 급변하는 특수정보 등이 수시 보고되어야 한다. 동시에 정보가 전달되는 과정도 가급적 재무관리자에게 직접 전달되게 함으로써 보고의 신속성과 유용성을 제고하여야 한다.

셋째, 정보작성자는 정보의 중요성과 용도 등에 대한 충분한 이해를 갖고 정보보고의 형식과 내용을 거래의 성격에 따라 양식보고 또는 전체보고 등으로 구분할 수 있어야 한다.

3) 환위험 관리전략의 선택

환위험 정보체제에 의하여 파악된 각종 정보와 장래의 영업환경을 분석한 후, 기업의 환위험에 대한 수용태도에 따라 공격적 또는 방어적 환위험 관리전략을 선택한다.

공격적 전략하에서는 환차익 극대화에 중점을 두며, 방어적 전략하에서는 환차손 극소화에 중점을 둔다. 이때 장단기 환율예측능력이 가장 중요한 요인으로 작용하게 된다.

【표 13-2】 환위험 관리전략

관리전략	내 용
소극적 전략	• 특정한 정보나 예측능력을 요구하지 않는다. • 모든 조달수단들의 가격이 적정하다고 가정한다. • 재정거래와 헤지를 포함하는 방어적 관리전략만을 구사한다.
적극적 전략	• 시장의 비효율성 및 왜곡을 전제 • 특별한 정보 또는 예측능력을 가지고 위험을 부담하는 전략 • 금리나 환율예측에 있어 체계적으로 시장을 파악할 수 있어야 함 • 기회를 포착하고 투기적인 포지션을 취함으로써 기회를 적극적으로 활용할 수 있는 능력과 기민성 필요

제4절 환위험 대내적 관리

1 맷칭(Matching)

맷칭은 외화자금의 흐름, 즉 자금의 유입과 지급을 통화별, 만기별로 일치시킴으로써 외화자금흐름의 불일치에서 발생할 수 있는 환차손위험을 원천적으로 제거하는 환위험관리기법이다. 맷칭은 국제기업, 무역회사의 본지사간 또는 제3자와의 환거래에서 이용되는 환위험 관리기법으로서 이 기법은 거래쌍방간에 이종통화거래가 지속적으로 이루어지고 특히 환노출 관리체제가 중앙 집중관리(Centralized Risk

Management)형식을 취하고 있는 경우 보다 용이하게 활용될 수 있다.

맷칭방법에는 통화별로 자금의 수입과 지출을 일치시키는 자연맷칭(Natural Matching)방식과 동일 통화 대신에 환율변동추세가 유사한 기타 통화의 현금수지와 일치시키는 평행적맷칭(Parallel Matching)의 두 가지 방법이 있다. 전자의 경우에는 가장 이상적인 방법으로서 환위험이 햇징이 거의 완전하게 이루어질 수 있는 반면 후자의 경우에는 두 통화의 환율변동이 상이할 경우 완전한 햇징은 불가능하게 된다.

2 리딩(Leading)과 래깅(Lagging)

리딩과 래깅은 환율변동에 대비하여 외화자금흐름의 결제시기를 의도적으로 앞당기거나(Leading)또는 지연(Lagging)시킴으로써 환율변동에 따른 환차손을 극소화하거나 환차익을 극대화하기 위한 환노출 관리기법이다. 리딩과 래깅기법은 본·지사간이나 그룹기업간 거래에서는 물론 수출업자 또는 외화 자금관리자들의 환위험 헷징 수단으로 널리 이용되고 있다. 오늘날 리딩과 래깅은 그룹기업간에 용이하게 일어나는데, 이는 제 3자와의 거래에서는 매매쌍방의 이해관계가 상충하여 어느 일방이 이익을 실현하면 상대방은 손실을 보기 때문이다. 즉, 그룹기업간 리딩과 래깅은 기업 전체의 이익을 추구하는 전략에서 보다 용이하게 실행될 수 있는 이점이 있다.

3 네팅(Netting)

네팅(Netting)란 기업 내부에서 사업단위들간에 발생하는 채권·채무를 일정기간 동안 유예시킨 후, 이를 정기적으로 특정일자에 상계(상호계산)하여 발생하는 순차액(Net)만을 결제하는 방식으로 불필요한 환위험을 회피하는 기법이다.

이러한 노출상계는 한 통화로 된 노출을 동일통화나 환율변동이 유사한 기타 통화와의 반대노출로 상쇄시켜, 노출된 한 포지션의 손실을 노출된 다른 포지션의 이익으로 메꾸는 방법이다.

이러한 포트폴리오헤징접근법은 어떤 노출통화포트폴리오의 전체 변동이나 위험이라도 각 통화노출의 개별적인 변동크기의 합계보다 반드시 더 작다는 기본 가정에 근거한다.

예컨대 동일한 금액의 외화자산과 부채는 서로 상쇄되어 순(납세전)노출이 없다. 이러한 노출상계는 시장변동성이 유사한 여러 통화포지션들을 사용하여 수행될 수도 있다. 따라서 노출상계는 다음의 방식으로 수행될 수 있다.

특히 네팅은 국제기업의 본·지점간 또는 자회사 상호간에 발생하는 채권·채무

관계를 개별적으로 결제하지 않고 일정기간 경과 후에 서로 상계한 후 그 차액만을 정기적으로 결제하는 제도이다. 네팅의 가장 단순한 형태로서는 두 자회사간에 일어나는 양자간 네팅(Bilateral Netting)이 있는데 이는 쌍방간에 순채권·채무 포지션만을 일정시점에서 상호결제하는 제도이다. 이러한 양자간 네팅은 두 회사간의 채권·채무의 청산에 있어 결제자금 규모를 축소시키는 효과를 가져오게 되는데, 이때 유의하여야 할 사항은 환위험 관리 측면에서 상계후 순포지션을 어떤 통화로 어느 시점에서 결제할 것인가 하는 문제이다. 한편, 동일그룹 기업내의 3개 이상의 자회사간에 이루어지는 다자간네팅(Multilateral Netting)이 있는데 이것은 그룹내에 중앙집중적인 자금관리기구(네팅센터)가 조직되어 있어 자회사간의 채권·채무의 상계금액을 총괄 관리하고 이를 해당 자회사에 통지하게 된다. 이러한 다자간 네팅제도는 기업전체의 입장에서 보면 자금 관리비용의 절감과 기업내부의 결제기능을 강화하게 된다. 즉, 동 제도는 지급건수 및 결제자금의 감축을 통하여 유휴자금의 극소화와 유동성관리의 효율화 그리고 거래비용의 절감을 동시에 도모할 수 있게 된다.

4 가격정책(Pricing Policy)

가격정책은 원래 기업의 판매관리와 구매관리정책의 일환으로서 판매수익의 극대화 또는 구매비용의 극소화를 위한 가격결정 및 가격선택정책을 말한다. 환위험 관리수단으로서의 가격정책은 수출입 상품가격의 조정 시점과 조정폭을 결정하는 가격조정(Price Variation)과 수출입 상품가격을 어떤 통화로 표시하여 거래 할 것인가를 결정하는 거래통화(Currency of Invoicng)의 선택문제로 요약된다. 환위험 관리를 위한 가격정책을 구체적으로 살펴보면, 먼저 가격조정의 경우 자국통화의 평가절상시에는 자국통화표시 수출대전이 감소할 것인바, 이때 수출업자는 수출에 의한 자국통화 현금수입액이 환율변동 전과 동일한 수준을 유지토록 하기 위하여는 수출상품가격을 평가절상폭만큼 즉시 인상하여야 하나 현실적으로 이러한 수출가격 조정은 해당 상품의 수출시장에서의 가격경쟁력이나 소비자의 기호 및 수요의 가격 탄력성, 그리고 수입국에 있어 가격통제여부 등을 고려하여 적정수준에서 조정되어야 한다. 거래통화의 선택에 있어서는 거래상품가격의 표시통화를 신축적으로 선택함으로써 환위험을 회피하는 방법인데, 우선 환위험을 적극적으로 관리하고자 하는 기업에 있어서는 수출의 경우 거래표시통화를 강세 예상통화로 할 것이며, 수입의 경우에는 약세 예상통화로 거래계약을 체결하고자 할 것이다. 이에 대하여 소극적인 환위험 관리기업에 있어서는 수출 및 수입거래를 자국통화로 거래함으로써 환율변동에 따른 환위험을 회피하고자 할 것이다. 거래 가격 표시통화의 선택에 있어 문제가 되는 것은 거래통화의 결정과정에서 수출입업자 쌍방간에 이해가 대립됨으로써 계약성립이 어렵게 될 수 있는데 이때는 수출입업자가 50 : 50방식을 이용하여 쌍방이 거래규모의 반을 각각 자국통화표시거래로 계약함으로써 환위험의 부담을 양자간에 균등하게 배분할 수 있게 된다. 또한 국제기업의 경우에는 그룹지사간의 수출입가격을 상호간에 적절히 조정함으로써 그룹전체의 세후 순이익을 극대화할 수 있는 가격정책이 이용되기도 한다.

5 자산 · 부채관리(Asset · Liability Management : ALM)

자산 · 부채관리는 환율(금리)전망에 따라 기업이 보유하고 있는 자산 · 부채의 포지션을 조정함으로써 환(금리)위험을 효율적으로 관리할 수 있는 방법이다. 자산 · 부채관리는 주로 외화자산 · 부채를 자국통화나 특정통화로 환산할 때 발생하는 환산위험(Translation Risk)이나 거래위험(Trans- action Risk)을 관리하는데 주목적이 있다. 자산 · 부채관리기법에는 환차익의 극대화를 도모하기 위한 적극적인 자산 · 부채관리기법과 환차손의 극소화를 위한, 즉 환산위험 회피를 위한 소극적인 자산 · 부채관리기법이다. 적극적인 자산 · 부채관리에 있어서는 일정통화가 장차 강세로 전망될 경우에 강세예상통화표시의 자산이나 현금 포지션을 증대시키는 반면, 강세예상통화표시의 채무는 조기결제 또는 조기상환을 통하여 가급적 축소시키게 된다. 이에 대해 일정통화가 장차 약세를 실현할 것으로 예상되는 경우에는 약세통화표시자산을 축소시켜야 할 것이다.

6 통화위험의 분담

수출입상은 서로(위험을 분담하지 않아도 되는 환율변동구간인) 중립지대(neutral zone)를 초과하는 환율변동의 위험을 분담(sharing)하여, 양당사자 모두의 위험을 감소시킬 수가 있다. 중립지대는 환율의 대(band)로 표시되며, 환율이 그 구간 내부에서 변동되는 경우에는 수출입거래대금의 자국통화가치를 크게 변동시키지 않아 위험으로 간주되지 않는 환율변동범위이다.

환율이 중립지대의 상한이나 하한을 초과하여 변동할 경우에, 위험분담은 경계환율과 실제환율간의 격차를 협정된 비율로 각각 분담한다. 그리고 분담한 환율변동폭을 기준환율(base rate)에서 더하거나 차감하여 구한 환율(결제환율)로 결제를 한다.

이러한 방식은 환율변동에 의한 수출대금의 자국통화가치의 변동을 절반으로 축소시켜 양당사자들의 이윤에 대한 통화변동의 충격과 계약변경의 빈도를 모두 감소시킬 수 있는 방법이다.

위험분담협정이 없는 경우에 한편으로는 양당사자가 계속적으로 계약가격을 조정해야 하는 위험에 직면할 수 있고, 이와는 달리 한 당사자는 자국통화로 고정된 가격을 얻게 되는 동안에 다른 당사자는 극단적인 손실이나 이익을 입게 된다. 그래서 위험분담협정은 위와 같은 두 가지의 극단적인 가격결정행위를 회피하게 한다. 그런데 위험분담에 관한 협정을 체결할 경우에 유의할 사항들은 다음과 같다.

1) 계약통화

전형적으로 해당상품의 기준가격은 수출국통화로 결정된다. 그러나 수출국이 외환통제를 부과하는 국가이면, 수입국이나 제3국의 통화로 결정된다.

2) 기준환율

기준환율은 계약시점이나 첫 번째 인도일자의 환율로 결정된다.

3) 가격조정빈도

일반적으로 사분기별로 가격을 조정한다. 변경기간을 너무 짧게 설정하면, 가격변화를 고객과 직원들에게 통보하고, 가격표를 변경하고, 상품의 라벨을 변경시키는 등의 관리사항이 발생하여 관리적인 혼란이 초래될 것이다. 반대로 변경기간을 너무 장기로 하면, 위험분담의 기능이 약화된다.

4) 실제변경환율(분담환율＝결제환율)의 결정방법

분담환율은 일반적으로 앞에서 본 방식으로 결정하거나 또는 변경기간 동안의 모든 영업일의 환율종가를 평균한 값으로 결정한다. 이외에도 전기의 최종일자의 종가와 변경기간의 최종일자의 종가를 평균하거나 하는 방식으로도 결정될 수 있다. 또한 분담환율이 매입률, 매도율 또는 매매기준율인지를 반드시 명시해야 한다.

5) 가격조정방법

가격조정을 위해 변경기간의 환율변화가 다음 기의 변화를 반영하는 것인지 또는 전기의 환율로 역전될 것인지를 결정해야 한다. 환율변동을 불안정적으로 보면, 가격조정의 폭은 크게 되고, 안정적으로 보면 가격조정의 폭은 작아질 것이다.

6) 중립지대

환율의 중립지대는 절대액이나 또는 백분비(%)로 표시할 수 있다. 만약 중립지대가 0으로 없다면, 통화위험분담협정은 수출상이 수입상에게 현물환율로 거래금액의 일부를 선물환매도한 것과 같다.

환율변동이 심하여 수출상의 위험이 클수록, 수출대금에 대해 수출상이 수입상에게 선물환을 매도한 비율은 더 증가한다. 반대로 중립대가 아주 넓다면, 수입상이 수출상으로부터 전체 거래금액을 현물환율로 선물환을 매입한 것과 같다(즉 전체금액을 현물환율로 결제하는 보장을 받은 것과 같아, 분담협정의 의의가 무색하게 된다).

7) 위험의 분담비율

중립지대를 초과하는 환율변동의 위험을 분담하는 비율을 설정한다.

8) 가격조정의 재결정자

환율이 크게 변동할 경우에 계약을 다시 체결할 권한이 어느 당사자에게 있는지를 결정해야 한다.

제5절 환위험 대외적관리

1 선물환시장 헷징(Hedging)

선물환 거래의 큰 목적은 거래 당사자간에 장래의 외환결제에 적용할 환율을 거래계약일에 약정함으로써 계약일로부터 결제일 사이의 환율변동에서 초래되는 환위험을 회피 할 수 있다. 이 방법은 환율변동에 따른 순영업현금흐름의 예상변동금액을 선물환계약을 이용하여 헤지시키는 기법이며, 그 계약금액은 최적헤지비율(선물환율의 분산에 대한 선물환율과 현물환율의 공분산의 비율의 값이 최소인 것)과 선물환헤징비용에 의해 결정된다.

선물환매도계약에서는 만기일에 선물환계약된 외화자금을 반드시 확보해야 한다. 만약 만기일에 자금이 확보되지 않아 현물환시장에서 그 자금을 구입해야 한다면, 그러한 헤지는 노출된(open) 또는 커버되지 않은(uncovered) 헤지이다. 그러한 상황에서 선물환계약의 이행자금을 매입하는 행위를 커버링(covering)이라고 한다.[1)]

1) Eiteman, David K. and Arthur I. Stonehill, Multinational Business Finance, Fourth Edition, Addison-Wesley Publishing Co., 1989, pp. 205-207.

2 단기금융시장 헷징

단기금융시장 헷징은 외화자금의 대차가 개재(介在)되는 거래로서, 예컨대 연불 수출업자가 선물환거래를 이용하는 대신에 금융시장에서 연불수출대전 상당의 외화를 미리 차입하여 현물환시장에서 매각, 자국통화로 전환한 후 이를 예금형태 또는 채권투자 등으로 운용하고 만기에는 수취 수출대전으로 차입자금을 상환함으로써 수출계약 체결에서 수출대전 입금시까지 환율변동에 의해 초래되는 환위험을 회피하게 된다.

3 통화스왑(Currency Swap)

통화스왑은 두 거래 당사자가 계약일에 약정된 환율에 따라 해당 통화를 일정시점에서 상호 교환하는 외환거래이다. 이와 같은 통화스왑은 오늘날 단기적인 환위험의 헷징수단이라기 보다는 주로 중·장기적인 환위험 헷징 수단으로 이용되고 있다.

4 통화선물(Currency Futures)

통화선물거래는 선물환거래와 같이 일정통화를 미래의 일정시점에서 약정가격으로 매입·매도하기로 한 금융선물거래의 일종이다. 그러나 통화선물거래는 거래형태나 방법에 있어 선물환거래와는 전혀 다른 성격을 갖고 있을 뿐만 아니라 특히 거래동기에 있어서 통화선물거래는 일정통화를 장래에 실제로 인수·인도하기 위한 것이라기보다는 현물환포지션과 대칭되는 통화선물포지션을 보유함으로써 환위험의 헷징수단으로 널리 활용되고 있다. 특히 국제기업이나 수출기업은 거래계약으로 수행되어야 하는 외화포지션의 결제에 대해 통화선물계약을 하여 환위험을 회피할 수 있다.수취할 기초통화(외환)의 약세가 예상되는 경우에, 국제기업은 그 통화의 선물매도포지션을 취득하는 기초헤징(basic hedging)을 할 수 있다. 또한 통화선물시장을 이용하여 기초통화의 예상된 롱포지션에 대해 강세통화로 된 선물매입포지션을 취득하는 교차헤징(cross hedging)을 수행하여, 기초통화의 수취일에 기초통화 약세로 발생하는 환차손을 강세통화 선물매입포지션 정리를 통한 재정거래이익으로 보전시킬 수 있다.[2)]

2) Grabbe, J. Orlin, International Financial Markets, Elsevier Science Publishing Co., Inc., 1986, pp. 102-103.

5 통화옵션 헤징

통화옵션은 환율변동이 불확실한 외환시장에서 외환거래에 수반되는 환위험을 방어하거나, 또는 재정거래를 통하여 추가이익을 실현할 수 있는 매매선택권부 외환거래이다. 통화옵션거래에서는 환위험 회피를 위해 강세 예상통화의 콜옵션매입과 약세예상통화의 풋옵션매입, 그리고 외화자금수지의 불확실성에 대비한 통화옵션매입거래 등이 이용되며, 프리미엄 수입인 추가이익의 실현을 위해서는 콜(풋)옵션의 매도거래 등이 이용된다. 통화옵션거래에서 옵션 행사의 여부는 기본적으로 행사환율의 격차, 옵션 프리미엄의 크기에 의하여 결정되며 이밖에 옵션매입시점에서 지급하는 프리미엄의 이자비용과 거래비용도 옵션행사의 여부에 영향을 미치게 된다.

특히 국제기업은 환위험을 회피하기 위해 현지자회사의 수입투입물 표시통화 또는 해외차입표시통화의 강세가 예상되면 콜옵션매입으로 현지자회사의 생산비용이나 채무지급액의 증가를 상쇄시킬 수 있다.

또한 현지국통화의 약세가 예상되면 풋옵션매입으로 현지자회사로 부터 수취될 현금흐름의 모국통화표시금액의 예상되는 감소를 상쇄시키는 기법이다.

위와 마찬가지로 수출기업은 외화채권에 대해 옵션시장이나 은행(옵션의 점두시장)에서 풋옵션을 매입하여 거래노출을 헤지할 수 있다. 이러한 옵션기법은 일정한 외화금액에 대해 위험을 감소시켜 주는 동시에, 외화의 평가절상이 예상되는 경우에는 투기의 수단으로써 이용될 수 있다.

또한 통화옵션헤징은 자국의 대외경쟁력의 저하위험에 대한 거래노출을 수출입경쟁국의 통화로 이전시켜 헤지하는 경우에도 사용될 수 있다.

만약 일본엔화가 달러에 대해 평가절하되면, 미국에서 일본상품의 경쟁력을 증가하는 반면에 한국상품은 비교열위에 직면할 것이다. 따라서 수출량이 감소하여 경쟁국통화의 환율변동에 따른 환위험에 거래적으로 노출되게 된다.

이때 평가절하된 일본엔화에 대해 외가격 풋옵션을 매입하고 상품을 일본엔화로 판매한다면, 매출액은 증가되어 경쟁력의 상실을 어느 정도 보완할 수 있다. 이와 같은 경쟁국통화의 환율변동에 따른 위험에 대한 거래노출은 수출계약통화에 의해 발생하는 것이 아니므로, 선물환계약헤지는 불가능한 반면에 옵션시장헤지를 이용할 수가 있다.

수출기업이 옵션시장에서 60일 이후가 되는 달을 만기일로 하는 풋옵션을 매입할 경우, 옵션의 행사가격(strike price)에 대해 옵션시장에서는 외화단위에 대해 절대금액으로 된 할증비용과 옵션단위의 매매수수료만큼 비용이 들고, 은행에서는 할증률로써 행사가격에 곱한 금액만큼 비용이 든다.

6 할인(Discounting)

할인은 수출업자가 수출환어음을 어음의 만기일 이전에 은행에 할인매각하여 수출대전을 조기에 회수할 수 있는 방법으로서 이는 자국통화의 평가절상이 예상되거나 또는 만기전에 자금이 필요한 경우에 흔히 이용되는 방법이다. 예컨대, 연불 수출에 있어 수출업자가 수출품 선적 후 환어음을 매각하지 못하고 만기까지 보유하는 경우 동 기간 중 발생할 환율변동위험을 회피하기 위하여 어음 만기 전에 환어음을 은행에 매각하는 방법이다. 이와 같은 할인에 의한 수출대금의 조기수령에는 할인료 등의 비용이 소요되는 바, 수출업자는 이들 비용과 환율변동에 따른 예상환차손익 그리고 자금사정 등을 고려하여 할인이용여부를 결정하게 된다.

7 팩토링(Factoring)

팩토링은 원래 외상매출채권을 상환청구권 없이 매입하여 동 채권을 대가로 전대금융을 실행하며 채권만기일에 채무자로부터 직접회수하는 단기금융의 한 형식이다. 환위험 관리를 위한 팩토링은 수출상이 수출환어음을 은행에 매입 추심 결제하는 방법대신에 팩터(Factor : 팩토링업무를 주요 업무로 하는 금융기관)에게 외상매출채권을 매각하고 팩터가 동대전을 수입상으로부터 직접 회수하는 방법이다. 이는 수출업자가 수출대전입금전에 팩터로부터 단기금융을 이용함으로써 수출대전을 조기이용하고 환위험을 회피할 수 있는 이점이 있으나 이 경우에도 환율변동에 따른 예상환차손익과 팩토링비용 등을 비교하여 팩토링 이용여부를 결정하게 된다.

8 환율변동보험

환율변동보험은 결제기간이 대체로 1년 이상의 중·장기수출에 수반하여 초래되는 환차손을 보상하기 위한 보험제도이다. 일반적으로 결제기간이 1년 미만의 단기수출입거래에 수반된 환위험은 선물환거래를 이용하여 쉽게 헷징할 수 있으나 중·장기수출거래에서는 환율예측의 불확실성이 증대됨으로써 단기선물환거래의 이용이 어렵게 된다. 환율변동보험은 1970년대 초반 국제통화제도가 변동환율제도로 이행된 이후 서독, 프랑스, 벨기에, 스페인 등에서 결제기간이 통상 1년 이상인 중·장기수출의 환위험을 헷징하기 위한 수단으로 이용되어 왔다.

부 록

- 중소기업 창업 지원법
- 중소기업 창업 지원법시행령
- 중소기업 창업 지원법시행규칙
- 벤처기업육성에 관한특별 조치법
- 벤처기업육성에 관한 특별조치법시행령
- 벤처기업육성에 관한 특별조치법시행규칙

중소기업창업 지원법

[시행 2014.7.15.] [법률 제12248호, 2014.1.14., 타법개정]

중소기업청(창업진흥과) 042-481-4409

제1장 총칙

제1조(목적) 이 법은 중소기업의 설립을 촉진하고 성장 기반을 조성하여 중소기업의 건전한 발전을 통한 건실한 산업구조의 구축에 기여함을 목적으로 한다.

제2조(정의) 이 법에서 사용하는 용어의 뜻은 다음과 같다.

1. "창업"이란 중소기업을 새로 설립하는 것을 말한다. 이 경우 창업의 범위는 대통령령으로 정한다.
2. "창업자"란 중소기업을 창업하는 자와 중소기업을 창업하여 사업을 개시한 날부터 7년이 지나지 아니한 자를 말한다. 이 경우 사업 개시에 관한 세부 사항은 대통령령으로 정한다.
3. "중소기업"이란 「중소기업기본법」 제2조에 따른 중소기업을 말한다.
4. "중소기업창업투자회사"란 창업자에게 투자하는 것을 주된 업무로 하는 회사로서 제10조에 따라 등록한 회사를 말한다.
5. "중소기업창업투자조합"이란 창업자에게 투자하고 그 성과를 배분하는 것을 주된 목적으로 하는 조합으로서 제20조에 따라 등록한 조합을 말한다.
6. "중소기업상담회사"란 중소기업의 사업성 평가 등의 업무를 하는 회사로서 제31조에 따라 등록한 회사를 말한다.
7. "창업보육센터"란 창업의 성공 가능성을 높이기 위하여 창업자에게 시설·장소를 제공하고 경영·기술 분야에 대하여 지원하는 것을 주된 목적으로 하는 사업장을 말한다.

제3조(적용 범위) 이 법은 창업에 관하여 적용한다. 다만, 금융 및 보험업과 부동산업 등 대통령령으로 정하는 업종의 중소기업에 대하여는 적용하지 아니한다. <개정 2011.4.4.>

제4조(창업지원계획의 수립 등) ①중소기업청장은 창업을 촉진하고, 창업자의 성장·발전을 위한 중소기업 창업지원계획을 세워 고시하여야 한다.

②정부는 창업자 및 대통령령으로 정하는 창업지원에 관한 사업을 하는 자에 대하여 필요한 자금을 투자·출연·보조·융자하거나 그 밖에 필요한 지원을 할 수 있다.

③ 중소기업청장은 제1항의 창업지원계획을 수립하기 위하여 관계 중앙행정기관의 장 및 지방자치단체의 장에게 관련 자료의 제공을 요청할 수 있다. <신설 2010.6.8.>

제4조의2(창업촉진사업의 추진 등) ① 중소기업청장은 중소기업의 창업을 촉진하고 창업자의 창업 성공률을 향상시키기 위하여 다음 각 호의 사업을 추진하거나 필요한 시책을 수립·시행할 수 있다. <개정 2013.8.6.>

1. 유망한 예비창업자(중소기업을 창업하려는 자를 말한다. 이하 이 조에서 같다)의 발굴·육성 및 그에 대한 지원

2. 창업자의 우수한 아이디어 사업화에 대한 지원
3. 기업, 창업 관련 단체 등을 통한 예비창업자 또는 창업자의 발굴 · 육성
4. 그 밖에 창업교육 및 창업 기반시설 확충 등 대통령령으로 정하는 사업

② 중소기업청장은 제1항에 따른 사업을 추진하기 위하여 필요하다고 인정하는 경우에는 예산의 범위에서 대학, 연구기관, 공공기관, 창업 관련 단체, 중소기업 및 예비창업자에게 해당 사업을 수행하는 데에 드는 비용의 전부 또는 일부를 출연하거나 보조할 수 있다.

③ 제2항에 따른 출연 및 보조의 절차 및 방법 등에 관한 사항은 대통령령으로 정한다.

[본조신설 2010.6.8.]
[제목개정 2013.8.6.]

제4조의3(재창업지원) 중소기업청장은 창업 후 폐업 또는 파산 등으로 재창업을 하려는 자에 대하여 재창업지원에 필요한 다음 각 호의 사업을 추진할 수 있다.

1. 우수한 기술과 경험을 보유한 재창업희망 중소기업인의 발굴 및 재창업 교육
2. 재창업에 장애가 되는 각종 부담 및 규제 등의 제도개선
3. 조세 · 법률 상담 등 재창업을 위한 상담 지원
4. 교육센터의 지정 · 운영 등 재창업지원 시설의 확충
5. 그 밖에 재창업지원과 관련하여 중소기업청장이 필요하다고 인정하는 사업

[본조신설 2013.3.22.]

제5조(창업 정보의 제공) 정부는 창업자에 대하여 창업 및 중소기업의 성장과 발전에 필요한 자금, 인력, 기술, 판로, 입지 등에 관한 정보를 제공하기 위하여 필요한 시책을 강구하여야 한다.

제6조(창업보육센터사업자의 지정 등) ① 창업보육센터를 설립 · 운영하는 자(설립 · 운영하려는 자를 포함한다. 이하 "창업보육센터사업자"라 한다)로서 이 법에 따른 지원을 받으려는 자는 다음 각 호의 요건을 갖추어 중소기업청장의 지정을 받아야 한다. <개정 2008.2.29., 2013.3.23.>

1. 다음 각 목의 시설을 갖출 것
   가. 창업자가 이용할 수 있는 시험기기나 계측기기 등의 장비
   나. 10인 이상의 창업자가 사용할 수 있는 500제곱미터 이상의 시설
2. 경영학 분야의 박사학위 소지자, 「변호사법」에 따른 변호사, 그 밖에 대통령령으로 정하는 전문인력 중 2명 이상을 확보할 것
3. 창업보육센터사업을 수행하기 위한 사업계획 등이 산업통상자원부령으로 정하는 기준에 맞을 것

② 국가는 「국유재산법」 및 그 밖의 다른 법령에도 불구하고 창업의 성공가능성을 높이기 위하여 필요한 경우 창업보육센터에 입주한 자(이하 "입주자"라 한다)에 대하여 국유재산의 사용료를 감면할 수 있다. <개정 2013.8.6.>

③ 국가가 제2항에 따라 국유재산의 사용료를 감면하는 경우 입주자에 대한 국유재산의 연간 사용료는 해당 재산가액에 100분의 1 이상을 곱한 금액의 범위에서 대통령령으로 정하는 금액으로 한다. <신설 2013.8.6.>

④ 국유재산을 사용허가하는 경우 그 기간은 「국유재산법」 제35조에서 정하는 바

에 따른다. <신설 2013.8.6.>
⑤ 지방자치단체는 「공유재산 및 물품 관리법」 및 그 밖의 다른 법령에도 불구하고 입주자에게 공유재산의 사용료를 대통령령으로 정하는 바에 따라 감면할 수 있다. <신설 2013.8.6.>
[법률 제12009호(2013.8.6.) 부칙 제2조의 규정에 의하여 이 조 제2항, 제3항, 제4항은 2022년 12월 31일까지 유효함]

제7조(창업 교육) 중소기업청장은 창업 저변을 확충하기 위하여 청소년, 대학생 및 창업자 등에게 창업 교육을 할 수 있다.

제7조의2(대학 내 창업지원 전담조직의 설립·운영 등) ① 대학은 대학 내 창업촉진 사업을 수행하기 위하여 학교규칙으로 정하는 바에 따라 창업지원업무를 전담하는 조직(이하 "창업지원 전담조직"이라 한다)을 둘 수 있다.
② 중소기업청장은 창업지원 전담조직의 운영에 필요한 경비를 출연하거나 그 밖에 필요한 지원을 할 수 있다.
③ 창업지원 전담조직이 이 법에 따른 지원을 받으려면 그 회계를 수입과 지출 내역이 명백하도록 대학 내 다른 회계와 구분하여 처리하여야 한다.
④ 창업지원 전담조직의 업무 및 제3항에 따른 회계 운영에 필요한 사항은 대통령령으로 정한다.
[본조신설 2013.8.6.]

제8조(창업대학원의 지정 등) ① 중소기업청장은 「고등교육법」 제29조제1항에 따른 대학원 중에서 창업 분야 전문인력 양성을 목적으로 하는 대학원(이하 "창업대학원"이라 한다)을 지정하여 예산의 범위에서 그 운영 등에 필요한 경비를 출연하거나 그 밖에 필요한 지원을 할 수 있다.
② 중소기업청장은 창업대학원의 지정·지원 등에 관하여 필요한 사항을 고시하여야 한다.

제9조(기금의 우선 지원) 「중소기업진흥에 관한 법률」 제63조에 따른 중소기업창업 및 진흥기금(이하 "중소기업창업 및 진흥기금"이라 한다)을 관리하는 자는 중소기업창업투자회사 또는 중소기업창업투자조합에 대하여 중소기업창업 및 진흥기금을 지원할 때 투자 실적 등이 대통령령으로 정하는 기준에 해당하는 자에게 먼저 지원할 수 있다. <개정 2008.12.19., 2009.5.21.>

제2장 중소기업창업투자회사

제10조(등록) ① 다음 각 호의 어느 하나에 해당하는 사업을 영위하는 회사로서 이 법에 따른 지원을 받으려는 자는 산업통상자원부령으로 정하는 바에 따라 중소기업청장에게 중소기업창업투자회사로 등록하여야 한다. 중소기업창업투자회사가 등록한 사항 중 회사명과 소재지 등 산업통상자원부령으로 정하는 중요 사항을 변경하려는 경우에도 또한 같다. <개정 2008.2.29., 2009.12.30., 2013.3.23., 2013.8.6.>
1. 창업자에 대한 투자
2. 「벤처기업육성에 관한 특별조치법」에 따른 벤처기업에 대한 투자
2의2. 「중소기업기술혁신 촉진법」 제15조 및 제15조의2에 따른 기술혁신형·경영혁신형 중소기업에 대한 투자
3. 중소기업창업투자조합 및 「벤처기업육성에 관한 특별조치법」 제4조의3에 따른

한국벤처투자조합의 결성과 업무의 집행
4. 해외 기업의 주식 또는 지분 인수 등 중소기업청장이 정하는 방법에 따른 해외 투자
5. 중소기업이 개발 또는 제작하며, 다른 사업과 회계의 독립성을 유지하는 방식으로 운영되는 사업에 대한 투자
6. 제1호, 제2호, 제2호의2, 제3호부터 제5호까지의 사업에 딸린 사업으로서 중소기업청장이 정하는 사업

② 중소기업창업투자회사는 다음 각 호의 요건을 모두 갖추어야 한다. <개정 2007.8.3., 2009.12.30., 2013.8.6., 2014.1.21.>

1. 「상법」에 따른 주식회사로서 납입자본금이 대통령령으로 정하는 금액 이상일 것
2. 임원이 다음 각 목의 어느 하나에 해당하지 아니하는 자일 것. 이 경우 사목과 아목은 대표이사에게만 적용한다.
   가. 미성년자 · 피성년후견인 또는 피한정후견인
   나. 파산 선고를 받고 복권되지 아니한 자
   다. 금고 이상의 실형을 선고받고 그 집행이 끝나거나(집행이 끝난 것으로 보는 경우를 포함한다) 집행이 면제된 날부터 5년이 지나지 아니한 자
   라. 금고 이상의 형의 집행유예를 선고받고 그 유예기간 중에 있는 자
   마. 「유사수신행위의 규제에 관한 법률」이나 그 밖에 대통령령으로 정하는 금융 관련 법령을 위반하여 벌금 이상의 형을 선고받고 그 집행이 끝나거나(집행이 끝난 것으로 보는 경우를 포함한다) 집행이 면제된 날부터 5년이 지나지 아니한 자
   바. 이 법에 따라 등록이 취소된 중소기업창업투자회사의 취소 당시의 임원이었던 자(그 등록취소 사유의 발생에 관하여 직접 책임이 있거나 이에 상응하는 책임이 있는 자 또는 창업 투자 업무에 적합하지 아니하다고 판단되는 자로서 각각 대통령령으로 정하는 자만 해당한다)로서 등록이 취소된 날부터 5년이 지나지 아니한 자
   사. 금융거래 등 상거래에서 약정한 날짜 이내에 채무를 갚지 아니한 자로서 대통령령으로 정하는 자
   아. 다른 중소기업창업투자회사의 대주주(대통령령으로 정하는 출자자를 말한다. 이하 이 조에서 같다) 또는 임직원
   자. 제12조에 따라 말소하기 전에 제43조에 따른 취소 사유가 있었던 경우에는 그 말소 당시의 임원(제43조에 따른 등록취소 사유에 직접 책임이 있거나 이에 상응하는 책임이 있는 자로서 대통령령으로 정하는 자만 해당한다)에게 그 사유를 통보한 후 그 통보를 받은 날부터 5년(등록 말소일부터 7년을 초과하는 경우에는 등록 말소일부터 7년으로 한다)이 지나지 아니한 자
   차. 제42조제1항제1호에 따라 면직 또는 해임된 날부터 5년이 지나지 아니한 자

2의2. 대주주가 대통령령으로 정하는 사회적 신용을 갖출 것
3. 대통령령으로 정하는 기준에 따른 상근하는 전문인력과 시설을 보유할 것
4. 창업투자회사와 투자자 간, 특정 투자자와 다른 투자자 간의 이해상충을 방지하기 위한 체계를 갖출 것

③ 제2항제2호의2에서 정한 요건을 갖추지 못한 자가 새로 주식을 취득하여 대주주가 된 경우에는 해당 취득 주식에 대하여 의결권을 행사할 수 없다. <신설 2013.8.6.>

④ 중소기업청장은 제2항제2호의2에서 정한 요건을 갖추지 못한 자가 새로 주식을 취득하여 대주주가 된 경우에는 6개월 이내의 기간을 정하여 해당 취득 주식의 처분을 명할 수 있다. <신설 2013.8.6.>

제11조(권리 · 의무의 승계) ① 중소기업창업투자회사가 그 영업을 양도하거나 합병을 하면 그 영업을 양수한 자 또는 합병한 후 존속하는 법인이나 합병으로 설립되는 법인은 이 법에 따른 중소기업창업투자회사로서의 지위를 승계한다. 다만, 그 영업을 양수한 자 또는 합병한 후 존속하는 법인이나 합병으로 설립되는 법인이 제10조제2항 각 호의 요건을 모두 갖추지 아니한 경우에는 그러하지 아니하다.

② 제1항에 따라 중소기업창업투자회사로서의 지위를 승계한 자는 승계한 날부터 30일 이내에 산업통상자원부령으로 정하는 바에 따라 중소기업청장에게 이를 신고하여야 한다. <개정 2008.2.29., 2013.3.23.>

제12조(신청에 따른 등록의 말소) ① 중소기업창업투자회사는 제10조제1항 각 호의 사업을 영위하기가 불가능하거나 어려운 경우에는 산업통상자원부령으로 정하는 바에 따라 그 등록의 말소를 신청할 수 있다. <개정 2008.2.29., 2013.3.23.>

② 중소기업청장은 중소기업창업투자회사가 제1항에 따른 등록 말소신청을 하면 지체 없이 그 등록을 말소하여야 한다.

제13조(등록 등의 공고) 중소기업청장은 중소기업창업투자회사가 다음 각 호의 어느 하나에 해당하면 지체 없이 그 내용을 관보에 공고하고 컴퓨터 통신 등을 이용하여 일반인에게 알려야 한다.

1. 제10조제1항에 따라 등록을 한 경우
2. 제12조제2항에 따라 등록을 말소한 경우
3. 제43조제1항에 따라 등록을 취소한 경우

제14조(중소기업창업투자회사의 공시) ① 중소기업창업투자회사는 다음 각 호의 사항을 공시(公示)하여야 한다. <개정 2013.8.6.>

1. 조직과 인력에 관한 사항
2. 재무와 손익에 관한 사항
3. 중소기업창업투자조합의 결성 및 운영 성과에 관한 사항
4. 제42조의2제3항에 따른 경영개선 조치를 요구받은 경우와 제43조제5항에 따른 업무정지, 시정명령 또는 경고를 받은 경우 그 조치에 관한 사항

② 제1항에 따른 공시의 시기 및 방법 등에 필요한 사항은 중소기업청장이 정한다.

제15조(중소기업창업투자회사의 행위 제한) ① 중소기업창업투자회사는 다음 각 호의 어느 하나에 해당하는 행위를 하여서는 아니 된다. 다만, 중소기업창업투자회사의 자산 운용의 건전성을 해칠 우려가 없는 경우로서 대통령령으로 정하는 경우에는 그러하지 아니하다.

1. 제3조 단서에 따른 업종을 영위하는 기업에 투자하는 행위
2. 「독점규제 및 공정거래에 관한 법률」 제9조에 따른 상호출자제한기업집단에 속하는 회사에 투자하는 행위

3. 대통령령으로 정하는 금융기관의 주식을 취득하거나 소유하는 행위
4. 창업보육센터 등 대통령령으로 정하는 범위의 업무용 부동산을 제외한 부동산(이하 "비업무용부동산"이라 한다)을 취득하거나 소유하는 행위. 다만, 담보권의 실행으로 비업무용부동산을 취득하는 경우에는 그러하지 아니하다.
5. 그 밖에 설립 목적을 해치는 것으로서 대통령령으로 정하는 행위

② 중소기업창업투자회사는 제1항제4호 단서에 따라 담보권의 실행으로 비업무용부동산을 취득한 경우에는 1년의 범위에서 산업통상자원부령으로 정하는 기간에 이를 처분하여야 한다. <개정 2008.2.29., 2013.3.23.>

제15조의2(대주주의 행위제한) ① 중소기업창업투자회사의 대주주(대통령령으로 정하는 그의 특수관계인을 포함한다. 이하 같다)는 중소기업창업투자회사의 이익에 반하여 대주주 자신의 이익을 얻을 목적으로 다음 각 호의 어느 하나에 해당하는 행위를 하여서는 아니 된다.
1. 중소기업창업투자회사에 부당한 영향력을 행사하기 위하여 외부에 공개되지 아니한 자료 또는 정보의 제공을 요구하는 행위. 다만, 「상법」 제466조에 따른 권리의 행사에 해당하는 경우에는 그러하지 아니하다.
2. 경제적 이익 등 반대급부의 제공을 조건으로 다른 주주와 담합하여 중소기업창업투자회사의 투자활동 등 경영에 부당한 영향력을 행사하는 행위
3. 중소기업창업투자회사로 하여금 위법행위를 하도록 요구하는 행위
4. 금리, 수수료, 담보 등에 있어서 통상적인 거래조건과 비교하여 해당 중소기업창업투자회사에 현저하게 불리한 조건으로 대주주 자신이나 제3자와의 거래를 요구하는 행위
5. 그 밖에 제1호부터 제4호까지에 준하는 행위로서 대통령령으로 정하는 행위

② 중소기업청장은 중소기업창업투자회사의 대주주가 제1항을 위반한 행위가 있다고 인정되는 경우에는 중소기업창업투자회사 또는 대주주에게 필요한 자료의 제출을 요구할 수 있다.

[본조신설 2013.8.6.]

제16조(중소기업창업투자회사의 투자 의무) ① 중소기업창업투자회사는 등록 후 3년이 지난 날까지 납입자본금의 100분의 50의 범위에서 대통령령으로 정하는 비율의 금액 이상을 제10조제1항제1호, 제2호, 제2호의2, 제3호 및 제5호의 사업에 사용하여야 한다. 이 경우 같은 항 제1호, 제2호, 제2호의2 및 제5호의 사업에 사용한 금액을 산정할 때 신규로 발행되는 주식 또는 무담보전환사채의 인수 등 산업통상자원부령으로 정하는 용도로 사용한 금액에 한하여 이를 포함하여 산정한다. 다만, 중소기업창업투자회사가 대통령령으로 정하는 일정 규모 이상의 중소기업창업투자조합을 결성하여 운영하는 경우에는 그러하지 아니하다. <개정 2008.2.29., 2009.12.30., 2013.3.23., 2013.8.6.>

② 중소기업창업투자회사는 등록 후 3년이 지난 날 이후에도 제1항에 따른 투자의무비율을 유지하여야 하며, 중소기업창업투자회사가 투자회수·경영정상화 등 중소기업청장이 인정하는 사유로 제1항에 따른 투자의무비율을 유지하지 못하면 중소기업청장은 1년 이내의 범위에서 투자의무 이행 유예기간을 줄 수 있다. <개정 2013.8.6.>

③ 제1항에도 불구하고 중소기업창업투자회사가 개인 또는 「벤처기업육성에 관한 특별조치법」 제13조에 따른 개인투자조합이 3년 이상 보유한 창업자의 주식(신규로 발행하는 주식을 인수한 경우에 한정한다)을 인수한 경우에는 해당 인수 금액을 제1항에 따른 투자의무비율 금액에 포함하여 산정한다. <신설 2013.8.6.>

제17조(중소기업창업투자회사의 해외투자 요건) ① 중소기업창업투자회사는 납입자본금의 100분의 10 이상의 금액을 제16조제1항에 따라 산업통상자원부령으로 정하는 용도로 제10조제1항제1호, 제2호 및 제2호의2에 따른 사업에 사용한 경우에는 그 사업에 사용한 금액의 범위에서 같은 항 제4호에 따른 해외투자를 할 수 있다. 다만, 등록한 지 3년이 지난 중소기업창업투자회사는 제16조제1항에 따른 중소기업창업투자회사의 투자의무비율을 달성한 경우에 해외투자를 할 수 있다. <개정 2008.2.29., 2009.12.30., 2013.3.23.>

② 제1항에 따른 해외투자 한도는 납입자본금의 100분의 40의 범위에서 대통령령으로 정하는 비율로 한다.

제18조(자금의 차입 등) ① 중소기업창업투자회사는 그 사업 수행을 위하여 필요하면 정부, 정부가 설치한 기금, 국내외 금융기관, 외국정부 또는 국제기구로부터 자금을 차입할 수 있다.

② 중소기업창업투자회사는 그 사업 수행에 필요한 재원을 충당하기 위하여 자본금과 적립금 총액의 10배의 범위에서 사채를 발행할 수 있다.

제19조(결산 보고) 중소기업창업투자회사는 대통령령으로 정하는 바에 따라 회계연도마다 결산서를 중소기업청장에게 제출하여야 한다.

제3장 중소기업창업투자조합

제20조(조합의 결성 등) ① 중소기업창업투자회사와 중소기업창업투자회사 외의 자가 출자하여 중소기업창업투자조합을 결성하는 경우에는 대통령령으로 정하는 바에 따라 중소기업청장에게 등록하여야 한다. 등록 사항을 변경하는 경우에도 또한 같다.

② 중소기업창업투자조합은 조합의 채무에 대하여 무한책임을 지는 1인 이상의 조합원(이하 "업무집행조합원"이라 한다)과 출자액을 한도로 하여 유한책임을 지는 유한책임조합원으로 구성한다. 이 경우 업무집행조합원은 다음 각 호의 어느 하나에 해당하는 자로 하되, 그중 1인은 중소기업창업투자회사이어야 한다. <개정 2009.12.30.>

1. 「벤처기업육성에 관한 특별조치법」 제4조의3제1항 각 호의 어느 하나에 해당하는 자
2. 「국가재정법」 제8조제1항에 따른 기금관리주체로서 같은 법 별표 2에 따른 기금을 관리ㆍ운용하는 자
3. 법률에 따라 공제 사업을 경영하는 법인
4. 그 밖에 대통령령으로 정하는 자

③ 제2항 전단에도 불구하고 제47조의2제1항에 따른 공모창업투자조합을 결성하는 경우 업무집행조합원은 1인으로 한다. <신설 2009.12.30.>

④ 조합원은 조합 규약에서 정하는 바에 따라 출자금액의 전액을 한꺼번에 출자하

거나 나누어 출자할 수 있다. <개정 2009.12.30.>

⑤ 중소기업창업투자조합의 출자금액, 조합원 수 및 존속 기간 등 등록 요건과 그 운영 등에 필요한 사항은 대통령령으로 정한다. <개정 2009.12.30.>

제21조(업무의 집행 등) ① 중소기업창업투자조합의 업무는 업무집행조합원이 집행한다.

② 업무집행조합원은 선량한 관리자의 주의로 제1항에 따른 업무를 집행하여야 한다. 이 경우 자기 또는 제삼자의 이익을 위하여 중소기업창업투자조합의 재산을 사용하여서는 아니 된다.

③ 중소기업창업투자조합은 등록 후 3년이 지난 날까지 출자금의 100분의 50의 범위에서 대통령령으로 정하는 비율의 금액 이상을 제16조제1항 및 제3항에 따라 산업통상자원부령으로 정하는 용도로 제10조제1항제1호, 제2호, 제2호의2 및 제5호에 따른 사업에 사용하여야 한다. 다만, 중소기업창업투자조합이 투자회수 등 중소기업청장이 인정하는 사유로 등록 후 3년이 지난 날까지 대통령령으로 정하는 비율의 금액을 달성하지 못하면 중소기업청장은 1년 이내의 범위에서 투자의무 이행 유예기간을 줄 수 있다. <개정 2008.2.29., 2009.1.30., 2009.12.30., 2013.3.23., 2013.8.6.>

④ 업무집행조합원은 중소기업창업투자조합의 업무를 집행할 때 자금차입, 지급보증 또는 담보제공을 하여서는 아니 된다.

⑤ 업무집행조합원의 중소기업창업투자조합 업무의 집행에 관하여는 제15조를 준용한다. 이 경우 "중소기업창업투자회사"는 "중소기업창업투자조합"으로 본다.

⑥ 중소기업창업투자조합의 해외투자에 관하여는 제17조를 준용한다. 이 경우 "중소기업창업투자회사"는 "중소기업창업투자조합"으로, "납입자본금"은 "출자금"으로 본다.

제22조(중소기업창업투자조합 재산의 관리와 운용) ① 업무집행조합원은 중소기업창업투자조합 재산을 다음 각 호에서 정하는 바에 따라 관리하여야 한다. <개정 2007.8.3.>

1. 중소기업창업투자조합 재산의 보관을 「자본시장과 금융투자업에 관한 법률」에 따른 신탁업자에 위탁할 것
2. 신탁업자를 변경하는 경우에는 조합원 총회의 승인을 받을 것

② 제1항에 따른 수탁회사는 다음 각 호의 업무를 한다.

1. 중소기업창업투자조합 재산의 보관 및 관리
2. 업무집행조합원의 중소기업창업투자조합 재산 운용 지시에 따른 자산의 취득 및 처분의 이행

③ 업무집행조합원은 중소기업창업투자조합 재산으로 「자본시장과 금융투자업에 관한 법률」 제8조의2제4항제1호에 따른 증권시장으로서 중소기업청장이 정하는 시장에 상장된 법인의 주식을 취득하는 경우에 출자금 총액의 100분의 20을 초과하여 투자할 수 없다. <개정 2007.8.3., 2009.1.30., 2013.5.28., 2014.1.21.>

제23조(결산 보고) 제21조제1항에 따른 업무집행조합원은 대통령령으로 정하는 바에 따라 해마다 중소기업창업투자조합의 사업연도가 끝난 뒤 3개월 이내에 그 결산서를 중소기업청장에게 제출하여야 한다.

제24조(업무집행조합원의 탈퇴) 업무집행조합원은 다음 각 호의 어느 하나에 해당하

는 경우가 아니면 중소기업창업투자조합에서 탈퇴할 수 없다.
1. 중소기업창업투자회사의 등록이 취소된 경우
2. 중소기업창업투자회사가 파산한 경우
3. 중소기업창업투자조합 조합원 전원의 동의가 있는 경우

제25조(해산) ① 중소기업창업투자조합은 다음 각 호의 어느 하나에 해당하는 사유가 있는 때에는 해산한다. <개정 2009.12.30.>
1. 존속기간의 만료
2. 유한책임조합원 전원의 탈퇴
3. 중소기업창업투자회사인 업무집행조합원 전원의 탈퇴
4. 중소기업창업투자회사인 업무집행조합원 전원의 등록의 말소
5. 그 밖에 대통령령으로 정하는 사유

② 중소기업창업투자조합에 제1항제3호 및 제4호에 해당하는 사유가 발생하면 유한책임조합원 전원의 동의로 대통령령으로 정하는 바에 따라 그 사유가 발생한 날부터 3개월 이내에 중소기업창업투자회사인 업무집행조합원을 가입하게 하여 중소기업창업투자조합을 계속할 수 있다. <개정 2009.12.30.>

③ 중소기업창업투자조합이 해산하는 경우에는 그 업무집행조합원이 청산인이 된다. 다만, 해당 조합의 규약에서 정하는 바에 따라 업무집행조합원 외의 자를 청산인으로 선임할 수 있다.

④ 중소기업창업투자조합의 해산 당시에 출자금액을 초과하는 채무가 있으면 업무집행조합원이 그 채무를 변제하여야 한다.

제26조(청산결과 보고와 등록의 말소) ① 제25조제3항에 따른 청산인이 청산사무를 끝마친 경우에는 산업통상자원부령으로 정하는 바에 따라 지체 없이 그 결과를 중소기업청장에게 보고하여야 한다. <개정 2008.2.29., 2013.3.23.>

② 중소기업청장은 제1항에 따른 보고를 받으면 지체 없이 그 중소기업창업투자조합의 등록을 말소하여야 한다.

제27조(조합 재산의 보호) 중소기업창업투자조합 조합원의 채권자가 조합원에 대하여 채권을 행사할 때에는 「민법」 제704조와 제712조에도 불구하고 그 조합원이 중소기업창업투자조합에 출자한 금액의 범위에서 이를 행사할 수 있다.

제28조(수익처분) 중소기업창업투자조합은 업무집행조합원인 중소기업창업투자회사에 조합 규약에서 정하는 바에 따라 투자수익에 따른 성과보수를 지급할 수 있으며, 성과보수 지급을 위한 투자수익의 산정 방식 등에 필요한 사항은 대통령령으로 정한다.

제29조(조합의 공시) 업무집행조합원은 다음 각 호의 서류를 사무소에 갖추어 두고 누구든지 열람할 수 있도록 하여야 한다.
1. 해당 중소기업창업투자조합의 규약
2. 매 회계연도의 결산서
3. 그 밖에 조합의 운영에 관한 서류로서 중소기업청장이 고시하는 것

제30조(「민법」의 준용) 중소기업창업투자조합에 관하여 이 법에 규정한 것 외에는 「민법」 중 조합에 관한 규정을 준용한다.

제4장 중소기업상담회사

제31조(중소기업상담회사의 등록) ① 다음 각 호의 사업을 영위하는 회사로서 이 법에 따른 지원을 받으려는 자는 산업통상자원부령으로 정하는 바에 따라 중소기업청장에게 중소기업상담회사로 등록하여야 한다. 중소기업상담회사가 등록한 사항 중 회사명과 소재지 등 산업통상자원부령으로 정하는 중요 사항을 변경하려는 경우에도 또한 같다. <개정 2008.2.29., 2010.6.8., 2013.3.23.>

1. 중소기업의 사업성 평가
2. 중소기업의 경영 및 기술 향상을 위한 용역
3. 중소기업에 대한 사업의 알선
4. 중소기업의 자금 조달 · 운용에 대한 자문 및 대행
5. 창업 절차의 대행
6. 창업보육센터의 설립 · 운영에 대한 자문
7. 제1호부터 제6호까지의 사업에 딸린 사업으로서 중소기업청장이 정하는 사업

② 제1항에 따른 중소기업상담회사는 다음 각 호의 요건을 모두 갖추어야 한다. <개정 2014.1.21.>

1. 「상법」에 따른 회사로서 납입자본금이 대통령령으로 정하는 금액 이상일 것
2. 임원이 다음 각 목의 어느 하나에 해당하지 아니하는 자일 것
   가. 미성년자 · 피성년후견인 또는 피한정후견인
   나. 파산선고를 받고 복권되지 아니한 자
   다. 금고 이상의 실형을 선고받고 그 집행이 끝나거나(집행이 끝난 것으로 보는 경우를 포함한다) 집행이 면제된 날부터 3년이 지나지 아니한 자
   라. 금고 이상의 형의 집행유예를 선고받고 그 유예기간 중에 있는 자
   마. 금융거래 등 상거래에서 약정한 날짜 이내에 채무를 갚지 아니한 자로서 대통령령으로 정하는 자
3. 대통령령으로 정하는 기준에 따른 전문인력 및 시설을 보유할 것

제32조(용역비의 지원) 중소기업청장은 중소기업상담회사가 창업자에게 용역을 제공하면 대통령령으로 정하는 바에 따라 그 용역 대금의 일부를 지원할 수 있다.

제5장 창업 절차 등

제33조(사업계획의 승인) ① 창업자는 대통령령으로 정하는 바에 따라 사업계획을 작성하고, 이에 대한 시장 · 군수 또는 구청장(자치구의 구청장만을 말한다. 이하 같다)의 승인을 받아 사업을 할 수 있다. 사업자 또는 공장용지의 면적 등 대통령령으로 정하는 중요 사항을 변경하려는 경우에도 또한 같다. <개정 2013.8.6.>

② 시장 · 군수 또는 구청장은 제1항에 따른 사업계획의 승인을 할 때에는 그 공장의 건축면적이 「산업집적활성화 및 공장설립에 관한 법률」 제8조에 따른 기준공장면적률에 적합하도록 하여야 한다.

③ 시장 · 군수 또는 구청장은 제1항에 따른 사업계획의 승인 신청을 받은 날부터 20일 이내에 승인 여부를 알려야 한다. 이 경우 20일 이내에 승인 여부를 알리지 아니한 때에는 20일이 지난날의 다음 날에 승인한 것으로 본다.

④ 중소기업청장은 창업에 따른 절차를 간소화하기 위하여 제1항에 따른 사업계획 승인에 관한 업무를 처리할 때 필요한 지침을 작성하여 고시할 수 있다.

제34조(사전 협의) ① 창업자는 제33조제1항에 따른 사업계획의 승인을 신청하기 전에 시장·군수 또는 구청장에게 사업계획의 승인 가능성 등에 관하여 사전 협의를 요청할 수 있다.

② 제1항에 따른 사전 협의 절차 등에 필요한 사항은 대통령령으로 정한다.

제35조(다른 법률과의 관계) ① 제33조제1항에 따라 사업계획을 승인할 때 다음 각 호의 허가, 인가, 면허, 승인, 지정, 결정, 신고, 해제 또는 용도폐지(이하 이 조에서 "허가등"이라 한다)에 관하여 시장·군수 또는 구청장이 제4항에 따라 다른 행정기관의 장과 협의를 한 사항에 대하여는 그 허가 등을 받은 것으로 본다. <개정 2007.12.27., 2008.3.21., 2009.1.30., 2009.6.9., 2010.4.15., 2010.5.31., 2010.6.8., 2011.4.14., 2011.7.21., 2014.1.14.>

1. 「산업집적활성화 및 공장설립에 관한 법률」 제13조제1항에 따른 공장설립 등의 승인
2. 「사방사업법」 제14조에 따른 벌채 등의 허가와 같은 법 제20조에 따른 사방지(砂防地) 지정의 해제
3. 「공유수면 관리 및 매립에 관한 법률」 제8조에 따른 공유수면의 점용·사용허가, 같은 법 제17조에 따른 점용·사용 실시계획의 승인 또는 신고 및 같은 법 제28조에 따른 공유수면의 매립면허
4. 삭제 <2010.4.15.>
5. 「하천법」 제30조에 따른 하천공사의 허가와 같은 법 제33조에 따른 하천의 점용허가
6. 「산지관리법」 제14조 및 제15조에 따른 산지전용허가, 산지전용신고, 같은 법 제15조의2에 따른 산지일시사용허가·신고 및 같은 법 제21조에 따라 산지전용된 토지의 용도변경 승인과 「산림자원의 조성 및 관리에 관한 법률」 제36조제1항 및 제4항에 따른 입목벌채 등의 허가와 신고
7. 「사도법」 제4조에 따른 사도(私道)의 개설허가
8. 「국토의 계획 및 이용에 관한 법률」 제56조제1항에 따른 개발행위의 허가, 같은 법 제86조에 따른 도시·군계획시설사업의 시행자 지정, 같은 법 제88조에 따른 실시계획의 작성·인가 및 같은 법 제118조에 따른 토지거래계약의 허가
9. 「농지법」 제34조제1항에 따른 농지의 전용허가, 같은 법 제35조제1항에 따른 농지의 전용신고 및 같은 법 제40조제1항에 따른 용도변경의 승인
10. 「초지법」 제23조에 따른 초지의 전용허가 또는 전용 신고
11. 「국유재산법」 제30조에 따른 국유재산의 사용허가 및 같은 법 제40조에 따른 도로, 하천, 도랑 및 제방의 용도폐지
12. 「도로법」 제61조제1항에 따른 도로의 점용허가
13. 「환경영향평가법」에 따른 소규모 환경영향평가 협의
14. 「농어촌정비법」 제23조제1항 본문에 따른 농업생산기반시설의 목적 외 사용의 승인
15. 「장사 등에 관한 법률」 제27조제1항에 따른 타인의 토지 등에 설치된 분묘 개

장(改葬)의 허가

16. 「공유재산 및 물품 관리법」 제20조제1항에 따른 행정재산의 사용허가·수익허가 및 같은 법 제11조에 따른 행정재산의 용도폐지

② 제33조제1항에 따라 사업계획의 승인을 받은 공장에 대해 「건축법」 제11조에 따른 건축허가를 할 때 해당 시장·군수 또는 구청장이 다음 각 호의 허가, 인가, 승인, 동의, 심사 또는 신고(이하 이 조에서 "승인등"이라 한다)에 관하여 제4항에 따라 다른 행정기관의 장과 협의를 한 사항에 대하여는 그 승인등을 받은 것으로 본다. <개정 2007.5.17., 2008.3.21., 2009.6.9., 2010.6.8., 2011.8.4., 2012.8.13., 2014.1.14.>

1. 「도로법」 제61조제1항에 따른 도로의 점용허가
2. 「하수도법」 제24조에 따른 점용허가와 같은 법 제27조제3항 및 제4항에 따른 배수설비의 설치신고
3. 「하수도법」 제34조제2항에 따른 개인하수처리시설설치의 신고
4. 「소방시설 설치·유지 및 안전관리에 관한 법률」 제7조제1항에 따른 건축허가등의 동의, 「소방시설공사업법」 제13조제1항에 따른 소방시설공사의 신고와 「위험물안전관리법」 제6조제1항에 따른 제조소등의 설치허가
5. 「대기환경보전법」 제23조, 「수질 및 수생태계 보전에 관한 법률」 제33조, 「소음·진동관리법」 제8조 및 「가축분뇨의 관리 및 이용에 관한 법률」 제11조에 따른 배출시설의 설치허가 또는 설치신고
6. 「폐기물관리법」 제29조제2항에 따른 폐기물처리시설의 설치승인 또는 설치신고
7. 「수도법」 제52조와 제54조에 따른 전용수도설치의 인가
8. 「전기사업법」 제62조에 따른 자가용전기설비의 공사계획 인가 또는 신고
9. 「총포·도검·화약류 등 단속법」 제25조제1항에 따른 화약류 간이저장소 설치의 허가
10. 「건축법」 제11조제1항에 따른 건축허가, 같은 법 제14조제1항에 따른 건축신고, 같은 법 제20조제1항과 제3항에 따른 가설건축물의 건축허가 또는 건축신고 및 같은 법 제83조제1항에 따른 공작물 축조의 신고
11. 「토양환경보전법」 제12조에 따른 특정토양오염관리대상시설 설치의 신고
12. 「액화석유가스의 안전관리 및 사업법」 제3조에 따른 가스용품제조사업의 허가와 같은 법 제6조에 따른 액화석유가스저장소의 설치허가
13. 「고압가스 안전관리법」 제4조에 따른 고압가스의 제조허가와 고압가스저장소 설치의 허가, 같은 법 제5조제1항에 따른 용기, 냉동기 및 특정설비의 제조등록, 같은 법 제20조제1항에 따른 특정고압가스 사용신고
14. 「산업안전보건법」 제48조제4항에 따른 유해·위험방지계획서의 심사 및 같은 법 제49조의2제3항에 따른 공정안전보고서의 심사

③ 제33조제1항에 따라 사업계획의 승인을 받은 공장에 대하여 「건축법」 제22조에 따라 건축물의 사용승인을 할 때 해당 시장·군수 또는 구청장이 다음 각 호의 검사, 신고, 동의 또는 신청(이하 이 조에서 "검사등"이라 한다)에 관하여 제4항에 따라 다른 행정기관의 장과 협의를 한 사항에 대하여는 그 검사등을 받은 것으로 본다. <개정 2007.5.17., 2008.3.21., 2009.6.9., 2010.6.8., 2011.8.4.>

1. 「하수도법」 제37조에 따른 준공검사
2. 「소방시설 설치 · 유지 및 안전관리에 관한 법률」 제7조제1항에 따른 사용승인의 동의, 「소방시설공사업법」 제14조에 따른 소방시설공사의 완공검사와 「위험물안전관리법」 제9조에 따른 제조소등의 완공검사
3. 「폐기물관리법」 제29조제4항에 따른 폐기물처리시설 사용개시의 신고
4. 「대기환경보전법」 제30조제1항 및 「수질 및 수생태계 보전에 관한 법률」 제37조에 따른 배출시설 등의 가동개시 신고
5. 「총포 · 도검 · 화약류 등 단속법」 제43조에 따른 완성검사
6. 「먹는 물 관리법」 제23조제1항에 따른 먹는샘물제조업의 조건부 영업허가
7. 「전기사업법」 제63조에 따른 자가용전기설비의 사용 전 검사
8. 「액화석유가스의 안전관리 및 사업법」 제18조제2항에 따른 저장소 설치와 가스용품제조시설의 완성검사
9. 「고압가스 안전관리법」 제16조제3항에 따른 고압가스의 제조, 저장소 설치, 용기 등의 제조시설 설치공사의 완성검사 및 같은 법 제20조에 따른 특정고압가스시설의 완성검사
10. 「국토의 계획 및 이용에 관한 법률」 제62조제1항과 같은 법 제98조제2항에 따른 준공검사
11. 「측량 · 수로조사 및 지적에 관한 법률」 제64조제2항에 따른 토지 이동 등의 등록 신청

④ 시장 · 군수 또는 구청장이 제33조에 따른 사업계획의 승인 또는 「건축법」 제11조제1항 및 같은 법 제22조제1항에 따른 건축허가와 사용승인을 할 때 그 내용 중 제1항부터 제3항까지에 해당하는 사항이 다른 행정기관의 권한에 속하는 경우에는 그 행정기관의 장과 협의하여야 하며, 협의를 요청받은 행정기관의 장은 대통령령으로 정하는 기간에 의견을 제출하여야 한다. 이 경우 다른 행정기관의 장이 그 기간에 의견을 제출하지 아니하면 의견이 없는 것으로 본다. <개정 2008.3.21.>

제35조(다른 법률과의 관계) ①제33조제1항에 따라 사업계획을 승인할 때 다음 각 호의 허가, 인가, 면허, 승인, 지정, 결정, 신고, 해제 또는 용도폐지(이하 이 조에서 "허가등"이라 한다)에 관하여 시장 · 군수 또는 구청장이 제4항에 따라 다른 행정기관의 장과 협의를 한 사항에 대하여는 그 허가등을 받은 것으로 본다. <개정 2007.12.27., 2008.3.21., 2009.1.30., 2009.6.9., 2010.4.15., 2010.5.31., 2010.6.8., 2011.4.14., 2011.7.21., 2014.1.14.>

1. 「산업집적활성화 및 공장설립에 관한 법률」 제13조제1항에 따른 공장설립 등의 승인
2. 「사방사업법」 제14조에 따른 벌채 등의 허가와 같은 법 제20조에 따른 사방지(砂防地) 지정의 해제
3. 「공유수면 관리 및 매립에 관한 법률」 제8조에 따른 공유수면의 점용 · 사용허가, 같은 법 제17조에 따른 점용 · 사용 실시계획의 승인 또는 신고 및 같은 법 제28조에 따른 공유수면의 매립면허
4. 삭제 <2010.4.15.>
5. 「하천법」 제30조에 따른 하천공사의 허가와 같은 법 제33조에 따른 하천의 점

용허가

6. 「산지관리법」 제14조 및 제15조에 따른 산지전용허가, 산지전용신고, 같은 법 제15조의2에 따른 산지일시사용허가·신고 및 같은 법 제21조에 따라 산지전용된 토지의 용도변경 승인과 「산림자원의 조성 및 관리에 관한 법률」 제36조제1항 및 제4항에 따른 입목벌채 등의 허가와 신고
7. 「사도법」 제4조에 따른 사도(私道)의 개설허가
8. 「국토의 계획 및 이용에 관한 법률」 제56조제1항에 따른 개발행위의 허가, 같은 법 제86조에 따른 도시·군계획시설사업의 시행자 지정, 같은 법 제88조에 따른 실시계획의 작성·인가 및 같은 법 제118조에 따른 토지거래계약의 허가
9. 「농지법」 제34조제1항에 따른 농지의 전용허가, 같은 법 제35조제1항에 따른 농지의 전용신고 및 같은 법 제40조제1항에 따른 용도변경의 승인
10. 「초지법」 제23조에 따른 초지의 전용허가 또는 전용 신고
11. 「국유재산법」 제30조에 따른 국유재산의 사용허가 및 같은 법 제40조에 따른 도로, 하천, 도랑 및 제방의 용도폐지
12. 「도로법」 제61조제1항에 따른 도로의 점용허가
13. 「환경영향평가법」에 따른 소규모 환경영향평가 협의
14. 「농어촌정비법」 제23조제1항 본문에 따른 농업생산기반시설의 목적 외 사용의 승인
15. 「장사 등에 관한 법률」 제27조제1항에 따른 타인의 토지 등에 설치된 분묘 개장(改葬)의 허가
16. 「공유재산 및 물품 관리법」 제20조제1항에 따른 행정재산의 사용허가·수익허가 및 같은 법 제11조에 따른 행정재산의 용도폐지

② 제33조제1항에 따라 사업계획의 승인을 받은 공장에 대해 「건축법」 제11조에 따른 건축허가를 할 때 해당 시장·군수 또는 구청장이 다음 각 호의 허가, 인가, 승인, 동의, 심사 또는 신고(이하 이 조에서 "승인등"이라 한다)에 관하여 제4항에 따라 다른 행정기관의 장과 협의를 한 사항에 대하여는 그 승인등을 받은 것으로 본다. <개정 2007.5.17., 2008.3.21., 2009.6.9., 2010.6.8., 2011.8.4., 2012.8.13., 2014.1.14.>

1. 「도로법」 제61조제1항에 따른 도로의 점용허가
2. 「하수도법」 제24조에 따른 점용허가와 같은 법 제27조제3항 및 제4항에 따른 배수설비의 설치신고
3. 「하수도법」 제34조제2항에 따른 개인하수처리시설설치의 신고
4. 「소방시설 설치·유지 및 안전관리에 관한 법률」 제7조제1항에 따른 건축허가등의 동의, 「소방시설공사업법」 제13조제1항에 따른 소방시설공사의 신고와 「위험물안전관리법」 제6조제1항에 따른 제조소등의 설치허가
5. 「대기환경보전법」 제23조, 「수질 및 수생태계 보전에 관한 법률」 제33조, 「소음·진동관리법」 제8조 및 「가축분뇨의 관리 및 이용에 관한 법률」 제11조에 따른 배출시설의 설치허가 또는 설치신고
6. 「폐기물관리법」 제29조제2항에 따른 폐기물처리시설의 설치승인 또는 설치신고
7. 「수도법」 제52조와 제54조에 따른 전용수도설치의 인가

8. 「전기사업법」 제62조에 따른 자가용전기설비의 공사계획 인가 또는 신고
9. 「총포 · 도검 · 화약류 등 단속법」 제25조제1항에 따른 화약류 간이저장소 설치의 허가
10. 「건축법」 제11조제1항에 따른 건축허가, 같은 법 제14조제1항에 따른 건축신고, 같은 법 제20조제1항과 제3항에 따른 가설건축물의 건축허가 또는 건축신고 및 같은 법 제83조제1항에 따른 공작물 축조의 신고
11. 「토양환경보전법」 제12조에 따른 특정토양오염관리대상시설 설치의 신고
12. 「액화석유가스의 안전관리 및 사업법」 제3조에 따른 가스용품제조사업의 허가와 같은 법 제6조에 따른 액화석유가스저장소의 설치허가
13. 「고압가스 안전관리법」 제4조에 따른 고압가스의 제조허가와 고압가스저장소 설치의 허가, 같은 법 제5조제1항에 따른 용기, 냉동기 및 특정설비의 제조등록, 같은 법 제20조제1항에 따른 특정고압가스 사용신고
14. 「산업안전보건법」 제48조제4항에 따른 유해 · 위험방지계획서의 심사 및 같은 법 제49조의2제3항에 따른 공정안전보고서의 심사

③ 제33조제1항에 따라 사업계획의 승인을 받은 공장에 대하여 「건축법」 제22조에 따라 건축물의 사용승인을 할 때 해당 시장 · 군수 또는 구청장이 다음 각 호의 검사, 신고, 동의 또는 신청(이하 이 조에서 "검사등"이라 한다)에 관하여 제4항에 따라 다른 행정기관의 장과 협의를 한 사항에 대하여는 그 검사등을 받은 것으로 본다. <개정 2007.5.17., 2008.3.21., 2009.6.9., 2010.6.8., 2011.8.4., 2014.6.3.>

1. 「하수도법」 제37조에 따른 준공검사
2. 「소방시설 설치 · 유지 및 안전관리에 관한 법률」 제7조제1항에 따른 사용승인의 동의, 「소방시설공사업법」 제14조에 따른 소방시설공사의 완공검사와 「위험물안전관리법」 제9조에 따른 제조소등의 완공검사
3. 「폐기물관리법」 제29조제4항에 따른 폐기물처리시설 사용개시의 신고
4. 「대기환경보전법」 제30조제1항 및 「수질 및 수생태계 보전에 관한 법률」 제37조에 따른 배출시설 등의 가동개시 신고
5. 「총포 · 도검 · 화약류 등 단속법」 제43조에 따른 완성검사
6. 「먹는 물 관리법」 제23조제1항에 따른 먹는샘물제조업의 조건부 영업허가
7. 「전기사업법」 제63조에 따른 자가용전기설비의 사용 전 검사
8. 「액화석유가스의 안전관리 및 사업법」 제18조제2항에 따른 저장소 설치와 가스용품제조시설의 완성검사
9. 「고압가스 안전관리법」 제16조제3항에 따른 고압가스의 제조, 저장소 설치, 용기 등의 제조시설 설치공사의 완성검사 및 같은 법 제20조에 따른 특정고압가스시설의 완성검사
10. 「국토의 계획 및 이용에 관한 법률」 제62조제1항과 같은 법 제98조제2항에 따른 준공검사
11. 「공간정보의 구축 및 관리 등에 관한 법률」 제64조제2항에 따른 토지 이동 등의 등록 신청

④ 시장 · 군수 또는 구청장이 제33조에 따른 사업계획의 승인 또는 「건축법」 제11조제1항 및 같은 법 제22조제1항에 따른 건축허가와 사용승인을 할 때 그 내용 중

제1항부터 제3항까지에 해당하는 사항이 다른 행정기관의 권한에 속하는 경우에는 그 행정기관의 장과 협의하여야 하며, 협의를 요청받은 행정기관의 장은 대통령령으로 정하는 기간에 의견을 제출하여야 한다. 이 경우 다른 행정기관의 장이 그 기간에 의견을 제출하지 아니하면 의견이 없는 것으로 본다. <개정 2008.3.21.>

[시행일 : 2015.6.4.] 제35조

제36조(법령 제정 · 개정 시의 협의) 관계 행정기관의 장은 제33조에 따른 사업계획의 승인, 창업자의 공장에 대한 「건축법」 제11조제1항의 건축허가나 같은 법 제22조제1항의 사용승인과 관련되는 사항을 법령으로 제정하거나 개정하려면 미리 중소기업청장과 협의하여야 한다. <개정 2008.3.21.>

제37조(사업계획 승인의 취소 등) ① 시장 · 군수 또는 구청장은 사업계획의 승인을 받은 자가 다음 각 호의 어느 하나에 해당하면 사업계획의 승인과 공장 건축허가를 취소하거나 해당 토지의 원상회복을 명령할 수 있다. <개정 2013.8.6.>

1. 사업계획의 승인을 받은 날부터 대통령령으로 정하는 기간이 지난 날까지 공장의 착공을 하지 아니하거나 공장착공 후 대통령령으로 정하는 기간 이상 공사를 중단한 경우
2. 사업계획의 승인을 받은 공장용지를 「산업집적활성화 및 공장설립에 관한 법률」 제15조에 따른 공장설립등의 완료신고를 하기 전에 다른 사람에게 양도한 경우. 다만, 창업자에 양도한 경우에는 그러하지 아니하다.
3. 사업계획의 승인을 받은 공장용지를 다른 사람에게 임대하거나 공장이 아닌 용도로 활용하는 경우
4. 사업계획의 승인을 받은 후 대통령령으로 정하는 기간이 지난 날까지 공장 건축을 끝내지 아니한 경우

② 시장 · 군수 또는 구청장은 제1항에 따른 원상회복명령을 위반하여 원상회복을 하지 아니하면 대집행(代執行)에 따라 원상회복을 할 수 있다.

③ 제2항에 따른 대집행의 절차에 관하여는 「행정대집행법」을 적용한다.

④ 시장 · 군수 또는 구청장은 제1항에 따라 사업계획의 승인을 취소하려면 청문을 하여야 한다.

제38조(창업민원처리기구의 설치) ① 정부는 민원인의 편의를 위하여 특별시 · 광역시 · 특별자치시 · 도 · 특별자치도 또는 시 · 군 · 구의 창업에 관련된 민원을 종합적으로 접수하여 처리할 수 있는 기구(이하 이 조에서 "중소기업창업민원실"이라 한다)를 설치할 수 있다. <개정 2013.8.6.>

② 중소기업창업민원실의 설치 및 운영에 필요한 사항은 대통령령으로 정한다.

제39조(창업진흥전담조직의 설치) ① 중소기업청장은 창업을 촉진하기 위한 업무를 전담하는 조직(이하 이 조에서 "전담조직"이라 한다)을 설치할 수 있다.

② 제1항에 따른 전담조직의 설치 및 운영 등에 필요한 사항은 대통령령으로 정한다.

제39조의2(청년기업가정신 재단법인에 대한 출연 등) 중소기업청장은 「민법」 제32조에 따라 중소기업청장의 설립허가를 받은 비영리법인으로서 청년 및 예비창업자 등을 대상으로 도전정신, 창의력, 혁신역량 등(이하 이 조에서 "기업가정신"이라 한다)을 함양하기 위하여 다음 각 호의 사업을 주요 목적으로 하는 재단법인에 대하

여 예산의 범위에서 출연 또는 보조할 수 있다.
1. 기업가정신 활성화 사업의 기획, 개발 및 연구
2. 기업가정신의 실태조사 및 통계 구축 · 운영
3. 청년 및 예비창업자 등을 대상으로 하는 기업가정신 교육과정과 교재의 개발 · 보급, 교육사업의 관리 · 운영 지원
4. 기업가정신 모범사례의 발굴 · 전파 등 기업가정신을 확산하기 위한 분위기 조성 사업
5. 기업가정신 저해요인의 발굴 · 해소 및 재창업 여건 확충
6. 그 밖에 기업가정신의 함양 및 확산을 위하여 중소기업청장이 지정 · 위탁하는 사업

[본조신설 2011.4.4.]

[종전 제39조의2는 제39조의3으로 이동 <2011.4.4.>]

제39조의3(부담금의 면제) ① 「통계법」 제22조제1항에 따라 통계청장이 작성 · 고시하는 한국표준산업분류상의 제조업을 영위하기 위하여 중소기업을 창업하는 자에 대하여 사업을 개시한 날부터 3년 동안 다음 각 호의 부담금을 면제한다. <개정 2010.6.8.>
1. 「지방자치법」 제138조에 따른 분담금
2. 「농지법」 제38조제1항에 따른 농지보전부담금
3. 「초지법」 제23조제6항에 따른 대체초지조성비
4. 「전기사업법」 제51조제1항에 따른 부담금
5. 「대기환경보전법」 제35조제1항제2호의 기본부과금(대기오염물질배출량의 합계가 연간 10톤 미만인 사업장에 한한다)
6. 「수질 및 수생태계 보전에 관한 법률」 제41조제1항제1호의 기본배출부과금(1일 폐수배출량이 200㎥ 미만인 사업장에 한한다)
7. 「자원의 절약과 재활용촉진에 관한 법률」 제12조제2항에 따른 폐기물부담금(연간 매출액이 20억원 미만인 제조업자에 한한다)
8. 「한강수계 상수원수질개선 및 주민지원 등에 관한 법률」 제19조제1항에 따른 물이용부담금
9. 「금강수계 물관리 및 주민지원 등에 관한 법률」 제30조제1항에 따른 물이용부담금
10. 「낙동강수계 물관리 및 주민지원 등에 관한 법률」 제32조제1항에 따른 물이용부담금
11. 「영산강 · 섬진강수계 물관리 및 주민지원 등에 관한 법률」 제30조제1항에 따른 물이용부담금

② 제1항에 따른 부담금 면제의 절차 및 방법 등에 관하여 필요한 사항은 대통령령으로 정한다. <신설 2010.6.8.>

[본조신설 2007.8.3.]

[제39조의2에서 이동, 종전 제39조의3은 제39조의4로 이동 <2011.4.4.>]

[법률 제8606호(2007.8.3.) 부칙 제2항의 규정에 의하여 이 조는 2017년 8월 2일까지 유효함]

제39조의4(사업분리에 의한 창업 시 공장등록 특례) 「법인세법」 제1조제1호에 따른 내국법인(이하 이 조에서 "내국법인"이라 한다)이 하는 사업의 일부를 분리하여 사업을 개시하는 중소기업이 다음 각 호의 요건을 모두 갖춘 경우에는 「부가가치세법」 제5조에 따라 발급받은 사업자등록증은 사업을 개시한 날부터 2년 동안 「산업집적활성화 및 공장설립에 관한 법률」 제16조에 따라 공장등록을 하였음을 증명하는 서류로 본다.

1. 내국법인의 임직원이었던 자가 대표자, 최대주주 또는 최대출자자일 것
2. 내국법인과 사업의 분리에 관한 계약 및 그 내국법인의 공장 전부 또는 일부의 공동사용에 관한 계약을 서면으로 체결할 것

[본조신설 2010.6.8.]

[제39조의3에서 이동, 종전 제39조의4는 제39조의5로 이동 <2011.4.4.>]

제39조의5(재택창업지원시스템 설치 · 운영) ① 중소기업청장은 「전자정부법」 제2조제10호에 따른 정보통신망을 통하여 회사를 설립할 수 있는 시스템(이하 이 조에서 "재택창업지원시스템"이라 한다)을 설치 · 운영할 수 있다.

② 관계 중앙행정기관 및 관련 기관은 재택창업지원시스템을 통한 창업 절차가 원활하게 진행될 수 있도록 해당 기관의 소관 업무를 신속하게 처리하는 등 협조하여야 한다.

③ 중소기업청장은 예산의 범위에서 관계 중앙행정기관 및 관련 기관이 재택창업지원시스템에 연계되는 개별 시스템을 운영하는 데에 드는 비용의 전부 또는 일부를 지원할 수 있다.

④ 제2항 및 제3항에서 규정한 사항 외에 재택창업지원시스템의 설치 · 운영에 필요한 절차 및 방법 등에 관한 사항은 대통령령으로 정한다.

[본조신설 2010.6.8.]

[제39조의4에서 이동 <2011.4.4.>]

제6장 보칙

제40조(보고와 검사) ① 중소기업청장은 필요하다고 인정하면 대통령령으로 정하는 바에 따라 중소기업창업투자회사, 중소기업창업투자조합의 업무집행조합원, 중소기업상담회사 또는 창업보육센터사업자에게 업무운용 상황 등에 관한 보고를 하게 할 수 있으며, 다음 각 호의 어느 하나에 해당하는 경우에는 소속 공무원에게 사무소와 사업장에 출입하여 중소기업창업투자회사 및 중소기업창업투자조합의 감사보고서 등 대통령령으로 정하는 장부 · 서류 등을 검사하게 할 수 있다.

1. 제10조제2항에 따른 중소기업창업투자회사의 등록요건 유지 여부의 확인이 필요한 경우
2. 제15조에 따른 중소기업창업투자회사의 행위제한 위반 여부의 확인이 필요한 경우
3. 제16조에 따른 중소기업창업투자회사의 투자의무 준수 여부의 확인이 필요한 경우
4. 제17조에 따른 중소기업창업투자회사의 해외투자 요건 준수 여부의 확인이 필

요한 경우
5. 제21조에 따른 업무집행조합원의 행위 등에 대한 위반 여부 및 투자의무 준수 여부의 확인이 필요한 경우
6. 삭제 <2009.4.1.>
7. 그 밖에 제1호부터 제6호까지의 사항에 준하는 경우로서 대통령령으로 정하는 경우

② 제1항에 따라 검사를 하는 경우에는 검사 7일 전에 검사 일시, 검사 목적 및 검사 내용 등에 관한 검사계획을 검사받을 자에게 알려야 한다. 다만, 긴급하거나 증거인멸 등으로 검사 목적을 달성할 수 없다고 인정하는 경우에는 그러하지 아니하다.

③ 제1항에 따라 출입·검사하는 공무원은 그 권한을 표시하는 증표를 지니고 이를 관계인에게 내보여야 하며, 출입할 때 성명·출입시간·출입목적 등이 표시된 문서를 관계인에게 내주어야 한다.

제41조 삭제 〈2009.4.1.〉

제42조(임직원에 대한 제재 등) ① 중소기업청장은 중소기업창업투자회사 또는 업무집행조합원이 제43조제1항 또는 제2항 각 호의 어느 하나(제1호는 제외한다)에 해당하여 중소기업창업투자회사 또는 중소기업창업투자조합의 건전한 운영을 해칠 우려가 있다고 인정되는 경우에는 중소기업창업투자회사 임직원에 대하여 다음 각 호의 어느 하나에 해당하는 문책의 요구를 할 수 있다. <개정 2013.8.6.>
1. 면직 또는 해임
2. 6개월 이내의 직무정지
3. 감봉
4. 경고

② 제1항의 조치는 제43조제5항의 조치와 병과(倂科)할 수 있다. <개정 2013.8.6.>

③ 중소기업청장은 제1항 각 호의 조치의 기준과 절차 등에 필요한 사항을 정하여 고시할 수 있다. <신설 2013.8.6.>

제42조의2(경영 건전성 기준 등) ① 중소기업창업투자회사는 대통령령으로 정하는 경영 건전성 기준을 갖추어야 한다.

② 중소기업청장은 중소기업창업투자회사의 경영 건전성을 확보하기 위하여 경영실태에 대한 평가를 실시할 수 있다.

③ 중소기업청장은 중소기업창업투자회사가 제1항에 따른 기준을 갖추지 못하거나 제2항에 따른 경영실태 평가결과 경영 건전성 유지가 곤란하다고 인정되면 해당 중소기업창업투자회사에 대하여 자본금의 증액, 이익 배당의 제한 등 경영개선을 위하여 필요한 조치를 요구할 수 있다.

[본조신설 2013.8.6.]

제43조(등록의 취소 등) ① 중소기업청장은 중소기업창업투자회사가 다음 각 호의 어느 하나에 해당하면 그 등록을 취소하거나 이 법에 따른 지원을 중단할 수 있다. 다만, 제1호에 해당하면 그 등록을 취소하여야 한다. <개정 2007.8.3., 2013.8.6.>
1. 거짓이나 그 밖에 부정한 방법으로 등록을 한 때
2. 제10조제2항에 따른 등록요건에 맞지 아니하게 된 때. 다만, 임원이 같은 항 제

2호 각 목(같은 호 사목과 아목은 대표이사에게만 해당한다)의 어느 하나에 해당하는 경우 3개월 이내에 그 임원을 바꾸어 임명한 경우에는 그러하지 아니하다.

3. 정당한 사유 없이 1년 이상 계속하여 제16조제1항에 따라 산업통상자원부령으로 정하는 용도로 제10조제1항제1호, 제2호, 제2호의2 및 제5호에 따른 투자를 하지 아니한 때. 다만, 제16조제1항에 따른 투자 의무 등 대통령령으로 정하는 사항을 모두 이행한 경우에는 그러하지 아니하다.
4. 회사의 책임 있는 사유로 제10조제1항에 따른 사업수행이 어렵게 된 때
5. 제15조제1항에 따른 행위제한 의무를 위반하거나 같은 조 제2항에 따른 비업무용부동산 처분의무를 위반한 때
6. 투자비율이 제16조에 따른 비율에 미치지 못할 때
7. 제17조를 위반하여 해외투자를 한 때
8. 중소기업창업투자조합의 업무집행조합원으로서 제21조제2항을 위반하여 자기 또는 제삼자의 이익을 위하여 중소기업창업투자조합의 재산을 사용한 때
9. 「유사수신행위의 규제에 관한 법률」 제3조를 위반한 때
10. 제42조제1항에 따른 문책의 요구, 제42조의2제3항에 따른 조치의 요구 및 제5항에 따른 조치를 이행하지 아니한 때
11. 중소기업창업투자조합의 업무집행조합원으로서 제21조제4항 또는 같은 조 제5항에 따라 준용되는 제15조를 위반하거나 「벤처기업육성에 관한 특별조치법」 제4조의3제2항에 따른 한국벤처투자조합의 업무집행조합원으로서 같은 법 제4조의4제2항을 위반한 때(제47조의2제1항에 따른 공모창업투자조합의 업무집행조합원의 경우 「자본시장과 금융투자업에 관한 법률」 또는 같은 법에 따른 명령이나 처분을 위반한 때를 포함한다)

② 중소기업청장은 중소기업창업투자조합이 다음 각 호의 어느 하나에 해당하면 그 등록을 취소하거나 이 법에 따른 지원을 중단할 수 있다. 다만, 제1호에 해당하면 그 등록을 취소하여야 한다. <개정 2009.12.30.>

1. 거짓이나 그 밖에 부정한 방법으로 등록을 한 때
2. 제20조제5항에 따른 등록요건에 맞지 아니하게 된 때
3. 제21조제3항부터 제6항까지의 규정을 위반한 때
4. 업무집행조합원인 중소기업창업투자회사의 등록이 취소되거나 말소된 때
5. 제22조제1항 및 제3항을 위반한 때
6. 삭제 <2007.8.3.>

③ 중소기업청장은 중소기업상담회사가 다음 각 호의 어느 하나에 해당하면 그 등록을 취소하거나 이 법에 따른 지원을 중단할 수 있다. 다만, 제1호에 해당하면 그 등록을 취소하여야 한다.

1. 거짓이나 그 밖에 부정한 방법으로 등록을 한 때
2. 제31조제2항에 따른 등록요건에 맞지 아니하게 된 때. 다만, 임원 중 같은 항 제2호 각 목의 어느 하나에 해당하는 자가 있는 경우 6개월 이내에 그 임원을 바꾸어 임명한 경우에는 그러하지 아니하다.
3. 회사의 책임 있는 사유로 제31조제1항에 따른 사업수행이 어렵게 된 때

4. 정당한 사유 없이 1년 이상 계속하여 사업을 하지 아니한 때
5. 삭제 <2007.8.3.>

④ 중소기업청장은 창업보육센터사업자가 다음 각 호의 어느 하나에 해당하면 사업자의 지정을 취소하거나 이 법에 따른 지원을 중단할 수 있다. 다만, 제1호에 해당하면 그 지정을 취소하여야 한다. <개정 2008.2.29., 2012.8.13., 2013.3.23., 2013.8.6.>

1. 거짓이나 그 밖에 부정한 방법으로 지정을 받은 때
2. 지원받은 자금을 다른 목적으로 사용한 때
3. 창업보육센터 시설 및 장소를 중소기업 창업지원 외의 목적으로 사용한 때
4. 창업보육센터의 운영 실적이 산업통상자원부령으로 정하는 기준에 미치지 못할 때
5. 제6조제1항에 따른 지정 요건에 맞지 아니하게 된 때

⑤ 중소기업청장은 중소기업창업투자회사 또는 업무집행조합원이 제1항 또는 제2항 각 호의 어느 하나(제1항제1호 및 제2항제1호는 제외한다)에 해당하는 경우에는 다음 각 호의 어느 하나에 해당하는 조치를 할 수 있다. <신설 2013.8.6.>

1. 6개월 이내의 업무의 전부 또는 일부의 정지
2. 위법행위의 시정명령
3. 경고

제44조(청문) 중소기업청장은 제43조에 따라 중소기업창업투자회사, 중소기업창업투자조합 또는 중소기업상담회사의 등록을 취소하거나 창업보육센터사업자의 지정을 취소하려면 청문을 하여야 한다.

제45조(권한의 위임 · 위탁) ① 이 법에 따른 중소기업청장의 권한은 대통령령으로 정하는 바에 따라 그 일부를 소속 기관의 장이나 특별시장 · 광역시장 · 특별자치시장 · 도지사 또는 특별자치도지사에게 위임할 수 있다. <개정 2013.8.6.>

② 중소기업청장은 이 법에 따른 업무의 일부를 대통령령으로 정하는 바에 따라 다른 행정기관의 장, 「중소기업진흥에 관한 법률」 제68조에 따른 중소기업진흥공단, 중소기업창업투자회사, 중소기업상담회사, 그 밖의 중소기업 관련 기관에 위탁할 수 있다. <개정 2009.5.21.>

제46조(비슷한 명칭의 사용 금지) 중소기업창업투자회사나 중소기업창업투자조합이 아닌 자는 중소기업창업투자회사와 중소기업창업투자조합의 명칭 또는 이와 비슷한 명칭을 사용하지 못한다.

제47조(업무기준의 고시) 중소기업청장은 중소기업창업투자회사, 중소기업창업투자조합, 중소기업상담회사 또는 창업보육센터사업자가 창업자에 대하여 효율적으로 지원할 수 있도록 창업지원 업무에 관한 기준을 정하여 고시할 수 있다.

제47조의2(공모창업투자조합에 관한 특례) ① 「자본시장과 금융투자업에 관한 법률」 제11조부터 제16조까지, 제22조부터 제27조까지, 제29조부터 제32조까지, 제34조부터 제43조까지, 제48조, 제50조부터 제53조까지, 제56조, 제58조, 제60조부터 제65조까지, 제80조부터 제83조까지, 제85조제2호 · 제3호 및 제6호부터 제8호까지, 제86조부터 제95조까지, 제181조부터 제183조까지, 제184조제1항 · 제2항 · 제5항부터 제7항까지, 제185조부터 제187조까지, 제218조부터 제223조까지,

제229조부터 제253조까지 및 제415조부터 제425조까지는 공모창업투자조합(「자본시장과 금융투자업에 관한 법률」 제9조제19항에 따른 사모집합투자기구에 해당하지 아니하는 창업투자조합을 말한다. 이하 같다) 및 창업투자회사(공모창업투자조합이 아닌 창업투자조합만을 결성하여 그 업무를 집행하는 창업투자회사를 제외한다)에 대하여는 적용하지 아니한다.

② 중소기업청장은 공모창업투자조합 또는 창업투자회사(공모창업투자조합이 아닌 창업투자조합만을 결성하여 그 업무를 집행하는 창업투자회사를 제외한다)를 등록하는 경우에는 미리 금융위원회와 협의하여야 한다. <개정 2008.2.29.>

③ 금융위원회는 공익 또는 공모창업투자조합의 조합원을 보호하기 위하여 필요한 경우에는 공모창업투자조합 및 창업투자회사(공모창업투자조합이 아닌 창업투자조합만을 결성하여 그 업무를 집행하는 창업투자회사를 제외한다)에 대하여 업무에 관한 자료의 제출이나 보고를 명할 수 있으며, 금융감독원의 원장으로 하여금 그 업무에 관하여 검사하게 할 수 있다. <개정 2008.2.29.>

④ 금융위원회는 공모창업투자조합 및 창업투자회사(공모창업투자조합이 아닌 창업투자조합만을 결성하여 그 업무를 집행하는 창업투자회사를 제외한다)가 이 법 또는 이 법에 따른 명령이나 처분을 위반하거나, 「자본시장과 금융투자업에 관한 법률」 또는 「자본시장과 금융투자업에 관한 법률」에 따른 명령이나 처분을 위반한 경우에는 제42조제1항, 제43조제1항 · 제2항 · 제5항의 어느 하나에 해당하는 조치를 취하도록 중소기업청장에게 요구할 수 있고, 중소기업청장은 특별한 사유가 없는 한 이에 응하여야 한다. 이 경우 중소기업청장은 그 조치내역을 금융위원회에 통보하여야 한다. <개정 2008.2.29., 2013.8.6.>

[본조신설 2007.8.3.]

제48조(벌칙) ① 제15조의2제1항을 위반하여 대주주 자신의 이익을 얻을 목적으로 같은 항 각 호의 어느 하나에 해당하는 행위를 한 자는 5년 이하의 징역 또는 5천만원 이하의 벌금에 처한다.

② 제10조제4항에 따른 처분명령을 위반하여 주식을 처분하지 아니한 자는 1년 이하의 징역 또는 1천만원 이하의 벌금에 처한다.

[본조신설 2013.8.6.]

[종전 제48조는 제50조로 이동 <2013.8.6.>]

제49조(양벌규정) 법인의 대표자나 법인 또는 개인의 대리인, 사용인, 그 밖의 종업원이 그 법인 또는 개인의 업무에 관하여 제48조의 위반행위를 하면 그 행위자를 벌하는 외에 그 법인 또는 개인에게도 해당 조문의 벌금형을 과(科)한다. 다만, 법인 또는 개인이 그 위반행위를 방지하기 위하여 해당 업무에 관하여 상당한 주의와 감독을 게을리하지 아니한 경우에는 그러하지 아니하다.

[본조신설 2013.8.6.]

제7장 벌칙

제50조(과태료) ① 다음 각 호의 어느 하나에 해당하는 자에게는 500만원 이하의 과태료를 부과한다.

1. 제10조제1항 후단 또는 제20조제1항 후단에 따른 변경 등록을 하지 아니하거

나 거짓으로 변경 등록을 한 자
2. 제11조제2항에 따른 영업의 양수 등의 신고를 하지 아니하거나 거짓으로 신고한 자
3. 제14조에 따른 중소기업창업투자회사의 공시를 하지 아니하거나 거짓으로 공시한 자
4. 제19조 또는 제23조에 따른 결산서를 제출하지 아니하거나 거짓된 결산서를 제출한 자
5. 제40조제1항에 따른 보고를 하지 아니하거나 거짓된 보고를 한 자 또는 같은 항에 따른 검사를 거부·방해 또는 기피한 자
6. 삭제 <2009.4.1.>
7. 제46조를 위반하여 비슷한 명칭을 사용한 자

② 제1항에 따른 과태료는 대통령령으로 정하는 바에 따라 중소기업청장이 부과·징수한다.

③ 삭제 <2009.1.30.>

④ 삭제 <2009.1.30.>

⑤ 삭제 <2009.1.30.>

[제48조에서 이동 <2013.8.6.>]

부칙 〈제12310호, 2014.1.21.〉

제1조(시행일) 이 법은 공포한 날부터 시행한다.

제2조(금치산자 등에 대한 경과조치) 제10조제2항제2호가목 및 제31조제2항제2호가목의 개정규정에 따른 피성년후견인 또는 피한정후견인에는 법률 제10429호 민법 일부개정법률 부칙 제2조에 따라 금치산 또는 한정치산 선고의 효력이 유지되는 사람을 포함하는 것으로 본다.

중소기업창업 지원법 시행령

[시행 2014.12.3.] [대통령령 제25807호, 2014.12.3., 일부개정]

중소기업청(창업진흥과) 042-481-4409

제1장 총칙

제1조(목적) 이 영은 「중소기업창업 지원법」에서 위임된 사항과 그 시행에 필요한 사항을 규정함을 목적으로 한다.

제2조(창업의 범위) ① 「중소기업창업 지원법」(이하 "법"이라 한다) 제2조제1호에 따른 창업은 다음 각 호의 어느 하나에 해당하지 아니하는 것으로서 중소기업을 새로 설립하여 사업을 개시하는 것을 말한다. <개정 2008.2.29., 2013.3.23.>

1. 타인으로부터 사업을 승계하여 승계 전의 사업과 같은 종류의 사업을 계속하는 경우. 다만, 사업의 일부를 분리하여 해당 기업의 임직원이나 그 외의 자가 사업을 개시하는 경우로서 산업통상자원부령으로 정하는 요건에 해당하는 경우는 제외한다.
2. 개인사업자인 중소기업자가 법인으로 전환하거나 법인의 조직변경 등 기업형태를 변경하여 변경 전의 사업과 같은 종류의 사업을 계속하는 경우
3. 폐업 후 사업을 개시하여 폐업 전의 사업과 같은 종류의 사업을 계속하는 경우

② 제1항 각 호에 따른 같은 종류의 사업의 범위는 「통계법」 제22조제1항에 따라 통계청장이 작성·고시하는 한국표준산업분류(이하 "한국표준산업분류"라 한다)상의 세분류를 기준으로 한다. 이 경우 기존 업종에 다른 업종을 추가하여 사업을 하는 경우에는 추가된 업종의 매출액이 총 매출액의 100분의 50 미만인 경우에만 같은 종류의 사업을 계속하는 것으로 본다. <개정 2007.10.23.>

③ 제2항 후단에 따른 추가된 업종의 매출액 또는 총 매출액은 추가된 날이 속하는 분기의 다음 2분기 동안의 매출액 또는 총 매출액을 말한다.

제3조(사업의 개시일) 법 제2조제2호에 따른 사업을 개시한 날은 다음 각 호와 같다. <개정 2013.6.28.>

1. 창업자가 법인이면 법인설립등기일
2. 창업자가 개인이면 「부가가치세법」 제8조제1항에 따른 사업개시일. 다만, 법 제33조에 따른 사업계획의 승인을 받아 사업을 개시하는 경우에는 「부가가치세법」 제8조제1항에 따른 사업자등록일

제4조(창업에서 제외되는 업종) 법 제3조 단서에서 "대통령령으로 정하는 업종"이란 다음 각 호의 어느 하나에 해당하는 업종을 말한다. 이 경우 업종의 분류는 한국표준산업분류를 기준으로 한다. <개정 2008.2.29., 2008.5.9., 2011.6.8., 2013.3.23., 2014.12.3.>

1. 금융 및 보험업
2. 부동산업
3. 숙박 및 음식점업(호텔업, 휴양콘도 운영업, 기타 관광숙박시설 운영업 및 상시 근로자 20명 이상의 법인인 음식점업은 제외한다)

4. 무도장운영업
5. 골프장 및 스키장운영업
6. 기타 갬블링 및 베팅업
7. 기타 개인 서비스업(그외 기타 개인 서비스업은 제외한다)
8. 그 밖에 제조업이 아닌 업종으로서 산업통상자원부령으로 정하는 업종

제5조(창업지원계획의 수립 등) ①법 제4조제1항에 따른 중소기업창업지원계획에는 다음 각 호의 사항이 포함되어야 한다. <개정 2009.5.28., 2009.11.20.>

1. 창업자의 지원에 관한 사항
2. 창업지원과 관련되는 기관·단체의 육성에 관한 사항
3. 「중소기업진흥에 관한 법률」 제63조에 따른 중소기업창업 및 진흥기금에서 지원하는 중소기업 창업지원자금의 운용에 관한 사항
4. 그 밖에 창업지원을 위하여 필요한 사항

② 법 제4조제2항에서 "대통령령으로 정하는 창업지원에 관한 사업을 하는 자"란 다음 각 호의 어느 하나에 해당하는 자를 말한다.

1. 법 제6조제1항에 따른 창업보육센터사업자
2. 법 제8조제1항에 따른 창업대학원
3. 법 제10조제1항에 따른 중소기업창업투자회사(이하 "창업투자회사"라 한다)
4. 법 제20조제1항에 따른 중소기업창업투자조합(이하 "창업투자조합"이라 한다)
5. 법 제31조제1항에 따른 중소기업상담회사(이하 "중소기업상담회사"라 한다)
6. 법 제39조에 따른 창업을 촉진하기 위한 업무를 전담하는 조직
7. 그 밖에 창업강좌의 개최 또는 창업정보의 제공 등 창업지원사업을 하는 자로서 중소기업청장이 고시하는 기준을 갖춘 사업자

제5조의2(창업촉진사업에 대한 출연 또는 보조의 절차 등) ① 중소기업청장은 법 제4조의2제1항에 따른 창업촉진사업에 대하여 다음 각 호의 사항이 포함된 출연 또는 보조 계획을 수립하여 공고하여야 한다.

1. 출연 또는 보조의 대상이 되는 사업의 범위
2. 출연금 및 보조금(이하 이 조에서 "출연금등"이라 한다)의 신청자격, 신청절차 및 방법
3. 출연금등의 지원규모
4. 그 밖에 출연 또는 보조를 위하여 중소기업청장이 필요하다고 인정하는 사항

② 중소기업청장은 법 제4조의2제2항에 따라 대학, 연구기관, 공공기관, 창업 관련 단체, 중소기업 및 예비창업자에게 출연하거나 보조하려는 때에는 해당 사업을 수행하는 자와 다음 각 호의 사항이 포함된 협약을 체결하여야 한다.

1. 사업의 내용
2. 출연금등의 용도 및 관리계획
3. 사업성과의 활용
4. 협약의 변경에 관한 사항
5. 그 밖에 사업 시행에 필요하다고 중소기업청장이 인정하는 사항

③ 중소기업청장은 제2항에 따른 출연금등을 사업의 내용 또는 착수시기 등을 고려하여 일시에 지급하거나 분할하여 지급할 수 있다.

④ 제3항에 따라 출연금등을 지급받은 자는 별도의 계정을 설정하여 관리하여야 하며, 출연금등을 협약에서 정한 용도에만 사용하여야 한다.
[본조신설 2010.12.9.]

제5조의3(창업촉진사업) 법 제4조의2제1항제4호에서 "그 밖에 창업교육 및 창업 기반시설 확충 등 대통령령으로 정하는 사업"이란 다음 각 호의 사업을 말한다. <개정 2014.12.3.>
1. 예비창업자 대상 창업교육
2. 창업 관련 정보 제공
3. 창업 공간 지원
4. 시제품 제작 지원
5. 창업자의 판로 지원
6. 창업 관련 정보시스템의 운영

[본조신설 2014.1.14.]

제6조(창업보육센터사업자의 지정) ① 법 제6조제1항제2호에서 "그 밖에 대통령령으로 정하는 전문인력"이란 별표 1의 전문인력을 말한다.
② 창업보육센터사업자의 지정을 받으려는 자는 지정신청서에 산업통상자원부령으로 정하는 서류를 첨부하여 중소기업청장에게 제출하여야 한다. 지정받은 사항을 변경한 경우에도 또한 같다. <개정 2008.2.29., 2013.3.23.>

제7조(국유재산 사용료의 감면) ① 법 제6조제3항에서 "대통령령으로 정하는 금액"이란 「국유재산법 시행령」 제29조제2항에 따라 산출한 재산가액에 100분의 1을 곱한 금액을 말하며, 월 단위로 나누어 계산할 수 있다. <개정 2014.1.14.>
② 동일한 입주자(법 제6조제2항에 따라 창업보육센터에 입주한 자를 말한다. 이하 같다)가 동일한 국유재산을 계속하여 2개 연도 이상 임차하는 경우로서 제1항에 따라 산출한 연간 사용료가 전년도의 사용료보다 10퍼센트 이상 인상되는 경우에는 「국유재산법 시행령」 제31조에 따라 산출한 금액을 그 사용료로 한다. <개정 2009.7.27., 2014.1.14.>
[제목개정 2014.1.14.]

제7조의2(공유재산 사용료의 감면) ① 법 제6조제5항에 따른 공유재산의 연간 사용료는 「공유재산 및 물품 관리법 시행령」 제14조제1항에 따른 해당 재산 평정가격에 100분의 1을 곱한 금액으로 하며, 월 단위로 나누어 계산할 수 있다.
② 동일한 입주자가 동일한 공유재산을 계속하여 2개 연도 이상 임차하는 경우로서 제1항에 따라 산출한 연간 사용료가 전년도의 사용료보다 10퍼센트 이상 인상되는 경우에는 「공유재산 및 물품 관리법 시행령」 제16조에 따라 산출한 금액을 그 사용료로 한다.
[본조신설 2014.1.14.]

제7조의3(대학 내 창업지원 전담조직의 업무) 법 제7조의2제1항에 따른 창업지원업무를 전담하는 조직(이하 "창업지원 전담조직"이라 한다)은 다음 각 호의 업무를 수행한다.
1. 대학 내 창업지원업무의 총괄 기획·조정
2. 대학 내 도전정신, 창의력, 혁신역량 등(이하 "기업가정신"이라 한다) 및 창업

교육 제고
3. 창업자 발굴 및 사업화 지원
4. 대학 내 창업보육센터 등 창업지원기구 관리
5. 해당 대학 내 창업기업에 대한 투자, 인력, 기술, 판로 등에 대한 지원
6. 「벤처기업육성에 관한 특별조치법」 제2조제5항에 따른 실험실공장과 같은 조 제8항에 따른 신기술창업전문회사에 대한 자금 등 지원
7. 창업 수요 및 활동에 대한 정보의 수집·제공 및 홍보
8. 해당 대학 내 창업지원사업 관련 업무 담당자에 대한 교육 및 훈련
9. 대학 간 창업지원사업의 연계 및 조정

[본조신설 2014.1.14.]

제8조(기금의 우선지원) 법 제9조에 따라 「중소기업진흥에 관한 법률」 제63조에 따른 중소기업창업 및 진흥기금을 우선적으로 지원받을 수 있는 자는 투자실적이 납입자본금의 100분의 50 이상이거나 부채비율이 중소기업청장이 정하여 고시하는 기준 이하인 창업투자회사 및 그 창업투자회사가 결성하는 창업투자조합으로 한다. <개정 2009.5.28., 2009.11.20.>

제2장 중소기업창업투자회사

제9조(창업투자회사의 등록요건) ① 법 제10조제2항제1호에서 "대통령령으로 정하는 금액"이란 50억원을 말한다. <개정 2009.5.28.>

② 법 제10조제2항제2호마목에서 "대통령령으로 정하는 금융 관련 법령"이란 다음 각 호의 어느 하나에 해당하는 법률을 말한다. <개정 2008.5.9., 2008.7.29.>
1. 「금융산업의 구조개선에 관한 법률」
2. 「은행법」
3. 「자본시장과 금융투자업에 관한 법률」
4. 삭제 <2008.7.29.>
5. 삭제 <2008.7.29.>
6. 삭제 <2008.7.29.>
7. 삭제 <2008.7.29.>
8. 「보험업법」
9. 「상호저축은행법」
10. 「여신전문금융업법」
11. 「신용보증기금법」
12. 「기술신용보증기금법」
13. 「신용협동조합법」
14. 「새마을금고법」
15. 「신용정보의 이용 및 보호에 관한 법률」
16. 「외국환거래법」
17. 「금융위원회의 설치 등에 관한 법률」
18. 「자산유동화에 관한 법률」
19. 「금융실명거래 및 비밀보장에 관한 법률」

20. 「외국인투자촉진법」
21. 「기업구조조정투자회사법」
22. 「산업발전법」

③ 법 제10조제2항제2호바목 및 자목에서 "대통령령으로 정하는 자"란 다음 각 호의 어느 하나에 해당하는 자를 말한다.

1. 대표이사
2. 감사
3. 등록취소의 원인이 되는 행위를 지시한 자

④ 법 제10조제2항제2호사목에서 "대통령령으로 정하는 자"란 정당한 사유 없이 약정한 날을 3개월 이상 지난 채무가 1천만원을 초과하는 자를 말한다.

⑤ 법 제10조제2항제2호아목에서 "대통령령으로 정하는 출자자"란 다음 각 호의 어느 하나에 해당하는 자를 말한다. <개정 2008.5.9., 2008.7.29.>

1. 의결권 있는 발행주식총수를 기준으로 본인 및 「자본시장과 금융투자업에 관한 법률 시행령」 제8조에 따른 특수관계인(이하 "특수관계인"이라 한다)이 소유하는 주식이 가장 많고 그 주식수가 의결권 있는 발행주식총수의 100분의 10을 초과하는 경우의 그 본인
2. 누구의 명의로 하든지 자기의 계산으로 의결권 있는 발행주식총수의 100분의 30 이상의 주식을 소유한 자
3. 임원의 임면 등 해당 창업투자회사의 주요 경영사항에 대하여 사실상 지배력을 행사하고 있는 주주

⑥ 법 제10조제2항제2호의2에서 "대통령령으로 정하는 사회적 신용"이란 다음 각 호의 모든 요건에 적합한 것을 말한다. 다만, 그 위반 등의 정도가 경미하다고 중소기업청장이 인정하는 경우는 제외한다. <신설 2014.1.14.>

1. 최근 3년간 법, 제2항에 따른 금융 관련 법령, 「독점규제 및 공정거래에 관한 법률」 또는 「조세범 처벌법」을 위반하여 벌금형 이상에 상당하는 형사처벌을 받은 사실이 없을 것. 다만, 법 제49조 또는 그 밖에 해당 법률의 양벌규정에 따라 처벌을 받은 경우는 제외한다.
2. 최근 3년간 채무불이행 등으로 건전한 신용질서를 해친 사실이 없을 것
3. 최근 5년간 「금융산업의 구조개선에 관한 법률」에 따라 부실금융기관으로 지정되었거나 법 또는 제2항에 따른 금융 관련 법령에 따라 영업의 허가·인가·등록 등이 취소된 자가 아닐 것

⑦ 법 제10조제2항제3호에 따라 창업투자회사가 갖추어야 하는 상근하는 전문인력과 시설의 기준은 다음과 같다. <개정 2008.5.9., 2009.5.28., 2009.11.20., 2011.6.24., 2014.1.14.>

1. 다음 각 목의 어느 하나에 해당하는 2명 이상의 전문인력. 다만, 법 제10조제2항제2호바목 또는 자목에 해당하는 자로서 등록이 취소된 날 또는 그 사유를 통보받은 날부터 3년(등록말소일부터 5년을 초과하는 경우에는 등록말소일부터 5년)이 지나지 아니한 자는 제외한다.
   가. 「변호사법」에 따른 변호사, 「공인회계사법」에 따른 공인회계사 또는 「변리사법」에 따른 변리사

나. 「국가기술자격법」에 따른 기술사 자격을 취득한 자 또는 이공계열·경상계열 박사학위를 소지한 자

다. 「중소기업진흥에 관한 법률」 제50조에 따른 경영지도사·기술지도사 또는 이공계열·경상계열 석사학위를 소지한 자로서 관련 업무에 3년 이상 종사한 자

라. 이공계열 학사 이상의 학위를 소지한 자로서 국·공립연구기관, 「정부출연연구기관 등의 설립·운영 및 육성에 관한 법률」 또는 「과학기술분야 정부출연연구기관 등의 설립·운영 및 육성에 관한 법률」에 따른 정부출연연구기관, 「기초연구진흥 및 기술개발지원에 관한 법률」 제14조제1항제2호에 따른 기업부설연구소에서 관련 업무에 4년 이상 종사한 자

마. 학사학위를 소지한 자로서 「금융위원회의 설치 등에 관한 법률」 제38조에 따른 검사대상기관(「여신전문금융업법」 제41조에 따른 신기술사업금융업을 경영하는 회사는 제외한다) 또는 창업투자회사의 업무에 준하는 업무를 수행하는 외국회사(그 계열사 및 지점을 포함한다)에서 3년 이상 투자심사업무(대출심사업무는 제외한다)를 한 경력이 있는 자

바. 창업투자회사, 「산업발전법」에 따른 기업구조조정전문회사, 「여신전문금융업법」 제41조에 따른 신기술사업금융업을 영위하는 회사 또는 「벤처기업육성에 관한 특별조치법」 제4조의3제1항제3호에 따른 유한회사에서 2년 이상 투자심사업무를 한 경력이 있는 자

사. 다목부터 마목까지에 따른 자격·학력기준을 충족한 자 중 경력기준에 못 미치는 자 또는 바목에 따른 경력기준에 못 미치는 자로서 중소기업청장이 인정하는 창업투자회사 전문인력양성 교육과정을 마친 자

2. 투자상담을 위한 전용공간 확보 등 중소기업청장이 정하는 기준을 충족한 사무실

제10조(창업투자회사의 행위 제한) ① 법 제15조제1항 각 호 외의 부분 단서에서 "대통령령으로 정하는 경우"란 다음 각 호의 어느 하나에 해당하는 경우를 말한다. <개정 2008.5.9., 2008.7.29., 2011.6.8.>

1. 「자본시장과 금융투자업에 관한 법률」 제9조제13항에 따른 증권시장에서 주식을 취득하는 경우로서 중소기업청장이 인정하여 고시하는 경우
2. 다음 각 목의 조합의 업무집행조합원이나 회사의 업무집행사원으로 참여하는 경우

가. 「산업발전법」 제15조에 따른 기업구조조정조합(이하 "기업구조조정조합"이라 한다)

나. 「자본시장과 금융투자업에 관한 법률」 제9조제18항제7호에 따른 사모투자전문회사(이하 "사모투자전문회사"라 한다)

다. 그 밖에 다른 법령에 따라 설립된 조합이나 회사로서 그 업무가 창업투자조합이나 창업투자회사의 업무로 적합함을 중소기업청장이 인정하여 고시하는 조합이나 회사

3. 창업투자회사가 인수·합병을 목적으로 다른 창업투자회사의 주식을 취득하는 경우. 다만, 최초의 주식 취득일부터 6개월 이내에 인수·합병이 이루어지지 아니하는 경우에는 취득한 주식을 최초의 주식 취득일부터 9개월 이내에 처분하여야 한다.

4. 법 제15조제1항제2호의 경우 창업투자회사가 「문화산업진흥 기본법」 제43조에 따른 문화산업전문회사(이하 이 조에서 "문화산업전문회사"라 한다)를 통하여 문화콘텐츠 사업 등 중소기업청장이 인정하여 고시하는 사업에 투자하는 경우. 다만, 「독점규제 및 공정거래에 관한 법률」 제9조에 따른 상호출자제한기업집단에 속하는 창업투자회사가 동일한 상호출자제한기업집단에 속하는 문화산업전문회사의 주식이나 지분을 취득 또는 소유하는 방식으로 투자하는 경우는 제외한다.

② 법 제15조제1항제3호에서 "대통령령으로 정하는 금융기관"이란 다음 각 호의 어느 하나에 해당하는 자를 말한다. <개정 2008.5.9.>

1. 「금융실명거래 및 비밀보장에 관한 법률」 제2조제1호에 따른 금융기관
2. 「산업발전법」제14조에 따른 기업구조조정전문회사 및 같은 법 제15조에 따른 기업구조조정조합
3. 사모투자전문회사

③ 법 제15조제1항제4호에서 "대통령령으로 정하는 범위의 업무용 부동산"이란 다음 각 호의 어느 하나에 해당하는 것을 말한다. <개정 2014.1.14.>

1. 해당 창업투자회사가 직접 설립한 창업보육센터
2. 제9조제7항제2호에 따른 사무실(지점을 포함한다)
3. 그 밖에 법 제10조제1항제5호에 따른 사업에 직접 필요한 부동산으로서 중소기업청장이 인정하는 것

④ 법 제15조제1항제5호에서 "대통령령으로 정하는 행위"란 다음 각 호의 어느 하나에 해당하는 행위를 말한다. <개정 2008.2.29., 2008.5.9., 2009.5.28., 2009.5.28., 2010.4.20., 2010.11.15., 2011.6.8., 2013.3.23., 2014.1.14.>

1. 다음 각 목의 어느 하나에 해당하는 자와 거래하는 행위
   가. 해당 창업투자회사가 결성한 창업투자조합. 다만, 창업투자회사가 창업투자조합의 해산이나 그 밖에 중소기업청장이 인정하는 불가피한 사유로 인하여 거래하는 경우는 제외한다.
   나. 해당 창업투자회사의 특수관계인. 다만, 제6호에 따라 창업투자회사가 경영지배를 목적으로 투자하는 경우에는 그러하지 아니하다.
   다. 해당 창업투자회사의 주요주주(누구의 명의로 하든지 자기의 계산으로 의결권 있는 발행주식총수의 100분의 10 이상의 주식을 소유하거나 임원의 임면 등 해당 창업투자회사의 주요경영사항에 대하여 사실상 지배력을 행사하고 있는 주주를 말한다) 및 그 특수관계인
   라. 해당 창업투자회사가 결성한 창업투자조합의 주요출자자(본인 및 그 특수관계인이 누구의 명의로 하든지 자기의 계산으로 출자총액의 100분의 10 이상의 출자지분을 소유한 경우 그 본인인 출자자를 말한다. 이하 이 목에서 같다) 및 그 특수관계인. 다만, 다음의 어느 하나에 해당하는 경우는 제외한다.
      1) 창업투자회사가 자신이 결성한 창업투자조합의 주요출자자의 특수관계인인 「벤처기업육성에 관한 특별조치법」 제4조의3에 따른 한국벤처투자조합(이하 "한국벤처투자조합"이라 한다) 중 창업투자회사 등이 보유하고 있는 주식 등의 자산 매수를 주된 목적으로 결성된 조합에 주식 등 보유자산을 매각하는 경우

2) 창업투자회사가 자신이 결성한 창업투자조합의 주요출자자 중 다음의 어느 하나에 해당하는 자의 특수관계인인 다른 창업투자조합 또는 한국벤처투자조합과 거래하는 경우
   가) 「벤처기업육성에 관한 특별조치법」 제4조의2제1항에 따른 중소기업투자모태조합
   나) 「국가재정법」 제8조제1항에 따른 기금관리주체로서 같은 법 별표 2에 따른 기금을 관리·운용하는 자
   다) 「은행법」에 따른 은행(같은 법 제58조제1항에 따라 금융위원회의 인가를 받은 외국은행의 국내 지점·대리점 및 사무소를 포함한다)
   라) 「한국산업은행법」에 따른 한국산업은행
   마) 「중소기업은행법」에 따른 중소기업은행
   바) 「농업협동조합법」에 따른 농업협동조합중앙회
   사) 「상호저축은행법」에 따른 상호저축은행
   아) 「보험업법」에 따른 보험회사
   자) 「우체국 예금·보험에 관한 법률」에 따른 체신관서
   차) 법률에 따라 공제사업을 경영하는 법인
   카) 「한국정책금융공사법」에 따른 한국정책금융공사
3) 창업투자회사가 결성한 창업투자조합의 해산 또는 제3자에게 매각할 수 없는 투자지분의 회수를 위하여 거래하는 경우
4) 창업투자회사가 결성한 창업투자조합의 건전한 자산운용을 해칠 우려가 없는 경우로서 해당 창업투자조합 조합원 전원의 동의를 받아 거래하는 경우

2. 해당 창업투자회사가 결성한 창업투자조합이 다음 각 목의 어느 하나에 해당하는 조합이나 회사와 거래하는 행위. 다만, 해당 창업투자회사가 업무집행조합원 또는 업무집행사원인 조합이나 회사와의 거래인 경우만 해당한다.
   가. 창업투자조합
   나. 한국벤처투자조합
   다. 기업구조조정조합
   라. 사모투자전문회사
3. 창업투자회사의 자산으로 담보를 제공하거나 채무를 보증하는 행위
4. 해당 창업투자회사의 임직원에 대한 대출로서 산업통상자원부령으로 정하는 금액을 초과하는 대출
5. 창업투자회사 명의로 제3자를 위하여 주식을 취득하거나 자금을 중개하는 행위
6. 경영지배를 목적으로 투자하는 행위. 다만, 다음 각 목의 요건을 모두 갖춘 경우는 제외한다.

가. 산업통상자원부령으로 정하는 경영지배의 성립일부터 6개월(그 주식이나 지분을 보유함으로써 창업투자회사나 창업투자조합의 이익을 명백하게 해칠 우려가 있음을 중소기업청장이 인정하는 경우에는 기간을 단축할 수 있다)이 되는 날까지 해당 중소기업의 주식이나 지분을 보유할 것

나. 산업통상자원부령으로 정하는 경영지배의 성립일부터 7년(매각을 위한 협의가 늦어지는 등 해당 주식이나 지분을 매각하기 어려운 사유가 있음을 중소기업청

장이 인정하는 경우에는 1년 안의 범위에서 기간을 연장할 수 있다) 안에 해당 중소기업의 주식이나 지분을 전부 매각할 것

7. 창업투자회사가 자신이 투자한 업체로부터 차입 또는 자산 매각 등 투자행위에 수반되는 정상적인 거래관계 외의 거래를 통하여 자금을 받는 행위
8. 그 밖에 부당한 목적으로 투자하는 행위로서 산업통상자원부령으로 정하는 행위

⑤ 제4항제1호 및 제2호에서 "거래"란 다음 각 호의 어느 하나에 해당하는 행위를 말한다. <신설 2010.4.20.>

1. 제4항제1호 및 제2호 각 목의 어느 하나에 해당하는 자에게 투자하거나 그가 발행한 증권을 소유하는 행위
2. 제4항제1호 및 제2호 각 목의 어느 하나에 해당하는 자에 대한 신용공여 행위(금전·증권 등 경제적 가치가 있는 재산의 대여, 자금지원적 성격의 증권의 매입을 말한다)
3. 그 밖에 제1호 및 제2호와 유사한 행위로서 중소기업창업투자회사의 건전한 자산운용을 해칠 우려가 있고, 거래상의 신용위험을 수반하는 직접적·간접적 거래로서 중소기업청장이 정하여 고시하는 행위

⑥ 법 제15조의2제1항 각 호 외의 부분에서 "대통령령으로 정하는 그의 특수관계인"이란 창업투자회사의 대주주의 「자본시장과 금융투자업에 관한 법률 시행령」 제8조에 따른 특수관계인을 말한다. <신설 2014.1.14.>

제10조(창업투자회사의 행위 제한) ① 법 제15조제1항 각 호 외의 부분 단서에서 "대통령령으로 정하는 경우"란 다음 각 호의 어느 하나에 해당하는 경우를 말한다. <개정 2008.5.9., 2008.7.29., 2011.6.8.>

1. 「자본시장과 금융투자업에 관한 법률」 제9조제13항에 따른 증권시장에서 주식을 취득하는 경우로서 중소기업청장이 인정하여 고시하는 경우
2. 다음 각 목의 조합의 업무집행조합원이나 회사의 업무집행사원으로 참여하는 경우
   가. 「산업발전법」 제15조에 따른 기업구조조정조합(이하 "기업구조조정조합"이라 한다)
   나. 「자본시장과 금융투자업에 관한 법률」 제9조제18항제7호에 따른 사모투자전문회사(이하 "사모투자전문회사"라 한다)
   다. 그 밖에 다른 법령에 따라 설립된 조합이나 회사로서 그 업무가 창업투자조합이나 창업투자회사의 업무로 적합함을 중소기업청장이 인정하여 고시하는 조합이나 회사
3. 창업투자회사가 인수·합병을 목적으로 다른 창업투자회사의 주식을 취득하는 경우. 다만, 최초의 주식 취득일부터 6개월 이내에 인수·합병이 이루어지지 아니하는 경우에는 취득한 주식을 최초의 주식 취득일부터 9개월 이내에 처분하여야 한다.
4. 법 제15조제1항제2호의 경우 창업투자회사가 「문화산업진흥 기본법」 제43조에 따른 문화산업전문회사(이하 이 조에서 "문화산업전문회사"라 한다)를 통하여 문화콘텐츠 사업 등 중소기업청장이 인정하여 고시하는 사업에 투자하는 경우. 다만, 「독점규제 및 공정거래에 관한 법률」 제9조에 따른 상호출자제한기업집단에 속하는 창업투자회사가 동일한 상호출자제한기업집단에 속하는 문화산업전문

회사의 주식이나 지분을 취득 또는 소유하는 방식으로 투자하는 경우는 제외한다.
② 법 제15조제1항제3호에서 "대통령령으로 정하는 금융기관"이란 다음 각 호의 어느 하나에 해당하는 자를 말한다. <개정 2008.5.9.>
1. 「금융실명거래 및 비밀보장에 관한 법률」 제2조제1호에 따른 금융기관
2. 「산업발전법」제14조에 따른 기업구조조정전문회사 및 같은 법 제15조에 따른 기업구조조정조합
3. 사모투자전문회사
③ 법 제15조제1항제4호에서 "대통령령으로 정하는 범위의 업무용 부동산"이란 다음 각 호의 어느 하나에 해당하는 것을 말한다. <개정 2014.1.14.>
1. 해당 창업투자회사가 직접 설립한 창업보육센터
2. 제9조제7항제2호에 따른 사무실(지점을 포함한다)
3. 그 밖에 법 제10조제1항제5호에 따른 사업에 직접 필요한 부동산으로서 중소기업청장이 인정하는 것
④ 법 제15조제1항제5호에서 "대통령령으로 정하는 행위"란 다음 각 호의 어느 하나에 해당하는 행위를 말한다. <개정 2008.2.29., 2008.5.9., 2009.5.28., 2009.5.28., 2010.4.20., 2010.11.15., 2011.6.8., 2013.3.23., 2014.1.14.>
1. 다음 각 목의 어느 하나에 해당하는 자와 거래하는 행위
  가. 해당 창업투자회사가 결성한 창업투자조합. 다만, 창업투자회사가 창업투자조합의 해산이나 그 밖에 중소기업청장이 인정하는 불가피한 사유로 인하여 거래하는 경우는 제외한다.
  나. 해당 창업투자회사의 특수관계인. 다만, 제6호에 따라 창업투자회사가 경영지배를 목적으로 투자하는 경우에는 그러하지 아니하다.
  다. 해당 창업투자회사의 주요주주(누구의 명의로 하든지 자기의 계산으로 의결권 있는 발행주식총수의 100분의 10 이상의 주식을 소유하거나 임원의 임면 등 해당 창업투자회사의 주요경영사항에 대하여 사실상 지배력을 행사하고 있는 주주를 말한다) 및 그 특수관계인
  라. 해당 창업투자회사가 결성한 창업투자조합의 주요출자자(본인 및 그 특수관계인이 누구의 명의로 하든지 자기의 계산으로 출자총액의 100분의 10 이상의 출자지분을 소유한 경우 그 본인인 출자자를 말한다. 이하 이 목에서 같다) 및 그 특수관계인. 다만, 다음의 어느 하나에 해당하는 경우는 제외한다.
    1) 창업투자회사가 자신이 결성한 창업투자조합의 주요출자자의 특수관계인인 「벤처기업육성에 관한 특별조치법」 제4조의3에 따른 한국벤처투자조합(이하 "한국벤처투자조합"이라 한다) 중 창업투자회사 등이 보유하고 있는 주식 등의 자산 매수를 주된 목적으로 결성된 조합에 주식 등 보유자산을 매각하는 경우
    2) 창업투자회사가 자신이 결성한 창업투자조합의 주요출자자 중 다음의 어느 하나에 해당하는 자의 특수관계인인 다른 창업투자조합 또는 한국벤처투자조합과 거래하는 경우
      가) 「벤처기업육성에 관한 특별조치법」 제4조의2제1항에 따른 중소기업투자모태조합

나) 「국가재정법」 제8조제1항에 따른 기금관리주체로서 같은 법 별표 2에 따른 기금을 관리·운용하는 자
다) 「은행법」에 따른 은행(같은 법 제58조제1항에 따라 금융위원회의 인가를 받은 외국은행의 국내 지점·대리점 및 사무소를 포함한다)
라) 「한국산업은행법」에 따른 한국산업은행
마) 「중소기업은행법」에 따른 중소기업은행
바) 「농업협동조합법」에 따른 농업협동조합중앙회
사) 「상호저축은행법」에 따른 상호저축은행
아) 「보험업법」에 따른 보험회사
자) 「우체국 예금·보험에 관한 법률」에 따른 체신관서
차) 법률에 따라 공제사업을 경영하는 법인
카) 삭제 <2014.12.30.>

3) 창업투자회사가 결성한 창업투자조합의 해산 또는 제3자에게 매각할 수 없는 투자지분의 회수를 위하여 거래하는 경우
4) 창업투자회사가 결성한 창업투자조합의 건전한 자산운용을 해칠 우려가 없는 경우로서 해당 창업투자조합 조합원 전원의 동의를 받아 거래하는 경우

2. 해당 창업투자회사가 결성한 창업투자조합이 다음 각 목의 어느 하나에 해당하는 조합이나 회사와 거래하는 행위. 다만, 해당 창업투자회사가 업무집행조합원 또는 업무집행사원인 조합이나 회사와의 거래인 경우만 해당한다.
   가. 창업투자조합
   나. 한국벤처투자조합
   다. 기업구조조정조합
   라. 사모투자전문회사
3. 창업투자회사의 자산으로 담보를 제공하거나 채무를 보증하는 행위
4. 해당 창업투자회사의 임직원에 대한 대출로서 산업통상자원부령으로 정하는 금액을 초과하는 대출
5. 창업투자회사 명의로 제3자를 위하여 주식을 취득하거나 자금을 중개하는 행위
6. 경영지배를 목적으로 투자하는 행위. 다만, 다음 각 목의 요건을 모두 갖춘 경우는 제외한다.
   가. 산업통상자원부령으로 정하는 경영지배의 성립일부터 6개월(그 주식이나 지분을 보유함으로써 창업투자회사나 창업투자조합의 이익을 명백하게 해칠 우려가 있음을 중소기업청장이 인정하는 경우에는 기간을 단축할 수 있다)이 되는 날까지 해당 중소기업의 주식이나 지분을 보유할 것
   나. 산업통상자원부령으로 정하는 경영지배의 성립일부터 7년(매각을 위한 협의가 늦어지는 등 해당 주식이나 지분을 매각하기 어려운 사유가 있음을 중소기업청장이 인정하는 경우에는 1년 안의 범위에서 기간을 연장할 수 있다) 안에 해당 중소기업의 주식이나 지분을 전부 매각할 것
7. 창업투자회사가 자신이 투자한 업체로부터 차입 또는 자산 매각 등 투자행위에 수반되는 정상적인 거래관계 외의 거래를 통하여 자금을 받는 행위
8. 그 밖에 부당한 목적으로 투자하는 행위로서 산업통상자원부령으로 정하는 행위

⑤ 제4항제1호 및 제2호에서 "거래"란 다음 각 호의 어느 하나에 해당하는 행위를 말한다. <신설 2010.4.20.>

1. 제4항제1호 및 제2호 각 목의 어느 하나에 해당하는 자에게 투자하거나 그가 발행한 증권을 소유하는 행위
2. 제4항제1호 및 제2호 각 목의 어느 하나에 해당하는 자에 대한 신용공여 행위(금전·증권 등 경제적 가치가 있는 재산의 대여, 자금지원적 성격의 증권의 매입을 말한다)
3. 그 밖에 제1호 및 제2호와 유사한 행위로서 중소기업창업투자회사의 건전한 자산운용을 해칠 우려가 있고, 거래상의 신용위험을 수반하는 직접적·간접적 거래로서 중소기업청장이 정하여 고시하는 행위

⑥ 법 제15조의2제1항 각 호 외의 부분에서 "대통령령으로 정하는 그의 특수관계인"이란 창업투자회사의 대주주의 「자본시장과 금융투자업에 관한 법률 시행령」 제8조에 따른 특수관계인을 말한다. <신설 2014.1.14.>

[시행일 미지정] 제10조

제11조(창업투자회사의 투자의무비율) ① 법 제16조제1항 본문에서 "대통령령으로 정하는 비율"이란 100분의 40을 말한다. <개정 2014.1.14.>

② 제1항에 따른 투자의무비율을 산정할 때 납입자본금이 증액되거나 감액된 경우에는 다음 각 호의 기준에 따라 산정한다.

1. 등록 당시의 납입자본금보다 증액된 경우에는 그 증액분에 대한 투자의무비율은 증액일(납입자본금이 증액된 후 감액된 경우로서 최근 증액된 금액에서 순차적으로 뺀 후 잔여 증액분이 있는 경우에는 잔여 증액분의 증액일)을 기준으로 연차적으로 별도로 산정한다.
2. 등록 당시의 납입자본금보다 감액된 경우에는 감액된 후의 납입자본금에 대한 투자의무비율은 등록일을 기준으로 산정한다.

③ 법 제16조제1항 단서에서 "대통령령으로 정하는 일정 규모 이상"이란 법 제20조에 따른 창업투자조합 출자금 총액이 창업투자회사 납입자본금의 100분의 200 이상인 경우를 말한다.

제12조(창업투자회사의 해외투자한도) 법 제17조제2항에서 "대통령령으로 정하는 비율"이란 100분의 40을 말한다.

제13조(창업투자회사의 결산 보고 등) ① 법 제19조에 따라 창업투자회사는 매 사업연도 종료 후 3개월 이내에 결산서에 「공인회계사법」 제23조에 따른 회계법인(이하 "회계법인"이라 한다)의 감사의견서를 첨부하여 중소기업청장에게 제출하여야 한다.

② 중소기업청장은 제1항에 따라 제출된 결산서를 검토한 결과 해당 창업투자회사의 투자활성화와 재무구조 건실화를 위하여 필요하다고 인정되면 회수가 불가능한 투자자산에 대하여 투·융자손실준비금과 투자손실금을 상계(相計)처리하게 하거나 대손금(貸損金)으로 처리하게 할 수 있다.

제3장 중소기업창업투자조합

제14조(창업투자조합의 등록요건 및 절차) ① 법 제20조에 따른 창업투자조합은 다음 각 호의 요건을 갖추어야 한다. <개정 2008.5.9., 2010.4.20., 2014.12.3.>

1. 출자금 총액이 20억원 이상일 것. 다만, 법 제20조제4항에 따라 출자금액의 전액을 나누어 출자하는 경우에는 최초 출자금액은 10억원 이상이어야 한다.
2. 출자 1좌(座)의 금액이 100만원 이상일 것
3. 유한책임조합원의 수가 49인 이하일 것
4. 업무집행조합원의 출자지분이 출자금 총액의 100분의 1 이상일 것
5. 존속기간이 5년 이상일 것

② 창업투자회사는 창업투자조합을 결성하려면 다음 각 호의 사항이 적힌 결성계획서를 미리 중소기업청장에게 제출하여야 한다.

1. 사업 개요
2. 출자금 총액, 출자 1좌의 금액, 출자의 시기 및 방법
3. 유한책임조합원의 모집계획
4. 창업투자조합의 자산 운용 및 배분계획
5. 창업투자조합의 투자심사업무를 전담하는 전문인력의 인적사항(성명·주민등록번호·약력 및 투자경력 등을 말한다. 이하 같다)

③ 창업투자회사는 창업투자조합의 결성을 완료하면 등록신청서에 다음 각 호의 서류를 첨부하여 조합원총회 개최일부터 7일 이내에 중소기업청장에게 제출하여야 한다. <개정 2008.5.9., 2008.7.29.>

1. 창업투자조합의 규약
2. 조합원명부
3. 조합원의 출자금액 및 출자이행을 증명하는 서류
4. 창업투자조합의 투자심사업무를 전담하는 전문인력의 인적사항
5. 법 제22조제1항제1호에 따라 창업투자조합 재산의 보관을 「자본시장과 금융투자업에 관한 법률」 제8조제7항에 따른 신탁업자 및 신탁업을 겸영하는 금융기관에 위탁하였음을 증명하는 서류

제15조(등록원부의 비치 등) ① 중소기업청장은 창업투자조합의 등록을 할 때에는 산업통상자원부령으로 정하는 바에 따라 등록원부를 갖추어 두고 다음 각 호의 사항을 적어야 한다. <개정 2008.2.29., 2013.3.23.>

1. 창업투자조합의 명칭 및 사무소의 소재지
2. 업무집행조합원의 명칭 및 주소
3. 조합원별 출자금액 및 출자좌수
4. 해당 조합의 존속기간
5. 창업투자조합의 투자심사업무를 전담하는 전문인력의 인적사항

② 창업투자조합의 업무집행조합원은 제1항 각 호의 사항이 변경되면 변경일부터 7일 이내에 변경된 사실을 증명하는 서류를 첨부하여 중소기업청장에게 변경등록을 신청하여야 한다.

③ 중소기업청장은 제1항이나 제2항에 따라 등록을 한 때에는 산업통상자원부령으

로 정하는 바에 따라 그 등본을 신청인에게 내주어야 한다. <개정 2008.2.29., 2013.3.23.>

④ 중소기업청장은 창업투자조합의 등록원부를 갖추어 관리하고 해당 조합의 조합원이나 그 조합원이 지정한 자가 열람할 수 있도록 하여야 한다. <개정 2008.5.9.>

제16조(창업투자조합의 투자의무비율 등) ① 법 제21조제3항 본문 및 단서에서 "대통령령으로 정하는 비율"이란 각각 100분의 40을 말한다. <개정 2014.1.14.>

② 제1항에 따른 투자의무비율을 계산할 때 등록 당시에 납입한 출자금보다 출자금이 증액된 경우에는 그 증액분에 대한 투자의무비율은 증액일을 기준으로 연차적으로 따로 계산한다.

③ 창업투자조합의 행위제한과 해외투자요건에 관하여는 제10조제1항제1호, 같은 조 제2항부터 제4항까지 및 제12조를 각각 준용한다. 이 경우 제10조제4항제1호 가목·다목 및 라목, 같은 항 제2호 및 제7호 중 "창업투자회사"는 각각 "업무집행조합원"으로 보고, 그 밖의 규정의 경우에는 "창업투자회사"는 각각 "창업투자조합"으로 본다.

[전문개정 2008.5.9.]

제17조(조합의 결산 보고 등) ① 법 제23조에 따라 창업투자조합의 업무집행조합원은 매 사업연도 종료 후 3개월 이내에 결산서에 회계법인의 감사의견서를 첨부하여 중소기업청장에게 제출하여야 한다.

② 중소기업청장은 창업투자조합의 효율적 운영을 위하여 창업투자조합의 표준규약을 정할 수 있다.

제18조(해산사유 등) ① 법 제25조제1항제5호에서 "대통령령으로 정하는 사유"란 다음 각 호의 어느 하나에 해당하는 경우를 말한다. <개정 2010.4.20.>

1. 창업투자조합의 결성목적이 달성되었다고 조합원 전원이 동의하는 경우
2. 업무집행조합원인 창업투자회사의 등록이 취소되거나 파산 등으로 인하여 업무수행을 계속하기가 곤란한 경우
3. 조합의 자산이 잠식(蠶食)되거나 그 밖의 사유가 발생하여 중소기업청장이 조합원 보호를 위하여 필요하다고 인정하는 경우로서 조합 총지분의 과반수를 소유하는 조합원이 해산을 위한 조합원 총회에 출석하고, 출석한 조합원 지분의 3분의 2 이상과 조합 총지분의 3분의 1 이상의 동의를 받은 경우

② 법 제25조제2항에 따라 업무집행조합원을 가입하게 하여 창업투자조합을 계속하려는 자는 다음 각 호의 사항을 적은 신청서에 조합을 해산하지 아니하려는 사유서 및 유한책임조합원 전원의 동의서를 첨부하여 중소기업청장에게 제출하여야 한다.

1. 창업투자조합의 명칭 및 사무소의 소재지
2. 새로 가입하게 한 업무집행조합원의 명칭·소재지 및 대표자의 성명
3. 조합원별 출자금액 및 출자좌수

③ 제2항에 따른 신청서를 제출한 자는 제15조제2항에 따른 변경등록을 신청한 것으로 본다.

④ 창업투자조합의 업무집행조합원은 창업투자조합이 해산하면 7일 이내에 중소기업청장에게 그 사실을 알려야 한다.

제19조(투자수익의 산정 방식 등) ① 법 제28조에 따른 성과보수 지급을 위한 투자수

익은 조합자산의 평가금액에서 출자금액과 중소기업청장이 정하는 운영경비를 제외한 금액으로 한다.

② 법 제28조에 따라 투자수익에 따른 성과보수를 지급받은 업무집행조합원은 성과보수로 지급받은 금액의 범위에서 투자수익발생에 기여한 임직원에게 성과급을 지급할 수 있다.

제4장 중소기업상담회사

제20조(중소기업상담회사의 등록요건) ① 법 제31조제2항제1호에서 "대통령령으로 정하는 금액"이란 5천만원을 말한다.

② 법 제31조제2항제3호에 따라 중소기업상담회사가 보유하여야 하는 전문인력 및 시설은 다음 각 호와 같다. <개정 2008.2.29., 2009.5.28., 2013.3.23.>

1. 별표 1의 전문인력 중 2명 이상이 상근할 것
2. 산업통상자원부령으로 정하는 부대시설을 갖춘 사무실

③ 법 제31조제2항제2호마목에서 "대통령령으로 정하는 자"란 정당한 사유 없이 약정한 날을 3개월 이상 지난 채무가 1천만원을 초과하는 자를 말한다.

제21조(용역 대금의 지원) ① 법 제32조에 따라 용역 대금의 지원을 받을 수 있는 자는 창업투자회사를 겸업하지 아니하는 중소기업상담회사로서 그 지원금액은 해당 용역 대금의 100분의 80 이내로 한다.

② 법 제32조에 따라 용역 대금의 지원을 받으려는 자는 용역대금지원신청서에 산업통상자원부령으로 정하는 서류를 첨부하여 중소기업청장이 지정하는 기관이나 단체에 제출하여야 한다. <개정 2008.2.29., 2013.3.23.>

제5장 창업 절차 등

제22조(사업계획의 승인) ① 법 제33조제1항에 따라 사업계획의 승인을 받으려는 창업자는 사업계획승인신청서에 산업통상자원부령으로 정하는 서류를 첨부하여 공장설립 예정지를 관할하는 시장·군수·구청장(자치구의 구청장을 말한다. 이하 같다)에게 제출하여야 한다. 사업계획의 변경승인을 받으려는 경우에도 또한 같다. <개정 2008.2.29., 2013.3.23., 2014.1.14.>

② 법 제33조제1항 후단에서 "대통령령으로 정하는 중요 사항"이란 다음 각 호의 어느 하나에 해당하는 사항을 말한다. <신설 2014.1.14.>

1. 사업자(법 제37조제1항제2호 단서에 따른 경우로 한정한다)
2. 업종(한국표준산업분류상의 세분류를 기준으로 한다)
3. 공장용지면적
4. 공장건축면적(「산업집적활성화 및 공장설립에 관한 법률」 제8조제2호에 따른 기준공장면적률의 범위에서 면적을 변경하는 경우는 제외한다)
5. 부대시설면적(「산업집적활성화 및 공장설립에 관한 법률」 제8조제2호에 따른 기준공장면적률의 범위에서 면적을 변경하는 경우는 제외한다)

제23조(창업민원처리협의회의 설치) ① 중소기업청장은 법 제33조에 따른 사업계획 승인업무의 지원 및 협의를 위하여 지방중소기업청에 창업민원처리협의회를 둘 수 있다.

② 창업민원처리협의회의 구성 및 운영방법 등에 필요한 사항은 산업통상자원부령으로 정한다. <개정 2008.2.29., 2013.3.23.>

제24조(사업계획 승인에 관한 업무처리지침) ① 법 제33조제4항에 따른 사업계획의 승인에 관한 업무처리지침에는 법 제35조에 따른 허가, 인가, 면허, 승인, 지정, 결정, 신고, 해제, 동의, 검사 또는 용도폐지 등에 관한 업무처리기준(이하 이 조에서 "인·허가등기준"이라 한다)이 포함되어야 한다.

② 관계 행정기관의 장은 제1항에 따른 업무처리지침의 작성에 필요한 인·허가등기준을 중소기업청장에게 통보하여야 한다. 인·허가등기준을 변경한 경우에도 또한 같다.

제25조(사전 협의 절차) ① 법 제34조제1항에 따라 사업계획의 승인가능성 등에 관한 사전협의를 신청하려는 창업자는 그 신청서에 산업통상자원부령으로 정하는 서류를 첨부하여 공장설립 예정지를 관할하는 시장·군수·구청장에게 제출하여야 한다. <개정 2008.2.29., 2013.3.23.>

② 시장·군수·구청장은 제1항에 따른 사전협의 신청을 받은 날부터 7일 이내에 사업계획의 승인 가능성 등에 관하여 알려야 한다.

제26조(다른 행정기관과의 협의기간) 법 제35조제4항 전단에서 "대통령령으로 정하는 기간"이란 10일을 말한다.

제27조(사업계획 승인의 취소 등) ① 법 제37조제1항제1호에서 "사업계획의 승인을 받은 날부터 대통령령으로 정하는 기간"이란 사업계획의 승인을 받은 날부터 3년(법 제35조제1항제9호에 따라 농지의 전용허가 또는 농지의 전용신고가 의제된 경우에는 사업계획의 승인을 받은 날부터 2년)을, "공장착공 후 대통령령으로 정하는 기간"이란 공장착공 후 1년을 말한다. <개정 2009.5.28.>

② 법 제37조제1항제4호에서 "대통령령으로 정하는 기간"이란 4년을 말한다.

③ 시장·군수·구청장은 법 제37조제1항에 따라 사업계획의 승인과 공장건축허가를 취소하려면 미리 일정한 기간을 정하여 해당 처분 대상자가 사업계획을 변경하거나 공장건축을 하도록 권고한 후 이에 응하지 아니한 경우에만 해당 처분을 하여야 한다.

제28조(중소기업창업민원실의 설치·운영) ① 시장·군수·구청장은 창업에 관련된 민원을 접수하여 처리할 수 있도록 법 제38조제1항에 따른 중소기업창업민원실(이하 이 조에서 "중소기업창업민원실"이라 한다)을 설치하고 창업 관련 업무를 전담할 직원을 배치하여야 한다.

② 시장·군수·구청장은 중소기업창업민원실의 설치·운영에 필요한 사항을 따로 정할 수 있다.

제29조(창업진흥전담조직의 설치 및 운영 등) ① 중소기업청장은 중소기업창업 관련 비영리 전문기관 또는 단체의 신청을 받아 법 제39조제1항에 따른 창업진흥전담조직(이하 이 조에서 "창업진흥전담조직"이라 한다)을 설치할 수 있다.

② 창업진흥전담조직은 다음 각 호의 사업을 수행한다. <개정 2009.5.28., 2014.12.3.>

1. 창업 활성화를 위한 정책연구 및 제도개선 과제 발굴
2. 창업자에 대한 자금, 인력, 판로 및 입지 등에 관한 정보제공 및 지원

3. 창업촉진을 위한 교육모델 개발 및 운영·보급
4. 창업 실태조사 및 분석
5. 창업 관련 국제기구 및 외국과의 교류 및 협력
6. 우수 예비창업자의 발굴 및 지원
7. 청소년 및 예비창업자 등에 대한 창업교육 등 기업가정신 제고
8. 대학 및 연구기관 등의 창업촉진
9. 창업 분야 전문인력 양성
10. 그 밖에 관계 중앙행정기관의 장이 위탁하는 사업

③ 창업진흥전담조직의 설치·업무수행 및 운영에 필요한 그 밖의 사항은 중소기업청장이 정하여 고시한다.

제29조의2(부담금 면제의 절차 및 방법) ① 법 제39조의3제1항에 따라 부담금을 면제받으려는 창업자는 산업통상자원부령으로 정하는 부담금 면제 신청서에 다음 각 호의 구분에 따른 서류를 첨부하여 주된 사무소의 소재지를 관할하는 시장·군수·구청장에게 부담금의 면제를 요청하여야 한다.

1. 개인사업자의 경우
  가. 업종 추가 후 2분기 동안의 매출신고서(업종을 추가한 경우로 한정한다)
  나. 그 밖에 시장·군수·구청장이 창업 여부를 확인하기 위하여 필요하다고 인정하는 서류
2. 법인의 경우
  가. 사업의 분리에 관한 계약서 및 창업일이 속한 달의 주식변동상황명세서(사업의 일부를 분리한 경우로 한정한다)
  나. 업종 추가 후 2분기 동안의 매출신고서(업종을 추가한 경우로 한정한다)
  다. 그 밖에 시장·군수·구청장이 창업 여부를 확인하기 위하여 필요하다고 인정하는 서류

② 제1항에 따라 부담금 면제 신청서를 제출받은 시장·군수·구청장은 「전자정부법」 제36조제1항에 따른 행정정보의 공동이용을 통하여 다음 각 호의 사항을 확인하여야 한다. 다만, 신청인이 제1호 및 제3호 사항의 확인에 동의하지 아니하는 경우에는 해당 서류의 사본을 첨부하도록 하여야 한다.

1. 사업자등록증
2. 법인 등기사항증명서(법인의 경우로 한정한다)
3. 국세 납세증명서와 지방세 납세증명서(법인의 경우 대표이사의 국세 납세증명서와 지방세 납세증명서를 말한다)

③ 시장·군수·구청장은 제1항에 따른 부담금의 면제 신청을 받은 날부터 14일 이내에 신청인에게 부담금 면제 여부를 알려야 한다.

④ 중소기업청장은 법 제39조의3에 따른 부담금 면제제도의 운영을 위하여 필요할 때에는 관계 행정기관의 장에게 부담금의 면제 실적 등 필요한 정보의 제공을 요청할 수 있다.

[전문개정 2014.1.14.]

제29조의3(재택창업지원시스템의 처리 업무) 법 제39조의5제1항에 따른 정보통신망을 통하여 회사를 설립할 수 있는 시스템(이하 "재택창업지원시스템"이라 한다)으

로 처리할 수 있는 업무는 다음 각 호와 같다.
1. 「상법」 및 「상업등기법」에 따른 회사 설립등기 업무
2. 「지방세법」에 따른 등록면허세 및 지방교육세 납부 업무
3. 「법인세법」 또는 「부가가치세법」에 따른 사업자등록 업무
4. 「국민연금법」에 따른 국민연금, 「국민건강보험법」에 따른 국민건강보험, 「고용보험법」에 따른 고용보험 및 「산업재해보상보험법」에 따른 산업재해보험 신고 업무

[본조신설 2014.1.14.]

제6장 보칙

제30조(업무운용 상황 등의 보고와 검사) ① 법 제40조제1항에 따라 창업투자회사, 창업투자조합의 업무집행조합원, 중소기업상담회사 및 창업보육센터사업자는 다음 각 호의 기준에 따라 중소기업청장에게 업무운용 상황 등에 관한 사항을 보고하여야 한다.
1. 창업투자회사 및 창업투자조합의 업무집행조합원 : 월별
2. 중소기업상담회사 및 창업보육센터사업자 : 반기별

② 제1항에 따른 업무운용 상황 등에 관한 보고는 전자문서(「전자문서 및 전자거래 기본법」 제2조제1호에 따른 전자문서를 말한다. 이하 같다)로 할 수 있다. <개정 2007.11.16., 2012.8.31.>

③ 법 제40조제1항 각 호 외의 부분에서 "대통령령으로 정하는 장부·서류"란 다음 각 호의 어느 하나를 말한다.
1. 창업투자회사 및 창업투자조합의 감사보고서
2. 창업투자회사의 법인등기부 등본
3. 창업투자회사의 전문인력 보유현황 및 그 자격을 증명하는 서류
4. 창업투자회사의 사무실 확보현황에 관한 서류
5. 창업투자회사의 주주 명부
6. 창업투자조합의 출자자 명부
7. 창업투자회사 및 창업투자조합의 거래계약서
8. 창업투자회사 및 창업투자조합의 총계정원장
9. 창업투자회사 및 창업투자조합이 거래한 회사의 주주 명부 및 법인등기부등본

④ 법 제40조제1항제7호에서 "대통령령으로 정하는 경우"란 다음 각 호의 경우를 말한다.
1. 법 제10조제1항 각 호 외의 부분 후단에 따른 창업투자회사의 중요사항 변경등록 여부의 확인이 필요한 경우
2. 법 제42조제2항에 따른 창업투자회사의 경영 및 자산 건전성 준수 여부의 확인이 필요한 경우

제31조(경영 건전성 기준) 법 제42조의2제1항에서 "대통령령으로 정하는 경영 건전성 기준"이란 자본잠식률(자본총계가 납입자본금에 미치지 못하는 비율을 말한다)이 100분의 50 미만일 것을 말한다.

[전문개정 2014.1.14.]

제31조의2(등록취소의 예외) 법 제43조제1항제3호 단서에서 "대통령령으로 정하는

사항"이란 다음 각 호의 사항을 말한다.

1. 창업투자회사가 법 제16조제1항에 따른 투자를 한 경우
2. 해당 창업투자회사가 업무집행조합원으로 있는 창업투자조합이 최근 1년 이내에 법 제16조제1항에 따라 산업통상자원부령으로 정하는 용도로 법 제10조제1항제1호, 제2호, 제2호의2 및 제5호에 따른 투자를 한 경우

[본조신설 2014.1.14.]

제32조(업무의 위탁 등) ① 중소기업청장은 법 제45조제2항에 따라 다음 각 호의 업무를 「민법」 제32조에 따라 중소기업청장의 허가를 받아 설립된 한국벤처캐피탈협회(이하 이 조에서 "한국벤처캐피탈협회"라 한다) 또는 「벤처기업육성에 관한 특별조치법」 제4조의2제1항에 따른 투자관리전문기관(이하 이 조에서 "투자관리전문기관"이라 한다)에 위탁한다. <개정 2009.5.28.>

1. 법 제10조제2항제3호에 따른 창업투자회사 전문인력 해당 여부의 확인 및 관리에 관한 업무
2. 법 제14조에 따른 창업투자회사 공시(公示)운영에 관한 업무
3. 법 제19조에 따른 창업투자회사의 결산서 및 법 제23조에 따른 창업투자조합의 결산서의 접수에 관한 업무
4. 법 제40조제1항 각 호 외의 부분에 따른 업무운용 상황 등에 관한 보고의 접수에 관한 업무

② 중소기업청장은 법 제45조제2항에 따라 다음 각 호의 업무를 창업 지원 등의 목적으로 「민법」 제32조에 따라 중소기업청장의 허가를 받아 설립된 법인으로서 해당 업무를 수행할 인력과 장비를 갖춘 법인에 위탁할 수 있다. <신설 2014.12.3.>

1. 법 제6조제1항에 따른 창업보육센터의 전문인력 및 시설 보유 여부의 확인 등에 관한 업무
2. 법 제31조제2항제3호에 따른 중소기업상담회사의 전문인력 및 시설 보유 여부의 확인 등에 관한 업무
3. 법 제40조제1항 각 호 외의 부분에 따른 중소기업상담회사 및 창업보육센터의 업무운용 상황 등에 관한 보고의 접수 및 확인 등에 관한 업무

③ 중소기업청장은 법 제45조제2항에 따라 법 제39조의5에 따른 재택창업지원시스템의 설치·운영에 관한 업무를 법 제39조제1항에 따른 창업진흥전담조직에 위탁한다. <신설 2014.1.14., 2014.12.3.>

④ 중소기업청장은 필요한 경우에는 다음 각 호의 자에 대하여 제1항 및 제2항에 따라 위탁한 업무에 관한 자료의 제출을 요구할 수 있다. <개정 2014.12.3.>

1. 한국벤처캐피탈협회
2. 투자관리전문기관
3. 제2항에 따라 업무를 위탁받은 법인

⑤ 중소기업청장은 제1항 및 제2항에 따라 업무를 위탁한 경우에는 위탁받은 기관의 명칭·대표자 및 소재지와 위탁업무의 내용을 고시하여야 한다. <신설 2014.12.3.>

제32조의2(고유식별정보의 처리) 중소기업청장(법 제39조에 따라 설치된 창업진흥전담조직을 포함한다)은 다음 각 호의 사무를 수행하기 위하여 불가피한 경우 「개인

정보 보호법 시행령」 제19조에 따른 주민등록번호, 여권번호, 운전면허의 면허번호 또는 외국인등록번호가 포함된 자료를 처리할 수 있다. <개정 2014.12.3.>

1. 법 제4조의2제1항 각 호에 따른 창업촉진사업에 관한 사무
2. 법 제10조에 따른 중소기업창업투자회사의 등록에 관한 사무
3. 법 제20조에 따른 중소기업창업투자조합의 등록에 관한 사무
4. 법 제31조에 따른 중소기업상담회사의 등록에 관한 사무
5. 법 제39조의5에 따른 재택창업지원시스템의 운영에 관한 사무

[본조신설 2013.1.16.]

제32조의3(규제의 재검토) 중소기업청장은 다음 각 호의 사항에 대하여 다음 각 호의 기준일을 기준으로 3년마다(매 3년이 되는 해의 기준일과 같은 날 전까지를 말한다) 그 타당성을 검토하여 개선 등의 조치를 하여야 한다.

1. 제6조 및 별표 1에 따른 창업보육센터사업자의 지정요건 및 지정신청 절차: 2014년 1월 1일
2. 제9조에 따른 창업투자회사의 등록요건: 2014년 1월 1일
3. 제10조에 따른 창업투자회사의 제한되는 행위 및 예외: 2014년 1월 1일
4. 제11조에 따른 창업투자회사의 투자의무비율 및 산정기준: 2014년 1월 1일
5. 제12조에 따른 창업투자회사의 해외투자한도의 비율: 2014년 1월 1일
6. 제14조에 따른 창업투자조합의 등록요건 및 절차: 2014년 1월 1일
7. 제16조에 따른 창업투자조합의 투자의무비율 및 계산 방법: 2014년 1월 1일
8. 제20조에 따른 중소기업상담회사의 등록요건: 2014년 1월 1일
9. 제27조에 따른 사업계획 승인취소 사유에 해당하는 기간 및 승인취소 절차: 2014년 1월 1일

[본조신설 2013.12.30.]

제7장 벌칙

제33조(과태료의 부과기준) 법 제48조제1항에 따른 과태료의 부과기준은 별표 2와 같다.

[전문개정 2009.5.28.]

부칙 〈제25807호, 2014.12.3.〉

이 영은 공포한 날부터 시행한다.

중소기업창업 지원법 시행규칙

[시행 2014.6.5.] [산업통상자원부령 제59호, 2014.6.5., 일부개정]

중소기업청(창업진흥과) 042-481-4409

제1조(목적) 이 규칙은 「중소기업창업 지원법」 및 같은 법 시행령에서 위임된 사항과 그 시행에 필요한 사항을 규정함을 목적으로 한다.

제2조(사업분리의 요건) 「중소기업창업 지원법 시행령」(이하 "영"이라 한다) 제2조제1항제1호 단서에 따라 창업으로 인정되는 경우는 사업을 개시하는 자가 다음 각 호의 요건을 갖춘 경우로 한다.

1. 사업을 하던 자와 사업을 개시하는 자 간에 사업 분리에 관한 계약을 체결할 것
2. 사업을 개시하는 자가 새로 설립되는 기업의 대표자로서 그 기업의 최대주주 또는 최대출자자가 될 것

제3조(창업보육센터의 사업계획) 「중소기업창업 지원법」(이하 "법"이라 한다) 제6조제1항제3호에 따른 사업계획에는 다음 각 호의 사항이 포함되어야 한다.

1. 창업보육센터의 명칭・소재지
2. 사업의 목적 및 추진일정
3. 입주자에 대한 경영 및 기술 지원계획
4. 소요자금 조달 및 집행 계획

제4조(창업보육센터사업자의 지정신청) ① 법 제6조제1항에 따라 창업보육센터사업자로 지정을 받으려는 자는 별지 제1호서식의 지정신청서에 다음 각 호의 서류를 첨부하여 중소기업청장에게 제출하여야 한다. 이 경우 중소기업청장은 「전자정부법」 제36조제1항에 따른 행정정보의 공동이용을 통하여 법인 등기사항증명서(법인인 경우만 해당한다)를 확인하여야 한다. <개정 2012.11.30.>

1. 정관(법인인 경우만 해당한다)
2. 사업계획서
3. 전문인력 보유현황
4. 시설명세서

② 창업보육센터사업자로 지정을 받은 자는 다음 각 호의 어느 하나에 해당하는 사항이 변경되면 변경일부터 7일 이내에 별지 제1호서식의 변경신청서에 변경된 사실을 증명하는 서류를 첨부하여 중소기업청장에게 제출하여야 한다.

1. 사업자명
2. 전문인력의 보유현황
3. 법 제6조제1항제1호 각 목의 시설
4. 제3조 각 호의 사항
5. 정관에 적힌 사업목적

제5조(중소기업창업투자회사의 등록) ① 법 제10조제1항에 따라 중소기업창업투자회사(이하 "창업투자회사"라 한다)로 등록을 하려는 자는 별지 제2호서식의 등록신청서(전자문서로 된 신청서를 포함한다)에 다음 각 호의 서류(전자문서를 포함한다)

를 첨부하여 중소기업청장에게 제출하여야 한다. 이 경우 중소기업청장은 「전자정부법」 제36조제1항에 따른 행정정보의 공동이용을 통하여 법인 등기사항증명서(법인인 경우만 해당한다)를 확인하여야 한다. <개정 2012.11.30., 2014.2.28.>
1. 정관
2. 사업계획서
3. 임원의 이력서
4. 주주의 명부
5. 법 제10조제2항제1호에 따른 납입자본금의 납입을 증명하는 서류
6. 영 제9조제7항제1호에 따른 상근 전문인력의 보유현황 및 그 자격을 증명하는 서류
7. 영 제9조제7항제2호에 따른 사무실 확보현황에 관한 서류

② 법 제10조제1항 후단에서 "산업통상자원부령으로 정하는 중요사항"이란 다음 각 호의 사항을 말한다. <개정 2009.6.2., 2013.3.23.>
1. 회사명
2. 본점 소재지 및 지점 또는 사무소 설치현황
3. 대표자 및 임원
4. 납입자본금
5. 상근 전문인력의 보유현황
6. 정관에 적힌 사업목적
7. 의결권 있는 발행주식총수의 100분의 5 이상의 주식을 소유한 주주의 주식소유현황
8. 의결권 있는 발행주식총수의 100분의 10 이상의 주식소유현황의 변동

③ 창업투자회사는 제2항 각 호의 어느 하나에 해당하는 사항이 변경되면 변경일부터 7일 이내에 별지 제2호서식의 변경등록신청서에 변경된 사실을 증명하는 서류를 첨부하여 중소기업청장에게 변경등록을 신청하여야 한다.

④ 중소기업청장은 제1항에 따른 등록을 신청한 자 또는 제3항에 따른 변경등록을 신청한 자가 등록요건에 적합한 때에는 별지 제3호서식의 등록증을 발급하여야 한다.

제6조(지위승계신고) 법 제11조제2항에 따라 창업투자회사의 지위 승계를 신고하려는 자는 다음 각 호의 서류를 중소기업청장에게 제출하여야 한다.
1. 제5조제1항 각 호의 서류
2. 승계한 사실을 증명하는 서류
3. 「공인회계사법」 제23조에 따른 회계법인의 감사의견서가 첨부된 결산서

제7조(등록말소신청) 법 제12조제1항에 따라 창업투자회사등록의 말소를 신청하려는 자는 다음 각 호의 사항을 적은 서류에 제5조제4항에 따른 등록증을 첨부하여 중소기업청장에게 제출하여야 한다.
1. 회사명
2. 등록을 말소하려는 사유

제8조(창업투자회사의 행위제한) ① 영 제10조제4항제4호에서 "산업통상자원부령으로 정하는 금액"이란 5천만원을 말한다. <개정 2009.6.2., 2013.3.23.>

② 영 제10조제4항제6호가목 및 나목에서 "산업통상자원부령으로 정하는 경영지배

"란 각각 다음 각 호의 어느 하나에 해당하는 경우를 말한다. <신설 2009.6.2., 2013.3.23.>

1. 창업투자회사(그 특수관계인을 포함한다)가 투자기업의 의결권 있는 주식 또는 출자지분의 100분의 50을 초과하여 소유하는 경우
2. 창업투자회사가 계약 등에 따라 투자기업의 이사회 또는 이에 준하는 의사결정기구의 구성원의 과반수 이상을 임면할 수 있는 권한을 가진 경우
3. 창업투자회사가 계약 등에 따라 투자기업의 주주총회 또는 이에 준하는 의사결정기구에서 과반수 이상의 의결권을 행사할 수 있는 경우
4. 창업투자회사의 임직원(창업투자회사의 특수관계인을 포함한다)이 투자기업의 대표이사를 겸직(창업투자회사와 투자기업이 각각 공동대표이사를 선임한 경우는 제외한다)하거나 투자기업의 이사회 구성원의 과반수 이상을 차지하는 등 창업투자회사가 투자기업의 재무 또는 영업에 관한 중요한 사항을 단독으로도 결정할 수 있는 경우

③ 영 제10조제4항제8호에서 "산업통상자원부령으로 정하는 행위"란 투자에 관한 계약서에 적힌 사항외에 별도의 조건을 설정하여 투자하는 행위를 말한다. <개정 2009.6.2., 2013.3.23.>

④ 법 제15조제2항에서 "산업통상자원부령으로 정하는 기간"이란 1년을 말한다. <개정 2009.6.2., 2013.3.23.>

제9조(투자의 범위) 법 제16조제1항 본문 후단에서 "산업통상자원부령으로 정하는 용도"란 다음 각 호의 어느 하나에 해당하는 용도를 말한다. <개정 2009.6.2., 2010.3.25., 2013.3.23., 2014.2.28.>

1. 「자본시장과 금융투자업에 관한 법률」 제8조의2제4항제1호에 따른 증권시장(이하 "증권시장"이라 한다)에 상장되지 아니한 창업자, 벤처기업 또는 「중소기업 기술혁신 촉진법」 제15조 및 제15조의2에 따른 기술혁신형·경영혁신형 중소기업에 대하여 다음 각 목의 어느 하나의 방식으로 행하는 투자
   가. 신규로 발행되는 주식의 인수. 다만, 증권시장에 상장하기 위하여 신규로 발행되는 주식의 인수는 제외한다.
   나. 신규로 발행되는 무담보전환사채 또는 무담보신주인수권부사채의 인수
   다. 지분의 취득. 다만, 타인의 출자지분을 취득하는 경우는 제외한다.
2. 법 제10조제1항제5호에 따른 투자의 대상이 되는 중소기업(증권시장에 상장된 기업을 제외한다)이 영위하는 사업 중 중소기업청장이 고시하는 분야와 관련된 사업에 대한 투자
3. 삭제 <2014.2.28.>
4. 삭제 <2014.2.28.>

제10조(중소기업창업투자조합의 등록원부 등) ① 영 제14조제3항 또는 제15조제2항에 따른 중소기업창업투자조합(이하 "창업투자조합"이라 한다)의 등록 또는 변경등록신청서는 별지 제4호서식에 따른다.

② 영 제15조제1항에 따른 창업투자조합의 등록원부는 별지 제5호서식에 따른다. 이 경우 등록원부는 자기디스크 등으로 작성할 수 있다.

③ 중소기업청장은 영 제15조제3항에 따라 등록원부의 등본을 발행할 때에는 원부

와 동일한 서식의 용지로 작성하고 그 끝에 등본임을 적어 중소기업청장의 관인을 날인하여야 한다.

제11조(청산결과 보고) 법 제26조제1항에 따라 청산인은 다음 각 호의 사항이 포함된 청산결과보고서를 작성하여 중소기업청장에게 제출하여야 한다.

1. 조합원별로 창업투자조합의 재산을 배분한 명세
2. 법 제28조에 따라 업무집행조합원에게 배분한 투자수익의 명세
3. 영 제19조제2항에 따라 업무집행조합원이 임직원에게 지급한 성과급의 명세

제12조(중소기업상담회사의 등록) ① 법 제31조제1항에 따라 중소기업상담회사로 등록을 하려는 자는 별지 제2호서식의 등록신청서(전자문서로 된 신청서를 포함한다)에 다음 각 호의 서류(전자문서를 포함한다)를 첨부하여 중소기업청장에게 제출하여야 한다. 이 경우 중소기업청장은 「전자정부법」 제36조제1항에 따른 행정정보의 공동이용을 통하여 법인 등기사항증명서(법인인 경우만 해당한다)를 확인하여야 한다. <개정 2012.11.30.>

1. 정관
2. 사업계획서
3. 영 제20조제2항제1호에 따른 전문인력 보유현황 및 그 자격을 증명하는 서류

② 법 제31조제1항 후단에서 "산업통상자원부령으로 정하는 중요 사항"이란 다음 각 호의 사항을 말한다. <개정 2009.6.2., 2013.3.23.>

1. 회사명
2. 소재지
3. 대표자
4. 납입자본금
5. 전문인력 보유현황
6. 정관에 적힌 사업목적

③ 중소기업상담회사는 제2항 각 호의 어느 하나에 해당하는 사항이 변경되면 변경일부터 15일 이내에 별지 제2호서식의 변경등록신청서에 변경된 사실을 증명하는 서류를 첨부하여 중소기업청장에게 변경등록을 신청하여야 한다.

④ 영 제20조제2항제2호에서 "산업통상자원부령으로 정하는 부대시설"이란 창업자에 대한 경영 및 기술상담을 위한 전용공간을 말한다. <개정 2009.6.2., 2013.3.23.>

⑤ 중소기업청장은 제1항에 따른 등록의 신청을 한 자 또는 제3항에 따른 변경등록의 신청을 한자가 등록요건에 적합하면 별지 제3호서식의 등록증을 발급하여야 한다.

제13조(용역 대금의 지원신청) 영 제21조에 따라 용역 대금의 지원을 받으려는 중소기업상담회사는 별지 제6호서식의 신청서(전자문서로 된 신청서를 포함한다)에 다음 각 호의 서류(전자문서를 포함한다)를 첨부하여야 한다. 이 경우 담당 공무원은 「전자정부법」 제36조제1항에 따른 행정정보의 공동이용을 통하여 용역을 제공받은 창업자의 사업자등록증을 확인하여야 하며, 신청인이 확인에 동의하지 아니하는 경우에는 그 사본을 첨부하도록 하여야 한다. <개정 2012.11.30.>

1. 용역결과보고서
2. 용역대금계산서

3. 용역계약서 사본

제14조(사업계획의 승인신청) 창업자는 법 제33조제1항 및 영 제22조에 따라 사업계획의 승인 또는 변경승인을 받으려면 별지 제7호서식의 신청서에 다음 각 호의 서류를 첨부하여 시장·군수·구청장(자치구의 구청장을 말한다. 이하 같다)에게 제출하여야 한다.

1. 사업계획서(승인신청의 경우만 해당한다)
2. 변경계획서 및 변경사유서(변경승인신청의 경우만 해당한다)
3. 변경내용의 신·구 대비표(변경승인신청의 경우만 해당한다)
4. 부동산권리자의 사용동의서
5. 법 제33조제4항에 따른 지침에서 정하는 서류

제15조(창업민원처리협의회의 구성·운영) ① 영 제23조제1항에 따른 창업민원처리협의회(이하 "협의회"라 한다)의 위원장은 지방중소기업청장이 되고, 위원은 다음 각 호의 자가 된다. <개정 2013.3.23.>

1. 사업계획의 승인과 관련되는 행정기관의 실무책임자
2. 해당 시·군·구(자치구를 말한다. 이하 같다) 및 공공기관의 실무책임자
3. 시민단체(「비영리민간단체지원법」 제2조에 따른 비영리민간단체를 말한다) 또는 중소기업 관련 단체(중소기업협동조합이나 「민법」과 「산업통상자원부장관 및 그 소속청장의 주관에 속하는 비영리법인의 설립 및 감독에 관한 규칙」에 따라 설립된 비영리사단법인을 말한다)에서 추천하는 자 중 지방중소기업청장이 지정하는 자

② 협의회는 다음 각 호의 사항을 협의한다.

1. 사업계획 승인업무의 지원
2. 창업 관련 사전정보의 제공 및 상담
3. 창업자로부터 접수된 민원의 일괄처리 등

③ 위원장은 사업계획 승인업무의 지원 등을 위하여 필요하다고 인정되거나, 창업자 또는 시·군·구의 요청이 있을 경우에는 협의회를 개최한다.

④ 위원장은 제3항에 따라 협의회를 개최하려면 개최 일시 및 안건을 개최 10일 전까지 각 위원에게 알려야 한다.

⑤ 그 밖에 협의회의 운영에 필요한 사항은 위원장이 정한다.

제16조(사업계획의 사전협의 신청) 창업자가 법 제34조제1항 및 영 제25조제1항에 따라 사업계획의 사전협의를 신청하려는 경우에는 별지 제8호서식의 사업계획 사전협의신청서에 다음 각 호의 서류를 첨부하여 시장·군수·구청장에게 제출하여야 한다.

1. 사업계획서 1부
2. 환경 관련 법령에 따른 검토가 필요한 경우에는 기계 기구류, 규모, 마력 수 등을 적은 서류 1부
3. 법 제35조제1항 각 호의 사항에 관한 서류(필요한 경우만 첨부한다)

제16조의2(부담금 면제 신청) 법 제39조의3제1항 및 영 제29조의2제1항에 따라 부담금을 면제받으려는 창업자가 제출하는 부담금 면제 신청서는 별지 제9호서식에 따른다.

[본조신설 2014.6.5.]

제17조(창업보육센터사업자의 운영 실적 기준) 법 제43조제4항제4호에서 "산업통상자원부령으로 정하는 기준에 미치지 못할 때"란 다음 각 호의 어느 하나에 해당하는 경우를 말한다.

1. 증축·개축 등의 특별한 사유 없이 해당 창업보육센터의 보육실을 보육실 총면적의 100분의 60 미만으로 임대한 실적이 3개월 이상 지속된 경우
2. 창업보육의 기반시설, 창업보육 프로그램의 운영 및 관리 등에 관하여 중소기업청장이 정하여 고시하는 평가 기준에 3회 연속 미치지 못한 경우

[전문개정 2014.2.28.]

제18조 삭제 〈2009.6.2.〉

부칙 〈제59호, 2014.6.5.〉

이 규칙은 공포한 날부터 시행한다.

벤처기업육성에 관한 특별조치법

[시행 2014.12.30.] [법률 제12927호, 2014.12.30., 일부개정]

중소기업청(벤처정책과) 042-481-4425

제1장 총칙 <개정 2007.8.3.>

제1조(목적) 이 법은 기존 기업의 벤처기업으로의 전환과 벤처기업의 창업을 촉진하여 우리 산업의 구조조정을 원활히 하고 경쟁력을 높이는 데에 기여하는 것을 목적으로 한다.

[전문개정 2007.8.3.]

제2조(정의) ① "벤처기업"이란 제2조의2의 요건을 갖춘 기업을 말한다. <개정 2007.8.3.>

② "투자"란 주식회사가 발행한 주식, 무담보전환사채 또는 무담보신주인수권부사채를 인수하거나, 유한회사의 출자를 인수하는 것을 말한다. <개정 2007.8.3.>

③ 삭제 <2006.3.3.>

④ "벤처기업집적시설"이란 벤처기업 및 대통령령으로 정하는 지원시설을 집중적으로 입주하게 함으로써 벤처기업의 영업활동을 활성화하기 위하여 제18조에 따라 지정된 건축물을 말한다. <개정 2007.8.3.>

⑤ "실험실공장"이란 벤처기업의 창업을 촉진하기 위하여 대학이나 연구기관이 보유하고 있는 연구시설에 「산업집적활성화 및 공장설립에 관한 법률」 제28조에 따른 도시형공장에 해당하는 업종의 생산시설을 갖춘 사업장을 말한다. <개정 2007.8.3.>

⑥ "벤처기업육성촉진지구"란 벤처기업의 밀집도가 다른 지역보다 높은 지역으로 집단화·협업화(協業化)를 통한 벤처기업의 영업활동을 활성화하기 위하여 제18조의4에 따라 지정된 지역을 말한다. <개정 2007.8.3.>

⑦ "전략적제휴"란 벤처기업이 생산성 향상과 경쟁력 강화 등을 목적으로 기술·시설·정보·인력 또는 자본 등의 분야에서 다른 기업의 주주 또는 다른 벤처기업과 협력관계를 형성하는 것을 말한다. <개정 2007.8.3.>

⑧ "신기술창업전문회사"란 대학이나 연구기관이 보유하고 있는 기술의 사업화와 이를 통한 창업 촉진을 주된 업무로 하는 회사로서 제11조의2에 따라 등록된 회사를 말한다. <개정 2007.8.3.>

⑨ "신기술창업집적지역"이란 대학이나 연구기관이 보유하고 있는 교지나 부지로서 「중소기업창업 지원법」 제2조제2호에 따른 창업자(이하 "창업자"라 한다)와 벤처기업 등에 사업화 공간을 제공하기 위하여 제17조의2에 따라 지정된 지역을 말한다. <개정 2007.8.3.>

[제목개정 2007.8.3.]

제2조의2(벤처기업의 요건) ① 벤처기업은 다음 각 호의 요건을 갖추어야 한다. <개정 2007.8.3., 2009.5.21., 2010.1.27., 2011.3.9., 2014.1.14.>

1. 「중소기업기본법」 제2조에 따른 중소기업(이하 "중소기업"이라 한다)일 것

2. 다음 각 목의 어느 하나에 해당할 것
   가. 다음 각각의 어느 하나에 해당하는 자의 투자금액의 합계(이하 이 목에서 "투자금액의 합계"라 한다) 및 기업의 자본금 중 투자금액의 합계가 차지하는 비율이 각각 대통령령으로 정하는 기준 이상인 기업
      (1) 「중소기업창업 지원법」 제2조제4호에 따른 중소기업창업투자회사(이하 "중소기업창업투자회사"라 한다)
      (2) 「중소기업창업 지원법」 제2조제5호에 따른 중소기업창업투자조합(이하 "중소기업창업투자조합"이라 한다)
      (3) 「여신전문금융업법」 제2조제14호에 따른 신기술사업금융업을 영위하는 자(이하 "신기술사업금융업자"라 한다)
      (4) 「여신전문금융업법」 제41조제3항에 따른 신기술사업투자조합(이하 "신기술사업투자조합"이라 한다)
      (5) 제4조의3에 따른 한국벤처투자조합
      (6) 제4조의8에 따른 전담회사
      (7) 중소기업에 대한 기술평가 및 투자를 하는 금융기관으로서 대통령령으로 정하는 기관
      (8) 투자실적, 경력, 자격요건 등 대통령령으로 정하는 기준을 충족하는 개인
   나. 기업(「기초연구진흥 및 기술개발지원에 관한 법률」 제14조제1항제2호에 따른 기업부설연구소를 보유한 기업만을 말한다)의 연간 연구개발비와 연간 총매출액에 대한 연구개발비의 합계가 차지하는 비율이 각각 대통령령으로 정하는 기준 이상이고, 대통령령으로 정하는 기관으로부터 사업성이 우수한 것으로 평가받은 기업
   다. 다음 각각의 요건을 모두 갖춘 기업[창업하는 기업에 대하여는 (3)의 요건만 적용한다]
      (1) 「기술신용보증기금법」에 따른 기술신용보증기금(이하 "기술신용보증기금"이라 한다)이 보증(보증가능금액의 결정을 포함한다)을 하거나, 「중소기업진흥에 관한 법률」 제68조에 따른 중소기업진흥공단(이하 "중소기업진흥공단"이라 한다) 등 대통령령으로 정하는 기관이 개발기술의 사업화나 창업을 촉진하기 위하여 무담보로 자금을 대출(대출가능금액의 결정을 포함한다)할 것
      (2) (1)의 보증 또는 대출금액과 그 보증 또는 대출금액이 기업의 총자산에서 차지하는 비율이 각각 대통령령으로 정하는 기준 이상일 것
      (3) (1)의 보증 또는 대출기관으로부터 기술성이 우수한 것으로 평가를 받을 것

② 제1항제2호나목 및 다목(3)에 따른 평가기준과 평가방법 등에 관하여 필요한 사항은 대통령령으로 정한다.

[전문개정 2007.8.3.]

제3조(벤처기업에 포함되지 아니하는 업종의 결정) 제2조제1항에도 불구하고 우리 산업의 구조조정을 원활히 하고 경쟁력을 높이기 위하여 중소기업청장이 정하는 업종을 영위하는 기업은 벤처기업에 포함하지 아니한다.

[전문개정 2007.8.3.]

제2장 벤처기업 육성기반의 구축 <개정 2007.8.3.>

제1절 자금공급의 원활화

제4조(벤처기업에 대한 기금의 투자 등) ① 「국가재정법」에 따른 기금으로서 대통령령으로 정하는 기금을 관리하는 자(이하 "기금관리주체"라 한다)는 대통령령으로 정하는 비율 이내의 자금을 그 기금운용계획에 따라 벤처기업에 투자하거나 중소기업창업투자조합·신기술사업투자조합 또는 한국벤처투자조합에 출자할 수 있다. <개정 2007.8.3.>

② 기금관리주체가 기금운용계획의 범위에서 행하는 벤처기업에 대한 투자나 중소기업창업투자조합·신기술사업투자조합 또는 한국벤처투자조합에 대한 출자에 관하여는 관계 법령에 따른 인가·허가·승인 등을 받은 것으로 본다. <개정 2007.8.3.>

③ 삭제 <1998.12.30.>

④ 「보험업법」 제2조제5호에 따른 보험회사는 같은 법 제106조, 제108조 및 제109조에도 불구하고 금융위원회가 정하는 범위에서 벤처기업에 투자하거나 중소기업창업투자조합 또는 신기술사업투자조합에 출자할 수 있다. <개정 2007.8.3., 2008.2.29.>

⑤ 「지역균형개발 및 지방중소기업 육성에 관한 법률」 제43조제1호에 따라 지방자치단체의 장이 설치한 지방중소기업육성관련기금을 관리하는 자는 지방 중소기업·벤처기업을 육성하기 위하여 다음 각 호의 조합에 출자할 수 있다. <신설 2010.1.27.>

1. 중소기업창업투자조합
2. 신기술사업투자조합
3. 제4조의2에 따른 중소기업투자모태조합
4. 제4조의3에 따른 한국벤처투자조합

[제목개정 2007.8.3.]

제4조의2(중소기업투자모태조합의 결성 등) ① 중소기업청장이 중소기업진흥공단 등 대통령령으로 정하는 투자관리기관 중에서 지정하는 기관(이하 "투자관리전문기관"이라 한다)은 「중소기업진흥에 관한 법률」 제63조에 따른 중소기업창업 및 진흥기금(이하 "중소기업창업 및 진흥기금"이라 한다)을 관리하는 자 등으로부터 출자를 받아 중소기업과 벤처기업에 대한 투자를 목적으로 설립된 조합 또는 회사에 출자하는 조합(이하 "중소기업투자모태조합"이라 한다)을 결성할 수 있다. <개정 2009.1.30., 2009.5.21.>

② 중소기업창업 및 진흥기금을 관리하는 자는 「중소기업진흥에 관한 법률」 제67조에도 불구하고 중소기업투자모태조합(이하 "모태조합"이라 한다)에 출자할 수 있다. <개정 2009.1.30., 2009.5.21.>

③ 투자관리전문기관은 모태조합의 자산을 다음 각 호의 조합이나 회사에 출자하여야 한다. <개정 2007.8.3., 2009.4.1.>

1. 중소기업창업투자조합
2. 제4조의3에 따른 한국벤처투자조합
3. 「산업발전법」(법률 제9584호 산업발전법 전부개정법률로 개정되기 전의 것을

말한다) 제15조에 따라 등록된 기업구조조정조합 및 「산업발전법」 제20조에 따른 기업구조개선 사모투자전문회사

4. 「자본시장과 금융투자업에 관한 법률」 제9조제18항제7호에 따른 사모투자전문회사

5. 신기술사업투자조합

④ 투자관리전문기관은 모태조합의 자산을 관리·운용하여야 하며, 그 밖에 투자관리전문기관의 지정·관리 등에 필요한 사항은 대통령령으로 정한다. <개정 2009.1.30.>

⑤ 삭제 <2009.1.30.>

⑥ 삭제 <2009.1.30.>

⑦ 삭제 <2009.1.30.>

⑧ 삭제 <2009.1.30.>

⑨ 모태조합의 존속기간은 30년 이내의 범위에서 대통령령으로 정하는 기간으로 하며, 그 밖에 모태조합의 관리·운용 등에 필요한 사항은 대통령령으로 정한다. <개정 2009.1.30.>

[전문개정 2007.8.3.]

제4조의3(한국벤처투자조합의 결성 등) ① 다음 각 호의 어느 하나에 해당하는 자는 모태조합으로부터 출자를 받아 중소기업과 벤처기업에 대한 투자와 제4항제3호에 따른 투자조합에 대한 출자 등을 목적으로 조합(이하 "한국벤처투자조합"이라 한다)을 결성할 수 있다. 이 경우 대통령령으로 정하는 바에 따라 중소기업청장에게 신고하여야 하고, 신고 사항을 변경하는 경우에도 같다.

1. 중소기업창업투자회사
2. 신기술사업금융업자
3. 다음 각 목의 요건을 갖추고 있는 「상법」상 유한회사
   가. 출자금 총액이 조합 결성금액의 1퍼센트 이상일 것
   나. 대통령령으로 정하는 기준에 맞는 전문인력을 보유할 것
4. 다음 각 목의 요건을 갖추고 있다고 중소기업청장이 인정하는 외국투자회사
   가. 국내지점과 전문인력 등 중소기업창업투자회사에 준하는 물적·인적 요건을 갖추고 있을 것
   나. 국제적 신인도가 높고 사업계획이 타당할 것

② 한국벤처투자조합은 조합의 채무에 대하여 무한책임을 지는 1인 이상의 조합원(이하 "업무집행조합원"이라 한다)과 출자액을 한도로 하여 유한책임을 지는 조합원(이하 "유한책임조합원"이라 한다)으로 구성한다. 이 경우 업무집행조합원은 다음 각 호의 어느 하나에 해당하는 자로 하되, 그 중 1인은 제1호에 해당하는 자이어야 한다. <개정 2010.1.27.>

1. 제1항 각 호의 어느 하나에 해당하는 자
2. 「국가재정법」 제8조제1항에 따른 기금관리주체로서 같은 법 별표 2에 따른 기금을 관리·운용하는 자
3. 법률에 따라 공제 사업을 경영하는 법인
4. 그 밖에 대통령령으로 정하는 자

③ 제2항 전단에도 불구하고 제4조의7에 따른 공모한국벤처투자조합을 결성하는 경우 업무집행조합원은 1인으로 한다. <신설 2010.1.27.>
④ 한국벤처투자조합의 출자금액, 조합원 수 및 존속기간을 포함한 결성 요건과 신고 사항, 그 밖에 운영 등에 필요한 사항은 대통령령으로 정한다. <개정 2010.1.27.>
⑤ 업무집행조합원은 한국벤처투자조합의 자금을 다음 각 호의 사업을 위하여 사용하여야 한다. 다만, 제3호의 사업에 대하여는 그 사업을 주된 목적으로 결성된 조합에만 자금을 사용할 수 있다. <개정 2010.1.27.>
1. 중소기업과 벤처기업에 대한 투자
2. 「중소기업창업 지원법」 제10조제1항제4호에 따른 해외투자
3. 중소기업창업투자조합이나 신기술사업투자조합에 대한 출자
4. 그 밖에 중소기업과 벤처기업의 경쟁력을 강화하기 위하여 중소기업청장이 인정하는 사업

⑥ 업무집행조합원은 선량한 관리자로서 출자자의 이익을 위하여 한국벤처투자조합의 자산을 관리하여야 한다. <개정 2010.1.27.>
⑦ 한국벤처투자조합은 업무집행조합원에게 조합 규약으로 정하는 바에 따라 투자수익에 따른 성과보수를 지급할 수 있으며, 성과보수 지급을 위한 투자수익의 산정방식 등에 관하여 필요한 사항은 대통령령으로 정한다. <개정 2010.1.27.>
[전문개정 2007.8.3.]

제4조의4(한국벤처투자조합의 업무의 집행 등) ① 한국벤처투자조합의 업무는 업무집행조합원이 집행한다.
② 업무집행조합원은 한국벤처투자조합의 업무를 집행할 때 다음 각 호의 어느 하나에 해당하는 행위를 하여서는 아니 된다.
1. 자기나 제삼자의 이익을 위하여 한국벤처투자조합의 재산을 사용하는 행위
2. 자금차입·지급보증 또는 담보를 제공하는 행위
3. 「독점규제 및 공정거래에 관한 법률」 제9조에 따른 상호출자제한기업집단에 속하는 회사에 투자하는 행위
4. 대통령령으로 정하는 금융기관의 주식을 취득하거나 소유하는 행위
5. 「중소기업창업 지원법」 제6조제1항에 따른 창업보육센터 등 대통령령으로 정하는 범위의 업무용 부동산 외의 부동산(이하 "비업무용부동산"이라 한다)을 취득하거나 소유하는 행위. 다만, 담보권의 실행으로 비업무용부동산을 취득하는 경우에는 그러하지 아니하다.
6. 그 밖에 설립목적을 해치는 것으로서 대통령령으로 정하는 행위

③ 업무집행조합원이 제2항제5호 단서에 따라 담보권의 실행으로 비업무용부동산을 취득한 경우에는 1년의 범위에서 산업통상자원부령으로 정하는 기간 내에 이를 처분하여야 한다. <개정 2008.2.29., 2013.3.23.>
[전문개정 2007.8.3.]

제4조의5(한국벤처투자조합의 업무집행조합원의 탈퇴) 업무집행조합원은 다음 각 호의 어느 하나에 해당하는 경우가 아니면 한국벤처투자조합을 탈퇴할 수 없다.
1. 중소기업창업투자회사나 신기술사업금융업자의 등록이 취소되거나 말소된 경우

2. 업무집행조합원이 파산한 경우
3. 조합원 전원의 동의가 있는 경우
[전문개정 2007.8.3.]

제4조의6(한국벤처투자조합의 해산) ① 한국벤처투자조합은 다음 각 호의 어느 하나에 해당하는 사유가 있을 때에는 해산한다. <개정 2010.1.27.>
1. 존속기간의 만료
2. 유한책임조합원 전원의 탈퇴
3. 제4조의3제1항 각 호의 어느 하나에 해당하는 업무집행조합원 전원의 탈퇴
4. 그 밖에 대통령령으로 정하는 경우

② 한국벤처투자조합에 제1항제3호에 해당하는 사유가 발생한 경우에는 유한책임조합원 전원의 동의로 대통령령으로 정하는 바에 따라 그 사유가 발생한 날부터 3개월 이내에 제4조의3제1항 각 호의 어느 하나에 해당하는 업무집행조합원을 가입하게 하여 한국벤처투자조합을 계속할 수 있다. <개정 2010.1.27.>

③ 한국벤처투자조합이 해산하면 업무집행조합원이 청산인이 된다. 다만, 조합의 규약으로 정하는 바에 따라 업무집행조합원 외의 자를 청산인으로 선임할 수 있다.

④ 한국벤처투자조합의 해산 당시의 출자금액을 초과하는 채무가 있으면 업무집행조합원이 그 채무를 변제하여야 한다.

[전문개정 2007.8.3.]

제4조의7(공모한국벤처투자조합에 관한 특례) ①「자본시장과 금융투자업에 관한 법률」제22조부터 제27조까지, 제29조부터 제32조까지, 제34조부터 제43조까지, 제48조, 제50조부터 제53조까지, 제56조, 제58조, 제60조부터 제65조까지, 제80조부터 제83조까지, 제85조제2호·제3호 및 제6호부터 제8호까지, 제86조부터 제95조까지, 제181조부터 제183조까지, 제184조제1항·제2항·제5항부터 제7항까지, 제185조부터 제187조까지, 제218조부터 제223조까지 및 제229조부터 제253조까지는 공모한국벤처투자조합(「자본시장과 금융투자업에 관한 법률」제9조제19항에 따른 사모집합투자기구에 해당하지 아니하는 한국벤처투자조합을 말한다. 이하 같다) 및 그 업무집행조합원에 대하여는 적용하지 아니한다.

② 중소기업청장은 공모한국벤처투자조합을 등록하는 경우에는 미리 금융위원회와 협의하여야 한다. <개정 2008.2.29.>

③ 금융위원회는 공익 또는 공모한국벤처투자조합의 조합원을 보호하기 위하여 필요한 경우에는 공모한국벤처투자조합에 대하여 업무에 관한 자료의 제출이나 보고를 명할 수 있고, 금융감독원의 원장으로 하여금 그 업무에 관하여 검사하게 할 수 있다. <개정 2008.2.29.>

④ 금융위원회는 공모한국벤처투자조합이 이 법 또는 이 법에 따른 명령이나 처분을 위반하거나,「자본시장과 금융투자업에 관한 법률」또는 같은 법에 따른 명령이나 처분을 위반한 경우에는 제28조 각 호의 어느 하나에 해당하는 조치를 취하도록 중소기업청장에게 요구할 수 있고, 중소기업청장은 특별한 사유가 없는 한 이에 응하여야 한다. 이 경우 중소기업청장은 그 조치내역을 금융위원회에 통보하여야 한다. <개정 2008.2.29.>

[본조신설 2007.8.3.]

[종전 제4조의7은 제4조의8로 이동 <2007.8.3.>]

제4조의8(전담회사의 설립 등) ① 정부는 중소기업과 벤처기업의 성장·발전을 위한 투자 촉진 등을 목적으로 하는 전담회사(이하 "전담회사"라 한다)를 설립할 수 있다.

② 중소기업창업 및 진흥기금을 관리하는 자는 「중소기업진흥에 관한 법률」 제67조에도 불구하고 전담회사에 출자할 수 있다. <개정 2009.1.30., 2009.5.21.>

③ 국가나 지방자치단체는 전담회사에 대하여 조세 관련 법령으로 정하는 바에 따라 세제상의 지원을 할 수 있다.

[전문개정 2007.8.3.]

[제4조의7에서 이동, 종전 제4조의8은 제4조의9로 이동 <2007.8.3.>]

제4조의9(전담회사의 업무 등) ① 전담회사는 다음 각 호의 업무를 영위한다. <개정 2013.3.22.>

1. 중소기업과 벤처기업에 대한 투자를 목적으로 설립된 조합 등에 대한 출자
2. 중소기업과 벤처기업에 대한 투자
3. 해외벤처투자자금의 유치 지원
4. 중소기업창업투자회사의 육성
5. 정부가 관련 산업의 육성을 목적으로 출연·출자 등을 통하여 조성한 투자재원의 운용
6. 제1호부터 제5호까지의 규정에 부수(附隨)되는 사업으로서 정부에서 위탁하는 사업

② 전담회사는 사업수행을 위하여 필요하면 정부, 정부가 설치한 기금 또는 국내외 금융기관으로부터 자금을 차입할 수 있다.

③ 전담회사는 자본금과 적립금총액의 10배의 범위에서 사채를 발행할 수 있다.

④ 전담회사의 정관을 변경할 때는 중소기업청장의 인가를 받아야 한다.

⑤ 전담회사에 관하여 이 법에 규정한 것 외에는 「상법」 중 주식회사에 관한 규정을 준용한다.

⑥ 전담회사가 제1항제2호의 업무를 위하여 중소기업창업투자회사로 등록하는 경우에는 「중소기업창업 지원법」 제15조제1항제4호와 같은 법 제16조를 적용하지 아니한다.

[전문개정 2007.8.3.]

[제4조의8에서 이동 <2007.8.3.>]

제5조(우선적 신용보증의 실시) 기술신용보증기금은 벤처기업과 신기술창업전문회사에 우선적으로 신용보증을 하여야 한다.

[전문개정 2007.8.3.]

제6조(산업재산권등의 출자 특례) ① 벤처기업에 대한 현물출자 대상에는 특허권·실용신안권·디자인권, 그 밖에 이에 준하는 기술과 그 사용에 관한 권리(이하 "산업재산권등"이라 한다)를 포함한다.

② 대통령령으로 정하는 기술평가기관이 산업재산권등의 가격을 평가한 경우 그 평가 내용은 「상법」 제299조의2와 제422조에 따라 공인된 감정인이 감정한 것으로 본다.

[전문개정 2007.8.3.]

제7조 삭제 〈1998.12.30.〉

제8조(외국인의 출자에 대한 특례) 「외국인투자촉진법」 제2조제1항제1호의 외국인이 행하는 중소기업창업투자조합이나 한국벤처투자조합에 대한 출자는 같은 항 제4호에 따른 외국인투자로 본다.
[전문개정 2007.8.3.]

제9조(외국인의 주식취득 제한에 대한 특례) ① 외국인(대한민국에 6개월 이상 주소나 거소를 두지 아니한 개인을 말한다) 또는 「자본시장과 금융투자업에 관한 법률」 제9조제16항의 외국법인등에 의한 벤처기업의 주식 취득에 관하여는 같은 법 제168조제1항부터 제3항까지의 규정을 적용하지 아니한다. <개정 2007.8.3., 2009.1.30.>
② 제1항에 따른 외국인 또는 외국법인등에 의한 벤처기업의 주식 취득에 관하여는 그 벤처기업의 정관으로 정하는 바에 따라 제한할 수 있다.
[전문개정 2007.8.3.]

제10조 삭제 〈1998.12.28.〉

제10조의2 삭제 〈2010.1.27.〉

제11조 삭제 〈2001.2.3.〉

제11조의2(신기술창업전문회사의 설립 등) ① 다음 각 호의 어느 하나에 해당하는 대학이나 연구기관은 신기술창업전문회사(이하 "전문회사"라 한다)를 설립할 수 있다. <개정 2009.1.30., 2011.7.25.>
1. 대학(「산업교육진흥 및 산학연협력촉진에 관한 법률」 제25조에 따른 산학협력단을 포함한다)
2. 국공립연구기관
3. 정부출연연구기관
4. 그 밖에 과학이나 산업기술 분야의 연구기관으로서 대통령령으로 정하는 기관

② 제1항에 따라 전문회사를 설립하는 경우 대학이나 연구기관은 대통령령으로 정하는 바에 따라 중소기업청장에게 등록하여야 한다. 이를 변경하는 경우에도 또한 같다.
③ 중소기업청장은 제2항에 따른 등록 신청이 있을 때에는 그 신청 내용이 다음 각 호의 어느 하나에 해당하는 경우를 제외하고는 등록을 해 주어야 한다. <개정 2009.1.30., 2013.3.22.>
1. 「상법」에 따른 주식회사가 아닌 경우
2. 임원이 다음 각 목의 어느 하나에 해당하는 경우
   가. 피성년후견인 또는 피한정후견인
   나. 파산선고를 받고 복권되지 아니한 사람
   다. 금고 이상의 실형을 선고받고 그 집행이 끝나거나(끝난 것으로 보는 경우를 포함한다) 집행을 받지 아니하기로 확정된 후 5년이 지나지 아니한 사람
   라. 금고 이상의 형의 집행유예를 선고받고 그 유예기간이 끝난 날부터 2년이 지나지 아니한 사람
   마. 금고 이상의 형의 선고유예를 받고 그 유예기간 중에 있는 사람
   바. 법원의 판결 또는 다른 법률에 따라 자격이 상실되거나 정지된 사람

3. 보유인력과 보유시설이 대통령령으로 정하는 기준에 미치지 못하는 경우
④ 전문회사는 다음 각 호의 업무를 영위한다. <개정 2010.1.27.>
1. 대학·연구기관 또는 전문회사가 보유한 기술의 사업화
2. 제1호에 따른 기술의 사업화를 위한 자회사의 설립. 다만, 제1항제1호의 대학은 자회사를 설립할 수 없다.
3. 「중소기업창업 지원법」 제6조제1항에 따른 창업보육센터의 설립·운영
4. 중소기업창업투자조합·신기술사업투자조합 또는 한국벤처투자조합에 대한 출자
5. 전문회사가 보유한 기술의 산업체 등으로의 이전
6. 대학·연구기관이 보유한 기술의 산업체 등으로의 이전 알선
7. 대학·연구기관의 교원·연구원 등이 설립한 회사에 대한 경영·기술 지원
8. 제1호부터 제7호까지의 규정에 부수되는 사업으로 중소기업청장이 정하는 사업
[전문개정 2007.8.3.]

제11조의3(전문회사의 운영 등) ① 대학이나 연구기관은 해당 기관이 설립한 전문회사의 발행주식 총수의 100분의 20 이상을 보유하여야 한다. <개정 2009.1.30.>
② 대학이나 연구기관은 전문회사를 설립할 때나 그 전문회사가 신주(新株)를 발행할 때에 산업재산권등의 현물이나 현금을 출자할 수 있다. 다만, 제11조의2제1항제1호의 대학이 현금만을 출자하여 전문회사를 설립할 경우에는 전문회사에 보유기술을 이전하여야 한다. <개정 2009.1.30.>
③ 전문회사는 그 사업을 수행하기 위하여 필요하면 정부, 정부가 설치하는 기금, 국내외 금융기관, 외국정부 또는 국제기구로부터 자금을 차입할 수 있다.
[전문개정 2007.8.3.]

제11조의4(기금의 우선지원) 중소기업창업 및 진흥기금을 관리하는 자는 전문회사에 우선적으로 지원할 수 있다. <개정 2009.1.30.>
[전문개정 2007.8.3.]

제11조의5(전문회사 등에 대한 특례) ① 대학이나 연구기관의 교원·연구원 또는 직원이 전문회사의 대표나 임직원으로 근무하기 위하여 휴직·겸직 또는 겸임하는 경우에는 제16조 및 제16조의2를 준용한다.
② 대학이나 연구기관이 제11조의3제2항에 따라 현물을 전문회사에 출자할 경우 산업재산권등에 대한 가격의 평가와 감정은 제6조제2항을 준용한다.
③ 「공익법인의 설립·운영에 관한 법률」에 따른 공익법인인 연구기관이 제11조의2제2항에 따라 전문회사를 등록한 경우에는 30일 이내에 주무관청에 신고하여야 한다. 신고를 한 경우에는 같은 법 제4조제3항에 따른 주무관청의 승인을 받은 것으로 본다.
④ 대학이나 연구기관은 전문회사에 대하여 산업재산권등의 이용을 허락할 때 「기술의 이전 및 사업화 촉진에 관한 법률」 제24조제4항 및 제5항에도 불구하고 전용실시권을 부여할 수 있다. <신설 2010.1.27.>
[전문개정 2007.8.3.]

제11조의6(전문회사의 행위제한 등) ① 전문회사는 다음 각 호의 어느 하나에 해당하는 행위를 하여서는 아니 된다.
1. 「유사수신행위의 규제에 관한 법률」 제3조를 위반하여 출자자나 투자자를 모집

하는 행위
2. 해당 전문회사가 설립한 자회사와의 채무 보증 등 대통령령으로 정하는 거래행위
3. 그 밖에 설립목적을 해치는 것으로서 대통령령으로 정하는 행위
② 전문회사는 주주총회의 특별결의에 의하여만 제11조의2제4항제2호에 따른 자회사를 설립할 수 있다.
③ 대학이나 연구기관은 전문회사에 대한 투자나 출자로 발생한 배당금·수익금과 잉여금을 대학이나 연구기관의 고유목적사업이나 연구개발 및 산학협력 활동 등 대통령령으로 정하는 용도로 사용하여야 한다.
[전문개정 2007.8.3.]

제11조의7(전문회사 등록의 취소) 중소기업청장은 전문회사가 다음 각 호의 어느 하나에 해당하면 그 등록을 취소할 수 있다. 다만, 제1호에 해당하는 경우에는 그 등록을 취소하여야 한다. <개정 2013.3.22.>
1. 거짓이나 그 밖의 부정한 방법으로 등록한 경우
2. 제11조의6제1항 각 호의 행위를 한 경우
3. 제11조의2제3항 각 호의 어느 하나에 해당하게 된 경우
[전문개정 2007.8.3.]

제12조(중소기업창업투자조합의 운영에 관한 특례) 「중소기업창업 지원법」 제21조부터 제29조까지의 규정에 따라 중소기업창업투자조합의 업무를 집행하는 업무집행조합원은 중소기업창업투자조합과의 계약에 따라 그 업무의 전부 또는 일부를 그 중소기업창업투자조합의 유한책임조합원에게 위탁할 수 있다.
[전문개정 2007.8.3.]

제13조(개인투자조합의 결성 등) ① 벤처기업과 창업자에 투자할 목적으로 개인들이 출자하여 결성하는 조합으로서 이 법에 따른 지원을 받으려는 조합은 대통령령으로 정하는 바에 따라 중소기업청장에게 등록하여야 한다. 등록한 사항을 변경하려는 경우에도 또한 같다.
② 제1항에 따라 등록한 조합(이하 "개인투자조합"이라 한다)은 개인투자조합의 업무를 집행하는 업무집행조합원 1명과 그 외의 조합원으로 구성한다. 다만, 업무집행조합원은 금융거래 등 상거래를 할 때 정당한 사유 없이 약정기일을 3개월 이상 지난 채무가 1천만원을 초과하여서는 아니 된다.
③ 업무집행조합원은 개인투자조합의 자금을 벤처기업과 창업자에 대한 투자에 사용하여야 한다. <신설 2013.3.22.>
④ 업무집행조합원은 개인투자조합의 업무를 집행할 때 자금차입·지급보증 또는 담보를 제공하는 행위를 하여서는 아니 되며, 개인투자조합의 규약에서 달리 정하는 경우 외에는 탈퇴하거나 그 지위를 양도하여서는 아니 된다. <개정 2013.3.22.>
⑤ 개인투자조합은 다음 각 호의 어느 하나에 해당하는 사유가 있을 때에는 해산한다. <개정 2013.3.22.>
1. 존속기간의 만료
2. 조합원 전원의 탈퇴
3. 그 밖에 대통령령으로 정하는 사유
⑥ 개인투자조합이 해산하는 경우에는 업무집행조합원이 청산인이 된다. 다만, 조

합의 규약으로 정하는 바에 따라 업무집행조합원 외의 자를 청산인으로 선임할 수 있다. <개정 2013.3.22.>

⑦ 개인투자조합에 관하여 이 법에 규정한 것 외에는 「민법」 중 조합에 관한 규정을 준용한다. <개정 2013.3.22.>

⑧ 개인투자조합의 출자금액, 조합원 수 및 존속기간을 포함한 등록 요건과 그 운영 등에 필요한 사항은 대통령령으로 정한다. <개정 2013.3.22.>

⑨ 개인이 제1항에 따라 조합을 결성하고자 하는 경우에는 「자본시장과 금융투자업에 관한 법률」 제9조제8항에 따른 사모의 방법으로만 조합가입을 권유하여야 한다. <신설 2007.8.3., 2013.3.22.>

[전문개정 2007.8.3.]

제13조의2(개인투자조합의 운영 등) ① 출자금 총액이 중소기업청장이 정하는 규모 이상인 조합의 업무집행조합원은 개인투자조합 재산을 다음 각 호에서 정하는 바에 따라 관리하여야 한다. <신설 2013.3.22.>

1. 개인투자조합 재산의 보관을 「자본시장과 금융투자업에 관한 법률」에 따른 신탁업자(이하 "신탁업자"라 한다)에 위탁할 것
2. 신탁업자를 변경하는 경우에는 조합원 총회의 승인을 받을 것

② 제1항에 따라 개인투자조합 재산을 위탁받은 신탁업자는 다음 각 호의 업무를 수행한다. <신설 2013.3.22.>

1. 개인투자조합 재산의 보관 및 관리
2. 업무집행조합원의 개인투자조합 재산 운용 지시에 따른 자산의 취득 및 처분의 이행

③ 중소기업청장은 개인투자조합의 업무집행조합원이 조합자산을 운용할 때 벤처기업이나 창업자에 투자되지 아니한 조합자산에 대하여 「은행법」에 따른 은행에 예치하거나 국공채를 매입하는 방법으로 운용하도록 유도할 수 있다. <개정 2010.5.17., 2013.3.22.>

④ 개인투자조합의 업무집행조합원은 매 사업연도가 지난 후 3개월 이내에 결산서에 공인회계사의 감사의견서를 첨부하여 중소기업청장에게 제출하여야 한다. 다만, 전년도 투자실적의 변동이 없는 조합인 경우에는 중소기업청장이 고시로 정하는 자료로 이를 갈음할 수 있다. <개정 2013.3.22.>

[전문개정 2007.8.3.]

제13조의3(등록의 취소) 중소기업청장은 개인투자조합이 다음 각 호의 어느 하나에 해당하면 그 등록을 취소할 수 있다. 다만, 제1호에 해당하는 경우에는 그 등록을 취소하여야 한다. <개정 2013.3.22.>

1. 거짓이나 그 밖의 부정한 방법으로 등록한 경우
2. 「유사수신행위의 규제에 관한 법률」 제3조를 위반하여 조합원을 모집한 경우
3. 제13조제2항 단서를 위반한 경우
4. 제13조제4항에 따른 자금차입·지급보증 또는 담보제공 금지의무를 위반한 경우
5. 제13조제8항에 따른 등록 요건에 맞지 아니하게 된 경우

[전문개정 2007.8.3.]

제14조(조세에 대한 특례) ① 국가나 지방자치단체는 벤처기업을 육성하기 위하여 「

조세특례제한법」, 「지방세특례제한법」, 그 밖의 관계 법률로 정하는 바에 따라 소득세·법인세·취득세·재산세 및 등록면허세 등을 감면할 수 있다. <개정 2010.3.31.>

② 개인이나 개인투자조합이 벤처기업에 투자할 경우에는 조세에 관한 법률로 정하는 바에 따라 소득세 등을 감면할 수 있다. 이 경우 구체적인 투자대상 및 감면 절차 등은 대통령령으로 정한다.

③ 다음 각 호의 경우에는 조세에 관한 법률로 정하는 바에 따라 세제지원을 할 수 있다. 이 경우 세제지원 대상의 확인 등에 필요한 사항은 대통령령으로 정한다.

1. 주식회사인 벤처기업과 다른 주식회사의 주주 또는 주식회사인 다른 벤처기업이 주식교환을 하는 경우
2. 주식회사인 벤처기업과 다른 주식회사가 합병을 하는 경우

[전문개정 2007.8.3.]

제2절 기업활동과 인력 공급의 원활화 〈개정 2007.8.3.〉

제15조(벤처기업의 주식교환) ① 주식회사인 벤처기업(「자본시장과 금융투자업에 관한 법률」 제8조의2제4항제1호에 따른 증권시장에 상장된 법인은 제외한다. 이하 이 조, 제15조의2부터 제15조의11까지 및 제16조의3에서 같다)은 전략적제휴를 위하여 정관으로 정하는 바에 따라 자기주식을 다른 주식회사의 주요주주(해당 법인의 의결권 있는 발행주식 총수의 100분의 10 이상을 보유한 주주를 말한다. 이하 같다) 또는 주식회사인 다른 벤처기업의 주식과 교환할 수 있다. <개정 2007.8.3., 2009.1.30., 2013.5.28.>

② 제1항에 따라 주식교환을 하려는 벤처기업은 「상법」 제341조에도 불구하고 제1항에 따른 주식교환에 필요한 주식에 대하여는 자기의 계산으로 자기주식을 취득하여야 한다. 이 경우 그 취득금액은 같은 법 제462조제1항에 따른 이익배당이 가능한 한도 이내이어야 한다.

③ 제1항에 따라 주식교환을 하려는 벤처기업은 다음 각 호의 사항이 포함된 주식교환계약서를 작성하여 주주총회의 승인을 받아야 한다. 이 경우 주주총회의 승인 결의에 관하여는 「상법」 제434조를 준용한다.

1. 전략적제휴의 내용
2. 자기주식의 취득 방법, 취득 가격 및 취득 시기에 관한 사항
3. 교환할 주식의 가액총액·평가·종류 및 수량에 관한 사항
4. 주식교환을 할 날
5. 다른 주식회사의 주요주주와 주식을 교환할 경우 주주의 성명, 주민등록번호, 교환할 주식의 종류 및 수량

④ 제1항에 따라 주식교환을 하려는 벤처기업은 그에 관한 이사회의 결의가 있을 때에는 즉시 결의내용을 주주에게 통보하고, 제3항에 따른 주식교환계약서를 갖추어 놓아 열람할 수 있도록 하여야 한다.

⑤ 벤처기업이 제1항에 따른 주식교환에 따라 다른 주식회사의 주요주주의 주식이나 다른 벤처기업의 주식을 취득한 경우에는 취득일부터 1년 이상 이를 보유하여야 한다. 제1항에 따른 주식교환에 따라 벤처기업의 주식을 취득한 다른 주식회사

의 주요주주의 경우에도 또한 같다.

⑥ 제2항에 따른 자기주식의 취득 기간은 제3항의 주주총회 승인 결의일부터 6개월 이내이어야 한다.

[전문개정 2007.8.3.]

제15조의2(반대주주의 주식매수청구권) ① 제15조제3항에 따른 주주총회 승인 결의 전에 그 벤처기업에 서면으로 주식교환을 반대하는 의사를 알린 주주는 주주총회 승인 결의일부터 10일 이내에 자기가 보유한 주식의 매수를 서면으로 청구할 수 있다.

② 제1항에 따라 매수청구를 받은 벤처기업은 청구를 받은 날부터 2개월 이내에 그 주식을 매수하여야 한다. 이 경우 그 주식은 6개월 이내에 처분하여야 한다.

③ 제2항에 따른 주식의 매수가격의 결정에 관하여는 「상법」 제374조의2제3항부터 제5항까지의 규정을 준용한다.

[전문개정 2007.8.3.]

제15조의3(합병 절차의 간소화 등) ① 주식회사인 벤처기업이 다른 주식회사와 합병결의(제15조의9에 따른 소규모합병 및 제15조의10에 따른 간이합병의 경우에는 이사회의 승인결의를 말한다)를 한 경우에는 채권자에게 「상법」 제527조의5제1항에도 불구하고 그 합병결의를 한 날부터 1주 내에 합병에 이의가 있으면 10일 이상의 기간 내에 이를 제출할 것을 공고하고, 알고 있는 채권자에게는 공고사항을 최고(催告)하여야 한다.

② 주식회사인 벤처기업이 합병 결의를 위한 주주총회 소집을 알릴 때는 「상법」 제363조제1항에도 불구하고 그 통지일을 주주총회일 7일 전으로 할 수 있다.

③ 주식회사인 벤처기업이 다른 주식회사와 합병하기 위하여 합병계약서 등을 공시할 때는 「상법」 제522조의2제1항에도 불구하고 그 공시 기간을 합병승인을 위한 주주총회일 7일 전부터 합병한 날 이후 1개월이 지나는 날까지로 할 수 있다.

④ 주식회사인 벤처기업의 합병에 관하여 이사회가 결의한 때에 그 결의에 반대하는 벤처기업의 주주는 「상법」 제522조의3제1항에도 불구하고 주주총회 전에 벤처기업에 대하여 서면으로 합병에 반대하는 의사를 알리고 자기가 소유하고 있는 주식의 종류와 수를 적어 주식의 매수를 청구하여야 한다.

⑤ 벤처기업이 제4항에 따른 청구를 받은 경우에는 「상법」 제374조의2제2항 및 제530조제2항에도 불구하고 합병에 관한 주주총회의 결의일부터 2개월 이내에 그 주식을 매수하여야 한다.

⑥ 제5항에 따른 주식의 매수가액의 결정에 관하여는 「상법」 제374조의2제3항부터 제5항까지의 규정을 준용한다. 이 경우 같은 법 제374조의2제4항 중 "제1항의 청구를 받은 날"은 "합병에 관한 주주총회의 결의일"로 본다.

[전문개정 2007.8.3.]

제15조의4(신주발행에 의한 주식 교환 등) ① 주식회사인 벤처기업은 전략적제휴를 위하여 정관으로 정하는 바에 따라 신주를 발행하여 다른 주식회사의 주요주주의 주식이나 주식회사인 다른 벤처기업의 주식과 교환할 수 있다. 이 경우 다른 주식회사의 주요주주나 주식회사인 다른 벤처기업은 벤처기업이 주식교환을 위하여 발행하는 신주를 배정받음으로써 그 벤처기업의 주주가 된다.

② 제1항에 따른 주식교환을 하려는 벤처기업은 다음 각 호의 사항이 포함된 주식교환계약서를 작성하여 주주총회의 승인을 받아야 한다. 이 경우 주주총회의 승인 결의에 관하여는 「상법」 제434조를 준용한다.

1. 전략적제휴의 내용
2. 교환할 신주의 가액·총액·평가·종류·수량 및 배정에 관한 사항
3. 주식교환을 할 날
4. 다른 주식회사의 주요주주와 주식을 교환할 경우 주주의 성명, 주민등록번호, 교환할 주식의 종류 및 수량

③ 제1항에 따른 주식교환을 통하여 다른 주식회사의 주요주주가 보유한 주식이나 주식회사인 다른 벤처기업이 보유한 주식을 벤처기업에 현물로 출자하는 경우 대통령령으로 정하는 공인평가기관이 그 주식의 가격을 평가한 때에는 「상법」 제422조제1항에 따라 검사인이 조사를 한 것으로 보거나 공인된 감정인이 감정한 것으로 본다. 이 경우 「상법」 제422조제2항 및 제3항은 적용하지 아니한다.

④ 제1항에 따라 주식교환을 하는 경우에는 제15조제4항 및 제5항을 준용한다.

[전문개정 2007.8.3.]

제15조의5(신주발행 주식교환 시 주식매수청구권) 제15조의4에 따른 주식교환에 반대하는 주주의 주식매수청구권에 관하여는 제15조의2제1항부터 제3항까지의 규정을 준용한다.

[전문개정 2007.8.3.]

제15조의6(주식교환의 특례) ① 벤처기업이 제15조나 제15조의4에 따라 주식교환을 하는 경우 그 교환하는 주식의 수가 발행주식 총수의 100분의 50을 초과하지 아니하면 주주총회의 승인은 정관으로 정하는 바에 따라 이사회의 승인으로 갈음할 수 있다.

② 제1항에 따라 주식교환을 하려는 벤처기업은 주식교환계약서에 제15조제3항이나 제15조의4제2항에 따른 주주총회의 승인을 받지 아니하고 주식교환을 할 수 있다는 뜻을 적어야 한다.

③ 벤처기업은 주식교환계약서를 작성한 날부터 2주 이내에 다음 각 호의 사항을 공고하거나 주주에게 알려야 한다.

1. 주식교환계약서의 주요 내용
2. 주주총회의 승인을 받지 아니하고 주식교환을 한다는 뜻

④ 벤처기업의 발행주식 총수의 100분의 20 이상에 해당하는 주식을 소유한 주주가 제3항에 따른 공고나 통지가 있었던 날부터 2주 이내에 서면으로 제1항에 따른 주식교환에 반대하는 의사를 알린 경우에는 이 조에 따른 주식교환을 할 수 없다.

⑤ 제1항에 따른 주식교환의 경우에는 제15조의2나 제15조의5를 적용하지 아니한다.

[전문개정 2007.8.3.]

제15조의7(주식교환무효의 소) 제15조나 제15조의4에 따른 주식교환무효의 소(訴)에 관하여는 「상법」 제360조의14를 준용한다. 이 경우 「상법」 제360조의14제2항 중 "완전모회사가 되는 회사"는 "벤처기업"으로 보고, 같은 조 제3항 중 "완전모회사가 된 회사"는 "벤처기업"으로, "완전자회사가 된 회사"는 "주식회사인 다른 벤처기업"으로 본다.

[전문개정 2007.8.3.]

제15조의8(다른 주식회사의 영업양수의 특례) ① 주식회사인 벤처기업이 영업의 전부 또는 일부를 다른 주식회사(「자본시장과 금융투자업에 관한 법률」 제8조의2제4항 제1호에 따른 증권시장에 상장된 법인은 제외한다. 이하 이 조, 제15조의9부터 제15조의11까지의 규정에서 같다)에 양도하는 경우 그 양도가액이 다른 주식회사의 최종 대차대조표상으로 현존하는 순자산액의 100분의 10을 초과하지 아니하면 다른 주식회사의 주주총회의 승인은 정관으로 정하는 바에 따라 이사회의 승인으로 갈음할 수 있다. <개정 2007.8.3., 2009.1.30., 2013.5.28.>

② 제1항에 따른 경우에는 영업양도·양수계약서에 다른 주식회사에 관하여는 주주총회의 승인을 받지 아니하고 벤처기업의 영업의 전부 또는 일부를 양수할 수 있다는 뜻을 적어야 한다.

③ 제1항에 따라 벤처기업의 영업의 전부 또는 일부를 양수하려는 다른 주식회사는 영업양도·양수계약서를 작성한 날부터 2주 이내에 다음 각 호의 사항을 공고하거나 주주에게 알려야 한다.

1. 영업양도·양수계약서의 주요 내용
2. 주주총회의 승인을 받지 아니하고 영업을 양수한다는 뜻

④ 다른 주식회사의 발행주식 총수의 100분의 20 이상에 해당하는 주식을 소유한 주주가 제3항에 따른 공고나 통지가 있었던 날부터 2주 이내에 서면으로 제1항에 따른 영업양수를 반대하는 의사를 알린 경우에는 이 조에 따른 영업양수를 할 수 없다.

⑤ 제1항에 따른 영업양수의 경우에는 「상법」 제374조의2를 적용하지 아니한다.

[전문개정 2007.8.3.]

제15조의9(벤처기업 소규모합병의 특례) ① 주식회사인 벤처기업이 다른 주식회사와 합병을 하는 경우 「상법」 제527조의3제1항에도 불구하고 합병 후 존속하는 회사가 합병으로 인하여 발행하는 신주의 총수가 그 주식회사의 발행주식총수의 100분의 20 이하인 때에는 그 존속하는 회사의 주주총회의 승인은 이사회의 승인으로 갈음할 수 있다. 다만, 합병으로 인하여 소멸하는 회사의 주주에게 지급할 금액을 정한 경우에 그 금액이 존속하는 회사의 최종 대차대조표상으로 현존하는 순자산액의 100분의 5를 초과하는 때에는 그러하지 아니하다. <개정 2013.8.6.>

② 제1항에 따른 합병에 반대하는 주주의 주식매수청구권은 인정하지 아니한다.

[본조신설 2007.8.3.]

제15조의10(벤처기업 간이합병의 특례) ① 주식회사인 벤처기업이 다른 주식회사와 합병을 하는 경우 「상법」제527조의2제1항에도 불구하고 합병 후 존속하는 회사가 소멸회사의 발행주식총수 중 의결권 있는 주식의 100분의 80 이상을 보유하는 경우에는 그 소멸하는 회사의 주주총회의 승인은 이사회의 승인으로 갈음할 수 있다. <개정 2013.8.6.>

② 제1항에 따른 합병에 반대하는 주주의 주식매수청구권에 관하여는 「상법」 제522조의3제2항에 따른다.

[본조신설 2007.8.3.]

제15조의11(간이영업양도) ① 주식회사인 벤처기업이 영업의 전부 또는 일부를 다른

주식회사에 양도하는 경우 「상법」제374조에도 불구하고 영업을 양도하는 회사의 총주주의 동의가 있거나 영업을 양도하는 회사의 발행주식총수 중 의결권 있는 주식의 100분의 90 이상을 다른 주식회사가 보유하는 경우에는 영업을 양도하는 회사의 주주총회의 승인은 이사회의 승인으로 갈음할 수 있다.

② 제1항의 경우에는 영업양도·양수계약서에 영업을 양도하는 회사에 관하여는 주주총회의 승인을 받지 아니하고 벤처기업의 영업의 전부 또는 일부를 양도할 수 있다는 뜻을 적어야 한다.

③ 제1항에 따라 벤처기업의 영업의 전부 또는 일부를 양도하려는 회사는 영업양도·양수계약서를 작성한 날부터 2주 이내에 다음 각 호의 사항을 공고하거나 주주에게 알려야 한다.

1. 영업양도·양수계약서의 주요 내용
2. 주주총회의 승인을 받지 아니하고 영업을 양도한다는 뜻

④ 제3항의 공고 또는 통지를 한 날부터 2주 이내에 회사에 대하여 서면으로 영업양도에 반대하는 의사를 통지한 주주는 그 2주의 기간이 지난 날부터 20일 이내에 주식의 종류와 수를 기재한 서면으로 회사에 대하여 자기가 소유하고 있는 주식의 매수를 청구할 수 있다.

⑤ 제4항의 매수청구에 관하여는 「상법」 제374조의2제2항부터 제5항까지의 규정을 준용한다.

[본조신설 2009.1.30.]

[종전 제15조의11은 제15조의12로 이동 <2009.1.30.>]

제15조의12(준용규정) 제15조, 제15조의2부터 제15조의11까지, 제24조제1항제4호는 창업자에 관하여 준용한다. 이 경우 "벤처기업"은 "창업자"로 본다. <개정 2009.1.30.>

[본조신설 2007.8.3.]

[제15조의11에서 이동 <2009.1.30.>]

제15조의13(중소벤처기업 인수합병 지원센터의 지정) ① 중소기업청장은 중소벤처기업의 인수합병을 효율적으로 지원하기 위하여 중소기업지원 관련 기관 또는 단체를 중소벤처기업 인수합병 지원센터(이하 "지원센터"라 한다)로 지정할 수 있다.

② 지원센터의 업무는 다음 각 호와 같다.

1. 중소벤처기업의 인수합병계획의 수립 지원에 관한 사항
2. 중소벤처기업의 인수합병을 위한 기업정보의 수집·제공 및 컨설팅 지원에 관한 사항
3. 중소벤처기업의 기업가치평가모델의 개발 및 보급에 관한 사항
4. 중소벤처기업의 인수합병에 필요한 자금의 연계지원에 관한 사항
5. 중소벤처기업의 인수합병 전문가 양성 및 교육에 관한 사항
6. 그 밖에 중소벤처기업의 인수합병 촉진을 위하여 중소기업청장이 정하는 사항

③ 중소기업청장은 지원센터의 운영에 드는 경비의 전부 또는 일부를 지원할 수 있다.

④ 제1항부터 제3항까지에서 규정한 사항 외에 지원센터의 지정기준, 지정절차 및 운영 등에 필요한 사항은 대통령령으로 정한다.

[본조신설 2009.1.30.]

제15조의14(지원센터의 지정취소) 중소기업청장은 지원센터가 다음 각호의 어느 하나에 해당하는 경우에는 그 지정을 취소할 수 있다. 다만, 제1호에 해당하는 경우에는 그 지정을 취소하여야 한다.

1. 거짓이나 그 밖의 부정한 방법으로 지정을 받은 경우
2. 제15조의13제4항에 따른 지정기준에 미달하게 되는 경우
3. 지정받은 업무를 정당한 사유 없이 1개월 이상 수행하지 아니한 경우

[본조신설 2009.1.30.]

제16조(교육공무원등의 휴직 허용) ① 다음 각 호의 어느 하나에 해당하는 자(이하 "교육공무원등"이라 한다)는 「교육공무원법」 제44조제1항, 「국가공무원법」 제71조제2항, 「지방공무원법」 제63조제2항 및 「사립학교법」 제59조제1항에도 불구하고 벤처기업 또는 「중소기업창업 지원법」 제2조제2호에 따른 창업자의 대표자나 임원으로 근무하기 위하여 휴직할 수 있다. <개정 2013.3.22.>

1. 「고등교육법」에 따른 대학(산업대학과 전문대학을 포함한다. 이하 같다)의 교원(대학부설연구소의 연구원을 포함한다. 이하 같다)
2. 국공립연구기관의 연구원(「한국과학기술원법」 제15조, 「광주과학기술원법」 제14조 및 「대구경북과학기술원법」 제12조의3에 따른 교원 및 연구원을 포함한다. 이하 같다)
3. 「과학기술분야 정부출연연구기관 등의 설립·운영 및 육성에 관한 법률」 제8조제1항에 따른 연구기관의 연구원(부설연구소의 연구원을 포함한다. 이하 같다)
4. 「산업기술혁신 촉진법」 제42조에 따른 전문생산기술연구소의 연구원

② 제1항에 따른 휴직 기간은 3년(창업 준비기간 6개월을 포함한다) 이내로 한다. 다만, 소속 기관의 장이 필요하다고 인정하면 3년 이내에서 휴직 기간을 연장할 수 있다. 이 경우 대학교원의 휴직 기간은 「교육공무원법」 제45조제2항에도 불구하고 임용기간 중의 잔여기간을 초과할 수 있다. <개정 2009.1.30.>

③ 제1항에 따라 대학의 교원이나 공공연구기관의 연구원이 6개월 이상 휴직하는 경우에는 휴직일부터 그 대학이나 공공연구기관에 그 휴직자의 수에 해당하는 교원이나 연구원의 정원이 따로 있는 것으로 본다. <개정 2013.3.22.>

④ 제1항에 따라 교원이나 공공연구기관의 연구원 등이 휴직한 후 복직하는 경우 해당 소속 기관의 장은 그 휴직으로 인하여 신분 및 급여상의 불이익을 주어서는 아니 된다. <신설 2013.3.22.>

[전문개정 2007.8.3.]

[제목개정 2013.3.22.]

제16조(교육공무원등의 휴직 허용) ① 다음 각 호의 어느 하나에 해당하는 자(이하 "교육공무원등"이라 한다)는 「교육공무원법」 제44조제1항, 「국가공무원법」 제71조제2항, 「지방공무원법」 제63조제2항 및 「사립학교법」 제59조제1항에도 불구하고 벤처기업 또는 「중소기업창업 지원법」 제2조제2호에 따른 창업자의 대표자나 임원으로 근무하기 위하여 휴직할 수 있다. <개정 2013.3.22.>

1. 「고등교육법」에 따른 대학(산업대학과 전문대학을 포함한다. 이하 같다)의 교원(대학부설연구소의 연구원을 포함한다. 이하 같다)
2. 국공립연구기관의 연구원(「한국과학기술원법」 제15조, 「광주과학기술원법」 제

14조 및 「대구경북과학기술원법」 제12조의3에 따른 교원 및 연구원을 포함한다. 이하 같다)

3. 「과학기술분야 정부출연연구기관 등의 설립·운영 및 육성에 관한 법률」 제8조제1항에 따른 연구기관의 연구원(부설연구소의 연구원을 포함한다. 이하 같다)
4. 「산업기술혁신 촉진법」 제42조에 따른 전문생산기술연구소의 연구원

② 제1항에 따른 휴직 기간은 5년(창업 준비기간 6개월을 포함한다) 이내로 한다. 다만, 소속 기관의 장이 필요하다고 인정하면 1년 이내에서 휴직 기간을 연장할 수 있다. 이 경우 대학교원의 휴직 기간은 「교육공무원법」 제45조제2항에도 불구하고 임용기간 중의 잔여기간을 초과할 수 있다. <개정 2009.1.30., 2014.12.30.>

③ 제1항에 따라 대학의 교원이나 공공연구기관의 연구원이 6개월 이상 휴직하는 경우에는 휴직일부터 그 대학이나 공공연구기관에 그 휴직자의 수에 해당하는 교원이나 연구원의 정원이 따로 있는 것으로 본다. <개정 2013.3.22.>

④ 제1항에 따라 교원이나 공공연구기관의 연구원 등이 휴직한 후 복직하는 경우 해당 소속 기관의 장은 그 휴직으로 인하여 신분 및 급여상의 불이익을 주어서는 아니 된다. <신설 2013.3.22.>

[전문개정 2007.8.3.]

[제목개정 2013.3.22.]

[시행일 : 2015.3.31.] 제16조

제16조의2(교육공무원등의 겸임이나 겸직에 관한 특례) ① 교육공무원등 또는 대통령령으로 정하는 정부출연연구기관(국방분야의 연구기관은 제외한다)의 연구원은 다음 각 호의 어느 하나에 해당하지 아니하는 경우 그 소속 기관의 장의 허가를 받아 벤처기업 또는 「중소기업창업 지원법」 제2조제2호에 따른 창업자의 대표자나 임직원을 겸임하거나 겸직할 수 있다. <개정 2013.3.22.>

1. 전공, 보유기술 및 직무경험 등과 무관한 분야에 겸임·겸직하고자 하는 경우
2. 공무원으로서 직무상의 능률을 저해할 우려가 있는 경우

② 제1항에 따른 소속 기관의 장의 허가를 받은 경우에는 「교육공무원법」 제18조제1항과 「협동연구개발 촉진법」 제6조제4항에 따른 겸임 및 겸직허가를 받은 것으로 본다.

[전문개정 2007.8.3.]

제16조의3(벤처기업의 주식매수선택권) ① 주식회사인 벤처기업은 「상법」 제340조의2부터 제340조의5까지의 규정에도 불구하고 정관으로 정하는 바에 따라 주주총회의 결의가 있으면 다음 각 호의 어느 하나에 해당하는 자 중 해당 기업의 설립 또는 기술·경영의 혁신 등에 기여하였거나 기여할 능력을 갖춘 자에게 특별히 유리한 가격으로 신주를 매수할 수 있는 권리나 그 밖에 대통령령으로 정하는 바에 따라 해당 기업의 주식을 매수할 수 있는 권리(이하 이 조에서 "주식매수선택권"이라 한다)를 부여할 수 있다. 이 경우 주주총회의 결의는 「상법」 제434조를 준용한다. <개정 2013.8.6.>

1. 벤처기업의 임직원(대통령령으로 정하는 자는 제외한다)
2. 기술이나 경영능력을 갖춘 자로서 대통령령으로 정하는 자

3. 대학 또는 대통령령으로 정하는 연구기관
4. 벤처기업이 인수한 기업(발행주식 총수의 100분의 30 이상을 인수한 경우만 해당한다)의 임직원

② 제1항의 주식매수선택권에 관한 정관의 규정에는 다음 각 호의 사항을 포함하여야 한다.

1. 일정한 경우 주식매수선택권을 부여할 수 있다는 뜻
2. 주식매수선택권의 행사로 내줄 주식의 종류와 수
3. 주식매수선택권을 부여받을 자의 자격 요건
4. 주식매수선택권의 행사 기간
5. 일정한 경우 주식매수선택권의 부여를 이사회의 결의에 의하여 취소할 수 있다는 뜻

③ 제1항에 따른 주주총회의 특별결의에서는 다음 각 호의 사항을 정하여야 한다.

1. 주식매수선택권을 부여받을 자의 성명이나 명칭
2. 주식매수선택권의 부여 방법
3. 주식매수선택권의 행사 가격과 행사 기간
4. 주식매수선택권을 부여받을 자 각각에 대하여 주식매수선택권의 행사로 내줄 주식의 종류와 수

④ 제3항에도 불구하고 제2항제2호에 따른 주식 총수의 100분의 20 이내에 해당하는 주식을 해당 벤처기업의 임직원 외의 자에게 주식매수선택권으로 부여하는 경우에는 주주총회의 특별결의로 제3항제1호 및 제4호의 사항을 그 벤처기업의 이사회에서 정하게 할 수 있다. 이 경우 주식매수선택권을 부여한 후 처음으로 소집되는 주주총회의 승인을 받아야 한다. <개정 2014.12.30.>

⑤ 주식매수선택권을 부여하려는 벤처기업은 제3항과 제4항에 따른 결의를 한 경우 대통령령으로 정하는 바에 따라 중소기업청장에게 그 내용을 신고하여야 한다.

⑥ 제1항 또는 제4항에 따라 주식매수선택권을 부여받은 자는 산업통상자원부령으로 정하는 경우를 제외하고는 제1항에 따른 결의가 있는 날 또는 제4항에 따라 이사회에서 정한 날부터 2년 이상 재임하거나 재직하여야 이를 행사할 수 있다. <개정 2014.12.30.>

⑦ 주식매수선택권은 타인에게 양도할 수 없다. 다만, 주식매수선택권을 부여받은 자가 사망한 때에는 그 상속인이 이를 부여받은 것으로 본다. <신설 2014.12.30.>

⑧ 주식매수선택권의 행사로 신주를 발행하는 경우에는 「상법」 제350조제2항, 제350조제3항 후단, 제351조, 제516조의9제1항・제3항・제4항 및 제516조의10 전단을 준용한다. <신설 2014.12.30.>

⑨ 주식매수선택권을 부여한 벤처기업이 주식매수선택권을 부여받은 자에게 내줄 목적으로 자기주식을 취득하는 경우에는 「상법」 제341조의2제1항 본문에도 불구하고 발행주식 총수의 100분의 10을 초과할 수 있다. <개정 2014.12.30.>

⑩ 주식매수선택권의 부여 한도 등에 관하여 필요한 사항은 대통령령으로 정한다. <개정 2014.12.30.>

[전문개정 2007.8.3.]

제16조의4(벤처기업에 대한 정보 제공) ① 정부는 벤처기업의 창업 및 영업활동과 관

련된 투자·자금·인력·기술·판로 및 입지 등에 관한 정보를 제공하거나 그 밖에 벤처기업의 정보화를 촉진하기 위한 지원을 할 수 있다.

② 중소기업청장은 중앙행정기관의 장, 지방자치단체의 장 또는 「공공기관의 운영에 관한 법률」의 적용을 받는 공공기관의 장에게 제1항에 따른 정보 제공에 필요한 자료를 요청할 수 있다.

③ 중소기업청장은 벤처기업에 대한 개인이나 개인투자조합(이하 이 항에서 "개인등"이라 한다)의 투자를 촉진하기 위하여 산업통상자원부령으로 정하는 바에 따라 벤처기업의 투자가치에 관한 정보 등 필요한 정보를 개인등에게 제공할 수 있다. <개정 2008.2.29., 2013.3.23.>

[전문개정 2007.8.3.]

제16조의5(벤처기업인 유한회사에 대한 특례) ① 벤처기업인 유한회사의 사원의 총수는 「상법」 제545조제1항 본문에도 불구하고 50인 이상 300인 이하로 할 수 있다.

② 제1항의 벤처기업인 유한회사를 설립하려는 자는 「상법」 제549조에 따른 설립등기의 신청서에 제25조제2항 후단에 따른 벤처기업확인서를 첨부하여야 한다. <개정 2010.1.27., 2014.5.20.>

③ 유한회사인 벤처기업은 정관에서 정하는 바에 따라 「상법」 제580조에도 불구하고 사원총회의 결의로 이익배당에 관한 기준을 따로 정할 수 있다.

[전문개정 2007.8.3.]

제16조의6(출자에 대한 특례) 유한회사인 벤처기업의 출자를 인수한 중소기업창업투자회사·중소기업창업투자조합·신기술사업금융업자·신기술사업투자조합 또는 개인투자조합은 「상법」 제556조에도 불구하고 그 벤처기업의 정관으로 정하는 바에 따라 그 지분의 전부 또는 일부를 타인에게 양도할 수 있다.

[전문개정 2007.8.3.]

제16조의7(산업재산권 사용에 관한 특례) ①대학이나 연구기관은 제16조 또는 제16조의2에 따라 휴직하거나 겸직을 승인받은 교육공무원 또는 연구원에게 직무발명에 따른 산업재산권등의 이용을 허락할 때 「기술의 이전 및 사업화 촉진에 관한 법률」 제24조제4항 및 제5항에도 불구하고 전용실시권을 부여할 수 있다. 다만, 휴직·겸직 이후 완성한 직무발명에 대하여는 해당 교육공무원 또는 연구원이 희망할 경우 정당한 대가에 대한 상호 합의를 거쳐 우선적으로 전용실시권을 부여하여야 한다. <개정 2010.1.27., 2013.3.22.>

② 제1항은 국가, 지방자치단체 또는 공공기관이 연구개발 경비를 지원하여 획득한 성과로 얻어지는 발명에는 적용되지 아니한다. <신설 2013.3.22.>

[전문개정 2007.8.3.]

제3절 입지 공급의 원활화 <개정 2007.8.3.>

제17조 삭제 〈2006.3.3.〉

제17조의2(신기술창업집적지역의 지정) ① 대학이나 연구기관의 장은 해당 기관이 소유한 교지나 부지의 일정 지역에 대하여 창업자·벤처기업 등의 생산시설 및 그 지원시설을 집단적으로 설치하는 신기술창업집적지역(이하 "집적지역"이라 한다)의 지정을 중소기업청장에게 요청할 수 있다.

② 대학이나 연구기관의 장은 제1항에 따라 집적지역의 지정을 요청할 때 집적지역의 명칭, 집적지역 지정 면적 등 대통령령으로 정하는 사항을 포함하는 집적지역 개발계획을 제출하여야 한다.
③ 중소기업청장은 집적지역의 지정을 요청받으면 제17조의3 각 호의 요건에 맞는지를 검토하여 집적지역으로 지정할 수 있다. 이 경우 대통령령으로 정하는 바에 따라 그 내용을 고시하여야 한다.
④ 중소기업청장은 제3항에 따라 집적지역을 지정할 때 그 면적이 대통령령으로 정하는 면적 이상이면 집적지역이 속하는 특별시장·광역시장·도지사·제주특별자치도지사(이하 "시·도지사"라 한다)와 협의하여야 한다.
[전문개정 2007.8.3.]

제17조의3(집적지역의 지정 요건) 집적지역은 다음 각 호의 요건을 갖추어야 한다.
1. 해당 기관이 보유한 교지나 부지의 연면적에 대한 지정 면적의 비율이 대통령령으로 정하는 비율을 초과하지 아니할 것
2. 지정 면적이 3천 제곱미터 이상일 것
3. 집적지역개발계획이 실현 가능할 것
[전문개정 2007.8.3.]

제17조의4(집적지역에 대한 특례 등) ① 집적지역은 「국토의 계획 및 이용에 관한 법률」 제76조에도 불구하고 같은 법 제36조에 따른 지역 중 보전녹지지역 등 대통령령으로 정하는 지역 외의 지역에 지정할 수 있다.
② 집적지역에서 창업자나 벤처기업은 「건축법」 제19조제1항과 「국토의 계획 및 이용에 관한 법률」 제76조제1항에도 불구하고 구조안전에 지장이 없는 범위에서 「산업집적활성화 및 공장설립에 관한 법률」 제28조에 따른 도시형공장(대통령령으로 정하는 도시형공장만을 말한다)과 이와 관련된 업무시설을 해당 대학이나 연구기관의 장의 승인을 받아 설치할 수 있다. 이 경우 「산업집적활성화 및 공장설립에 관한 법률」 제13조에 따른 공장설립등의 승인이나 같은 법 제14조의3에 따른 제조시설설치승인을 받은 것으로 본다. <개정 2008.3.21., 2010.1.27.>
③ 집적지역 중 지정 면적이 제17조의2제4항에서 대통령령으로 정한 면적 이상이고 도시지역에 지정된 경우에는 「산업입지 및 개발에 관한 법률」 제7조의2에 따른 도시첨단산업단지로 본다.
④ 중소기업청장은 제3항에 따른 집적지역의 관리권자(「산업집적활성화 및 공장설립에 관한 법률」 제30조제1항에 따른 관리권자를 말한다)가 된다.
⑤ 대학이나 연구기관은 제3항에 따른 집적지역의 관리기관(「산업집적활성화 및 공장설립에 관한 법률」 제30조제2항에 따른 관리기관을 말한다)이 된다.
⑥ 대학이나 연구기관의 장은 「국유재산법」 제18조와 제27조, 「공유재산 및 물품 관리법」 제13조와 제20조, 「고등교육법」 및 「사립학교법」에도 불구하고 창업자·벤처기업 또는 지원시설을 설치·운영하려는 자가 집적지역에 건물(공장용 건축물을 포함한다)이나 그 밖의 영구시설물을 축조하려는 경우에는 집적지역의 일부를 임대할 수 있다. 이 경우 임대계약(갱신되는 경우를 포함한다) 기간이 끝나면 그 시설물의 종류·용도 등을 고려하여 해당 시설물을 대학이나 연구기관에 기부하거나 교지나 부지를 원상으로 회복하여 되돌려 주어야 한다. <개정 2009.1.30.>

⑦ 제6항에 따른 임대료와 임대 기간 등에 관하여 필요한 사항은 대통령령으로 정한다.

⑧ 집적지역에 대하여는 제22조제1항 및 제3항을 준용한다.

⑨ 시장・군수 또는 구청장은 집적지역의 창업자나 벤처기업으로부터 제2항에 따른 공장등록신청을 받으면 「산업집적활성화 및 공장설립에 관한 법률」 제16조에 따른 공장의 등록을 하여야 한다. <신설 2010.1.27.>

[전문개정 2007.8.3.]

제17조의5(집적지역의 운영 지침) 중소기업청장은 집적지역의 지정・운영에 관한 지침을 수립하여 고시하여야 한다.

[전문개정 2007.8.3.]

제17조의6(집적지역의 지정취소) 중소기업청장은 제17조의2제3항에 따라 지정된 집적지역이 다음 각 호의 어느 하나에 해당하면 그 지정을 취소할 수 있다.

1. 사업 지연, 관리 부실 등의 사유로 지정목적을 달성할 수 없는 경우
2. 제17조의3에 따른 지정 요건을 충족하지 못한 경우

[전문개정 2007.8.3.]

제18조(벤처기업집적시설의 지정 등) ① 벤처기업집적시설을 설치하거나 기존의 건축물을 벤처기업집적시설로 사용하려는 자는 대통령령으로 정하는 연면적 이상인 경우 시・도지사로부터 그 지정을 받을 수 있다. 지정받은 사항을 변경하는 경우에도 또한 같다.

② 제1항에 따라 지정을 받은 벤처기업집적시설은 지정받은 날(건축 중인 건축물은 「건축법」 제22조에 따른 건축물의 사용승인을 받은 날을 말한다)부터 1년 이내에 다음 각 호의 요건을 갖추어야 한다. <개정 2008.3.21., 2009.1.30.>

1. 벤처기업 등 대통령령으로 정하는 기업이 입주하게 하되, 입주한 기업 중에서 벤처기업이 4개 이상(「수도권정비계획법」 제2조제1호에 따른 수도권 외의 지역은 3개 이상)일 것
2. 연면적의 100분의 70(「수도권정비계획법」 제2조제1호에 따른 수도권 외의 지역은 100분의 50) 이상을 벤처기업 등 대통령령으로 정하는 기업이 사용하게 할 것
3. 제2호에 해당하지 아니하는 지정 면적은 벤처기업집적시설 등 대통령령으로 정하는 시설이 사용하게 할 것

③ 시・도지사는 벤처기업을 지원하기 위하여 필요하다고 인정하면 벤처기업집적시설을 설치하거나 기존의 건축물을 벤처기업집적시설로 지정하여 벤처기업과 그 지원시설을 입주하게 할 수 있다.

④ 시・도지사는 벤처기업집적시설이 다음 각 호의 어느 하나에 해당하면 그 지정을 취소할 수 있다. 다만, 제1호에 해당하는 경우에는 그 지정을 취소하여야 한다.

1. 거짓이나 그 밖의 부정한 방법으로 지정받은 경우
2. 제1항이나 제2항에 따른 지정 요건에 맞지 아니하게 된 경우

⑤ 시・도지사는 제4항에 따라 벤처기업집적시설의 지정을 취소하려면 청문을 하여야 한다.

⑥ 제1항에 따른 지정신청과 그 밖에 지정에 관하여 필요한 사항은 대통령령으로

정한다.

[전문개정 2007.8.3.]

제18조의2(실험실공장에 대한 특례) ① 다음 각 호의 어느 하나에 해당하는 자는 「건축법」 제19조제1항, 「국토의 계획 및 이용에 관한 법률」 제76조제1항, 「연구개발특구의 육성에 관한 특별법」 제36조제1항에도 불구하고 그 소속 기관의 장의 승인을 받아 실험실공장을 설치할 수 있다. 이 경우 「산업집적활성화 및 공장설립에 관한 법률」 제13조에 따른 공장설립등의 승인 또는 같은 법 제14조의3에 따른 제조시설설치승인을 받은 것으로 본다. <개정 2008.3.21., 2010.1.27., 2012.1.26.>

1. 「고등교육법」에 따른 대학의 교원 및 학생
2. 국공립연구기관이나 정부출연연구기관의 연구원
3. 과학이나 산업기술 분야의 연구기관으로서 대통령령으로 정하는 기관의 연구원

② 실험실공장은 생산시설용으로 쓰이는 바닥면적의 합계가 3천 제곱미터를 초과할 수 없다.

③ 실험실공장의 총면적(실험실공장이 둘 이상인 경우에는 그 면적을 합한 것을 말한다)은 해당 대학이나 연구기관의 건축물 연면적의 2분의 1을 초과할 수 없다.

④ 시장·군수 또는 구청장(자치구의 구청장을 말한다. 이하 같다)은 실험실공장에 대한 공장등록신청을 받으면 「산업집적활성화 및 공장설립에 관한 법률」 제16조에 따른 공장의 등록을 하여야 한다.

⑤ 대학이나 연구기관의 장은 제1항에 따른 실험실공장을 설치한 자가 퇴직(졸업)하더라도 퇴직(졸업)일부터 2년을 초과하지 아니하는 범위에서 실험실공장을 사용하게 할 수 있다. <개정 2010.1.27.>

⑥ 실험실공장의 설치·운영 등에 관하여 그 밖에 필요한 사항은 대통령령으로 정한다.

[전문개정 2007.8.3.]

제18조의3(창업보육센터에 입주한 벤처기업과 창업자에 대한 특례) ① 대학이나 연구기관 안에 설치·운영 중인 창업보육센터로서 다음 각 호의 어느 하나에 해당하는 창업보육센터에 입주한 벤처기업이나 창업자는 「건축법」 제19조제1항, 「국토의 계획 및 이용에 관한 법률」 제76조제1항 및 「연구개발특구의 육성에 관한 특별법」 제36조제1항에도 불구하고 「산업집적활성화 및 공장설립에 관한 법률」 제28조에 따른 도시형공장을 창업보육센터 운영기관의 장의 승인을 받아 설치할 수 있다. 이 경우 「산업집적활성화 및 공장설립에 관한 법률」 제13조에 따른 공장설립등의 승인이나 같은 법 제14조의3에 따른 제조시설설치승인을 받은 것으로 본다. <개정 2008.3.21., 2010.1.27., 2012.1.26.>

1. 「중소기업창업 지원법」 제6조제1항에 따라 중소기업청장이 지정하는 창업보육센터
2. 중앙행정기관의 장이나 지방자치단체의 장이 인정하는 창업보육센터

② 시장·군수 또는 구청장은 제1항에 따른 창업보육센터에 입주한 벤처기업이나 창업자로부터 공장등록신청을 받으면 「산업집적활성화 및 공장설립에 관한 법률」 제16조에 따른 공장의 등록을 하여야 한다.

③ 대학이나 연구기관 안에 설치·운영 중인 창업보육센터는 「건축법」 제19조제4

항제2호에 따른 시설군으로 본다. <개정 2008.3.21.>
[전문개정 2007.8.3.]

제18조의4(벤처기업육성촉진지구의 지정 등) ① 시·도지사는 벤처기업을 육성하기 위하여 필요하면 관할 구역의 일정지역에 대하여 벤처기업육성촉진지구(이하 "촉진지구"라 한다)의 지정을 중소기업청장에게 요청할 수 있다.
② 중소기업청장은 제1항에 따라 촉진지구를 지정한 경우에는 대통령령으로 정하는 바에 따라 그 내용을 고시하여야 한다.
③ 중소기업청장은 제1항에 따라 지정된 촉진지구가 다음 각 호의 어느 하나에 해당하면 그 지정을 해제할 수 있다.
1. 촉진지구육성계획이 실현될 가능성이 없는 경우
2. 사업 지연, 관리 부실 등의 사유로 지정목적을 달성할 수 없는 경우
④ 제1항에 따른 지정의 요건 및 절차와 촉진지구의 지원 등에 필요한 사항은 대통령령으로 정한다.
[전문개정 2007.8.3.]

제18조의5(촉진지구에 대한 지원) ① 중소기업청장은 촉진지구의 활성화를 위하여 「지역균형개발 및 지방중소기업 육성에 관한 법률」 제44조제1항에 따라 지방중소기업육성관련기금의 조성을 지원할 때 촉진지구를 지정받은 지방자치단체를 우대하여 지원할 수 있다.
② 국가나 지방자치단체는 촉진지구에 있거나 촉진지구로 이전하는 벤처기업에 자금이나 그 밖에 필요한 사항을 우선하여 지원할 수 있다.
③ 국가나 지방자치단체는 촉진지구에 설치되는 벤처기업집적시설의 설치·운영자 및 창업보육센터사업자에게 그 소요자금의 전부 또는 일부를 지원하거나 우대하여 지원할 수 있다.
④ 촉진지구의 벤처기업과 그 지원시설에 대하여는 제22조를 준용한다.
[전문개정 2007.8.3.]

제19조(국공유 재산의 매각 등) ① 국가나 지방자치단체는 벤처기업집적시설의 개발 또는 설치와 그 운영을 위하여 필요하다고 인정하면 「국유재산법」 또는 「공유재산 및 물품 관리법」에도 불구하고 수의계약에 의하여 국유재산이나 공유재산을 벤처기업집적시설의 설치·운영자에게 매각하거나 임대할 수 있다.
② 제1항에 따른 국유재산의 가격, 임대료, 임대 기간 등에 관하여 필요한 사항은 대통령령으로 정한다.
③ 국가나 지방자치단체는 국유인 일반재산 또는 공유인 잡종재산인 부동산을 벤처기업에 임대하는 조건으로 신탁업자에 신탁할 수 있다. 이 경우 공유부동산의 신탁에 관하여는 「국유재산법」 제58조의 규정을 준용한다. <개정 2007.8.3., 2009.1.30., 2013.3.22.>
④ 국가·지방자치단체 또는 사립학교의 학교법인은 「국유재산법」 제18조, 「공유재산 및 물품 관리법」 제13조 및 제20조, 「고등교육법」 및 「사립학교법」에도 불구하고 벤처기업집적시설의 설치·운영자에게 국공유 토지나 대학 교지의 일부를 임대하여 건물이나 그 밖의 영구시설물을 축조하게 할 수 있다. 이 경우 임대계약 기간이 끝나면 해당 시설물의 종류·용도 등을 고려하여 그 시설물을 국가·지방자치

단체 또는 사립학교의 학교법인에 기부하거나 토지 또는 교지를 원상으로 회복하여 되돌려 주는 것을 임대조건으로 하여야 한다. <개정 2009.1.30.>

⑤ 벤처기업집적시설의 설치·운영자는 「국유재산법」 제30조제2항, 「공유재산 및 물품 관리법」 제35조, 「고등교육법」 및 「사립학교법」에도 불구하고 제4항에 따라 축조한 시설물을 임대목적과 동일한 용도로 사용하려는 다른 자에게 사용·수익(收益)하게 할 수 있다. <개정 2009.1.30.>

[전문개정 2007.8.3.]

제20조(시설비용의 지원) 국가나 지방자치단체는 집적지역의 조성 및 벤처기업집적시설의 설치에 필요한 시설비의 전부 또는 일부를 지원할 수 있다.

[전문개정 2007.8.3.]

제21조(건축금지 등에 대한 특례) ① 삭제 <2006.3.3.>

② 벤처기업집적시설은 「국토의 계획 및 이용에 관한 법률」 제76조제1항에도 불구하고 「국토의 계획 및 이용에 관한 법률」 제36조에 따른 지역(녹지지역 등 대통령령으로 정하는 지역은 제외한다)에 건축할 수 있다. <개정 2007.8.3.>

③ 벤처기업집적시설에 입주한 자는 「건축법」 제19조제1항, 「국토의 계획 및 이용에 관한 법률」 제76조제1항 및 「연구개발특구의 육성에 관한 특별법」 제36조제1항에도 불구하고 구조안전에 지장이 없는 범위에서 대통령령으로 정하는 공장을 설치할 수 있다. 이 경우 「산업집적활성화 및 공장설립에 관한 법률」 제13조에 따른 공장설립등의 승인이나 같은 법 제14조의3에 따른 제조시설설치승인을 받은 것으로 본다. <개정 2007.8.3., 2008.3.21., 2012.1.26.>

④ 시장·군수 또는 구청장은 벤처기업집적시설에 입주한 자로부터 제3항에 따른 공장등록신청을 받으면 「산업집적활성화 및 공장설립에 관한 법률」 제16조에 따른 공장의 등록을 하여야 한다. <개정 2007.8.3.>

[제목개정 2007.8.3.]

제22조(각종 부담금의 면제 등) ①벤처기업집적시설에 대하여는 다음 각 호의 부담금을 면제한다. <개정 1998.9.23., 1999.2.5., 2002.1.26., 2002.12.30., 2005.7.21., 2006.3.3., 2007.4.11., 2007.8.3., 2008.3.28.>

1. 「개발이익환수에 관한 법률」 제5조에 따른 개발부담금
2. 삭제 <2007.8.3.>
3. 「산지관리법」 제19조에 따른 대체산림자원조성비
4. 「농지법」 제38조에 따른 농지보전부담금
5. 「초지법」 제23조에 따른 대체초지조성비
6. 「도시교통정비 촉진법」 제36조에 따른 교통유발부담금

② 삭제 <2006.3.3.>

③ 벤처기업집적시설을 건축하려는 자는 「문화예술진흥법」 제9조에도 불구하고 미술장식을 설치하지 아니할 수 있다. <개정 2007.8.3.>

[제목개정 2007.8.3.]

제3장 삭제 〈2007.8.3.〉

제23조 삭제 〈2007.8.3.〉

제4장 보칙 <개정 2007.8.3.>

제24조(벤처기업이었던 기업에 대한 주식발행 등의 특례) ① 벤처기업이었던 기업이 벤처기업에 해당하지 아니하게 되는 경우 벤처기업이었던 당시 이루어진 다음 각 호의 행위는 계속 유효한 것으로 본다. <개정 2009.1.30.>

1. 제6조에 따른 산업재산권등의 출자 행위
2. 제9조에 따라 외국인 또는 외국법인등이 해당 기업의 주식을 취득한 행위
3. 삭제 <2010.1.27.>
4. 제15조 및 제15조의2부터 제15조의11까지의 규정에 따른 주식교환 등의 행위
5. 제16조의3에 따라 주식매수선택권을 부여한 행위
6. 제16조의5에 따라 사원을 50명 이상 300명 이하로 하여 설립한 행위

② 벤처기업집적시설에 입주하였던 벤처기업이 벤처기업에 해당하지 아니하게 된 경우에도 계속하여 벤처기업집적시설에 입주할 수 있다.

[전문개정 2007.8.3.]

제25조(벤처기업의 해당 여부에 대한 확인) ① 벤처기업으로서 이 법에 따른 지원을 받으려는 기업은 벤처기업 해당 여부에 관하여 기술신용보증기금 등 대통령령으로 정하는 기관이나 단체(이하 "벤처기업확인기관"이라 한다)의 장에게 확인을 요청할 수 있다.

② 벤처기업확인기관의 장은 제1항에 따라 확인 요청을 받으면 산업통상자원부령으로 정하는 기간 내에 확인하여 그 결과를 요청인에게 알려야 한다. 이 경우 그 기업이 벤처기업에 해당될 때에는 대통령령으로 정하는 바에 따라 유효기간을 정하여 벤처기업확인서를 발급하여야 한다. <개정 2008.2.29., 2013.3.23.>

③ 벤처기업확인기관의 장은 벤처기업 확인의 투명성을 확보하기 위하여 대통령령으로 정하는 바에 따라 확인된 벤처기업에 관한 정보를 공개할 수 있다. 다만, 다음 각 호의 정보는 공개하여서는 아니 된다.

1. 「부정경쟁방지 및 영업비밀보호에 관한 법률」 제2조제2호에 따른 영업비밀
2. 대표자의 주민등록번호 등 개인에 관한 사항

④ 제1항과 제2항에 따른 확인 절차 등에 관하여 필요한 사항은 산업통상자원부령으로 정한다. <개정 2008.2.29., 2013.3.23.>

[전문개정 2007.8.3.]

제25조의2(벤처기업 확인의 취소) ① 벤처기업확인기관의 장은 벤처기업이 다음 각 호의 어느 하나에 해당하면 제25조제2항에 따른 확인을 취소할 수 있다. 다만, 제1호에 해당하는 경우에는 확인을 취소하여야 한다. <개정 2010.1.27.>

1. 거짓이나 그 밖의 부정한 방법으로 벤처기업임을 확인받은 경우
2. 제2조의2의 벤처기업의 요건을 갖추지 아니하게 된 경우
3. 휴업·폐업 또는 파산 등으로 대통령령으로 정하는 기간 동안 기업활동을 하지 아니하는 경우
4. 대표자·최대주주 또는 최대출자사원 등이 기업재산을 유용(流用)하거나 은닉(隱匿)하는 등 기업경영과 관련하여 주주·사원 또는 이해관계인에게 피해를 입힌 경우 등 대통령령으로 정하는 경우

② 벤처기업확인기관의 장은 제1항에 따라 벤처기업의 확인을 취소하려면 청문을

실시하여야 한다.
[전문개정 2007.8.3.]

제26조(보고 등) ① 중소기업청장은 이 법을 시행하기 위하여 필요하다고 인정하면 중소기업창업투자회사·중소기업창업투자조합·한국벤처투자조합 또는 제2조의2제1항제2호가목(8)에 따른 개인에 대하여 투자실적을 보고하게 할 수 있다. <개정 2014.1.14.>
② 중소기업청장은 분기마다 신기술사업금융업자, 신기술사업투자조합, 「한국산업은행법」에 따른 한국산업은행 또는 「중소기업은행법」에 따른 중소기업은행에 대하여 중소기업과 벤처기업에 대한 투자실적에 관한 자료를 제출하게 할 수 있다.
③ 중소기업청장은 이 법을 시행하기 위하여 필요하다고 인정하면 제14조제2항에 따른 개인이나 개인투자조합으로 하여금 투자실적 등을 보고하게 할 수 있다.
④ 중소기업청장은 이 법을 시행하기 위하여 필요하다고 인정하면 벤처기업확인기관으로 하여금 제25조와 제25조의2에 따른 벤처기업의 확인 및 확인의 취소 실적 등을 보고하게 하거나, 소속 공무원으로 하여금 해당 기관에 출입하여 장부나 그 밖의 서류를 검사하게 할 수 있다. 이 경우 검사를 하는 공무원은 그 권한을 표시하는 증표를 지니고 이를 관계인에게 내보여야 한다.
⑤ 시·도지사는 제18조에 따라 지정된 벤처기업집적시설에 대하여 그 지정을 받은 자로 하여금 입주 현황과 운영 상황에 관한 자료를 제출하게 할 수 있다.
⑥ 벤처기업확인기관의 장은 제25조와 제25조의2에 따른 벤처기업의 확인 및 확인의 취소 등을 위하여 필요하다고 인정하면 벤처기업으로 하여금 경영실태 등에 관하여 필요한 자료를 제출하게 할 수 있다.
⑦ 중소기업청장은 대학이나 연구기관에 대하여 제16조, 제16조의2 및 제18조의2에 따른 교원이나 연구원의 휴직·겸임 및 겸직허가 실적, 실험실공장 설치승인 실적에 관한 자료를 제출하게 할 수 있다.
⑧ 중소기업청장은 전문회사에 대하여 제11조의2제4항 각 호에 관한 자료나 전문회사의 매 회계연도의 결산서를 제출하게 할 수 있다.
[전문개정 2007.8.3.]

제27조(권한의 위임·위탁) 이 법에 따른 중소기업청장의 권한은 그 일부를 대통령령으로 정하는 바에 따라 소속기관의 장 또는 시·도지사에게 위임하거나 다른 행정기관의 장 또는 대통령령으로 정하는 중소기업 관련 기관과 단체에 위탁할 수 있다.
[전문개정 2007.8.3.]

제28조(행정처분) 중소기업청장은 한국벤처투자조합이 다음 각 호의 어느 하나에 해당하면 시정을 명하거나 이 법에 따른 지원을 중단할 수 있다. <개정 2010.1.27.>
1. 제4조의3제1항에 따른 신고 또는 변경신고를 하지 아니하거나 거짓으로 한 자
2. 제4조의3제4항에 따른 결성 요건에 맞지 아니하게 된 경우
3. 중소기업창업투자회사 및 신기술사업금융업자의 등록이 취소되거나 말소된 경우
4. 제4조의4제2항을 위반한 경우
[전문개정 2007.8.3.]

제29조(청문) 중소기업청장은 다음 각 호의 어느 하나에 해당하는 처분을 하려면 청문을 실시하여야 한다. <개정 2009.1.30.>

1. 제13조의3에 따른 개인투자조합의 등록취소
2. 제18조의4에 따른 촉진지구의 지정해제
3. 제11조의7에 따른 전문회사의 등록취소
4. 제17조의6에 따른 집적지역의 지정취소
5. 제15조의14에 따른 지원센터의 지정취소

[전문개정 2007.8.3.]

제30조(유사명칭의 사용 금지) 한국벤처투자조합이 아닌 자는 한국벤처투자조합의 명칭이나 이와 유사한 명칭을 사용하지 못한다.

[전문개정 2007.8.3.]

제30조의2(벌칙 적용 시의 공무원 의제) 제25조와 제25조의2에 따른 벤처기업의 확인 및 확인의 취소 업무에 종사하는 벤처기업확인기관의 임직원은 「형법」 제129조부터 제132조까지의 규정을 적용할 때에는 공무원으로 본다.

[전문개정 2007.8.3.]

제30조의3(불복 절차) 제25조 및 제25조의2에 따른 벤처기업의 확인이나 확인의 취소에 대하여는 「행정심판법」에 따른 행정심판을 청구할 수 있다. 이 경우 벤처기업의 확인·확인취소에 대한 감독행정기관은 중소기업청장으로 한다. <개정 2008.2.29.>

[전문개정 2007.8.3.]

제31조(다른 법률의 준용) 한국벤처투자조합 업무의 집행에 관하여는 「중소기업창업지원법」 제23조, 제26조, 제27조 및 제29조를 준용한다. 이 경우 "창업투자조합"을 "한국벤처투자조합"으로 본다.

[전문개정 2007.8.3.]

제5장 벌칙 <신설 2004.12.31.>

제32조(과태료) ① 다음 각 호의 어느 하나에 해당하는 자에게는 500만원 이하의 과태료를 부과한다.

1. 제4조의4제2항·제3항을 위반한 자
2. 제28조에 따른 시정명령을 위반한 자
3. 제30조를 위반하여 유사명칭을 사용한 자
4. 제31조에 따른 결산서를 제출하지 아니하거나 거짓의 결산서를 제출한 자

② 제1항에 따른 과태료는 대통령령으로 정하는 바에 따라 중소기업청장이 부과·징수한다.

③ 삭제 <2009.1.30.>

④ 삭제 <2009.1.30.>

⑤ 삭제 <2009.1.30.>

[전문개정 2007.8.3.]

부칙 〈제12927호, 2014.12.30.〉

제1조(시행일) 이 법은 공포 후 3개월이 경과한 날부터 시행한다. 다만, 제16조의3의 개정규정은 공포한 날부터 시행한다.

제2조(교육공무원등의 휴직 기간에 관한 적용례) 제16조제2항 본문의 개정규정은 이 법 시행 후 최초로 휴직을 신청하는 교육공무원등부터 적용한다.

제3조(주주총회의 사후승인에 관한 적용례) 제16조의3제4항 후단의 개정규정은 같은 개정규정 시행 후 최초로 주식매수선택권을 부여하는 분부터 적용한다.

제4조(교육공무원등의 휴직 기간 연장에 관한 경과조치) 이 법 시행 전에 종전의 제16조제2항 본문에 따라 휴직한 교육공무원등의 휴직 기간 연장에 관하여는 제16조제2항 단서의 개정규정에도 불구하고 종전의 규정에 따른다.

벤처기업육성에 관한 특별조치법 시행령

[시행 2015.1.6.] [대통령령 제26023호, 2015.1.6., 일부개정]

중소기업청(벤처투자과) 042-481-8953

중소기업청(벤처정책과) 042-481-4494

제1조(목적) 이 영은 「벤처기업육성에 관한 특별조치법」에서 위임된 사항과 그 시행에 필요한 사항을 정함을 목적으로 한다.

[전문개정 2008.11.4.]

제2조(지원시설의 범위) 「벤처기업육성에 관한 특별조치법」(이하 "법"이라 한다) 제2조제4항에서 "대통령령으로 정하는 지원시설"이란 다음 각 호의 어느 하나에 해당하는 자가 벤처기업의 영업활동을 장려하기 위하여 설치·관리하는 시설을 말한다. <개정 2009.5.6., 2009.11.20., 2010.11.15., 2011.6.24., 2014.3.24.>

1. 「중소기업창업 지원법」 제2조제4호에 따른 중소기업창업투자회사(이하 "중소기업창업투자회사"라 한다)
2. 「중소기업창업 지원법」 제2조제6호에 따른 중소기업상담회사
3. 「중소기업창업 지원법」 제6조제1항 각 호 외의 부분에 따른 창업보육센터를 설립·운영하는 자
4. 「은행법」 제2조제1항제2호에 따른 은행(같은 법 제58조제1항에 따라 금융위원회의 인가를 받은 외국은행의 국내 지점·대리점 또는 사무소를 포함한다)
5. 「여신전문금융업법」 제2조제14호에 따른 신기술사업금융업을 하는 자
6. 「신용보증기금법」에 따른 신용보증기금
7. 「기술신용보증기금법」에 따른 기술신용보증기금(이하 "기술신용보증기금"이라 한다)
8. 「기초연구진흥 및 기술개발지원에 관한 법률」 제14조제1항제2호에 따른 기업부설연구소
9. 「중소기업진흥에 관한 법률」 제68조에 따른 중소기업진흥공단(이하 "중소기업진흥공단"이라 한다)
10. 「산업집적활성화 및 공장설립에 관한 법률」 제45조의9에 따른 한국산업단지공단
11. 「산업발전법」(법률 제9584호 산업발전법 전부개정법률로 개정되기 전의 것을 말한다) 제14조에 따라 등록된 기업구조조정전문회사(이하 "기업구조조정전문회사"라 한다)
12. 「지역신용보증재단법」에 따른 지역신용보증재단
13. 「자본시장과 금융투자업에 관한 법률」 제8조제2항 및 제3항에 따른 투자매매업자와 투자중개업자
14. 「기술의 이전 및 사업화 촉진에 관한 법률」 제10조에 따른 기술거래기관
15. 「기술의 이전 및 사업화 촉진에 관한 법률」 제35조에 따른 기술평가기관
16. 「정보통신산업 진흥법」 제26조에 따른 정보통신산업진흥원

17. 「중소기업협동조합법」 제3조제1항제4호에 따른 중소기업중앙회
18. 「산업표준화법」 제32조에 따른 한국표준협회
19. 다음 각 목의 어느 하나에 해당하는 사람
  가. 「변호사법」 제15조에 따라 개업신고를 한 변호사
  나. 「공인회계사법」 제12조에 따라 사무소를 개설한 공인회계사
  다. 「변리사법」 제6조의2제2항에 따라 개업신고를 한 변리사
  라. 「중소기업진흥에 관한 법률」 제50조에 따라 등록한 경영지도사 또는 기술지도사
  마. 「세무사법」 제13조에 따라 개업신고를 한 세무사
20. 그 밖에 벤처기업을 지원하는 자로서 중소기업청장이 지정하는 자

[전문개정 2008.11.4.]

제2조의2 삭제 〈2006.6.2.〉

제2조의3(벤처기업의 요건 등) ① 법 제2조의2제1항제2호가목(1)부터 (8)까지의 규정 외의 부분에서 "대통령령으로 정하는 기준"이란 법 제2조의2제1항제2호가목(1)부터 (8)까지에 규정된 자가 해당 기업에 대하여 투자를 한 금액의 합계가 5천만원 이상으로서, 기업의 자본금 중 투자금액의 합계가 차지하는 비율이 100분의 10(해당 기업이 「문화산업진흥 기본법」 제2조제12호에 따른 제작자 중 법인이면 자본금의 100분의 7) 이상을 말한다. <개정 2010.4.20., 2014.6.30.>

② 법 제2조의2제1항제2호가목(7)에서 "대통령령으로 정하는 기관"이란 다음 각 호의 기관을 말한다. <개정 2009.5.29., 2010.11.15., 2015.1.6.>

1. 법 제13조제2항에 따른 개인투자조합
2. 「한국산업은행법」에 따른 한국산업은행

2의2. 「한국정책금융공사법」에 따른 한국정책금융공사

3. 「중소기업은행법」에 따른 중소기업은행
4. 「은행법」 제2조제1항제2호에 따른 은행
5. 「자본시장과 금융투자업에 관한 법률」 제9조제18항제7호에 따른 사모투자전문회사(이하 "사모투자전문회사"라 한다)
6. 전문성과 국제적 신인도 등에 관하여 중소기업청장이 정하여 고시하는 기준을 갖춘 외국투자회사

③ 법 제2조의2제1항제2호가목(8)에서 "투자실적, 경력, 자격요건 등 대통령령으로 정하는 기준을 충족하는 개인"이란 다음 각 호의 기준을 모두 갖춘 개인을 말한다. <신설 2014.6.30.>

1. 다음 각 목의 요건을 모두 갖춘 주식 또는 지분에 대한 최근 3년간의 투자금액의 합계가 1억원 이상으로서 중소기업청장이 정하여 고시하는 금액 이상일 것
  가. 다음의 어느 하나에 해당하는 자가 신규로 발행한 주식 또는 지분일 것
    1) 벤처기업
    2) 「중소기업창업 지원법」 제2조제2호에 따른 창업자
    3) 「중소기업 기술혁신 촉진법」 제15조에 따른 기술혁신형 기업
  나. 인수한 날부터 1년 이상 보유한 주식 또는 지분일 것
  다. 「자본시장과 금융투자업에 관한 법률 시행령」 제8조 각 호의 어느 하나에 해

당하는 자(이하 "특수관계인"이라 한다)가 발행한 주식 또는 지분이 아닐 것
2. 다음 각 목의 어느 하나에 해당하는 사람일 것
가. 「자본시장과 금융투자업에 관한 법률」 제9조제15항제3호에 따른 주권상장법인(이하 "주권상장법인"이라 한다)의 창업자(주권 상장 당시 이사로 등기된 사람에 한정한다)
나. 주권상장법인의 이사(등기된 사람에 한정한다)로 3년 이상 재직한 경력이 있는 사람
다. 다음의 어느 하나에 해당하는 회사에서 투자심사 업무를 2년 이상 수행한 경력이 있는 사람
1) 법 제2조제8항에 따른 신기술창업전문회사
2) 법 제4조의3제1항제3호에 따른 유한회사
3) 「중소기업창업 지원법」 제2조제4호에 따른 중소기업창업투자회사
라. 「국가기술자격법」 제10조에 따라 기술사 자격을 취득한 사람
마. 박사학위(이공계열 또는 경상계열에 한정한다)를 소지한 사람
바. 그 밖에 교육과정 이수 또는 투자 관련 경력 등에 관하여 중소기업청장이 정하여 고시하는 기준을 갖춘 사람

④ 중소기업청장은 개인투자자가 법 제2조의2제1항제2호가목(8)에 따른 개인에 해당하는지를 확인하기 위하여 해당 기업 또는 개인투자자에게 제3항 각 호의 요건을 갖추고 있음을 증명할 수 있는 자료를 제출하도록 할 수 있다. 이 경우 자료의 제출방법 및 제출자료의 유효기간 등 세부사항은 중소기업청장이 정하여 고시한다. <신설 2014.6.30.>

⑤ 법 제2조의2제1항제2호나목에서 "대통령령으로 정하는 기준"이란 다음 각 호의 기준을 말한다. 다만, 창업 후 3년이 지나지 아니한 기업에 대하여는 제2호를 적용하지 아니한다. <개정 2014.6.30.>
1. 연간 연구개발비가 5천만원 이상일 것
2. 연간 총매출액에 대한 연구개발비의 합계가 차지하는 비율이 100분의 5 이상으로서 중소기업청장이 업종별로 정하여 고시하는 비율 이상일 것

⑥ 제5항에 따른 연간 연구개발비와 연간 총매출액의 적용기준은 다음 각 호와 같다. <개정 2014.6.30.>
1. 법 제25조제1항에 따라 벤처기업에 해당하는지에 관하여 확인을 요청한 경우에는 그 요청한 날이 속하는 분기의 직전 4개 분기의 연구개발비와 총매출액
2. 법 제25조의2제1항제2호에 따라 벤처기업 확인을 취소하는 경우에는 법 제26조제6항에 따라 벤처기업확인기관의 장이 벤처기업으로 하여금 자료를 제출하게 한 날이 속하는 분기의 직전 4개 분기의 연구개발비와 총매출액

⑦ 법 제2조의2제1항제2호나목에서 "대통령령으로 정하는 기관"이란 다음 각 호의 기관을 말한다. <개정 2009.4.30., 2009.8.18., 2014.6.30.>
1. 기술신용보증기금
2. 중소기업진흥공단
3. 「산업기술혁신 촉진법」 제38조에 따른 한국산업기술진흥원(이하 "한국산업기술진흥원"이라 한다)

4. 「기술의 이전 및 사업화 촉진에 관한 법률」 제35조에 따라 지정된 기술평가기관
5. 「정보통신산업 진흥법」 제26조에 따른 정보통신산업진흥원(이하 "정보통신산업진흥원"이라 한다)

⑧ 법 제2조의2제1항제2호나목에 따른 사업성 평가기준은 제품경쟁력, 사업추진능력, 시장 전망 등으로 하되, 구체적인 평가기준과 평가방법은 중소기업청장이 정하여 고시한다. <개정 2014.6.30.>

⑨ 법 제2조의2제1항제2호다목(1)에서 "대통령령으로 정하는 기관"은 중소기업진흥공단을 말한다. <개정 2014.6.30.>

⑩ 법 제2조의2제1항제2호다목(2)에서 "대통령령으로 정하는 기준"이란 다음 각 호의 기준을 말한다. 다만, 창업 후 1년이 지나지 아니한 기업에는 제1호의 기준을 4천만원으로 하고, 제2호의 기준을 적용하지 아니하며, 보증 또는 대출금액(결정된 보증 가능금액 또는 대출 가능금액을 포함한다. 이하 이 항에서 같다)이 10억원 이상인 기업에는 제2호의 기준을 적용하지 아니한다. <개정 2010.4.20., 2014.6.30.>

1. 보증 또는 대출금액이 8천만원 이상일 것
2. 기업의 총자산에 대한 보증 또는 대출금액의 비율이 100분의 5 이상일 것

⑪ 법 제2조의2제1항제2호다목(3)에 따른 기술성 평가기준은 기술의 우수성, 기술의 활용도 등으로 하되, 구체적인 평가기준과 평가방법은 중소기업청장이 정하여 고시한다. <개정 2014.6.30.>

[전문개정 2008.11.4.]

제2조의3(벤처기업의 요건 등) ① 법 제2조의2제1항제2호가목(1)부터 (8)까지의 규정 외의 부분에서 "대통령령으로 정하는 기준"이란 법 제2조의2제1항제2호가목(1)부터 (8)까지에 규정된 자가 해당 기업에 대하여 투자를 한 금액의 합계가 5천만원 이상으로서, 기업의 자본금 중 투자금액의 합계가 차지하는 비율이 100분의 10(해당 기업이 「문화산업진흥 기본법」 제2조제12호에 따른 제작자 중 법인이면 자본금의 100분의 7) 이상을 말한다. <개정 2010.4.20., 2014.6.30.>

② 법 제2조의2제1항제2호가목(7)에서 "대통령령으로 정하는 기관"이란 다음 각 호의 기관을 말한다. <개정 2009.5.29., 2010.11.15., 2015.1.6.>

1. 법 제13조제2항에 따른 개인투자조합
2. 「한국산업은행법」에 따른 한국산업은행

2의2. 삭제 <2014.12.30.>

3. 「중소기업은행법」에 따른 중소기업은행
4. 「은행법」 제2조제1항제2호에 따른 은행
5. 「자본시장과 금융투자업에 관한 법률」 제9조제18항제7호에 따른 사모투자전문회사(이하 "사모투자전문회사"라 한다)
6. 전문성과 국제적 신인도 등에 관하여 중소기업청장이 정하여 고시하는 기준을 갖춘 외국투자회사

③ 법 제2조의2제1항제2호가목(8)에서 "투자실적, 경력, 자격요건 등 대통령령으로 정하는 기준을 충족하는 개인"이란 다음 각 호의 기준을 모두 갖춘 개인을 말한다. <신설 2014.6.30.>

1. 다음 각 목의 요건을 모두 갖춘 주식 또는 지분에 대한 최근 3년간의 투자금액

의 합계가 1억원 이상으로서 중소기업청장이 정하여 고시하는 금액 이상일 것
가. 다음의 어느 하나에 해당하는 자가 신규로 발행한 주식 또는 지분일 것
1) 벤처기업
2) 「중소기업창업 지원법」 제2조제2호에 따른 창업자
3) 「중소기업 기술혁신 촉진법」 제15조에 따른 기술혁신형 기업
나. 인수한 날부터 1년 이상 보유한 주식 또는 지분일 것
다. 「자본시장과 금융투자업에 관한 법률 시행령」 제8조 각 호의 어느 하나에 해당하는 자(이하 "특수관계인"이라 한다)가 발행한 주식 또는 지분이 아닐 것
2. 다음 각 목의 어느 하나에 해당하는 사람일 것
가. 「자본시장과 금융투자업에 관한 법률」 제9조제15항제3호에 따른 주권상장법인(이하 "주권상장법인"이라 한다)의 창업자(주권 상장 당시 이사로 등기된 사람에 한정한다)
나. 주권상장법인의 이사(등기된 사람에 한정한다)로 3년 이상 재직한 경력이 있는 사람
다. 다음의 어느 하나에 해당하는 회사에서 투자심사 업무를 2년 이상 수행한 경력이 있는 사람
1) 법 제2조제8항에 따른 신기술창업전문회사
2) 법 제4조의3제1항제3호에 따른 유한회사
3) 「중소기업창업 지원법」 제2조제4호에 따른 중소기업창업투자회사
라. 「국가기술자격법」 제10조에 따라 기술사 자격을 취득한 사람
마. 박사학위(이공계열 또는 경상계열에 한정한다)를 소지한 사람
바. 그 밖에 교육과정 이수 또는 투자 관련 경력 등에 관하여 중소기업청장이 정하여 고시하는 기준을 갖춘 사람

④ 중소기업청장은 개인투자자가 법 제2조의2제1항제2호가목(8)에 따른 개인에 해당하는지를 확인하기 위하여 해당 기업 또는 개인투자자에게 제3항 각 호의 요건을 갖추고 있음을 증명할 수 있는 자료를 제출하도록 할 수 있다. 이 경우 자료의 제출방법 및 제출자료의 유효기간 등 세부사항은 중소기업청장이 정하여 고시한다. <신설 2014.6.30.>

⑤ 법 제2조의2제1항제2호나목에서 "대통령령으로 정하는 기준"이란 다음 각 호의 기준을 말한다. 다만, 창업 후 3년이 지나지 아니한 기업에 대하여는 제2호를 적용하지 아니한다. <개정 2014.6.30.>
1. 연간 연구개발비가 5천만원 이상일 것
2. 연간 총매출액에 대한 연구개발비의 합계가 차지하는 비율이 100분의 5 이상으로서 중소기업청장이 업종별로 정하여 고시하는 비율 이상일 것

⑥ 제5항에 따른 연간 연구개발비와 연간 총매출액의 적용기준은 다음 각 호와 같다. <개정 2014.6.30.>
1. 법 제25조제1항에 따라 벤처기업에 해당하는지에 관하여 확인을 요청한 경우에는 그 요청한 날이 속하는 분기의 직전 4개 분기의 연구개발비와 총매출액
2. 법 제25조의2제1항제2호에 따라 벤처기업 확인을 취소하는 경우에는 법 제26조제6항에 따라 벤처기업확인기관의 장이 벤처기업으로 하여금 자료를 제출하게

한 날이 속하는 분기의 직전 4개 분기의 연구개발비와 총매출액

⑦ 법 제2조의2제1항제2호나목에서 "대통령령으로 정하는 기관"이란 다음 각 호의 기관을 말한다. <개정 2009.4.30., 2009.8.18., 2014.6.30.>

1. 기술신용보증기금
2. 중소기업진흥공단
3. 「산업기술혁신 촉진법」 제38조에 따른 한국산업기술진흥원(이하 "한국산업기술진흥원"이라 한다)
4. 「기술의 이전 및 사업화 촉진에 관한 법률」 제35조에 따라 지정된 기술평가기관
5. 「정보통신산업 진흥법」 제26조에 따른 정보통신산업진흥원(이하 "정보통신산업진흥원"이라 한다)

⑧ 법 제2조의2제1항제2호나목에 따른 사업성 평가기준은 제품경쟁력, 사업추진능력, 시장 전망 등으로 하되, 구체적인 평가기준과 평가방법은 중소기업청장이 정하여 고시한다. <개정 2014.6.30.>

⑨ 법 제2조의2제1항제2호다목(1)에서 "대통령령으로 정하는 기관"은 중소기업진흥공단을 말한다. <개정 2014.6.30.>

⑩ 법 제2조의2제1항제2호다목(2)에서 "대통령령으로 정하는 기준"이란 다음 각 호의 기준을 말한다. 다만, 창업 후 1년이 지나지 아니한 기업에는 제1호의 기준을 4천만원으로 하고, 제2호의 기준을 적용하지 아니하며, 보증 또는 대출금액(결정된 보증 가능금액 또는 대출 가능금액을 포함한다. 이하 이 항에서 같다)이 10억원 이상인 기업에는 제2호의 기준을 적용하지 아니한다. <개정 2010.4.20., 2014.6.30.>

1. 보증 또는 대출금액이 8천만원 이상일 것
2. 기업의 총자산에 대한 보증 또는 대출금액의 비율이 100분의 5 이상일 것

⑪ 법 제2조의2제1항제2호다목(3)에 따른 기술성 평가기준은 기술의 우수성, 기술의 활용도 등으로 하되, 구체적인 평가기준과 평가방법은 중소기업청장이 정하여 고시한다. <개정 2014.6.30.>

[전문개정 2008.11.4.]

[시행일 미지정] 제2조의3

제3조(벤처기업에 대한 기금의 투자 등) ① 법 제4조제1항에서 "대통령령으로 정하는 기금"이란 별표 1의 기금을 말한다.

② 중소기업청장은 벤처기업에 대한 투자재원을 조성하기 위하여 필요하면 법 제4조제1항에 따른 기금관리주체(이하 "기금관리주체"라 한다)로 하여금 「중소기업창업 지원법」 제2조제5호에 따른 중소기업창업투자조합(이하 "중소기업창업투자조합"이라 한다)이나 법 제4조의3제1항에 따른 한국벤처투자조합(이하 "한국벤처투자조합"이라 한다)에 출자할 것을 권고할 수 있다.

③ 법 제4조제1항에서 "대통령령으로 정하는 비율 이내의 자금"이란 해당 기금의 운용자금 중 100분의 10 이내의 자금으로 한다.

[전문개정 2008.11.4.]

제3조의2(투자관리전문기관의 지정 등) ① 법 제4조의2제1항에서 "대통령령으로 정하는 투자관리기관"이란 다음 각 호의 기관이나 단체를 말한다.

1. 중소기업진흥공단
2. 법 제4조의2제1항에 따른 중소기업투자모태조합(이하 "모태조합"이라 한다)의 운용에 필요한 전문인력과 시설 등 중소기업청장이 정하여 고시하는 기준을 갖춘 기관 또는 단체

② 법 제4조의2제1항에 따른 투자관리전문기관(이하 "투자관리전문기관"이라 한다)은 법 제4조의2제4항에 따라 모태조합 운용에 필요한 전문인력과 시설 등에 변동이 있으면 중소기업청장에게 보고하여야 한다.

③ 투자관리전문기관은 법 제4조의2제4항에 따라 매 사업연도 종료 후 4개월 이내에 결산서에 회계법인의 감사의견서를 첨부하여 중소기업청장에게 제출하여야 한다.

④ 투자관리전문기관의 관리에 필요한 그 밖의 사항은 중소기업청장이 정한다.

[전문개정 2008.11.4.]

제3조의3 삭제 〈2009.4.30.〉

제3조의4(모태조합의 존속기간) 법 제4조의2제9항에서 "대통령령으로 정하는 기간"이란 30년을 말한다.

[전문개정 2008.11.4.]

제3조의5(모태조합의 관리 등) ① 법 제4조의2제9항에 따라 중소기업청장은 다음 각 호의 사항을 포함한 다음 해의 모태조합 운용지침안을 매년 12월 31일까지 작성하여야 한다. 이 경우 중소기업청장은 모태조합 운용지침안 작성과 관련하여 필요할 때에는 법 제4조의2제1항에 따라 모태조합에 출자한 자의 의견을 들을 수 있다. <개정 2009.4.30., 2014.3.24.>

1. 모태조합 자산의 배분 기준
2. 법 제4조의2제3항 각 호의 조합이나 회사에 대한 모태조합의 출자한도
3. 투자관리전문기관의 임직원에 대한 성과급 지급한도
4. 그 밖에 모태조합의 운용계획에 포함되어야 할 주요사항

② 투자관리전문기관은 모태조합 운용계획을 매년 1월 31일까지 제출하고, 전년도의 모태조합 운용실적을 4월 30일까지 중소기업청장에게 제출하여야 한다.

[전문개정 2008.11.4.]

제3조의6(한국벤처투자조합의 결성 등) ① 법 제4조의3제1항 각 호의 어느 하나에 해당하는 자가 한국벤처투자조합을 결성하려면 다음 각 호의 사항이 적힌 결성계획서를 중소기업청장에게 제출하여야 한다.

1. 사업 개요
2. 출자금 총액, 출자 1좌(座)의 금액, 출자의 시기 및 방법
3. 법 제4조의3제2항에 따른 유한책임조합원(이하 "유한책임조합원"이라 한다)의 모집계획
4. 한국벤처투자조합의 자산운용계획 및 배분계획
5. 한국벤처투자조합의 투자심사업무를 전담하는 전문인력의 인적사항(성명, 주민등록번호, 약력 및 투자경력 등을 말한다. 이하 같다)

② 법 제4조의3제1항제3호나목에서 "대통령령으로 정하는 기준에 맞는 전문인력"이란 중소기업창업투자회사 등 중소기업청장이 인정하는 기관에서 투자와 관련된 업무에 5년 이상 종사한 경력이 있는 사람 1명 및 3년 이상 종사한 경력이 있는

사람 2명 이상을 말한다.

③ 삭제 <2014.3.24.>

④ 법 제4조의3제4항에 따라 한국벤처투자조합은 다음 각 호의 요건을 모두 갖추어 신고하여야 한다. <개정 2010.4.20.>

1. 출자금 총액이 30억원 이상일 것. 다만, 조합 규약에서 정하는 바에 따라 나누어 출자하는 경우에는 최초 출자금이 10억원 이상이어야 한다.
2. 출자 1좌의 금액이 100만원 이상일 것
3. 유한책임조합원의 수가 49명 이하일 것
4. 법 제4조의3제2항에 따른 업무집행조합원(이하 "업무집행조합원"이라 한다)의 출자지분이 출자금 총액의 100분의 1 이상일 것
5. 존속기간이 5년 이상일 것

⑤ 업무집행조합원은 한국벤처투자조합의 결성을 마치면 다음 각 호의 서류를 첨부한 신고서를 조합원총회의 개최일부터 7일 이내에 중소기업청장에게 제출하여야 한다.

1. 한국벤처투자조합의 규약
2. 조합원 명부
3. 조합원의 출자금액과 출자이행을 증명하는 서류
4. 한국벤처투자조합의 투자심사업무를 전담하는 전문인력의 인적사항

⑥ 업무집행조합원은 제5항의 신고사항 중 다음 각 호의 내용이 변경되면 7일 이내에 그 사실을 증명하는 서류를 첨부한 변경신고서를 중소기업청장에게 제출하여야 한다.

1. 한국벤처투자조합의 명칭과 사무소의 소재지
2. 업무집행조합원의 명칭 및 주소
3. 조합원별 출자금액 및 출자좌수
4. 해당 조합의 존속기간
5. 한국벤처투자조합의 투자심사업무를 전담하는 전문인력의 인적사항

[전문개정 2008.11.4.]

제3조의7 삭제 〈2007.4.26.〉

제3조의8(투자수익의 산정방식 등) ① 법 제4조의3제7항에 따른 성과보수를 지급하기 위한 투자수익은 한국벤처투자조합 자산의 평가금액에서 출자금액과 중소기업청장이 정하는 운영경비를 뺀 금액으로 한다. <개정 2010.4.20.>

② 법 제4조의3제7항에 따라 투자수익에 따른 성과보수를 받은 업무집행조합원은 받은 금액의 범위에서 투자수익 발생에 이바지한 임직원에게 성과급을 지급할 수 있다. <개정 2010.4.20.>

[전문개정 2008.11.4.]

제3조의9(한국벤처투자조합의 업무의 집행 등) ① 법 제4조의4제2항제4호에서 "대통령령으로 정하는 금융기관"이란 다음 각 호의 기관이나 단체를 말한다. <개정 2009.5.6., 2014.3.24.>

1. 「금융실명거래 및 비밀보장에 관한 법률」 제2조제1호에 따른 금융회사등
2. 기업구조조정전문회사와 「산업발전법」(법률 제9584호 산업발전법 전부개정법률

로 개정되기 전의 것을 말한다) 제15조에 따라 등록된 기업구조조정조합(이하 "기업구조조정조합"이라 한다) 또는 「산업발전법」 제20조에 따른 기업구조개선 사모투자전문회사

② 법 제4조의4제2항제5호 본문에서 "대통령령으로 정하는 범위의 업무용 부동산"이란 다음 각 호의 부동산을 말한다.

1. 「중소기업창업 지원법」 제2조제7호에 따른 창업보육센터(해당 한국벤처투자조합이 직접 설립한 것만 해당한다)
2. 투자상담을 위한 전용공간 확보 등 중소기업청장이 정하는 기준을 충족하는 사무실

③ 법 제4조의4제2항제6호에서 "대통령령으로 정하는 행위"란 다음 각 호의 행위를 말한다. <개정 2009.5.6., 2014.6.30.>

1. 다음 각 목의 어느 하나에 해당하는 자와 거래하는 행위
   가. 해당 업무집행조합원이 결성한 한국벤처투자조합. 다만, 업무집행조합원이 한국벤처투자조합의 해산이나 그 밖에 중소기업청장이 인정하는 불가피한 사유로 인하여 거래하는 경우는 제외한다.
   나. 해당 업무집행조합원의 특수관계인
   다. 해당 업무집행조합원의 주요주주(누구의 명의로 하든지 자기의 계산으로 의결권 있는 발행주식총수의 100분의 10 이상의 주식을 소유하거나 임원의 임면 등 해당 업무집행조합원의 주요 경영사항에 대하여 사실상 지배력을 행사하고 있는 주주를 말한다) 및 그 특수관계인
   라. 해당 업무집행조합원이 결성한 한국벤처투자조합의 주요 출자자(출자총액의 100분의 10 이상의 출자지분을 소유한 출자자를 말한다. 이하 이 목에서 같다) 및 그 특수관계인. 다만, 다음의 어느 하나에 해당하는 경우는 제외한다.
      1) 업무집행조합원이 해당 한국벤처투자조합(중소기업창업투자회사나 중소기업창업투자조합 등이 보유하고 있는 주식 등의 자산을 매수할 목적으로 결성된 조합만 해당한다) 주요출자자의 특수관계인인 중소기업창업투자회사나 중소기업창업투자조합으로부터 주식 등의 자산을 매수하는 경우
      2) 해당 업무집행조합원이 결성한 한국벤처투자조합의 주요출자자인 모태조합 또는 「국가재정법」 별표 2에 규정된 기금설치 근거 법률에 따라 설치된 기금을 관리·운용하는 자(기금의 관리나 운용 업무를 위탁받은 자는 제외한다)의 특수관계인인 다른 중소기업창업투자조합이나 한국벤처투자조합과 거래하는 경우
2. 해당 업무집행조합원이 결성한 한국벤처투자조합이 다음 각 목의 어느 하나에 해당하는 조합이나 회사와 거래하는 행위. 다만, 해당 업무집행조합원이 업무집행조합원 또는 업무집행사원인 조합이나 회사와 거래하는 경우만 해당한다.
   가. 한국벤처투자조합
   나. 중소기업창업투자조합
   다. 「여신전문금융업법」 제41조제3항에 따른 신기술사업투자조합
   라. 기업구조조정조합 또는 「산업발전법」 제20조에 따른 기업구조개선 사모투자전문회사

마. 사모투자전문회사
3. 한국벤처투자조합의 명의로 제3자를 위하여 주식을 취득하거나 자금을 중개하는 행위
4. 투자에 관한 계약서에 적힌 사항 외에 별도의 조건을 설정하여 투자하는 행위
5. 해당 업무집행조합원이 결성한 한국벤처투자조합이 투자한 업체로부터 차입이나 자산 매각 등 투자에 따르는 정상적인 거래관계 외의 거래를 통하여 자금을 받는 행위

④ 제3항제1호 및 제2호에서 "거래"란 다음 각 호의 어느 하나에 해당하는 행위를 말한다. <신설 2014.6.30.>
1. 제3항제1호 각 목 및 제2호 각 목의 어느 하나에 해당하는 자에게 투자하거나 그가 발행한 증권(「자본시장과 금융투자업에 관한 법률」 제4조제1항에 따른 증권을 말하며, 이하 이 항에서 "증권"이라 한다)을 소유하는 행위
2. 제3항제1호 각 목 및 제2호 각 목의 어느 하나에 해당하는 자에 대한 신용공여 행위(현금·증권 등 경제적 가치가 있는 재산의 대여, 자금 지원적 성격의 증권의 매입을 말한다)
3. 그 밖에 제1호 및 제2호와 유사한 행위로서 한국벤처투자조합의 건전한 자산운용을 해칠 우려가 있고, 거래상의 신용위험을 수반하는 직접적·간접적 거래로 중소기업청장이 정하여 고시하는 행위

[전문개정 2008.11.4.]

제3조의10(한국벤처투자조합의 해산) ① 법 제4조의6제1항제4호에서 "대통령령으로 정하는 경우"란 다음 각 호의 어느 하나에 해당하는 경우를 말한다. <개정 2010.4.20.>
1. 한국벤처투자조합의 결성목적이 달성되었다고 조합원 전원이 동의하는 경우
2. 한국벤처투자조합의 자산이 출자금 총액보다 적어지거나 그 밖의 사유가 생겨 업무를 계속 수행하기 어려운 경우로서 조합 총지분의 과반수를 소유하는 조합원이 해산을 위한 조합원 총회에 출석하고, 출석한 조합원의 지분의 3분의 2 이상과 조합 총지분의 3분의 1 이상의 동의를 받은 경우

② 법 제4조의6제2항에 따라 업무집행조합원을 가입하게 하여 한국벤처투자조합을 계속하려는 자는 다음 각 호의 사항을 신고서에 적고 조합을 계속하려는 사유서와 유한책임조합원 전원의 동의서를 첨부하여 중소기업청장에게 제출하여야 한다.
1. 한국벤처투자조합의 명칭과 사무소의 소재지
2. 새로 가입하게 한 업무집행조합원의 명칭, 소재지 및 대표자의 성명
3. 조합원별 출자금액 및 출자좌수

③ 제2항에 따라 신고서를 제출한 경우에는 제3조의6제6항에 따른 변경신고를 한 것으로 본다.

④ 한국벤처투자조합의 업무집행조합원은 한국벤처투자조합이 해산한 날부터 7일 이내에 중소기업청장에게 그 사실을 알려야 한다.

[전문개정 2008.11.4.]

제4조(기술평가기관) 법 제6조제2항에서 "대통령령으로 정하는 기술평가기관"이란 다음 각 호의 기관을 말한다. <개정 2009.4.30., 2009.8.18., 2009.12.24., 2011.10.28.,

2013.12.11.>

1. 한국산업기술진흥원
2. 기술신용보증기금
3. 「산업기술혁신 촉진법」 제39조에 따른 한국산업기술평가관리원
4. 「한국환경공단법」에 따른 한국환경공단(「환경기술 및 환경산업 지원법」 제2조 제1호에 따른 환경기술에 대한 기술평가만 해당한다)
5. 국가기술표준원
6. 「과학기술분야 정부출연연구기관 등의 설립·운영 및 육성에 관한 법률」에 따른 한국과학기술연구원과 한국과학기술정보연구원
7. 정보통신산업진흥원

[전문개정 2008.11.4.]

제4조의2(신기술창업전문회사의 설립 등) ① 법 제11조의2제1항제4호에서 "대통령령으로 정하는 기관"이란 다음 각 호의 기관을 말한다.

1. 「산업기술혁신 촉진법」 제42조에 따른 전문생산기술연구소(이하 "전문생산기술연구소"라 한다)
2. 「민법」 제32조에 따라 설립된 비영리법인으로서 과학 또는 산업기술 분야 연구기관

② 법 제11조의2제2항에 따라 신기술창업전문회사(이하 "전문회사"라 한다)를 등록하려는 대학 또는 연구기관은 산업통상자원부령으로 정하는 등록신청서에 다음 각 호의 서류를 첨부하여 중소기업청장에게 제출하여야 한다. 이 경우 신청을 받은 중소기업청장은 「전자정부법」 제36조제1항에 따른 행정정보의 공동이용을 통하여 법인등기부 등본을 확인하여야 한다. <개정 2010.4.20., 2010.5.4., 2013.3.23.>

1. 정관
2. 사업계획서(출자비율, 출자내용, 보유인력 및 보유시설에 관한 사항을 포함한다)
3. 임원의 이력서

③ 전문회사는 다음 각 호의 사항이 변경된 날부터 7일 이내에 산업통상자원부령으로 정하는 변경등록신청서에 변경된 사실을 증명하는 서류를 첨부하여 중소기업청장에게 제출하여야 한다. <개정 2013.3.23.>

1. 상호
2. 본점의 소재지
3. 임원
4. 보유인력
5. 보유시설
6. 의결권 있는 발행주식총수의 100분의 30 이상을 소유한 주주

④ 법 제11조의2제3항제3호에서 "대통령령으로 정하는 기준"이란 다음 각 호와 같다.

1. 별표 2의 경영 분야나 기술 분야에 해당하는 1명 이상의 상근(常勤) 전문인력
2. 전문회사의 업무를 수행하기 위한 독립된 전용공간

[전문개정 2008.11.4.]

제4조의3(전문회사의 행위제한 등) ① 법 제11조의6제1항제2호에서 "대통령령으로 정하는 거래행위"란 전문회사와 해당 전문회사가 설립한 자회사 간의 거래로서 다

음 각 호에 해당하는 거래를 말한다. 다만, 인수·합병 등 정당한 목적이 있는 거래행위는 제외한다.

1. 채무 보증
2. 담보 제공

② 법 제11조의6제3항에서 "대학이나 연구기관의 고유목적사업이나 연구개발 및 산학협력 활동 등 대통령령으로 정하는 용도"란 다음 각 호의 용도를 말한다.

1. 대학이나 연구기관의 고유목적사업
2. 연구개발 및 산학협력 활동에 필요한 경비
3. 해당 전문회사에 대한 재투자
4. 기술개발과 사업화에 이바지한 인력과 부서에 대한 보상금

[전문개정 2008.11.4.]

제5조(개인투자조합의 등록요건과 절차) ① 법 제13조에 따른 개인투자조합(이하 "개인투자조합"이라 한다)은 다음 각 호의 요건을 갖추어야 한다. <개정 2014.6.30.>

1. 출자금 총액이 1억원 이상일 것
2. 출자 1좌의 금액이 100만원 이상일 것
3. 조합원 수가 49명 이하일 것
4. 업무집행조합원의 출자지분이 출자금 총액의 100분의 5 이상일 것
5. 존속기간이 5년 이상일 것

② 법 제13조제1항에 따라 개인투자조합을 결성하여 등록하려는 자는 조합원 모집계획 및 투자계획 등이 포함된 결성계획서를 미리 중소기업청장에게 제출하여야 한다.

③ 제2항에 따른 결성계획에 따라 결성을 마친 개인투자조합의 업무집행조합원은 산업통상자원부령으로 정하는 등록신청서에 다음 각 호의 서류를 첨부하여 결성총회 개최일부터 5일 이내에 중소기업청장에게 제출하여야 한다. <개정 2013.3.23.>

1. 조합 규약
2. 조합원 명부
3. 조합원의 출자금액과 출자이행을 증명하는 서류

④ 중소기업청장은 제3항에 따른 등록 신청이 다음 각 호의 어느 하나에 해당하는 경우를 제외하고는 등록을 해 주어야 한다. <신설 2011.12.28.>

1. 제1항에 따른 등록요건을 갖추지 못한 경우
2. 그 밖에 법, 이 영 또는 다른 법령에 따른 제한에 위반되는 경우

⑤ 제3항에 따라 등록한 개인투자조합의 업무집행조합원은 등록 내용에 변경이 있을 때에는 5일 이내에 변경등록을 신청하여야 한다. <개정 2011.12.28.>

⑥ 중소기업청장은 개인투자조합이 등록을 할 때에는 다음 각 호의 사항이 적힌 등록원부를 갖추어 두고 관리하여야 한다. <개정 2011.12.28.>

1. 조합의 명칭과 사무소 소재지
2. 업무집행조합원의 성명 및 주소
3. 조합원별 출자금액 및 출자좌수
4. 해당 조합의 존속기간

[전문개정 2008.11.4.]

제5조의2(해산사유) 법 제13조제5항제3호에서 "대통령령으로 정하는 사유"란 다음

각 호의 어느 하나에 해당하는 경우를 말한다. <개정 2014.3.24.>

1. 개인투자조합의 결성 목적이 달성되었다고 조합원 전원이 동의하는 경우
2. 조합원 간에 이해관계가 충돌하여 조합의 업무가 중단되는 등의 사유가 생겨 중소기업청장이 조합원을 보호하기 위하여 필요하다고 인정하는 경우로서 조합원 총수 및 조합 총지분 각 과반수의 동의를 받은 경우

[전문개정 2008.11.4.]

제5조의3(조합의 운영) 중소기업청장은 개인투자조합의 효율적인 운영을 위하여 개인투자조합의 표준규약을 정할 수 있다.

[전문개정 2005.10.26.]

제6조(조세감면을 위한 투자대상 등) ① 법 제14조제2항에 따른 투자대상은 창업 후 7년 이내인 벤처기업 또는 벤처기업으로 전환한 지 7년 이내인 기업에 대한 투자로 한다.

② 법 제14조제2항에 따라 소득세 등을 감면받으려는 개인, 개인투자조합의 업무집행조합원은 중소기업청장에게 투자실적의 확인을 요청할 수 있다.

③ 중소기업청장은 제2항에 따른 투자실적의 확인 요청을 받으면 그 투자실적을 확인하여 투자실적확인서를 발급하여야 한다. 이 경우 투자실적의 확인을 위하여 필요하면 개인이나 개인투자조합이 투자한 벤처기업에 자료 제출을 요청할 수 있다.

④ 중소기업청장은 제3항에 따라 투자실적을 확인받은 개인이나 개인투자조합이 그 투자지분을 투자일부터 5년 이내에 회수하거나 양도한 사실을 확인하면 지체 없이 그 사실을 소득세 등의 원천징수의무자, 납세조합(「소득세법」 제149조에 따른 납세조합을 말한다. 이하 제6조의2제3항에서 같다) 또는 세무서장에게 알려야 한다.

⑤ 제2항부터 제4항까지의 규정에서 정한 것 외에 투자실적의 확인절차 등에 관하여 필요한 사항은 중소기업청장이 정하여 고시한다.

[전문개정 2008.11.4.]

제6조의2(세제지원대상 주식교환의 확인 등) ① 법 제14조제3항 각 호 외의 부분 후단에 따라 법 제15조 또는 법 제15조의4에 따른 주식교환에 대하여 세제지원을 받으려는 자는 관련 자료를 첨부하여 중소기업청장에게 세제지원대상 주식교환의 확인을 요청할 수 있다.

② 제1항에 따라 주식교환의 확인요청을 받은 중소기업청장은 그 주식교환이 법 제15조 또는 법 제15조의4에 따른 주식교환에 해당하면 주식교환 확인서를 발급하여야 한다.

③ 중소기업청장은 제2항에 따라 세제지원대상 주식교환의 확인을 받은 자가 주식교환을 한 날부터 1년 이내에 그 주식을 타인에게 양도한 사실을 확인하면 지체 없이 그 사실을 소득세 등의 원천징수의무자, 납세조합 또는 세무서장에게 알려야 한다.

④ 그 밖에 세제지원대상 주식교환의 확인 방법 및 절차 등에 관하여 필요한 사항은 중소기업청장이 정하여 고시한다.

[전문개정 2008.11.4.]

제6조의3(공인평가기관) 법 제15조의4제3항 전단에서 "대통령령으로 정하는 공인평

가기관"이란 다음 각 호의 기관을 말한다. <개정 2009.4.30., 2013.8.27.>

1. 「자본시장과 금융투자업에 관한 법률」에 따른 투자매매업자와투자중개업자(증권의 인수·중개·주선 또는 대리업무의 인가를 받은 자만 해당한다)
2. 「자본시장과 금융투자업에 관한 법률」 제335조의3에 따라 신용평가업인가를 받은 신용평가회사
3. 「공인회계사법」에 따른 회계법인으로서 소속 공인회계사가 100명 이상인 회계법인
4. 한국산업기술진흥원
5. 기술신용보증기금

[전문개정 2008.11.4.]

제7조(중소벤처기업 인수합병 지원센터 지정기준 등) ① 법 제15조의13제1항에 따라 중소벤처기업 인수합병 지원센터(이하 "지원센터"라 한다)로 지정받으려는 기관 또는 단체는 다음 각 호의 요건을 갖추어야 한다. <개정 2009.11.20., 2014.3.24.>

1. 법인일 것
2. 업무 내용에 중소벤처기업 인수합병에 관한 업무가 포함되어 있을 것
3. 중소벤처기업의 인수합병을 지원할 수 있는 전담조직을 갖추고 있을 것
4. 다음 각 목의 어느 하나에 해당하는 전문인력을 3명 이상 보유할 것
   가. 「공인회계사법」에 따른 공인회계사, 「변호사법」에 따른 변호사 또는 「세무사법」에 따른 세무사로서 기업의 인수합병 업무에 3년 이상 종사한 경력이 있는 사람
   나. 「중소기업진흥에 관한 법률」 제46조에 따른 경영지도사로서 기업의 인수합병 업무에 3년 이상 종사한 경력이 있는 사람
   다. 「금융실명거래 및 비밀보장에 관한 법률」 제2조제1호에 따른 금융회사등 또는 기업구조조정전문회사에서 기업의 인수합병 업무에 3년 이상 종사한 경력이 있는 사람
   라. 가목부터 다목까지에서 규정한 자와 동등한 자격이 있다고 중소기업청장이 인정하는 사람

② 법 제15조의13에 따라 지원센터로 지정받으려는 중소기업지원 관련 기관 또는 단체는 중소기업청장이 정하여 고시하는 바에 따라 중소기업청장에게 지정신청을 하여야 한다.

③ 중소기업청장은 지원센터를 지정한 경우에는 이를 고시하여야 한다.

④ 지원센터로 지정받은 기관 또는 단체는 해당 연도의 사업계획과 전년도의 사업추진 실적을 매년 1월 31일까지 중소기업청장에게 제출하여야 한다. <개정 2014.3.24.>

[본조신설 2009.4.30.]

제8조(지원센터의 지정취소) 중소기업청장은 법 제15조의14에 따라 지원센터의 지정을 취소한 경우에는 이를 고시하여야 한다.

[본조신설 2009.4.30.]

제9조 삭제 〈2001.11.22.〉

제10조 삭제 〈2001.11.22.〉

제11조 삭제 〈2001.11.22.〉

제11조의2(연구원의 겸임이나 겸직이 허용되는 연구기관의 범위) 법 제16조의2제1항 본문에서 "대통령령으로 정하는 정부출연연구기관"이란 다음 각 호의 연구기관을 말한다.

1. 「정부출연연구기관 등의 설립·운영 및 육성에 관한 법률」 또는 「과학기술분야 정부출연연구기관 등의 설립·운영 및 육성에 관한 법률」에 따라 설립된 연구기관
2. 「방사선 및 방사성동위원소 이용진흥법」 제13조의2에 따른 한국원자력의학원
3. 「한국원자력안전기술원법」에 따른 한국원자력안전기술원
4. 「과학기술기본법」 제20조에 따른 한국과학기술기획평가원

[전문개정 2008.11.4.]

제11조의3(주식매수선택권의 부여방법 등) ① 법 제16조의3제1항에 따른 주식매수선택권의 부여는 다음 각 호의 어느 하나에 해당하는 방법에 따른다.

1. 주식매수선택권의 행사가격으로 새로 신주를 발행해서 주거나 자기주식을 주는 방법
2. 주식매수선택권의 행사가격과 시가(時價)와의 차액(행사가격이 시가보다 낮은 경우의 차액을 말한다)을 현금이나 자기주식으로 주는 방법

② 제1항 각 호에 따른 주식매수선택권의 행사가격(주식매수선택권을 부여한 후 그 행사가격을 조정하는 경우에도 또한 같다)은 다음 각 호의 가액(價額) 이상이어야 하며, 제1항제2호에 따른 시가는 주식매수선택권을 행사한 날을 기준으로 제1호가목에 따라 평가한 해당 주식의 시가로 한다.

1. 새로 주식을 발행하여 주는 경우에는 다음 각 목의 가액 중 높은 금액
   가. 주식매수선택권을 부여한 날을 기준으로 「상속세 및 증여세법 시행령」 제54조를 준용하여 평가한 해당 주식의 시가
   나. 해당 주식의 권면액(券面額)
2. 현금이나 자기주식으로 주는 경우에는 제1호가목에 따라 평가한 해당 주식의 시가

③ 법 제16조의3제1항제1호에서 "대통령령으로 정하는 자"란 「상법 시행령」 제30조제2항에 규정된 자를 말한다. <개정 2009.2.3., 2012.4.10.>

④ 법 제16조의3제1항제2호에서 "대통령령으로 정하는 자"란 다음 각 호의 사람을 말한다. <개정 2009.11.20., 2014.6.30.>

1. 법 제16조제1항제1호 또는 제2호에 해당하는 사람
2. 제11조의2 각 호에 따른 연구기관의 연구원
3. 「변호사법」 제15조에 따라 개업신고를 한 변호사
4. 「공인회계사법」 제12조에 따라 사무소를 개설한 공인회계사
5. 「변리사법」 제6조의2제2항에 따라 개업신고를 한 변리사
6. 「중소기업진흥에 관한 법률」 제50조에 따라 등록한 경영지도사 또는 기술지도사
7. 「세무사법」 제13조에 따라 개업신고를 한 세무사
8. 「민법」에 따라 설립된 비영리법인으로서 과학 또는 산업기술 분야 연구기관의 연구원

9. 자본금의 100분의 30 이상을 출자하고 최다출자자로 있는 외국법인의 임직원
10. 자본금 또는 출자총액의 100분의 30 이상을 출자하고 최다출자자로 있는 법인의 기술혁신을 위한 연구개발활동을 하는 외국 연구소의 연구원
11. 「의료법」 제5조에 따라 의사, 치과의사 또는 한의사 면허를 받은 사람
12. 「약사법」 제3조 또는 제4조에 따라 약사 또는 한약사 면허를 받은 사람
13. 「국가기술자격법」 제10조에 따라 기술사 자격을 취득한 사람

⑤ 법 제16조의3제1항제3호에서 "대통령령으로 정하는 연구기관"이란 다음 각 호의 연구기관을 말한다.

1. 국공립 연구기관(「한국과학기술원법」에 따른 한국과학기술원과 「광주과학기술원법」에 따른 광주과학기술원을 포함한다)
2. 제11조의2 각 호에 따른 연구기관
3. 전문생산기술연구소
4. 「민법」에 따라 설립된 비영리법인으로서 과학 또는 산업기술 분야 연구기관

⑥ 주식매수선택권을 부여할 수 있는 주식의 총한도는 해당 벤처기업이 발행한 주식총수의 100분의 50으로 한다.

⑦ 주식매수선택권을 부여하려는 벤처기업이 법 제16조의3제5항에 따른 신고를 할 때에는 그 신고서에 주주총회 의사록과 이사회 의사록(법 제16조의3제4항에 따라 이사회에서 주식매수선택권의 부여에 관한 사항을 정한 경우만 해당한다)을 첨부하여 제출하여야 한다.

⑧ 주식매수선택권을 부여한 벤처기업이 주식매수선택권 부여를 취소하는 경우에는 「상법 시행령」 제30조제6항을 준용한다. <개정 2009.2.3., 2012.4.10.>

[전문개정 2008.11.4.]

제11조의4(신기술창업집적지역의 지정 등) ① 법 17조의2제2항에서 "집적지역의 명칭, 집적지역 지정 면적 등 대통령령으로 정한 사항"이란 다음 각 호를 말한다.

1. 신기술창업집적지역(이하 "집적지역"이라 한다)의 명칭, 위치 및 지정 면적
2. 해당 기관이 보유한 학교 부지나 부지의 연면적
3. 주요 시설의 배치계획

② 중소기업청장은 법 제17조의2제3항에 따라 집적지역을 지정하려면 시장·군수 또는 구청장(자치구의 구청장을 말한다. 이하 같다)과 협의하여야 한다.

③ 중소기업청장은 법 제17조의2제3항에 따라 집적지역을 지정하였을 때에는 그 집적지역의 명칭, 위치 및 지정 면적 등을 관보에 고시하여야 한다.

④ 법 제17조의2제4항에서 "대통령령으로 정하는 면적"이란 1만 제곱미터를 말한다.

[전문개정 2008.11.4.]

제11조의5(집적지역의 지정면적 비율) 법 제17조의3제1호에서 "대통령령으로 정하는 비율"이란 100분의 30을 말한다.

[전문개정 2008.11.4.]

제11조의6(집적지역의 지정 제외 지역 등) ① 법 제17조의4제1항에서 "대통령령으로 정하는 지역"이란 다음 각 호의 지역을 말한다. <개정 2009.4.30.>

1. 「국토의 계획 및 이용에 관한 법률」 제36조제1항에 따른 용도지역 중 보전관리지역, 농림지역 및 자연환경보전지역

2.「국토의 계획 및 이용에 관한 법률 시행령」 제30조에 따른 용도지역 중 제1종 전용주거지역, 제2종전용주거지역, 유통상업지역 및 보전녹지지역

② 법 제17조의4제2항 전단에서 "대통령령으로 정하는 도시형공장"이란 「산업집적활성화 및 공장설립에 관한 법률 시행령」 제34조제1호의 공장을 말한다.

③ 중소기업청장은 법 제17조의4제2항 전단에 따른 도시형공장 승인에 관한 업무를 처리할 때 필요한 지침을 작성하여 고시할 수 있다. <신설 2010.4.20.>

[전문개정 2008.11.4.]

제11조의7(집적지역의 임대료 등) ① 법 제17조의4제7항에 따른 임대료에 관하여는 제13조제1항 및 제2항을 준용한다.

② 법 제17조의4제7항에 따른 임대기간에 관하여는 제13조제3항 및 제4항을 준용한다.

[본조신설 2007.4.26.]

[종전의 제11조의7은 제11조의11로 이동 <2007.4.26.>]

제11조의8(벤처기업집적시설의 지정 요건 등) ① 법 제18조제1항 전단에서 "대통령령으로 정하는 연면적"이란 건축물의 연면적(전용면적을 말한다. 이하 이 조에서 같다)이 1천200제곱미터 이상인 경우를 말한다. 다만, 건축물의 일부를 지정받으려는 경우에는 각 층 연면적의 100분의 50 이상을 지정대상에 포함하여야 한다.

② 법 제18조제2항제1호에서 "벤처기업 등 대통령령으로 정하는 기업"이란 다음 각 호의 어느 하나에 해당하는 기업을 말한다. <개정 2014.3.24.>

1. 법 제25조에 따라 벤처기업으로 확인받은 기업
2. 「조세특례제한법 시행령」 제6조제6항에 따른 지식기반산업을 경영하는 중소기업
3. 「산업집적활성화 및 공장설립에 관한 법률 시행령」 제6조제2항에 따른 지식산업 또는 같은 조 제3항에 따른 정보통신산업을 경영하는 중소기업
4. 창업보육센터에 3년 이상 입주한 경력이 있는 중소기업

③ 법 제18조제2항제2호에서 "대통령령으로 정하는 기업"이란 제2항 각 호에 해당하는 기업을 말한다.

④ 법 제18조제2항제3호에서 "벤처기업집적시설 등 대통령령으로 정하는 시설"이란 다음 각 호의 시설을 말한다.

1. 제2조에 따른 지원시설
2. 공용회의실, 공동이용장비실 및 전시장 등 제2항에 따른 기업의 업무활동과 관련된 시설
3. 휴게실, 구내식당 및 체력단련실 등 제2항에 따른 기업의 종업원을 위한 후생복지시설

[전문개정 2008.11.4.]

제11조의9(벤처기업집적시설의 지정신청 등) ① 법 제18조제1항에 따라 벤처기업집적시설로 지정받으려는 자는 산업통상자원부령으로 정하는 바에 따라 특별시장·광역시장·도지사·제주특별자치도지사(이하 "시·도지사"라 한다)에게 벤처기업집적시설의 지정신청을 하여야 한다. 지정받은 사항을 변경하려는 경우에도 또한 같다. <개정 2013.3.23.>

② 시·도지사는 제1항에 따라 벤처기업집적시설 지정신청을 받은 건축물이 제11

조의8제1항의 요건에 해당하면 벤처기업집적시설로 지정하고, 산업통상자원부령으로 정하는 바에 따라 벤처기업집적시설 지정서를 발급하여야 한다. 〈**개정** 2013.3.23.〉

[전문개정 2008.11.4.]

제11조의10(실험실공장의 설치 등) ① 법 제18조의2제1항 전단에 따라 실험실공장을 설치하려는 자는 산업통상자원부령으로 정하는 서류를 갖추어 그 소속 기관의 장에게 승인을 신청하여야 한다. 승인받은 사항을 변경하려는 경우에도 또한 같다. <개정 2013.3.23.>

② 법 제18조의2제1항제1호에 따른 학생이 제1항에 따라 승인을 신청할 때에는 실험실공장이 설치될 연구실 등을 관리할 책임이 있는 자로부터 설치에 관한 동의를 받아야 한다. <신설 2010.4.20.>

③ 법 제18조의2제1항제3호에서 "대통령령으로 정하는 기관"이란 다음 각 호의 연구기관을 말한다. <개정 2010.4.20., 2012.7.26.>

1. 전문생산기술연구소
2. 「연구개발특구 등의 육성에 관한 특별법」 제2조제1호에 따른 연구개발특구에 입주한 기관

[전문개정 2008.11.4.]

제11조의11(창업보육센터에 입주한 벤처기업이나 창업자의 공장 설치) 중소기업청장은 법 제18조의3제1항 전단에 따른 도시형공장 승인에 관한 업무를 처리할 때 필요한 지침을 작성하여 고시할 수 있다.

[본조신설 2010.4.20.]

[종전 제11조의11은 제11조의12로 이동 <2010.4.20.>]

제11조의12(벤처기업육성촉진지구의 지정) ① 법 제18조의4에 따른 벤처기업육성촉진지구(이하 "촉진지구"라 한다)는 다음 각 호의 요건을 모두 갖춘 지역으로 한다.

1. 해당 지역에 있는 벤처기업의 수가 「중소기업기본법」 제2조에 따른 중소기업(「소기업 및 소상공인지원을 위한 특별조치법」 제2조제2호에 따른 소상공인은 제외한다) 총수의 100분의 10 이상일 것
2. 대학이나 연구기관이 있을 것
3. 교통·통신·금융 등의 기반시설이 갖추어져 있을 것

② 시·도지사는 법 제18조의4제1항에 따라 촉진지구의 지정을 요청할 때에는 산업통상자원부령으로 정하는 바에 따라 지정요청서와 촉진지구 육성계획서를 중소기업청장에게 제출하여야 한다. <개정 2013.3.23.>

③ 중소기업청장은 관계 중앙행정기관의 장과 협의하여 촉진지구를 지정하고, 촉진지구를 지정하였으면 법 제18조의4제2항에 따라 다음 각 호의 사항을 고시하여야 한다.

1. 촉진지구의 명칭
2. 촉진지구의 위치 및 면적
3. 촉진지구 육성계획의 개요

④ 이 영에서 정한 것 외에 촉진지구의 지정에 필요한 사항은 중소기업청장이 정하여 고시한다.

[전문개정 2008.11.4.]

[제11조의11에서 이동 <2010.4.20.>]

제12조(국유재산의 매각) 법 제19조제2항에 따른 국유재산의 매각가격은 2개 이상의 감정평가법인(「부동산 가격공시 및 감정평가에 관한 법률」 제28조에 따른 감정평가법인을 말한다)이 감정평가한 가액을 산술평균한 금액으로 한다.

[전문개정 2008.11.4.]

제13조(국유재산의 임대 등) ① 법 제19조제1항에 따른 국유재산의 연간 임대료는 「국유재산법 시행령」 제29조제1항에도 불구하고 같은 조 제2항에 따라 산출한 금액에 1천분의 10 이상을 곱한 금액으로 하되, 월 단위로 나누어 낼 수 있다. <개정 2009.7.27.>

② 국유재산을 계속하여 두 해 이상 임차하는 경우로서 제1항에 따라 산출한 연간 임대료가 전년도 임대료의 100분의 10 이상 오르는 경우에는 「국유재산법 시행령」 제31조에 따라 산출한 금액을 그 임대료로 한다. <개정 2009.7.27.>

③ 법 제19조제1항에 따른 국유재산의 임대기간은 20년 이하로 한다.

④ 제3항에 따른 임대기간은 갱신할 수 있다. 이 경우 갱신기간은 갱신할 때마다 제3항에 따른 기간을 초과할 수 없다.

[전문개정 2008.11.4.]

제14조(건축허용이 제외되는 지역 등) ① 법 제21조제2항에서 "녹지지역 등 대통령령으로 정하는 지역"이란 「국토의 계획 및 이용에 관한 법률 시행령」 제30조에 따른 지역 중 전용주거지역, 제1종일반주거지역 및 녹지지역을 말한다.

② 법 제21조제3항 전단에서 "대통령령으로 정하는 공장"이란 「산업집적활성화 및 공장설립에 관한 법률 시행령」 제34조제1호의 도시형공장 중 공장건축면적(건축물 각 층의 바닥면적과 옥외공작물의 수평투영면적을 더한 면적을 말한다)이 2천 제곱미터 이하인 도시형공장을 말한다.

③ 벤처기업집적시설에 입주한 자가 법 제21조제3항에 따라 벤처기업집적시설에 공장을 설치하려는 경우(설치하려는 공장의 적재하중이 벤처기업집적시설로 지정받은 건축물의 적재하중 이하인 경우는 제외한다)에 벤처기업집적시설의 설치·운영자는 미리 시장·군수 또는 구청장에게 해당 건축물의 구조안전에 대한 확인을 받아야 한다. 이 경우 시장·군수 또는 구청장은 필요하다고 인정하면 「건축사법」 제2조제1호에 따른 건축사나 「국가기술자격법」에 따른 건축구조기술사에게 구조안전에 관한 사항을 검토하게 할 수 있다. <개정 2014.3.24.>

[전문개정 2008.11.4.]

제15조 삭제 〈2008.2.29.〉

제16조 삭제 〈2008.2.29.〉

제17조 삭제 〈2008.2.29.〉

제18조 삭제 〈2008.2.29.〉

제18조의2 삭제 〈2008.2.29.〉

제18조의3(벤처기업확인기관) 법 제25조제1항에서 "기술신용보증기금 등 대통령령으로 정하는 기관이나 단체"란 다음 각 호의 기관이나 단체를 말한다.

1. 기술신용보증기금

2. 중소기업진흥공단
3. 「민법」 제32조에 따라 중소기업청장의 허가를 받아 설립된 한국벤처캐피탈협회(이하 "한국벤처캐피탈협회"라 한다)

[전문개정 2008.11.4.]

제18조의4(벤처기업확인서의 유효기간) 법 제25조제2항 후단에 따른 벤처기업확인서의 유효기간은 확인일부터 2년으로 한다.

[전문개정 2010.4.20.]

제18조의5(벤처기업에 관한 정보의 공개) ① 벤처기업확인기관의 장은 법 제25조제2항에 따라 벤처기업임을 확인하면 법 제25조제3항에 따라 그 벤처기업에 관한 다음 각 호의 정보를 벤처기업확인서를 발급한 날부터 15일 이내에 공개하여야 한다. <개정 2010.4.20., 2014.6.30.>

1. 일반정보: 상호, 업종, 등기부상의 법인등록번호, 주소, 전화번호, 주요 제품 및 그 변경사항
2. 재무정보: 대차대조표와 손익계산서
3. 투자 관련 정보: 법 제2조의2제1항제2호가목에 따른 벤처기업의 경우에는 같은 목 (1)부터 (8)까지 규정된 자로부터 투자받은 금액, 투자시기 및 그 변경사항
4. 보증 또는 대출 관련 정보: 법 제2조의2제1항제2호다목에 따른 벤처기업의 경우에는 같은 목 (1)에 규정된 자로부터 보증이나 대출을 받은 금액(결정된 보증 가능금액 또는 대출 가능금액을 포함한다), 그 시기 및 그 변경사항
5. 벤처기업확인서: 발급일, 유효기간 및 그 변경사항

② 제1항에 따른 공개의 구체적인 방법은 중소기업청장이 정하여 고시한다.

[전문개정 2008.11.4.]

제18조의6(벤처기업 확인의 취소 요건) ① 법 제25조의2제1항제3호에서 "대통령령으로 정하는 기간"이란 6개월을 말한다. <개정 2014.3.24.>

② 법 제25조의2제1항제4호에서 "기업경영과 관련하여 주주·사원 또는 이해관계인에게 피해를 입힌 경우 등 대통령령으로 정하는 경우"란 기업의 대표자·최대주주 또는 최대출자사원 등이 기업재산을 유용하거나 은닉하는 등 기업경영과 관련하여 주주·사원 또는 이해관계인에게 피해를 발생하게 하여 「민법」 제32조에 따라 산업통상자원부장관의 허가를 받아 설립된, 벤처기업을 구성원으로 하는 법인이 벤처기업확인기관의 장에게 벤처기업의 확인취소를 요청하는 경우를 말한다. <개정 2013.3.23.>

[전문개정 2008.11.4.]

제19조(권한의 위임·위탁 등) ① 법 제27조에 따라 다음 각 호의 사항에 관한 중소기업청장의 권한은 지방중소기업청장에게 위임한다.

1. 법 제16조의4제3항에 따른 벤처기업의 투자가치에 관한 정보 등의 제공
2. 법 제26조제3항 및 이 영 제6조제2항부터 제4항까지의 규정에 따른 보고, 투자실적확인서의 발급 및 투자실적 등의 통보와 자료 제출
3. 법 제26조제4항에 따른 보고 및 검사에 관한 사항

② 법 제27조에 따라 다음 각 호의 사항에 관한 중소기업청장의 권한은 한국벤처캐피탈협회에 위탁한다. <개정 2014.6.30.>

1. 법 제26조제1항에 따른 보고(중소기업창업투자회사, 중소기업창업투자조합 및 한국벤처투자조합의 투자실적 보고에 한정한다)의 접수 및 투자실적 확인에 관한 사항
2. 법 제26조제2항에 따른 자료 제출에 관한 사항

③ 법 제27조에 따라 다음 각 호의 사항에 관한 중소기업청장의 권한은 법 제4조의8제1항에 따라 설립된 중소기업과 벤처기업의 성장·발전을 위한 투자촉진 등을 목적으로 하는 전담회사에 위탁한다. <신설 2014.6.30.>

1. 제2조의3제4항에 따라 법 제2조의2제1항제2호가목(8)에 따른 개인에 해당하는지를 확인받기 위하여 제출하는 자료의 접수에 관한 사항
2. 법 제26조제1항에 따른 보고[법 제2조의2제1항제2호가목(8)에 따른 개인의 투자실적 보고에 한정한다]의 접수 및 투자실적 확인에 관한 사항

[전문개정 2008.11.4.]

제20조(권한 위탁 등에 따른 조정) ① 중소기업청장은 한국벤처캐피탈협회에 제19조제2항 각 호의 업무와 관련된 자료의 제출을 요구할 수 있다.

② 한국벤처캐피탈협회는 제19조제2항 각 호의 업무를 수행하는 과정에서 그 협회 가입을 강제하거나 그 밖의 불공정한 거래행위를 하여서는 아니 된다.

[전문개정 2008.11.4.]

제20조의2(고유식별정보의 처리) 중소기업청장(법 제27조에 따라 중소기업청장의 권한을 위임·위탁받은 자를 포함한다)은 다음 각 호의 사무를 수행하기 위하여 불가피한 경우 「개인정보 보호법 시행령」 제19조제1호에 따른 주민등록번호가 포함된 자료를 처리할 수 있다. <개정 2014.6.30.>

1. 법 제26조제1항에 따른 보고[법 제2조의2제1항제2호가목(8)에 따른 개인의 투자실적 보고에 한정한다]를 받는 경우 투자실적 확인 등에 관한 사무
2. 법 제4조의3에 따른 한국벤처투자조합의 결성 등에 관한 사무
3. 법 제13조에 따른 개인투자조합의 결성 등에 관한 사무

[본조신설 2013.1.16.]

제20조의3(규제의 재검토) 중소기업청장은 다음 각 호의 사항에 대하여 다음 각 호의 기준일을 기준으로 3년마다(매 3년이 되는 해의 기준일과 같은 날 전까지를 말한다) 그 타당성을 검토하여 개선 등의 조치를 하여야 한다.

1. 제2조의3에 따른 벤처기업의 요건: 2014년 1월 1일
2. 제3조의6에 따른 한국벤처투자조합의 결성절차, 신고 요건 및 절차: 2014년 1월 1일
3. 제4조의2 및 별표 2에 따른 신기술창업전문회사의 설립대상, 등록요건 및 절차: 2014년 1월 1일
4. 제5조에 따른 개인투자조합의 등록요건과 절차: 2014년 1월 1일
5. 제7조제1항, 제2항 및 제4항에 따른 중소벤처기업 인수합병 지원센터 지정기준 및 절차: 2014년 1월 1일
6. 제11조의4제1항에 따른 법 제17조의2제2항의 집적지역개발계획에 포함되는 사항: 2014년 1월 1일
7. 제11조의8에 따른 벤처기업집적시설의 지정 요건: 2014년 1월 1일

8. 제11조의10에 따른 실험실공장을 설치할 수 있는 기관의 범위, 실험실공장 설치 승인 신청 절차: 2014년 1월 1일

[본조신설 2013.12.30.]

제21조(과태료의 부과) 법 제32조제1항에 따른 과태료의 부과기준은 별표 3과 같다.

[전문개정 2008.11.4.]

부칙 〈제26023호, 2015.1.6.〉

이 영은 공포한 날부터 시행한다.

벤처기업육성에 관한 특별조치법 시행규칙

[시행 2015.1.1.] [산업통상자원부령 제100호, 2014.12.30., 일부개정]

중소기업청(벤처정책과) 042-481-4425

제1조(목적) 이 규칙은 「벤처기업육성에 관한 특별조치법」 및 같은 법 시행령에서 위임된 사항과 그 시행에 필요한 사항을 규정함을 목적으로 한다.

[전문개정 2009.4.30.]

제2조(연구개발비의 산정기준) 「벤처기업육성에 관한 특별조치법」(이하 "법"이라 한다) 제2조의2제1항제2호나목에 따른 연구개발비는 「조세특례제한법 시행령」 별표 6에 따른 연구·인력개발비세액공제를 적용받는 비용과 이에 준하는 비용으로서 중소기업청장이 필요하다고 인정하여 고시하는 비용으로 한다.

[전문개정 2009.4.30.]

제3조(한국벤처투자조합의 신고) 「벤처기업육성에 관한 특별조치법 시행령」(이하 "영"이라 한다) 제3조의6제5항·제6항에 따른 신고 또는 변경신고는 별지 제1호서식에 따른다.

[전문개정 2007.4.27.]

제3조의2 삭제 〈2000.8.16.〉

제4조(한국벤처투자조합의 업무집행) 법 제4조의4제3항에서 "산업통상자원부령으로 정하는 기간"이란 1년을 말한다. <개정 2013.3.23.>

[전문개정 2009.4.30.]

제4조의2(신기술창업전문회사의 등록 등) ① 영 제4조의2제2항·제3항에 따른 등록신청서·변경등록신청서는 별지 제2호서식에 따른다.

② 중소기업청장은 영 제4조의2제2항·제3항에 따른 등록·변경등록을 한 자에게 별지 제2호의2서식에 따른 등록증을 내주어야 한다.

[전문개정 2009.4.30.]

제4조의3(개인투자조합의 등록신청서 등) ① 영 제5조제3항·제5항에 따른 등록신청서·변경등록신청서는 별지 제3호서식에 따른다. <개정 2012.11.30.>

② 영 제5조제5항에 따른 개인투자조합의 등록원부는 별지 제4호서식에 따른다. 이 경우 등록원부는 자기디스크 등으로 작성하여 보관할 수 있다.

[전문개정 2009.4.30.]

제4조의4(주식매수선택권 부여계약 등) ① 법 제16조의3제1항에 따른 주식매수선택권을 부여하는 벤처기업은 주식매수선택권을 부여받는 임직원 등과 다음 각 호의 사항에 관하여 계약을 체결하고 계약서 사본을 그 임직원 등에게 주어야 하며, 그 계약서를 그 주식매수선택권의 행사기한까지 보관하여야 한다.

1. 주식매수선택권의 행사가격
2. 주식매수선택권의 행사가격의 조정에 관한 사항
3. 주식매수선택권의 행사기간
4. 주식매수선택권의 행사 방법 및 절차

5. 주식매수선택권의 양도 및 담보 제공 등이 제한된다는 뜻
6. 주식매수선택권의 행사에 따른 주식매수선택권을 부여한 벤처기업의 이행기한
7. 주식매수선택권 부여의 취소에 관한 사항

② 주식매수선택권을 부여한 벤처기업은 주식매수선택권을 부여받은 임직원 등이 사망하거나, 정년이나 그 밖에 자신에게 책임 없는 사유로 퇴임 또는 퇴직한 경우에는 그 임직원 등이 해당 행사기간 동안 주식매수선택권을 행사할 수 있도록 하여야 한다.

③ 주식매수선택권의 행사기한을 그 임직원 등의 퇴임일 또는 퇴직일까지로 하는 경우 그 임직원 등이 귀책사유 없이 퇴임하거나 퇴직한 경우에는 그 퇴임일 또는 퇴직일부터 3개월 이상의 행사기간을 추가로 부여하여야 한다.

[전문개정 2009.4.30.]

제4조의5(개인투자조합 등에 대한 정보 제공) ① 중소기업청장은 법 제16조의4제3항에 따라 개인이나 개인투자조합이 벤처기업에 투자하는 것을 지원하기 위하여 해당 벤처기업의 동의를 받아 벤처기업의 기술력, 재무 상태 및 주식의 가격 등 투자에 필요한 정보를 제공할 수 있다.

② 벤처기업에 대한 투자정보를 제공하기 위하여 필요한 사항은 중소기업청장이 정하여 고시한다.

[전문개정 2009.4.30.]

제5조(벤처기업집적시설의 지정신청 등) ① 법 제18조제1항에 따라 벤처기업집적시설의 지정을 받으려는 자는 별지 제5호서식에 따른 신청서에 다음 각 호의 서류를 첨부하여 특별시장 · 광역시장 · 도지사 · 제주특별자치도지사(이하 "시 · 도지사"라 한다)에게 제출하여야 한다. <개정 2012.11.30.>

1. 벤처기업집적시설로 지정받으려는 건축물이 영 제11조의8제1항에 해당함을 증명하는 서류. 다만, 「전자정부법」 제36조제1항에 따른 행정정보의 공동이용을 통하여 첨부서류에 대한 정보를 확인할 수 있는 경우에는 그 확인으로 첨부서류를 갈음할 수 있다.
2. 별지 제6호서식에 따른 벤처기업집적시설 운영계획서

② 벤처기업집적시설의 지정을 받은 자는 벤처기업집적시설로 지정받은 건축물의 지정면적을 변경하려는 경우에는 미리 별지 제5호서식에 따른 벤처기업집적시설 지정변경신청서에 그 사유를 증명하는 서류를 첨부하여 시 · 도지사에게 제출하여야 한다.

③ 벤처기업집적시설의 지정을 받은 자가 변경된 경우에는 벤처기업집적시설을 이전받은 자는 그 사유가 발생한 날부터 15일 이내에 별지 제5호서식에 따른 벤처기업집적시설 지정변경신청서에 그 사유를 증명하는 서류를 첨부하여 시 · 도지사에게 제출하여야 한다.

④ 영 제11조의9제2항에 따른 벤처기업집적시설 지정서는 별지 제7호서식에 따른다.

⑤ 그 밖에 벤처기업집적시설의 지정 · 관리 등에 관하여 필요한 사항은 중소기업청장이 정하여 고시한다.

[전문개정 2009.4.30.]

제6조 삭제 〈2002.11.15.〉

제7조(벤처기업집적시설의 지정계획의 수립·통보 등) ① 법 제18조제1항에 따라 벤처기업집적시설의 지정을 하려는 시·도지사는 벤처기업집적시설의 지정계획을 수립하여 1월 31일까지 중소기업청장에게 통보하여야 한다.

② 시·도지사는 법 제18조에 따라 벤처기업집적시설을 지정하거나 설치한 경우에는 다음 각 호의 사항을 매 반기가 끝나는 달의 다음 달 20일까지 중소기업청장에게 통보하여야 한다.

1. 벤처기업집적시설의 현황(지정 및 지정취소 현황을 포함한다)
2. 벤처기업집적시설에 입주하는 기업 및 시설 현황

[전문개정 2009.4.30.]

제7조의2(실험실공장 설치승인신청서 등) ① 영 제11조의10제1항에 따라 실험실공장의 설치승인 또는 변경승인의 신청을 하려는 자는 별지 제8호서식의 신청서에 다음 각 호의 서류를 첨부하여 소속 기관의 장에게 제출하여야 한다. <개정 2010.4.27.>

1. 사업계획서
2. 제조시설 배치도
3. 실험실공장이 설치될 장소를 관리할 책임이 있는 자의 설치동의서(신청인이 학생인 경우에 한정한다)

② 법 제18조의2제1항에 따라 실험실공장을 설치하는 자가 그 실험실공장에 대한 공장등록신청을 할 때에는 그 소속 기관의 장이 승인한 서류를 제출하여야 한다.

[전문개정 2009.4.30.]

제7조의3(벤처기업육성촉진지구의 지정 요청 등) 법 제18조의4에 따라 시·도지사가 벤처기업육성촉진지구의 지정을 요청하는 경우에는 다음 각 호의 서류를 중소기업청장에게 제출하여야 한다.

1. 벤처기업육성촉진지구 지정대상 지역의 위치 및 면적을 표시한 도면
2. 벤처기업육성촉진지구 지정대상 지역의 산업환경 및 특징(벤처기업 및 그 지원시설에 관한 사항이 포함되어야 한다)
3. 벤처기업육성촉진지구의 육성을 위한 사업별 예산

[전문개정 2009.4.30.]

제8조(벤처기업 해당 여부의 확인 절차) ① 법 제25조제1항에 따라 벤처기업 해당 여부를 확인받으려는 자는 중소기업청장이 정하여 고시하는 신청서에 법 제2조의2 제1항제2호 각 목의 어느 하나에 해당함을 증명하는 서류를 첨부하여 영 제18조의3에 따른 벤처기업확인기관(이하 "벤처기업확인기관"이라 한다)의 장에게 제출하여야 한다.

② 벤처기업확인기관의 장은 제1항에 따라 벤처기업 해당 여부의 확인을 요청받은 경우에는 요청받은 날부터 다음 각 호의 구분에 따른 기간 이내에 확인을 요청한 자에게 그 결과를 알려야 한다. 다만, 부득이한 사유로 그 기간 이내에 알리기 어려운 경우에는 20일 이내의 범위에서 한 번만 그 기간을 연장할 수 있다.

1. 벤처기업 해당 여부의 확인을 요청한 자가 법 제2조의2제1항제2호가목에 해당하는지 여부: 30일
2. 벤처기업 해당 여부의 확인을 요청한 자가 법 제2조의2제1항제2호나목 및 다목

에 해당하는지 여부: 45일

③ 그 밖에 벤처기업 해당 여부에 관한 확인 절차 등에 관하여 필요한 사항은 중소기업청장이 정하여 고시한다.

[전문개정 2009.4.30.]

제9조 삭제 〈2014.12.30.〉

부칙 〈**제100호**, 2014.12.30.〉

이 규칙은 2015년 1월 1일부터 시행한다.

References

참 고 문 헌

▮국내문헌▮

강원진, 무역계약론, 박영사, 2003.
강원진, 무역결제론, 박영사, 2004.
김병술, 신용장 실무, 한국재정경제연구소, 2002.
김석철, 무역계약론, 도서출판 두남, 2001.
김웅진, 박종삼, 박영태, 도서출판 두남, 2005.
김정수, 국제통상정책론, 박영사, 2003.
김종수, 「한국경제와 무역」, 형설출판사, 2005.
남풍우 외 3人, 『무역학 개론』, 도서출판 두남, 2005.
남풍우 외 3人, 『국제무역의 이해』, 강남대학교 출판부, 2001.
문철한, 무역상무론, 동성출판사, 1999.
박대위, 무역실무, 법문사, 2003.
박병호, 신무역실무, 도서출판 고시연구원, 2000.
박희종, 국제통상정책론, 두남, 2003.
반병길・강호상, '국제경영', 박영사, 2001.
방희석, 무역실무, 박영사, 2002.
방희석, 무역실무, 박영사, 2002.
손태빈, 新무역실무, 두남, 2005.
서정두, 국제무역계약, 삼영사, 2001.
신민호, 무역실무, 도서출판 두남, 2004.
윤철수, 손에 잡히는 통관 알기쉬운 관세환급, 무역일보사, 2000.
양영환・오원석・서정두, 신용장론, 삼영사, 1997.
양영환 외, 무역상무론, 법문사, 2003.
오세영, 박종수, 강경훈, 최신무역실무, 도서출판 두남, 2002.
오원석, 국제운송론, 박영사, 2003.
오원석, 최신무역관습, 삼영사, 2004.
우리은행 연수원, 외환길라잡이, 우리은행, 2004.

이남구, 글로벌 경쟁시대 한국무역, 무역경영사, 2004.
이대근, 「한국무역론 -한국경제, 선진화의 길-」, 법문사, 2004.
이대우·김종락, 국제무역거래론, 도서출판 두남,, 2002.
이대우·양의동, 신용장론, 도서출판 두남, 2006.
이상준, 남북경제협력을 통한 북한의 지역개발방향, 통일문제연구, 2000년 하반기.
이원기·정문갑, 21세기 산업발전 조류와 우리나라 산업의 발전방향, 한국은행, 2002.
이용근, 무역실무, 동성출판사, 2003.
정기영, 입찰·계약·클레임론(상·하권), C&R연구소, 2001.
정재완, 인터넷 시대 무역실무, 도서출판 두남, 2000.
조석홍, 국제통상론,2005.
조석홍, 국제통상법,2003.
조영정, 국제통상법, 무역경영사, 2000.
표인수, 미국통상법의 국제통상법과의 마찰, [통상법률], 법무부, 1995.10.
최병익, 국제통상의 법적 협상에 관한 연구, 강원대 대학원 석사학위논문, 2002.
최상래, 한 · 중기업간의 무역분쟁에 관한 예방과 대책, 한국무역학회, 2000.
황복주 · 김원석 · 이영희, 「경영학원론」, 도
한국무역의 역사, 재단법인 해상왕장보고기념사업회, 2004.
한국무역의 역사, 재단법인 해상왕장보고기념사업회, 2002.
한국 무역 40년 발자취와 비전, 한국무역협회/산업자원부, 2003. 11.
한국은행, 『조사통계 월보』, 2006.
한국수출입은행, 「해외직접투자 동향분석(2006년 1/4분기」, 2006.
한국은행, 국제금융국 외환제도혁신팀, 「해외투자 활성화방안」, 2005.
한국수출보험공사, 「한국수출보험공사 10년의 이야기」, 한국수출보험공사, 2002.
한국금융연수원, 수출실무, 한국금융연수원, 2003.
한국금융연수원, 수입실무, 한국금융연수원, 2003.
한국무역협회 무역연수원, 신용장, 2005.
한국무역협회 한국화주협의회, 수출입운송실무, 2004.
한국무역협회, 무역실무 매뉴얼, 2004.
한국무역협회, 수출입업무요람, 2005.
한국무역협회, 수출입실무, 2003.
한국무역협회, 수출입대금결제, 2003.
한국무역협회, 수출입절차시뮬레이션, 2003.
한국무역협회, 무역마케팅, 2003.
한국무역협회, 무역계약, 2003 & 2004.
한국수출입은행, 영문국제계약해설, 2004.

관세청 홈페이지 http://www.customs.go.kr/
대외경제정책연구원 http://www.kiep.go.kr
대한무역투자진흥공사 http://www.kotra.or.kr/
매일 경제 신문 http://www.mk.co.kr/

무역연구소 http://tri.kita.net/
무역홍보관 http://www.kita.net/info/index.jsp
법무부 http://www.moj.go.kr/
삼성경제연구소 http://www.seri.org/
LG 경제연구소 http://www.lgeri.org/
외교통상부 http://www.mofat.go.kr
전국경제인연합회 http://www.fki.or.kr
통계청 http://www.nso.go.kr
한국개발연구원 http://www.kdi.re.kr
한국무역협회 http://www.kita.net/
한국수출보험공사 http://www.keic.or.kr/
한국수출입은행 http://www.koreaexim.go.kr/kr
한국은행 http://www.bok.or.kr
현대경제연구소 http://www.hri.co.kr/

저자 소개

조 석 홍(Jo Seok Hong)

- (현)울산대학교 경영대학 경영학부 교수
- 경제학 박사
- KAIST/안동대학교 교수
- 한국원자력연구원 책임연구원
- 한양대, 한남대 대학원, 고려대 경영정보대학원, 한양대 경영대학원, 고려대 등 출강

[주요 저서]

국제통상환경론, 도서출판 두남, 2014.
기술경영(공저), 도서출판 두남, 2013.
무역실무, 도서출판 두남, 2010.
무역관계법, 도서출판 두남, 2010.
세계화와 경제생활, 도서출판 두남, 2010.
벤처창업론(공저), 도서출판 두남, 2010.
대외무역법(공저), 도서출판 두남, 2008.
국제협상의 이해, 도서출판 두남, 2010.
한국무역론, 도서출판 두남, 2010.
국제경영, 도서출판 두남, 2004.
해외시장진출론, 도서출판 두남, 2004.
국제재무관리의 이해, 도서출판 두남, 2004.
정보통신과 지식재산권(공저), 도서출판 두남, 2003.
국제통상법, 도서출판 두남, 2003.
국제통상실무, 도서출판 두남, 2002.
E-비즈니스법률과 윤리, 도서출판 두남, 2002.
국제통상론, 도서출판 두남, 2005.

[주요 논문]

국제 전장형 자동차 산업동향과 대응방안, 2012.
이동통신 재판매도입과 비즈니스에 관한 연구, 2012.
정보통신 표준화의 경제성 파급효과분석, 2010.
우리나라의 통신서비스 통상정책의 시사점과 방향에 관한 연구, 2009.
우리나라 서비스산업 경쟁력 강화 방안, 2008.
DDA 협상중단과 향후 전망, 2006.
IT산업 확산과 향후 정책 방안, 2005.
FTA 확산과 IT산업 추진 방향, 2005.
전자상거래와 과세문제, 2004.
전자화폐도입쟁점과 활성화 방안, 2006.
DDA 환경서비스협상과 환경분쟁 대응방안, 2004.
DDA 통신서비스협상과 우리나라통신규제 정책방향, 2003.
서비스무역확산과 지식서비스수출 활성화 방안, 2002.
전자상거래확산과 비즈니스 서비스산업 활성화방안, 2002.
한・일 FTA에 관한 연구, 2002.

인 지

무역창업론

초　판 1쇄 인쇄 —— 2014년 12월 20일
초　판 1쇄 발행 —— 2014년 12월 30일
지은이 —— 조 석 홍
펴낸이 —— 전 두 표
펴낸곳 —— 도서출판 **두남**
서울시 강동구 성내로6길 34-16 두남빌딩
신 고 : 제25100-1988-9호
TEL : 02) 478-2065, 2066, 2067, 2311
FAX : 02) 478-2068
E-mail : dunam1@unitel.co.kr
http://www.dunam.co.kr

정가 27,000원

ISBN 978-89-6414-572-2 93320